Der Autor über sein Buch:

Diese Abhandlungen und Vorträge sollen zeigen, unter welchen Bedingungen das Philosophieren sich als ein hermeneutisches ausbilden und von der analytischen und dialektischen Philosophie abgrenzen kann. So wird der Weg von Hegel, Bergson und Dilthey über Scheler und Heidegger zu Gadamer und zur dialogischen Philosophie kritisch diskutiert. Dabei wird vorausgesetzt, daß Droysens Unterscheidung zwischen dem Erkennen in Philosophie und Theologie, dem physikalischen Erklären und dem historischen Verstehen nicht zu einer philosophischen Hermeneutik führen darf, die das Erklären zu einem Randphänomen des Verstehens macht. Vielmehr muß ein „topisches" Philosophieren den Leistungssinn von Erklären und Verstehen erörtern und sich so „hermeneutisch" in den Pluralismus möglicher Philosophien einfügen.

Professor Dr. phil. Otto Pöggeler, geb. 1928, lehrt Philosophie an der Ruhr-Universität Bochum; er ist Direktor ihres Hegel-Archivs und ordentliches Mitglied der Rheinisch-Westfälischen Akademie der Wissenschaften. Weitere Veröffentlichungen bei Alber: Hegels Idee einer Phänomenologie des Geistes (2., durchges. und erw. Auflage 1993), Neue Wege mit Heidegger (1992), Spur des Worts. Zur Lyrik Paul Celans (1986), Die Frage nach der Kunst. Von Hegel zu Heidegger (1984), Heidegger und die hermeneutische Philosophie (1983), Hegel. Einführung in seine Philosophie (Hg.; 1977), Philosophie und Politik bei Heidegger (2., um ein Nachwort erw. Aufl. 1974).

Otto Pöggeler

Schritte zu einer hermeneutischen Philosophie

Otto Pöggeler

Schritte zu einer hermeneutischen Philosophie

Verlag Karl Alber Freiburg/München

Die Deutsche Bibliothek – CIP-Einheitsaufnahme

Pöggeler, Otto:
Schritte zu einer hermeneutischen Philosophie / Otto
Pöggeler. – Freiburg (Breisgau); München: Alber, 1994
ISBN 3-495-47782-9

Inhalt

Einleitung

Von der Philosophie erwarten wir eine Besinnung, die jeder durch sich selbst finden muß. Sie soll dennoch Verbindlichkeit für die anderen Menschen beanspruchen, verallgemeinerbar und sachlich angemessen sein. Was keinen Zwang und keine blinde Einseitigkeit duldet, darf nicht auf diese oder jene Person, auf diese oder jene Gruppe von Menschen, auf diese oder jene Epoche hin relativiert und so diskreditiert werden. Nur zu oft führt aber von der Welt des einen Philosophen oder der einen Philosophie kein Weg mehr zur Welt eines anderen Philosophen oder einer anderen Philosophie. Selbstverständlich setzt eine Besinnung und deren philosophische Ausarbeitung in Kyoto anders an als in New Haven oder in Paris. Das Philosophieren stellt sich schon durch seine Sprache in übergreifende Zusammenhänge; dabei bringen Leben und Geschichte Besonderungen und Trennungen, die unvermeidlich sind. Das Philosophieren erreicht gerade dadurch seine Lebendigkeit, daß es das selbstverständlich Gewordene wieder fragwürdig macht. So entstehen unterschiedliche Ansätze, die zu wirkungsmächtigen Richtungen oder gar zu Schulen ausgestaltet werden können. Es meldet sich folglich auch das Bedürfnis, diese Ansätze selber wieder zu ordnen. Für diese Ordnungsversuche kann man alte Bestimmungen für philosophische Verfahrensweisen wie „analytisch" und „dialektisch" nutzen. Man kann auch zu traditionellen Unterscheidungen wie „Rationalismus" und „Empirismus" oder „Idealismus" und „Positivismus" greifen, diese Titel zusätzlich durch Adjektive wie „logisch" und „kritisch" präzisieren. Das Philosophieren fügt sich in seine eigene Geschichte, indem es sich in die Nachfolge großer Gestalten stellt, sich also z. B. als einen Neuplatonismus oder Neukantianismus versteht oder gar einen „neuen Nietzsche" propagiert. Der Gebrauch von Vorsilben wie „meta" oder „post" möchte durch eine Metakritik oder Postmoderne noch einmal überholen, was selber alles andere überholen wollte.

Es bleibt überraschend, daß sich in unserem Jahrhundert eine Weise des Philosophierens als „hermeneutisch" charakterisiert, also für sich den Titel einer früheren Hilfsdisziplin von Theologie und Jurisprudenz reklamiert. Führten nicht Motive vor allem der deutschen Geschichte zu diesem Tun? Als man es liebte, von der griechischen Sprache aus Kunstworte zu prägen, sprach man von Ontologie und Phänomenologie; seit dem 17. Jahrhundert stellte man die alte *ars interpretandi* unter den Titel „Hermeneutik". Eine konfessionell gespaltene Nation mußte einen gesicherten Zugang zur religiösen Tradition suchen; ein Land, das hinter der Staatsbildung der westlichen Nachbarn zurückgeblieben war, mußte der Auslegung von Gesetz und Verfassung besondere Aufmerksamkeit widmen. Konnte man nicht jenseits des religiösen Streits und vor der konkreten Rechts- und Staatsbildung eine Einheit in der Kultur suchen, die von den Dichtern fortgebildet und zur Form der Originalität geführt wurde? Als die Goethezeit auch für die deutschen Länder eine große Zeit der Kunst und Dichtung heraufführte, ging der Streit zwischen den Alten und den Modernen in Überlegungen über die geschichtliche Eigenständigkeit jeder Kultur und jeder Epoche über. Metaphysische Fragen wurden wachgehalten, mochten sie auch in den unterschiedlichen Einstellungen des Lebens und der Geschichte verwurzelt werden.

Eine „hermeneutische" Besinnung schien gerade da erforderlich, als die mitteleuropäischen Mächte im Ersten Weltkrieg besiegt worden waren; die Gefahr der Selbstzerstörung Europas rief nach einer neuen Selbstverständigung. Wenn die Philosophie als Anwalt einer grundsätzlichen Besinnung sich als Hermeneutik begriff, dann konnte das nicht bedeuten, daß sie nur die Auslegung vergangener Philosophien unter Regeln stellen wollte. Es ging auch nicht darum, Wissenschaften wie der Jurisprudenz und der Theologie, dazu der Philologie und der Historie eine methodische Grundlegung zu verschaffen. Die Logik der Philosophie selbst sollte als eine hermeneutische gefaßt werden; die Hermeneutik sollte die platonische und die hegelsche Dialektik, die Kritik und die Metakritik der Vernunft ersetzen oder neu grundlegen.

Es war der Freiburger Privatdozent Martin Heidegger, der im Sommersemester 1923 wenigstens im Titel seiner Vorlesung Philosophie als Hermeneutik faßte. Er wollte das Philosophieren von der Weise seiner Begriffsbildung her ausgrenzen. So hatte er „Logik" ankündigen wollen; da einer der Professoren schon eine solche Vorlesung las, gebrauchte er den Titel „Ontologie". Die Vorlesung selbst gab dann den zweiten und entscheidenden Titel „Hermeneutik der Faktizität". Das Seiende öffnet sich in einem unterschiedlichen Sein, wenn es als dieses bestimmte Seiende angesprochen wird; dieses Ansprechen des Seienden in seinem Sein, die Logik und die Ontologie im weiten Sinn, gehören in ein Da, das sich allein im Menschen öffnet. Dieses Da des Seins muß als faktisches vorausgesetzt und mit seiner Unerschöpflichkeit in jeweils neuen Auslegungen ergriffen werden. So kann die Weise, in der die Philosophie als eine unabschließbare Aufgabe übernommen wird, Hermeneutik genannt werden. In der Hermeneutik verlangt das jeweilige Eindringen in die Sache immer neue Differenzierungen und die ständige Selbstkorrektur. Heideggers Vorlesung führte den Titel „Hermeneutik" eigens auf die griechischen Wurzeln des Wortes zurück. Das Hermeneutische konnte sogar in die Nähe des Namens des Gottes Hermes gebracht werden, weil es das Bringen und Dolmetschen der Botschaft von den Göttern meint: Es geht um die Rede und die Auslegung im Reden. Eine Disziplin des Aristotelischen Organons konnte den Titel *peri hermeneias* bekommen, weil sie die begriffliche Arbeit vom Satz her als Auslegen von etwas als etwas faßte, den Satz in die Rede überhaupt zurückstellte. Heidegger machte Schleiermacher und Dilthey den Vorwurf, die Rede von der Auslegung verengt zu haben auf die Methodologie einer bestimmten Wissenschaftsgruppe, der sogenannten Geisteswissenschaften. Dadurch sei verloren gegangen, daß die alte „Auslegung" zum Leben selbst, nämlich zur Übernahme seiner Faktizität, zu führen suchte. Heidegger wollte dagegen den neuen philosophischen Ansatz Husserls, die Phänomenologie als Ontologie und Logik, von der Problematik der Begriffsbildung her als eine Hermeneutik fassen.[1]

Heidegger hat in einem späteren Rückblick – 1953/1954 in einem Gespräch mit einem japanischen Gast – erläutert, wie er zu seinem Gebrauch des Titels „Hermeneutik" kam: der Titel sei ihm aus dem Theologiestudium geläufig gewesen und dann bei Dilthey und Schleiermacher wieder begegnet. In der Tat konnte Heidegger bei dem katholischen Theologen Hoberg noch eine Hermeneutik-Vorlesung hören, als die protestantische Theologie die Hermeneutik längst als

---

[1] Martin Heidegger: *Ontologie (Hermeneutik der Faktizität)*. Frankfurt a. M. 1988. 9 ff.

eine anachronistisch gewordene Disziplin aufgab und sich in der religionsgeschichtlichen Schule und auf dem Weg zur formgeschichtlichen Deutung der Bibel neuen Interpretationsweisen zuwandte. Heidegger erinnert auch daran, daß ihn das Verhältnis von Sein und Sprache, verschärft im Verhältnis zwischen dem spekulativen Denken und dem Wort der Heiligen Schrift, in seinen Studienjahren umgetrieben habe.[2] Heidegger wird z. B. von dem Freiburger Theologen Staudenmaier nicht nur das Hegelbuch und die Arbeiten über Schlegel und Schleiermacher gekannt haben, sondern auch die Versuche, in der alttestamentlichen Weisheitsliteratur und der Johanneischen Rede vom Logos so etwas wie eine eigene Philosophie in der religiösen Botschaft selbst aufzuzeigen. Doch suchte Heidegger zuerst einmal das Verhältnis von Sein, Denken und Sprache durchaus im Sinne des mittelalterlichen Aristotelismus und Skotismus zu fassen. Ein Schlußkapitel, das er seiner Habilitationsschrift *Die Kategorien- und Bedeutungslehre des Duns Scotus* anhängte, sah in Hegel die große Einlösung des aristotelischen Versuchs, die Grundlegung der Ontologie in einer spekulativen Theologie zu finden. Heidegger betonte, daß Hegel das „System einer historischen Weltanschauung" gegeben habe, und mit Hegel zitierte er in jenen Jahren auch Romantiker wie Friedrich Schlegel und Novalis. Als der Landsturmmann und Privatdozent Heidegger Anfang August 1917 im privaten Kreis einen Vortrag über Schleiermachers *Reden über die Religion* hielt, nahm er mit der zweiten Rede Schleiermachers aber Abschied von jeder metaphysischen Theologie und auch von einer Ethiko-Theologie im Sinne Kants. Wenn gefragt werde, wie zum Leben eine religiöse Dimension gehöre, sollten metaphysische Konstruktionen beiseite bleiben. Konnten hier nicht die vorsichtige phänomenologische Beschreibung und eine Hermeneutik, die mit dem Leben geht, ein Weg sein?

Im „Kriegsnotsemester" Anfang 1919 hatte Heidegger die Idee der Philosophie als Urwissenschaft entfaltet. Am Schluß dieser Vorlesung forderte er für diese Urwissenschaft das „sich selbst mitnehmende Erleben des Erlebens", die „verstehende, die hermeneutische Intuition".[3] Husserl hatte in den *Ideen zu einer reinen Phänomenologie* die

---

[2] Martin Heidegger: *Unterwegs zur Sprache*. Pfullingen 1959. 96 f. – Zum folgenden vgl. Otto Pöggeler: *Der Denkweg Martin Heideggers*. Pfullingen 1963 und ³1990. 306 ff.
[3] Martin Heidegger: *Zur Bestimmung der Philosophie*. Frankfurt a. M. 1987. 117; zum folgenden 109, 4, 73, 112 ff., 75, 115, 12.

phänomenologische Philosophie in jener Evidenz gegründet, mit der sich das, was ist, in der Intuition originär geben kann. Dieses originäre Sichgeben wird hineingestellt in die Lebenswelt, von der Heidegger gleich am Anfang der Vorlesung spricht; die Lebenswelt wird bezogen auf das „Welten" von Welt überhaupt. In diesem Welten kann auch eine „Entlebung" geschehen, so daß sich anstelle dessen, was uns angeht, ein bloßer Gegenstand zeigt; in der Welt können wir auch auf Vorweltliches stoßen. Das sich selbst mitnehmende Erleben des Erlebens muß zum „Er-eignis" werden, welches alles Erleben in sein Eigenes vereignet und das Erlebbare eigens in sein Sein stellt. Heidegger spricht von der „Lebensschwungkraft", die in unterschiedlichen Weisen in eine Welt hineinlebt und sich so ausstreckt zu diesem oder jenem. Damit wird das Wort aufgenommen, das Stefan George für Bergsons *élan vital* gefunden hat.

Bergsons Erfahrung der Lebensschwungkraft war eine „metaphysische" Intuition. Doch suchte Bergson nicht mehr die üblichen metaphysischen Ideen wie Seele, Welt und Gott, die über Cousins Philosophieren von Schelling und Hegel her auch die französische Diskussion bestimmten; vielmehr sollte die Erfahrung der Lebensschwungkraft als erlebter und gelebter Zeit oder „Dauer" die Philosophie neu aufbauen. Diese Intuition mußte sich rechtfertigen, indem sie als eine metaphysische auch die wissenschaftliche Arbeit mit ihren neuen Entdeckungen aufnahm. Wenn Heidegger von einer hermeneutischen Intuition spricht, dann weist diese Rede zurück auf jenen Pluralismus der Begriffsbildung, den Wilhelm Dilthey durch die Behauptung der Eigenständigkeit der Geisteswissenschaften durchgesetzt hat. Dilthey hat freilich die Metaphysik als eine illusionäre Ausgestaltung der Philosophie zurücklassen wollen und den bleibenden Kern des Metaphysischen in der Weltanschauung gefunden; diese Weltanschauung oder die Pluralität möglicher Weltanschauungen werde auch durch Kunst und Religion ausgestaltet. Für Heidegger ist die Weltanschauung aber, sofern sie das Fragen schließlich stillstellt, unvereinbar mit der Philosophie. Das Problem der Weltanschauungsbildung bringt die „Katastrophe" für die bisherige Philosophie, die sich als Metaphysik gerade von bloßer Weltanschauung abgrenzen wollte. Philosophie als Urwissenschaft und damit als „kritische" Wissenschaft nimmt das Anliegen der Metaphysik auf, ohne der Weltanschauung zu verfallen. So aber wird sie zur Hermeneutik.

Wenn der junge Heidegger diese Hermeneutik als eine Hermeneutik der Faktizität faßt, sucht er den Gegensatz zwischen Husserls transzendentaler Phänomenologie und der geschichtlich ansetzenden Selbstbesinnung Diltheys zu unterlaufen. Husserl versucht in den *Ideen zu einer reinen Phänomenologie* durch die phänomenologische Reduktion jede empirische Voraussetzung auszuschalten; vor allem gibt er die vorgängige Ansetzung einer Welt auf, damit geklärt werden könne, was ein Ausdruck wie „Realität" meine. Wenn der § 58 der *Ideen* auch die „Transzendenz Gottes" zuerst einmal ausschaltet, erkennt er doch an, daß es metaphysische Fragen in einem recht verstandenen Sinn gibt. Das Bewußtsein, das erst ein Verständnis von Transzendenz und Religion gewinnen müsse, sei faktisch; diese Faktizität müsse jedoch ein Quell von Wesens- und Werteinsichten sein, der sich ins Unendliche steigere. Erst so könne jenes Faktische verständlich gemacht werden, daß der Mensch sich aus der Entwicklung der Lebewesen erhoben habe, die Wissenschaft in einer „wundervollen Teleologie" Züge der „natürlichen" Welt erkenne. Als Husserl in seinem Logos-Artikel *Philosophie als strenge Wissenschaft* den Relativismus zurückwies, mußte Dilthey gegen das Mißverständnis seines Ansatzes protestieren. Husserl präzisierte brieflich noch einmal seine Auffassung, daß die Phänomenologie für Religion und Kunst ein Apriori suchen müsse, „das als solches also in keiner Weise durch anthropologisch-historische Faktizitäten beschränkt ist". Das Historisch-Faktische könne nur als ein Exempel dienen, das die Ausrichtung auf das „rein Ideale" in Gang setze.[4]

Wenn Heidegger dagegen die Phänomenologie als Hermeneutik faßt, dann verwurzelt er sie in einer unerschöpflichen Faktizität; es bedarf der Auslegung, wie Idealität und wie andere Weisen von Sein in diese Faktizität gehören. Diese hermeneutische Phänomenologie gehört selber in eine bestimmte geschichtliche Situation, die sich wandeln kann und durch Interpretation verwandelt werden soll. Heidegger wollte durch die Auseinandersetzung mit Aristoteles die überlieferte Philosophie von innen her aufsprengen; so wurde diese Philosophie fähig, den Widerspruch ihrer schärfsten Widersacher aufzuneh-

---

[4] *Materialien zur Philosophie Wilhelm Diltheys.* Hrsg. von F. Rodi und H.-U. Lessing. Frankfurt a. M. 1984. 114, 116. Heidegger hatte eine legendenhaft gewordene Kenntnis von diesem Briefwechsel, vgl. Martin Heidegger: *Prolegomena zur Geschichte des Zeitbegriffs.* Frankfurt a. M. 1979. 30, 165.

16

men. Im Herbst 1922 stellte Heidegger in einem Bericht über seine phänomenologischen Aristoteles-Interpretationen zu Aristoteles dessen entschiedensten Gegner, den jungen Luther. Luther kann zeigen, daß die Philosophie sich verirrt, wenn sie den Abschluß ihrer Ontologie in einer spekulativen Theologie sucht; diese philosophische Theologie geht nicht mehr mit dem wirklichen Leben und dem wirklichen Glauben im Leben. Eine unvoreingenommene, phänomenologische Philosophie muß als Hermeneutik auch die Möglichkeit einer Selbstaufhebung der Philosophie im Glauben in Betracht ziehen.[5]

Der Bericht über das geplante Aristoteles-Werk brachte Heidegger die Berufung nach Marburg. In Göttingen äußerte sich Georg Misch zurückhaltender; sein Gutachten verwies Heidegger auf den zweiten Platz, da es Anstoß nahm an dem „Gequälten" in Heideggers Darstellungsweise, welche bezwinge, aber nicht befreie. Gelobt wurde, daß Heideggers Verbindung von Geschichte und Systematik dort einsetze, „wo das von Husserl logisch durchgebildete hermeneutische Verfahren und Diltheys philosophische Verwertung der Geistesgeschichte, einander ergänzend, zusammentreten". Dilthey hatte sich um die Geschichte der Hermeneutik bemüht, aber im hohen Alter in Husserls *Logischen Untersuchungen* eine Hilfe für seinen Versuch gefunden, in einer Philosophie der Selbstbesinnung auch dem Anliegen der Geisteswissenschaften gerecht zu werden. Ließ sich diese Verbindung von Hermeneutik und Phänomenologie fortsetzen? Im Wintersemester 1923/1924 machte Georg Misch zusammen mit Hans Lipps, der Husserl schon in Göttingen gehört hatte, „Übungen zur Bedeutungslehre (Hermeneutik)" (nachdem schon 1921 der Plan eines gemeinsamen Seminars über Husserls *Ideen* gefaßt worden war). Wenn die Selbstbesinnung Hermeneutik ist, muß sie in der Auseinandersetzung mit Husserl gefunden werden, dessen erste Logische Untersuchung ja das Thema *Ausdruck und Bedeutung* hat. Dem Privatdozenten Heidegger bleibt zuerst einmal nur das Verdienst, auch in der phänomenologischen Philosophie von Hermeneutik gesprochen zu haben.

Der Dilthey-Schüler Misch hatte 1904 zu seinem großen Lebenswerk gefunden, als er aufgrund eines Preisausschreibens der Berliner Akademie das Manuskript einer mehrbändigen Geschichte der Auto-

---

[5] Heideggers Bericht in: Dilthey-Jahrbuch 6 (1989) 235 ff., vor allem 250, 252, 263, 246; zum folgenden 272, 58, 19.

biographie vorlegte. Mit seiner Frau, der Tochter Diltheys, machte er dann 1907/1908 eine Studienreise nach Japan, China und Indien. Zwar philosophierte Misch noch nicht zusammen mit Freunden und Kollegen etwa aus Kyoto, die aus anderen Traditionen kamen; aber er bezog den Anfang des Philosophierens im mittelmeerisch-abendländischen Raum auf die anderen großen Anfänge in Indien und China. Nach langjähriger Durcharbeitung legte er das Erfahrene und Erforschte dar in seiner philosophischen Fibel, der kommentierten Textsammlung *Der Weg in die Philosophie*. Diese „Fibel" ist eine elementare Einführung in die ältesten philosophischen Traditionen und zugleich eine Besinnung des Philosophen auf seinen Ansatz. Sie zeigt mit Texten von Goethe, Dilthey und Husserl, wie der Mensch aus der Vertrautheit mit dem Leben heraus seine Erfahrungen macht; Buddha sowohl wie Platons Höhlengleichnis suchen den Ausbruch aus dieser Weltbefangenheit. Philosophie entsteht nur, wenn Mensch und Welt überhaupt zur Frage werden. So ist die Philosophie „ein Ereignis und kein notwendiger Vorgang"; sie kann nicht aus einer Natur des Menschen abgeleitet werden. Die philosophische Besinnung entfaltet sich auf unterschiedlichen Wegen: sie setzt „in Indien bei der Innerlichkeit des Ich, in China bei dem menschlichen Leben in der Gemeinschaft, in Hellas bei der Anschauung des Kosmos vornehmlich ein". Die „metaphysischen Urworte" sind dementsprechend Brahman, Tao, Logos. Meister Eckhart, G. Bruno und Nikolaus von Kues wiederholen in einer Wendezeit die metaphysischen Anfänge.[6]

Als „metaphysisch" bezeichnet Misch gerade nicht die Erste Philosophie des Aristoteles, sondern z. B. Heraklit: der *logos* gehört zur Welt selbst; nimmt der Mensch ihn auf, dann zeigt er seine Unergründlichkeit. In diese Metaphysik kann eine theoretische Tendenz kommen: schon Parmenides unterwirft das Metaphysische dem „ist" des Satzes und damit dem diskursiven Denken. Mit Sokrates und Platon beginnt ein zweiter Gang der Philosophie zusammen mit der Wissenschaft. Damit wird die Einheit von Theorie und Praxis, die für die Metaphysik kennzeichnend ist, aufgelöst; die Wissenschaften verbinden sich einer freigesetzten Lebenspraxis. Die Fibel endet mit der Geschichte der thrakischen Magd, die Thales am Alltag scheitern sieht. Der geplante zweite Band der Fibel ist ausgeblieben. So bleibt es

---

[6] Georg Misch: *Der Weg in die Philosophie*. Leipzig/Berlin 1926, vor allem 27, 30.

unsicher, wie Misch dieses neue „Ereignis" gesehen hat, in dem Metaphysik und Aufklärung, etwas Heterogenes, zusammenfinden. Der Weg dieses Zusammenfindens ist dem Abendland allein vorbehalten geblieben. Ausgeschlossen bleiben sowieso jene Traditionen, die den Menschen (im Judentum, im ursprünglichen Christentum und im Islam) unter eine Offenbarung stellen. Die Verbindung des christlichen Glaubens mit der metaphysischen und wissenschaftlichen Tradition scheint nicht aus dem Leben selbst herausgewachsen, sondern äußerlich erzwungen zu sein. Was Plotin geahnt hatte (die Idee als das Einmalige und das schöpferisch Neue) wurde in der Ausbildung der geistigen Individualität seit der Renaissance entfaltet. Reklamiert aber nicht gerade die Rede von der Hermeneutik eine Aufnahme des christlichen Glaubens vom Leben her? Offenbar wird gerade diese Frage beiseite gerückt, wenn Misch die Hermeneutik der Faktizität des jungen Heidegger mit ihrer Berufung auf Luther als „gequält" empfindet.

Mußte Georg Misch nicht versuchen, die philosophische Bedeutsamkeit der Hermeneutik, die so gewaltsam von einem Privatdozenten reklamiert wurde, als ein Anliegen Diltheys und seiner Schule in ihr Recht zu setzen? Misch hatte als Schüler Diltheys auf seine Weise den einsamen Weg seines Lehrers wiederholt. Die Dissertation über den französischen Positivismus machte Ernst mit dem Sturz der Systeme des deutschen Idealismus. Der transzendentale Weg Kants, bereichert um die Frage nach dem Begriff der Kultur und den methodischen Grundlagen der Geisteswissenschaften, führte über den Positivismus hinaus. Die Bemühung von Misch um Metaphysik und Logik Lotzes ging davon aus, daß die gestürzte Tradition ihren berechtigten Kern hatte. Wenn Dilthey diesen Kern von der Eigenständigkeit der Geisteswissenschaften her neu suchte, führte der Bezug zum geschichtlich Einmaligen und schöpferisch Neuen über die Verbindung von Philosophie und Wissenschaft hinaus, wie Platon sie von der Wiedererinnerung an das in sich ruhende Sein her geknüpft hatte. Misch gehörte zu den wenigen, die von Diltheys Leistung wußten. 1914 begann er die Edition von Diltheys *Gesammelten Schriften* mit dem Band 2 und dessen Abhandlungen über Weltanschauung und Analyse des Menschen seit Renaissance und Reformation. Misch besorgte auch die Bände 5 und 6, die unter dem Haupttitel *Die geistige Welt* eine „Einleitung in die Philosophie des Lebens" versprechen.

Dilthey selbst hatte dieses Werk noch im wesentlichen aus seinen Abhandlungen zusammengestellt und auch den Titel gewählt. Misch gab der Edition eine lange Einführung in Diltheys Werk mit, die bahnbrechend wurde. Dabei konnte er darauf verweisen, daß Diltheys Umarbeitung seiner Poetik „von der Psychologie zur Hermeneutik" führe. Ein später Aufsatz über Hermeneutik zeige überdies, wie das nachbildende Verstehen in den Geisteswissenschaften die Hermeneutik zur Psychologie stellt.[7]

Dilthey selbst hatte eine große Jugendarbeit ungedruckt gelassen: die Preisschrift *Das hermeneutische System Schleiermachers in der Auseinandersetzung mit der älteren protestantischen Hermeneutik.* Diese Arbeit zeigt auch, warum es schwerfiel, das Problem des nachbildenden Verstehens allein von der Hermeneutik her zu fassen: die Hermeneutik scheint sich dem Anliegen des protestantischen Glaubens zu verdanken, die *Heilige Schrift* aus sich selbst heraus auszulegen. Erst Schleiermacher habe in einer ursprünglicheren Weise diese Hermeneutik mit den Bemühungen um die griechische Tradition zusammengeführt und so als universale Disziplin ausgebildet. Dilthey selbst relativiert diese geschichtliche Linie durch den Hinweis auf Vicos ungenutzte *Neue Wissenschaft,* „die alle alten Systeme der Hermeneutik aufwiegt". In seiner poetischen Metaphysik und Logik sei Vico ausgegangen vom Dichter als dem Repräsentanten einer Epoche des Menschengeistes, also vom „wahren Homer". In vorsichtiger Form nähert Dilthey sich so dem Mythosproblem. Ist es überzeugend, wenn einem Gegner der „neuen Mythologie" wie Schleiermacher das Verdienst zugesprochen wird, indirekt auch den Versuch Vicos, zu dem Leibniz mit seinen Arbeiten trete, in die universale Hermeneutik aufgenommen zu haben?[8]

Georg Misch nahm Fragen dieser Art 1924 in seinem Aufsatz *Die Idee der Lebensphilosophie in der Theorie der Geisteswissenschaften* auf. Er fand in den Geisteswissenschaften das antikatholische Motiv, einen Glauben nicht aufzufassen als Erkenntnis einer göttlichen Vernunftordnung oder als Ausrichtung auf eine solche Erkenntnis. Doch

---

[7] *Wilhelm Diltheys Gesammelte Schriften.* Leipzig und Berlin (später Göttingen) 1914 ff. Band 5. IX, XLV, LXXXI, 317 ff.

[8] *Wilhelm Diltheys Gesammelte Schriften.* Band 14. 765, 698. Vgl. aber Band 7. 218 über das Verhältnis der Hermeneutik zur „Möglichkeit eines Wissens vom Zusammenhang der geschichtlichen Welt".

wollte er auch nicht jener Verengung protestantischer Theologie verfallen, die Religion auf ihre „historische Partikularität" festlegen will. Nur durch die Forderung einer Säkularisierung konnte Misch mit jenem ursprünglich christlichen Glauben fertigwerden, der das Geglaubte nicht mystisch umformt, vielmehr mit Pascal und Kierkegaard das Unverfügbare und Geschichtliche im Glauben betont. Es ist deutlich, daß Misch auf dieser Basis nicht Gesprächspartner der neu entstandenen dialektischen Theologie sein konnte. Er bestand darauf, daß das „geistige Leben", wie die Geschichte es zeigt, im Grunde „eines Wesens mit den bildenden Mächten in der Seele des Erkennenden" sei, also „auf einer inneren Berührung von Seele zu Seele, von Lebensmacht zu Lebensmacht" beruhe. Nur unter dieser Bedingung könne es eine Konsequenz im Methodischen sein, „daß die Hermeneutik anstelle der Psychologie in die Grundlegung der Geisteswissenschaft hineinrückt, ja darüber hinaus in den Mittelpunkt der allgemeinen philosophischen Logik fällt".[9]

Eine Auseinandersetzung zwischen der Dilthey-Schule und der phänomenologischen Philosophie hätte klären können, in welchem Sinn denn eigentlich die Logik der Philosophie selbst als eine hermeneutische gefaßt werden könne. Trotz verschiedener Ansätze von beiden Seiten aus ist es zu dieser Auseinandersetzung nicht gekommen. Edmund Husserl konnte 1927 mit dem Band 8 seines Jahrbuchs zeigen, daß die Phänomenologie sowohl universal wie radikal sei. Heideggers Fragment *Sein und Zeit* handelte nach Husserls Auffassung von der Anwendung auf Geschichte und Geisteswissenschaften, Beckers Abhandlung *Mathematische Existenz* brachte ontologische Untersuchungen zur Mathematik und ihrer Anwendung vor allem in den Naturwissenschaften. Doch suchten beide Arbeiten die Radikalität des phänomenologischen Ansatzes zu einer hermeneutischen Wende zu führen. In der Tat zeigen die folgenden Bände des Jahrbuchs neue Wege – so die Arbeiten von Landgrebe und Kaufmann zu Dilthey und zu Diltheys Gesprächsfreund, dem Grafen Yorck von Wartenburg, selbst Husserls Versuch, zu den Wurzeln der formalen und transzendentalen Logik vorzudringen. Im Jahre 1930 publizierte Husserl im Band 11 des Jahrbuchs ein Nachwort zu seinen *Ideen*, die das Jahrbuch einst eröffnet hatten. Dieses Nachwort von 1930 und ein folgender Vortrag

---

[9] *Materialien* (s. Anm. 4) 132 ff., vor allem 141 f.

Phänomenologie und Anthropologie zeigen, daß die Einheit der phänomenologischen Philosophie an divergierenden Tendenzen zerbrochen war und Husserl die Schuld dafür Dilthey und Scheler gab. Oskar Becker mußte aber auch einsehen, daß es für ihn eine Übereinstimmung mit Heidegger in der Fortführung der Phänomenologie als Hermeneutik nicht gab. Heidegger selber, in einem neuen Gespräch mit Max Scheler, gab schließlich den zu engen Ansatz von *Sein und Zeit* ebenso auf wie die Rede von einer hermeneutischen Phänomenologie.

Georg Misch begann 1929 statt mit dem gewünschten Beitrag zur Husserl-Festschrift mit seiner Artikelfolge *Lebensphilosophie und Phänomenologie*. Das so entstehende Buch von 1931 konzentrierte sich auf die Auseinandersetzung mit *Sein und Zeit,* ohne aber den wirklichen Ansatz Heideggers und die divergierenden Tendenzen Beckers in den Blick zu bekommen. Schelers Phänomenologie galt sowieso als bloßer Ausdruck der Tendenzen der Zeit, der zugleich zu zeigen schien, daß die Phänomenologie sich mit Gehalten aus unterschiedlichen Weltanschauungen auffüllen konnte. Ging aber nicht auch die Dilthey-Schule schon unterschiedliche Wege? Nach dem Tode ihres Lehrers hatten die wenigen Schüler, die um Diltheys Leistung wußten, sich zur Edition der *Gesammelten Schriften* ihres Lehrers vereinigt. (Zu Misch, Groethuysen, Nohl, Ritter hatte eigentlich auch Spranger gehören sollen, der nach Diltheys Wunsch das Schleiermacher-Werk edieren und fortsetzen sollte.) Konnte der Versuch einer hermeneutischen Logik noch die unterschiedlichen Wege zusammenbinden? Hans Lipps stellte 1938 seinen energischen Versuch, die Begriffsbildung und Logik in die umfassendere Rede zurückzustellen, nach einigem Zögern unter den Titel *Untersuchungen zu einer hermeneutischen Logik*. Eine Auseinandersetzung mit dem amerikanischen Pragmatismus war zwar gefordert, konnte aber in dieser Zeit der kulturellen Abschließung und Isolation konkret nicht stattfinden. Hans Lipps fiel wenige Jahre später als Regimentsarzt in Rußland. Georg Misch war durch die Gewaltherrschaft seines Göttinger Lehrstuhls beraubt worden und mußte für viele Jahre in die Emigration nach England ausweichen. Heidegger, durch sein fatales Engagement von 1933 diskreditiert, ging nunmehr einsame Wege ohne Auseinandersetzung mit seinen Zeitgenossen. Eine hermeneutische Philosophie war als ein gemeinsames Anliegen der Philosophen in Deutschland gescheitert.

22

Der Zweite Weltkrieg brachte die Selbstzerstörung Europas als der einstigen Mitte der Welt. Mußte die Besinnung auf eine mögliche „Kehre" nicht im deutschsprachigen Bereich einen Schwerpunkt finden, da von dort der Schritt zum rücksichtslosen Kampf um Weltherrschaft und zu schrecklichsten Verbrechen ausgegangen war? Eine moderne, pluralistische Gesellschaft verlangt eine relativ autonome Erziehung und Bildung; so trat die Pädagogik in den Kreis der alten praktischen Disziplinen Medizin, Jurisprudenz und Theologie. Von Dilthey aus hatte die Pädagogik in Deutschland sich zu einer „geisteswissenschaftlichen" ausgestaltet; konnte sie sich als eine „hermeneutische" verstehen? Die Jurisprudenz war konfrontiert mit der Tatsache, daß das Recht gerade durch die „Interpretation" der Juristen zum Unrecht umgestaltet worden war; mußte sie sich nicht auf ihre „Hermeneutik" neu besinnen? Die Politik war in vielfacher Weise zur Unpolitik geworden. Mußten Politikwissenschaft und Philosophie nicht andere Wege, vielleicht eine „Rehabilitierung der Praktischen Philosophie" suchen? Diese Rehabilitierung ist dann vorwiegend eine deutsche Angelegenheit geblieben. Man kann sich aber nicht damit zufrieden geben, daß von Frankreich und Amerika aus das deutsche Philosophieren auf Heideggers Wege und Irrwege festgelegt, damit die Arbeit zweier Generationen verleugnet wird. Ist die Rehabilitierung der Praktischen Philosophie nicht zentrale Aufgabe einer hermeneutischen Philosophie? Joachim Ritter hat 1956 in seinem Aufsatz *Das bürgerliche Leben* in diesem Sinn einen „hermeneutischen" Ansatz gefordert.[10]

Hans-Georg Gadamer war im Sommer 1923 unter den Hörern von Heideggers Vorlesung über Hermeneutik der Faktizität. *Wahrheit und Methode* (1960) trägt dann Heideggers Destruktion der Tradition zurück in eine Besinnung auf die Grundlagen geisteswissenschaftlichen Verstehens überhaupt. Die freie und schöpferische Weise, in der das Leben in der Kunst eine Verständigung über sich selbst sucht, wird zum Leitfaden der Überlegungen. Ein Aristoteliker scheint am Werk, wenn die Vermittlung von Norm und Fall in der Jurisprudenz zum vorurteilsvollen philologischen Auslegen gestellt wird; das Verstehen

---

[10] Joachim Ritter: *Metaphysik und Politik.* Frankfurt a. M. 1969. 64, 75 ff., 99. – Vgl. ferner *Rehabilitierung der praktischen Philosophie.* 2 Bände. Hrsg. von M. Riedel. Freiburg i. Br. 1972 und 1974.

von Werken wird hineingestellt in die Geschichte der Wirkung der Werke, in der sich unterschiedliche geschichtliche Horizonte verflechten. Der dritte Teil von *Wahrheit und Methode* faßt das Sein, das verstanden wird, als Sprache; er legt die grundlegende neuplatonische Orientierung offen. Während Heidegger sich der Tradition zu entwinden versucht, zieht Gadamer eine Linie sich steigernden Problembewußtseins von Platon zu Plotin, von Plotin und Augustin zu Hegel, ja von Hegel zu Heidegger. *Wahrheit und Methode* konnte der philosophischen Hermeneutik eine weltweite Anerkennung verschaffen.[11] Dieser Erfolg wurde gestützt durch parallele Tendenzen in der Theologie: Heidegger gewinnt in seiner Kehre die Geschichtlichkeit des Daseins erst aus der Geschichte des Seins; die Schüler Bultmanns fragen, aus welcher geschichtlichen Einstellung heraus und an welchem geschichtlichen Ort es so etwas wie die geforderte „Entmythologisierung" geben kann. Muß die Theologie sich nicht zurückstellen in jene Geschichte, in der sich erst im sog. Alten Testament, bei den Griechen, in den verschiedenen Epochen des Christentums bestimmte, was die Rede von Gott sagen kann? Da auch Bultmann schließlich den Titel „Hermeneutik" akzeptierte, sprach man von einer hermeneutischen Theologie. Hatte man aber überhaupt im Ernst aufgenommen, wie z. B. Heidegger nicht nur von Overbeck her, sondern schließlich mit Nietzsche und Hölderlin die Möglichkeit von „Theologie" in Frage stellte?[12]

Nietzsche zeigt, daß das Leben den „Interpretationen" viele Perspektiven vorgibt, so aber in letzte Entscheidungen hineinruft (etwa zwischen dem Liebesgebot Jesu und der tragischen Einstellung der griechischen Frühe). Die Hermeneutik möchte mehr leisten, nämlich einführen in jene Geschichte, die auch unsere Situation immer schon geprägt hat. So kann Dilthey Nietzsche vorhalten, daß sein unruhiges Suchen schließlich doch nur wieder hervorgeholt habe, was etwa Machiavelli vom Menschen sagte. Auch Jakob Burckhardt scheut vor

---

[11] Jean Grondin: *Einführung in die philosophische Hermeneutik.* Darmstadt 1991, schließt sich Gadamer an (mit Bibliographie). Zur analytischen Philosophie zurück geht Hans Ineichen: *Philosophische Hermeneutik.* Freiburg/München 1991.
[12] Vgl. dazu Gerhard Ebeling: *Hermeneutische Theologie?* In: *Wort und Glaube.* Band 2. Tübingen 1969. 99 ff.; Otto Pöggeler: *Heidegger und die hermeneutische Theologie.* In: *Verifikationen* (Festschrift für G. Ebeling). Hrsg. von E. Jüngel u. a. Tübingen 1982. 475 ff.

Nietzsches Radikalität und Unmittelbarkeit zurück und möchte die leitenden Motive der Geschichte als eine Kontinuität aufweisen. Für Heidegger wurde schließlich Nietzsche zur Entscheidung, doch glaubte er dann Nietzsches große Lösungsvorschläge auf die Vorurteile der „Metaphysik" zurückbringen zu müssen. So hat er nach Gadamer Nietzsches Fragen auf die Höhe einer Auseinandersetzung mit der Tradition gehoben. Den deutschen Historismus bezieht Gadamer auf eine Geschichtstheologie; Diltheys geisteswissenschaftliches Philosophieren wird entlarvt als Vollendung der Aufklärung mittels des Historismus.[13] Dieser Kritik gegenüber muß man geltend machen, daß Dilthey z. B. in der späten Ausformulierung seines Hölderlin-Aufsatzes Denken und Dichten auf den Rhythmus des Lebens bezogen und so in die zukunftsoffene Geschichte gestellt hat. Otto Friedrich Bollnow sieht jedes Philosophieren durch ein Immer-Schon geprägt und fordert deshalb „Hermeneutik". Er möchte statt der Allgemeingültigkeit „Objektivität" als immer tieferes Eindringen in die Sache festhalten; so nimmt er aber dem Denken selbst den Bezug auf eine offene, nicht gegebene Zukunft. Neben Psychologie und Anthropologie wird auch die philosophische Hermeneutik in die Grundlegung des Philosophierens eingebracht; die hermeneutische Philosophie wird abgelehnt, da diese „übertragene Verwendung des Begriffs der Hermeneutik" das Leben selbst zum Gegenstand der Philosophie machen möchte, obwohl es in seiner Zukunftsoffenheit kein „objektiv" aufzunehmender Gegenstand sei.[14]

Im deutschsprachigen Raum legt man die Wende zur Gegenwart in die Jahrzehnte um 1800; in Frankreich bleibt die Orientierung am „klassischen" 17. Jahrhundert herrschend. Als Sartre aus cartesischen Motiven heraus das Fürsich des Menschen gegen jedes Ansich stellte, führte Merleau-Ponty durch den Hinweis auf die Leiblichkeit über diese abstrakte Alternative hinaus. Paul Ricoeur hat noch in deutscher Kriegsgefangenschaft Husserls *Ideen* zu übersetzen begonnen; doch führten existenzielle Denker wie Marcel und Jaspers über das Modell der Wahrnehmung hinaus. Der personalistische Ansatz bei der Inkar-

---

[13] Hans-Georg Gadamer: *Wahrheit und Methode.* Tübingen 1960. Zweiter Teil I. – Zum folgenden vgl. Frithjof Rodi: *Erkenntnis des Erkannten.* Frankfurt a. M. 1990. 56 ff.
[14] Otto Friedrich Bollnow: *Studien zur Hermeneutik.* 2 Bände. Freiburg/München 1982 und 1983. Band 1. 195 f.

nation der Freiheit verlangte eine Philosophie des Wollens (1950). Als Ricoeur dieses Werk 1960 vollenden wollte, ließ sich die Fehlbarkeit, die zum Wollen gehört, nicht phänomenologisch auf ein einheitliches Wesen zurückbringen. Diese Fehlbarkeit führte zur unterschiedlichen Rede vom Frevel bei den Griechen und von der Sünde im jüdisch-christlichen Bereich; so verlangte sie, hermeneutisch an die Vielsinnigkeit des Lebens anzuknüpfen. Mit Hegels *Phänomenologie des Geistes*, mit Husserls *Krisis*-Schrift und mit Heideggers Verknüpfung von Sein, Wahrheit und Geschichte suchte das französische Denken eine neue Vermittlung der metaphysischen und transzendentalen Tradition mit der Geschichte. Diese Orientierung an den Philosophen mit dem unaussprechlichen deutschen „H" wurde in den sechziger Jahren abgelöst durch den Bezug auf Marx, Nietzsche und Freud: Die Vernunft bleibt geprägt durch den Zwang der Produktionsverhältnisse, durch das Streben nach Macht und durch das verborgene Begehren. Ricoeurs Freud-Buch *Die Interpretation* von 1965 geht davon aus, daß die Symbole zu Idolen pervertiert werden, wenn Bewußtsein und Verstehen aus acherontischen Tiefen heraus vom Unbewußten gesteuert werden. Die Hermeneutik kann sich nicht darauf beschränken, im Rahmen der Mythendeutung oder der existenzialen Exegese heiliger Schriften einen symbolisch entfalteten Sinn zu bewahren; sie muß zugleich ideologiekritisch Idole entlarven. Ricoeur will Freuds „Archäologie" verbinden mit der Teleologie von Hegels *Phänomenologie des Geistes,* das Einsammeln des Sinns jedoch in eine offenbleibende Geschichte stellen.

Wenn Ricoeur eine Sammlung von Aufsätzen unter den Titel *Der Konflikt der Interpretationen* stellt (1969), dann folgt er diesem Konflikt in weitere Dimensionen. So muß auch gefragt werden, ob es nicht Strukturen gibt, deren Elemente den Wandel in der Zeit überdauern und durch immer neue Kombinationen Geschichte möglich machen. Das Buch *Die lebendige Metapher* (1975) zeigt, wie die Rede zu Innovationen kommen kann. Das abschließende Werk *Zeit und Erzählung* (1983-1985) spricht diese innovative Kraft der Erzählung zu und trägt in die Poetik des Aristoteles jene Erfahrung ein, in der seit Augustin die Zeit in Zeitigungen auseinanderbricht. Die Modelle des Romans und der Geschichtsschreibung sollen deutlich machen, daß nur die offene Erzählung der Erfahrung von Zeit gerecht werden kann. Hegel mußte diese Erfahrung überspielen und verdecken, wenn er in seiner Geschichtsphilosophie ein universales Begreifen erstrebte; auf diesen Hegel müssen wir „verzichten".[15] Emmanuel Lévinas z. B. hatte ja aufgewiesen, wie sich in der Andersheit und Anderheit des Anderen ein unendlicher Entzug zeigt, an dem Hegels Totalisierungen zerbrechen. Legt man Nietzsche nicht (wie Heidegger es schließlich tat) auf abschließende metaphysische Konzeptionen fest, dann zeigt sich die Erfahrung der Andersheit in den unvereinbaren Perspektiven des interpretierenden Willens zur Macht; auf diesen „neuen" Nietzsche kann sich die Kritik am systematischen oder geschichtsphilosophischen Einheitsdenken berufen, die sich unter Titeln wie „Dekonstruktion" oder „Postmoderne" entfaltet. Zugleich wird die Frage geweckt, ob die acherontischen Tiefen im Menschen nicht als das Andere in die Bereiche des Existenziellen und Geschichtlichen einbrechen, so daß es eine existenzielle oder hegelianisierte Psychoanalyse nicht geben kann. Damit ist der Ansatz einer hermeneutischen Philosophie in vielfacher Weise neu zum Problem geworden.

Das kontinentaleuropäische Philosophieren konnte mit seinen hermeneutischen Tendenzen eine weltweite Wirkung erzielen. Ein erster Blick auf Japan und Amerika zeigt aber schon, wie unterschiedlich diese Wirkung sich vollzog. In einer mehr als hundertjährigen Anstrengung hatte Japan die eigene Überlieferung mit den europäischen Wegen verbunden. In der Philosophie hatte die Kyoto-Schule vor allem die Auseinandersetzung mit dem deutschen Idealismus und der Phänomenologie Husserls und Heideggers gesucht. Eine zenbuddhistische Prägung mußte dieses Philosophieren zu dem Versuch führen, jede Überlieferung in einer Grunderfahrung aufzuheben, die durch Überlieferung nicht mehr zu erreichen sei. Diese Überlieferung durch Nichtüberlieferung mußte eine hermeneutische Umformung der Philosophie zurückweisen. Doch blieb die Frage, ob das eigene Philosophieren sich nicht z. B. allzu bereitwillig mit der Kriegspartei im politischen Bereich verbunden hatte. Der Eintritt in die gemeinsame Weltzivilisation machte die Überlegung dringlich, ob die Technik uns heute nicht in eine einmalige Situation stellt. Damit brach das herme-

---

[15] Vgl. dazu Manfred Rommel / Otto Pöggeler / Friedrich Hogemann: *Auf Hegel verzichten?* In: Hegel-Studien 23 (1988) 245 ff. – Zum einzelnen vgl. Bernhard Waldenfels: *Phänomenologie in Frankreich.* Frankfurt a. M. 1983. 266 ff.

neutische Motiv im eigenen Philosophieren auf und führte zu einer Trennung der Wege.[16]

In Amerika wurde die Rede von der Hermeneutik zu einem vieldeutigen Schlüsselwort, obwohl (oder weil) die Dilthey-Tradition ohne Einfluß war. Seit der zweiten Hälfte der sechziger Jahre vollzog sich in einer Krise des Landes auch ein Umschwung in den Philosophischen Seminaren: Konnte man von den analytischen und sprachanalytischen Ansätzen her die Fragen angemessen artikulieren, die nun das gemeinsame Leben bedrängten? Amerika war im Sinne Hegels vor allem eine bürgerliche Gesellschaft gewesen und mußte nun ein Staat mit weltpolitischer Verantwortung sein; die wuchernden Großstädte gaben schwer lösbare Probleme auf. Welche Rollen sollten der Religion in einem laisierten und der Kunst in einem traditionslosen Land zukommen? Von den Divinity Schools und den Humanities her meldete sich die kontinentaleuropäische Philosophie von Hegel bis Heidegger für eine Ausarbeitung dieser Fragen. Selbst die Wissenschaftsgeschichte gab eine Unterstützung, indem sie die physikalischen Arbeitsansätze in einen geschichtlichen Kontext zurückstellte.[17] Richard Rortys Buch *Philosophie und der Spiegel der Natur* von 1979 zeigte die Selbstauflösung der alten „erkenntnistheoretischen" Tradition. Wie Hegel in der „Einleitung" zur *Phänomenologie*, so spottete auch Rorty über das Korrigieren am Medium der Erkenntnis und das bloße Putzen des Spiegels; mit dem § 32 aus *Sein und Zeit* reklamierte er die Hermeneutik. In Rortys Buch *Kontingenz, Ironie und Solidarität* von 1989 scheint die Verbindlichkeit des Philosophierens überhaupt verloren zu gehen. Nietzsche und Heidegger werden darüber belehrt, daß sie ihre „privaten" Äußerungen nicht als eine Hermeneutik der abendländischen Geschichte oder gar der Welt überhaupt hätten ausgeben sollen. Müssen die kontingenten und sprachgebundenen Ansichten sich nicht ironisch zu sich selbst verhalten? Doch soll im öffentlichen Bereich die Solidarität bleiben, die schon vom französi-

---

[16] Vgl. Otto Pöggeler: *Neue Wege mit Heidegger.* Freiburg/München 1992. 88, 102 ff., 387 ff.

[17] Der Sammelband *Phenomenology and the Natural Sciences.* Hrsg. von J. J. Kockelmans und Th. J. Kisiel. Evanston 1970, hätte wegweisend werden können. Zur exemplarischen Auseinandersetzung mit den weitgestreuten Arbeiten von Kockelmans vgl. Otto Pöggeler: *Heidegger und die Kunst.* In: *Martin Heidegger.* Kunst – Politik – Technik. Hrsg. von Ch. Jamme und K. Harries. München 1992. 59 ff.

schen Schellingianismus als humanistische Einlösung des christlichen Erbes ausgegeben wurde. Die Unterscheidung des privaten und des öffentlichen Bereichs, die sich in der westlichen Kultur ausgebildet hat, wird zur Aufspaltung des Philosophierens genutzt. Mit radikalen Pariser Tendenzen soll die Philosophie den Unterschied gegenüber der Literaturkritik aufgeben, zumal sie von dieser in den Bildungseinrichtungen des Landes längst überholt worden ist. Dagegen müßte eine „hermeneutische Philosophie"[18] umgekehrt neu nach Recht und Grenzen der benutzten Unterscheidungen fragen.

Im deutschsprachigen Bereich hat Karl-Otto Apel in exemplarischer Weise die hermeneutischen Traditionen in die Auseinandersetzung mit den analytischen und pragmatistischen Ansätzen der angloamerikanischen Philosophie geführt. Wenn Morris, Wittgenstein oder schon Peirce Erkenntnis und Sprache verbinden und die pragmatische Dimension der Sprache aufzeigen, holen sie auf ihren Wegen die Anliegen der hermeneutischen Tendenzen ein. Wurde aber die pragmatische Dimension der Sprache nicht immer schon von der Rhetorik berücksichtigt, so daß der italienische Humanismus bei seiner Entdeckung der Sprache als Muttersprache einer geschichtlichen Gemeinschaft durch Vico die philosophische Bedeutung der rhetorischen Tradition herausstellen konnte? Von Jürgen Habermas her nahm Apel auch die ideologiekritischen Tendenzen auf. Die weltweit leitenden Impulse heutigen Philosophierens waren im Spiel, wenn Apel 1972 mit dem Titel seiner gesammelten Aufsätze eine Transformation der Philosophie forderte. Gewinnt der Mensch erst in der Interaktion mit anderen sich selbst, dann muß die Kommunikation als Orientierung dieser Interaktion jene Logik enthalten, die das Philosophieren mit seinen hermeneutischen, pragmatischen und ideologiekritischen Tendenzen leiten kann. Diese Selbstbegründung der Philosophie nimmt die Verabschiedung der alten Metaphysik durch die kritische Transzendentalphilosophie der Neuzeit auf.

Geklärt werden soll, wie wir über unsere Wissens- und Verhaltensweisen Zugang haben zu dem, was ist; so kann die Unterscheidung von Erklären und Verstehen zum Einstieg in diese Selbstverständi-

---

[18] Stanley Rosen faßt gerade die Pariser Tendenzen als Hermeneutik: *Hermeneutics as Politics*. New York/Oxford 1987; die Anerkennung der Partnerschaft zur Dichtung zwingt ihn zum Abschied von der Position eines Leo Strauss: *The Quarrel between Philosophy and Poetry*. New York/London 1988.

gung des Philosophierens werden. In Auseinandersetzung mit den Arbeiten von Wrights zeigt Apel, daß in jedem Erklären schon ein Verstehen steckt, dieses Verstehen als Kommunikation zur Selbstreflexivität tendiert. Eine kommunikative Rationalität ist auch dann vorausgesetzt, wenn das Verhalten zu unableitbaren Entscheidungen führt. Johann Gustav Droysen hat in seinem *Grundriß der Historik* die alte Unterscheidung zwischen Logik, Physik und Ethik aufgenommen und die wissenschaftlichen Methoden auf das spekulative Erkennen in Philosophie und Theologie, das physikalische oder mathematisch-physikalische Erklären und das historische Verstehen reduziert (§ 14). Dabei läßt er sich leiten von Wilhelm von Humboldt, dem er politische Einsicht und „hermeneutische" Kraft zuspricht. Kann dieser Ansatz ausgebaut werden? Das Erklären springt etwa mit einer mathematischen Formel in ein Experiment, um Vorgänge hypothetisch zu deuten und so prognostisch zu beherrschen. Demgegenüber steht das Verstehen immer schon in einem Lebensbezug zur Sache; die Französische Revolution oder die religiöse Erfahrung des Jesus als des Christus wird so ausgelegt, daß ein neues Verhältnis zur Sache unterschiedliche Situationen auseinandertreten läßt und das Verstehen einfügt in den Vollzug der Geschichte. Für das Verhältnis zwischen Erklären und Verstehen kann man den Begriff der Komplementarität geltend machen, der in der Quantenphysik gebraucht wurde: Erklären und Verstehen schließen einander aus, indem das eine für den vollen Bezug zur Wirklichkeit zugleich das andere als Ergänzung fordert.[19] Werden Erklären und Verstehen aber nicht in ihrer Eigenständigkeit angetastet, wenn Apel beide vom Verstehen her in ein abschließendes Wissen vom Wissen und Verhalten überhaupt einfügt? Muß nicht zuerst einmal der Leistungssinn sowohl des Erklärens wie des Verstehens erörtert werden, ohne daß diese Weise des Erörterns speziell vom Verstehen her gewonnen wird? Die Hermeneutik als Logik der Philosophie muß dann in diesem Erörtern gefunden werden, nicht im Verstehen, das vielmehr auf seinen spezifischen Leistungssinn hin zu begrenzen ist. Das Erörtern aber müßte sich und seinen eigenen Ort im Wissen und Verhalten recht-

---

[19] Vgl. Oskar Becker: *Größe und Grenze der mathematischen Denkweise.* Freiburg/München 1959. 169. – Zum folgenden vgl. meinen Beitrag *Erklären – Verstehen – Erörtern* zur Apel-Festschrift *Transzendentalpragmatik.* Hrsg. von Andreas Dorschel u. a. Frankfurt a. M. 1993. 410 ff.

fertigen und so in der Tat aufnehmen, was Droysen als Spekulation ansprach.

Eine hermeneutische Philosophie in diesem Sinn ist also keine philosophische Hermeneutik, insofern diese (wie im bahnbrechenden Werk Gadamers) dem Verstehen Universalität zuspricht, damit das Erklären doch nur als Randphänomen des Verstehens nimmt und das Problem einer Selbstbegründung der Philosophie vorschnell aus der Hand gibt. Ausgeschlossen ist aber auch der Weg Apels, da dieser über eine transzendentale Hermeneutik und Pragmatik eine Letztbegründung sucht. Bleibt die Logik, die in der Kommunikation gefunden wird, nicht immer partial und offen für neue Wege? Da das Philosophieren diese Offenheit mit der Hermeneutik teilt, kann es zu Recht sich und seine Grenzen durch das Adjektiv „hermeneutisch" charakterisieren. Die Hermeneutik als Logik des Philosophierens kann aber nicht einseitig vom Verstehen her gewonnen werden. So kann der Titel Hermeneutik nicht ständig erweitert werden: nicht von den alten Hilfsdisziplinen übertragen werden auf die Methode der Geisteswissenschaften überhaupt und schließlich auf das Philosophieren. Wird so vorgegangen, dann ist der Einspruch unausweichlich: „eigentlich" gehöre die Hermeneutik nur zu den Geisteswissenschaften; „eigentlich" müsse zur Hermeneutik die Kritik oder aber die Dogmatik gestellt werden, eine Anthropologie müsse den Gebrauch der Hermeneutik rechtfertigen und einschränken, usf. Auch Theologen, die wieder am Detail arbeiten und ihre Disziplin nicht mehr in Frage stellen lassen wollen, können dann in diesem Sinn Hermeneutik wieder auf Verfahrensfragen beschränken. Das Philosophieren, das sich über sich selbst verständigen will, muß vielmehr in umgekehrter Richtung fragen, ob es zur Charakterisierung seiner Bemühungen nicht ein Adjektiv wie „hermeneutisch" sinnvoll gebrauchen kann. Dieses Philosophieren kann eingestehen, daß es einen bestimmten Ausgangspunkt hat (etwa bei den Geisteswissenschaften, wie in den Arbeiten Diltheys). Das Erörtern kann zugeben und dann selbstkritisch aufhellen, von welchem bestimmten Ort es in der weitergehenden Geschichte ausgeht. Die Endlichkeit und Begrenztheit des eigenen Ansatzes ist kein Einwand mehr, wenn dieses Philosophieren sich in einen Pluralismus der Philosophien zurückstellt.

Kann das Erörtern einer hermeneutischen Philosophie überhaupt einseitig vom Erklären und Verstehen her gewonnen werden? Aus dieser Alternative könnte immer noch jene abstrakte Unterscheidung des Descartes zwischen der ausgedehnten und der denkenden Substanz sprechen, die auch noch die neukantische Verflechtung von Wissenschaft und Philosophie und die Anfänge der Phänomenologie bestimmte. Ein erster Blick auf die heutige Wissenschaft und Forschung zeigt aber, daß Physik und Geschichtswissenschaften nicht die leitenden Modelle wissenschaftlicher Arbeit abgeben; sicherlich lassen die beiden wissenschaftlichen Tätigkeiten sich nicht auf das Generalisieren einerseits, das Individualisieren andererseits verteilen. Eine dominierende Rolle spielen heute die Wissenschaften vom Lebendigen. Zwar scheint die Molekularbiologie sich mit der Physik zu verbinden; doch die übergreifenden Probleme der Evolution führen zu einer kontingenten „Geschichte" und verlangen auch in der Biologie zuerst einmal die Beschreibung oder gar das Verstehen des Pflanzen- und Tierreichtums auf den verschiedenen Kontinenten.[20] Wird das Erörtern, das sich auf alle Zugangsweisen zur Wirklichkeit richtet, nicht auch über den transzendentalen Ansatz hinausgeführt zu der Frage, wie der Mensch mit seinem Warum-Fragen in das Ganze des Seienden gehört? Die Philosophie, die sich selber verortet, gerät hier an metaphysische Perspektiven. Doch geht es um ein metaphysisches Fragen neuer Art: die Rede von einer Verwindung der Metaphysik oder von einem nicht- und nachmetaphysischen Denken findet ihre Berechtigung darin, daß die Antworten der klassischen Philosophie nicht mehr tragen. Auch die klassische Tradition der Philosophie war schon von der Skepsis und von der Sophistik wie von einem Schatten begleitet; doch Platon und seine Nachfolger sprachen der Sophistik jede Sachbezogenheit ab durch den diskreditierenden Hinweis, die Sophisten wollten Wissen besitzen und wie eine Ware verkaufen. Gab und gibt es aber nicht ein Recht, das Philosophieren zurückzustellen in eine Rhetorik, die die philosophische und religiöse Rede, dazu Kunst und Politik umgreift und zurückbezieht auf leitende Gesichtspunkte, die durchaus den unterschiedlichen Wissens- und Verhaltensweisen gemeinsam sein könnten? Eine Philosophie, die den Gang zu ihren Grenzen nicht scheut, könnte sich deshalb im Rückverweis auf den

---

[20] Vgl. Otto Pöggeler / Heinz Breuer: *Fragen der Forschungspolitik.* Opladen 1980. Der Versuch, vorzüglich vom Biologischen her die „Selbstorganisation" von Systemen anzugehen, kann hier nicht erörtert werden.

ältesten wie den neuesten Streit um Philosophie und Rhetorik als ein „topisches" Philosophieren verstehen. [21]

Unsere Sprache behält immer kontingente und geschichtliche, ja konventionelle Züge; so kann durchaus dieselbe Sache gemeint sein, wenn von einer topischen oder einer hermeneutischen Philosophie die Rede ist. Doch läßt sich das Adjektiv „topisch" kaum ins Englische bzw. Amerikanische übersetzen, ohne daß eine Fülle von Mißverständnissen erzeugt wird. Dagegen öffnet die Rede vom „Hermeneutischen" sofort Tore, die wenigstens zu den gesuchten Wegen führen. Nicht unterstellt werden darf, daß nur jene Philosophen Schritte zu einer hermeneutischen Philosophie zugesprochen bekommen sollen, die auch das Adjektiv „hermeneutisch" gebraucht haben. Dieses Adjektiv mag viele immer noch befremden; die Rede von einer hermeneutischen Philosophie vermag inzwischen aber so viel Information zu geben wie die Rede von einer analytischen oder einer dialektischen Philosophie: die hermeneutische Philosophie bricht die Wege des Denkens nicht ab, wenn sie analytisch für bestimmte Phänomene Gesetzlichkeiten gefunden hat; sie reklamiert aber auch nicht dialektisch die Totalität eines Wissensprozesses. Lassen sich die letzten hundert Jahre des Philosophierens nicht auf eine Grundtendenz bringen, die man von einem kontinentaleuropäischen Ausgangspunkt aus als „hermeneutisch" fassen kann?

---

[21] Vgl. Otto Pöggeler: *Topik und Philosophie.* In: *Topik.* Hrsg. von D. Breuer und H. Schanze. München 1981. 95 ff.

I. Hermeneutik des Ausdrucks

Georg Wilhelm Friedrich Hegel formuliert in den Schlußpassagen seiner *Phänomenologie des Geistes* von 1807 noch einmal das leitende Motiv seiner Bemühungen: „Die Zeit ist der Begriff selbst, der da ist." Hier wird der Begriff nicht vom Urteil und vom Schluß unterschieden; gemeint sind vielmehr die Formen der Begriffenheit überhaupt, die zur Wissenschaft führen und der Orientierung in dieser Welt Durchsichtigkeit geben. Wenn dieser Begriff „da" ist, steht der eine begriffliche Zusammenhang neben dem anderen. Der Begriff ist durch sein Dasein in der Zeit zerstreut; dieses Da ist die Zeit als der Fortriß vom einen zum anderen und so als die Bewegung des Begriffs selbst. Das Nebeneinander und Auseinander des Da kann sich auch im Raum zeigen; doch erscheint es dort als überwindbar und eher als ein Zusammenhalten. Die Zeit dagegen trennt unerbittlich das eine vom anderen und fordert den Abschied von jedem unmittelbaren Da. In der Vorrede zur *Phänomenologie,* die zugleich eine Vorrede zum ganzen geplanten *System der Wissenschaft* sein sollte, hat Hegel deshalb an den Tod erinnert; in ihm zeige sich die „ungeheure Macht des Negativen" am eindringlichsten. Nur das Leben, das den Tod auf sich zu nehmen, ihn zu ertragen und in ihm sich zu erhalten vermöge, sei das „Leben des Geistes". Die neuplatonische Philosophie brauchte Jahrhunderte, um die zerstreuende Zeit wenigstens mit dem Leben zu verbinden und diesem Leben einen positiven Sinn zu geben gegenüber dem Denken der Idee. Für Hegel ist die Zeit vor allem die Zeit des Geistes, der seine Endlichkeit auf sich nimmt. Hier sind zweifellos christliche Erfahrungen maßgeblich: Jesus, der die Menschen auf den Augenblick des Heils verpflichtet, zeigt als menschgewordener Gott in seinem Tod auch den „Tod" Gottes; im Aufsichnehmen des Todes und der Endlichkeit liegt aber das Leben Gottes, das in der Geistgestalt des auferweckten Christus zum Maß der Geschichte wird.[22]

Die Zeit ist für Hegel das „Schicksal" nur jenes Geistes, der „nicht in sich vollendet" ist und deshalb die Zerstreuung in der Zeit blind erleiden muß. Erfaßt der Geist seinen reinen Begriff, dann „tilgt" er die Zeit (als Trennung von sich selbst, als Zerstreuung und bloßes Weitergehen). Hegel hat 1801 seiner ersten eigenständigen Publikation, der Schrift *Differenz des Fichteschen und Schellingschen Systems der Philosophie*, Überlegungen über die Formen des damaligen Philosophierens vorangestellt. Die erste Überlegung gilt der (nur) „geschichtlichen" Ansicht philosophischer Systeme. Hegel besteht hier darauf, daß jedes Philosophieren „in sich vollendet" sei „wie ein echtes Kunstwerk". Apelles und Sophokles hätten keine bloßen „Vorübungen" für Raffael und Shakespeare geschaffen; ganz im Sinne Herders sagt Hegel, das Werk des Vergil, der das Werk Homers für eine Vorübung gehalten habe, sei eine bloße Nachübung geblieben. Auch Platons und Spinozas Philosophieren haben nach dieser Überlegung Hegels die Vernunft als ein Erscheinen des Absoluten entfaltet, das wie die Vernunft ewig einunddasselbe ist. Fichte wird kritisiert, aber nur deshalb, weil er das philosophische Prinzip einseitig vom Subjekt her gefaßt habe; so habe er nicht zur Totalität des Systems kommen können, das nun an der Zeit sei. Eine Philosophie habe nur dadurch eine „Eigentümlichkeit", daß sie sich aus dem Bauzeug des Zeitalters zu einer Gestalt organisiere. Wenn Hegel diese Gestalt eine „interessante Individualität" nennt, dann nimmt er die Terminologie des frühen Friedrich Schlegel auf; dieser hatte in seiner Schrift über das Studium der griechischen Poesie die Ausrichtung auf die interessante Individualität als Grundtendenz der modernen Poesie genommen (wenn auch zuerst noch in einem kritischen Sinn). Hegels *Phänomenologie des Geistes* will die Philosophie aber nicht mehr so als „Erscheinung" in die Zeit stellen, daß sie wie die großen Kunstwerke sich immer neu und unvergleichbar individualisiert. Die *Phänomenologie* will die Arbeit des Geistes in der Zeit auf eine teleologische Vollendung der Geschichte im Ganzen ausrichten. Dabei muß zugestanden werden, daß der Geist sich zuerst in der Wirklichkeit (im religiösen Vorstellen dieser Wirklichkeit) habe vollenden müssen, ehe er sich als

[22] Georg Wilhelm Friedrich Hegel: *Phänomenologie des Geistes* (Phil. Bibliothek 41). Hamburg 1988. 524, 16, 511 ff.; zum folgenden 524 ff. Zur Erörterung der neueren Kontroversen vgl. Otto Pöggeler: *Hegels Idee einer Phänomenologie des Geistes*. Freiburg/München ²1993. 403 ff.

Begriff in der Wissenschaft vollenden könne. Die Philosophie zielt auf einen Abschluß, der die Geschichte im Ganzen aufnimmt und durchsichtig macht. Das Absolute wird zum Geist; die Philosophie als die vollendete begriffliche Selbsterfassung dieses Geistes im Ganzen wird über Sittlichkeit, Kunst und Religion gestellt.

Hegel beschließt die *Phänomenologie des Geistes* mit Versen jenes Dichters, dessen Gedichte, Dramen und Schriften ihn von Jugend auf begleitet hatten. Er faßt mit Friedrich Schillers Gedicht *Die Freundschaft* die „Schädelstätte" der Geschichte zugleich von jenem „Kelch" her, der durch die Opferspende die Welt in eine geheiligte verwandelt: der Geist strebt als der unendliche über alle Trennungen und Zerstreuungen hinaus und trägt im „Geisterreich" die Zeit zur alles sammelnden Ewigkeit zurück. Der junge Hegel nahm in seinen Frankfurter Aufzeichnungen Gott nicht nur von der platonischen und christlichen Tradition her als Liebe; er bestimmte ihn auch als „Seelenfreundschaft". Sein Denken war nicht nur durch Schiller, sondern auch durch Friedrich Heinrich Jacobi geprägt worden. Jacobi stellte mit Hemsterhuis und Herder gegen die „Faustische" Erweiterung des Einzelnen zur Welt die Anerkennung, die der Eine durch den Anderen erhalten kann; der Mensch bedarf dieser Anerkennung, wenn er in gewagter „Genialität" das Eigene sucht und doch Sittlichkeit und Bindung bewahren will. Es ist der „moderne" Dichter Shakespeare, aus dessen berühmter Tragödie der junge Hegel die Worte der Julia in sein Fragment über die Liebe aufnimmt: „Je mehr ich gebe, desto mehr habe ich." Erst im Miteinander findet der Einzelne zu sich selbst; doch lehrt die griechische Tragödie, daß die Einzelnen (wie Antigone und Kreon) in ihren einseitigen Ausrichtungen mit den Sphären, in denen sie vorzüglich leben, jeweils „Anerkennung" suchen müssen. Dieser Anerkennungsprozeß bekommt seine Schärfe, wenn Hegel in seinen Jenaer Jahren jenen Weg in ihn hineinnimmt, den Hobbes für den Übergang vom Kampf auf Leben und Tod zur Staatlichkeit und zum Recht aufzeigte. Kann dieser Prozeß durch die religiöse Vorstellung vom Selbstopfer Christi, in dem Gott stirbt und aufersteht, über alle Entzweiungen und Endlichkeiten hinausgeführt werden? Hegel glaubt diesen Versuch machen zu dürfen, weil er die religiösen Vorstellungen philosophisch durchsichtig machen möchte. Seine Logik und Metaphysik fügt die philosophischen Grundgedanken zu einem sich in sich schließenden Zusammenhang; von diesem „Begriff" aus deutet er, was sich als Sichwissen des Geistes von sich in der Geschichte aufgebaut hat.

Zweifellos erhielt Hegel entscheidende Anstöße durch seinen Jugendfreund Hölderlin, doch gingen die Wege zuletzt auseinander. Hölderlin suchte in seiner Vereinsamung und Krankheit schließlich in einer offenbleibenden und fortreißenden Geschichte Stand zu gewinnen; Hegel nahm in Jena mit der idealistischen Philosophie Anregungen von jenen auf, die wir heute die „Romantiker" nennen. Ein sog. Aphorismus aus Hegels Jenaer Waste-Book faßt die „Wahrheit der Wissenschaft" als jene erleuchtende Wärme, die alles gedeihen läßt und ins Licht stellt. Doch setzt Hegel sich von der Aphoristik der Romantiker ab, die in ihren Sätzen den Widerspruch integrieren und ironisch über alles Gesagte hinaus sind: „Der *Gedankenblitz* ist der Kapaneus, der dies himmlische Feuer auf eine schlechte verschwindende Weise formal vernichtend nachahmt und zu keinem bestehenden Leben zu kommen vermag." (Kapaneus ist jener aus den Sieben gegen Theben, der schon auf der Mauer vom Blitz getroffen wurde.)[23] Wenn Hegels „Dialektik" den Widerspruch beansprucht, dann für konkurrierende Ganzheiten in der Entfaltung von Wahrheit. Die Logik oder spekulative Philosophie, die am Ende der Jenaer Zeit Logik und Metaphysik zusammenfaßt, beansprucht für ein letztes Ganzes sowohl das Sein als Setzen der Bestimmung wie das Nichts als Fernhalten jeder einzelnen Setzung und damit ein Werden; die Sprache als Logik der Grundbestimmungen soll mit der Sprache über diese Sprache zusammenfallen, da z. B. die Identität die Differenz zur Differenz an sich habe und somit selber Differenz sei.

Fichte hatte von den genannten logischen Bestimmungen aus seine Analyse des Selbstbewußtseins oder Ichs unternommen und damit sein spekulatives Prinzip gewonnen. Mochte er einseitig vom Subjektiven ausgegangen sein, so reklamierte Hegels Waste-Book schließlich doch seinen logischen Ansatz: „Erst nach der Geschichte des Bewußtseins weiß man, was man an diesen Abstractionen hat, durch den Begriff: Fichte's Verdienst." Wenn Hegel hier von einer Geschichte des Bewußtseins spricht, dann nicht nur in einem realphilosophischen Sinn; vielmehr wird die Logik oder spekulative Philosophie als Ge-

---

[23] Karl Rosenkranz: *G. W. F. Hegels' Leben*. Berlin 1844. 541; im folgenden ein Satz aus Hegels Waste-Book nach: Hegel-Studien 4 (1967) 13.

schichte gefaßt. Diese Geschichte muß ihre eigenen Voraussetzungen einholen: die logischen und metaphysischen Grundbestimmungen müssen aus sich heraus zum Träger des Bestimmens führen und das Reflektierte selbstreflexiv und spekulativ werden lassen. So kann eine Phänomenologie des Geistes als Geschichte der Erfahrung des Bewußtseins anhand von Exempeln in den Gebrauch der spekulativen Grundbestimmungen einführen. Die Rede von einer „Geschichte" meint hier zuerst einmal einen Ordnungszusammenhang: die „begriffene Organisation" des spekulativen Erfahrungsprozesses (wie der Schlußsatz der *Phänomenologie* sagt). Dieser Geschichte gegenüber steht die Geschichte als das „freie" Dasein: das spekulative Wissen der Phänomenologie und Logik muß sich „aufopfern" und zu jener „Zufälligkeit" übergehen, die in der Natur und stärker noch in der Geschichte des Geistes sich durchsetzt. In der Realphilosophie von Natur und Geist gibt es dann nicht nur Strukturbestimmungen z. B. der Gesteinsbildung, sondern eine kontingente Fülle von Gesteinsarten, nicht nur das Auftreten der Gedanken von Sein und Werden, sondern deren Realisierung im kolonialen Groß-Griechenland. Die Geschichte als Ordnungszusammenhang möglicher Erfahrungen kann den Schlüssel zur Erschließung der kontingenten Geschichte abgeben, und so können die beiden Geschichten jene „begriffene Geschichte" bilden, in der Gott selbst sich begreift in jenem Geisterreich, das die Schädelstätte der Geschichte mit dem Ewigen verbindet.

Hegels Phänomenologie sollte als Wissenschaft der Erfahrung des Bewußtseins zuerst eine bloße Einführung in die Logik sein. Vielleicht war ein Buchteil von gut hundert Seiten geplant, doch wuchs das Geplante sich zu einem eigenen voluminösen Werk aus. Die erste der logischen Grundbestimmungen, das Sein, wurde durch die Dialektik der sinnlichen Gewißheit noch auf sechzehn Seiten eingeführt; der sittliche Geist als eine weitere Bestimmung der sechs spekulativen Grundbestimmungen bekam über zweihundert Seiten. Diese Explosion ist nur zu erklären von dem Problemdruck her, welchen die Erfahrung der Geschichte in Hegels Werk brachte. Als Hegel dann seine Logik ausarbeitete, geschah genau das Umgekehrte: die Idee des Guten, an die Stelle der Bestimmung des Geistes getreten, erhielt nur noch wenige Seiten, und die absolute Idee wurde gar mit wenigen Sätzen abgetan. Heißt das, daß Hegel die Lehre von „Ideen" wie „das Leben" und „das Gute" ganz aus der Logik in die Realphilosophie hätte verweisen sollen? Oder zeigt diese Fehlleistung umgekehrt an, daß Hegel gerade keine zureichende Logik für den Bereich des Geschichtlichen auszuarbeiten vermochte, vielmehr das Gute z. B. zu eng an die Teleologie des Lebens heranrückte? Lassen sich überhaupt logische Formen wie Kausalität in ihrer Bedeutung herausstellen vor der unterschiedlichen Anwendung auf die Natur oder auf den Geist und seine Motivationen? Haben wir vielleicht in diesen Grundbestimmungen „topische" Anweisungen, die sich erst in der Anwendung konkretisieren?

Im Systemabriß der Hegelschen *Enzyklopädie* bringen die letzten Abschnitte über den absoluten Geist nur wenige andeutende Bestimmungen. Die Heidelberger und Berliner Vorlesungen dagegen, durch die Hegel einmal seine größte Wirkung erreichte, arbeiten die Philosophie der Weltgeschichte, der Kunst und der Religion und dazu die Geschichte der Philosophie in wechselnden Experimenten aus, die keine systematische Konsistenz erreichen. Das dennoch vorausgesetzte Systemganze aber behält seine Probleme: vernachlässigt Hegel nicht überhaupt die Endlichkeit des menschlichen Geistes, der sich in die Natur fügen muß, diese nicht voll auf den Begriff bringen und gar beherrschen kann? Verliert er nicht die Unvertretbarkeit des Einzelnen in der Geschichte, die bleibende Andersheit des Anderen und damit die Offenheit der Geschichte? Die *Wissenschaft der Logik* entwindet sich vorschnell der Einbettung in die Sprache und in deren Geschichte. Schelling und die Junghegelianer, Marx und Kierkegaard mußten der Hegelschen These kritisch entgegentreten, es sei an der Zeit, daß der Begriff die Zeit tilge und so den Geist vollende. Kam diese schöpferische Antwort auf Hegel aber zu einer neuen Logik?

Blaise Pascal hat in seinen Fragmenten den Menschen als Mitte zwischen zwei Unendlichkeiten gestellt – zwischen das All und das Nichts. Er läßt sich (wohl durch einen Gesprächspartner) den Schrecken zusprechen über das Schweigen der unermeßlichen Räume, die sich für Physik und Astronomie aufgetan haben. Doch schwinden diese Unermeßlichkeiten dahin, wenn All und Nichts zum Rätsel der Existenz zusammengefaßt werden. Pascal will dieses Rätsel aus dem Glauben heraus annehmen, der sich in Gottes Geschichte mit dem Menschen hineinstellt. Nicht nur bei Pascal, auch noch einmal in anderer Weise bei Hegel wurde diese Geschichte auf die biblischen Angaben über 6000 Jahre beschränkt. Doch im 19. Jahrhundert wurde auch die Zeit für den Menschen zum Abgrund: alle überlieferten Maße zerbrachen, als die Bildung des Weltalls, die Evolution des Lebens, dazu die Geschichte der menschlichen Kulturen neu aufgeschlüsselt wurden. Offenkundig öffnet sich Zeit mit den Zeitmaßen den Menschen in anderer Weise als anderen Lebewesen. Kann gegenüber dieser begrenzten und spezifischen Zeiterfahrung der „Begriff" noch Stand gewinnen, ja die Zeit durch eine Vollendung des Geistes tilgen wollen? Es ist Henri Bergson gewesen, der die gelebte und erlebte Zeit oder die „Dauer" zum Ausgangspunkt des Philosophierens gemacht hat. Damit hat er die überlieferte Metaphysik über Bord geworfen, doch für seine „Intuition" einen neuen metaphysischen Ansatz reklamiert, der sich an den Erfahrungen bewähren sollte. Das bedeutete z. B., die Lehre von der Evolution des Lebens aufzunehmen, eine offene der geschlossenen Moral entgegenzustellen, so die ursprüngliche Intuition konkret zu rechtfertigen. Wilhelm Dilthey hat diese Intuition zur Sache eines vielschichtigen Erkennens gemacht; dabei war der Aufweis der Eigenständigkeit der sog. „Geisteswissenschaften" sein Einstieg in die Philosophie.

Diltheys Hauptwerk *Einleitung in die Geisteswissenschaften* von 1883 blieb Fragment. Es muß überraschen, daß erst 1982 der Band 19 von Diltheys *Gesammelten Schriften* deutlich machte, daß Dilthey bei der Fortführung des Werks seine Motive in wechselnden Konstellationen vortrug. Für seine Schüler hat er sein Anliegen stärker durch seine Vorlesungen entfaltet als durch die fragmentarischen Publikationen bei verschiedenen Anlässen. In diesen Vorlesungen hat er die Geschichte der Philosophie, Psychologie, Pädagogik und Ethik behandelt; vor allem hat er vier Jahrzehnte lang kontinuierlich die grundlegende Vorlesung über Logik wiederholt.[24] Der Titel hieß 1864/1865 in Diltheys erstem Semester: *Logik, mit besonderer Berücksichtigung der Geschichte und Methode der einzelnen Wissenschaften.* Im letzten Lebensabschnitt gebrauchte Dilthey den Titel: *System der Philosophie in Grundzügen*; Schüler wie Herman Nohl und Georg Misch unter-

---

[24] Ziffern im Text beziehen sich im folgenden auf *Diltheys Gesammelte Schriften*, Band 20 (1990). Die frühere Unkenntnis dieser Seite von Diltheys Werk zeigt schroff Martin Heidegger. Er nimmt Diltheys Vorlesungen nach dem Hörensagen als Beleg für den Tiefstand der Logik vor Husserl: ein „Mann vom Range Diltheys" habe sich damit begnügt, zeitlebens „die ödeste Schullogik, etwas aufgewärmt mit Psychologie, vorzutragen". Vgl. *Die Grundprobleme der Phänomenologie.* Frankfurt a. M. 1975. 253.

stützten durch Vorlesungsnachschriften die immer neu ansetzende Arbeit. Die philosophische Logik wurde verbunden mit einer Reflexion auf die wissenschaftliche Arbeit; unterstellt war, daß z. B. die Geisteswissenschaften mit ihren spezifischen Erkenntnisbemühungen sich einer bestimmten geschichtlichen Stunde verdankten. Wenn zuletzt das Problem der Weltanschauungsbildung hervorgehoben wurde, fiel ein neuer Akzent auf die Nähe der Philosophie zur Ethik, zur Kunst und zur Religion. Die Schwierigkeiten beim Verständnis des Anderen und des Fremden ließen zu „Hermeneutik und Kritik" greifen; doch blieb die Hermeneutik bezogen auf die spezifischen Anliegen des protestantischen Schriftverständnisses (188, 107). Wenn Anthropologie sowie Psychologie und Völkerpsychologie in die Fragen nach einer Logik der Geisteswissenschaften und des Philosophierens überhaupt hereingezogen wurden, dann sagte Dilthey unmißverständlich, daß die Psychologie „eine wichtige Grundwissenschaft" sei, aber nicht die einzige. „Wir nehmen an, es gebe keine Grundwissenschaft der geistigen Welt." (122)

Diltheys früheste Vorlesungen fassen die Logik in einem weiteren Sinn als „Theorie des wissenschaftlichen Erkennens" (1). So sieht Dilthey sich konfrontiert einerseits mit der „absoluten Logik" Hegels, andererseits der „formalen Logik". Der Idealismus Hegels habe sein Recht: wir müssen „dem Wesen und Kern der Dinge" so nah wie möglich kommen! Hegel verdirbt sich aber dieses Recht durch eine „Identitätsphilosophie", nach der unsere Vernunft mit ihrer Gedankenentwicklung eins ist mit der Entwicklung der Sachen und der Welt. Im Hinblick auf Positivisten wie Mill und Comte, dann im Hinblick auf Fortsetzer Hegels wie Strauß, Baur, Zeller und Kuno Fischer kann Dilthey das Urteil der Geschichte über Hegels Philosophie formulieren: „In diesen Augenblicken gehört ihr kein positiver Forscher von Bedeutung mehr an oder bedient sich des gepriesenen Hilfsmittels ihrer Methode." (2, 5 f.) Gegen Hegel entscheide der „schwache Punkt seines Systems", nämlich das Unvermögen, die wissenschaftlichen Methoden mit der absoluten Logik zu vermitteln (9). Leitend für Dilthey sind Trendelenburgs Hegel-Kritik und dessen *Logische Untersuchungen*: Die „ungeheuren Geburten eines Begriffs aus dem andren" sind ein Märchen! Der Begriff hat überhaupt keine Bewegung; er ist als vollbefriedigende Klärung von Vorstellungen immer ein „Ende". Für den Weg zu einem anderen Begriff muß „etwas Neues hinzutreten"; andere Erfahrungen und Vorstellungen führen zu einem anderen Begriff (10 f.). Hegels Dialektik behält aber ein begrenztes Recht als ein Verfahren, „welches auf die Aufklärung dunkler Vorstellungen gerichtet ist". Doch wird Hegels Anspruch zurückgewiesen, diese Aufklärung für die philosophische Begrifflichkeit überhaupt leisten und so den „ganzen Gehalt des Absoluten" entwickeln zu können. Was durch die „sogenannte immanente Negativität" am Ende entwickelt hervortrete, sei „schon im Anfange latent vorhanden", also nur die Klärung eines bestimmten und begrenzten Ansatzes (13 f.). Der Illusion der absoluten Logik gegenüber beschränkt die formale Logik sich auf eine Technik des Denkens, die von den unterschiedlichen Inhalten des Denkens abgelöst ist. Nicht Aristoteles, sondern die späteren Schulen der Rhetoren hätten diese Ablösung vollzogen, die sich dann bei Kant vollendet habe. Dilthey unterstützte seine eigenen Bemühungen durch den *Grundriß der Logik und des Systems der philosophischen Wissenschaften* von 1865. Dieser Grundriß bringt die konkrete wissenschaftliche Arbeit in einer solchen Fülle ein, daß die logischen Probleme kaum noch hervortreten. Die Naturwissenschaften gelten als Wissenschaften von der Außenwelt; zu ihnen treten die Wissenschaften des Geistes, aber auch noch „Metaphysik und philosophische Theologie" (19 ff.).

Schon bald nach den ersten Berliner Vorlesungen findet Dilthey (in seiner „Basler Logik") zu den eigenen Wegen. Fichtes Fassung des Selbstbewußtseins vom Ich-Prinzip aus erhält den Vorwurf, das Selbstbewußtsein sei in Wahrheit „Resultat einer Entwicklung" (54). Schleiermacher kommt ins Spiel; Hegels Auflösung alles Endlichen durch den Widerspruch wird zwar als Fortsetzung des Kampfes der Herakliteer gegen den Eleatismus verstanden, aber letztlich doch ins Unrecht gesetzt (49, 71). Die eigene Theorie des Wissens wird erkenntnistheoretisch, logisch und von den Methoden der Wissenschaften aus unterbaut. Z. B. wird ein provozierender alter Satz (des Javolenus) aufgenommen: „Omnis definitio in jure periculosa." (81) Nicht nur der Universalienstreit, auch das Entstehen der Geisteswissenschaften ist eine Herausforderung. Schon jetzt wird unterschieden: den Menschen wollen wir „verstehen", die anderen Objekte „erklären" (100). Eine Breslauer Vorlesung vom Sommer 1880 zeigt, wie Dilthey (in Auseinandersetzung mit Lotze) Logik und Rede verbindet: der Widerstand, den wir in einem Ding erfahren, zeigt auf die

„Realität" in ihm: eine substanzielle Einheit, zu der die Qualitäten treten. Zur Substanz und zu den wechselnden Modi kommt die Wechselwirkung mit dem Ding, dazu die Einbettung in Relationen und in die Zeit. Das Substanz-Akzidens-Verhältnis wird innerhalb der Rede im Satz entfaltet; Wechselwirkung und Zeit werden angesprochen im Verb, in Adverbien, Pronomina und Flexionen. Wenn die überlieferte Logik den Satz auf das Urteil festlegt, von den Urteilsformen die Kategorien gewinnt, beengt sie die Möglichkeiten der Rede. Finden wir nicht im Innewerden unserer selbst eine Konstanz, die sich nur im Wechsel durchhält? Dilthey nimmt diese Frage auf, wenn er 1883 in Berlin *Einleitung in das Studium der Geisteswissenschaften* liest. Dabei kann er auf die erschienenen Teile seiner *Einleitung* zurückgreifen, die ausstehenden Teile skizzieren. So tritt eine Änderung im Ansatz ein, die der folgenden Berliner Logik zugrunde liegt (XXXIII ff., 200 ff.).

Wenn die Logik im engeren Sinn zwischen Erkenntnistheorie und Methodologie zu stehen kommt, kann das Ganze bezogen werden auf die Themen der Bücher vier bis sechs aus der geplanten Fortsetzung der *Einleitung in die Geisteswissenschaften*. Die Erfahrungserkenntnis der Wissenschaften untersteht der Einsicht, daß alles, was uns zugänglich werden soll, für uns erscheinen, „Phänomen" werden muß. Die äußere Wahrnehmung verweist aber auf eine Realität der Außenwelt (diese wird schließlich von der Widerstandserfahrung her gesichert). Das Innewerden unserer selbst führt zu einer Realität, die sich als zeithaft, als Lebensverlauf und Geschichte, erweist. So muß gegen Kant die Realität der Zeit als erlebter Zeit verteidigt werden. In der Zeithaftigkeit des Innewerdens ist die Gegenwart durchdrungen von Vergangenheit und Zukunft. Wie aber steht diese Zeit des Erlebens zur objektiven Zeit der Anschauung, in der wir Dingliches auffassen (189)? Stürzt die Zeit des Erlebens nicht jedes Suchen nach Verbindlichkeit in einen Abgrund? In seinen spätesten Logik-Vorlesungen verweist Dilthey nicht auf die Zeitfiktionen von Baers, aber auf Mach, wenn er den Menschen und dessen spezifische Zeiterfahrung zum Beispiel mit der Eintagsfliege vergleicht: der Ablauf der Bilder in unserer Seele könnte millionenfach verlangsamt oder beschleunigt sein; wir würden dann die Bewegung der Sterne oder die Veränderung in den Erdepochen ganz anders erfahren. Wie kann man dann aber noch eine „objektive Zeit" aus der Bewegung der Körper abstrahieren (290 f.)? Sitzt der Mensch auf der Rinde der Erde nicht „wie eine

Milbe auf einem großen Käse" (254)? Als Dilthey den Aufsatz *Die Einbildungskraft des Dichters* von 1887 ausarbeitete, formulierte er für das grundlegende Innewerden, das auch die äußere Erfahrung in sich schließt, die Kategorien des Lebens; Dingbestimmungen wie Substanz, Kausalität, Essentialität wurden zurückgeführt auf Bestimmungen des dynamischen Lebens wie Selbigkeit im Wechsel, Wirken und Leiden, Bedeutsamkeit, Wert und Sinn (390 f.). Die Formen und Kategorien der Logik müssen dann als Abstraktionen aus diesen Bestimmungen gewonnen werden; die Methodenlehre muß die vielschichtige wissenschaftliche Arbeit zur Bestimmung des Lebens selbst zurückführen.

Dilthey findet das Erfahrungswissen nicht nur in den mathematischen Naturwissenschaften und den Geisteswissenschaften, sondern programmatisch auch in der „Betrachtung der Struktur des organischen Lebens" (341). Wird damit der Ausgang von der Unterscheidung zwischen Erklären und Verstehen nicht obsolet? Muß der Dualismus von äußerer Wahrnehmung und Innewerden nicht aufgelöst werden in eine übergreifende Struktur? Wenigstens im Verstehen der anderen analysiert Dilthey „die Verbindung der äußeren mit der inneren Wirklichkeit". Wir „erleben", was in uns selbst stattfindet, wir „verstehen" die anderen (310 ff.)! Im Verstehen als Nachverstehen der anderen mag sich eine Differenz auftun, die auf die trennende Kraft der Zeit verweist. Diese Differenz könnte das „Allesverstehen" zu einer Illusion machen, aber auch von der Begründung geisteswissenschaftlicher Arbeit in der Psychologie endgültig zur Hermeneutik führen. Steht auch im Innewerden unserer selbst zwischen dem Erleben und Verstehen nicht der vermittelnde Ausdruck? Offensichtlich sind die alten metaphysischen Fragen im Spiel, wenn Diltheys späteste Logik-Vorlesungen mit dem Hinweis auf die „Rätselhaftigkeit" des Lebens schließen, die doch ein Verstehen nicht ausschließt (331). Ist es nicht „Metaphysik", wenn Dilthey vom Satz der Erhaltung der Kraft her Kants Lehre von den Antinomien auf die Zeit nicht anwenden will: man brauche zwar einen „unendlichen Raum" nicht anzunehmen, doch hätten die Veränderungen in der Zeit und damit das „Lebendige" keinen Anfang, also wohl auch kein Ende (294, 297). Ist schließlich Diltheys Formulierung letzter Bestimmungen des Lebens nicht auch nur zeithaft, nämlich in der Auseinandersetzung mit der Geschichte des Denkens gewonnen?

Die letzten Logik-Vorlesungen aus den Jahren 1899-1906 stehen unter dem Titel *System der Philosophie in Grundzügen*. Sie bauen die Lehre von der Realität der Zeit weiter aus. Doch setzen sie damit an, dem Zusammenbruch der Verbindlichkeit des Philosophierens zu wehren: noch die „Anarchie" der philosophischen Systeme wird einem ordnenden Zugriff unterworfen. Schon Fichte und der junge Schelling stellten die kritische Philosophie auf eine Wahl der Freiheit. Dilthey überläßt die Metaphysik als Illusion einer vergangenen Zeit, bringt die bleibenden metaphysischen Einschlüsse im Philosophieren auf die Tendenzen zur Bildung von Weltanschauung, welche sich in Philosophie wie Sittlichkeit, Kunst und Religion durchsetzen. Diese Tendenzen werden geordnet gemäß der Grundstruktur von Vorstellen, Fühlen und Wollen in der Dreiheit von Positivismus oder Naturalismus, objektivem Idealismus und subjektivem Idealismus. Ungeklärt bleibt, wieso diese Grundstruktur nicht der Realität der erlebten Zeit, also dem Sichwandeln und Fortschreiten unterliegt. In Berlin muß Dilthey seine Logik-Vorlesungen mit einer Erinnerung an seinen großen Vorgänger eingeleitet haben: „Hegels Logik war ein schlechterdings unverdauliches Zeug."[25] Diese Polemik zeigt nur, daß Dilthey die metaphysische Tradition und Hegels Logik nicht zu verdauen, nämlich nicht auf ihre Motive zurückzuführen vermochte. In seinen letzten Lebensjahren hat er beim jungen Hegel die Entdeckung der „inneren Geschichte" des Geistes nachgewiesen. Darüber hinaus hat er von Hegels Analyse der Objektivation des Geistes her den Aufbau der geschichtlichen Welt in den Geisteswissenschaften in der Verflechtung von Erlebnis, Ausdruck und Verstehen verwurzelt. Die unbewältigte Problematik in Hegels Logik hat er nicht erkannt: jene Ideenlehre, die zum Beispiel in so ungenügender Weise zwischen der Idee des Lebens und der Idee des Guten unterscheidet. Zu dieser Hegel-Kritik war Dilthey nicht fähig, weil in seinem eigenen Philosophieren die Realität der Zeit des Innewerdens ein blinder Fleck blieb. So konnte es aus systematischen Gründen nicht dazu kommen, daß Hegels Dialektik in eine andere, eine „hermeneutische" Logik überführt wurde.

Georg Misch hat in seinen Vorlesungen *Logik und Einleitung in die Theorie des Wissens* Diltheys Bemühungen fortgeführt. Er geht aus

---

[25] Zu Diltheys Satz vgl. meinen Beitrag in *Materialien zu Hegels ‚Phänomenologie des Geistes'*. Hrsg. von H. F. Fulda und D. Henrich. Frankfurt a. M. 1973. 379.

von jener formalen Logik, die die erkenntnistheoretischen und methodologischen Motive des Aristotelischen Organons aufgab und bei Kant zur Technik geworden war. Misch kritisiert die Einseitigkeit dieser Entwicklung: der Satz wird zur Aussage; die Aussage wird auf die Formen des Urteilens festgelegt. Ein Vorrang des Urteils der Quantität ermöglicht die Ausrichtung auf Subsumtion und Definition; vom hypothetischen Urteil und seiner Wenn-So-Beziehung her wird das Urteil überhaupt als Beziehen gefaßt. Kant lasse sich durch eine statische Urteilsmorphologie zu den Kategorien einer transzendentalen Logik führen, in der die Dynamik des Lebens ausgeblendet werde. Im zweiten, aufbauenden Teil seiner Vorlesungen sucht Misch eine Logik, die nicht nur von der Theorie her gewonnen wird, sondern vom vollen Leben her, zum Beispiel auch vom Bereich des Handelns her.[26] Misch geht aus vom Ausdruck, der etwas bedeutet, nämlich klarstellt und klärt. Die Rede, die dieses Bedeuten in sich aufnimmt, kann etwas meinen im ursprünglichen Wortsinn des „Minnens". Wir teilen elementare Formen des Ausdrucks wie die Mimik mit den Tieren. Interjektionen wie „au" oder „burr" führen zur Sprache; sie gehören zum Verhalten in einer Umwelt und dürfen nicht psychologisch nur als Äußerung einer isolierten „Seele" genommen werden. Der Mensch trennt sich vom Tier durch die Gebärde des Hinzeigens (die vom Hund nicht verstanden wird, wenn er nach dem zeigenden Stock schnappt). Die Mehrseitigkeit des Lebens bringt vom Hinzeigen her eine andere Wurzel der Sprache zur Geltung: in der Intentionalität kann Gegenständliches gemeint und diskursiv dargestellt werden. Das „tode ti", das als „So-Etwas" dargestellt wird, bleibt jedoch ein „Dies-Da"; es kann als etwas Dynamisches auch „evoziert", in seiner Unerschöpflichkeit doch hervorgerufen werden. Die geistige Welt ist eine Ausdruckswelt, die auf dieses Evozieren angewiesen ist. Das Numinose zum Beispiel, das Rudolf Ottos Phänomenologie in der Religion findet, sei in einem strengen Sinn nicht zu definieren, sondern nur zu erörtern. In den Geisteswissenschaften durchdringen sich die evozierende und die diskursive Rede. Die Vorlesungen von Misch bleiben auf elementare Beispiele konzentriert, zum Beispiel auf

---

[26] Vgl. Georg Misch: *Der Aufbau der Logik auf dem Boden der Philosophie des Lebens.* Hrsg. von G. Kühne-Bertram und F. Rodi (in Vorbereitung). Vgl. den Bericht von Bollnow (s. Anm. 14) Band 2. 46 ff.

das Evozieren der Macht des Wassers in Goethes Gedicht vom Fischer. Nicht von ungefähr wird die Rede vom Ausdruck leitend, die sich im Anschluß an die spätlateinische *expressio* nach Vorformen in der Mystik erst in der Neuzeit ausbildete.[27] Die Orientierung am Elementaren läßt die Auseinandersetzung mit Hegels absoluter Logik oder Dialektik ihr Gewicht verlieren; die Zeitthematik schwindet, da die konkrete Analyse der Logik der Geisteswissenschaften nicht erreicht wird.

Misch nimmt die einschlägigen Forschungen aus der Biologie und der Sprachwissenschaft auf. Philosophisch ist die Frontstellung gegen Husserl deutlich, in der das phänomenologische Anliegen jedoch aufgenommen wird: Husserl geht wie die Tradition vom Urteil aus, um vorsichtig die Verwurzelung des Urteils und überhaupt der Sprache als Zeichen offenzulegen. Als Schüler Husserls soll auch Heidegger noch der Platonischen Tradition verhaftet bleiben. Gegenüber Klages betont Misch, daß Ausdruck und Tat zusammengehören; deshalb könne der Ausdruck in der jeweiligen Situation doppeldeutig bleiben und dürfe nicht vorschnell auf Urbilder zurückgeführt werden. Letztlich wird im Ausdruck der *logos* des Heraklit aufgenommen, der als Rede zugleich ein Gesetz der Welt war. Der Vorrang des „ist" in den indogermanischen Sprachen trug dazu bei, daß Platon den *logos* zu Unrecht auf Aussage und Urteil ausrichtete (mögen die aporetischen Tugenddialoge auch noch auf andere Wege weisen). Dilthey habe die Konsequenz daraus gezogen, daß für den neuzeitlichen Menschen die geistige Welt eine Ausdruckswelt sei; doch müsse der Dualismus von Erklären und Verstehen oder Naturwissenschaften und Geisteswissenschaften aufgegeben werden. Zielt der Ausdruck nicht auf die Welt, die nach Diltheys späten Überlegungen als Welt des Menschen auch das Naturhafte einbezieht, etwa den schattengebenden Baum im Garten? Das Rätsel dieser Welt, in der wir leben, bleibt etwas Unergründliches und Unerschöpfliches, das dennoch im Ausdruck bedeutet und sich klärt, so auf Verstehbarkeit und auf das Gedankenmäßige ange-

---

[27] Heidegger hat in frühen Vorlesungen den Ausdruck mit dem Hermeneutischen verknüpft, später aber den Ausdruck des Erlebens als ein subjektives Sichausdrücken der Einzelnen oder kollektivistisch der Masse, der Rasse, des Volkes, der Kultur genommen; vgl. etwa *Hölderlins Hymnen „Germanien" und „Der Rhein"*. Frankfurt a. M. 1980. 26 ff. Demgegenüber hat Hans-Georg Gadamer (im 6. Exkurs zu *Wahrheit und Methode*) von der Rhetorik her den objektiven Sinn des „Ausdrucks" herausgestellt.

legt ist. Nur zögernd verwendet Misch für diesen Zusammenhang von Welt und Leben die Rede von der Hermeneutik. In jedem Fall muß eine philosophische Logik diese Hermeneutik von der Mehrseitigkeit des Ausdrucks und der Rede her fassen.

Hans Lipps sprach 1938 dann von einer „hermeneutischen Logik". Er kam noch von der Göttinger Schule Husserls her und brachte mathematische, biologische, medizinische und juristische Fragestellungen in die Philosophie ein. Sein zweiteiliges Werk *Untersuchungen zur Phänomenologie der Erkenntnis* von 1928 zeigt schon durch die beiden Untertitel *Das Ding und seine Eigenschaften* und *Aussage und Urteil,* wie Sprache und Logik durch die Prädikation die Struktur des Dinges zeigen. Der Versuch, diese Festlegung von Sprache und Wirklichkeit als eine zu enge aufzulösen, führt zur Hermeneutik. Die *Untersuchungen zu einer hermeneutischen Logik* beginnen mit dem Hinweis des Aristoteles, daß nur die Aussage wahr oder falsch sein könne, daß Rat, Bitte und Frage mit ihrem weiteren Wahrheitsbezug dieser einfachen Alternative nicht unterliegen. Lipps führt die Logik aus dieser Verengung auf die Aussage in eine umfassendere Hermeneutik zurück. Der Schluß, der Urteile verknüpft, kann eine Situation von ihren Bedingungen her klären; er kann zum Beweis führen, der anderen diese Klärung vorführt, aber auch eine Verwandlung der geklärten Situation ermöglichen. Das Urteil, das Begriffe verknüpft, kann als Urteil in einem Gerichtsprozeß eine Handlung sein und spezifisch menschliche Angelegenheiten regeln und vollbringen. Vor oder über dem Begriff kann die Konzeption stehen. In ihr versteht man sich auf eine Sache, etwa von Beispielen geleitet; der Vorgriff weist in das Unabgeschlossene und Offene. Auch Lipps war unter den Bann von *Sein und Zeit* geraten, das er von der allein vorgelegten Analyse der Existenz her las. Lipps hat diese Analyse in eigenständigen Arbeiten durchgeführt, wenn er zum Beispiel die Betroffenheit in der Scham herausstellt, die Appellstruktur der Sprache beachtet. Führt die Betonung des nötigen „Vollzugs" der Existenz nicht auch in eine Verengung? Scheler betonte, daß Akt und „Vollzug" nichts Gegenständliches seien; Heidegger hob den primären Sinn der Zukünftigkeit heraus. Müssen wir den „Vollzug" aber nicht in die Nähe zur Vollstreckung eines Urteils stellen, wenn wir unserer Sprache folgen? Dann vollzögen Sprache und Erkenntnis das, was unbewußt und unausgesprochen zum Beispiel schon in einer Handlung liegt. Das

Existieren kann diese Bestimmung durch etwas Vorgängiges dann aber wieder aufbrechen.[28] Bezeichnend ist, daß die hermeneutische Logik von Lipps den Namen Schleiermachers (und die existenziale Exegese in der Theologie) nicht einmal nennt; der Bezug auf die erlebte Zeit, die geisteswissenschaftliche Methodologie, die eigene Bestimmtheit durch Geschichte und Tradition treten ganz in den Hintergrund.

Helmuth Plessner folgt in seiner frühen Arbeit *Die wissenschaftliche Idee* seinem Lehrer Hans Driesch; dieser hatte in seiner kleinen Schrift *Die Logik als Aufgabe* die Logik als Ordnung des Erlebten gefaßt; Plessner führt diesen Ansatz entschlossen zu den Grundfragen der zeitgenössischen Philosophie und der metaphysischen Tradition zurück. Die „Grundlinien einer Ästhesiologie des Geistes", die 1923 unter dem Titel *Die Einheit der Sinne* erschienen, finden zum eigenen Ansatz. Neukantische Motive werden darin aufgenommen, aber korrigiert: Vorgegebenes unterliegt nicht nur der kategorialen Formung; die Sinne und ihr Zusammenspiel tragen vorweg den Wirklichkeitsbezug. Die cartesische Unterscheidung zwischen Außenwelt und Innenwelt versagt, wenn unser Leib uns sowohl von außen wie von innen gegeben ist. Eine Biologie, die von der Einpassung der Tiere in ihre Umwelt ausgeht, und die Hermeneutik des mimischen Ausdrucks bauen den Ansatz weiter aus; dabei führen Lachen und Weinen zu den Grenzen gerade des menschlichen Verstehens, an denen das beherrschte Verhalten und die Orientierung zusammenbrechen.

Der grundlegende Entwurf *Die Stufen des Organischen und der Mensch* verwurzelt die Hermeneutik in der Anthropologie, die Anthropologie in der Biologie. Die Lebewesen vermitteln ihr Verhalten über den Ausdruck mit einer Umwelt, in der sie sich als Zentrum setzen; die Gattungsgeschichte paßt diese Positionalität durch Selektion an die Umwelt an. Die Positionalität des Menschen ist jedoch „exzentrisch". Indem der Mensch bei sich ist, vermag er zugleich über sich hinaus beim anderen zu sein. Gemeinschaft gibt es für die Menschen nur dort, wo jeder seine spezifische Rolle übernimmt. Schon dieses Buch von 1928 verweist zu Anfang darauf, daß „Vernunft" und

---

[28] So kritisch gegenüber Lipps Otto Friedrich Bollnow: *Philosophie der Erkenntnis.* Stuttgart 1970. 112. Scheler wie Heidegger dachten beim Vollzug aber nicht an Vollstreckungsbeamte.

„Entwicklung" die Stichworte des 18. und des 19. Jahrhunderts waren; das 20. Jahrhundert gehe dagegen vom „dämonischen Leben" aus. Im Jahre 1931 stellte Plessner einen „Versuch zur Anthropologie der geschichtlichen Weltansicht" unter den Titel *Macht und menschliche Natur*. Die Macht, die zum Kampf führen muß, wird vom Seinkönnen des Menschen her verstanden, das zu Neuem führt und damit dem Leben eine „Unergründlichkeit" läßt.[29]

Plessners philosophische Anthropologie von 1928 geht von der „Intuition" als schöpferischer Selbsterfassung des Lebens aus: Bergson habe gegen Spencer gezeigt, daß unser Kategorienapparat nicht zurückgeführt werden könne auf die Entwicklung und Anpassung des Lebens, weil er immer schon vorausgesetzt wird zur Erfahrung der Natur und der Evolution. Plessner geht mit Spengler zugleich davon aus, daß die „Faustische Seele" Geschichte in der Vielfalt ihrer Seelen und Kulturen erfahre und sich selbst dabei als eine geschichtliche Möglichkeit unter anderen nehmen müsse. Die Hermeneutik von Dilthey und Misch und die Phänomenologie Husserls sollen helfen, diese Intuition zur methodischen Erkenntnis zu erheben. Der rückblickende Aufsatz *Lebensphilosophie und Phänomenologie* von 1949 reklamiert zusammen mit Diltheys Verflechtung von Erlebnis, Ausdruck und Verstehen auch Nietzsches „Psychologie des um die Ecke Sehens" sowie das Mißtrauen gegen die Oberwelt des Geistes bei Marx und Freud, also eine „indirekte Interpretation". Der Zerfall der Phänomenologie sei notwendig gewesen, da die „phänomenologische Technik" in ihrer Anwendung sich schließlich gegenüber der vielseitigen Wirklichkeit habe entscheiden müssen.[30] Der Soziologe Günther Dux, der so umsichtig in Plessners Anthropologie einführte, faßt das Zerbrechen aller Verabsolutierungen an der Unergründlichkeit des Lebens schließlich doch noch vom philosophischen Suchen nach einem Ursprung her. Auch er verweist auf die Nähe, die Anfang der dreißiger Jahre zwischen Plessner und Carl Schmitt bestanden habe – obwohl nicht nur die politischen Wege gegensätzlich sein mußten,

---

[29] Vgl. Helmuth Plessner: *Gesammelte Schriften*. Frankfurt a. M. 1980-1985. Stephan Pietrowicz: *Helmuth Plessner*. Freiburg/München 1992, gibt einen Überblick über Plessners Weg.
[30] Dilthey-Jahrbuch 7 (1990-1991) 289 ff., vor allem 300, 307 f.; zum folgenden ebd. 44 ff., vor allem 70. E. W. Orth weist ebd. 250 ff. in Cassirers und Plessners Verflechtung von Welt, Seele und Gott „metaphysische" Perspektiven auf.

sondern auch die vorgegebenen politischen Orientierungen schon unterschiedlich waren. Dux verweist dieses Ursprungsdenken in eine vergangene Zeit und fordert statt seiner eine „Prozeßlogik": „Aus der Geschichte heraus vor die Geschichte zurückzudenken, um sie im Anschluß daran so zu rekonstruieren, daß sich das Denken selbst einholt, das ist es, was aus dem historischen Bewußtsein unserer Zeit folgt." Warum aber bekommt die Rede von der Geschichte hier einen Vorrang gegenüber der Rede von der Natur oder dem „idealen Sein"? Wie wird der Prozeß, der sich selbst einholt, kategorial bestimmt, wie werden Geschichtliches und Vor- oder Übergeschichtliches in ihm unterschieden? Führt dieser Prozeß nicht zu metaphysischen Ausblicken, wenn der Mensch mit der Natur (und vielleicht mit Göttlichem) konfrontiert wird? Gibt es an diesen Grenzen des Erkennens nicht notwendigerweise einseitige Perspektiven, die durch den jeweiligen Ausgangspunkt bedingt bleiben? Wenn Plessner zum Beispiel unter dem Titel *Conditio humana* eine Einführung in die Propyläen-Weltgeschichte schrieb, legte er den Ursprung der Sprache in die Überhöhung des distanzierten Feldes von Auge und Hand innerhalb der aufrechten Haltung; so wurde Sprache vom aktiven und männlichen Zugriff auf die Welt her gedeutet, nicht zum Beispiel von der Bindung der Geschlechter her, wie sie für ein Lebewesen mit hilflosen Säuglingen nötig ist. Wenige und sogar gegensätzliche Andeutungen verweisen auf die religiöse Dimension des Lebens; wie unsere Welt zur technischen wurde, wird kaum näher erörtert. Aperçus weisen darauf hin, daß die philosophische Logik eine hermeneutische sein könnte; im Zusammenhang wird diese philosophische Logik nicht mehr dargelegt.

Jüngere Philosophen, die mit der Göttinger Dilthey-Tradition verbunden waren, mußten *Sein und Zeit* als entscheidende Herausforderung sehen. Der Weg Werner Brocks von Misch zu Heidegger wurde durch die Gewaltherrschaft schnell abgebrochen. Wilhelm Kamlah, der Philosophie mit Geschichtswissenschaft und Theologie verband, machte in seinem Augustinus-Buch *Christentum und Selbstbehauptung* gegen Bultmanns Nutzung von *Sein und Zeit* geltend, daß der einzelne sich hinzugeben habe an ein „geschichtliches Wir", das sich im Kampf behaupten müsse. Diese allzu zeitgemäße These wurde nach dem Zweiten Weltkrieg zurückgenommen: die Selbstbehauptung gehöre zum nur noch „profanen" Menschen und müsse zur

Selbstzerstörung führen. Nach dieser Erfahrung der Krise Europas erschien Kamlahs Arbeit von 1940 im Jahre 1951 in einer Neugestaltung unter dem Titel *Christentum und Geschichtlichkeit.* Gegen die nur „eschatologischen" Tendenzen wurde jene vernehmende Vernunft aufgerufen, die wir bei den Griechen finden können. War damit Heideggers Forderung nach einer Kehre des Denkens nicht aufgenommen? Doch 1954 schrieb Kamlah einen offenen Brief *Martin Heidegger und die Technik,* der mit Heidegger die Technik als Problem der Zeit sieht, aber bei Heidegger die philosophische „Logik" zur Entfaltung dieses Problems vermißt. Es überrascht nicht, daß Kamlah sich mit Paul Lorenzen zusammentat, der von der Mathematik aus zur Philosophie gefunden hatte. Auf der „Vorschule des vernünftigen Denkens", die von Kamlah und Lorenzen 1967 unter dem Titel *Logische Propädeutik* vorgelegt wurde, konnte die „Erlanger Schule" aufgebaut werden.[31]

Paul Lorenzen hatte 1957 bei der Übernahme eines philosophischen Lehrstuhls in seiner Kieler Antrittsvorlesung die Frage entfaltet: „Wie ist Philosophie der Mathematik möglich?" Er ging aus von Diltheys Einsicht, daß das Leben nicht hintergehbar sei, aber in sich auch die Möglichkeit des Philosophierens enthalte: wir könnten in der Welt nicht leben ohne ein vorgängiges Verständnis der Welt; die Philosophie hat die Aufgabe, die Meinungen oder „Vormeinungen" aus diesem Verständnis – zum Beispiel über Mathematik – zu klären. Für seine Arbeit als schöpferischer Mathematiker hatte Lorenzen in Oskar Becker einen Gesprächspartner gefunden, der von Husserl her eine Philosophie und eine Geschichte der Mathematik entworfen hatte. Im einzelnen blieben gegensätzliche Auffassungen (zum Beispiel wollte Becker die Behauptung der Euklidizität unseres Wahrnehmungsraumes nicht für den physikalischen Raum ansetzen, der im makro- und mikrophysikalischen Bereich über den Wahrnehmungsraum hinausweise). Konnte die Philosophie überhaupt in einer „Orthosprache" die *eine* verbindliche und umfassende „Logik" gewinnen? Nach Lorenzens Bericht wollte Becker als „alter Skeptiker" die Hoffnung nicht teilen, daß eine Orthosprache „durchsetzbar" sei. Doch mochte

---

[31] Zum einzelnen vgl. Carl Friedrich Gethmann: *Phänomenologie, Lebensphilosophie und konstruktive Wissenschaftstheorie.* In: *Lebenswelt und Wissenschaft.* Hrsg. von C. F. Gethmann. Bonn 1991. 28 ff., vor allem 62, 34; zum folgenden 50, 55 und (Beckers Äußerung) 77.

dieser Vorbehalt sich nicht auf die Zeitgenossen beziehen, sondern auf das Leben auf dieser Erde selbst, das in seiner Mehrseitigkeit schließlich zu unterschiedlichen metaphysischen Perspektiven führt. Die Arbeiten der Erlanger Schule selbst führten zu einer neuen Offenheit. Wenn Kamlah aber den Terminus „Hermeneutik" wieder nur auf die alten Hilfsdisziplinen und die geisteswissenschaftliche Methodik beziehen wollte, schloß er grundsätzliche philosophische Fragen aus, die sich längst mit diesem Wort verbunden hatten.

II. Phänomenologie und Metaphysik

Edmund Husserl ist in seinen philosophischen Anfängen von der damaligen Tendenz bestimmt, für eine Orientierung im Leben den Wissenschaften zu vertrauen und die wissenschaftliche Tätigkeit philosophisch zu klären und zu rechtfertigen. So sollen die Bemühungen um eine Philosophie der Mathematik deutlich machen, wie wir Zahlen durch eine Abstraktion vom konkreten Ding bilden, dann zu symbolischen Anzahlbegriffen fortschreiten, dazu kolligieren, usf. Der Logiker Frege unterstellte deshalb, Husserl vermische Logik und Psychologie zu einer modischen Lauge. Frege hatte nicht bemerkt, daß Husserl mit seinem Lehrer Franz Brentano das Psychische in einen Gegensatz zum Physischen stellte, nicht aber in einen Gegensatz zum Objektiven und Idealen. Doch Husserl war gewarnt: in den *Logischen Untersuchungen* sprach er von einer „phänomenologischen" Vorbereitung seiner erkenntnistheoretischen Bemühungen. Er wollte zuerst einmal nur die Phänomene aufnehmen und beschreiben; so stand seine Phänomenologie gegen jede vorschnelle Aufnahme von Traditionen, vor allem gegen alle metaphysischen Konstruktionen und Spekulationen. Zu den Konstruktionen mußte auch die Verneinung der Metaphysik im Naturalismus und Historismus der Zeit gestellt werden. Wenige Jahre nach den *Logischen Untersuchungen,* diesem Werk des Durchbruchs, konnte Husserl die Phänomenologie ausbauen zu einem Versuch, die Philosophie überhaupt neu zu begründen und dabei kritisch nur auf das zu beziehen, was sich uns als Phänomen tatsächlich gibt. Hatte die Phänomenologie mit diesem Bestehen auf der „Sache selbst" nicht doch wiederum das Grundanliegen der zurückgedrängten Ontologie und Metaphysik aufgenommen? So sahen es bald die ältesten Göttinger Schüler; diese gerieten deshalb auch in einen Konflikt mit dem transzendentalphilosophischen Weg, der sich in Husserls Freiburger Lehrtätigkeit endgültig durchsetzte. Lenkte Husserl damit nicht in überkommene Traditionen ein, ohne das auch nur zu bemerken?

Die Phänomenologen wußten sich mit Husserl einem gemeinsamen Anliegen verpflichtet, nicht auch der spezifischen Ausgestaltung dieses Anliegens durch Husserl selbst. Max Scheler hat berichtet, ihm sei in der eigenen Auseinandersetzung mit der kantischen Tradition klar geworden, daß das, was wir Anschauung nennen, über die sinnliche Anschauung hinaus erweitert werden müsse. Husserl habe ihm dann in einem Gespräch bestätigt, daß er eben diese Erweiterung in den gerade erscheinenden *Logischen Untersuchungen* durchgeführt habe.[32] Freilich konnte die Weise, in der die Phänomenologen eine „Wesensschau" beanspruchten, in mannigfacher Weise mißbraucht werden. Gerade bei Scheler fanden manche Zeitgenossen den fragwürdigen Versuch, die Phänomenologie als eine angeblich verbindliche Methode zur Rechtfertigung wechselnder weltanschaulicher Positionen einzusetzen. Doch konnte Scheler die Impulse der Zeit aufnehmen und dadurch eine breite Aufmerksamkeit für die Phänomenologie wecken. Blieben in Schelers Arbeiten aber nicht offene Fragen, wenn sie die Bedeutung der emotionalen Sphäre herausstellten, die Ethik material vom Wertfühlen her aufbauten und zugleich die Offenheit für den andern zum Problem machten? Meinte die Liebe, die mit Augustin und Pascal als Tor zum Erkennen beansprucht wurde, die eine Gottesliebe, von der die Menschheit ergriffen wird, oder die Liebe und Offenheit des einen endlichen Menschen zum anderen hin und von ihm her? Mußte nicht auch gefragt werden, wie diese Liebe zu jenem Leben gehört, das wir mit den Menschen anderer Zeitalter und auch mit Tieren und Pflanzen teilen?

Max Scheler hat schon 1913 Bergson, Nietzsche und Dilthey unter dem Titel *Versuche einer Philosophie des Lebens* zusammengestellt (der Aufsatz wurde später in den Band *Vom Umsturz der Werte* aufgenommen). Das „Leben", das gegebenenfalls gegen den Geist ausgespielt werden konnte, wurde dann in den zwanziger Jahren zum Leitthema des deutschen Philosophierens. Dabei wurden unterschiedliche Aspekte und Fragen mit der Ausrichtung auf das „Leben" verbunden. Konnte der Mensch seine schöpferische Ursprünglichkeit noch gegen die vordringende Weltzivilisation behaupten, die tech-

---

[32] Vgl. Max Scheler: *Gesammelte Werke*. Bern 1954 ff. Band 7. 308.

nisch geprägt war? Strömungen wie die „Jugendbewegung" wandten sich gegen die tote „Bürgerlichkeit"; Spengler schien zu zeigen, daß auch Kulturen erstarren müssen und daß die eigene Zeit eine solche Spätzeit sei. Mußten intellektualistische Tendenzen nicht zurückgerufen werden zu der „Lebenswelt", in der wir uns alltäglich und primär bewegen? Konnte die christliche Botschaft noch auf ein „ewiges Leben" ausrichten, oder galt es, bei „primitiven" und ursprünglich gebliebenen Stämmen und Völkern eine lebendige Mythenbildung zu finden? Die großen Kritiker Marx, Nietzsche und Freud stellten vor die Frage, ob Intelligenz und Bewußtsein nicht immer schon eine Beute lebensmäßiger und unbewußter Strebungen und Tätigkeiten seien. Der Mensch mit seinem Leben scheint sich hineinstellen zu müssen in die Reihe der anderen Lebewesen, die Natur als den Bereich des Lebens vor der Verwüstung und Zerstörung durch menschliche Machenschaften retten zu müssen. In einer verschärften Form traten so Fragen an die Menschen heran, die etwa der junge Hegel schon am Ende des 18. Jahrhunderts aufgenommen hatte, als er sich im Namen des Lebens und der Liebe gegen eine erstarrende Aufklärung wandte. Doch liegt Hegels philosophische Leistung darin, daß er durch seine „Logik" zu klären versuchte, wie eine Idee des Lebens vom Organischen her gewonnen und vom Leben des Geistes als dem eigenständigen Weg der Menschen abgehoben werden müsse. Hegels Weggefährte Schelling glaubte das Wesen der menschlichen Freiheit nur dadurch verständlich machen zu können, daß er die Möglichkeit des Bösen zurückführte auf eine Doppelung in Gott zwischen dem, was bloßer Grund, und dem, was Gott selbst ist. Zu ähnlichen Konsequenzen sah Max Scheler sich geführt, als er in seinem Spätwerk Anthropologie, Metaphysik und Geschichtsphilosophie in neuer Weise miteinander verknüpfte.

Max Scheler suchte in den letzten Lebensjahren die Auseinandersetzung mit den jüngeren Phänomenologen, die in *Sein und Zeit* den Durchbruch zum eigenen Fragen fanden. Heidegger hatte das Leben, das in seiner Lebenswelt vom Innerweltlichen und von den Mitlebenden angegangen und beansprucht wird, als „Faktizität" genommen; diese Faktizität war nicht das empirisch Vorfindbare, sondern das eine Aufgegebene, das sich als das Unergründliche dem verstehenden Existieren öffnet. Das Existieren wurde mit seiner Eigentlichkeit über Angst und Tod ausgerichtet auf den Augenblick, der sich nicht objektivieren läßt. Wenn *Sein und Zeit* so den transzendentalen Ansatz Husserls in eine Hermeneutik der Faktizität umwandelte, dann konnte Scheler darin auch nur die Umkehrung des cartesischen Grundsatzes zum „sum ergo cogito" finden. Scheler stellte darüber hinaus eine verhängnisvolle Nähe zu der neuen, befremdenden Theologie der Barth und Gogarten fest, die aus der Hoffnung auf das ganz Andere der Gnade und Offenbarung lebte. Er richtete an Heidegger die Frage, ob denn überhaupt „der Mensch als zufälliges Dasein des Erdenmenschen in seiner historischen Gestalt" und nicht das „Wesen des Menschen" der Bezugsgegenstand der Philosophie sei. Statt der „Isolierung des Menschen als geistigen Wesens" verlangte Scheler, den Unterschied zwischen der Wesenshabe des Geistes und der Daseinshabe des Dranges zu berücksichtigen. Gegenüber der Verengung auf das Existieren behauptete Scheler die volle Struktur des Lebens: dieses kann nicht nur vom Tod und der vereinzelnden Angst her verstanden werden; zu ihm gehört der Bezug zum anderen und die Liebe, damit auch die ständige Geburt des Neuen.[33]

Scheler grenzte sich auch von Beckers ontologischen Untersuchungen zur Mathematik ab, die Husserl zusammen mit *Sein und Zeit* publiziert hatte. Becker wiederhole nur, daß der Geist „geschichtlich" sei; wenn er zur Geschichte die Natur stelle und diese mathematisch deute, dann fasse er zu Unrecht mathematische Physik und Technik als Ersatz von Mantik und Magie. Scheler verknüpfte diese Auffassung mit C. G. Jungs Lehre von den „Archetypen", um beiden Ansätzen eine Naturalisierung des Historischen im Sinne Spencers vorzuhalten. Scheler wollte also bei seiner neuen Metaphysik bleiben: der Weltgrund hat die beiden Attribute Drang und Geist. Der Drang drängt zum Dasein und auch zur historischen Selbstbehauptung; der Geist richtet sich auf das bleibend Wesentliche. Der Mensch erscheint als die Stätte, in der der Weltgrund diesen Antagonismus aufarbeitet, in der damit Gott „wird".

Heideggers grundlegende Vorlesung über *Ontologie* oder *Hermeneutik der Faktizität* vom Sommer 1923 lehnte Schelers Gebrauch der Phänomenologie als einen Mißbrauch ab: in einer spekulativen Gnosis werde das Ganze des Seienden als Panorama vorgestellt; der Mensch werde pseudotheologisch als Ebenbild Gottes in dieses Gan-

---

[33] *Gesammelte Werke.* Band 9. 260, 301, 271, 277; zum folgenden 301 f.

ze einbezogen. Die hermeneutische Phänomenologie versuchte auf ihre Weise, die nötigen Unterscheidungen zwischen den Bereichen des Seienden formal anzeigend vorzugeben, damit der Mensch nicht wie ein Ding genommen werde. In *Sein und Zeit* wurde Husserl und auch Scheler vorgeworfen, sie machten trotz ihres Personalismus die Seinsfrage nicht zum Problem und müßten deshalb das Sein des Menschen mit der antiken Ding-Ontologie angehen. Heideggers Vorlesung über Platons *Sophistes* vom Winter 1924/1925 suchte zu zeigen, daß die Grundlegung der Philosophie bei Platon und Aristoteles die Ausrichtung des Gewissens auf den Augenblick verfehle; Vernunft und Weisheit würden schließlich doch von der Umsicht der Techne her gefaßt: zuerst sieht der Handwerker die „Idee" eines Tisches oder Schuhs, dann macht er dieses Zeug und entläßt es in den Gebrauch. Im Umkreis Schelers spottete man darüber, daß die zweitausendjährige ontologische Tradition auf eine „Schusterontologie" zurückgeführt werde.[34] Als Heidegger mit Kant in der unterschiedlichen Schematisierung des Begriffs durch den Zeitbezug einen Weg zur Konkretisierung der formal anzeigenden Hermeneutik fand, wies Scheler darauf hin, daß die Neuzeit sich bei der Ausbildung der mathematischen Naturwissenschaft wie der kapitalistischen Wirtschaft auf ein bestimmtes Schema des Weltzugangs festgelegt habe. Mußte diese Erörterung des Zusammenhangs von Erkenntnis und Arbeit nicht zu der Frage führen, ob die formal anzeigende Hermeneutik und Schematisierung nicht in sich selbst zeitlich sei, nämlich in eine Geschichte gehöre?

Heidegger handelte über die Grundfragen seines Denkens, als er im Spätherbst 1924 bei Scheler in Köln über das sechste Buch der *Nikomachischen Ethik* sprach, im Januar 1927 über Kants Lehre vom Schematismus und die Frage nach dem Sinn des Seins. So konnte er im Dezember 1927 in seinem letzten längeren Gespräch mit Scheler mit diesem die Überzeugung teilen, daß die Metaphysik wieder ernst genommen werden müsse – nach Heidegger jedoch zuerst einmal als

---

[34] Vgl. *Günther Anders antwortet.* Hrsg. von E. Schubert. Berlin 1987. 22. Heidegger antwortet: wenn die Grundbegriffe der Philosophie bei Platon und Aristoteles einer Interpretation der Herstellung entnommen würden, bedeute das nicht, daß die antike Philosophie eine Philosophie der Schuster und Töpfer sei. Vgl. *Aristoteles, Metaphysik Theta 1-3.* Frankfurt a. M. 1981. 137. – Zum folgenden vgl. Dietmar Köhler: *Martin Heidegger. Die Schematisierung des Seinssinnes ...* Bonn 1993.

Problem![35] Nach dem plötzlichen Tode Schelers übernahm Heidegger die Aufgabe, aus Schelers Nachlaß die Metaphysik herauszugeben, bezeichnenderweise bald in Verbindung mit dem Nietzsche-Archiv. Noch am 24. März 1932 schrieb Heidegger an Elisabeth Blochmann, er müsse auf diese Aufgabe „einige Wochen" verwenden. Der politische Umsturz verhinderte die weitere Bemühung um die Philosophie eines Halbjuden. Da nach einem halben Jahrhundert Schelers Fragmente zur Metaphysik, Anthropologie und Geschichtsphilosophie endlich erschienen sind, bleibt die Aufgabe, die damaligen Auseinandersetzungen aufzunehmen und auszutragen. Unübersehbar ist, daß Schelers Anstöße eine Verlagerung in den Grundmotiven von Heideggers Denken bewirkten. Doch blieb Heidegger bei dem Vorwurf, daß Scheler den Weltgrund vorschnell von dem unbedachten traditionellen Unterschied zwischen Daß und Was auf Drang und Geist festlege, also das Seinsproblem nicht wieder aufnehme.

Heideggers Fundamentalontologie hatte die Frage „Warum überhaupt?" mit der Faktizität des Existierens verknüpft, das wir allein im Menschen finden. Folgt diese Fundamentalontologie dem Hinweis Schelers, daß dieses Existieren in das Ganze des Seienden gehört, dann läuft sie aus in eine Metontologie oder metaphysische Ontik. Diese fragt, wie das Existieren immer schon das Leben im Kosmos voraussetzt. Aus der *Monadologie* von Leibniz übernimmt Heidegger den Begriff des „Dranges"; er greift auch zurück auf Schelers „glücklichen Ausdruck" der „Enthemmung". Die Macht des Existierens ist zugleich bezogen auf ein „Übermächtiges", das als das Heilige und Göttliche den Menschen erst eine Mitte gibt. Heidegger will die Genesis der Idee des Göttlichen nicht mit Schelers Religionsphilosophie vom Übersteigen der Endlichkeit her gewinnen und auch nicht mit einem Theologen wie Gogarten Gott als Du nehmen; er geht (auch in der Kritik von Cassirers Versuchen) zurück zur mythischen Erfahrung.[36] Heideggers Vorlesung vom Winter 1929/1930 gibt dann die Skizze einer Philosophie des Organischen. Die Anknüpfung an Sche-

---

[35] Martin Heidegger: *Metaphysische Anfangsgründe der Logik*. Frankfurt a. M. 1978. 62 ff., 182, 165. Zur sachlichen Verbindung der Hermeneutik mit der Metaphysik des Daseins vgl. auch Jean Greisch: *Hermeneutik und Metaphysik*. München 1993.
[36] *Metaphysische Anfangsgründe* (s. Anm. 35) 201 f., 86 ff., 103, 211; zum folgenden vgl. Martin Heidegger: *Die Grundbegriffe der Metaphysik*. Frankfurt a. M. 1983. 174 ff., 299 f.

ler bleibt deutlich, wenn Heidegger das Leben als einen Enthemmungsring faßt, der keine Vereinzelung im Aufsichnehmen des Todes erreiche; doch erarbeitet sich Heidegger die Wesenszüge des Organischen in der Auseinandersetzung mit großen Biologen (vor allem Zoologen). Vom Menschen her, der Welt hat, erscheint das Tier als „weltarm". Diese These wird nicht regionalontologisch und schon gar nicht einzelwissenschaftlich gewonnen, indem das Wissen das Vorkommen der Tiere innerhalb des Seienden einfach voraussetzt. Sie wird metontologisch dadurch eingebracht, daß sie sich im „Zirkel" bewegt zwischen der Metaphysik, die auf das Seiende im Ganzen geht, und der positiven Wissenschaft. Vom Menschen her wird der Stein als weltlos angesprochen. Wir können uns in den Stein nicht „versetzen", es sei denn im Außerordentlichen des Mythos und der Kunst. (Dort kann der Stein als Mal einer Gemeinschaft Orientierung geben, auf das Existieren zwischen Erde und Himmel zeigen.) Die Vorträge über den Ursprung des Kunstwerkes verstehen auf diesem Wege Kunst aus dem mythischen und kultischen Zusammenhang.

Die Vorlesung vom Winter 1929/1930 faßt mit Autoren wie Scheler, Klages und Spengler das Verhältnis von Leben und Geist als Leitfrage der Zeit und führt diese Frage dann zurück auf Nietzsche. Dieser hatte die apollinische Begrenzung auf das Sein aus jenem dionysischen Erleiden des Werdens zu gewinnen versucht, das zugleich als schaffende und zerstörende Lust angesprochen wurde. So ging es nicht mehr darum, das Leben, von dem Dilthey ausging, zur Existenz zu verschärfen und das Sein der Tradition in vergessene Zeitigungsweisen zurückzustellen. Nietzsche hatte die Entscheidung über Macht und Ohnmacht in unserem Leben mit der Alternative „Dionysos oder der Gekreuzigte" zur Entscheidung gestellt; das Philosophieren sollte in solche Entscheidungen wenigstens einweisen.[37] Als Grundbegriff der Tradition erschien nicht mehr das Sein als *ousia* (wie im Aristotelismus, der mittelalterlich umgeprägt worden war), sondern die *energeia,* die als Wirklichkeit oder Am-Werk-Sein eine offene Möglichkeit in sich enthält. So konnte ein Streit um die Modalitäten die phänomenologische Philosophie in eine Krise und dann auf verschiedene und

---

[37] *Die Grundbegriffe der Metaphysik* (s. Anm. 36) 103 ff., 531 f.; zum folgenden vgl. Martin Heidegger: *Beiträge zur Philosophie.* Frankfurt a. M. 1989. 244, 278 ff., 91, 321, 448.

getrennte Wege führen. Heideggers *Beiträge zur Philosophie* beziehen Wahrheit überhaupt auf die „Zerklüftung" in Modalitäten wie Wirklichkeit und Möglichkeit; so stellen sie zugleich zur Entscheidung, ob die Natur „Ausbeutungsgebiet" bleiben oder wieder „als die sich verschließende Erde das Offene der bildlosen Welt" tragen soll, „ob die Kunst eine Erlebnisveranstaltung oder das Ins-Werk-Setzen der Wahrheit ist". Dieses Vorausdenken in Ent-Scheidungen setzt den Schritt von der transzendentalen zur hermeneutischen Phänomenologie voraus; doch versteht es sich nicht mehr als Hermeneutik. Die Konkretisierung der formal anzeigenden Hermeneutik in der Schematisierung der Begriffe wird als eine Fixierung der Zeit der Ent-Scheidung auf ein starres Prinzipiengefüge hin verworfen.

War der hermeneutische Charakter der Phänomenologie überhaupt angemessen erfaßt worden, war er nicht immer umstritten geblieben? Heidegger hat sich früh schon von anderen Tendenzen seiner Schüler und Freunde distanzieren müssen – so in seinen Briefen an Karl Löwith von diesem und von dessen Freund Becker. Löwith suchte ein existenzielles Philosophieren; gerade deshalb mußte er den Einzelnen zurückstellen in die Gemeinschaft und in das übergreifende Leben oder die Natur. Dagegen ging es Oskar Becker vorzüglich darum, wissenschaftstheoretisch regionale Ontologien aufzubauen, z. B. eine Ontologie der Mathematik.[38]

Blieb *Sein und Zeit* nicht bei einer einseitigen Umkehrung stehen, wenn formuliert wurde, Mathematik sei „nicht strenger als Historie, sondern nur enger hinsichtlich des Umkreises der für sie relevanten existenzialen Fundamente"? Beckers Untersuchungen *Mathematische Existenz* stellten die Existenz mathematischer Gegenstände durchaus hermeneutisch in das Mathematisieren zurück, um aus dem Vollzug des Daseins überhaupt die Eigenart des Mathematischen verständlich machen zu können. Die eigenen Erörterungen ließen sich leiten von der Überlieferung: Platon rückte mit seiner Überzeugung von der Bedeutung der Mathematik für das Deuten der Wirklichkeit zusammen mit Leibniz und dem mathematischen Formalismus; zu Kant trat (anders als im Neukantianismus) Aristoteles, dazu der mathematische Intuitionismus, der die Zahlen kritisch durch Abstraktion von den Dingen trennte. Recht und Grenze der Ansätze sollen vom Phänomen

---

[38] Siehe Anm. 309. – Zum folgenden Heidegger: *Sein und Zeit.* Tübingen [7]1953. 153.

her abgegrenzt werden, aber für unsere heutige Situation. Dabei zeigt sich, daß die Mathematik enger ist als das historische Erkennen, nämlich die Zeitlichkeit des Lebens und Existierens und damit auch der Geschichte weitgehend ausblendet. Das historische Erkennen aber ist enger (und in diesem Sinn auch weniger streng), weil es stärker der eigenen Situation verhaftet bleibt und in der Weite der Verallgemeinerung nicht mit der Mathematik und deren Anwendungen konkurrieren kann.

Die phänomenologische Schule hat sich früh schon den Problemen einer Philosophie der Kunst zugewandt (so in den Arbeiten von Moritz Geiger, Fritz Kaufmann, Roman Ingarden). Oskar Becker hielt 1922 den Habilitationsvortrag über die Stellung des Ästhetischen im Geistesleben. In der Festschrift für Husserl stellte 1929 sein Beitrag *Von der Hinfälligkeit des Schönen und der Abenteuerlichkeit des Künstlers* den Ansatz der hermeneutischen Phänomenologie neu zur Diskussion. Schon die Griechen hatten die Mathematik zu einer freien Wissenschaft gemacht; seit Kant schien die Aufgabe gestellt, die ästhetische Formung aus sich und unabhängig von der Einbettung der Kunst in Kult und Geschichte zu fassen. Hatten nicht die Romantiker und Idealisten recht, wenn sie die Weise, wie die Natur im Genie spricht, auf den Enthusiasmus im „Deum pati" zurückführten, zugleich aber die „Ironie" geltend machten? Auch die Psychoanalyse scheint zu zeigen, daß der Mensch nicht nur sein Leben in einer Geschichte zu führen, sondern auch eine Natur und bleibende Strukturen zu wahren hat. In den Fehlleistungen z. B., aber auch im Traum bricht etwas anderes in die Lebensgeschichte ein. Becker muß Klages und Scheler widersprechen, wenn sie den Geist zum Widersacher der Seele machen oder die Ausrichtung des Geistes auf das Wesen vom Drang des Lebens zum Dasein ablösen. Die Natur zeige vielmehr Züge, die in der „absoluten" Geistigkeit wiederkehrten und sich quer stellten zur Geschichte. In dieser Geistigkeit trete die Kunst mit der ästhetischen Formung zur Mathematik. Doch hätten Mythos und Magie in der Frühgeschichte Wirklichkeit in einer Weise erschlossen, die in verwandelter Form im wissenschaftlich-technischen Zugriff auf die Welt sich wiederhole. Becker schließt seinen Beitrag zur Husserl-Festschrift mit der These, daß die Kunst eine „hyper-ontologische" Abgründigkeit „ent-decke". Das Leben gebe in seiner Tiefe nicht den Blick auf das Eine Plotins (oder Hegels) frei, sondern den Blick „auf die letzte Zweiheit und Zwietracht der ‚Wurzeln‘ des Seins, die der endliche Mensch zu heilen nicht berufen ist". Dem Sein, das sich im Vollzug der Geschichte zugleich entbirgt und verbirgt, treten die Wesenheiten entgegen, die als Mehrzahl der Ideen ewig-wiederkehrend in sich ruhen.[39]

Wenn Becker nach dreißig Jahren die ästhetische Problematik neu formuliert, dann grenzt er den Philosophen vom Künstler ab: in der Philosophie bricht ein Fragen auf, das keine Frage von sich abweist; auf ein Wozu kann dieses Aufbrechen nicht bezogen werden. Doch steht der Philosoph mit seiner besonnenen und vorsichtigen „Verwegenheit" des Fragens „exzentrisch" zum Leben, zu dem auch das nichtverfügbare Sichmelden der Natur oder Idee gehört. Nur mit dem „schrägen Blick", der z. B. von den Zeugnissen der Kunst her auf indirekte Weise in die Tiefen des Lebens sieht, kann der Philosoph der Mehrseitigkeit des Lebens gerecht werden. So muß er metaphysische Hypothesen wie „Sein" und „Wesen" ins Spiel bringen, die dann von der Einzelproblematik her auszuweisen sind. Man mag hier fragen, ob der Antagonismus von Sein und Wesen dem „Leben" im spezifischen Sinn des Organischen gerecht werden kann. Bleibt die Orientierung am Gegensatz zwischen dem Erklären, das ein Phänomen über einen mathematischen Formalismus beherrscht und deutet, und dem Verstehen, das aus einer Situation heraus eine andere Situation erschließt und sich in die fortgehende Geschichte einfügt, nicht der neukantischen Position verhaftet, die in Physik und Historie die Modelle wissenschaftlicher Arbeit fand?

Gerade weil Heidegger die Hermeneutik reklamiert hatte, gab Becker es schließlich auf, die Phänomenologie als eine hermeneutische zu fassen: Hermeneutik impliziert eine einseitige Ausrichtung auf jene Geschichte, die nichts Letztes ist, sondern mit der Natur und dem idealen Sein auf eine sekundäre Ebene gehört. Dieser Verzicht auf eine hermeneutische Philosophie kann die Hermeneutik, die als Verstehen immer auch ein Nachverstehen ist, in ihrer Schärfe festhalten. Als Emmanuel Lévinas mit Gabrielle Pfeiffer Husserls *Cartesianische Meditationen* wenigstens auf französisch herausbrachte, war Becker einer

---

[39] Vgl. jetzt Oskar Becker: *Dasein und Dawesen.* Pfullingen 1963. 11 ff., vor allem 40; zum folgenden 123, 117 ff., 126. Vgl. zu Becker O. Pöggeler: *Hermeneutische und mantische Phänomenologie.* In: *Heidegger.* Perspektiven zur Deutung seines Werks. Hrsg. von O. Pöggeler. Köln/Berlin 1969 und Königstein/Ts. 1984. 321 ff.

der wenigen, die im deutschsprachigen Bereich auf Husserls Weg von Descartes zur *Monadologie* von Leibniz hinwiesen. Doch suchte er den monadologischen Weg weiterzuführen zu jenem Miteinander, in dem der eine nicht der andere sein kann, aber für ihn offen ist. Gerade die Gipfel der metaphysischen Tradition (nämlich Platons Lehre vom Guten und vor allem die dritte *Meditation* von Descartes) sprechen davon, daß eine Idee aufgenommen wird, die das Aufnehmen übersteigt; dieses Phänomen zeige sich konkret in der Intersubjektivität, in der der Andere immer auch der Fremde bleibt.[40] Die Hermeneutik wird zur Dialogik verschärft, doch tritt zu ihr ein mantisches Deuten, das Wesenheiten entdeckt und wahrt. Der Unterschied des Verstehens und Deutens wird von metaphysischen Hypothesen wie Sein und Wesen her gerechtfertigt. So kann weder Husserl noch Heidegger die angemessene Fortführung des phänomenologischen Ansatzes beanspruchen. Husserls *Krisis*-Schrift bleibt dabei, gegenüber der „Lebenswelt" die Möglichkeit eines letzten Durchsichtigwerdens wenigstens als ein regulatives Prinzip zu beanspruchen, mag das Geforderte auch nie vollständig einzulösen sein. Heidegger konzentriert sich auf die Einmaligkeit in den Situationen und Konstellationen der Geschichte des Seins; insofern wird er dem Anliegen der Hermeneutik gerecht. Doch bezieht die gesuchte philosophische Logik sich nicht konkret auf die ontologisch-logischen Fragen der einzelnen Seinsregionen zurück und wird durch die faktische Orientierung an der Geschichte einseitig und unzulänglich.

Max Scheler hat von der Metaphysik des doppelpoligen Weltgrundes her einen mannigfachen Ausgleich zwischen den extremen Positionen in der heutigen Welt gefordert: zwischen Ost und West, Frau und Mann, Irrationalismus und Intellektualismus, usf. So kann Heideggers Vorlesung vom Winter 1929/1930 in Schelers Vortrag *Der Mensch im Weltalter des Ausgleichs* die aktuellen Aufgaben der Philosophie angezeigt finden. Die Hölderlin-Vorlesung vom Winter 1934/1935 tut erste Schritte zur Loslösung aus einer verhängnisvollen politischen Verstrickung. Sie versteht Heraklits Fragmente von Nietzsches Gedanken über die Philosophie im tragischen Zeitalter her und

---

[40] Vgl. Oskar Becker: *Husserl und Descartes.* In: Archiv für Rechts- und Sozialphilosophie 30 (1936/1937) 616 ff.; ferner: *Zwei phänomenologische Betrachtungen zum Realismusproblem.* In: *Lebendiger Realismus* (Festschrift für J. Thyssen). Hrsg. von K. Hartmann. Bonn 1962. 1 ff.

sagt, wo der Kampf als Macht der Bewahrung des Anfänglichen aussetze, beginne „der Stillstand, der Ausgleich, die Mittelmäßigkeit, die Harmlosigkeit, Verkümmerung und Verfall". So können die *Beiträge zur Philosophie* statt der Rangordnung der Werte die Auseinandersetzung um den Rang des Anfänglichen fordern. Zusammen mit Diltheys Weltanschauungslehre bleibt auch Schelers später Versuch zurück, von der Problematik Idealismus-Realismus her und in Auseinandersetzung mit *Sein und Zeit* den Charakter des Philosophierens neu zu bestimmen.[41] Die *Beiträge* betonen in schroffer Polemik, das „laute Lärmen" von Ontologie, von Transzendenz und Paratranszendenz, von Metaphysik und auch von Überwindung des Christentums sei „grundlos und leer". Die Seinsfrage (mit ihrem „Warum überhaupt?") dürfe „nie in die bodenlose Öde einer bisherigen ‚Ontologie‘ und ‚Kategorienlehre‘ übersetzt werden". Heidegger wendet sich hier gegen Nicolai Hartmanns Bemühungen um eine neue Ontologie, die bei den Einzelfragen ansetzt und in eine „aporetische" oder offene Metaphysik auslaufen kann. Er weist Beckers Differenzierung zwischen unterschiedlichen Möglichkeitsbegriffen und letzten metaphysischen Hypothesen zurück. Wie in *Sein und Zeit*, so will Heidegger auch in den *Beiträgen* die Logik des Philosophierens gewinnen, ehe er sich der Ontologie und Logik einzelner Bereiche des Seienden zuwendet. So wird die Orientierung an „Stufen" des Seins grundsätzlich zurückgewiesen zugunsten einer Einweisung in eine neue Bestimmung des Bezugs z. B. zu Natur und Kunst.

Heidegger hatte in Marburg bedeutende Schüler gewonnen. (Hans-Georg Gadamer z. B. führte in seiner Habilitationsschrift Heideggers phänomenologische Destruktion Platons direkt fort.) Als Heidegger dann in Freiburg einen habilitierten Assistenten suchte, schrieb er jedoch am 24. Juli 1931 an Jaspers: „Eigene ‚Schüler‘ habe ich nicht." Er nahm als Ersatz für Oskar Becker Werner Brock, weil dieser Misch-Schüler einen Bezug zu Nietzsche gewonnen hatte. Mit Brock besprach Heidegger 1932 im privaten Kreis Ernst Jüngers *Arbeiter,* also eine Analyse der Tendenzen der Zeit, die im Nietzscheanismus sclbst den Nietzscheanismus zum Problem machte. Gegen Ende der

---

[41] *Die Grundbegriffe der Metaphysik* (s. Anm. 36) 106; *Hölderlins Hymnen* (s. Anm. 27) 125, 184; *Beiträge zur Philosophie* (s. Anm. 37) 224, 177; zum folgenden vgl. *Beiträge zur Philosophie.* 72 f. (Heidegger zielt auf Beckers Vortrag *Transzendenz und Paratranszendenz* vom Pariser Descartes-Kongreß). Vgl. ferner *Beiträge zur Philosophie.* 273 ff.

dreißiger Jahre stimmte Heidegger z. B. mit Antipoden wie Horkheimer und Adorno in der Auffassung überein, daß der neue Weltbürgerkrieg bei allen Parteien einen ungezügelten Schub von Organisation und Technik auslöste. Nietzsche wies nunmehr nicht mehr neue Wege; er stellte nur die metaphysische Tradition noch in Frage, indem er selbst mit der Lehre von der ewigen Wiederkehr die Metaphysik als technischen Zugriff auf eine zu sichernde Welt formulierte und so die Offenheit der Welt zuschüttete. Wenn Heidegger 1941 ein zweites Mal über Schellings Freiheitsschrift las, dann sah er im Widerruf früherer Überzeugungen auch bei Schelling nur eine Metaphysik, die das Sein vom Absoluten selbst her als Wollen faßt. Blieb nicht nur die Zwiesprache des Denkens mit einem Dichter wie Hölderlin? Nach dem Zweiten Weltkrieg konnte Heidegger eine neue Wirkung erzielen, weil er das Denken aus dem akademischen Rahmen löste und nach der Technik und dem Rettenden in der technischen Welt fragte. Will man das Adjektiv „hermeneutisch" als Kennzeichen der Philosophie festhalten, dann darf das Hermeneutische nicht nur von den „weichen" Geisteswissenschaften her gewonnen werden; die Philosophie muß als Hermeneutik der technischen Welt das Technische in unserer Welt auslegen und dadurch diese Welt auch freisetzen für das, was mehr als technisch ist.

Die Logik, die dieses „Mehr" sichtbar macht, mag sich uns zeigen, wenn wir beachten, wie Heidegger seinen Vortrag *Die Frage nach der Technik* mit Hölderlin-Zitaten schließt. Doch mag diese Logik leichter verständlich werden, wenn wir Heideggers Gespräch mit einem Autor wie Ernst Jünger einbeziehen, der (zusammen mit seinem Bruder Friedrich Georg) von der Analyse der totalen Mobilmachung her schließlich zu Hölderlin fand. Die Problematik von Heideggers Technik-Begriff wird offenkundig, wenn wir es uns nicht verdecken, daß Heideggers Gespräche mit dem Physiker Heisenberg zu einer Kontroverse wurden, die keine Auflösung fand. Wird aber das Verhältnis zwischen Physik und Philosophie nicht kompetenter dargestellt von einem Autor wie Carl Friedrich von Weizsäcker, der Schüler Heisenbergs und ein lebenslanger Gesprächspartner Heideggers war? Weizsäcker hat eine Gedenkrede zugleich für Heisenberg und Heidegger gehalten und berichtet, daß Heisenberg an Platons *Phaidros* die schönen Reden über den Eros und damit über den Aufstieg des Erkennens schätzte, Heidegger dagegen in den anschließenden trockenen Gesprächen über Wahrheitsfindung und Schrift die „höchste Stufe der Selbsterkenntnis" in der griechischen Philosophie fand. Weizsäcker macht den Versuch, den Weg des Physikers und den Weg des Philosophen zu verbinden. Wird damit die Kontroverse aber nicht vorschnell, zum Schaden der Physik und der Philosophie, aufgelöst?[42]

Weizsäcker hat schon in seinen frühen Vorlesungen *Die Geschichte der Natur* (1946/1948) den Menschen aus der Natur und der Evolution des Lebens begriffen, das Wissen von der Natur aber vom Menschen, von seiner Geschichte und damit von der Zeit her. Zu Platons Ideenlehre als der maßgeblichen Begründung von Philosophie tritt Heideggers Verweis auf die Zeit, die damit eine prinzipielle Funktion erhält. Die Physik als Grundwissenschaft wird erweitert zur Biologie, das Leben in einer Umwelt und seine Evolution werden bis zum Wissen des Menschen geführt. Sein und Wissen werden in einem philosophischen Monismus zusammengebracht zu einer freilich gefährdeten Einheit. Heidegger schrieb am 1. Oktober 1964 an Medard Boss nach einem der Gespräche mit von Weizsäcker, es gebe Anzeichen dafür, „daß die Besinnung auf die innere Grenze der Grundwissenschaft, d. h. der Kernphysik und damit der Physik als solcher, wach wird". Doch von Weizsäcker ist gerade nicht den Weg gegangen, den Heidegger ihm zumutete: er hat Heideggers kritische Bemerkungen über einheitswissenschaftliche Tendenzen ins Positive gewendet und die Wissenschaft eben auf diese Tendenzen verpflichtet. So mußten die Ansätze der Einzelwissenschaften, die nach Heisenberg „komplementär" einander sowohl fordern wie ausschließen, sich letzten Universalisierungen fügen. Blieb die philosophische Grundlegung der Physik überhaupt noch der wirklichen Arbeit der Physiker nahe? War die Zeit noch die erlebte Zeit Bergsons oder Heideggers Zeit des Da-Seins?

Carl Friedrich von Weizsäcker vermag Wissenschaft und Philosophie mit den religiösen Traditionen und der aktuellen Politik zu verbinden. Er kann einen ausgezeichneten Bezug zu den indischen Traditionen finden, in denen das einzelne Selbst in das allgemeine Selbst aufgehoben wird und den Gegensatz zur Welt überwindet. Wenn

---

[42] Carl Friedrich von Weizsäcker: *Wahrnehmung der Neuzeit*. München 1983. 147 ff.: *Heisenberg und Heidegger über das Schöne und die Kunst.* – Zum folgenden vgl. Weizsäckers zusammenfassendes Werk *Zeit und Wissen*. München/Wien 1992.

Heidegger dagegen mystische Tendenzen aufnimmt, dann eher von Meister Eckhart her, bei dem die Geburt der Seele im Wort Individualisierung nicht ausschließt. Der Mensch als „Hirt" des Seins gehört für Heidegger zu einer Lichtung, die mit ihrer Helle und ihrem Dunkel über den Menschen hinausreicht. Doch betont Heidegger gegenüber der indischen Tradition im Gespräch mit Boss, daß der Mensch zuerst einmal Mensch sein und das Schon-Gewesen-Sein der Erde zulassen müsse. „Beim indischen Denken geht es um eine ‚Entmenschlichung' im Sinne des Sich-Einverwandelns des Daseins in die reine Helle." Der „Mayaschleier" gestatte es dem indischen Denken nicht, zum Ereignis zu kommen, das den Menschen „brauche".[43] Führt nicht bei von Weizsäcker wie bei Heidegger eine dogmatische Vorentscheidung zum unterschiedlichen Bezug auf die großen Traditionen der Menschheit? Muß eine Philosophie, die sich hermeneutisch nennt, solche Bezüge nicht reflektieren? Im folgenden soll das Problem des Hermeneutischen jedoch nicht vom Bereich der Religion oder der Kunst, sondern exemplarisch von der Sphäre der Politik her entfaltet werden.

---

[43] Martin Heidegger: *Zollikoner Seminare.* Hrsg. von Medard Boss. Frankfurt a. M. 1987. 223 f., 230.

III. Ethik – Politik – Pädagogik

a. Die Dilthey-Schule

Der Terminus „Geisteswissenschaften" wurde von Wilhelm Dilthey durchgesetzt. Nur mit einigen Hilfskonstruktionen läßt er sich z. B. ins Englische übersetzen. Gemeint sind nicht nur die „humanities", die historisch-philologisch arbeiten; auch „dogmatisch" fundierte Disziplinen wie Jurisprudenz und Theologie sind eingeschlossen, dazu die Ökonomie. Läuft eine Rechtfertigung der Eigenständigkeit dieser Wissenschaften besonderer Art nicht auf eine Erneuerung der alten praktischen Philosophie hinaus, aber unter den Bedingungen einer Erfahrung der Geschichtlichkeit und der Differenzierung in der modernen Welt? Um dem westeuropäischen „Positivismus" entgegentreten zu können, hat Dilthey das Erbe der deutschen Historischen Schule bewahrt, sich in seinen frühen Arbeitsjahren aber auch mit der Völkerpsychologie von Moritz Lazarus bekanntgemacht und mit der Sprachwissenschaft von Steinthal. In der Zeitschrift für Völkerpsychologie erschien 1878 als Rezension von Hermann Grimms Goethe-Buch eine erste Fassung von Diltheys berühmtem Goethe-Aufsatz aus dem späteren Sammelband *Das Erlebnis und die Dichtung*. Konnte der metaphysische Volksgeistbegriff, den man Hegel unterstellte, nicht in empirische oder psychologische Forschung aufgelöst werden? Diltheys Zuwendung zur Arbeit der Geisteswissenschaften mußte in dieser Psychologie schließlich eine noch größere Vereinfachung sehen als in Hegels Metaphysik und im Positivismus. Doch brachte Georg Simmel sich in einen Gegensatz zu dem damaligen Berliner Ordinarius Dilthey, als er die Einheit des individuellen Lebensweges in Frage stellte; die Autobiographie konnte nicht mehr Modell geisteswissenschaftlichen Verstehens sein. Simmel sah das Individuum als Träger einer Rolle in der Gesellschaft, die Gesellschaft als Zusammenspiel von Individuen. Dilthey hat diesen „neuen" Begriff von Soziologie in einer zusätzlichen Notiz zur gedruckten *Einleitung in die Geisteswissenschaften* anerkennen müssen.[44]

Dilthey hat im hohen Alter in den Studien über den Aufbau der geschichtlichen Welt in den Geisteswissenschaften Fragen dieser Art aufgenommen und mit der Problematik der Zeit und der Differenzierung in der erlebten Zeit verknüpft. Als Bernhard Groethuysen diese Studien in gesammelter Form edierte, hat er im Vorwort zum siebten Band von Diltheys *Gesammelten Schriften* die These aufgenommen, Dilthey sei in seinen letzten Lebensjahren von einer psychologischen Begründung der Geisteswissenschaften fortgeschritten zu einer Hermeneutik, die im Nacherleben schon eine Totalität des Lebens voraussetzt (und durch Auslegung und Selbstbesinnung dann die Zeiten auch auseinandertreten läßt). Ein hermeneutisches Philosophieren, das mit dem Leben geht, muß sich vergegenwärtigen, was andere Menschen in anderen Lebenssphären tun. So hat Dilthey mit dem jungen Goethe gefragt, was ein Gedicht sei, mit Schleiermacher, was Religion-Haben bedeute; er hat ebenfalls über die Geschichte des preußischen Landrechts geschrieben. Bernhard Groethuysen war nicht zufrieden mit der Weise, in der etwa Hegels *Phänomenologie des Geistes* anhand eines Romans von Diderot den Untergang des Ancien Régime analysierte; er hat nach umfangreichen Quellenstudien 1927 und 1930 sein Werk *Die Entstehung der bürgerlichen Welt- und Lebensanschauung in Frankreich* zu publizieren begonnen. Aus dem Nachlaß wurde wenigstens noch eine Bearbeitung des abschließenden Themas unter dem Titel *Philosophie der Französischen Revolution* veröffentlicht. Wenn der Mensch die Frage offenläßt, vor die ihn der Tod stellt, dann kann er als Bourgeois minimale Regelungen für ein Miteinanderleben finden, das auf Freiheit und Gleichheit aller ausgerichtet ist. Schon der Übergang der Revolution zur sozialen Revolution im Herbst 1792 kann von dieser Themenstellung her nicht mehr erfaßt werden.[45] Als Groethuysen 1933 Deutschland und seiner neuen Tyrannei endgültig den Rükken kehrte, hat er sich in Paris nicht zuletzt um das gekümmert, was die Dichter taten. Was er als Freiheit erstrebte, wollte er durchsetzen als

---

[44] *Wilhelm Diltheys Gesammelte Schriften.* Band 1. 420 ff.

[45] Vgl. das Nachwort von Eberhard Schmitt zu Bernhard Groethuysen: *Philosophie der Französischen Revolution.* Frankfurt a. M./Berlin/Wien 1975. 193 ff. – Zum folgenden vgl. das Vorwort von Jean Paulhan in Bernhard Groethuysen: *Unter den Brücken der Metaphysik.* Mythen und Porträts. Stuttgart 1968. 12.

„Kommunist strikter Observanz". So berichtet Jean Paulhan: „Groethuysen hätte gewisse Feinde der Freiheit ins Gefängnis stecken lassen.
Aber ich bin überzeugt, er hätte sie jeden Tag besucht, um ihnen
Orangen zu bringen und sich mit ihnen zu unterhalten. Zuletzt hätte er
sein ganzes Leben im Gefängnis zugebracht." Bedurfte es jedoch
zusätzlich zu den Gefängnissen und Lagern, wie Stalin und Hitler sie
so reichhaltig einrichteten, noch dieser Träume von besonders beque-
men und angeblich humanen Gefängnissen? Bei Groethuysen fehlt
überhaupt die Frage, ob die Französische Revolution nicht ein schei-
ternder Modernisierungsprozeß war; Hegels Überlegungen, welche
Institutionen zur Absicherung eines sinnvollen Miteinanderlebens nötig sind, wurden nicht konkret aufgenommen.

Wilhelm Diltheys Philosophieren hat seine politischen Implikationen; nicht gelungen ist der Neuaufbau einer praktischen Philosophie,
die auch in die politischen Entscheidungsspielräume wenigstens einweist. Um so eher konnte die Dilthey-Schule den gegensätzlichsten
politischen Optionen verfallen. Otto Friedrich Bollnow führte in
seiner Habilitationsschrift *Die Lebensphilosophie F. H. Jacobis* (1933)
mit seinem Lehrer Herman Nohl das Philosophieren Jacobis zurück
auf jene Berufung auf das Leben, wie sie etwa vom jungen Goethe
gegen die Aufklärung gestellt wurde. Damit aber wurden die Motive
Jacobis völlig verdeckt, da dieser der sittlichen Genialität die Anerkennung durch den anderen abverlangt. In seinem Buch *Dilthey* von
1936 ging Bollnow mit seinem Lehrer Georg Misch vom Spätwerk
Diltheys aus. Damals drängte der Einbruch der Tyrannei die Göttinger Dilthey-Schüler Misch und Nohl in die äußere oder innere Emigration. Das Sagen wurde von den Machthabern Hans Heyse zugesprochen, der von Breslau über Königsberg nach Göttingen kam.
Heyses Arbeit *Der Begriff der Ganzheit und die kantische Philosophie*
von 1927 wurde fortgesetzt durch das Buch *Idee und Existenz* von
1935, das aus Vorlesungen entstanden war. Heyse wollte vom Kriegs-
erlebnis her zur tragischen Welterfahrung der Griechen (und Germanen) zurückfinden. Es sei eine Fehlentwicklung gewesen, daß die Idee
in der logischen wie in der christlichen Deutung zur bloßen Norm
verblaßt sei, die tragische Existenz zur bloßen Subjektivität. Die Idee
sollte wieder zur Ordnung der Polis werden; an die Stelle der Polis
sollte das Reich der Deutschen treten. Es schien möglich und nötig,
Platon und Nietzsche zu verbinden und die Dialektik Hegels durch

Hölderlins tragische Erfahrung zu überwinden.[46] Bollnow begann seine Besprechung des Buches *Idee und Existenz* damit, „die allerstärkste Beachtung" für diesen „ersten großen Versuch" zu fordern, „aus der Idee des Nationalsozialismus heraus rückblickend diejenigen philosophischen Kräfte zu bestimmen, die als ihm geistesverwandt beim Aufbau seines Weltbilds mitzuwirken berufen sind". Berichtigt werden müsse der ausschließliche Gegensatz zwischen heroischer und „bürgerlicher" Haltung, dazu die Leugnung der christlichen Wurzeln des existenziellen Zeitbegriffs.

Als Hans Lipps in Rußland gefallen war, versagte seine Frankfurter Universität ihm das Gedenken. So gab Bollnow eine Gedenkrede, die Lipps mit Ernst Jünger zusammenstellte und bei beiden eine zweite, „heroisch" geprägte Phase der Existenzphilosophie fand, die mit Jaspers und Heidegger den Ausgang vom Leben verschärft habe. Zwanzig Jahre später hat Bollnow beim Wiederabdruck seiner Rede diese Deutung der Tendenzen der Zeit gestrichen: die damaligen Erwartungen seien nicht bestätigt worden.[47] Was er einmal bei Lipps und Jünger gesucht hatte, fand Bollnow nach 1945 in der französischen Existenzphilosophie: in jenem Einsatz und jenem Widerstand, wie z. B. von Malraux und Saint-Exupéry geleistet wurde. Leben und Existenz wurden schließlich zurückbezogen auf die Vernunft, die nach Ordnungen sucht und auch nach neuen Geborgenheiten. Blieb die intensive Bemühung um die Pädagogik nicht auch eine Flucht vor der nötigen Besinnung auf die politische Sphäre des Lebens?

Die Erschütterungen der abendländischen Welt, die im Ersten Weltkrieg zutage traten, bewegten Dilthey-Schüler wie Eduard Spranger und Herman Nohl dazu, von der Philosophie zur Pädagogik überzugehen. Es galt, auch durch eine Universitätsdisziplin in den Differenzierungen der modernen Welt eine relativ autonome Erziehung zu stützen. Wilhelm Dilthey hatte die Pädagogik daran erinnert, daß sie nicht beim „natürlichen System" der Geisteswissenschaften stehenbleiben und den Weg in Geschichte und Geschichtlichkeit ignorieren könne. Doch hatte er geglaubt, vom teleologischen Zusammen-

---

[46] Hans Heyse: *Idee und Existenz*. Hamburg 1935. – Zum folgenden vgl. Bollnows Rezension in: Die Literatur 38 (1935/1936) 492. Zur nationalen Ausrichtung von Misch und Nohl vgl. *Die Universität Göttingen unter dem Nationalsozialismus*. Hrsg. von H. Becker, H.-J. Dahms und C. Wegeler. München u. a. 1987. 169 ff., 200 ff.

[47] *Studien zur Hermeneutik* (s. Anm. 14) Band 2. 195. Siehe auch Anm. 53.

spiel der menschlichen Grundvermögen her so etwas wie einen nicht nur geschichtlichen Maßstab für die Bildung zu finden. Dagegen bezog Herman Nohl die Bildung auf die Erziehungswirklichkeit und deren Geschichte und gestaltete die Pädagogik so „hermeneutisch". Doch die Gefahr meldete sich, daß die „geisteswissenschaftliche" Pädagogik sich mehr und mehr in historische Darstellungen verlor.[48] Nach dem Zweiten Weltkrieg sprach Wilhelm Flitner von der Aufgabe, das Normative einer „Wertvergewisserung" und das Tatsächliche der Empirie aus der Erfahrung einer Situation heraus miteinander zu vermitteln. Mit diesem Versuch trete die Pädagogik zu jenen „hermeneutisch-systematischen" Wissenschaften wie Theologie, Jurisprudenz und Medizin, die schon den praxisbezogenen Kern der alten Universität gebildet hätten. War diese Einordnung der Pädagogik als hermeneutische oder hermeneutisch-pragmatische Wissenschaft zufriedenstellend? Günther Buck hatte das exemplarische Lernen als Einführung in neue Horizonte des Wissens mit den Grundmotiven sowohl der Hegelschen wie der Husserlschen Phänomenologie verbunden. Er suchte genauer zu zeigen, in welchem Sinn die Pädagogik zu einer „hermeneutischen Pädagogik" werden könne. Was aber bedeutet die Forderung, durch eine Topik des Lernens die „einführende Verständigung" zu klären, schließlich die Pädagogik selbst als Hermeneutik eines spezifischen Handelns zu nehmen?

Hatten jene nicht recht, die mit dem wirklichen Dilthey darauf bestanden, auch die Möglichkeit nichtgeschichtlicher Strukturen in Betracht zu ziehen? Die Aufgabe blieb, die Grundstruktur pädagogischen Handelns angemessen zu erfassen. Hier hatte Theodor Litt immer schon gefordert, den pädagogischen Bezug zwischen Erzieher und Zögling nicht aus der übergreifenden Wirklichkeit herauszulösen. Litt, der eher von Simmel als von Dilthey herkam, ging zurück zu Hegel, weil dem hermeneutischen Ansatz die Selbstreflexivität zu fehlen schien. Dabei verkannte er die Möglichkeiten eines hermeneutischen Philosophierens. Doch richtete er die Aufmerksamkeit auf jene Wandlungen, in denen sich selbst die natürlichen Grundlagen menschlichen Miteinanderseins änderten: auf das Verhältnis der Ge-

---

[48] Vgl. Bollnow: *Studien zur Hermeneutik*. Band 1. 155 ff. – Zum folgenden vgl. *Pädagogik als Wissenschaft*. Hrsg. von F. Nicolin. Darmstadt 1969. 268 ff., 370 ff., 400 ff., 427 ff. Vgl. ferner Günther Buck: *Hermeneutik und Bildung*. München 1981.

nerationen zueinander (zu dem das Verhältnis zwischen Frau und Mann trat). Diese Aufmerksamkeit verband sich mit dem klaren Blick für die Weise, wie das Politische in unserem Jahrhundert durch den Totalitarismus verfälscht wurde, die Technik zur Gefährdung wie zur Herausforderung wurde.

b. Phänomenologische Philosophie

Edmund Husserl, der Begründer der phänomenologischen Philosophie, hat sich der politischen Sphäre nur in Nebenbemerkungen zugewandt: Recht, Staat und Politik müssen Störungen im wechselseitigen Verhältnis der „Monaden" beseitigen helfen; so gehören sie zu unserer „Faktizität", weisen aber über sich hinaus auf andere Formen der Vergemeinschaftung.[49] Die Phänomenologische Philosophie im Ganzen hat sehr schnell den Bereich der logischen Untersuchungen überschritten, mit Max Scheler eine Ethik gesucht und nach den bestimmenden Faktoren der Geschichte gefragt, mit Adolf Reinach das Problem des Rechts aufgeworfen. Eine neue Ausgangssituation schien gefunden, als die Faktizität der Menschen, die durch Wesenseinsichten aufgeklärt werden sollte, auf das geschichtliche Verstehen bezogen wurde. Heidegger scheint hier die entscheidenden Anstöße gegeben zu haben; doch mußte er sich sehr schnell schon von Freunden und Schülern wie Becker und Löwith abgrenzen.[50] Im Bunde mit Löwith und Becker war Ferdinand Ludwig Clauß, der 1923 zum Abschluß seiner Assistentenzeit bei Husserl seine Schrift *Die nordische Seele* veröffentlichte. Als 1926 die Grundlegung *Rasse und Seele* folgte, begrüßte Löwith das Buch in einer ausführlichen Besprechung. Löwith nahm die Ausrichtung auf rassische Prägung, etwa die Unterscheidung zwischen den Menschen im Norden und im Süden Europas, auf. Die Polemik gegen Wilhelm von Humboldt, der schließlich zum „Menschheitpfaffen" geworden sei, wurde zurückgewiesen. Die Stimme des Lehrers Heidegger wurde hörbar, wenn Löwith die Rasse als Schranke der Menschen bei der Übernahme von Aufgaben auffaßte

---

[49] Vgl. Karl Schuhmann: *Husserls Staatsphilosophie*. Freiburg/München 1988.
[50] Siehe Anm. 309. – Zum folgenden vgl. jetzt Karl Löwith: *Sämtliche Werke*. Band 1. Stuttgart 1981. 198 ff.

und lieber vom Typus als von einem Wesen sprechen wollte. Löwith wies eigens auf die längst bestehende Rassenmischung hin und hielt abschließend fest: „Es könnte dem vorliegenden Buch kein komischeres Schicksal – so, wie es eben Bücher haben können – widerfahren, als wenn es bei seinem Leser die Besorgnis um Rassenreinheit bewirkte."

Dreieinhalb Jahrzehnte später wurde das Gesamtwerk von Clauß zu dessen siebzigsten Geburtstag durch einen theologischen Schüler gewürdigt. Clauß, im Grenzland Baden aufgewachsen, habe schon in der Kindheit die damalige französisch-deutsche Erbfeindschaft kennengelernt. Als Seekadett sei er in den europäischen Norden aufgebrochen; nach eingehenden Studien habe er die Edda neben Homer gestellt. Er habe erfahren, wie die Seele des Menschen durch die Landschaft und durch die Geschichte eine Prägung gewinne, die auch die leibliche Erscheinung forme. Husserls phänomenologische Reduktion, konkret auf das Verstehen bezogen, schien dem Erfahrenen eine philosophische Grundlegung zu geben. Clauß habe Humboldts Abhandlung über die Verschiedenheit des menschlichen Sprachbaus von Husserl selbst erhalten und den Halblederband als Vermächtnis bewahrt. Husserl habe nicht nur eine Habilitation zu diesem Thema gewünscht, sondern den langjährigen Assistenten als Nachfolger haben wollen (die einseitige Konzentration auf Heidegger wäre also eine Legende). Durch eine „mimische" Methode wollte Clauß wie ein Mime den Fremden darstellen, um ihn zu verstehen; so lebte er Jahre als Beduine unter Beduinen. Mit seinem Begriff der Rasse, der auf eine geographisch-geschichtliche Prägung zielte, mußte Clauß mit den nationalsozialistischen Ideologen aneinandergeraten; der Konkurrent des offiziellen Rassentheoretikers Günther wurde schließlich in den Bann getan. Da Clauß auf abenteuerliche Weise eine jüdische Mitarbeiterin schützte und versteckte, war die Gefährdung schließlich total. So schien es nur gerecht, daß Clauß nach dem Kriege als ein lange Verfolgter endlich seine Forschungsmöglichkeit an der Universität bekam. In der heutigen europäischen Situation seien gerade seine Arbeiten über den islamischen Kulturkreis wegweisend. Seine Bemühungen um „die Seele des Andern" umrissen „einen Forschungsplan für ganze Forschergeschlechter".[51]

---

[51] Vgl. Reinhard Walz: *Ludwig Ferdinand Clauß zum 70. Geburtstag.* In: Jahrbuch für Psychologie, Psychotherapie und medizinische Anthropologie 9 (1962) 149 ff. – Zum

Eine philosophische Hermeneutik, der es um das konkrete Verstehen geht, muß sich mit diesem Forschungsansatz beschäftigen, und so hat Hans-Georg Gadamer mündlich immer wieder auf die Bücher von Clauß hingewiesen, in denen die Lebensweise von Wikingern wie die Lebensweise von Beduinen „phänomenologisch" erfaßt würden. „Außenseiter" und „sehr freie Köpfe" wie Clauß und Becker haben nach Gadamer die „Völkerpsychologie im Stile von Wundt" fortgeführt, als es noch keine Nazis gab. Solche „rassentheoretischen Interessen" seien „absolut legitim": „warum soll man als denkender Mensch nicht begriffen haben, was wir inzwischen heute ja vielleicht auch anfangen zu begreifen: was Araber, was Inder sind, was Islam ist, was China, was Tibet ist. Das können wir doch alles nicht mit unseren europäischen Begriffen begreifen." Die verschiedenen „Kulturkreise" aber hätten „Rassengrundlagen"; Inder seien keine Japaner. (Heute könnte man hinzufügen: Kroaten seien keine Serben; Ukrainer seien keine Russen, und wir müßten sogar lernen, zwischen Weißrussen und Großrussen zu unterscheiden.)

Suchen wir die Bücher von Clauß in unseren Bibliotheken, dann sehen wir, daß die Schrift *Die nordische Seele* (1921/1922 von dem Assistenten Husserls verfaßt) 1932 umgestaltet als Einführung in die Rassenseelenkunde erschien und schon 1937 in 30 000 Exemplaren aufgelegt worden war. Artung und Rasse werden bestimmt als Stil des Erlebens, der die Ganzheit einer lebendigen Gestalt ergreift. Die aggressive Nordsee treibt den nordischen Menschen zum Widerstand und zum Aufbruch; er wird zum Leistungstyp, der sich die Welt erobert und die Natur sich herrisch unterwirft. Auf den Höfen des Hinterlandes begegnet der fälische Beharrungstyp; offen bleibt die Frage, ob in ihm noch die vorgeschichtliche Rasse von Cro-Magnon durchschlägt. Hatte Kierkegaards Gotterlebnis nicht einen „nordischen Stil", wie Clauß mit seinem Freiburger Mitstudenten Martin Thust behauptet? Jedenfalls ist das Mittelmeer nicht die Nordsee. Es lädt zum Verweilen ein, und so gesellen die Menschen sich dort leichter zueinander. Der Norddeutsche möchte nicht nur allein auf seinem Hof sitzen; auch beim Besteigen der Eisenbahn strebt er zum letzten

---

folgenden vgl. „... *die wirklichen Nazis hatten doch überhaupt kein Interesse an uns*". Hans-Georg Gadamer im Gespräch mit Dörte von Westernhagen. In: Das Argument. Nr. 182. 543 ff., vor allem 546.

leeren Abteil, während der Italiener das Abteil mit der lebhaftesten Gesellschaft aufsucht. Das sind überzeugende Beobachtungen; fragwürdig wird die Methode, wenn Marco Polo und Kolumbus als nordische Menschen vorgestellt werden, die auch im Süden nicht verweilen konnten. Clauß hält eigens fest, daß die Germanen in der Geschichte immer wieder die morschen Reiche des Südens zerschlugen, und dazu sagt er: „Zum Spaß: weil der Drang des Schwertes sie trieb … Sie zu tadeln, ist so sinnlos, wie den Habicht zu tadeln, wenn er die Taube schlägt."[52]

Das Buch *Rasse und Seele* lag 1937 in 43 000 Exemplaren vor. Es berief sich auf die Jugendbewegung, die zum „Echten" zurückkommen wollte und das Artwidrige als das Verwirrende zurückstieß: „Recht der Art bricht jedes andere Recht." Der nordische Mensch müsse sich freimachen vom fremden Vorbild, aber auch die Fremden freimachen vom eigenen Vorbild. Die Menschen der Wüste verfestigten ihre wechselnden Antriebe nicht im dauernden Urteil, und so blieben sie „Kinder des Augenblicks". Geknechtete Völker flüchteten in den Offenbarungstyp, der Rettung vom ganz Anderen her suche. Inzwischen hatte Clauß als Beduine unter Beduinen gelebt. Er hatte aus den „Miterlebnissen" mit den Semiten der Wüste auch die Überlieferung gedeutet. Goliath, der durch David gefällt wurde, war „unser Vorfahr"; doch: „Goliaths Vorfahren haben die Vernichtung versäumt, als sie das Land betraten." Im Buch *Rasse und Charakter* formulierte Clauß sein Verhältnis zum Dritten Reich: „Nein zu sagen, fand ich in dieser Zeit kein Recht." Von der Aufforderung zu Vorträgen sagte er: „So oft ich kommen konnte, kam ich." Es folgt freilich sofort eine schroffe Polemik gegen Eugen Fischer, der seine Theorien nur am Schreibtisch aufgestellt habe und zu Unrecht geistige Eigenschaften der Rasse zuschreibe. Klages habe dagegen recht, daß z. B. die Ehrlichkeit zur Entscheidung in der Situation gehöre, nicht aber eine Eigenschaft und schon gar nicht Eigenschaft einer Rasse sei, die an das Blut gebunden sei. Doch sagt auch Clauß: „Rassenmischung hebt letztenendes allen Stil und damit die Möglichkeit einer Gesittung auf."[53] Oskar Becker nahm 1938 in seinem Aufsatz *Nordische Meta-*

---

[52] Vgl. *Die nordische Seele* in der Auflage von 1937. 17, 19, 29, 33. – Zum folgenden *Rasse und Seele* in der Auflage von 1937. 56, 10, 63; *Semiten der Wüste unter sich*. 1933 und 1937. 17; ferner: *Als Beduine unter Beduinen*. Freiburg i. Br. ²1934.
[53] *Rasse und Charakter*. ³1942. 6, 12 f., 95. – Zum folgenden vgl. Oskar Becker: *Nordi-*

physik die Thesen von Clauß auf: Nur die nordischen Menschen, zu denen Heraklit schon gehörte, erstreben den weltanschaulichen Tendenzen gegenüber Sachlichkeit, dazu den Überstieg zu einer Idee der Ideen. Nur sie kennen also Metaphysik. Doch müsse diese Metaphysik wie bei Heidegger „nihilistisch" bleiben oder mit Kierkegaard schließlich in „Gottes Arme" springen, wenn sie nicht auch sehe, daß zur Welt und zum Menschen jene Unentstiegenheit gehöre, in der Wesendes bleibend in seinem Wesen ruhe. Von ihm her dürfe man mit dem *Abenteuerlichen Herzen* Ernst Jüngers auch wieder auf „hohe Ordnungen" vertrauen.

Diktaturen leben auch vom unentschiedenen Widerspruch, von der halben Zustimmung und der Anpassung bloßer Mitläufer. Doch geriet Clauß 1940 in ein Pandämonium: Seine einstige Frau, bald wegen „Paranoia" in einer „Anstalt", verklagte ihn, er lebe seit 13 Jahren „in enger geistiger Gemeinschaft" und seit 5 Jahren „in Hausgemeinschaft" mit „einer Jüdin". Clauß verteidigte sich: Eine Mitarbeiterin habe er gehabt, denn auch als „schroffster Judengegner aus Instinkt und Erfahrung" müsse er seinen Gegenstand aus der Nähe besehen; er könne zwar „als Beduine unter Beduinen, nicht aber als Rabbi unter Rabbinern leben". Er hielt seinen Gegnern, die schamlos persönliche Verhältnisse diskutierten, vor, im nationalsozialistischen Lager sei man „plötzlich sexualbedingter als der ganze Freud und damit jüdischer als der Jude". Natürlich sprach es damals gegen Clauß, daß das israelitische Familienblatt über seine Werke gesagt hatte, dort werde „zum ersten Male das Judentum ohne Gehässigkeit behandelt". Oskar Becker, nunmehr Direktor des Philosophischen Seminars in Bonn, bestätigte die Angaben von Clauß, daß dieser als Habilitand bei Husserl die besten Chancen gehabt habe, „daß dann aber die *Nordische Seele* mit ihren Attacken auf ‚jüdische Entartungserscheinungen' den heftigsten Unwillen des – konvertierten – jüdischen Gelehrten erweckt habe und für Clauß damit an eine Habilitation in Freiburg nicht mehr zu denken war". Clauß selbst behauptete, von Husserls jüdischer Abstammung nichts gewußt zu haben; als weiteren Grund des Zerwürfnisses nannte er seine eigene „Opposition gegen die Wilhelm von Humboldt zugeschriebene oder zumindest aus seiner Lehre abge-

---

sche Metaphysik. In: Rasse 5 (1938) 81 ff. Zu Jünger und Heyse vgl. *Dasein und Dawesen* (s. Anm. 39) 102, 94.

leitete Feststellung Husserls, auch aus einem Neger könne ein Deutscher werden". Clauß suchte die SS gegen Rosenberg und Alfred Baeumler auszuspielen; von dort wurde bestätigt, man sei „wie Clauß" der Ansicht, daß mit der bevorstehenden „völligen Vernichtung der Juden in Europa und darüberhinaus möglicherweise einmal in der ganzen Welt noch lange nicht das geistige Judentum ausgerottet" wäre. Doch Clauß wurde nicht nur nicht rehabilitiert, sondern wegen Sabotage der Nürnberger Gesetze aus der Partei überhaupt ausgeschlossen.[54]

Als Karl Löwith auf der Flucht vor den Schergen Hitlers von Italien nach Japan getrieben worden war, versuchte er sich dort mit seinem Bericht *Mein Leben in Deutschland vor und nach 1933* den Weg nach Amerika zu ebnen. Bei seinem ehemaligen Freunde Becker, so schrieb er, sei ein zuerst unpolitischer Rassebegriff (also der Begriff von Clauß, wie Löwith ihn aufgefaßt hatte) politisch geworden. Doch war die Politik schon da im Spiel, als Philosophie, Dichtung und Wissenschaft noch ihre politische Unschuld voraussetzten. Löwith meint – etwas ungerecht –, daß Joseph Goebbels nicht von ungefähr der Schüler Friedrich Gundolfs gewesen sei, also jenes Germanisten, der vom George-Kreis her Geschichte auf mythische Gestalten konzentrieren wollte. Als Löwiths Bericht 1986 postum veröffentlicht wurde, geriet er auch in eine weltweite Propagandamaschine. Im fernen Japan waren Löwith Ungenauigkeiten unterlaufen, für deren Berichtigung nun offenbar die Zeit fehlte. Löwith hatte z. B. darauf hingewiesen, daß Becker Husserls nicht gedacht habe, „weil sein Lehrer ein entlassener Jude war und er ein beamteter Arier". Becker gehörte zu den wenigen, die damals die französische Übersetzung der *Cartesianischen Meditationen* in Deutschland öffentlich besprachen und Husserls Gedanken weiterführten. (Der Hinweis ist fast schon zynisch, daß auch der Aufsatz über nordische Metaphysik ausdrücklich und namentlich auf der Phänomenologie Husserls aufbaut.) Auch in diesem Bericht verzichtet Löwith selbst nicht auf das, was er von Clauß gelernt hat: Er unterscheidet eigens „die" Italiener von den Deutschen. Wer heute aus der überanstrengten Bundesrepu-

---

[54] Helmut Heiber: *Universität unterm Hakenkreuz.* Teil I. München u. a. 1991. 481 ff., vor allem 484, 487, 490, 591. – Zum folgenden vgl. Karl Löwith: *Mein Leben in Deutschland vor und nach 1933.* Stuttgart 1986. 45 ff., vor allem 46 und 51, 19, 58 f., 6 ff. und 82 ff.

blik Deutschland nach Italien kommt, kann es Löwith nachfühlen, daß er die italienische Menschlichkeit und Gastlichkeit gegen den deutschen Pedantismus ausspielt. Doch kommen bald auch Zweifel: wo findet man die Italiener, wenn nicht ihr Wesen, dann doch ihren Typus: in Neapel etwa oder in Rom? Besagen die charakteristischen Unterschiede zwischen den Menschen in Palermo und in Mailand, in Italien und in Deutschland viel gegenüber den Aufgaben, die ihnen allen heute gemeinsam gestellt sind? Mit dem Titel seiner Habilitationsschrift *Das Individuum in der Rolle des Mitmenschen* hat Löwith zum Ausdruck gebracht, wie man diese Aufgaben in den zwanziger Jahren sah: die einzelnen sollten zuerst einmal im Wissen um Tod und Endlichkeit zur Kommunikation finden, also im engsten Kreis Verbindlichkeit lernen. Die Politik überfiel diese Einzelnen und diese persönlichen Verhältnisse wie von außen: 1933 nahm Löwith seine fast schon vergessene jüdische Herkunft ohne Abstriche wieder an. Aus solchen Erfahrungen heraus die Aufgaben der Politik zu sehen und nach dem Wesen des Politischen neu zu fragen, das hat jemand anders versucht: Hannah Arendt.

c. Heidegger und Hannah Arendt

Als Hannah Arendt 1968 eine Würdigung Heideggers zu dessen achtzigstem Geburtstag veröffentlichte, zitierte sie als eine „gut bezeugte Anekdote" seinen „lapidaren Satz": „Aristoteles wurde geboren, arbeitete und starb." Heidegger hatte diesen Satz an den Beginn seiner Aristoteles-Vorlesung vom Sommer 1924 gestellt, die eine geplante vierstündige Vorlesung über Augustin ersetzte. Aus der Vorlesung des folgenden Semesters über Platons Spätdialog *Sophistes* zitiert Hannah Arendt, wohl nach ihrer eigenen Nachschrift, noch in ihrem Spätwerk *Vom Leben des Geistes.* Sie hat *Sein und Zeit* von einer Destruktion des Ansatzes der Philosophie bei Platon und Aristoteles her kennengelernt.[55] Gemäß den Impulsen, die damals Hei-

---

[55] Hannah Arendt: *Martin Heidegger ist achtzig Jahre alt.* In: *Antwort.* Martin Heidegger im Gespräch. Hrsg. von G. Neske und E. Kettering. Pfullingen 1988. 232 ff., vor allem 237; Hannah Arendt: *Vom Leben des Geistes.* München 1979. Band 1. 122. – Zum Thema vgl. Jacques Taminiaux: *La fille de Thrace et le penseur professionnel.* Arendt et Heidegger. Paris 1992.

delberg und Marburg vom Tanz auf dem Abgrund in Berlin unterschieden, promovierte Hannah Arendt über den Begriff der Liebe bei Augustin. Überspielt die Liebe, die nach Augustin letztlich Gottes Liebe zum einen Menschengeschlecht aufnimmt, nicht die Weise, wie zwei Menschen in ihrer Unterschiedenheit zu sich selbst und zueinander finden? Mit Günther Stern („Günther Anders") wandte Hannah Arendt sich in einem Aufsatz der Verflechtung von Liebe und Sterblichkeit zu, wie Rilke sie in seinen *Duineser Elegien* versucht. Daß ihr vor 1933 das jüdische Problem aufging, zeigt die Zuwendung zu den vergeblichen Assimilationsversuchen der Rahel Varnhagen. Sie hat nicht nur von Paris aus für die Jugend-Aliyah nach Israel gearbeitet; sie hat sich in Amerika auch für eine jüdische Armee gegen Hitler eingesetzt. Diese Armee hätte zeigen können, daß die Juden nicht als Weltverschwörer im Hintergrund stehen, sondern für sich selbst politisch eintreten.

Bekanntlich hat Hannah Arendt im Rückblick vom Jahr 1933 gesagt, interessiert habe nicht so sehr das, was die Feinde taten, denn sie war zum politischen Kampf bereit; interessiert habe, was die Freunde taten.[56] So verwundert es nicht, daß die *Sechs Essays* von 1948 einen Artikel *Was ist Existenzphilosophie?* enthalten, der vorher schon auf amerikanisch erschienen war. Zwanzig Jahre nach ihrem Aufbruch zu Heidegger legt Hannah Arendt im fernen Amerika Heidegger auf *Sein und Zeit* fest und deutet dieses Werk von Jaspers her als Existenzphilosophie. Die Wahrheit des Existierenden, so meint Hannah Arendt mit Kierkegaard, „ist ein Paradox, weil sie nie objektiv, nie allgemeingültig werden kann". Die leitende These von Heideggers hermeneutischer Phänomenologie besagt genau das Gegenteil: Wahrheit und Verallgemeinerung müssen neu gefaßt werden, damit diese These nicht mehr gilt. Heideggers Bemühungen um eine Erfahrung des „Nichts" soll seinen versteckten Nihilismus zeigen, nämlich den Versuch, „aus der Definition des Seins als des Vorgegebenen herauszukommen und die Handlungen des Menschen aus gottähnlichen zu göttlichen zu machen". Auch diese These verkehrt Heideggers Anliegen in ihr Gegenteil. Anders verhält es sich mit der Feststellung, Heidegger habe „in seiner politischen Handlungsweise

---

56 Vgl. vor allem Hannah Arendt: *Was bleibt? Es bleibt die Muttersprache.* In: Günter Gauß: *Porträts in Frage und Antwort.* München 1965. 11 f.

alles dazu getan, uns davor zu warnen, ihn ernst zu nehmen". Er sei schließlich zu „mythologisierenden Unbegriffen wie Volk und Erde" geflohen; damit sei er hoffentlich der letzte deutsche Romantiker.[57]

Heidegger hat den „Unbegriff" des Volkes unvermittelt und handstreichartig schon in *Sein und Zeit* eingeführt: Die Schicksale der Einzelnen gehören in das übergreifende Geschick, das eine Generation und ein Volk leitet. Heideggers Marburger Kollege Jaensch ließ sich von solchen Splittern nicht beirren, als er zusammen mit Ernst Krieck den Freiburger Rektor Heidegger politisch entmachten wollte: Heideggers Philosophieren wurde nicht nur als nihilistisch abgetan, sondern auch als jüdisch und schizophren (offenbar mit verärgertem Blick auf die einstige Marburger Seminaratmosphäre). Wenn dagegen Hannah Arendt von Romantik sprach, vermißte sie die Solidarität, die der eine Mensch dem anderen schuldet. So schrieb sie am 9. Juli 1946 trotz der Korrektur bestimmter Gerüchte, Heideggers Verhalten zu Husserl 1933 habe diesen „beinahe umgebracht", und so könne sie nicht anders, „als Heidegger für einen potentiellen Mörder zu halten". Im gleichen Brief wies sie bestimmte Auffassungen von Jaspers zurück. Seine philosophisch gestützte oder moralisierende Politik wurde strikt abgelehnt, da Wahrheit politisch in jeder Demokratie „im Gewande der Meinung" herumgehe. „Mit anderen Worten, der politische Körper kann und darf nicht entscheiden, was Wahrheit ist, und kann Freiheit der Wahrheitsaussage daher nur in der Form der freien Meinungsäußerung schützen."[58] Kommt so nicht wieder die Nähe zu Heidegger zutage, der den üblichen Gegensatz von Wahrheit und Meinung (oder von Sein und Schein) zugunsten eines ursprünglichen Begriffs von Wahrheit und Sein zu unterlaufen sucht? Die Besuche in Europa seit dem Winter 1949/1950 brachten sofort eine neue persönliche Nähe zu Heidegger; ein Resultat war in Heideggers Briefen an Jaspers ein Bekenntnis der Schuld, das dieser freilich nicht als zulänglich anerkennen konnte. Hannah Arendt interpretierte 1954 in einer

---

[57] Hannah Arendt: *Sechs Essays.* Heidelberg 1948. 48 ff., vor allem 66. – Zum folgenden *Sein und Zeit.* 384; Hugo Ott: *Martin Heidegger.* Unterwegs zu seiner Biographie. Frankfurt/New York 1988. 244.

[58] Hannah Arendt / Karl Jaspers: *Briefwechsel 1926-1969.* München/Zürich 1985. 84 f. – Zum folgenden vgl. Elisabeth Young-Bruehl: *Hannah Arendt.* Ideen und Werk. Frankfurt a. M. 1986. 418 f.

Rede vor der American Political Science Association die Analysen von *Sein und Zeit* von den späteren Schriften, aber auch den frühen Vorlesungen her: Indem Philosophie den Anspruch auf Weisheit zurückweise, würden die elementaren Erfahrungen der alltäglichen Welt und so auch der Politik analysierbar; doch verstelle Heideggers Begriff der Geschichtlichkeit das Handeln und werfe mehr neues Licht auf die Geschichte als auf die Politik. Die Technisierung unserer Welt werde gesehen; die Frage „Was ist Politik?" werde zurückgestellt. Damit zeige sich „die alte Feindseligkeit des Philosophen gegenüber der Polis" neu.

Von *Sein und Zeit* erschien nur ein Fragment. Wenigstens dieses Fragment kann man sich aufschließen von der *Psychologie der Weltanschauungen* her, wenn man das geniale Frühwerk von Jaspers auf die Konzeption der Grenzsituation ausrichtet. Der Mensch lebt umweltlich in unterschiedlichen Situationen und ist dabei auf viele Zwecke ausgerichtet; die Zwecke und Ziele werden in der Grenzsituation des Todes nichtig. Das Gewissen erfährt, daß der Handelnde mit seinen Ausrichtungen immer einseitig und somit schuldig ist. Heidegger nimmt diese Grunderfahrungen aber zurück in den Versuch, die Konzeption des Seins und damit den griechischen Anfang der Philosophie von der Zeiterfahrung her neu zu fassen. So ist es angemessen, *Sein und Zeit* als eine Übersetzung der leitenden Texte der griechischen Philosophie zu lesen, etwa des 6. Buches der *Nikomachischen Ethik*. Dort handelt Aristoteles von den dianoetischen Tugenden, mit denen das Handeln sich orientiert. Die dominierende Rolle der Theorie wird gebrochen, wenn der Episteme als dem Vorstellen von Vorhandenem die Techne entgegengestellt wird, also das umweltliche Vertrautsein und der Umgang mit Zuhandenem. Wenn die Phronesis die Situation als Grenzsituation und so als Augenblick erfährt, wird sie zum Gewissen-Haben-Wollen (vor allem dann, wenn die Erfahrungen Augustins in Aristoteles zurückgenommen werden). Bleibt Heideggers Übersetzungsversuch aber nicht hinter Aristoteles zurück? Etwa dann, wenn statt der Polis nur die „Öffentlichkeit" des Man in Sicht kommt? Wenn Heidegger die Generation und das Volk ins Spiel bringt, spricht er von der Mit-Teilung, in der die Einzelnen die Welt miteinander teilen, gegebenenfalls auch im Kampf. Doch erreicht diese Mitteilung das *koinonein* der Worte und Taten, auf der nach der *Nikomachischen Ethik* die Polis beruht? Heidegger spricht andeutend auch von der

„Gebürtigkeit"; kann er jedoch den geschichtlichen Neuanfang konkret verdeutlichen?[59]

Was wird in dieser Übersetzung des griechischen Philosophierens aus der Sophia und dem Nous, die den orientierenden Tugenden erst den Abschluß geben? Die Vorlesung *Grundbegriffe der aristotelischen Philosophie* vom Sommer 1924 zielt auf die Rhetorik des Aristoteles; sie faßt Grundbegriffe wie Ousia aus ihrem sprachlichen und geschichtlichen Kontext und damit in ihrem topischen Charakter; die Rhetorik wird mit ihrer Verbindung zur Dialektik eine Grunddisziplin der Praktischen Philosophie und verbindet das Philosophieren mit der Politik, die Ansichten ins Spiel bringt und auszugleichen hat. Die Vorlesung über den Platonischen *Sophistes*-Dialog, auf der Hannah Arendt weiterbaut, geht von Aristoteles zu Platon zurück und gipfelt in der These, das griechische Philosophieren habe Sophia und Nous von der Techne her gefaßt. Das Wissen wurde also vom Herstellen her gesehen: Zuerst sieht der Schreiner die Idee des Tisches, dann macht er ihn; die Theorie kann sich aus den Herstellungszusammenhängen emanzipieren und in sich selbst vollenden wollen. Wenigstens in der beginnenden Weltwirtschaftskrise seit dem Winter 1929/1930 vermißte Heidegger mit Nietzsche in der abendländischen Tradition jenes „große Schaffen", das allein der Tiefe des Lebens gerecht werde. Schon Platon soll jenen hellenistisch-christlichen Sklavenaufstand vorbereitet haben, der sich im Liberalismus wie im Kommunismus fortsetze als Zugriff auf die invisible hand hinter allem Geschehen. Von diesem Nietzsche-Bezug aus konnte Heidegger jenen „Führer" bejahen, der im Mai 1933 mit seiner sog. Friedensrede das Wilsonsche Programm der Selbstbestimmung der Völker aufzunehmen schien. Er konnte sich auch für jüdische Kollegen von edlem und vornehmem Charakter einsetzen: Edel und vornehm waren sie im Sinne Nietzsches, da sie aus ihrer Herkunft etwas gemacht hatten. Selbst Husserl konnte die herumvagabundierenden Zigeuner nicht in das geschichtsstiftende europäische Menschentum einbeziehen; für Heidegger gab es von Nietzsche her kaum die Möglichkeit, sich im Namen der Philosophie für die Rechte etwa der unansehnlichen „Ostjuden" oder auch für jene Namenlosen einzusetzen, die als bloße Nummern in die Lager eingeliefert wurden. Heidegger mußte erfahren, daß seine Lehr-

---

[59] Vgl. *Sein und Zeit* (s. Anm. 38) 384, 374; *Nikomachische Ethik.* 1126 b 12.

veranstaltungen über Nietzsche observiert wurden; entscheidender war die Einsicht, daß Nietzsche ihn auf einen Irrweg gebracht hatte. So brach er 1938 jenes Werk ab, für das er 1932 die Konzeption gefunden hatte: die *Beiträge zur Philosophie*.[60]

Wenn Heidegger 1941 erneut über Schellings Freiheitsschrift las, dann war das auch der Widerruf seiner eigenen Bemühungen, mit Leibniz, Schelling und Nietzsche zu einer Monadologie zu finden, die das „große Schaffen" wieder in die Geschichte einbringt. Er zitierte den Ausspruch eines Berliner Taxichauffeurs, der damals nicht als Witz, sondern als „Einsicht in das, was ist" in der Wochenzeitung *Das Reich* wiedergegeben wurde: „Adolf weeß et, Gott ahnt et und dir jeht's nischt an." Dazu sagte er: „Hier ist die unbedingte Vollendung der abendländischen metaphysica specialis ausgesprochen. Die drei Sätze sind die echteste, berlinische Interpretation von Nietzsche, ‚Also sprach Zarathustra'; sie wiegen alles Geschreibe der Nietzsche-Literatur auf." Hitler weiß angeblich, worum es in der Geschichte geht; der „Herrgott", auf dessen „Vorsehung" er sich beruft, ist noch nicht recht aufgewacht und zur Existenz gekommen und muß beim Ahnen stehenbleiben. Die Menschen flüchten im Gewitter der angeblichen Halbgötter in ihre Berufspflichten und ihr Familienleben. Als Hannah Arendt im Februar 1950 wieder ihre Gespräche mit Heidegger aufnahm, konnte sie lernen, daß Heidegger den Nationalsozialismus nicht nur nachträglich verurteilte. Sie konnte erfahren, daß sie mit Heidegger den Blick auf ihr Thema, den Totalitarismus, teilte. Ihre Analysen sind jedoch politisch: der Imperialismus, Pangermanismus und Panslawismus, der Zusammenbruch des europäischen Staatensystems im Ersten Weltkrieg und die Flüchtlingsströme, die Arbeitslosenheere und der Antisemitismus gehören zu den maßgeblichen Phänomenen. Heidegger geht aus von Ernst Jüngers Proklamation einer totalen Mobilmachung aller Ressourcen; im universalen technischen Zugriff soll der Grundzug des Zeitalters liegen. So verschwinden die politischen Differenzen zwischen dem Liberalismus und Kommunismus, aber auch zwischen diesen und dem Faschismus und Nationalsozialismus.

Die Gespräche mußten in eine Krise kommen, als Hannah Arendt

---

[60] Vgl. Pöggeler: *Neue Wege* (s. Anm. 16) 203 ff. – Zum folgenden vgl. Heidegger: *Die Metaphysik des deutschen Idealismus*. Frankfurt a. M. 1991. 122.

die deutsche Fassung ihres Hauptwerks *Vita Activa* von 1960 Heidegger zusandte. Beutete Hannah Arendt nicht schon die *Sophistes*-Vorlesung und dann spätere Arbeiten aus, ohne sie überhaupt angemessen zu zitieren? Hannah Arendt reagierte auf den Abbruch der Beziehungen, als ob sie immer noch 18 Jahre sei: mit phantastischen Unterstellungen, mit dem Einbruch ihres „Urteilens" in die persönliche Sphäre. Sie verschmähte es nicht, sich von einer graphologisch interessierten Freundin aus Schriftproben Benjamins und Heideggers Auskunft zu holen über die „selbstzerstörerische" Persönlichkeit Benjamins und über Heideggers angebliches Verhältnis zu Frauen. Hätte sie nicht schon aus der ersten *Duineser Elegie* lernen können, daß der politische Mensch (Rilke spricht mit Nietzsche vom „Helden") die Öffentlichkeit suchen muß und sich so auch im Untergang erhalten kann, Liebende aber von der „erschöpften Natur" in sich zurückgenommen werden, so daß eine öffentlich beredete Liebe nie Liebe gewesen ist?[61] Umgekehrt lernte Heidegger von Hannah Arendt nicht einmal das, was er wirklich hätte lernen müssen: den Unterschied zwischen Poiesis und Praxis. Noch in seiner Grußbotschaft vom November 1974 an das Heidegger-Symposion in Beirut wiederholte er, was er im Humanismus-Brief dargelegt hatte: daß das besinnliche und dichterische Denken selbst „ein Handeln" sei. So müssen die Gemeinsamkeiten und das Trennende in den Ansätzen von Heidegger und Hannah Arendt genauer herausgehoben werden.

Hannah Arendt will die aristotelische Unterscheidung zwischen Poiesis und Praxis wiederherstellen. Deshalb unterscheidet sie vom Herstellen das Handeln, das als Miteinander-Handeln der einzelnen Menschen und Gruppen zusammen mit dem Miteinander-Sprechen Politik ermöglicht. Indem das Herstellen große Werke der Öffentlichkeit übergibt, nimmt es über Kultur und Kunst auf seine Weise am Eröffnen und Offenhalten des Bereichs der Öffentlichkeit teil. Das Herstellen wird nach der anderen Seite hin von der Arbeit unterschieden. Hannah Arendt erinnert daran, daß das Herstellen und das Arbeiten eigene Wortfamilien haben. Die Arbeit bezieht sich auf die Bedürfnisse des Lebens; zu ihr rechnen nicht nur die Bergwerksarbeiten, sondern auch die Geburtswehen, „labor pains". Die Arbeit nimmt

---

[61] Vgl. E. Young-Bruehl (s. Anm. 58) 422 f. – Zum folgenden vgl. *Antwort* (s. Anm. 55) 275 f.

86

das Herstellen in den sich selbst aufzehrenden Lebensprozeß zurück: Wir müssen z. B. immer wieder essen und Essen zubereiten! Karl Marx habe sich an diesem Prozeß orientiert, und so wird er mit Lebensphilosophen wie Bergson und Nietzsche zusammengestellt. Sogar die Polemik Machiavellis bekommt recht, die dem Christentum und seiner Ausrichtung auf ein „ewiges Leben" die Zerstörung des Strebens nach Ruhm und der Politik vorhält. Der Totalitarismus eines Hitler und Stalin habe Politik zur Unpolitik gemacht; doch auch die amerikanische Gesellschaft der Jobholders könne das Politische auf eine schleichende Weise zum Verschwinden bringen. Die Konsumkultur könne die Massen zufriedenstellen und apolitisch machen; doch gerade in ihren titanischen Ausgriffen bleibe die Arbeit dem Sinn eines menschlich geführten Lebens fremd.

Diese Analyse der leitenden Tendenzen unserer Geschichte stimmt zum mindesten in ihrer polemischen Ausrichtung überein mit Heideggers Kritik des Auswucherns der Technik. Doch wird die Kritik den Phänomenen gerecht? Gerade spektakuläre Unternehmungen wie Atomtechnik und Weltraumflug erinnern den Menschen an die Grenzen seines Könnens und an die Erde als den gefährdeten Ort seines Lebens. Der scheinbar schlagende Hinweis, daß wir immer neu essen müssen, trägt nicht: es müßten die Tischsitten, die sich geschichtlich bilden, verglichen werden mit den bleibenden Werken der Kunst. So könnte sich zeigen, daß der Ölbaum oder daß Brot und Wein Landschaften und Epochen prägen und den Menschen in eine religiöse Dimension führen. Hannah Arendt spricht mit Augustinus und nicht ohne religiöse Obertöne von der Gebürtigkeit und der Sterblichkeit des Menschen; sie verweist deren Geheimnis in den verschwiegenen familiären Raum. Doch macht sie deutlich, daß das Familienleben und die Berufspflichten vom Totalitarismus in Dienst gestellt werden können: Auch die „Fabrikation von Leichen" in den Vernichtungslagern kann Sache von Angestellten werden, die ihre Pflicht zu tun meinen und zugleich gute Familienväter sind. Der Aufsatz *Organisierte Schuld* aus den *Sechs Essays* zitiert Péguys Wort vom Familienvater als dem großen Abenteurer des 20. Jahrhunderts; doch wird dieses Wort bezogen auf den „Spießer" Heinrich Himmler. Später entdeckt Hannah Arendt in Adolf Eichmann den funktionierenden Angestellten und Spießer, in dessen Tun das schrecklichste Böse „banal" wurde. Die Israelis haben Schriftproben Eichmanns ohne Nennung des Autors jenen graphologischen Experten gegeben, die auch von Hannah Arendt geschätzt wurden. Dabei erwies Eichmann sich als eine gestörte Persönlichkeit, die nie durch ein gelungenes Familienleben in das Miteinander des sozialen Bereichs und so in die Aufmerksamkeit für den Andern eingeführt worden war. Die Aperçus von Hannah Arendt werden in ihren Einseitigkeiten der Wirklichkeit nicht gerecht.

Hegel hatte der Sphäre von Wirtschaft und Handel unter dem Namen der „bürgerlichen Gesellschaft" eine relative Autonomie gegeben; so war er der „Antibanausie" der Griechen entgegengetreten. Doch diesem Philosophen kann Hannah Arendt nur Unverständnis und Mißdeutung entgegenbringen. Nach ihrer Auffassung darf der Staat niemals Wohlfahrtsstaat werden wollen: Die Menschen bekommen nie genug und erfinden sich immer neue Bedürfnisse; wer sich auf diese Bedürfnisse bezieht, liefert die freie politische Vereinbarung der Pleonexie aus. Jene Nostalgie, die in der griechischen Polis das Vorbild politischen Lebens sieht, wird durch den Blick auf die amerikanische Revolution korrigiert, in der nicht die kriegerischen Ideale der Griechen herrschten. Nur die amerikanische Staatsgründung ist für Hannah Arendt eine wirkliche Revolution, da sie von der Selbstverwaltung der Gemeinden aus den Schritt zum Politischen tut. Die französische Revolution wird als eine Modernisierungskrise gesehen, die allzu bald von der Armut der Menschen und dem Mehr-Haben-Wollen der Bürger diskreditiert wurde. Indem die russische Oktober-Revolution diesem Modell folgte, vergiftete sie unser Jahrhundert.[62] Man kann zugeben, daß das soziale Motiv die Politik pervertieren kann. Doch muß dieses Motiv nicht von der Politik aufgenommen werden: Jeder soll, gegebenenfalls durch einen sozialen Ausgleich, die Chance zum gleichen Gebrauch der Freiheit erhalten? Auch andere Bereiche zeigen den Ausgriff auf ein nichtlegitimes „Mehr": Die Revolutionäre wollen die Macht in den Händen behalten; jene „Elite", die sich einmal auszeichnete, wird zum Establishment, das die soziale und geschichtliche Bewegung blockiert. Ein Begriff von Politik, der die Sozialpolitik (oder auch die Rahmenregelungen für den kulturellen Bereich) ausschließt, ist zu eng.

Es war nicht ein „Denken", sondern elende Sophisterei, wenn der Rektor Heidegger 1933 die Selbstverwaltung der Universität mit der

---

[62] Vgl. Hannah Arendt: *Über die Revolution.* München 1963.

Frage beiseite schob, ob wir denn wüßten, wer wir „selbst" seien.[63] Gerade weil wir das nicht sicher wissen, soll die Universität verwaltet werden von der Pluralität der Vielen, in der der Rektor nur ein Erster unter Gleichen ist, nicht aber ein autoritärer Führer. Heidegger hat nie ein Verhältnis gewonnen zur Eigengesetzlichkeit des Politischen; das aber schließt nicht aus, daß er sehr wohl Entscheidendes zu den Fragen der Politik zu sagen hat. Als Hannah Arendt ihm ihr Buch *Vita Activa* schickte, beschäftigte er sich intensiv mit Paul Klees Malerei. Dieser Maler hat den technischen Zugriff auf das Elementare in seine Konstruktionen und Kompositionen aufgenommen; doch kann er in einem Bild wie *Tod und Feuer* auch den eigenen Tod annehmen. So lehren seine kleinen Bilder, daß jeder technische Zugriff sich dem Zusammenhang des Sinnvollen fügen muß, der durch die Annahme der eigenen Sterblichkeit ausgegrenzt wird. Diese Bilder regen dazu an, die Welt überhaupt zuerst zu interpretieren und dabei das Sinnvolle auszuwählen, ehe wir die Welt zu verändern und das Machbare zu machen suchen. Deshalb kann Heidegger einem Künstler wie Klee den Hinweis auf das Rettende anvertrauen: Nur „ein" Gott, wie die Athener ihn in ihrem Tempel hatten, kann noch retten. In einer Statue der Athene oder in den Bildern Klees ist aber nicht ein Denken durch die Tätigkeit der Hände verwirklicht worden, wie Hannah Arendt in ihrem Buch *Vita Activa* schreibt; die Kunst kann nicht von jenem Modell des Herstellens her aufgefaßt werden, das vor das Machen eine Idee oder doch eine Einsicht setzt. Selbst die Technik könnte eine Bastelei sein, der keine klare Idee vorausgeht! Hannah Arendt kann mit der Kunst auch nicht das Heilige verbinden, das von einem ganz Anderen her der Welt eine Mitte gibt. Sie kann nicht einmal akzeptieren, daß ihr Schicksalsgefährte Hans Jonas wenigstens metaphysische Ausblicke für eine Ethik im technischen Zeitalter fordert. Mit solchen Ausblicken auf etwas Letztes, so sagt sie, „wird eigentlich gefordert, daß ein neuer Gott erscheine ..." Wenn es diesen Glauben an Gott noch gegeben hätte, dann wäre die Katastrophe des Totalitarismus nicht möglich gewesen![64] Hannah Arendt reduziert auch Kafkas Ro-

---

[63] Heidegger: *Die Selbstbehauptung der deutschen Universität / Das Rektorat 1933/1934.* Frankfurt a. M. 1983. 9. – Zum folgenden vgl. Otto Pöggeler: *Die Frage nach der Kunst.* Freiburg/München 1984. 26 ff.
[64] Vgl. *Hannah Arendt. The Recovery of the Public World.* Hrsg. von Melvyn A. Hill. New York 1979. 313.

mane ganz auf die Sehnsucht des Ausgesonderten, doch noch in einer menschlichen Gemeinschaft, in der politischen Welt beheimatet zu werden.

Es war auch eine Absage an die Akzentsetzungen von Hannah Arendt, wenn Heidegger sich am 4. April 1967 in der Akademie der Wissenschaften und Künste in Athen von der Öffentlichkeit verabschiedete mit jenem Vers Pindars, nach dem das Wort aus der Tiefe des sinnenden Herzens das Leben weiter hinaus bestimmt als die Taten.[65] Wenige Wochen später sprach Paul Celan in seinem Gedicht *Todtnauberg* von eben diesem Wort, das aber auch der Schuld des eigenen Weges gedenken sollte. Das Gespräch mit der einstigen Schülerin konnte nicht abreißen: Als Glenn Gray 1967 einen Freiburger Vortrag von Hannah Arendt arrangieren konnte, wurde das Gespräch neu aufgenommen. Es war nun die Sorge der Jüngeren, dem Achtzigjährigen die letzten Jahre als Weg zum Tod zu lassen; zugleich suchte sie in ihrem Spätwerk *Das Leben des Geistes* Klarheit darüber zu gewinnen, wie das Philosophieren in das Leben gehöre. So mußte sie sich jener Kontemplation zuwenden, die früher über der Vita Activa den höchsten Rang beanspruchte im Leben des Geistes (d. h. in den Geistestätigkeiten, „mind"). Hannah Arendt beachtet, wie Heidegger in seinen späten Vorträgen über Identität und Differenz den Platonischen *Sophistes* auffaßt: Wenn das neuplatonische Eine (in seiner Hegelschen Umformung) als das Selbst sich zur Erfahrung gibt, muß auch das Gespräch zum einsamen Selbstgespräch der Seele mit sich werden, und dieses Selbstgespräch ist für Hannah Ahrendt „Denken". Aus christlichen und neuzeitlichen Motiven heraus wurde dieses Denken als das sich auf sich stellende Wollen gefaßt. Aus den Katastrophen unserer Zeit heraus sucht Heidegger in den beiden „Kehren" seines Denkens dieses Wollen über das Nichtwollen zur Gelassenheit zu führen. Hannah Arendt legt den Schnitt zwischen diesen beiden Kehren zu Recht in den Bruch zwischen den ersten und den späteren Nietzsche-Vorlesungen, also in die Jahre nach 1937/1938. Auch das Wollen ist die Tätigkeit des einen Selbst, mag dieses Selbst auch in einen angeblich „souveränen" Staat oder gar in die Weltgeschichte

---

[65] Vgl. M. Heidegger: *Die Herkunft der Kunst und die Bestimmung des Denkens.* In: *Distanz und Nähe* (Festschrift für Walter Biemel). Hrsg. von P. Jaeger und R. Lüthe. Würzburg 1983. 11 ff. – Zum folgenden vgl. den Abschnitt „Todtnauberg" in O. Pöggeler: *Spur des Worts.* Zur Lyrik Paul Celans. Freiburg/München 1986. 259 ff.

gelegt werden. Dem Wollen wie dem gelassenen Denken gegenüber macht Hannah Arendt geltend, daß die Menschen immer nur in einer Pluralität vorkommen und sich in der Gemeinschaft der Vielen politisch verhalten müssen. Die Orientierung in der Welt, die wesentlich eine politische ist, wird der Urteilskraft übertragen. Als Hannah Arendt den Titel *Die Urteilskraft* und zwei Mottos für den dritten Band ihres Spätwerks niedergeschrieben hatte, nahm der Tod ihr die Feder aus der Hand.

In einer Vorlesung *Über Kants Politische Philosophie* vom Herbst 1970 hatte Hannah Arendt schon mit der orientierenden Urteilskraft die Brücke geschlagen vom kontemplativen zum aktiven Leben. Die Urteilskraft verbindet sich mit der Einbildungskraft, die auch die Positionen der Anderen aufzunehmen vermag; sie gehört in den Gemeinsinn, der letztlich über alle einzelnen Positionen hinausführt und den Menschen zum Weltbürger macht. Die reflektierende Urteilskraft gebraucht Exempel, um das Wissen in neue Horizonte einzuführen und unterschiedliche Ansätze gelten zu lassen. In dieser reflektierenden Urteilskraft liegt die Möglichkeit zur Orientierung im politischen Bereich.[66] Politik baut Machtlagen auf, um innerhalb von Rahmenregelungen zu maßgebenden Entscheidungen zu führen. Hannah Arendt betont in aller Schärfe, daß Macht nicht technische und strategische Kraft oder Gewalt ist, sondern vom Gewinn der Zustimmung der Vielen abhängt und so Pluralität voraussetzt. Die Orientierung mittels der Urteilskraft führt in die Offenheit des politischen Handelns.

Abgelehnt wird sowohl jenes technische Verständnis von Politik, das seit Platon theoretische Einsichten anwenden möchte, wie jener Rückzug aus der Politik, der bei Heidegger in einer Art von Mystik zu enden scheint. Vielleicht aber ist Heideggers Denken weder Existenzphilosophie noch „Mystik", sondern eine Hermeneutik unserer technischen Welt, die über das bloß Technische hinausführen will. Dieser hermeneutische Weg bleibt Hannah Arendt fremd. So findet sie die Heidegger-Tradition im Heidelberg Gadamers und Löwiths „kotz-

---

[66] Vgl. Hannah Arendt: *Das Urteilen.* Texte zu Kants politischer Philosophie. Hrsg. von R. Beiner. München 1985. Die Position H. Arendts wurde sachlich weiterentfaltet von Ernst Vollrath: *Die Rekonstruktion der politischen Urteilskraft.* Stuttgart 1977; *Grundlegung einer philosophischen Theorie des Politischen.* Würzburg 1987. – Zum folgenden vgl. Hannah Arendt: *Macht und Gewalt.* München 1970.

dämlich".[67] Gadamer hat zu Anfang von *Wahrheit und Methode* zu zeigen versucht, daß Gemeinsinn und Urteilskraft bei Kant so verblaßt sind, daß wir an Vico und Aristoteles erinnern müssen, wenn wir das ursprünglich Gemeinte und das sachlich Geforderte zurückgewinnen wollen.

Das Gespräch zwischen Heidegger und Hannah Arendt führt zu grundsätzlichen Fragen nach dem Verhältnis von Philosophie und Politik. Diese Fragen sind uns unabhängig davon aufgegeben, ob wir nun Juden oder Deutsche, Frauen oder Männer, Jüngere oder Ältere sind. Heidegger machte schon vor mehr als 60 Jahren darauf aufmerksam, daß das unbeschränkte Wuchern des technischen Zugriffs die Erde zerstört, die uns trägt, und das Heilige als Mitte unseres Lebens entleert. Hannah Arendt bestand auf der Eigenständigkeit der Praxis und suchte so die politische Sphäre unseres Lebens zurückzugewinnen. Heidegger und Hannah Arendt waren sich darin einig, daß eine Rehabilitierung der Praktischen Philosophie nicht möglich sei. Doch liegt in dieser Rehabilitierung, in der sich das Wesen der Philosophie wandelt, die Aufgabe eines Philosophierens, das den Schock von 1933 nicht vergißt.

d. Hermeneutische Philosophie

Führt der Weg, den *Sein und Zeit* einschlug, nur zur Unpolitik und zur Apolitik? Oder läßt dieser Ansatz sich so korrigieren, daß die Philosophie auch in die politische Dimension einweist, in der sie sich immer schon bewegt? Werner Maihofer hat die Offenheit von Sein um jenes Als-Sein ergänzt, das den Einzelnen über seine Rolle in ein übergreifendes Ganzes einfügt und rechtliche Regelungen ermöglicht. Heidegger hat in der frühen Jaspers-Rezension noch von der „Rolle" gesprochen, in frühen Äußerungen auch das Verhältnis zum Du von Augustins Formel „Volo, ut sis" her thematisiert; doch diese Motive traten dann mehr und mehr zurück. So nahm Emmanuel Lévinas 1946/1947 in seinen Vorlesungen *Die Zeit und der Andere* das Fragment von *Sein und Zeit* als etwas Vollständiges, um es grundlegend zu korrigieren: der Mensch steht schon beim Atmen der Luft und beim

---

[67] Vgl. E. Young-Bruehl (s. Anm. 58) 422.

Essen der Nahrung im Austausch mit der Natur; er erfährt Abschied und Vorenthalt in der Zeit gerade im Verhältnis zum Anderen.[68] Muß die Philosophie nicht in jedem Fall die metaphysische Tradition neu aufnehmen und so den Menschen „personal" fassen, wenn sie eine politische Philosophie sucht? Innerhalb dieser Bemühungen hat Joachim Ritter als seinen Beitrag zu einer Rehabilitierung der Praktischen Philosophie „Studien zu Aristoteles und Hegel" direkt unter den Titel *Metaphysik und Politik* gestellt (1969).

Bei Aristoteles schließt die Metaphysik an die Physik an. Sie thematisiert das Substantielle überhaupt und wendet sich letzten Gründen zu. So bleibt sie von der Praktischen Philosophie geschieden, die jene menschlichen Dinge thematisiert, welche vom Handeln abhängig sind, und das gute Leben ausrichtet auf ein Ziel innerhalb einer Situation. Doch hat schon Wilhelm Dilthey in seiner *Einleitung* nachgewiesen, daß die Praktische Philosophie des Aristoteles eine soziale Metaphysik in sich enthält; sie hat metaphysische Grundlagen auch z. B. darin, daß das zehnte Buch der *Nikomachischen Ethik* die Theorie als höchste Praxis ansetzt. Kants *Metaphysik der Sitten* reklamiert die Metaphysik gerade für die Praktische Philosophie. Wenn Kant dabei das intelligible Ich vom empirisch vorfindbaren Ich trennt und zwei Welten unterscheidet, macht er nur die Forderung spürbarer, vor solchen vorschnellen metaphysischen Unterscheidungen zuerst einmal neu nach dem Menschen zu fragen. Auf diese Frage konzentrierte sich 1929 in Davos die Auseinandersetzung zwischen Ernst Cassirer und Martin Heidegger. Die Rücksichtslosigkeit, mit der Heidegger auf der Frage nach dem Menschen bestand, wurde sofort als eine Epochenscheide verstanden: noch auf der Tagung selbst spielten Emmanuel Lévinas und Otto Friedrich Bollnow Heidegger und Cassirer nach; der Jüngere schlug das stäubende Mehl aus der Perücke des Älteren … Joachim Ritter hat mit Bollnow das Davoser Streitgespräch protokolliert, aber die Szene offenbar anders aufgefaßt. Der Cassirer-Schüler hielt im Februar 1933 in Hamburg seine Antrittsvorlesung *Über den Sinn und die Grenze der Lehre vom Menschen.* Er glaubte Heidegger wie Scheler vorwerfen zu können, daß sie aus der existen-

---

[68] Vgl. Werner Maihofer: *Recht und Sein.* Frankfurt a. M. 1954; Emmanuel Lévinas: *Die Zeit und der Andere.* Hamburg 1984. – Zum folgenden vgl. den Überblick in O. Pöggeler: *Philosophie und Politik bei Heidegger.* Freiburg/München ²1974.

ziellen Not der Zeit heraus vorschnell von der Erforschung des wirklichen Menschen zu metaphysischen Setzungen übergingen. Es käme jedoch darauf an, die Philosophie nicht „metaphysisch", sondern „kritisch" auszubilden.[69]

Nicht von ungefähr galt Ritters Interesse der neuplatonischen Tradition und jenem Nikolaus von Kues, der als Philosoph und Theologe den angeblichen Bruch zwischen einem metaphysischen Mittelalter und einer wissenschaftlichen Neuzeit dementierte. Heinz Heimsoeth hatte in einer zeittypischen Weise 1922 über die sechs großen Themen der abendländischen Metaphysik gehandelt und so die Kontinuität der klassischen Philosophie seit den Griechen herausgestellt. Am 30. Oktober 1945 brachten die „Stimmen aus dem Lager 13 Shap Wells" Ritters Bemerkungen zur Dichtung T. S. Eliots. Die *Vier Quartette*, in der Zeit der Totalitarismen und des Krieges geschrieben, fordern jene Umkehr, die wieder die Schöpfungsordnung anerkennt. Ritter weiß, daß Nietzsche die Menschen aus der christlich-antiken Tradition zu lösen suchte und daß die Wissenschaft die Metaphysik zersetzte; doch ein Dichter, der zugleich das Denken aufnimmt und in die religiöse Dimension führt, vermag gerade durch seine Modernität zurückzurufen zu den alten Fragen. Dichtung bewahrt aus dem Vergangenen das Bleibende, indem sie es von seiner vergangenen Gestalt abtrennt und in eine zukünftige Möglichkeit verwandelt. Muß die Philosophie nicht einen ähnlichen Versuch machen? In der Zeit der Diktatur war Istanbul der Zufluchtsort deutscher Emigranten geworden, die mit neuen Augen sahen (wie Erich Auerbach in seinem Buch *Mimesis*); nach dem Kriege konnten dort auch Hochschullehrer arbeiten, die sich politisch diskreditiert hatten. Als Ritter Heinz Heimsoeth nach dort gefolgt war, legte er 1956 seine neugewonnenen Einsichten in dem großen Vortrag *Europäisierung als europäisches Problem* dar: Europa selbst (nicht nur die Türkei oder die arabischen Staaten) wird durch Wissenschaft und Technik von seiner Herkunft abgeschnitten und muß um der Zukunft willen zu neuen, differenzierteren Vermittlungen des Entstandenen kommen. Ritter konnte als Ordinarius in Münster jene sammeln, die enttäuscht über Heideggers Weg in ein Abseits von Freiburg zurückkamen. Diese Schule, in der sich alle trotz großer

---

[69] Vgl. Joachim Ritter: *Subjektivität*. Frankfurt a. M. 1974. 36 ff., vor allem 60 f.; zum folgenden 93 ff., ferner *Metaphysik und Politik* (s. Anm. 10) 321 ff.

Differenzen im einzelnen stützten, war mit ihrem Lehrer eins in dem Bestreben, keine „romantische" Zuwendung zu einem angeblich verlorenen Ursprung zuzulassen. Ritter traf sich mit den Bemühungen von Eric Weil (dem Cassirer-Schüler, der als Jude nach Frankreich ausgewichen war) in der Überzeugung, daß Hegel sich dem revolutionären Grundzug der modernen Geschichte gestellt und so die metaphysische Tradition kritisch aufgenommen hatte, damit aber der maßgebliche Philosoph der Moderne sei.

Die erste und älteste der „Studien zu Aristoteles und Hegel" handelt über die Lehre vom Ursprung und Sinn der Theorie bei Aristoteles. Ritter will die Vorsokratiker nicht nur als „Sturmvögel der Aufklärung" nehmen, die schon den modernen Naturwissenschaften vorgearbeitet hätten. Sie sind gemäß dem Nachweis Werner Jaegers auch Theologen, die in neuer Weise das Göttliche suchen. Sie haben in einem weiteren Sinn ein „metaphysisches" Anliegen: sie suchen das Sein in den unterschiedlichen Bereichen des Seienden und bestimmen so die Weltordnung neu. Wenn Aristoteles die Metaphysik als Einsicht aus Gründen faßt, setzt er sie entschieden in eine Differenz zur alten Theologie und Mythologie, die nunmehr eher eine Angelegenheit der Dichter wird. Kann der Geist auch in den neuen Differenzierungen der Moderne „die Kraft zur substantiellen Einheit des Ursprungs" bewahren? Der Istanbuler Aufsatz *Aristoteles und die Vorsokratiker* verweist auf Nietzsche und auf Heidegger, die mit der europäischen „Romantik" der Rousseau und Herder im vorsokratischen Denken den verlorenen Ursprung suchen. Demgegenüber sei für Aristoteles das „immer Gesuchte" nicht das Ferne, sondern das Nahe, das es festzuhalten gelte.[70]

So nimmt der Aufsatz *Das bürgerliche Leben* das „metaphysische" Anliegen mit zur Praktischen Philosophie des Aristoteles und fordert eine „Hermeneutik". Diese muß „hermeneutisch" an das schon Gesagte anknüpfen, die „Vieldeutigkeit und Mehrsinnigkeit des menschlichen Daseins" aufnehmen und somit für das eigene Leben die Wahrheit und die Ausrichtung auf das Gute gewinnen. Diese Hermeneutik darf nicht von der Idee eines seinsollenden Staates ausgehen und „nicht deduktiv wie die Mathematik" verfahren; sie muß aus der Polis heraus sprechen und „in ihr das Notwendige aufzeigen". Die Besin-

---

[70] *Metaphysik und Politik.* 31, 37 f., 54; zum folgenden 64, 75, 145, 171.

nung auf das Metaphysische der Ordnung der Sphären von Leben und Sein führt als Hermeneutik auch in die Dimension der Politik. So muß Hegel entscheidend werden, weil er gegenüber der Antike gezeigt hat, daß die bürgerliche Gesellschaft als Sphäre von Wirtschaft und Handel eine relative Autonomie gewonnen und zur einen Weltzivilisation geführt hat. Ritters berühmtester Aufsatz versteht in diesem Sinne Hegel als den Philosophen der Französischen Revolution. Wenn Ritter jedoch 1963 das „Naturrecht" mit Aristoteles aus der geschichtlichen Verfaßtheit der Polis zu begreifen sucht, dann weist er darauf hin, daß die Praktische Philosophie bei Aristoteles gegenüber Physik und Metaphysik selbständig sei; vom hermeneutischen Verfahren ist nur noch in einer Nebenbemerkung die Rede.

Sieht Ritter Aristoteles nicht allzusehr von Hegel her, der die Impulse der Menschen und Bürger in Institutionen zu beheimaten sucht? Zu diesen Institutionen gehören nach Ritter die Familie und die Formen der Geselligkeit, vor allem die rechtlich und staatlich geformten Bildungen. Während die Fertigkeiten und Künste von Aristoteles aus der Polis heraus und in den Oikos verwiesen werden, sollen sie nach Ritter auch zur Praxis der Polis gehören. Ritter folgt Hegel, wenn er in den Lehren von Adam Smith den Ansatz zu einer Ökonomie überhaupt sieht: auf dem Weg zur Weltzivilisation soll die „abstrakte Bedürfnisnatur" des Menschen in der bürgerlichen Gesellschaft und ihrer rechtlich gesicherten Ökonomie verwirklicht werden. So wird das „geschichtliche" und „sittlich-geistige" Sein des Menschen in eigenständigen Sphären freigesetzt.[71] Wird damit aber nicht – wie bei Kojève – Hegels Analyse der Geschichte um entscheidende Probleme verkürzt? Hegel bemüht sich um „Korporationen" neuer Art zur Stabilisierung der freigesetzten Dynamik im Bereich von Wirtschaft und Handel; führt er damit nicht die Ökonomie eher auf einen „hermeneutischen" Weg mit unterschiedlichen Möglichkeiten? Wenn Ritter von Hegel als dem Philosophen der Französischen Revolution spricht, dann nimmt er die englische industrielle Revolution und die deutsche „Revolution der Denkungsart" mit der Französischen Revolution zusammen. Berücksichtigt man dagegen auch nur ein Minimum

---

[71] Ebd. 170, 176 f., 223 f.; zum folgenden vgl. zur „großen Stadt" 341 ff. Zur Korrektur der Ritterschen Sicht vgl. *Hegels Rechtsphilosophie im Zusammenhang der europäischen Verfassungsgeschichte.* Hrsg. von H.-Chr. Lucas und O. Pöggeler. Stuttgart-Bad Cannstatt 1986.

an Verfassungsgeschichte, dann erweist Hegel sich früh schon als Gegner des Programms von Sieyès: Er will durch indirekte Wahlen das Parlament aus den elementaren Selbstverwaltungseinrichtungen gewinnen. Ritter wendet zudem die Rede von der „großen Stadt", an der man nach Nietzsche vorbeigehen soll, ins Positive. Bringt er damit nicht pseudophilosophische Gespenster in die Analyse der Wirklichkeit? Es gibt altorientalische Städte, griechische Städte, mittelalterliche Gewerbebürgerstädte, moderne Großstädte; gibt es aber „die" Stadt überhaupt oder gar das Wesen einer „großen Stadt"? Ritter verbindet Hegels frühe Erfahrung der Entzweiung in der Geschichte mit der späten *Rechtsphilosophie; die Rechtsphilosophie* mit ihrer Entdeckung der bürgerlichen Gesellschaft wird dann allzu unmittelbar mit der Religionsphilosophie und Hegels idealistischer Interpretation der Reformation zusammengeschlossen. Die logischen Bemühungen Hegels werden nicht neu zum Problem; so kann auch die Rede von der Hermeneutik seit den sechziger Jahren Gadamer und dem Heideggerianismus überlassen werden. Greift diese Hermeneutik nicht durch die Entzweiungen hindurch auf einen angeblichen geschichtlichen „Ursprung": durch die Entzweiung von Wissenschaft und Tradition auf die Wahrheit als Seinsgeschehen, durch die Entzweiung von kultisch verwurzelter Kunst und Ästhetik auf Kunst als Bürge des Wahrheitsgeschehens?[72] Ritters Aufsätze über die Rolle der Geisteswissenschaften und über die Entdeckung der Landschaft möchten dagegen die modernen Differenzierungen festhalten. Die unterschiedliche Grundfigur der jeweils verwandten „Hermeneutik" wird nicht erörtert.

Wenn Kant zu Aristoteles und Hegel tritt, wird er in die Linie der einen klassischen Tradition eingeebnet: Es ist nicht die Rede davon, wie er sich auf hellenistische Traditionen bezieht, durch Rousseau und Hume die entscheidenden Anstöße empfängt. Wenn Hegels Hermeneutik der modernen Welt von der Ausbildung einer Weltzivilisation her gesehen wird, dann kommt Kants Unterscheidung zwischen dem Weltbürger und dessen privaten Überzeugungen in unbe-

---

[72] Zu den unterschiedlichen Grundfiguren hermeneutischer Philosophie vgl. Otto Pöggeler: *Heidegger und die hermeneutische Philosophie.* Freiburg/München 1983. 311. – Zum folgenden vgl. Ritter: *Subjektivität* (s. Anm. 69) 105 ff., 141 ff. Für eine andere Bestimmung der Rolle der Geisteswissenschaften vgl. *Geisteswissenschaft als Aufgabe.* Hrsg. von H. Flashar, N. Lobkowicz und O. Pöggeler. Berlin/New York 1978.

dachter Weise neu ins Spiel. Doch bleibt es dabei: Hegel begreift „zuerst und im Grunde noch bis heute allein", wie der Mensch in der Moderne in neue Differenzierungen seiner Lebenssphären tritt.[73] So kann Ritter nicht an jenen Bemühungen teilnehmen, die in den sechziger Jahren das typisch deutsche und kontinentaleuropäische Philosophieren in die weltweiten Zusammenhänge stellten, z. B. den ursprünglichen Pragmatismus eines Peirce als eine schöpferische Antwort auf Hegel und als Begründung einer eigenständigen analytischpragmatischen Tradition sahen. Wo Eliots Dichten aufgenommen ist, bleibt das Denken nicht länger einseitig ein Partner jenes Hölderlin, auf den sich alle beriefen, die noch aus schöpferischen Motiven heraus ein Stück ihres Weges mit dem Nationalsozialismus gingen, der dann aber auch mit seinem Scheitern den entschiedensten Gegensatz zu den totalitären Tendenzen markierte. Ist damit aber schon ein Dichten in den Blick gekommen, das die heutigen Erfahrungen (von Sibirien, Auschwitz und Hiroshima) artikuliert? Novalis gilt als Romantiker, weil er im modernen Zugriff auf die Welt die „Spur des Heiligen" erloschen sieht. Ist es nicht auch Romantik, diese Erfahrung des „Nihilismus" dadurch zu überspielen, daß man Hegel von jener „tragischen" Verkennung erlösen will, er habe die eigentlichen Motive der Reformation nicht gesehen?[74] Nicht der neutralisierenden Arbeit der Geisteswissenschaften, sondern nur dem „Staat" und dem „Recht als Gesetz" wird die „Gewalt" zugesprochen, die getrennten Sphären des heutigen Lebens und damit das „Sein" zusammenzuhalten. Damit verliert das Denken gegenüber der politischen Sphäre seine Möglichkeit zur Kritik; das Verhältnis von Metaphysik und Kritik und von Metaphysik und Politik wird nicht Thema einer hermeneutischen Erörterung.

Carl Schmitt hat unter dem Titel „Politische Theologie" die Verflechtung zwischen den Bereichen angezeigt, in denen es um letzte Entscheidungen geht. Daß diese Verflechtung unsere Geschichte bestimmt, kann nicht zweifelhaft sein – mag nun der Monarch sich von dem einen Gott her legitimieren oder der Atheist und Anarchist mit der Parole „ni dieu ni maître" arbeiten. Die politische Theologie vergißt jedoch die Aufgabe der Philosophie, den Menschen zur ge-

---

[73] *Subjektivität.* 32.
[74] Ebd. 20, 12 ff.; zum folgenden 138.

meinsamen Besinnung zu führen.[75] In dieser Besinnung muß die Philosophie zugestehen, daß sie selbst immer wieder in eine Metaphysik ausgelaufen ist, die nicht zu rechtfertigen war. So hat Platon die Polis als einen großen Menschen verstanden, die Stände mit den Vermögen des Menschen parallelisiert; konnte damit noch die vermittelnde Gerechtigkeit Aufgabe bestimmter Menschen, der Philosophen-Könige, sein? Das Politische, das den Menschen aufgegeben ist, muß in seinem Wesen neu bestimmt werden, mag dieses Wesen nach einigen Zügen hin sich auch als ein Geschichtliches darstellen. Wenn die Politik Machtlagen aufbaut, um für gemeinsame Angelegenheiten wenigstens Rahmenregelungen zu treffen, trifft sie auf Probleme, die schließlich auf metaphysische Perspektiven verweisen: Was bedeutet es, daß der Mensch „Natur" voraussetzt, diese Grundlage seines Existierens bewahren und schonen muß? Wie kann Politik auch dem Apolitischen einen Raum einräumen, also der Freundschaft und anderen Formen der Geselligkeit, der Liebe und dem Leben in der Familie? Auch der „Staat" der vergangenen Jahrhunderte ist als Ort der Politik relativiert worden; vielleicht kann das Wesen der Politik überhaupt nicht mehr ungeschichtlich bestimmt werden. So führt eine Rehabilitierung der Praktischen Philosophie zur Frage, welche Hermeneutik die Logik eines neuen Philosophierens sein könne.

---

[75] Von Ritters Hegelbezug aus konnte Ernst-Wolfgang Böckenförde den Liberalismus aus der Kritik Schmitts lösen und das Problem des heutigen Staates darin finden, daß er die sittlichen und religiösen Grundlagen, die er braucht, nicht selber legen kann; Hermann Lübbe konnte die politische Theologie zur politischen Ideengeschichte neutralisieren.

IV. Geist und Geschichte

Seit Hegels Wirksamkeit in Berlin hat kaum ein Philosoph seine Zeit durch seine Vorlesungen so geprägt wie Heidegger; doch mußte Heidegger das Denken in einer orientierungslos gewordenen Umbruchszeit ausrichten auf das Fragen. Heideggers Vorlesungen unterlagen mannigfachen kontingenten Bedingungen; systematische Ausarbeitungen wie *Sein und Zeit* blieben Fragment. Die *Beiträge zur Philosophie*, seit 1932 vorbereitet, wurden nie fertig. Während Heidegger die früheren systematischen Ausarbeitungen (anders als die Vorlesungsunterlagen) vernichtet hat, schrieb er seit den *Beiträgen* seinen Nachlaß; doch überholte ein Entwurf den anderen. Nicht von ungefähr ist unter den ersten großen Nachlaßmanuskripten auch die Abhandlung *Hegel – Die Negativität* von 1938/1939. Heidegger hatte in der Unruhe des Sommers 1933 seine Vorlesung *Die Grundfrage der Philosophie* als Hegel-Vorlesung angelegt: Hegels Systematik, durch Hegels Logik bestimmt, habe zur griechischen Frage nach dem Sein keinen Bezug mehr; Hegel stelle in die Entscheidung gerade dadurch, daß er das anfängliche Fragen endgültig verdecke. Nur aus den christlichen und neuzeitlichen Bemühungen heraus gewinne Hegel seine Resultate; so trete bei ihm das Nichts vor das Sein, die Möglichkeit vor die Wirklichkeit. Im Winter 1933/1934 stellte Heidegger in seiner Vorlesung Heraklits Polemos-Fragment vor Platons Höhlengleichnis; die Logik-Vorlesung vom Sommer 1934 korrigierte durch einen positiven Bezug auf Hegels Geschichtserfahrung die letzten Abschnitte von *Sein und Zeit.*

Die Abhandlung *Hegel – Die Negativität* kann die Auseinandersetzung mit der Tradition als Auseinandersetzung mit Hegel durchführen. Sie will nicht mit äußerlichen Reflexionen in Hegels Denken einfallen, sondern Hegels Standpunkt und Prinzip erfragen. Der Standpunkt ist das absolute Wissen, das selber eines Standpunkts unbedürftig ist; das Prinzip als Anfang und Grund ist die Negativität.

Diese Negativität führt, recht bedacht, zum „ursprünglicheren Standpunkt". Das Ursprüngliche ist nicht in der Zeit, sondern gründet Zeit. Hegels Denken prägt auch jene, die gegen ihn auftreten; er selbst spricht die Sprache der metaphysischen Überlieferung. Indem Hegel auf das Ursprünglichere verweist, weist er über sich selbst und die Geschichte des bisherigen Denkens hinaus. Die Unterscheidung zwischen der abstrakten, unbedingten oder absoluten Negativität einerseits und der ursprünglicheren Negativität andererseits führt auf diesen Weg. Hegels Logik beginnt mit Sein und Nichts, doch ist das Nichts vom Sein nicht unterschieden. Das Sein selbst ist aber schon durch Negativität bestimmt: es ist als das schlechthin Unmittelbare nicht die entfaltete Wirklichkeit; als das Unbestimmte ist es unterschieden von allem bestimmten Seienden. Als „Entwerden" geht das Sein über das Nichts zum Unmittelbaren und Unbestimmten. Um diese Negativität im Setzen und Fernhalten der lebendigen Entfaltung und Bestimmung nicht nur als abstrakte zu fassen, bezieht Heidegger sich auf die Dialektik von Etwas und Anderem. In ihr negiert das Andere das Eine; das Andere des Anderen führt dann zum Einen zurück und nimmt die Andersheit in das Sich-auf-sich-selbst-beziehen hinein. Das Eine ist dann nicht mehr nur Bedingnis des Anderen; beide kommen vielmehr zum „Grund" der Unterscheidung, zu jener „unbedingten Negativität", die erst die bedingende Unterscheidung des Einen und Anderen möglich macht. Diese unbedingte Negativität muß „als die ‚Energie' des absolut Wirklichen" gedacht werden. Sie trägt bei Hegel alle Bereiche des Seienden: Natur, Kunst, Recht, Staat, Religion.

Durch eine immanente Hegel-Kritik führt Heidegger von der absoluten zur ursprünglicheren Negativität. Dabei geht er aus von der Vorrede zur *Phänomenologie des Geistes,* nach der das Leben des Geistes den Tod und damit die äußerste Negativität zu ertragen vermag. Diese Negativität sei bei Hegel als Verneinen immer schon in das Ja des absoluten Wissens aufgehoben: die Los-Lösung im Absoluten sei zugleich ein Behalten. Hegel mache mit der Erfahrung des Todes nicht ernst; seine Negativität sei keine. Das Bewußtsein, das im Sinne der Tradition etwas im allgemeinen vorstelle, werde zum Selbstbewußtsein, das in der Erfahrung seiner Grenze über die Grenze hinaus und so „sich wissende Unendlichkeit" sei. In sieben Punkten setzt Heidegger sich vom absoluten Wissen als dem absoluten Sicherhalten ab. Das unendliche Selbstbewußtsein sei erstens angesetzt als das Selbstverständliche und damit als das Fraglose. Zweitens werde das Nicht im Verneinen und Zugrundegehen in bezug auf das Seiende im Ganzen zum Nichts; doch dieses Nichts bleibe für das Denken, das etwas denke, das Nichtige. Das Denken werde drittens und viertens als Bestand im Menschen als einem animal rationale angesetzt und damit im Ausweichen vor der Entscheidung zum Unentschiedenen, das nicht weiter fragwürdig sei. In diesem Denken käme fünftens die Metaphysik zur Vollendung, da der *nous*, der Anwesendes vernehme, zur absoluten Vernunft werde. Der Unterschied zwischen dem Seienden und dem Sein werde nicht bedacht (weil die mögliche Mannigfaltigkeit des Seins nicht zur Sprache kommt). Die Unterscheidung zwischen Seiendem und Sein werde nicht zur Entscheidung; Sein und Mensch kämen nicht überein im Ereignis. Heidegger kann auf die Gedankengänge der *Beiträge* zurückgreifen: im Ereignis müsse sich ent-scheiden, wie sich Erde und Welt im Streit erstreiten, wie Göttliches dem Menschen entgegentrete. Dafür sei nötig, daß das Nichts zum Ab-Gründigen in allem Sein werde (das selber als Bereich des Begründens und damit der Metaphysik nicht als Grund vorgestellt werden kann).[76]

Vermag diese Kritik den Motiven gerecht zu werden, die vom deutschen Idealismus und der Kritik an ihm in die Philosophie eingebracht wurden? Der *Wissenschaftslehre* Fichtes war in mannigfacher Weise widersprochen worden: Hölderlin bezog Theorie und Praxis auf die Erfahrung des Schönen und damit einer letzten Harmonie in den Tiefen der Welt; Schelling suchte die Geschichte des Bewußtseins als reale Natur- und Transzendentalphilosophie auszugestalten und zu überhöhen durch den Hinweis auf das Wunder der Kunst. So konnte Hegel von Hölderlin her zusammen mit Schelling die Philosophie in einer „Metaphysik" des Absoluten gründen.[77] Hegel und Schelling glaubten auf ihrem weiteren Weg, von der menschlichen Freiheit und Moralität, die dem Bösen verfallen kann, im Absoluten oder in „Gott"

---

[76] Heideggers Abhandlung.

[77] Klaus Düsing hat die neuerarbeitete Sicht zusammengefaßt: *Die Entstehung des spekulativen Idealismus.* In: *Transzendentalphilosophie und Spekulation.* Hrsg. von W. Jaeschke. Hamburg 1992. 144 ff. – Zum folgenden vgl. Pöggeler: *Hölderlin, Schelling und Hegel bei Heidegger.* In: Hegel-Studien 28 (1993) 327 ff. ist jetzt innerhalb des Bandes 68 der Gesamtausgabe ediert. Siehe Martin Heidegger: *Hegel.* Frankfurt a. M. 1993. 3 ff.

das Leben von dem unterscheiden zu müssen, was Gott selbst sein will. Hegels *Phänomenologie des Geistes* verband sich mit einer Logik der Ideen, die im Absoluten Leben, Arbeit, Negativität, das Selbst zu unterscheiden sucht. Sicherlich wird das Selbstbewußtsein zum Leitfaden des absoluten Sichwissens, doch nur so, daß es bezogen bleibt auf das Leben und sich erst im Prozeß einer Anerkennung des einen durch den anderen ergibt. Die schöpferischen Kritiker des deutschen Idealismus haben die Konkretheit der Geschichte, die Endlichkeit des Menschen und die gelebte Zeit gegen die „Metaphysik" ausgespielt, die bei Hegel das schon Erfahrene wieder verstellt. Man kann diese Metaphysik aber nicht kritisieren, wenn man nur von der Seinslogik des Etwas und des Anderen her auf Ursprünglicheres verweist (oder, wie Heidegger 1957 in den Vorträgen *Identität und Differenz,* von wesenslogischen Bestimmungen ausgeht). Die Einweisung in das Ursprünglichere, die den Weg über die Todes- und Endlichkeitserfahrung nimmt, kann dann nur jene Gestimmtheit vorbereiten, die aus dem Verfallen auf Gegebenes in eine eigentlichere Dimension führen soll. Dagegen sucht Hegels scheiterndes Bemühen um eine Logik der Ideen und damit um die Verflechtung von spekulativer Philosophie und Realphilosophie Kriterien, die die eine Grunderfahrung auf unterschiedliche Dimensionen von Wirklichkeit beziehen. Nur dieser Rückbezug auf die Mannigfaltigkeit des Wirklichen, der eine letzte Offenheit behält, rechtfertigt es, der Philosophie das Adjektiv „hermeneutisch" zu geben.

Als Hegel mit seinen großen Berliner Vorlesungen gerade in den geistesphilosophischen Disziplinen weit über den Systemaufriß der *Enzyklopädie* hinausging, hatte er sich schon mit Gegenspielern wie Schleiermacher und Savigny auseinanderzusetzen. Seine Vorlesungen blieben unterschiedliche systematische Experimente.[78] Zehn Jahre nach seinem Tode konnte Schelling mit seinen Berliner Vorlesungen den Idealismus nur noch diskreditieren: die Kraft zur geistigen Orientierung lag nun bei den großen Naturwissenschaftlern und Historikern. Vom Geist der Historischen Schule aus hatte Dilthey angesetzt zum Aufweis der Eigenständigkeit der Geisteswissenschaften. Als Erich Rothacker Weihnachten 1923 den gerade publizierten Brief-

---

[78] Vgl. Otto Pöggeler: *Nachschriften von Hegels Vorlesungen.* In: Hegel-Studien 26 (1991) 121 ff., vor allem 172 ff.

wechsel zwischen Dilthey und dem Grafen Yorck an Heidegger schickte, fand dieser in dem philosophischen Gespräch die Rechtfertigung seines Ansatzes.[79] Zwar erschien die versprochene Rezension, aus der eine Abhandlung geworden war, schließlich doch nicht; aber der § 77 von *Sein und Zeit* nutzte die Invektiven des Grafen Yorck zur Kritik Diltheys. Der § 76 hatte vorweg die existenziale Genese der Historie von Nietzsches *Zweiter Unzeitgemäßen Betrachtung* und zugleich von Kierkegaards Begriff der Wiederholung her entfaltet: die „Gleichzeitigkeit" zu geschichtlichen Anfängen zeigte sich in der „schicksalhaften Wiederholung" als ein Wandel. So konnte mit dem Grafen Yorck gesagt werden, die „Historische" Schule sei gar keine gewesen, und der „Geist der Geschichte" sei (anders als der Erdgeist) Faust und Goethe nicht erschienen. Hatte aber ein Historiker wie Ranke nicht gezeigt, daß der Historiker für den anderen in der Geschichte eintreten, die Geschichte aber auch als Geschichte der großen Mächte fassen müsse? Von der geheimen Philosophie der Historischen Schule aus hat Erich Rothacker die Eigenständigkeit der vieldimensionalen geisteswissenschaftlichen Arbeit aufgezeigt.

Nietzsches *Zweite Unzeitgemäße Betrachtung* hat z. B. den Kreis um Stefan George in ein neues Verhältnis zur Geschichte gebracht: die Historie ist für das Leben, das geschichtliche Größe sucht, ebenso zum Nachteil wie zum Nutzen. Konnte dieses Leben sich im Wollen einer ewigen Wiederkehr in sich selbst abschließen und vollenden? Mit solchen radikalen Fragen konnte Jakob Burckhardt sich nicht befreunden: er suchte von den geschichtlichen Aufgaben her eine Kontinuität in der Geschichte. Dabei mochte es schließlich sekundär sein, daß er in einer eurozentrischen Sicht sich vorzüglich zurückbezog auf die Griechen und deren Weiterwirken über die „Renaissance". Das geschichtliche Denken mußte den Entscheidungen, die Nietzsche forderte, einen geordneten Spielraum vorgeben, in dem es die leitenden Aufgaben in der schon geschehenen Geschichte angezeigt fand. Die Entfesselung der Technik machte dann deutlich, daß die Erde im ganzen gefährdet war. Schon 1913 hatte Ludwig Klages seinen Aufsatz *Mensch und Erde* für ein Jugendtreffen auf dem Ho-

---

[79] Vgl. *Martin Heidegger und die Anfänge der „Deutschen Vierteljahrsschrift für Literaturwissenschaft und Geistesgeschichte"*. Eine Dokumentation. Hrsg. von J. W. Storck und Th. Kisiel. In: Dilthey-Jahrbuch 8 (1993).

hen Meißner verfaßt; als Scheler 1927 seine Spätphilosophie auf einer Darmstädter Tagung *Mensch und Erde* vorstellte, wurde auch für Heidegger die Geschichte zur Erdgeschichte. Mußte sich nicht gerade ein Denker dem Verhältnis von Leben und Geist neu stellen, der den Geist in einer einzigartigen Weise auf Zeit und Geschichte bezogen sah? Man kann nicht daran zweifeln, daß der Vitalismus des Faschismus und der Biologismus des Nationalsozialismus diese Fragestellung diskreditierten. Wer aus einer abendländischen Besinnung heraus fragte, konnte die Überlegung nicht ausschließen, ob nicht selbst jenes Dichten mit den Perversionen verbunden war, dessen leise Stimme den Widerstand gegen den lauten Tageslärm anzeigte. So hat Heidegger im Winter 1942/1943 in seiner Parmenides-Vorlesung in Rilkes achter *Duineser Elegie* einen unverarbeiteten Nietzscheanismus und Biologismus gefunden.[80] Eine Elegie ist aber eine Klage; wer über die Verirrungen des Menschen klagt, kann im Verhalten des Tieres nach einigen Zügen hin ein Vorbild finden, ohne damit das „Leben" über den Geist zu stellen.

Es verwundert nicht, daß Hans Jonas sich durch seine einstigen Lehrer nicht mehr geleitet sah, als er nach dem „Phänomen des Lebens" fragte – als ob Scheler niemals die Anliegen Bergsons aufgenommen, Heidegger nicht seine Auseinandersetzung mit Scheler geführt hätte. Jonas vermutete, er habe einmal mit der Begrifflichkeit von *Sein und Zeit* die Gnosis existenzial interpretieren können, weil *Sein und Zeit* selber gnostisch und der Welt entfremdet, somit auch nihilistisch gewesen sei.[81] Zu Recht geht das Buch *Das Prinzip Verantwortung* davon aus, daß wir gegenüber den Folgen der neuen Techniken eine „Fernethik" brauchen. Nur die metaphysische Überzeugung scheint noch zeigen zu können, daß der Mensch sein und auch in Zukunft Lebensmöglichkeiten haben soll, weil der Kosmos auf das Leben und den Geist ziele und das Sein schon ein Sollen in sich berge. Werden die nötigen metaphysischen Vermutungen an den Grenzen unseres Wissens dabei aber nicht zu sicher gehandhabt? Lassen sich nicht auch (z. B. angesichts der Überbevölkerung der Erde) ethisch bedenkliche

---

[80] Martin Heidegger: *Parmenides*. Frankfurt a. M. 1982. 226 ff.; *Holzwege*. Frankfurt a. M. 1950. 262 ff.
[81] Hans Jonas: *Organismus und Freiheit*. Göttingen 1973. 292 ff.; vgl. auch *Wissenschaft als persönliches Erlebnis*. Göttingen 1987. – Zum folgenden vgl. Jonas: *Das Prinzip Verantwortung*. Frankfurt a. M. 1979.

Folgerungen aus dieser These ableiten? Verbindet sich die metaphysische Tradition nicht mit einer spezifischen, nämlich jüdischen Religiosität, nach der die Schöpfung Gottes gut, Gottes Handeln verständlich sein muß? Die jüdische Mystik ermöglicht es, auch nach Auschwitz am Gottesbegriff festzuhalten: Gott bleibt verstehbar von dem Gedanken aus, daß er sich in sich zurückgezogen habe, um dem Menschen Freiheit und Verantwortung zu überlassen.[82] Heidegger hat gegenüber Schelers metaphysischen Spekulationen die Frage gestellt, ob diese nicht vorschnell traditionellen Vorgaben, ja einer spekulativen Gnosis folgen; muß diese Frage nicht auch an Hans Jonas gestellt werden? Im französischen Philosophieren hatten die Traditionen der Wissenschaftstheorie und Bergsons das Phänomen des Lebens und der Leiblichkeit des Menschen ins Zentrum gerückt – nicht nur bei M. Merleau-Ponty.[83] So konnte dort auch Nietzsche mit anderen Augen gesehen werden.

Wenn die Verbindung von Philosophie und Hermeneutik nach dem Zweiten Weltkrieg weitergeführt wurde, war die Auseinandersetzung mit der Nietzsche-Tradition unausweichlich. Doch stand diese Auseinandersetzung z. B. mit der „Dekonstruktion" erst am Ende der Ausbildung der philosophischen Hermeneutik. Hans-Georg Gadamer hat den Bezug von *Sein und Zeit* zum transzendentalen Ansatz als Rückfall in eine überholte Tradition genommen; die Hermeneutik des jungen Heidegger fand er z. B. in jener „Kommunikation" mit Platon, durch die Heideggers *Sophistes*-Vorlesung das eigene Anliegen dem Fehlenden im bisherigen Denken entnahm. So konnte Gadamer die spätere sog. „Kehre" Heideggers schon beim frühen Heidegger finden. Er brauchte die Metaphysik nicht überwinden zu wollen, denn deren Probleme und damit deren Sprache verwiesen auf die eigenen

---

[82] Hans Jonas: *Der Gottesbegriff nach Auschwitz*. Eine jüdische Stimme. Frankfurt a. M. 1987. Georg Picht sucht in *Hier und Jetzt* (Stuttgart 1980 und 1981) ein „Philosophieren nach Auschwitz und Hiroshima"; der späte Aufsatz *Über das Böse* sagt, der „Ursprung des Bösen", das Verdrängen des einen Lebendigen durch das andere, liege im Leben selbst und in den Prinzipien der Evolution (Band 2. 487). Bleibt Gott dann „verstehbar"? Siehe Anm. 139. – Zum folgenden s. Anm. 132.

[83] Vgl. z. B. die Arbeiten von Michel Henry. Jean Greisch bringt von den Arbeiten von Franck, Haar und Derrida her die Frage vor, ob Heidegger das Phänomen der Leiblichkeit nicht übergehe: *Das Leibphänomen: ein Versäumnis von ,Sein und Zeit'*. In: *Eros und Eris* (Liber Amicorum for Adriaan Peperzak). Hrsg. von P. v. Tongeren u. a. Dordrecht/Boston/London 1992. 243 ff.

Fragen. Als Gadamer in seiner Habilitationsschrift *Platos dialektische Ethik* den *Philebos* interpretierte, konnte er unmittelbar an Heideggers Vorlesung anschließen, in der dieser Dialog als zweiter wenigstens dem Plan nach hatte behandelt werden sollen. Doch trennten sich dann die Wege. Für Heidegger verwies das „Gute" Platons nicht mehr länger auf die Seinsfrage; Platon wurde von Nietzsche her gesehen, und so lag in der Rede vom Guten als der Idee der Ideen schon das Wertschätzen, durch das der Mensch sich in sich selbst verschloß. Gadamer blieb dagegen dabei, daß es Platon um den Zusammenhang der Ideen gehe; das Gute ermöglicht nach seiner Auffassung sowohl jene Idee, die in den Idealisierungen der Mathematik liegt, wie das aporetisch angezeigte Wesen einer Tugend. Nur im günstigen Augenblick des Gespräches könne der Bezug zu diesem Guten aufleuchten. Platon bleibe letztlich der Kritik des Aristoteles überlegen, die auf schärferen Differenzierungen bestehen wollte.[84]

Wahrheit und Methode nimmt Schleiermachers „Entwurf einer universalen Hermeneutik" auf. Zugestanden wird, daß Schleiermacher das Verstehen mit der Auslegung zusammennehme und es in der Selbstkorrektur als ein Geschehen fasse; doch vermißt Gadamer (mit Heideggers Kritik von 1923) jene Applikation der alten hermeneutischen Tradition, die sich zum Leben selbst zurückwendet. Yorcks Kritik der Historischen Schule wird ausgebaut. Doch kann Yorcks neu publizierte Arbeit *Bewußtseinsstellung und Geschichte* durch den Begriff des Lebens als einer prozeßhaften Selbsterhaltung eine Brücke schlagen von Hegels frühem Ausgang vom Leben zur Lebenswelt der phänomenologischen Philosophie.[85] Nietzsche kann darauf hinweisen, daß das „Vergessen" zur „Lebensbedingung des Geistes" gehört. Das Vergangene muß zugunsten des Neuen auch vergessen werden können; jede einmal gewonnene Gestalt muß im Leben des Geistes wieder abtreten. Da Hegel die „Selbstvergessenheit des historischen Bewußtseins" kritisiert und auf der „denkenden Vermittlung mit dem gegenwärtigen Leben" besteht, bleibt er Schleiermacher und der Historischen Schule überlegen. Das „Vergessen", das bei Heidegger auf

---

[84] Hans-Georg Gadamer: *Plato im Dialog* (*Gesammelte Werke*. Band 7). 367. Vgl. dazu Manfred Riedel: *Hören auf die Sprache*. Die akroamatische Dimension der Hermeneutik. Frankfurt a. M. 1990. 96 ff. und 131 ff.
[85] *Wahrheit und Methode* (s. Anm. 13) 229 ff.; zum folgenden 13, 161. Siehe auch Anm. 128.

das Sichverbergen in der Unverborgenheit des Seins verweist, wird lebensphilosophisch umgebogen auf das Spiel des Hervortretens, Sichbehauptens und Abtretens vergänglicher Gestalten. Der Versuch von *Wahrheit und Methode,* von den Geisteswissenschaften aus den Bereich des Methodischen zur hermeneutischen Wahrheitserfahrung zu erweitern, beginnt mit einem Kapitel über die „Bedeutung der humanistischen Tradition für die Geisteswissenschaften". Gezeigt wird, wie Vico gegenüber der neuen „kritischen" Wissenschaft der Cartesianer den alten „topischen" Weg der Rhetorik festhält. Dieser Weg weist den Urteilenden über den eingespielten Gemeinsinn auch in die „praktischen" Lebensfragen in einer Weise ein, die bei Kant nur noch verblaßt aufscheint. Auch Heidegger hat die Hermeneutik von der Rhetorik her entfalten wollen. So schob er in seine Auslegung des Platonischen *Sophistes* einen Exkurs über den *Phaidros* ein: dieser Dialog faßt die Rhetorik positiv auf, insofern sie ihr Richtmaß in der philosophischen Dialektik findet. Als sich Heidegger dann von Nietzsche auf das tragische Zeitalter der Griechen verweisen ließ, wurde die Unterscheidung zwischen Rhetorik, Sophistik und Dialektik in einen anfänglichen Bezug zum *logos* zurückgenommen. Die Nietzsche-Vorlesung vom Sommer 1939 übersetzt Heraklits Fragment 28, indem sie das *endoxon* der rhetorischen Dialektik anklingen läßt: „Ansichten haben ist nämlich / auch nur / des Angesehensten Erkennen, das Überwachen / Festhalten einer Ansicht."[86] Gadamer kehrte diesen Weg zum Anfänglichen um, indem er die späteren Differenzierungen aufnahm. Kann das spezifisch deutsche Gespräch mit den Griechen aber überhaupt einen zureichenden Bezug zur rhetorischen Tradition gewinnen?

Gadamer hat 1985 *Wahrheit und Methode* unter dem Obertitel *Hermeneutik I* an den Anfang seiner *Gesammelten Werke* gestellt und einen Ergänzungsband *Hermeneutik II* folgen lassen. Der zweite Band bringt auch „Weiterentwicklungen", so die „metakritischen Erörterungen zu Wahrheit und Methode", die 1967 unter dem Titel *Rhetorik, Hermeneutik und Ideologiekritik* erschienen. Jürgen Habermas hatte in seinem Bericht *Zur Logik der Sozialwissenschaften* die

---

[86] Martin Heidegger: *Nietzsche.* Pfullingen 1961. Band 1. 504. – Zum folgenden vgl. Helmut Kuhns mißverstehende Kritik der Topik-Renaissance und meine Gegenkritik aus der Gadamer-Festschrift von 1960, zusammen in: *Rehabilitierung der praktischen Philosophie* (s. Anm. 10) Band 2. 261 ff.

hermeneutische Tendenz aufgenommen, ihrem wirklichen oder angeblichen Traditionalismus aber die Ideologiekritik entgegengestellt. Gegen diese Kritik suchte Gadamer die Universalität der Hermeneutik zu behaupten, indem er der Hermeneutik eine beherrschende Mitte zuwies zwischen der Rhetorik, die aus der griechischen Polis erwuchs, und der Ideologiekritik, die zur modernen Gesellschaft gehört. So sollte deutlich werden, daß die Ideologiekritik illusionär bleibt, wenn sie ihre eigene ideologische Position nicht problematisiert und ihre Kritik nur gegen die anderen richtet. Kam die rhetorische Tradition mit ihrem vollen Gewicht überhaupt zur Sprache, wenn Gadamer sie in die Hermeneutik aufnahm? Sicherlich hat die Reformation versucht, die *Heilige Schrift* aus sich selbst heraus auszulegen; dabei wurde sie unterstützt durch die Lehre vom allgemeinen Priestertum und durch die neue Kunst des Buchdruckens. Wenn die hermeneutische Besinnung aber zeigt, daß die Tradition im ganzen ein Vorverständnis für das Verstehen des einzelnen bleibt, dann fragt sich, ob die frühe Geschichte der Hermeneutik sich überhaupt einseitig am reformatorischen Schriftprinzip orientierte. Als z. B. Dannhauer zum ersten Mal von Hermeneutik sprach, sah er in ihr mit Aristoteles die Erweiterung der formalen Logik zu einer Logik der Auslegung überhaupt. Vico wollte den „kritischen" Weg nicht durch den „topischen" ergänzen, sondern zeigen, wie die Kritik ihre Berechtigung innerhalb der Topik finde. So konnte die *Neue Wissenschaft* immer noch die „sinnliche Topik", die phantasiegeborene Vorstellungen zu universalen Gedanken führt, als Analogon der rhetorischen Topik fassen; doch war die rhetorische Tradition relativiert durch einen neuen Bezug zur Geschichte, zum Mythos und zur Sprache. [87]

Wahrheit und Methode faßt mit der neuplatonischen Tradition das Sein, das verstanden wird, als Sprache im weiteren Sinn. So scheint der Philologe Modell stehen zu können für eine Hermeneutik, in der das Sein zum Text wird, der von wechselnden Vorurteilen her erschlossen wird. Gadamer hat aber nicht nur Texte interpretiert, sondern z. B. auch ein Buch über den Malcr *Werner Scholz* (1968) vorgelegt. *Wahrheit und Methode* versucht auch, von den „Grenzen der Erlebnis-

---

[87] Gadamers Zurückweisung der Einwände überzeugt nicht; zum einzelnen vgl. O. Pöggeler: *Gadamers philosophische Hermeneutik und die Rhetorik.* In: *Rhetorik und Philosophie.* Hrsg. von H. Schanze und J. Kopperschmidt. München 1989. 201 ff. Siehe auch Anm. 21.

kunst" her eine „Rehabilitierung der Allegorie" vorzunehmen (z. B. mit der Toposforschung von E. R. Curtius).[88] Bei Dilthey war das „Erlebnis", das sich in der Konfession des jungen Goethe aussprach und geschichtliche Mächte zur Sprache brachte, zum Rhythmus des Lebens geworden, wie Hölderlins Dichtung ihn zeigt. So konnte gerade die Lyrik Modell sein, wenn Hermeneutik und Kritik verbunden und den Geisteswissenschaften zugrunde gelegt wurden. Als Hölderlins späte Hymnen ernst genommen worden waren, wurde Hölderlin für Heidegger zu dem Dichter, der einer Aufgabe folgt, die sonst in der Goethezeit nicht wahrgenommen wurde. Darf man Hölderlins Dichten aber in der Weise Heideggers ausschließlich auf das Ringen um eine Aufgabe und eine Ursprünglichkeit beziehen, die Geschichte gründet? Wenn Paul de Man und Derrida Heideggers Hinweis auf Hölderlin aufnehmen, führen sie in weitere Zusammenhänge. Zum Beispiel tritt zu Hölderlin Celan, der auch Baudelaires „pointe acérée" aufgenommen hat. Gadamer verweist in seiner Pariser Kontroverse mit Derrida darauf, daß Heidegger im alltäglichen und geschichtlichen Sprachgebrauch Urworte suche; Derrida knüpfe dagegen den Sinn an eine écriture, die „nicht ein essentiales Sein" sei, sondern die Linie, die Spur. Derrida orientiere sich an der künstlichen Metapher, die aber in eine ritualisierte Rhetorik gehöre. Selbst ein Lyriker wie Celan müsse sich „am Ende im Ungangbaren verlieren", wenn er die Worte allzu sehr in Wortspielen auflade.[89] Vielleicht führen aber weder die Hermeneutik Gadamers noch die Dekonstruktion Derridas zur eigentlichen Mitte von Celans Dichten. Für Gadamer bleibt sogar ein Wort wie „Siebenstamm" eine allzu esoterische und unverständliche Anspielung, obgleich der Siebenstamm doch vor dem Parlament in Jerusalem steht und auf Israels Überstehen der großen geschichtlichen Katastrophen verweist. Für Derrida verliert in Celans Gedicht *Schibboleth* die Doppelröte in Wien und Madrid den einfachen und konkreten Bezug auf den Wiener Arbeiteraufstand von 1934 und den Spanischen Bürgerkrieg als die letzten großen Versuche,

---

[88] Vgl. Erster Teil I. 2 c. – Zum folgenden vgl. *Diltheys Gesammelte Schriften* (s. Anm. 7) Band 5. 245 und 262. Zu Hölderlins Rhythmus des Lebens vgl. F. Rodi (s. Anm. 13).
[89] *Text und Interpretation*. Hrsg. von Philippe Forget. München 1984. 50 f. – Zum folgenden vgl. meine Antwort auf Gadamers Antikritik: *Symbol und Allegorie*. Goethes „Divan" und Celans „Atemkristall". In: *Paul Celan: Atemwende. Materialien.* Hrsg. von G. Buhr und R. Reuß. Würzburg 1991. 345 ff.

Widerstand gegen den Faschismus zu leisten. Eine mangelnde Aufmerksamkeit auf die Aufgaben unserer Zeit macht Hermeneutik wie Dekonstruktion unfähig, das Anliegen eines Dichters wie Celan angemessen aufzunehmen.

Die Philosophie kann Partner der schöpferischen Kunst (oder der Religion, der Politik) nur dann sein, wenn sie eigenständig bleibt. So muß sie klären, in welcher spezifischen Weise sie selbst dem *logos* folgt. Karl-Otto Apel hat diese Aufgabe eingeklagt, indem er von den Motiven der Hermeneutik ausging. So hat er (als Schüler Rothackers) *Sein und Zeit* zusammen mit der dreibändigen Geschichte *Das Verstehen* (1926-1933) von J. Wach gelesen. *Wahrheit und Methode* erschien dann als Fortführung des gültigen Anliegens von *Sein und Zeit*: während Heidegger selbst die Geisteswissenschaften schließlich in den angeblich einheitlichen wissenschaftlich-technischen Weltzugriff einebne, weise Gadamer nach, daß diese Wissenschaften in unvertretbarer Weise Erfahrung artikulieren. Wenn die Hermeneutik sich aber die Applikation integriere, orientiere sie sich nicht nur am Modell des Dolmetschers, sondern z. B. sogar des Richters; damit gehe die nötige Distanz zum Leben selbst verloren. Unklar bleibe, wie diese „philosophische Hermeneutik" sich in eine „hermeneutische Philosophie" einfüge. Wenn Apel hermeneutische Tendenzen in der analytischen Philosophie und berechtigte Motive in den dialektischen und ideologiekritischen Traditionen nachweist, führt er das deutsch-griechische Gespräch in die volle Weite der Geschichte und der Gegenwart zurück.[90] Die alte Metaphysik soll zurückgelassen werden, der transzendentale Ansatz konkretisiert werden zur Frage nach der Rationalität in der Kommunikation, wie sie in Sprache und Geschichte hervortritt. Eine Folge von Rationalitätstypen soll dahin führen, daß das Philosophieren sich selbstreflexiv auch über seine eigene Logik verständigt. Geht mit dieser Transzendentalhermeneutik (und Transzendentalpragmatik) aber nicht das spezifisch Hermeneutische verloren? Diesen leitenden Fragen lassen sich mannigfache Kontroversen zu-

---

[90] Vgl. Apels Rezension von *Wahrheit und Methode* in: Hegel-Studien 2 (1963) 314 ff., vor allem 321; Karl Otto Apel: *Transformation der Philosophie.* Frankfurt a. M. 1973. – Zum folgenden vgl. Karl-Otto Apel: *Die Herausforderung der totalen Vernunftkritik und das Programm einer philosophischen Theorie der Rationalitätstypen.* In: *Philosophie und Poesie* (Festschrift für O. Pöggeler). Hrsg. von A. Gethmann-Siefert. Stuttgart-Bad Cannstatt 1988. Band 1. 17 ff.

ordnen. Kommt der Aufbruch der Kunst zu neuen Wegen überhaupt in Sicht, wenn er von den neuplatonischen, rhetorischen und humanistischen Traditionen her gesehen wird?[91] Der „performative Selbstwiderspruch" wird perhorresziert: daß die Philosophie ihren eigenen Anspruch auf Wahrheit relativiert und doch für diese Relativierung Wahrheit beansprucht! Doch könnte das Philosophieren sich durch dieses angebliche Sichwidersprechen nicht in den offenen Prozeß der Hermeneutik hineinstellen? Verfällt man nicht dem prekären Modell der praktischen „Anwendung" von Wissen, wenn die Dezision im ethischen und politischen Bereich allzu sehr zurückgedrängt wird?[92] Wenn mit Habermas und gegen ihn der kritische und transzendentalphilosophische Weg gefordert wird, bleibt zu fragen, ob nicht die metakritische Selbstbesinnung auf die Partialität und Endlichkeit des eigenen Ansatzes überspielt wird. Bleibt die Überführung des Erklärens in ein immer schon mitgegebenes Verstehen und selbstreflexives Verstehen nicht zu schmal für eine Erörterung des Wirklichkeitsbezuges unseres Wissens? Apel weist selbst von Wrights „Vorbehalt hinsichtlich der ontologischen Wahrheit der epistemischen Gewißheit" zurück.[93] Könnte dieser Vorbehalt (mit Hegels phänomenologischer Dialektik von Wahrheit und Gewißheit) aber nicht zu einer hermeneutischen Philosophie führen, die letzte metaphysische Ausblicke nicht ausschließt?

Eine hermeneutische Philosophie kann weder (mit Gadamer) das Erklären nur als Randphänomen eines universalen Verstehens nehmen noch (mit Apel) vorschnell vom Erklären zum selbstreflexiven Verstehen führen. Sie muß die Leistungen von Erklären und Verstehen „erörtern", ohne sich auf diese Dichotomie zu beschränken.[94] Dieses erörternde oder topische Philosophieren kann auch für die eigene

[91] Vgl. Wilhelm Perpeet: *Das Kunstschöne. Sein Ursprung in der italienischen Renaissance.* Freiburg/München 1987. – Zum folgenden vgl. Ernst Behler: *Derrida-Nietzsche, Nietzsche-Derrida.* München./ Paderborn / Wien / Zürich 1988. 164.
[92] Vgl. Apels Beitrag zur Gedenkschrift für Karl-Heinz Ilting: *Zur Rekonstruktion der praktischen Philosophie.* Hrsg. von K.-O. Apel. Stuttgart-Bad Cannstatt 1990. 67 ff. – Zum folgenden vgl. Karl-Otto Apel: *Normative Begründung der ‚Kritischen Theorie' durch Rekurs auf lebensweltliche Sittlichkeit?* In: *Zwischenbetrachtungen. Im Prozeß der Aufklärung.* Hrsg. von A. Honneth u. a. Frankfurt a. M. 1989. 15 ff.
[93] Karl-Otto Apel: *Die Erklären:Verstehen-Kontroverse in transzendentalpragmatischer Sicht.* Frankfurt a. M. 1979. 138.
[94] Vgl. O. Pöggeler: *Erklären – Verstehen – Erörtern* (s. Anm. 19). Siehe auch Anm. 21 und 86.

Selbstverständigung zugestehen, daß sie partial und vorläufig bleibt und keine „Letztbegründung" ist; so kann dieses hermeneutische Philosophieren sich in eine Pluralität des Philosophierens einfügen. Die folgenden Vorträge und Aufsätze aus den letzten beiden Jahrzehnten sollen exemplarisch Schritte zu einer solchen hermeneutischen Philosophie zeigen. Für vielfache Hilfe bei der Drucklegung des Buches sowie für das Personenregister danke ich Andreas Großmann.

A. Hermeneutik des Ausdrucks

I. Zeit und Hermeneutik

Daß die Philosophie die Fesseln der Zeit abwerfen müsse, ist die Grundüberzeugung ihrer klassischen Tradition. Diese Tradition faßt man seit Wilhelm Diltheys *Einleitung in die Geisteswissenschaften* oft unter dem Namen der „Metaphysik" zusammen. Wenn Martin Heidegger 1927 das Wort „Zeit" zum Wort „Sein", dem Leitwort dieser metaphysischen Tradition, stellte, dann geriet er auf jenen Weg, auf dem das „Ende der Metaphysik" festgestellt wurde. Die Abhandlung *Sein und Zeit*, die Fragment blieb, wußte sich der phänomenologischen Philosophie zugehörig; sie hob ihre Eigenständigkeit hervor, indem sie sich als „hermeneutische" Phänomenologie verstand. Der Titel von Disziplinen, die selbst als Hilfsdisziplinen der Theologie und Jurisprudenz schon untergegangen waren, wurde nun zum Unterscheidungsmerkmal eines Philosophierens, das über seine klassische Gestalt hinausstrebte. Die Rede von einem „Ende" stellt uns aber auch vor die Frage, wieweit die Philosophie in diesem Hinausstreben wirklich eine neue Gestalt erreichte, oder ob sie sich nicht selbst verlor. Der Verdeutlichung dieser Frage dienen die folgenden Hinweise.

a. Eine Antwort an Hegel?

Daß die Zeit zu einer Grundfrage der Philosophie wurde, kam nicht von ungefähr. In den letzten zweihundert Jahren ist die Zeit von den Menschen in einer grundstürzend neuen Weise erfahren worden. Hegel war sicherlich ein Philosoph, der in einer besonders sensiblen Weise auf geschichtliche Veränderungen und damit auf „Zeit" reagiert hat. Er hat zum Beispiel zu erfassen versucht, was eigentlich in der Französischen Revolution vor sich ging; er hat gefragt, ob nicht ein neues Verfassungssystem nach langer geschichtlicher Entfaltung an der „Zeit" sei, er hat vom Ende der Kunst gesprochen und Religion in ihrer Geschichte aufgesucht. Er blieb aber bei dem traditionellen philosophischen Ansatz, Zeit auf Ewigkeit zu beziehen. Als Jean Paul bei einem Ausflug von Heidelberg nach Schwetzingen die Zeit „schrecklich" fand, setzte Hegel dagegen: „Es ist gar keine Zeit – oder eine ewige Zeit." Dabei dachte er kaum an eine endlose Zeit, sondern daran, daß das, was in der Zeit ist, sein Wesen in einem geordneten Zugleich als „ewig" darstellt. In ähnlicher Weise hatte Platon die Zeit als Bild der Ewigkeit gefaßt; seit Plotin, Augustin und Boethius wurde die Ewigkeit als aeternitas genauer bestimmt. Nach Hegels Auffassung gewinnt jedoch das Zeitliche und Endliche im Menschen und seiner Geschichte eine „Negativität", die über jede Grenze hinausweist; so bekommen Zeit, Endlichkeit und Geschichte selbst die Kraft, sich zur Ewigkeit zu erheben.[95]

Wenn Hegel die Zeit in der bewegten und einmaligen Geschichte der Menschheit fand, dann wollte er sich – anderen Stimmen der Epoche widersprechend – mit wenig Zeit begnügen, nämlich mit den 6 000 Jahren der alten jüdisch-christlichen Zeitrechnung. Gegen diese Zeitrechnung hatte man das angebliche hohe Alter der chinesischen Kultur ausgespielt, von dem die chinesischen Historiker gesprochen hatten, und Voltaire hatte die gesunde Vernunft der Chinesen gegen den Aberglauben der eigenen Umwelt gestellt. Hegel meinte aber mit dem Geschichtsschreiber Johannes von Müller, man brauche nur der alexandrinischen Bibelübersetzung zu folgen, dann gewinne man einige Jahrhunderte zwischen Sintflut und Abraham und könne die Chinesen einbauen. China blieb für Hegel immer eine Kultur, die die eigentlich geschichtliche Bewegtheit noch nicht teilt. Erst im Vorderen Orient, wo ja so viele Reiche starben, wurde Geschichte zum Zusammenhang der bewegten Weltgeschichte. Als im Jahre 612 v. Chr. das assyrische Reich plötzlich unterging, als weitere Reiche wie das medische und neubabylonische in kurzen Abständen folgten, fand die Menschheit in einem Schock, den sie nicht vergaß, das Schema von der Abfolge der geschichtlichen Reiche und dem schließlichen Erscheinen des Menschensohnes (wie im Buch *Daniel* erzählt wird). Hegel baute

---

[95] *Hegel in Berichten seiner Zeitgenossen.* Hrsg. von G. Nicolin. Hamburg 1970. 153. – Zum folgenden vgl. O. Pöggeler: *Der Geschichtsschreiber Johannes von Müller im Blickfeld Hegels.* In: *Johannes von Müller – Geschichtsschreiber der Goethezeit.* Hrsg. von Ch. Jamme und O. Pöggeler. Schaffhausen 1986. 277 ff., vor allem 298 ff.

die Ruinenmelancholie, die zeittypisch war, und die Entdeckung neuer Mythologien in dieses Schema ein, das heißt, er übernahm noch einmal das alteuropäische Selbstverständnis, in dem Antike und Christentum vereint werden und Asien dazu ein Voraus darstellt. Für Goethe genügten gar dreitausend Jahre, damit der Mensch sich Rechenschaft von sich geben könne (wie Goethe im *West-östlichen Divan* sagte). Das ist dann die Zeit von Homer und den Patriarchen des Orients bis zu uns. Vor den Trümmern der Campagna verpflichtete Goethe sich auf das Bleibende und Wesentliche, das in der Zeit immer wieder hervorzutreten vermag. So war ihm selbst der teleologische Geschichtsprozeß, von dem Hegel sprach, fremd.

Hegel fand in seinen letzten Jenaer Jahren zu seinem endgültigen philosophischen Ansatz, der Geschichte als einen teleologischen Prozeß zum System hinführt. Er hat in den Jahren 1805 bis 1807 wenigstens die Einleitung zu seinem System, die *Phänomenologie des Geistes,* fertigstellen können. Die zuletzt geschriebene „Vorrede" blickt zurück auf die Not der eigenen Zeit, die den Blick auf das Ewige verloren zu haben scheint. Doch kann Hegel sagen: „Es ist übrigens nicht schwer zu sehen, daß unsre Zeit eine Zeit der Geburt und des Übergangs zu einer neuen Periode ist." In einem „qualitativen Sprung" werde das Neue plötzlich dastehen; das allmähliche Zerbröckeln, das die Physiognomie des Ganzen noch nicht verändere, werde „durch den Aufgang unterbrochen, der, ein Blitz, in einem Male das Gebilde der neuen Welt hinstellt".[96] Worauf spielt Hegel hier an? Auf den Blitz, der nach Heraklit alles steuert? (Auf Heraklit spielt auch Platon in der Dialektik des *Sophistes* an [242e].) Auf den Menschensohn, der als die richtende Potenz der Gottheit plötzlich kommt – als ein Blitz, aber auch als der „Aufgang aus der Höhe", wie das Lukas-Evangelium in der Übersetzung Luthers sagt (17, 24 und 1, 78)? Am Schluß der „Vorrede" weist Hegel darauf hin, daß die neuplatonische Philosophie die spätplatonische Dialektik theologisch deuten konnte. Aristoteles aber ist für Hegel der erste Neuplatoniker; Hegel kann später jene Stelle, die das Denken des Denkens als Leben und Wirklichkeit faßt, in griechischer Sprache an den Schluß seiner *Enzyklopädie* stellen. Da er im Umschlagen der Grundbegriffe die Selbstbewegung des Denkens findet, kann Hegel das Eine der Neuplatoniker christlich deuten,

---

[96] G. W. F. Hegel: *Phänomenologie des Geistes* (s. Anm. 22) 9 f., zum folgenden 52.

nämlich Gott als Geist in ihm vorgedacht finden. So kann er auch in der eigenen Zeit die Fülle und Vollendung aller Zeit aufsuchen; was Politik und Religion erfuhren, soll nun aber von der Wissenschaft in den Prozeß des „wirklichen" Wissens aufgehoben werden.

Karl Marx hat Hegels Ansatz weitergeführt, aber das Ziel des Prozesses der Geschichte aus dem Elend der Gegenwart herausgenommen und der Zukunft als Ziel der Praxis übergeben. Wenn die *Pariser Manuskripte* von dieser Zukunft sagen, in ihr werde die *eine* Wissenschaft möglich sein, dann beanspruchen sie einen Vorgriff auf diese Wissenschaft auch schon für den Weg in die Zukunft. Friedrich Nietzsche verblieb dagegen stärker in der Tradition der Historiker und Philologen, um dann die Geschichtserfahrung zurückzustellen in die tragische Lebenserfahrung der griechischen Frühe. Doch sollte der Augenblick, in dem die Wege von Zukunft und Vergangenheit zusammenstoßen, wieder Tor zur Ewigkeit werden. Kierkegaard hat in einer berühmten Anmerkung zum dritten Kapitel seiner Schrift *Der Begriff Angst* das Plötzliche, von dem Platon spricht, als Augenblick gedeutet. Die griechische Philosophie bekämpft nach seiner Auffassung die Täuschung des Erkennens. Nimmt der christliche Glaube auch die Sünde des Menschen ernst als Hinweis darauf, daß die Schöpfung aus dem Nichts kommt und der Nichtigkeit anheimgegeben bleibt, dann muß die Zeit ernster genommen werden, als die Griechen es vermochten. Der Augenblick erweist sich als die Kreuzungsstelle von Zeit und Ewigkeit; die Dialektik der Begriffe wird zur experimentierenden Dialektik der Existenz, die aus der Philosophie herausführt – hinführt etwa zum existenziellen Glauben. Dieser wird durch die Angst ständig auf dem „Sprung" gehalten. Kierkegaard wirft Hegel vor, seine *Wissenschaft der Logik* spreche von der Bewegung der Begriffe, ohne diesen Sprung und damit die geschichtliche Entscheidung einzubeziehen. War das, was Marx, Nietzsche und Kierkegaard vortrugen, schon eine Antwort auf die Ratlosigkeit, die Hegel mit seiner Auffassung von der Vollendung der Geschichte hinterließ? Wie immer man sich zu diesen unterschiedlichen metaphysischen und antimetaphysischen Positionen stellen mag: es kann kein Zweifel sein, daß wir heute solche Positionen philosophisch nur aus einer konkreteren und anderen Erfahrung der Zeit deuten können.

Von Geschichte im eigentlichen Sinne des Wortes hat Hegel nur dort sprechen wollen, wo menschliche Gemeinschaften ihr Leben vollziehen, wo es folglich nicht nur res gestas gibt, sondern auch eine historiam rerum gestarum. Geschichte ist geprägt durch die mündlich oder schriftlich überlieferte Folge der politischen Institutionen und der entsprechenden religiösen Leitvorstellungen. Die archäologische Spatenforschung hat demgegenüber die riesigen Räume der Vorgeschichte entdeckt, dann den fragwürdigen Begriff eines „Vor" der Geschichte überhaupt aufgegeben und den alten Geschichtsbegriff zerbrochen. Die Älteren unter den heute Lebenden lernten noch in der Schule, daß es seit 600 000 Jahren Menschen auf der Erde gebe; heute spricht man nach den ostafrikanischen und anderen Entdeckungen von 2,5 Millionen Jahren. Schon vor 10 000 Jahren begann der Mensch (als Bauer und als Hirte) seßhaft zu werden; vor etwa 35 000 Jahren wurde der Neandertaler durch Menschen abgelöst, die sich auch heute noch – ohne weiter aufzufallen – im Völkergemisch von New York bewegen könnten, die wie wir Kunst und Kult besaßen, nämlich Höhlenbilder, Schwirrhölzer, Masken und Tanz. Wenn wir die 2,5 Millionen Jahre des Vorkommens von Menschen auf dieser Erde als Stunde ansehen, dann machen diese 35 000 Jahre freilich nicht einmal eine Minute aus (Goethes dreitausend Jahre sind nur wenige Sekunden). Beobachten wir die technischen Erfindungen, die Akkumulation der wissenschaftlichen Arbeit seit dem Bruch um 1800, dann wird deutlich, daß die Zeit gleichsam langsam ins Rollen kam und dann immer schneller lief – vorsichtiger ausgedrückt: daß die Entwicklungen sich immer schneller vollzogen.[97] Daß die Unruhe unserer Zeit nicht vergleichbar ist mit dem langen Atem der Jahrtausende der Steinzeit, wird verständlich, wenn wir uns daran erinnern, daß bei der damaligen Lebens- und Wirtschaftsweise die Erde mit einer Million Menschen schon überbevölkert war, die heutigen Milliarden von Menschen ganz andere Ressourcen brauchen und andere Differenzierungen des Lebens nötig machen.

Die Geschichte der Menschen und der menschenähnlichen Lebewesen gehört in die Evolution des Lebens überhaupt, die Hegel noch nicht zulassen wollte. Nach seiner Auffassung entsteht Leben unter günstigen Bedingungen überall; die Sterne sind nur ein Lichtaus-

---

[97] Vgl. Karl J. Narr: *Zeitmaße der Urgeschichte*. Opladen 1978; Christoph Jamme: *„Gott an hat ein Gewand"*. Grenzen und Perspektiven philosophischer Mythos-Theorien der Gegenwart. Frankfurt a. M. 1991. 175 ff.

schlag, und für solche vagen Vorgänge bestimmte Zeitmaße angeben zu wollen, erschien Hegel als eine müßige Gedankenspielerei. Demgegenüber rekonstruieren wir heute den Weg, der erst in langen Zeiträumen zu den Säugetieren hinführte; wir interessieren uns für das Auftreten jenes wundervollen Zusammenspiels von Blütenpflanzen und Insekten, das unserer Natur die Farbenpracht gab und sie nicht eine Welt von düsteren Ackerschachtelhalmen sein ließ. Wenn es seit drei oder vier Milliarden Jahren Leben auf der Erde gibt, dann sind die 2,5 Millionen Jahre der Menschen nur zwei oder drei letzte Sekunden dieser Stunde des Lebens. Eine enorme Steigerung im Zeitverbrauch finden wir freilich nicht mehr, wenn wir den Schritt vom Alter des Lebens auf der Erde zum geschätzten Alter des Weltalls, also etwa den 12 Milliarden Jahren, tun. Die entscheidenden Fragen aber bleiben offen: ist das Leben im Weltall einmalig oder mannigfach zerstreut oder selten? Liegt gar in der Materie eine Tendenz zum Leben, im Leben eine Tendenz zum Geist? Ist das, was wir an Galaxien kennen, ist unser Weltall endlich oder unendlich, hat es eine einmalige Geschichte oder pulsiert es rhythmisch? Schon Pascal hat sich nicht nur darüber erregt, daß die Nase der Kleopatra die Geschichte mitbestimmt hat; er hat sich auch entsetzt vor den endlosen Weiten des Weltalls. Diese Weiten des Raumes aber treten für uns zusammen mit der Zeit, der wir schwer zu fassende „Sprünge" zutrauen.

Die Menschen konnten sich um diese Weiten von Raum und Zeit kümmern, weil sie Maße zur Messung fanden. Aus der Zeit vor 3 500 Jahren sind einfache Sonnenuhren, aber auch Wasseruhren bekannt; dazu kamen die Kalender, mochten die Menschen sich nun am Sonnenlauf, an den Mondphasen oder am Aufgehen des Sirius orientieren. In den einzelnen Kulturen wurde Zeit von sehr verschiedenen Aspekten her erfahren; dabei fiel die abstrakte Auffassung offenbar schwer: antike Uhren versuchten noch mit einem höchst kunstvollen Mechanismus die Stunden der längeren Sommertage länger zu machen und die Stunden der Sommernächte kürzer (wie man in den Uhrenmuseen sehen kann). Die Räderuhr des Mittelalters brachte hier einen langsamen Wandel, der sich dann auch in der Sprache spiegelte. Wenn man in unserer Zeit statt der doch etwas wackeligen Bewegungen in unserem Sonnensystem atomare Schwingungen zur Zeitmessung benutzt, entdeckt man zugleich das Uhren-Paradoxon: auch die übergenauen Zeitmesser können langsamer oder schneller gehen je nach der vollzogenen Bewegung im Weltraum. So ist die absolute Zeit, an die Newton glaubte, in Frage gestellt. Der Mensch weiß überdies, daß er selbst nicht über seinen Schatten springen kann; erlebnismäßig hat er einen ganz bestimmten Zugang zur Zeit. Noch zu Hegels Lebzeiten begann der baltische Embryologe Karl Ernst von Baer zu arbeiten; von ihm stammen die berühmten Zeitfiktionen: hätte der Mensch nicht nur zehn oder achtzehn Eindrücke pro Pulsschlag oder Sekunde, erlebte er tausendmal schneller und schrumpfte seine Lebenszeit entsprechend auf 29 Tage, dann bemerkte ein einzelner den Wechsel der Jahreszeiten nicht; er könnte aber eine Flintenkugel bequem mit dem Auge verfolgen. Wäre es umgekehrt, dann wäre der Wechsel der Jahreszeiten ein Pulsieren in wenigen Stunden, usf.[98]

Das Leben der Lebewesen ist durch innere Uhren auf wichtige Zeiten eingestellt worden. Es bringt offenbar in der Evolution einen Vorteil, wenn wir schon vor dem Wachwerden das Ende der Schlafenszeit angekündigt bekommen. Freilich kann es hier auch Schwierigkeiten geben, zum Beispiel beim Rückflug von Amerika. Erwin Büning sagt im Vorwort zur dritten Auflage seines Buches *Die physiologische Uhr,* daß diese Arbeit über circadiane Rhythmik 1958 bei ihrem ersten Erscheinen noch zu Parapsychologie, Mystik und Aberglauben abgeschoben werden sollte, daß heute aber jährlich etwa tausend Arbeiten zur Biochronometrie erscheinen. In der Tat haben diese Dinge große Relevanz für die Lebens- und Arbeitsverhältnisse. Wir können noch nicht absehen, welche Umbrüche im Miteinanderleben der Generationen über die schon eingetretenen hinaus es geben wird, wenn der Mensch lernen sollte, seine Lebenszeit durch Einflußnahme auf seine Lebensuhr zu verlängern. Haben auch die Völker und Kulturen ihre Zeit? Als Europa sich anschickte, sich als Mitte der Welt in einem mörderischen Kampf der Nationen um Teilhabe an der Weltherrschaft selbst zu zerstören, sprach Spengler vom Untergang des Abendlandes. Er nahm die Kulturen wie isolierte Organismen, die in ihrem Werden und Vergehen ihre Zeiten haben. Könnte sich gar die Lebenskraft der Gattung Mensch erschöpfen? Angesichts der Erfah-

---

[98] Karl Ernst von Baer: *Welche Auffassung der lebenden Natur ist die richtige?* In: *Reden I.* Petersburg 1864. 252. Erich Rothacker hat von Baers Fiktionen des öfteren referiert, vgl. z. B. *Geschichtsphilosophie.* München 1934. 88 ff. – Zum folgenden vgl. Erwin Büning: *Die physiologische Uhr.* Circadiane Rhythmik und Biochronometrie. Berlin/Heidelberg/New York ³1977.

rung der Vergänglichkeit alles geschichtlichen Lebens sagte Spengler trotzig: Wir sind die Zeit.

b. Überwindung der Metaphysik?

Die Griechen waren Menschen, die uns in manchen Charakterzügen sehr fremd bleiben. Starb einer ihrer großen Männer im hohen Alter, dann setzte man ihm einen nackten Jüngling auf sein Grab, wie die vielen Kouroi bezeugen. Offenbar ging man davon aus, daß menschliches Leben einmal seine volle Entfaltung erlangt und ganz mit allen Charakterzügen heraustritt; dieser Kairos sollte festgehalten werden. So konnten Literarhistoriker darauf aufmerksam machen, daß Odysseus bei allen seinen Irrfahrten kaum älter wird und ungefähr so zu Penelope zurückkommt, wie er sie verlassen hat. Wie anders dagegen der jüdische König David: der junge Schleuderer, der den Sieg erringt, schließlich der alte König, der in seinem Bett nicht mehr warm wird! Die Astrologie, die in anderen Kulturen – so in Babylon – hochstilisiert wurde, hat die Griechen in ihrer Frühzeit offenbar nicht vordringlich interessiert; dagegen begeisterte man sich bald für den Gang der Sterne, der immer auf seiner sicheren Bahn zu bleiben scheint. Gaben nicht die Götter den Griechen das Versprechen, daß nicht alles der Vergänglichkeit anheimfällt? Wenn Platon mit seiner Ideenlehre die abendländische Philosophie begründete, dann war auch diese Lehre auf die Anstrengung gebaut, Zeit und Vergänglichkeit zu überwinden. Offenbar nahm die griechische Philosophie teil an der sehr spezifischen Welterfahrung der Griechen. Der Aristotelismus, der im mittelalterlichen Denken eine neue Macht gewann, fügte das Seiende über Wann oder Wo in mannigfache Relationen ein. Die Lehre von der Substanz aber zielte auf ein bleibendes Sein. In der Neuzeit wurde dieser philosophische Ansatz umgelegt auf die Frage nach dem gesichertsten Zugang zum Seienden. Doch auch auf diesem Wege suchte man die Vernunft vor der Zeit zu retten. So konnte Hegel selbst in seiner *Phänomenologie des Geistes,* die doch Geschichte in ihrer Fülle erinnert, am Schluß festhalten, daß der Begriff die Zeit mit ihrer Zerstreuung überwinde.

Sind diese Gestalten der Philosophie nicht durch eine neue Erfahrung von Zeit unmöglich geworden, mag diese Erfahrung nun mehr an der Evolutionslehre anknüpfen oder an der Geschichtserfahrung? Die neue Zeiterfahrung mußte „die Metaphysik" überwinden, mochte sie nun eine neue Metaphysik suchen oder zu einer nicht mehr metaphysischen Philosophie hinstreben. Henri Bergson nahm in seinem ersten bedeutenden Buch nicht mehr Gott und die unsterbliche Seele im traditionellen Sinn als Grundgegebenheiten des Bewußtseins; die Grundgegebenheit ist vielmehr die Zeit als Dauer, in der Vergangenheit und Zukunft sich durchdringen. Diese „gelebte" Zeit darf nicht statisch von Raumvorstellungen her fixiert werden; sie ist verknüpft mit Freiheit, und so heißt Bergsons Buch über die unmittelbaren Gegebenheiten des Bewußtseins in der deutschen und englischen Übersetzung *Zeit und Freiheit*. Diese Ersetzung einer Substanzphilosophie durch eine Zeitphilosophie wird in den weiteren großen Werken Bergsons konsequent ausgebaut: durch die erkenntnistheoretische Erörterung von *Materie und Gedächtnis*, die Evolutionstheorie der *Schöpferischen Entwicklung*, die Lehre von den *Quellen der Moral und der Religion*, die auf jene Mystik verweist, in der das Leben sich in seiner Einmaligkeit im bewegten Leben der Gottheit erschaut. Als freilich Bergson 1922 mit Einstein in Paris über Zeit diskutierte, suchte Einstein jene inkompetente Philosophie beiseite zu schieben, die die Konsequenzen wissenschaftlicher Forschung nicht adäquat zu ziehen vermöge und als Erlebnis oder Intuition festzuhalten suche, was von der wissenschaftlichen Arbeit angeblich verabschiedet worden ist. Vielleicht ist aber Einsteins Einspruch überhaupt nicht so selbstverständlich, wie er sich gibt. Einstein hat probabilistischen Positionen sowie der unumkehrbaren Zeit (wie sie sich von der Thermodynamik her aufdrängte) und der sogenannten subjektiven Zeit keine wirklichen Chancen gegeben. Als sein schweizer Freund Besso über diese Dinge arbeitete, warf er ihm Hang zu Illusionen vor. Als Besso dann starb, schrieb Einstein – kurz vor dem eigenen Tode –, ein solches Vorangehen im Sterben bedeute nichts. „Für uns gläubige Physiker hat die Scheidung zwischen Vergangenheit, Gegenwart und Zukunft nur die Bedeutung einer wenn auch hartnäckigen Illusion." Gläubig ist dieser Physiker im Sinne Spinozas, der die gelebte Zeit auf seine Weise zugunsten von Ewigkeit eliminierte. Bergsons Evolutionsbuch hatte aber gezeigt, daß er Zeit durchaus nicht nur subjektiv nahm. Muß Philosophie nicht alle diese Sprachen berücksichtigen, die in der Physik und von ihr her, dann aber in der Biologie, schließlich in der Geschichtsbetrachtung, der Kunst, der Religion entwickelt werden?[99]

Was bei Bergson Intuition blieb – die Erfassung einer bewegten oder gar geschichtlichen „gelebten" Zeit – wurde bei Dilthey zum Thema einer differenzierten Hermeneutik. Es ging Dilthey nicht um eine neue Metaphysik; vielmehr wollte er die Philosophie sowohl auf die weltanschaulichen Tendenzen wie auf die wissenschaftliche Arbeit beziehen. Dabei beschränkte er sich freilich auf den Ausgang von der spezifisch geisteswissenschaftlichen Arbeit. Weitschichtige geistesgeschichtliche Untersuchungen (zur Metaphysik- und Wissenschaftsgeschichte, zur Schleiermacher- und Hegelforschung, zur Geschichte des deutschen Geistes überhaupt) verhinderten, daß die grundlegenden Fragen seines neuen Ansatzes ausgearbeitet wurden. Kann es eine philosophische Selbstbesinnung geben unabhängig von jenem Verstehen des Anderen, das Sache der Hermeneutik ist? Mit dem Anderen, der sich mir (als Einzelner oder als Kultur) entzieht, kommt aber die Zeit ins Spiel. Doch hat Dilthey zwar eine Abhandlung über die Widerstandserfahrung und den Ursprung unseres Glaubens an die Realität der Außenwelt vorgelegt, nicht aber die noch wichtigere Verteidigung der Realität der subjektiven Zeit gegenüber einem zu restriktiven Phänomenalismus. Daß diese unausgearbeiteten Fragen in die Mitte von Diltheys Philosophieren gehören, hat erst der Band 19 der Ausgabe von Diltheys *Gesammelten Schriften* gezeigt, der die Pläne und Vorarbeiten zur *Einleitung in die Geisteswissenschaften* im ganzen sammelt.

Edmund Husserl hat von einer anderen Position aus (von den Überlegungen seines Lehrers Franz Brentano her) das Zeitproblem in die von ihm begründete phänomenologische Philosophie eingebracht. Als Husserl in seinen *Logischen Untersuchungen* den Ansatz der Phänomenologie vorstellte, hat er in der fünften Untersuchung das Bewußtsein von dessen Intentionalität her zu fassen versucht. Damit hat er die empirische Psychologie Brentanos radikalisiert, in der die scholastische Konzeption der Intentionalität benutzt wurde, um die psychischen Phänomene auszugrenzen und innerhalb ihrer etwa Vorstellen, Urteilen, Begehren zu unterscheiden. Für Husserl ermöglicht das Sich-ausrichten-auf, die Intentionalität, Wahrheit: kann das leer

---

[99] Vgl. Ilya Prigogine / Isabelle Stengers: *Dialog mit der Natur.* München 1981. 286.

Vermeinte in ausweisender Erfüllung mit originär Angeschautem identifiziert werden, dann wird Evidenz erfahren. In seiner berühmten Vorlesung vom Winter 1904/1905 hat Husserl seine Aufklärung der Erkenntnis in einigen „Hauptstücken aus der Phänomenologie der Erkenntnis" fortgeführt. Wahrnehmung, Aufmerksamkeit, dann Phantasie und Bildbewußtsein werden exemplarisch als verschiedene Weisen von Intentionalität dargestellt; dabei gebraucht Husserl temporale Charakterisierungen, wenn er vom Gegenwärtigen der Wahrnehmung und Vergegenwärtigen der Erinnerung oder der Phantasie spricht. Die Zeitwahrnehmung schließt sich an die Analyse der anderen niederen Erkenntnisvermögen (die von der höheren begrifflichen Erkenntnis unterschieden werden) an; ihre Analyse muß aber auch zur Klärung des genannten Unterschieds von Gegenwärtigen und Vergegenwärtigen führen. Wenn Husserl dabei in der Konstitution von Zeitobjekten (zum Beispiel dem Hören eines Tons gemäß dem berühmten Zeitdiagramm) zur Urimpression Retention und Protention stellt, dann führt er die differenzierte, aber auch unscharfe Analyse des Zeiterlebens auf einen grundlegenden Ansatz zurück, ohne den Phänomenreichtum Bergsons oder Diltheys auch nur zu erstreben.

Als Heidegger mit *Sein und Zeit* die Zeitproblematik zur Mitte einer Revision der Philosophie machte, wollte Husserl diese Bemühungen auf seine Phänomenologie der Zeit verpflichten; so gab er Heidegger Edith Steins Transkription der Analyse der Zeitwahrnehmung von 1904/1905 zur Edition. Als die Edition 1928 erschien, führte sie jedoch nicht zu den entsprechenden Diskussionen; vielmehr vollzog Husserl selbst 1929/1931 den Bruch mit Heidegger, der ihm die Strenge der transzendentalen Besinnung zugunsten anthropologischer Tendenzen aufgegeben zu haben schien. In den dreißiger Jahren gab Husserl seinem Assistenten Eugen Fink die sogenannten Bernauer Manuskripte, eine Fortführung der Zeitanalysen von 1904/1905, zur Edition. Fink aber kam mit dieser Aufgabe nicht zurecht; er sollte dann mit Husserl zusammen oder schließlich auch allein ein Buch über Zeit schreiben, doch scheiterte dieses Projekt. Nach Husserls Tod und nach der Emigration hielt Eugen Fink in Leuven Lehrveranstaltungen über Husserls phänomenologische Reduktion, Hegels *Phänomenologie der Geistes*, Heideggers Aletheia-Begriff, Rilkes *Duineser Elegien*. Schon diese Titel, dann die Vorlesungen, die Fink nach dem Kriege hielt, zeigen, daß Fink sich den Ansatz Heideggers angeeignet hatte, gegen den er doch hatte antreten sollen. Was hätte Husserl, wenn es noch zu einer wirklichen Diskussion gekommen wäre, gegen *Sein und Zeit* eingewendet? Welche Kritik hätte sich aus den bis heute unedierten Bernauer Manuskripten gewinnen lassen? Husserl würde auf der phänomenologischen Reduktion bestanden haben, nämlich darauf, daß man nicht aus der Tradition oder irgendeiner Weltwissenschaft eine Voraussetzung schon in die Begründung von Philosophie mitschleppe. Ehe die Zeit – wie Husserl selbst durch den Gebrauch temporaler Charaktere wie Gegenwärtigen und Vergegenwärtigen nahelegte – in die Revision der Ontologie hineingenommen wird, muß eine Phänomenologie der Zeit aufgebaut, muß gezeigt werden, wie wir überhaupt Zeit erfahren. Gegen die vorschnelle Rückführung des Raumes auf die Zeit kann man dann die Analogien und Disanalogien zwischen Raum und Zeit anführen; die Dimensionen gelebter Zeit dürfen nicht verwechselt werden mit Modalitäten wie „vergangen, gegenwärtig, zukünftig" oder „nicht-mehr-sein, sein, noch-nicht-sein". Ein letzter Unterschied führt freilich über diesen möglichen Streit um Einzelheiten noch hinaus: um zu ausweisbaren Modellanalysen zu kommen, geht Husserl von der Wahrnehmung aus, die als Gegenwärtigen vorzüglich durch Gegenwart bestimmt ist. Das trägt ihm von Heidegger her den Vorwurf ein, mit der Tradition seit Parmenides und Platon Erkennen als ein Sehen, Sein als Eidos zu nehmen und Sein wie Sehen undiskutiert auf Präsenz auszurichten. Umgekehrt sucht Heidegger alle Weisen von Intentionalität zusammenzufassen und von ihrer Wurzel her – gegen Husserls ausdrücklichen Protest – als Transzendenz zu deuten: als ein In-der-Welt-sein, in dem Seiendes auf sein Sein hin überstiegen wird, in dem Gegebenes von mir also eigens als Pult genommen wird, ich selbst aber als ein sprechender Mensch genommen werde. Heidegger gibt sogar mit Kierkegaard eine Grundbefindlichkeit für dieses In-der-Welt-sein an – nämlich die Angst, in der es dem In-der-Welt-sein um sich selbst geht, in der das Transzendieren und Existieren sich an diese letzte Situation kehrt und auch sich von ihr abkehrt, so daß in diesem Sich-kehren-an und Sich-abkehren auch der Zeitcharakter dieser letzten Situation zur Erfahrung kommt. Heidegger sollte bald nach *Sein und Zeit* Welt als Weltlauf, als den Aion der Vorsokratiker verstehen. Aber diese Verbindung des Modernsten mit dem Archaischen mußte für Husserl eine Mythologisierung des Denkens sein, die die platonisch-cartesische Prägung der Philosophie aufgebe.

Es geht dem späten Husserl jedoch nicht nur um eine Kritik von Heidegger und anderen als Exponenten einer Zeitmode und einer Zeitkrankheit; er sucht vor allem seinen eigenen Ansatz verwandelt durchzuhalten. Die Vertiefung der cartesianischen Epoché zur phänomenologischen Reduktion, die fundamentale Unterscheidung zwischen Weltwissenschaften und transzendentaler Phänomenologie hatte – so schreibt Husserl in seinem letzten großen Werk – den Nachteil, daß das transzendentale Ego wie durch einen Sprung und damit scheinbar als etwas Inhaltsleeres erreicht wurde. Husserl sagt dann weiter: „Da wir uns in der Weltliteratur vergeblich nach Untersuchungen umsehen, die uns als Vorarbeiten dienen könnten – Untersuchungen, die diese Aufgabe als die einer eigenen Wissenschaft erfaßt hätten (freilich einer sonderbaren Wissenschaft – von der verachteten doxa, die auf einmal die Würde eines Fundamentes für die Wissenschaft, die episteme beanspruchen soll) –, so müssen wir selbst völlig neu anfangen.“[100] Schon lange vor diesem Spätwerk war Husserl auf dem Wege, einen „natürlichen Weltbegriff" zu suchen, ja die fundamentale Bedeutung der „Lebenswelt" herauszustellen. Doch blieb diese Lebenswelt für Husserl Absprungbasis zur wissenschaftlich durchdrungenen Welt, die eine unendliche Aufgabe ist und so doch der Allwissenheit und damit einer Allzeitlichkeit untersteht.

Dieser spezifische Ansatz Husserls ist nach dem letzten Kriege kaum richtig zur Geltung gekommen, als man mit Husserl und Heidegger, aber auch mit Hegel, Marx und Kierkegaard die Aufgabe der Philosophie bestimmte. Dabei hatte man oft Heidegger im Kopf, wenn man Husserl zitierte. Husserl hat aber nicht akzeptieren können, was seine Schüler versuchten. Als Husserl 1927 im Band 8 seines Jahrbuchs von Heidegger *Sein und Zeit* und von Oskar Becker eine Ontologie der Mathematik veröffentlichte, schien er an das Ziel seiner pädagogischen Bemühungen zu kommen: wandten seine beiden Assistenten, ihrem Auftrag gemäß, die transzendentale Phänomenologie nicht auf unterschiedliche Felder – Mathematik und Naturwissenschaft einerseits, Geisteswissenschaft und Geschichte andererseits –

---

[100] Edmund Husserl: *Die Krisis der europäischen Wissenschaften und die transzendentale Phänomenologie*. Den Haag ²1969. 158.

an? Doch Heidegger wie auch Becker verwandelten die Grundlegungsproblematik: nach Heidegger ist das transzendentale Ich in Wahrheit faktisches Dasein, das als endliches und geschichtliches sich nur hermeneutisch auslegen kann; Becker besteht darauf, daß diese hermeneutische Phänomenologie auch den Leistungssinn der Mathematik positiv bestimmen muß und nicht in geisteswissenschaftlicher Einseitigkeit verbleiben darf. Diese kritischen Abgrenzungen führen dazu, daß die Einheit der phänomenologischen Philosophie um 1929 zerbricht. Becker wie Heidegger stellen die Frage nach dem Sein der unterschiedlichen Bereiche des Seienden vor allem vom Problem der Modalitäten her neu.[101] So trennten sich die Wege.

c. Die Frage nach Sein und Zeit

Wie hat Heidegger, Schüler und Antipode von Husserl, die Zeitproblematik in seine neue Grundlegung von Philosophie hineingetragen? Hier ist wichtig, daß Heidegger (der von der katholischen Theologie her zur Philosophie kam) von Aristoteles und der Scholastik, aber auch von mittelalterlicher Mystik bleibend geprägt wurde. Noch seinem Habilitationsvortrag über den Zeitbegriff in der Geschichtswissenschaft stellt er ein Wort aus einer Predigt Meister Eckharts voraus: „Zeit ist das, was sich wandelt und mannigfaltigt, Ewigkeit hält sich einfach." Wie in der platonischen Tradition, so ist auch für Eckhart Zeit bloßes Bild der Ewigkeit; wie bei Boethius, so soll auch bei Eckhart Ewigkeit in einem einheitlichen Zusammenhang bewahren, was in der Zerstreuung der Zeit wesentlich ist. Da die Zeit zu trennen, der Raum zusammenzuhalten scheint, kann die Mystik beim Versuch einer Überwindung der Zeit sich der Raummetaphorik bedienen (zum Beispiel in der Rede von Nähe, Tiefe, Abgrund). Da die Mystik im

---

[101] Vgl. unten S. 238 ff. – Wolfgang Müller-Lauter hat schon in seiner Dissertation *Möglichkeit und Wirklichkeit bei Heidegger* (Berlin 1960) nachzuweisen versucht, daß die Grenze des Todes und des geschichtlichen Endes, dazu die Differenz zwischen dem einen und dem anderen Daseienden und das Gegenwärtigen von Seiendem den von Heidegger behaupteten Vorrang der Möglichkeit vor der Wirklichkeit umkehrt. Er hat mit historischer Verbindlichkeit gezeigt, daß Heidegger den Willen zur Macht als einheitlichen faßt, während Nietzsche von differenten Wirklichkeitsinterpretationen spricht. Vgl. den zusammenfassenden Aufsatz *Das Willenswesen und der Übermensch*. In: Nietzsche-Studien 10/11 (1982) 132 ff.

Bezug von Sein und Verstehen die Seite des Wollens betont, läßt sie den Neuplatonismus zurück; sie kann historisch an die Weisheitsliteratur anschließen. Diese Seite bekommt bei Heidegger einen neuen Akzent, da er das moderne Geschichtsbewußtsein aufnimmt. Gemäß der traditionellen Beziehung der Zeit auf die Ewigkeit sucht Heidegger mit Hegel Geschichtserfahrung und System oder mit Rickert Wertgestaltung in der Zeit und die Geltung überzeitlicher Werte zu vereinbaren. Diesen fragwürdigen Kompromiß aber gibt Heidegger unter den Erfahrungen der Katastrophe des Ersten Weltkrieges, diesem Abschied von alten europäischen Vernunft-Illusionen, auf. Wenn Heidegger die Frage nach dem Sein wieder zur leitenden Frage macht, dann nicht mehr in der traditionellen Weise. Die indogermanischen Sprachen gaben dem Verb „sein" eine ausgezeichnete Rolle; vor allem die mittelalterliche Philosophie löste durch ihre begriffliche Arbeit die philosophische Rede vom Sein vom bloßen Faktum einer Sprachgeschichte ab. Ich kann „sein" als Kopula gebrauchen, zur Prädikation; ich kann aber auch in einem „ich bin" mit dem Verb Existenz und gar mein eigenes Existieren behaupten. In der Wendung „so ist es" mache ich Anspruch auf ein Wahrsein, das ens tamquam verum. Was-sein und Daß-sein werden zu Prinzipien jedes Seienden; aber wie bringt ihr Zusammenspiel ein Seiendes in seine Offenheit oder Wahrheit? Heidegger betont in seiner frühen Kritik der *Psychologie der Weltanschauungen* von Jaspers, daß die Klärung der Seinsfrage vom „ich bin" ausgehen müsse. Hier aber kann Sein nicht als zufällige Realisierung eines Was-seins in einem Daß-sein gefaßt werden; vielmehr meint Sein ein faktisches, existierend sich um sich bekümmerndes, geschichtliches und niemals nur „gegenwärtiges" Sein in der Zeit. Mit Kierkegaard und der Jaspersschen Lehre von Situation, Grenzsituation und Augenblick radikalisiert Heidegger das zeithaft sich aufbauende „Leben" Bergsons und Diltheys zur Existenz; aber er will die Schärfe im Begrifflichen nicht aufgeben. So nimmt Heidegger Husserls Phänomenologie als Weg zur Ausarbeitung der Seinsfrage. Sofort aber stellt sich die Frage: orientiert Husserl sich nicht einseitig am Bereich des Theoretischen, wenn er Wahrnehmung, Aufmerksamkeit, Erinnerung und damit Gegenwärtigen und Vergegenwärtigen als Modell nimmt? Aristoteles erscheint als der bessere Phänomenologe, denn er spricht im sechsten Buch der *Nikomachischen Ethik* auch der situationsbezogenen Praxis Wahrheit zu.

Diese Entdeckung der Situation wurde, so meint Heidegger in seinen frühen Vorlesungen, in der christlichen Eschatologie durch die Erfahrung des Kairos radikalisiert. Wie man aber eine Lebenserfahrung auf den Begriff bringt, die durch die Situation und den Kairos bestimmt wird, muß die Hermeneutik zeigen. Wenn die Phänomenologie zu einer hermeneutischen umgebildet wird, kann sie nicht nur Sachphänomenologie und Aktphänomenologie sein; entscheidend ist die Verbindung beider oder die Problematisierung der Verbindung des Noematischen und Noetischen in einer Korrelationsphänomenologie. Einen Tisch (also ein Möbel, ein Zeug) kann ich begreifen, indem ich in ihm ein Was in einem Daß realisiert sehe – der Schreiner konzipiert den Tisch in seinem Was und dann realisiert er ihn oder realisiert ihn nicht (je nachdem, ob er einen Auftrag bekommt oder nicht). Einen Menschen kann ich nicht in dieser Weise verstehen, auch nicht als Realisierung eines reinen Ichs in einem empirischen Lebewesen. Wenigstens für einige Bereiche gilt, daß sich beim Menschen erst im geschichtlichen Existieren Wesenszüge öffnen, er also wird, „was" er dann ist. Diese Unterschiede im Wie-sein, das Was und Daß zusammenfügt, sucht Heidegger dadurch zu berücksichtigen, daß er mit formal anzeigenden Begriffen arbeitet. Husserl hatte im § 13 seiner *Ideen zu einer reinen Phänomenologie und phänomenologischen Philosophie* zwischen Generalisierung und Formalisierung unterschieden. Die Formalisierung kann nicht von der Generalisierung her verstanden werden, welche zu immer höheren Allgemeinheiten aufsteigt (vom Blau dieser Kleidung zur Farbe Blau, von der einen Farbe zu den Farben überhaupt, schließlich zu den Qualitäten usf.). Vielmehr geht die Formalisierung zurück zu den immer schon vorausgesetzten logischen und kategorialen Formungen. Für sie gilt, daß auch nach der traditionellen Lehre „Sein" keine Gattung ist. Heideggers formal anzeigende Begriffe berücksichtigen, daß das Zusammenspiel von Generalisierung und Formalisierung in unterschiedlichen Bereichen verschieden sein kann. Diese Begriffe suchen zum Beispiel das Dasein oder das Seinsverständnis im Menschen in der Weise anzuzeigen, daß das Sein dieses Daseins nicht so gefaßt wird, wie wir ein vorhandenes oder zuhandenes Ding von einem allgemeinen Was her fassen (und auch fassen müssen, wenn wir in dieser Welt leben, etwa sicher mit dem Tisch vor uns umgehen wollen).

Noch in der Zeit der Ausarbeitung von *Sein und Zeit* hat Heidegger die formal anzeigende Hermeneutik radikalisiert zur temporalen Interpretation; dabei wurde Kants Lehre von der Schematisierung der Begriffe durch den Zeitbezug umgekehrt zur Lehre vom Zeitbezug als Wurzel aller Begrifflichkeit. In der Vorlesung vom Winter 1925/1926 bricht Heidegger die geplante Aristoteles-Auslegung ab und wendet sich Kant zu. Aristoteles hat in seiner *Hermeneutik* die Aussage auf Wahrheit bezogen, da in ihr etwas als etwas genommen werde. Zu diesem apophantischen Als, das theoretisch einem Subjekt ein Prädikat zuspricht, tritt nach Heidegger ein hermeneutisches Als, indem zum Beispiel der Schuster aus der Erschlossenheit seiner Umwelt heraus – auch ohne Theorie und Aussage – den Hammer als Hammer gebraucht. Gibt es nicht auch ein existenziales Als, in dem ein Existierender als er selbst existiert? Um solches Existieren aufklären zu können, müßte nicht nur das Als als Schema der Gegenwart, sondern zum Beispiel auch das Umwillen mit dem Wozu als Schema der Zukunft in Betracht gezogen werden. Das unterschiedliche Zusammenspiel der Schemata würde es dann gestatten, den existierenden Menschen in seinem Wie-sein von einem Tisch oder Hammer zu unterscheiden. Heidegger wollte die Lehre von der Schematisierung als Ermöglichung der Ontologiebildung im dritten Abschnitt von *Sein und Zeit* entfalten; er hat sein Buch dann aber vor diesem Abschnitt abgebrochen (da Husserl nicht mehr warten, sondern den Band 8 seines Jahrbuchs auch mit der Arbeit Beckers publizieren wollte). Heidegger war jedoch auch in eine Aporie geraten: die Zeit mit den Schemata ihrer Dimensionen sollte ein Prinzipiengefüge zur Unterscheidung von Seinsweisen erbringen; zugleich wurde Zeit als Geschichte aufgefaßt, die sich zeithaft aufbaut, so auch erst das Medium für Prinzipien und Ontologiebildung erbringt. Diese Geschichtlichkeit ist zum Beispiel dem Zukunftsschema des Umwillens ins Gesicht geschrieben: es kann seine Herkunft zugleich von Aristoteles und Kierkegaard, aber auch von Meister Eckhart und Kant kaum verleugnen.

Heidegger hat die hermeneutische Phänomenologie, die den Sinn von Sein von den Schemata der Zeit her zu fassen und aufzugliedern versucht, nach 1929 abgebrochen. In den dreißiger Jahren fragt er nach der Wahrheit des Seins selbst als einer Geschichte, in der das Sein des Göttlichen und zum Beispiel das Sein des Dinges sich in unterschiedlichen Epochen oder Konstellationen unterschiedlich bestimmen. Dabei nimmt Heidegger vor allem die Weise, in der ein Kunstwerk Wahrheit in die Welt bringt, als Modell. Gedacht ist an „große Kunst", wie Heidegger sagt, an Kunst, die noch einen kultischen Bezug hat und eine Gemeinschaft von Menschen prägt – zum Beispiel an den Parthenon-Tempel über Athen, der eine ganze Polis ausrichtete, sie auf die Besonnenheit der Athene verpflichtete, aber auch an die Bilder van Goghs, die im expressionistischen Aufbruch ihre Gemeinde fanden und auf eine soziale und religiöse Sinnsuche verpflichteten. Werke großer Kunst sagen den Menschen, was und wie ein Fels ist oder ein Schuh oder ein Mensch; da sie aus vieldeutigen Zeichen aufgebaut sind, sind sie unerschöpflich: eine griechische Statue oder Säule sprach zu den Menschen der Renaissance anders, als sie heute zu uns spricht. Wenn Sein (in den Filiationen des Was, Daß und Wie) die Offenheit oder Wahrheit von Seiendem angibt, so daß das Sein in das Sein eines Felsen, eines Schuhs, eines Menschen differenziert werden muß, ist dann die Wahrheit oder Offenheit dieses unterschiedlichen Seins selbst nicht auch unerschöpflich, im ganzen immer nur erfahrbar in unterschiedlichen geschichtlichen Konstellationen?

Diese Wahrheit des Seins selbst ist der Grund, auf den alle (lebensweltliche, künstlerische, wissenschaftliche) Offenheit von Seiendem zurückgestellt werden muß. Doch dieser Grund ist selber abgründig – daß diese Wahrheit als Grund im Menschen aufbricht (also daß zum Beispiel philosophiert wird), dafür ist letztlich kein Grund anzugeben, da erst dieses Aufbrechen von Wahrheit die Frage nach Gründen ermöglicht. Diese Wahrheit als Grund ist zugleich ungründig – sie führt in die Irre; indem die eine Offenheit gewährt wird, werden andere Weisen der Offenheit verstellt. Dieses abgründig-ungründige Gründungsgeschehen nennt Heidegger in einem ausgezeichneten Sinn „Geschichte", nämlich Seinsgeschichte; er spricht (mit Hölderlin) davon, daß Wahrheit sich in langer Zeit ereignet. Dilthey hatte in seiner „Phänomenologie des Geistes", der Kritik der metaphysischen Tradition, im Satz vom Grund den Grundsatz der Metaphysik gefunden, aber das Ausgreifen nach Gründen an der Schicksalshaftigkeit des Lebens scheitern sehen; Nietzsche hatte in ähnlicher Weise den Sokratismus an der tragischen Lebenserfahrung begrenzt. Diese Verwindung der Metaphysik entwickelt Heidegger auf seine Weise. Damit verschwindet die Thematik der Zeit gleichsam in die Erfahrung der Wahrheit als Geschichte. Sie muß sich nun dort geltend machen: die Wahrheit des Seins, die eigens vollzogene unterschiedliche Offenheit von Seiendem, bricht auf im menschlichen Dasein; dieses ist der Zeit-Spiel-Raum für die Geschichte der Wahrheit. Erst in den *Beiträgen zur Philosophie* von 1936-1938 entfaltet Heidegger einen Versuch, Zeit und Raum in einer gleichursprünglichen Weise dem Dasein als Zeitspielraum und Augenblicks-Stätte der Wahrheit des Seins sowie dem Widerspiel von Erde und Welt als dem Baugefüge dieser Wahrheit zuzusprechen. Die Zeit trennt den Menschen von sich selbst ab; sie entrückt ihn in unterschiedliche Ekstasen, um ihn so der bewegten Geschichte zu überliefern. Der Raum dagegen hält zusammen (man kann ja im Raum umkehren, in der Zeit nicht). Indem der „Umhalt" des Raums die „Entrückungen" der Zeit gleichsam einfängt, kann Wahrheit sich in einem Zeitspielraum ereignen, sich in ihrer Bewegtheit zuzeigen sein. – In seinem eigentlichen Spätwerk geht Heidegger auch noch einmal über diesen Ansatz hinaus: unter dem Eindruck der Katastrophen unseres Jahrhunderts eliminiert er den Akzent, den er in den dreißiger Jahren mit Nietzsche auf das Schaffen der großen Schaffenden legte. Er fragt auch, ob die Wahrheit des Seins noch Geschichte genannt werden dürfe, wo doch erst innerhalb ihrer das, was wir normalerweise Geschichte nennen, von der Natur oder von einem idealen Sein unterschieden werde.

Da Heidegger sich auf dem Weg seines Fragens nach Sein und Zeit ständig selber überholt, ist eine Gesamtkritik schwierig. Heidegger hält jedoch einen bestimmten Ansatz durch, den er dann auch in dem späten Vortrag *Zeit und Sein* noch einmal mit didaktischen Vereinfachungen formulieren kann. So scheinen mir die folgenden allgemeinen Einwendungen möglich:

a) Obwohl Heidegger ein so großes Gewicht auf die Destruktion der Überlieferung legt, kommt er nicht dazu, die entscheidenden Positionen dieser Überlieferung einigermaßen historisch zuverlässig zu vergegenwärtigen. So interpretiert er im § 81 von *Sein und Zeit* Platons Rede von der Zeit als Abbild der Ewigkeit in der folgenden Weise: die Zeit als eine Folge von Jetzt-Punkten soll im Wechsel des einzelnen auch das Allgemeine im möglichen Vorkommen eines jeden Punktes zeigen, durch dieses Allgemeine aber auf Ewigkeit als stete Gegenwart verweisen. In Wahrheit versteht Platon Ewigkeit eher als

Lebenskraft, die gesammelt in sich steht. Die Rhythmik des wieder-kehrenden Insichkreisens mag in einer ähnlichen Weise durch die Zahl bestimmt sein, wie das nach pythagoreischer Deutung die Töne der Musik sind. Diese Art der Strukturierung mittels der Zahl wird später im Neuplatonismus beseitigt. Was in der neuplatonisch-klassischen Tradition bloße Imagination ist – Zeit als eine endlose Folge von Jetztpunkten – wird neuzeitlich schließlich zur sogenannten absolu-ten Zeit. Husserl ist so glücklich, dieser Zeitvorstellung durch eine phänomenologische Innenschau ihre Begründung geben zu können; in einer Verwechselung der kategorialen Bereiche von Quantität und Modalität findet er die eigentliche Realität der Zeit in einem quantita-tiv äußerst reduzierten Jetztpunkt, obwohl der deiktische Ausdruck „jetzt" doch auch meinen kann: jetzt, in den 12 Milliarden Jahren der Geschichte des uns bekannten Weltalls, jetzt, in der europäischen Geschichte … Heidegger trägt die Husserlschen Vorstellungen in Platon (und in Aristoteles) hinein, und so bekommt er die klassische antike Beziehung der Zeit auf die Ewigkeit gar nicht zu Gesicht. Was er dann gegen Platon stellt (den Aion Heraklits als Weltlauf und tragisches Weltspiel), ist aus Nietzsche aufgenommen und entspricht nicht dem, was wir historisch von Heraklit wissen. Das Spezifische der griechischen Erfahrung von Zeit und Welt wird nicht herausgeho-ben, und so bleibt der Bezug des anderen Anfangs heutigen Philoso-phierens auf den ersten Anfang bei den Griechen dogmatisch, zumal die nachgriechischen neuen Anfänge des Denkens nicht berücksich-tigt werden.

b) Ist die systematisch grundlegende Frage, also die Frage nach Sein und Zeit, überhaupt berechtigt oder nicht Ausdruck einseitig akzentuierter, emotionaler, wenn auch epochal typischer Erfahrun-gen? Heidegger argumentiert: Existenz, die auf den Kairos ausgerich-tet und in diesem Sinne zeithaft ist, kann in der Tradition nach ihrem Sein hin nicht gedacht werden, weil „Sein" traditionell im Lichte der Zeit aufgefaßt wird, aber unbedacht bloß als Gegenwart und nicht als vieldimensionale, erfüllte Zeit. Sein wird gedacht als Ousia (Sub-stanz), das heißt gemäß der wörtlichen Übersetzung als Anwesen, damit aber als Gegenwart und so einseitig von einer Dimension der Zeit her. Ist jedoch der Schritt von der Anwesenheit zur Gegenwart zwingend? Heidegger weist darauf hin, daß wir auch in der Alltags-sprache Anwesenheit und Gegenwart austauschen können. „In Anwesenheit zahlreicher Gäste" – für diese Phrase können wir auch setzen: „In Gegenwart zahlreicher Gäste."[102] Gegen Heidegger aber ist festzuhalten, daß das Wort „Gegenwart" in der zweiten Phrase nicht einen Modus der Zeit meint. Diese Gegenwart modifiziert sich deshalb auch nicht zur Vergangenheit. Für: „Gestern, in Anwesenheit zahlreicher Gäste", kann ich nicht sagen: „In der Vergangenheit zahlreicher Gäste". Gegenwart hat in der genannten Phrase sowohl eine räumliche wie zeitliche Bedeutung, ja, sie gehört zur Modalkategorie der Existenz. Existenz aber gehört nach Heidegger zum Wiesein des Menschen in anderer Weise als zum Wie-sein der Dinge. Das bedeutet, daß die traditionelle Philosophie der Substanz (oder des Subjekts) nicht durch die Frage nach Sein und Zeit überholt werden kann, sondern allein durch eine Interpretation, die auslegt, wie es Seiendes in Raum und Zeit in unterschiedlichen Seinsweisen gibt. Wenn Heidegger auch die traditionelle Rede vom „Apriori" auf ein Frühersein und damit auf Zeit festlegt, verkennt er, daß das Philosophieren die hier liegende Metaphorik bewußt gemacht und abgearbeitet hat.

c) Da Heidegger im Wie-sein Daß und Was in unterschiedlicher Weise verbinden will, wehrt er sich dagegen, daß als Grundstruktur des Erkennens der Dualismus von Sinnlichkeit (die das Daß-sein aufnimmt) und Verstand (der Gegebenes kategorial formt) angegeben, Zeit dann zur Sinnlichkeit geschlagen wird. In *Sein und Zeit* gibt Heidegger als Grundstruktur jene Artikulation oder Rede an, zu der eine Befindlichkeit gehört (die immer schon vom Verstehen durchformt ist) und ein Verstehen (das befindlich, faktisch bleibt). Heidegger sieht als seine große Entdeckung an, daß diese Dreiheit (Befindlichkeit, Verstehen, Artikulation) den drei Dimensionen der Zeit (Vergangenheit, Zukunft, Gegenwart) entspreche, daß Husserls Retention, Protention und Impression auch den Momenten der Kantischen Einbildungskraft entsprechen. Diese Dreiheit will Heidegger dann in einem Vierten als ihrer Identität verbinden: in der Gleich-Zeitigkeit von Gewesenheit, Zukünftigkeit und Gegenwart. Ist aber die erlebte oder gelebte Zeit, von der hier die Rede ist, nicht zweidimensional, also offen für Zukunft und für Vergangenheit? Das dritte ist die

---

[102] Vgl. den Vortrag *Zeit und Sein.* In: Heidegger: *Zur Sache des Denkens.* Tübingen 1969. 10 ff.

Einheit des Zusammenspiels dieser zwei Dimensionen, und diese Einheit ist bei der erlebten Zeit immer die in sich gespannte Gegenwart. Diese Dimension darf man nicht verwechseln mit den Modi von Noch-nicht-sein, Nicht-mehr-sein, Jetzt-sein oder Zukünftig-sein, Vergangen-sein und Gegenwärtig-sein. Heidegger kommt zu dieser Verwechselung, weil er das Modalproblem einseitig von jener Un-Möglichkeit her sieht, die im Vorlaufen zum Tode sich dem Vermögen des Existierens zeigt (während Oskar Becker sehr bald, auch in einer Auseinandersetzung mit der traditionellen Modallehre Nicolai Hartmanns, eine Differenzierung des Begriffes der Möglichkeit vornimmt). Aufgrund dieser kategorialen Vermischung erscheint Zukunft bei Heidegger nur als meine Zukünftigkeit, nicht auch als Zukunft der Anderen; Vergangenheit erscheint nur als Gewesenheit, die mich noch trägt, nicht als das, was sich abschiedlich entzogen hat. Das aber heißt: Zeit erscheint bei Heidegger gar nicht in ihrer Schärfe als das Trennende.

d) In *Sein und Zeit* führt Heidegger den Raum auf die Zeit zurück, doch sieht er die Problematik dieser Zurückführung (auch bei Kant). Später gibt er diesen Versuch auf, ja der Raum und zum Beispiel die Raummetaphorik von Nähe und Ferne bekommen einen gewissen Vorrang (wie auch bei Meister Eckhart oder bei französischen Philosophen und Dichtern nach dem Zweiten Weltkrieg). Bergsons Polemik gegen die fixierende Raumauffassung kann vermieden werden, da die Raumauffassung auf den gelebten Raum zurückgeführt wird. Die Räumlichkeit wird jedoch einseitig gesehen: der Raum soll zusammenhalten, auch im Ineinanderspielen von Ferne und Nähe. Entscheidend für gelebte Räumlichkeit ist aber, daß auch sie trennt: ich kann mich nicht so sehen, wie mich der Andere von seinem Ort her sieht; schon die Perspektiven sind unvereinbar. Räumlichkeit in diesem Sinn füllt das aus, was traditionell Gleichzeitigkeit genannt wird, ermöglicht also Zeitgenossenschaft, Kampf sowohl wie Miteinander, zum Beispiel das Gespräch. Es ist ungemäß, das sogenannte Gespräch mit Platon mit einem Gespräch in diesem erfüllten Sinn des Miteinanders in der Zeitgenossenschaft gleichzusetzen; wenn das geschieht, werden die Differenzen im Zusammenspiel von Raum und Zeit verwischt.

d. *Kristall und Spur*

Sein und Zeit zielt auf jenen nie veröffentlichten dritten Abschnitt, der in einer temporalen Interpretation den Sinn von Sein in seiner Aufgliederung aus dem Horizont der Zeit verständlich machen sollte; daß solche Ontologiebildung selber in Zeit und Geschichte geschieht (also das Thema der zweiten Hälfte), machte Heidegger in der sogenannten Kehre seines Denkens in neuer Weise deutlich. Wird mit diesem Ansatz aber nicht aller Sinn und alle Wahrheit dem Vergehen in der Zeit überliefert? Wird nicht nur behauptet, bestimmte Zeiten hätten eine besondere Affinität für die Ausbildung von Mathematik, sondern auch, selbst Gleichungen wie 2 x 2 = 4 blieben „relativ"? Davon kann nicht die Rede sein; vielmehr fordert die temporale Interpretation gerade dazu auf, von einer spezifischen Zeitlichkeit her, die nicht „Geschichtlichkeit" ist, verständlich zu machen, wie wir immer wieder die gleichen Lösungen für bestimmte mathematische Aufgaben finden können. In diesem Sinn hat Oskar Becker in seiner Ontologie der Mathematik nach der „Existenz", nämlich nach dem Wie der Gegebenheit mathematischer Gegenständlichkeit gefragt.

Auf diesem Wege kam Becker zu dem Verdacht, Heidegger fasse das Seinsverständnis faktisch von einer bestimmten Weise des Verstehens her – vom Sichverstehen in einer alltäglichen Umwelt oder einer Lebenswelt her sowie vom Verstehen einer einseitig akzentuierten geisteswissenschaftlichen Arbeit her. Dieses Verstehen findet sich in einer bestimmten Situation; es ist mit dem Zuverstehenden durch einen Lebenszusammenhang verbunden. So geht es aus von einem Vorverständnis, um dieses dann zu differenzieren und zu überprüfen und damit den „hermeneutischen Zirkel" auszuschreiten. Diesem Verstehen stellt Becker das „mantische" Deuten gegenüber, das mit allem Vorverständnis bricht, ein geistiges Gebilde aus seiner eigenen Konsistenz heraus aufbaut, um dann mit diesem Gebilde (etwa einem mathematischen Formalismus) Wirklichkeit nach ihrer Struktur hin zu deuten oder zu erdeuten. Eine Rechtfertigung der Gebilde von dem her, was unserem lebensweltlichen Verstehen verstandlich scheint, ist nicht nötig und zum Beispiel bei komplizierten physikalischen Theorien auch nicht mehr gegeben. Hier ist an den bekannten Satz zu erinnern, daß die Maxwellschen Gleichungen klüger waren als ihr Autor. Becker hat in seinen Arbeiten zur Ästhetik die Idealisierung, die man in der Geometrie findet, auch für die Kunst aufzuzeigen versucht: wenn Joyce das Dublin um 1900 schildert, dann meint er nicht diese bestimmte Stadt allein, sondern die „Idee" der modernen Stadt. Becker hat weiter zu zeigen versucht, daß – anders als Hegel es darstellt – der absolute Geist mit seinen Idealisierungen eine Nähe zum Natürlichen zeigt und in seiner Struktur mit diesem Natürlichen gegen das Geschichtliche steht. Diese Parallelität entsteht durch die Zeitstruktur, nämlich durch die Tilgung der historisch-existenziellen Zeit zugunsten bleibender Strukturen. Der Mathematiker, der an der Tafel in seine Gleichungen versunken ist, der Künstler, der ganz hingegeben ist an eine ästhetische Konzeption, sie gehören dann zusammen mit Wesen wie Wassermann oder Fee und mit jenem Aufbrechen der „Natur" in Fehlhandlungen und Komplexen, von denen die Psychoanalyse spricht. Becker hat aus diesen ontologischen Überlegungen den Schluß gezogen, wir sähen heute Natur nicht mehr als divinum animal (wie die Antike) und nicht mehr als horologium (wie das 17. Jahrhundert), sondern als Kristall, der aufgebaut wird durch die Struktur eines Gitters. Dieser Kristall hat eine konservative Struktur: löse ich ihn durch eine Flüssigkeit auf und entziehe diese Flüssigkeit wieder, dann stellt er sich aus den eigenen formenden Kräften wieder her.[103]

Kann man überhaupt (metaphysisch oder transzendental-philosophisch) das Verständnis des Seins des unterschiedlich Seienden aus einem einzigen Prinzipiengefüge und so aus „einer Wurzel" entfalten? Auch die französische Phänomenologie, die auf eine starke szientistische Tradition stieß, hat hier ihre Fragezeichen gesetzt. So sucht Cavaillès (im Anschluß an Husserl) zu zeigen, daß eine transzendentale Rechtfertigung den Idealisierungen der Mathematik den Charakter des Ideellen nehme und daß umgekehrt das Einbrechen eines ideenhaften, aus sich lebenden Gefüges in die Erkenntnis die transzendentale Rechtfertigung unmöglich mache. Claude Lévi-Strauss hat die Konzeption des „Kristalls" gerade für seine Mythendeutung beansprucht, Lacan Paralleles auf psychoanalytischem Gebiet versucht. Umgekehrt hat die Beschäftigung mit der Geschichte der Physik seit Kuhn gezeigt, wieviel an historisch zu vermittelnden Voraussetzun-

---

[103] Vgl. Oskar Becker: *Dasein und Dawesen* (s. Anm. 39) 150; *Größe und Grenze* (s. Anm. 19) 34, 66, 170. – Zum folgenden s. Anm. 17 und 15.

gen auch in die Theorienbildungen der Physik eingeht; so konnte auch von einer Hermeneutik in den Naturwissenschaften gesprochen werden. Damit ist deutlich, daß man das Deuten kristallartiger Strukturen nicht allein den Naturwissenschaften, das Verstehen aber den Geisteswissenschaften zusprechen darf.

Als Arnold Gehlen sich daran machte, das Leben des „Urmenschen" vom Leben in unserer „Spätkultur" abzuheben, hat er in einer schroffen Polemik gegen Dilthey seinen Spott über alles Verstehenwollen über Kulturschwellen hinweg ausgegossen. Das Leben in der Frühgeschichte sei uns nicht mehr unmittelbar verständlich; es sei nur über einen unaufhebbaren Bruch hinweg durch Rekonstruktion zu erreichen. Diese Polemik trifft jene Motive, die von einem pantheistischen Glauben an eine Allsympathie in die Hermeneutik eindrangen; doch gibt diese Polemik von den Bemühungen der Hermeneutik nur ein Zerrbild. Hermeneutik greift gerade ein, wenn wir nicht mehr verstehen können; sie kann eine unmittelbare Verständlichkeit nicht wieder herstellen wollen, wenn sie dem Anderen die Andersheit lassen will. Französische Phänomenologen wie Emmanuel Lévinas haben diesen Sinn auch gegen Heidegger mit der These geltend gemacht, daß dessen Überwindung der Metaphysik in der metaphysischen Ausrichtung auf Identität verbleibe: diese Identität werde dynamisiert zum Ereignis, das jeweils zum Eigenen führe, zur geschichtlichen Identität der Gleichzeitigkeit der Zeitekstasen oder zum jeweiligen eigenen „Ort". In dieser Polemik konnte Lévinas eine Konzeption benutzen, die von Heidegger vorgegeben worden war: Hölderlin hatte dem Dichter die Aufgabe gestellt, den Wink des Göttlichen weiterzugeben und auf der Spur der entflohenen Götter zu bleiben. Ist das Göttliche, das sich nur plötzlich und unverfügbar, jeweils zu seiner Stunde zeigt, nicht nur da im Wink, in dem ein Abschiednehmender sich uns noch einmal zuwinkt, oder in der Spur, die ein Vorbeigang hinterläßt? Nur eine solche Spur kann zum Ereignis des Eigenen führen (wie Heidegger etwa in den Aufsätzen über Rilke und über Anaximander in den *Holzwegen* ausführt). In seinem Aufsatz *Die Spur des Anderen* setzt sich Lévinas in einen Gegensatz zu dieser Konzeption: Wir sind nicht auf der Spur zum Eigenen, sondern immer schon auf der Spur zum Anderen. So kann Lévinas sich auch auf andere religiöse Traditionen berufen, nämlich mit Franz Rosenzweig die alttestamentliche Tradition für die phänomenologische Arbeit nutzen. Er verweist auf das 33.

Kapitel des Buches *Exodus,* in dem Gott sich dem Moses nur zeigt, indem er an ihm vorbeigeht. Das Göttliche, das an jedem vorbeigeht, weist den Einen in die Beziehung zum Anderen ein, und so gehört zur Hermeneutik, wenn sie mit der Grundlegung der Philosophie in Zusammenhang gebracht wird, eine ethische Dimension. Paul Ricoeur hat diese Konzeption der Spur benutzt, um Hegels Geschichtsphilosophie mit ihrem Ausgriff auf eine Geschichtstotalität zu destruieren. Nur so glaubt Ricoeur der dokumentarischen Revolution gerecht werden zu können, die um 1800 aus geschichtsträchtigen Monumenten kritisch überprüfte und distanzierte Dokumente machte (obwohl die exemplarische Sammlung der Dokumente noch einmal den Namen von *Monumenta Germaniae Historica* annahm).[104]

Walter Benjamin hat in seiner Arbeit *Über einige Motive bei Baudelaire* Bergsons Analyse des Aufbaus des Gedächtnisses zusammengebracht mit Freuds These, das Gedächtnis baue sich nur auf in jener Spur, wie das Unbewußte sie in der traumatischen Verletzung hinterlasse. Jacques Derrida ist dann der Freudschen Redeweise von der Spur genauer nachgegangen und hat sie verbunden mit der Konzeption von Lévinas. So mußte er im Namen der Andersheit des Anderen und des unwillkürlichen Aufbrechens des Unbewußten gegen eine Hermeneutik polemisieren, der es im Schatten Hegels um eine Integration in ein geschichtliches oder konkretes Allgemeines geht. So sehr Derrida damit die Hermeneutik zu neuen Differenzierungen zwingt, so sehr bleibt doch zu fragen, ob nicht auch er die Einseitigkeit einer panhermeneutischen Position weiterträgt. Läßt sich etwa Freuds Redeweise von der Natur in uns nicht doch wenigstens für begrenzte Bereiche unseres Lebens rechtfertigen von jenem Modell des Kristalls aus, das dem Modell der Spur entgegensteht? Kann man sich überhaupt mit diesen beiden Modellen zufrieden geben? Müssen wir nicht auch in der Weise, wie das Lebendige in der Evolution seine Nische findet und sich ihr vollständig anpaßt, ein eigenständiges Modell finden? Schwerlich läßt sich diese Einfügung noch durch eine

---

[104] Vgl. Emmanuel Lévinas: *Die Spur des Anderen.* Freiburg/München 1983, ³1992. 209 ff.; Paul Ricoeur: *Temps et récit.* Paris 1983 ff. Zum folgenden vgl. die Aufsätze über Freud und Lévinas in Jacques Derrida: *Die Schrift und die Differenz.* Frankfurt a. M. 1972. 302 ff. und 121 ff. Vgl. auch Pöggeler: *Das Gedicht als Spur.* In: *Neue Wege* (s. Anm. 16) 315 ff. Über *Spur, Gedächtnis und Andersheit* vgl. Hans-Jürgen Gawoll in: Archiv für Begriffsgeschichte 30 (1986/1987) 44 ff.; 31 (1988/1989) 269 ff.

Modifikation der platonischen Ideenlehre verdeutlichen, so daß die Philosophie schließlich doch noch einmal die Konzeption einer Einheitswissenschaft ausführen könnte.

Stellt man das Adjektiv „hermeneutisch" zum Substantiv „Philosophie", dann führt die Frage nach der Zeit zu einem anderen Aufbau einer kritisch-selbstkritischen Philosophie, als zum Beispiel Platon und Kant ihn vorgeschlagen haben: man kann nicht von einer Idee der Ideen aus die Möglichkeiten des Ideellen vorausbestimmen, nicht von einem bestimmten Leitfaden her Grundkategorien gewinnen, die dann nur noch zu spezifizieren und in den konkreten Bereichen anzuwenden sind. Vielmehr ist die spekulative Mitte immer schon von den bestimmten Ausgangspunkten her bestimmt, die auf der Peripherie liegen, also durch den spezifischen Ansatz in diesem oder jenem Bereich des Seienden geprägt sind. Die Hermeneutik ist dann nicht bezogen auf ein Verstehen, das dem Erklären entgegengesetzt werden könnte (aber vielleicht so, daß mit der philosophischen Hermeneutik Gadamers die Universalität des Hermeneutischen behauptet würde). Vielmehr ist das Hermeneutische bezogen auf ein Erörtern, das den spezifischen und jeweils eigenständigen Sinn des Erklärens wie des Verstehens herausstellen muß. Dieses Erörtern darf keine Frage von sich abweisen, und so übernimmt es auf seine Weise ebenso die Radikalität wie die Universalität der Philosophie.

II. Bergson und die Phänomenologie der Zeit

Jede Entscheidung für die eine Aufgabe muß eine andere Aufgabe in den Hintergrund rücken. So hat Günther Pflug auf seinem Weg zum Generaldirektor der Deutschen Bibliothek in Frankfurt mit dazu beigetragen, nach dem Zweiten Weltkrieg das deutsche Bibliothekswesen unter den gewandelten Bedingungen der modernen Medienwelt und Technik neu aufzubauen; die ursprünglich ergriffenen philosophischen Aufgaben in der gewünschten Konzentration und Weite weiterzuführen, hätte jenes zweite Leben gefordert, das uns von Gott immer noch versagt wird. Sicherlich hat Günther Pflug nicht nur als Honorarprofessor in Bochum und Frankfurt weiterhin Philosophie gelehrt; er hat auch die Dissertation *Der Aufbau des Bewußtseins bei W. Dilthey* und die Darstellung *Henri Bergson* (1959) durch viele kleinere Arbeiten in den breiteren Rahmen französischer und deutscher Bemühungen um die Methodik in der Biologie und in Historik und Hermeneutik gestellt. Eine Aufgabe blieb bis heute – aber eben nicht nur bei ihm, sondern in unserer Zeit überhaupt – unerledigt: Bergsons Arbeiten zu beziehen auf verwandte, aber anders ansetzende Bemühungen unserer Zeit. Wenn überhaupt Prognosen über die weitere Arbeit der Philosophie und der Wissenschaften erlaubt sind, dann sollte die Voraussage viel für sich haben, daß gerade Bergson der philosophisch-wissenschaftlichen Besinnung auf die Grundfragen neue Anstöße geben müßte.

Verlangt nicht z. B. die Phänomenologie der Zcit, wie sie seit Husserls viel erörterter Vorlesung vom Winter 1904/1905 auf immer wieder neuen und anderen Wegen ausgebildet worden ist, jene Auseinandersetzung mit Bergson, die trotz aller Ansätze dazu bisher ausgeblieben ist? Dabei kann kein Zweifel sein, daß Bergsons Arbeitsweise den entsprechenden deutschen Bemühungen, das Philosophieren mit der Forschung zu verbinden, fremd gegenübersteht. Bergson hat seine Themen immer aus bestimmten Forschungszusammenhängen aufgenommen, aber sie dann doch so dargestellt, daß seine Vorlesungen und Bücher mehr die Salons von Paris beschäftigten, als daß sie eine Schule auf weitere Forschungsaufgaben verpflichtet hätten. Nicht einen unübersehbaren Nachlaß, sondern wenige, in sich geschlossene Werke hat Bergson hinterlassen. Die Anerkennung für dieses publikumswirksame Philosophieren ist nicht ausgeblieben: Die Schriften Bergsons wurden 1914, als Bergson Mitglied der Académie Française wurde, vom Papst auf den Index der verbotenen Bücher gesetzt; 1928 erhielt Bergson als zweiter Philosoph nach Rudolf Eucken den Nobelpreis für Literatur. Damit hat Bergson, wie Günther Pflug in einer eindringlichen Kurzdarstellung des Bergsonschen Philosophierens festhält, „beide bedeutenden internationalen Auszeichnungen erhalten".[105]

Nicht von ungefähr überzeugten bei uns noch am ehesten Hinweise auf Bergsons Bedeutung, wie Ernst Robert Curtius sie gegeben hat: Ohne Bergson lassen sich Wegbereiter des neuen Frankreich wie Proust, Péguy und Claudel nicht begreifen; auch die europäische Literatur im ganzen läßt sich mit Bergson auf eine ursprüngliche Fabulierfunktion im Menschen zurückführen. Die deutschen Philosophen zeigen einen völlig anderen Arbeitsstil als Bergson: Was Dilthey, Husserl und Heidegger geben, steckt oft mehr in den Anstößen für Schüler als in vollendeten Werken; die Forschungsmanuskripte füllen ganze Schränke in den Archiven und lassen sich kaum in angemessener Weise in postume Gesamtausgaben fassen. Könnte Bergson nicht gerade mit seiner Abwehr eines auswuchernden, unkontrollierten Nachlasses Vorbild sein? Gilt nicht von den deutschen Philosophen das Wort des Apostels Paulus, nicht das, was er wolle, tue er, sondern das, was er nicht wolle? Heidegger hat den Plan einer vollständigen und kommentierten historisch-kritischen Nietzsche-Gesamtausgabe zurückgeführt auf die Ansätze des 19. Jahrhunderts und abgetan als „Ausgeburt der psychologisch-biologischen Sucht unserer Zeit".[106] Als Schleiermacher nach der Entwicklung Platons gefragt, Friedrich Schlegel das Philosophieren als Sache von Lehrjahren und Angelegen-

<hr />

[105] Günther Pflug: *Henri Bergson (1859-1941)*. In: *Klassiker der Philosophie*. Band 2. Hrsg von O. Höffe. München 1981. 298 ff., vor allem 301.
[106] Heidegger: *Nietzsche* (s. Anm. 86) Band 1. 18. – Zum folgenden Heidegger: *Parmenides* (s. Anm. 80) 119. Nachzutragen bleibt, daß es inzwischen doch Publikationen aus Bergsons Nachlaß gibt.

143

heit einer Autonoographie gefaßt hatte, konnte Dilthey auch eine entwicklungsgeschichtlich ansetzende Kant-Ausgabe in Gang setzen. Bringen die langfristigen Editionen aber nicht die Perversion der Philosophie, da sie nicht mehr fragen, ob und wie ein Gedanke Gültigkeit beanspruchen kann, sondern die Aufmerksamkeit darauf lenken, zu welcher Entwicklungsstufe ein Gedanke gehört? Forderte Heidegger um der Unzulänglichkeit unseres Denkens willen das Schweigen, so bringt man heute seinen Nachlaß in eine Ausgabe mit hundert Bänden – aber hundert Bände Geschweige, können sie noch überzeugen? Man mag einwenden, hier falle etwas Ursprüngliches (die denkerische Bemühung um ihre Sache) dem bloßen Verlagsbetrieb anheim. Heidegger selbst hat in der Parmenides-Vorlesung des Stalingradwinters 1942/1943 schon in der Schreibmaschine den Einbruch der Technik in das Schreiben gesehen, das ursprünglich Handwerk, ein Schreiben mit der unverwechselbaren eigenen Hand, sei (in der Tat wurde die Druckvorlage von *Sein und Zeit* noch in Heideggers Handschrift vorgelegt). Doch Heidegger hat übersehen, daß auch die großen Theologen der christlichen Jahrhunderte (wie die alten Bilder das richtig wiedergeben) nicht mit der eigenen Hand schrieben, sondern ihren Schreibern diktierten. Die Individualisierung der eigenen Handschrift und schließlich auch das lebensgeschichtlich geordnete Philosophieren werden als Komplementärphänomene erst möglich innerhalb der Differenzierungen des modernen Lebens, zu denen auch die Archive, die Bibliotheken und der Verlagsbetrieb gehören. In dieser Situation hat es etwas Tröstliches, daß ein Leitender Bibliotheksdirektor unserer Zeit gerade auf Bergson verwiesen hat, der den Bibliothekaren nur wenige Bücher liefern wollte. Gerade durch diese Konzentration aber vermag Bergson mit seinen Werken die Tradition wachzuhalten, die unserem Denken Maßstäbe geben kann (die auch unter anderen Bedingungen schon, wie die Platonlektüre Plotins zu zeigen vermag, zu neuen Ufern führen konnte).

Bergson hat sehr früh schon das Thema angegeben, das seine Lebensarbeit bestimmen sollte: Mit dreißig Jahren (1889) legte er seine thèse de doctorat vor, die nach dem französischen Titel ein *Essai sur les données immédiates de la conscience* ist, die nach Bergsons Willen gemäß dem deutschen und dem englischen Titel aber über *Zeit und Freiheit* oder *Time and Free Will* handelt (beide Übersetzungen 1911, die Titel der spanischen und der italienischen Ausgabe folgen wieder dem französischen Titel). Der französische Titel deutet an, daß Bergson in der Auseinandersetzung mit der Psychologie und Medizin seiner Zeit ansetzt: Die „unmittelbaren" Gegebenheiten des Bewußtseins sollen nicht mehr in der Weise einer transzendentalphilosophischen Ethikotheologie oder spekulativen Metaphysik als die Postulate oder Ideen von Freiheit, Unsterblichkeit und Gottheit eingeführt werden. Der deutsche und der englische Titel weisen darauf hin, daß Bergson ein neues Leitphänomen freilegt: jene gelebte Zeit oder „Dauer", die nur von innen her erfahrbar wird, nicht von außen her meßbar ist. In dieser Zeit liegt die Freiheit, sich einem schöpferischen Prozeß einzufügen. Von anderen Forschungsfeldern her muß Bergson später diese leitende Überzeugung durchhalten, z. B. in der Auseinandersetzung mit der Evolutionstheorie. Der deutsche Titel verführt dazu, einen Vergleich zu ziehen zu Hegels Bestimmung des Geistes als der Wahrheit der Natur und der Geschichte als des Fortschritts des Bewußtseins der Freiheit. Bei diesem Vergleich fällt dann auf, wie wenig Zeit die führenden Köpfe der Zeit Hegels und Goethes für die Geschichte ansetzten. Bald aber mußte es als eine leere Analogie erscheinen, wenn Hegel den Weg der Geschichte vom alten China bis zur Französischen Revolution mit dem Lauf der Sonne vom Osten zum Westen parallelisierte. Nicht nur wurden die einzelnen Kulturen auf sich selbst gestellt; die Geschichte, die von Europa her erschlossen wurde, bekam auch unabsehbare Räume der Vor- oder Frühgeschichte vorausgestellt. Dazu wurde das Leben eingefügt in die Evolution des Lebendigen überhaupt, für die man schließlich nicht nur Millionen Jahre beanspruchte, sondern Milliarden. Bis heute muß der Mensch jedoch trotz wechselnder Optionen die Fragen offenlassen, ob dieses unser Weltall einen bestimmten Anfang und eine einmalige Geschichte hat oder pulsiert, ob das Leben als Telos in ihm schon angelegt sei, dieses Leben trotz seiner Sackgassen und Untergänge auf so etwas wie das Selbstbewußtsein und die Freiheit des Geistes verweise.

Bergson hat sich weder durch diese neuen Wirklichkeitserfahrungen noch durch die Schrecken der Politik unseres Jahrhunderts davon abhalten lassen, aus der Erfahrung von Zeit die scheinbar verlorenen Perspektiven der Metaphysik zurückzugewinnen. *Zeit und Freiheit* stellt dem meßbaren Reiz die Empfindung gegenüber, die in ihrer Intensität nicht mehr meßbar sei; so kann eine Zeiterfahrung gewonnen werden, die abgesetzt ist von der meßbaren Zeit, die mit Raumvorstellungen verbunden ist. Bergsons zweite große Arbeit, *Materie und Gedächtnis*, versteht die theoretische Einstellung als Vitalfunktion unseres Leibes. Die Wahrnehmung erscheint als etwas, was selektiv geordnet ist für unsere Reaktionen; so tritt gegenüber der theoretischen Einstellung die wählende Handlung und damit auch die Freiheit stärker hervor. Der Geist ist nicht ein bloßes Erfassen von Wirklichkeit; eher ist die Materie nur zugänglich als abgeblaßte Weise jener gelebten Zeit, wie wir sie in ihrer erfüllten Form in uns selbst finden. Von diesem Ansatz aus kann Bergson dann in seinem wohl berühmtesten Buch *Schöpferische Entwicklung* die Evolutionslehre kritisch erörtern. Das letzte große Werk, *Die beiden Quellen der Moral und der Religion,* fragt detailliert, wie der Mensch sich einfügt in die schöpferische Entwicklung. Die leitenden Orientierungsweisen, Moral und Religion, müssen auf zwei Quellen zurückgeführt werden; das geschlossene Weltverständnis, das den Menschen einbindet in die Regeln und Leitvorstellungen einer Gemeinschaft, wird immer wieder durchbrochen von einer Offenheit, durch die der Mensch sich in die schöpferische Entwicklung selbst versetzt. Hier kann Bergson jenes experimentelle Erkennen der Mystik beanspruchen, in dem der Mensch sich durchaus aktiv und schöpferisch aus dem göttlichen Leben selbst ergreift. Andere Arbeiten Bergsons behandeln einzelne Themen wie das Lachen über die Komik, in der eine lebendig-schöpferische Reaktion sich als Mechanismus darstellt, oder den umstrittenen Begriff der Intuition, durch die die Philosophie sich aus der Wissenschaft, aber nicht eigentlich über diese erhebt.

Die Rezeption Bergsons in Deutschland und schon die Übersetzung seiner Werke geschah weithin abseits von der akademischen Philosophie. Als Georg Simmel Margarete Susman und Gertrud Kantorowicz zur Übersetzung Bergsonscher Werke anregte, konnte Gertrud Kantorowicz „stundenlang gemeinsam mit Stefan George nach einer gemäßen Übersetzung für den ‚élan vital'" suchen; sie fand schließlich den doch etwas umständlichen Ausdruck „Lebensschwungkraft".[107] Hatte nicht überhaupt Nietzsche die Lebensfragen, wie sie sich in einer neuen geschichtlichen Situation stellten, radikaler

---

[107] Hierzu und zum folgenden vgl. die Nachweise bei Rudolf W. Meyer: *Bergson in Deutschland.* In: Phänomenologische Forschungen 13 (1982) 10 ff., vor allem 16, 20 f., 29, 12, 30 f.

formuliert als Bergson? Wilhelm Dilthey ging im Zusammenhang der neu entstandenen Forschungen von der Problematik der Geisteswissenschaften aus; doch suchte er durchaus den naturwissenschaftlich Interessierten als Partner in seine neue Begründung der Philosophie durch Selbstbesinnung und hermeneutisches Verstehen einzubeziehen. Die jüngere Generation (Georg Misch und Martin Heidegger) gebrauchte für diesen philosophischen Neuansatz das Adjektiv „hermeneutisch" zur Charakterisierung. In der Tat war das, was bei Bergson als „Intuition" fragwürdig blieb, durch Dilthey zum Anliegen einer vielschichtigen „Hermeneutik" konkretisiert worden. Die Kritik der phänomenologischen Philosophie an Bergson trug Max Scheler in seinem Aufsatz *Versuche einer Philosophie des Lebens: Nietzsche, Dilthey, Bergson* vor, der 1913 in den *Weißen Blättern* von Hugo Ball publiziert und 1923 in Schelers Aufsatzsammlung *Vom Umsturz der Werte* aufgenommen wurde. Husserls *Logische Untersuchungen* galten als Beleg dafür, daß der „misologische Psychologismus" der Bergsonschen Untersuchungen über die Zeit „für die deutsche Philosophie als erledigt gelten" könne. Doch wird Bergson nicht nur Mystik, sondern „fragwürdige psychologistische Mystik" vorgeworfen, da ihm das psychische Sein und Werden (die „Dauer") zum „Tor in das Wesen der Dinge selbst, in die geheime Werkstätte alles und jedes Werdens überhaupt" werde. Als Alexandre Koyré 1911 in Göttingen über Bergson referierte, sagte Husserl: „Les bergsoniens conséquents, c'est nous." Doch nach dem Berichterstatter Jean Hering dachte und schrieb Husserl zuviel, um auch noch Zeit zum Lesen zu haben, und so kannte er Bergson kaum dem Namen nach. Doch Husserls Göttinger Schüler Roman Ingarden sah dann *Évolution créatrice* (in deutscher Übersetzung) auf Husserls Tisch liegen (heute können wir Bücher Bergsons mit Husserls gelegentlichen Anstreichungen im Husserl-Archiv Löwen studieren). Ingarden wählte Bergson als Thema seiner Promotion; als er 1917 in Freiburg Husserl seine Ausführungen über die reine Dauer vorlas, rief dieser aus: „Das ist ganz so, als ob ich Bergson wäre." Aber über diese aperçuhafte Identifikation mit dem fremden Zeitgenossen kam Husserl nicht hinaus.

Husserls Assistent, der Freiburger Privatdozent Martin Heidegger, mußte im Frühjahr 1921 die Dissertation des Polen Ingarden stilistisch überarbeiten, damit diese Arbeit *Intuition und Intellekt bei Henri Bergson* im fünften Band des *Jahrbuchs für Philosophie und phänome-*

nologische Forschung erscheinen konnte.[108] Heidegger hatte damals den Aristotelismus und Neukantianismus seiner Anfänge hinter sich gelassen; mit dem Ansatz Diltheys und der phänomenologischen Methode Husserls wollte er die faktische Lebenserfahrung, die historisch sei, aus sich heraus auslegen. Freilich schien der historischen Selbstbesinnung Diltheys jener radikale Zeitbezug zu fehlen, den die urchristliche Religiosität zeigte: Die damals neu entdeckte Eschatologie des urchristlichen Glaubens verwies auf einen Kairos, der als etwas Unverfügbares, nicht Berechenbares und als Einmaliges den Menschen in die Entscheidung über die letzten Dinge zwingt. Heidegger setzte dann 1921/1922 dazu an, in einem Aristoteles-Buch seine hermeneutische Phänomenologie vorzustellen: Aristoteles zeigt im sechsten Buch der *Nikomachischen Ethik* jenen Wahrheitsbezug, der eine Orientierung in den Situationen hier unter dem wechselnden Mond ermöglicht; eine bestimmte ontologische Option und ein ungenügender Zeitbezug verwehren es jedoch, die hier nötige ‚Hermeneutik' positiv auszuarbeiten. Jaspers, der in seiner *Psychologie der Weltanschauungen* die Situation zur Grenzsituation fortführte und auf Kierkegaards Lehre vom Augenblick verwies, verschärfte das Leben, von dem Bergson und Dilthey sprachen, zur Existenz; doch auch ihm fehlt die Hermeneutik, die formal anzeigend in eine Situation einweist, die dort erforderlichen Entscheidungen aber offenläßt. Bergson wird bei den Schritten, die Heidegger in dieser Ausarbeitung einer hermeneutischen Phänomenologie tut, unterschiedlich beurteilt.

In einer frühen Besprechung des Buches *Zeitlichkeit und Zeitlosigkeit* von N. v. Bubnoff stimmt Heidegger noch der Ablehnung des „radikalen Heraklitismus Bergsons" zu. In seiner Habilitationsschrift nimmt Heidegger die kritische Einstellung Bergsons durchaus positiv auf: „So ist Bergson bei seinem Nachweis der völligen Andersartigkeit der *psychischen* Realität gegenüber der *physischen* zu der Einsicht gelangt, daß es unserer Sprache in so ganz ungenügender Weise gelingt, die Feinheiten psychologischer Analyse zum Ausdruck zu bringen." Doch Heideggers Anmerkungen zur *Psychologie der Weltanschauungen* von Jaspers aus den Jahren 1919-1921, die eine formal

---

[108] Doch schrieb Heidegger Ende Januar an Löwith, er habe die Arbeit Ingardens noch nicht gesehen. Im Frühjahr 1920 hatte man sich in der phänomenologischen Gesellschaft um die gemeinsame Bergson-Lektüre bemüht; Günther Stern wollte zu Scheler, um diesen über Bergson zu hören.

anzeigende Hermeneutik der faktisch-historischen Lebenserfahrung fordern, wenden sich gegen jene, die sich mit diesem Bergsonschen „Ladenhüter" eine „tiefsinnige philosophische Geste" geben. Die Bergsonsche Argumentation behauptet, daß die statischen Begriffe das Fluten und Strömen des Lebens nicht zu fassen vermögen. Diese Argumentation leidet nach Heidegger aber an einer „doppelseitigen Lähmung": Einerseits bleiben die Begriffe, die objektive Sachbegriffe sein sollen, „in der Schicht einer sehr rohen und vagen Bearbeitung", andererseits gilt das Gleiche für die Begriffe, die „den Grundsinn des Lebens und des Erlebnisganzen zu bestimmen" suchen.[109] Trotzdem war Bergson für Heidegger derjenige, der mit seiner Zeitanalyse in eine destruierende Entfaltung der Frage nach Zeit und Sein einzuführen vermochte. Als Heidegger im Sommersemester 1925 in einer Vorlesung, die eigentlich der Geschichte des Zeitbegriffs gelten sollte, das spätere Fragment *Sein und Zeit* vorstellte, gliederte er die geplante Darstellung noch in drei Teile: Zuerst soll ein Zeitbegriff gewonnen werden (dabei sollte sich wie auch im Plan von 1927 den publizierten beiden Abschnitten von *Sein und Zeit* noch ein dritter anschließen), dann soll die Geschichte des Zeitbegriffs erschlossen, schließlich aus dem gewonnenen Horizont heraus das Sein aufgegliedert werden in das Sein von Natur und von Geschichte. Der mittlere Teil, die Destruktion (in *Sein und Zeit* der zweite und letzte Teil), geht von der Gegenwart aus in die Geschichte des Zeitbegriffs zurück: von der Zeittheorie Bergsons zum Begriff der Zeit bei Kant und Newton und schließlich zur „ersten begrifflichen Entdeckung der Zeit bei Aristoteles". Doch kommt es in diesen Hauptetappen oder Stationen nur zu einer „relativen Umbildung des Zeitbegriffes". „Ich sage eine ‚relative' deshalb, weil im Grunde der Begriff der Zeit, wie ihn *Aristoteles* faßte, festgehalten wird. *Bergson* macht in der Tat einen Versuch, über diesen Begriff zu einem ursprünglicheren zu kommen. Das rechtfertigt, ihn innerhalb der Frage des geschichtlichen Zeitbegriffs gesondert zu behandeln. Im Grunde, d. h. auf die kategorialen Fundamente gesehen, die er voraussetzt – Qualität – Sukzession –, bleibt er traditionell, d. h. er bringt die Sachen nicht von der Stelle."

---

[109] Vgl. die Nachweise bei R. W. Meyer (s. Anm. 107) 33, 36, 35. – Zum folgenden vgl. Heidegger: *Prolegomena* (s. Anm. 4) 11 f.

Als Heidegger 1927 *Sein und Zeit* publizierte, erschienen tatsächlich nur die ersten beiden Abschnitte des ersten Teils (und dabei blieb es denn auch); auch dem Plan nach war der 1925 noch angegebene dritte Teil weggefallen. Entsprechend wurde der dritte Abschnitt im Teil I modifiziert. Dort ging es nicht mehr um die „begriffliche Interpretation" der Zeit, von der aus dann im Teil III eine Differenzierung in das Sein der Natur und das Sein der Geschichte vorgenommen werden sollte (ein Thema, das Heidegger schon in seinem Habilitationsvortrag behandelt hatte). Vielmehr sollte der dritte Abschnitt nunmehr über Zeit und Sein handeln oder die Zeit als den transzendentalen Horizont des Sinnes von Sein ansetzen und so diesen Horizont aufgliederbar machen in unterschiedliche Weltsphären (z. B. des Vorhandenseins, des Zuhandenseins, des existenzialen Seins). Es kann kein Zweifel sein, daß eine Lehre von den Schemata der Ekstasen der Zeit der Kern dieser „temporalen Interpretationen" sein sollte. Noch während der Ausarbeitung hatte Heidegger seinem Werk *Sein und Zeit* eine neue Ausrichtung gegeben. Er hatte im Winter 1925/1926 in einer Logik-Vorlesung seine Hermeneutik von Aristoteles her explizieren wollen, die geplante Auseinandersetzung mit Aristoteles aber mitten im Semester abgebrochen, um sich Kants Lehre vom Schematismus der Vernunft zuzuwenden. „Als ich vor einigen Jahren", so sagte Heidegger im Rückblick einer späteren Kant-Vorlesung, „die ‚Kritik der reinen Vernunft' erneut studierte und sie gleichsam vor dem Hintergrund der Phänomenologie Husserls las, fiel es mir wie Schuppen von den Augen, und Kant wurde mir zu einer wesentlichen Bestätigung der Richtigkeit des Weges, auf dem ich suchte."[110]

Husserl hatte in seiner Phänomenologie der Zeit Impression, Retention und Protention als Moment des einen Zeitbewußtseins angesetzt. Ließen sich diese Momente nicht mit Apprehension, Reproduktion und Rekognition (den Kantischen Bestimmungen der Einbildungskraft) kombinieren, ja mit der Grundstruktur des Daseins: Arti-

---

[110] Heidegger: *Phänomenologische Interpretation von Kants Kritik der reinen Vernunft.* Frankfurt a. M. 1977. 431. Man hat Heideggers Frage nach der zeitbezogenen Einbildungskraft als der gemeinsamen Wurzel von Sinnlichkeit und Verstand als ein Mißverständnis Kants kritisiert. Diese Kritik ist gerechtfertigt; sie sieht aber überhaupt nicht das, worum es Heidegger geht – eine eigene Entfaltung der Schematismuslehre. Siehe auch Anm. 34.

kulation oder Rede, Befindlichkeit und Verstehen? Ließ diese Grundstruktur sich dann nicht auf die Dimensionen der Zeit – Gegenwart,
Gewesenheit und Zukunft – zurückführen? Wenn den Dimensionen
der Zeit dann Schemata zugeordnet werden, ergibt das unterschiedliche Zusammenspielen dieser Schemata ein Prinzipiengefüge für eine
„temporale Interpretation": Der Sinn von Sein kann nach seinen unterschiedlichen Bedeutungen hin aufgegliedert werden. Ist das Schema
der eigentlichen Zukünftigkeit (ein letztes „Umwillen") maßgeblich
im Spiel, dann geht es dem Gewissen um die „letzten Dinge". Wird
dieses Schema eigentlicher Zeitigung abgeblendet auf das uneigentliche „Wozu" hin, dann kann ein Schuster oder Schreiner immer noch
seine Zwecke verfolgen: hämmern, um Schuhe oder Tische zu machen, selbstvergessen arbeiten, um den Lebensunterhalt zu gewinnen.
Wird das hermeneutische Als, in dem der Hammer aus der Arbeitssituation als Gebrauchsding aufgefaßt wird, abgeblendet auf das apophantische Als hin, dann schlägt das Zuhandensein um in das bloße
Vorhandensein, und eine wissenschaftliche Untersuchung kann den
Hammer unbeteiligt auf seine Eigenschaften hin befragen. Die Schemata werden aus Präpositionen und Adverbien gebildet (welche gelegentlich noch durch Frageworte verschärft werden); so werden die
Redeweisen der Physik, der Arbeit, der religiösen Erfahrung eingefügt
in unterschiedliche Sphären der Welt als des Baugefüges eines letzten
Zeitspielraums.

Heidegger hat – dieser Neuorientierung an Kants Lehre vom Schematismus entsprechend – auch den Teil II von *Sein und Zeit*, die
Destruktion als Kritik der leitenden Vorurteile der Tradition, umgestaltet. Der Anfang wird nun mit Kant gemacht, aber nicht mit Kant
in seinem Verhältnis zu Newton, sondern mit Kants Lehre vom Schematismus als Hinweis auf die Möglichkeit einer temporalen Interpretation des Sinnes von Sein. Vor dem Rückgang zur Zeitauffassung des
Aristoteles wird nun Descartes eingeschoben; Bergson verschwindet
völlig. Schon die Vorlesung vom Winter 1925/1926 verschärft die
Kritik an Bergson. Sie behauptet einmal, Bergson vermöge nicht zu
sehen, wie Kant (in seiner Lehre vom Schematismus) die antike Verknüpfung von Sein und Zeit als einseitige Verbindung von Sein und
Gegenwart aufbreche. „Was Bergson mit seinem angeblich neuen
Zeitbegriff an Kritik an Kant vorgebracht hat, ist völliges Mißverste-
hen des Positiven, das bei Kant vorliegt." Die Untersuchung der Zeit

durch Bergson sei zwar „von einem rechten Instinkt geleitet"; sie gewinne aber nur „scheinbar" neue Einsichten. „Daß Bergson nicht zu einer begrifflichen und kategorialen Erkenntnis der ursprünglichen Zeit vordringt, zeigt sich darin, daß er auch die erlebte Zeit, also die Dauer, als ‚succession' faßt, nur, sagt er, ist die succession der erlebten Zeit keine quantitative succession, abgesetzt in einzelnen Jetztpunkten, sondern diese succession ist eine qualitative, in der sich die einzelnen Momente der Zeit, Vergangenheit, Gegenwart und Zukunft, durchdringen. Freilich kommt er hier schon an die Grenze, denn er sagt weder, was Quantität, noch was Qualität ist, er gibt keine grundsätzliche Erörterung dieser beiden Leitfäden, setzt sie einfach als bekannt voraus und beschreibt die qualitative Zeit, die Dauer, lediglich in Bildern, von irgendeiner begrifflichen Durchdringung ist keine Rede." Bergson verfalle vielmehr der Tradition, der von ihrem Ansatz her nicht mehr verstandenen Zeitauffassung des Aristoteles. (Nicht von ungefähr sei die These *Zeit und Freiheit* zusammen vorgelegt worden mit einer philosophiegeschichtlichen These über den Begriff des Ortes bei Aristoteles.) Das Werk *Materie und Gedächtnis* enthalte dagegen wertvolle Einsichten zur Biologie, die von Scheler aufgenommen worden seien. Gemäß der Tradition, die von Scheler begründet und von Ingarden ausgearbeitet worden war, wird Bergson vorgeworfen, daß er Instinkt und Intellekt nur kombiniere und vermische – so, wie das neue Verständnis von Leben und Geschichte und die überlieferte Logik schon in Hegels Dialektik nur kombiniert worden seien. Hegel wird nunmehr auch mit seinem Verständnis von Zeit der große, klassische Gegner. Heidegger gibt seine Bemerkungen über Bergson als Vorbemerkungen zu einer Auseinandersetzung mit Hegels Zeitlehre, weil er das „übliche Diktum" zurückweisen will, man müsse sich ausführlicher mit Bergson auseinandersetzen, weil dieser einen „neuen Zeitbegriff entdeckt" habe. Freilich gesteht Heidegger nach der Auseinandersetzung mit Hegel zu, daß Bergson auf einem anderen Wege als Hegel zu seiner These kam, die Zeit des üblichen Zeitverständnisses sei der Raum. Doch „im Prinzip" soll Bergson mit Hegel zusammentreffen.[111]

Nach Heidegger gehen Hegel wie Bergson in den Bahnen des

---

[111] Heidegger: *Logik. Die Frage nach der Wahrheit.* Frankfurt a. M. 1976. 194, 249 f., 251, 266 ff.

Aristoteles, ohne dessen Verknüpfung von Zeit und Sein und damit dessen These von der Zeit als Zahl der Bewegung zu verstehen, nämlich als maßgebliches Vorurteil der philosophischen Tradition zu destruieren. Damit führt die Frage nach Recht und Grenzen von Heideggers Bergson-Kritik zurück zur Frage nach Heideggers Aristoteles-Interpretation. Heidegger ist bekanntlich der Auffassung, das Sein werde von der griechischen Philosophie als ousia und damit einseitig von einer der Dimensionen der Zeit, der Gegenwart, her gedacht; umgekehrt werde die Zeit dieser Seinsauffassung gemäß als eine Reihe von gegenwärtigen (noch nicht gegenwärtigen, nicht mehr gegenwärtigen) und damit zählbaren Zeitpunkten aufgefaßt. So komme die Zeit in einen Bezug zur „zählenden" Seele; diese Seele erhalte dann bei christlichen Autoren wie Augustin einen „existenziellen" Charakter. In dieser Sicht konnte die christliche Polemik gegen die Neugier des weltverfallenen Sehens bei den Griechen in ihrer lebensphilosophischen Aktualisierung auch als phänomenologische Destruktion geltend gemacht werden. Gegen diesen Versuch einer geschichtlichen Orientierung kann sich gelegentlich aber schon das Papier sträuben. Heidegger hat die Abhandlung des Aristoteles über die Zeit (in der *Physik*) „als Diskrimen der phänomenalen Basis und der Grenzen der antiken Ontologie" aufgefaßt; die ausführlichste Interpretation findet sich innerhalb der bisher publizierten Heideggerschen Texte in der Vorlesung *Die Grundprobleme der Phänomenologie* vom Sommersemester 1927. Dort zitiert Heidegger jene Aristotelische (oder vermeintlich Aristotelische) Auffassung, die Zeit sei vor allem der Jetztpunkt, der sich aufrichte und die beiden Arme in die Vergangenheit und die Zukunft strecke. Die Jetztpunkte sollen dann zählbar sein für die zählende Seele. Heidegger folgt offenbar der Textherstellung der älteren Aristoteles-Ausgaben; in der Edition der Vorlesung ist jedoch zu Heideggers Übersetzung der inzwischen publizierte revidierte Text von Ross gestellt worden. Ross aber hat den Jetztpunkt (stigme) durch gramme ersetzt: die Zeit ist die Linie, die an zwei Enden begrenzt ist, so die begrenzte Dauer von Tag, Monat oder Jahr (welche vielleicht wie die musikalisch verwertbaren Töne in zahlenhaften Verhältnissen stehen). Gegen diese Art von Edition möchte man geltend machen, daß Heidegger selber Griechisch konnte, also stigme und gramme nicht verwechselte; doch wird deutlich, daß Heidegger einer Erörterung der nötigen Kontroversen in Textherstellung und Interpretation der Aristotelischen *Physik* ausgewichen ist.[112]

Muß nicht überhaupt die Zeit, die zur Bewegung des naturhaft Seienden und zu den wechselnden Situationen der menschlichen Welt gehört, nach antiker Auffassung zur Ewigkeit in Bezug gesetzt werden, wenn sie verstanden werden soll? Diese Frage führt dann etwa zum zwölften Buch der Aristotelischen *Metaphysik*, und jeder, der sich genauer auf Aristoteles selbst einläßt, muß offenbar diesen Weg gehen. So hat Hans-Georg Gadamer in seinem Aufsatz *Heidegger und die Marburger Theologie* zwar den Hinweis von *Sein und Zeit* zitiert, das sechste Buch der *Nikomachischen Ethik* über die Orientierung in der Situation und der umstrittene Schluß des neunten Buches der *Metaphysik* über das Berühren des Seins (Met. Theta 10) seien die (gegensätzlichen) Gipfelpunkte des Aristotelischen Philosophierens. Beim ersten Druck dieses Aufsatzes in der Bultmann-Festschrift fiel jedoch durch einen Druckfehler der griechische Buchstabe Theta aus, und so wurde diese Angabe (also jetzt Met. 10) in den späteren Drucken korrigiert zum Verweis auf Met. XII. Das entspricht dem sachlich notwendigen Weg, der in Heideggers Destruktion aber nicht beschritten ist. Wird Heideggers Destruktion des Aristoteles fragwürdig, dann tritt auch ein großes Fragezeichen hinter seine These, Hegel gebe nur eine Paraphrase der Aristotelischen Zeitabhandlung, wenn er die Zeit (mit ihren Jetztpunkten) mit dem Nebeneinander des Raumes verknüpfe. Schlägt man etwa die Jacobi-Kritik in Hegels Jenaer Aufsatz *Glauben und Wissen* auf, dann sieht man, wie Hegel zu seiner Zeitauffassung kam: Er folgte dem neuspinozistisch-spinozistischen (und damit auch neuplatonischen) Bezug der Zeit auf die Ewigkeit, um die neuzeitliche Imagination der Zeit als einer Reihe von Jetztpunkten zu überwinden. Als Hegel die eleatischen Aporien diskutierte, kam auch Aristoteles neu ins Spiel, doch von einer Paraphrase der sogenannten Zeitabhandlung des Aristoteles durch Hegel kann

---

[112] Vgl. *Sein und Zeit.* 40; *Die Grundprobleme* (s. Anm. 24) 354. – Dieser phänomenologischen Legende von der Geschichte der Zeitauffassung hat z. B. Ludwig Landgrebe eine klassische Ausformulierung gegeben: *Die Zeitanalyse in der Phänomenologie und in der klassischen Tradition.* In: *Phänomenologie lebendig oder tot?* Schriften der Kath. Akademie Freiburg Nr. 18. 1969. Eine Fortführung gab J. Derrida in seinem Beitrag *Ousia et gramme* zur Festschrift für J. Beaufret (*L'endurance de la pensée.* Paris 1968. 219 ff.). – Zum folgenden s. Anm. 303.

nicht die Rede sein. Noch in seinem Alter berichtete Heidegger nicht
ohne Erbitterung, daß Justus Schwarz über das Verhältnis Aristoteles
– Hegel in der Bestimmung der Zeit hätte arbeiten sollen, doch dann
vor dem schwierigen, auch später nicht ausgearbeiteten Thema geflohen sei (bis nach Königsberg, wo er dann über ein Modethema, nämlich über die anthropologische Metaphysik des jungen Hegel, promoviert habe). Vielleicht war Justus Schwarz jedoch von einem guten
Instinkt geleitet. Gibt es die von Heidegger behauptete Linie Aristo-
teles-Hegel aber nicht, dann ist es auch unzulässig, Bergson als bloßen
Anhang zu Hegel zu behandeln.

Bei Husserl wie bei Heidegger werden Einstein und Dilthey zu
Repräsentanten einer wissenschaftlichen Arbeit, die eine Grundlagenkrise zu bestehen hat und sich so zu einem philosophischen Niveau
erhebt.[113] Sicherlich gibt *Sein und Zeit* ein breiteres Spektrum der
wissenschaftlichen Arbeit an: nicht nur Mathematik, Physik und Geisteswissenschaften, sondern auch Biologie und Theologie; doch bekommen die mathematische Physik und die historischen Geisteswissenschaften den Akzent des Exemplarischen. Husserl beschränkte
1926/1927 die Publikation von *Sein und Zeit* auf die ersten beiden
Abschnitte, weil er im selben Jahrbuchband Oskar Beckers Arbeit zur
Philosophie der Mathematik bringen wollte: die transzendentale Phänomenologie sollte durch zwei maßgebliche Schüler zugleich für das
Feld der Mathematik und ihrer Anwendungen wie auch für das Feld
der Geschichte konkretisiert werden. Heidegger selber reklamierte
diese Konkretisierung jedoch auch für seine hermeneutische Phänomenologie. Dabei mußte er sich dann nicht nur gegen Husserl, sondern auch gegen Bergson wenden, da auch dieser die geforderte Konkretisierung der Philosophie letztlich verfehlt habe. Heidegger stellt
zur Zeitigung der Zeit in der Geschichtlichkeit die Zeitigung in der
Innerzeitigkeit des In-der-Zeit-sich-vorfindens; von dieser Innerzeitigkeit aus will er einen Ansatz zur Behandlung der Probleme der
Relativitätstheorie finden. Die Innerzeitigkeit wird dabei als „gleichursprünglich" mit der Geschichtlichkeit angesetzt. Gegen Bergson
aber wird der Vorwurf erhoben, er habe mit seiner Rede von der
Verräumlichung der Zeit in der Physik die Gleichursprünglichkeit der

---

[113] Vgl. Husserl: *Die Krisis* (s. Anm. 100) 343 f.; Heidegger: *Logik* (s. Anm. 111) 17. –
Zum folgenden vgl. *Sein und Zeit.* 9 f., 417, 333.

Zeitigungsweisen nicht erkannt und damit das eigene Recht der Relativitätstheorie nicht zu erfassen vermocht. „Die Zeit als Innerzeitigkeit aber entspringt einer wesenhaften Zeitigungsart der ursprünglichen Zeitlichkeit. Dieser Ursprung sagt, die Zeit, ‚in der' Vorhandenes entsteht und vergeht, ist ein echtes Zeitphänomen und keine Veräußerlichung einer ‚qualitativen Zeit' zum Raum, wie die ontologisch völlig unbestimmte und unzureichende Zeitinterpretation *Bergsons* glauben machen will."

Es war aber weder Husserl noch Heidegger, der sich konkret mit Einstein auseinandersetzte, sondern Bergson. Im Zusammenhang mit der Diskussion eines Vortrags, den Einstein in Paris hielt, entstand 1922 Bergsons Schrift *Durée et simultanéité. A propos de la théorie d'Einstein.* Bergson sucht Einsteins Zeitbegriff als eine Fiktion und Abstraktion zu deuten, die der Realität in ihrer Konkretion nicht gerecht zu werden vermöge. Wenn Bergson so die Dauer, die Konkretes und auch die Freiheit ermöglicht, verteidigt gegen die Verräumlichung der Zeit zu einem abstrakten Raum-Zeit-Kontinuum, dann vermag er doch der neuen Physik nicht gerecht zu werden (deshalb hat er seine Schrift schließlich zurückgezogen).[114]

Als Heidegger auf Veranlassung von Husserl selbst unmittelbar nach der Veröffentlichung von *Sein und Zeit* Husserls Vorlesungen über das innere Zeitbewußtsein ediert und in die Erörterung gebracht hatte, mußte er doch – in der letzten Marburger Vorlesung vom Sommersemester 1928 – festhalten, daß Bergsons Zeitanalysen mit ihren konkreten Fragestellungen der Husserlschen Phänomenologie überlegen seien und zu den „intensivsten" Analysen gehörten, die wir überhaupt hätten. Doch bleibt Heidegger bei seiner Kritik: Da Bergson die Innerzeitigkeit (das Sichvorfinden in der Zeit) nicht als gleichursprünglich mit der Geschichtlichkeit (der selbsthaften Zeitigung von Zeit) faßt, hat er keinen Ansatz für eine zureichende Auseinandersetzung mit Physikern wie Einstein; er verdirbt letztlich auch die Analyse der gelebten Zeit als Zeitigung der Zeit selbst. „Bergson hat den Zusammenhang zwischen einer abgeleiteten und einer ursprünglichen Zeit zum ersten Mal herausgearbeitet, aber so, daß er nun zu weit ging und sagte, die entsprungene Zeit sei der Raum. Damit verlegt sich Bergson den Weg zum eigentlichen Verständnis der abgeleiteten

---

[114] Siehe oben Anm. 99.

Zeit; denn indem er die entsprungene Zeit gerade nicht als entspringende sieht, verkennt er im Grunde das Wesen dieser Zeit. Aber indem er so bloß bei der entsprungenen Zeit bleibt, gelingt es ihm nun umgekehrt auch nicht eigentlich, die ursprüngliche und echte Zeit in ihrem Wesen aufzuhellen." Heidegger, der in dieser Logik-Vorlesung einen neuen Weg sucht, verteidigt nun Bergson aber gegen den Vorwurf mangelnder „Exaktheit". „Es ist ein Gemeinplatz geworden, Bergson (wie auch Dilthey) sei verschwommen, er müsse deshalb exakter revidiert und verbessert werden. Aber Bergsons ‚Bilder' sind gerade der Ausdruck der Anstrengung, das Phänomen innerhalb des Bezirkes, den er zum Thema hat, wirklich zu fassen. Der Mangel ist nicht eine vermeintliche Verschwommenheit – Bergson ist in dem, was er sieht, vollkommen klar –, sondern der viel zu eingeengte Bezirk der Problemstellung. Dies würde auch durch ‚exaktere' Revision nicht behoben." Bergsons Versagen spiegelt für Heidegger nur das Versagen der Tradition wider, die bei Aristoteles und letztlich auch bei Kant den Zusammenhang von Zeit, Seele und Sein nicht ursprünglich zu fassen vermochte. Heidegger glaubt Bergson vorhalten zu müssen, er bleibe innerhalb der cartesischen Umwandlung des ontologischen Ansatzes von Antike und Mittelalter. „Neuerdings hat Bergson den Begriff der Zeit ursprünglicher zu fassen gesucht. Die Verwobenheit der Zeit in das Bewußtsein hat er deutlicher gemacht als alle Früheren. Aber das Wesentliche bleibt bei ihm unentschieden, ja wird nicht einmal Problem. Er entwickelt seine Zeitinterpretation auf dem Boden des traditionellen Bewußtseinsbegriffes, der res cogitans des Descartes. Das metaphysische Grundproblem des ursprünglichen Zusammenhanges zwischen Dasein und Zeitlichkeit wird nicht gestellt und noch weniger das Seinsproblem überhaupt, dafür das erstgenannte die Vorbereitung sein soll."[115] Indem Heidegger vom Dasein ausgeht, will er eine Offenheit gewinnen, in der sowohl das Vorhandene der physikalischen Experimente wie das Zuhandene der Umwelt, aber auch das Lebendige in seiner Nähe und Fremdheit uns gegenüber und schließlich unser eigenes existenziales Sein sich als das zeigen können, was (und wie) sie sind. Verbleibt dieser umfassende Ansatz aber nicht mehr noch als Bergsons Analysen in einem versteckten Cartesianismus, da seine Fundamentalität nicht mit einer umfassenden Konkreti-

---

[115] Heidegger: *Metaphysische Anfangsgründe der Logik* (s. Anm. 35) 262 f., 189.

sierung verbunden wird? Hätte die phänomenologische Philosophie nicht jene Philosophie des Organischen weiterentwickeln müssen, die Bergson entfaltet hat? Wer nur Einstein und Dilthey als Repräsentanten aufstellt, bleibt innerhalb der cartesischen und neukantischen Tradition, für die die mathematische Physik und die historischen Geisteswissenschaften zu Modellwissenschaften werden. Schon ein erster und äußerlicher Blick auf die faktisch geschehende wissenschaftliche Arbeit kann festhalten, daß die Wissenschaften vom Lebendigen in anderer Weise als die Physik und die Historie ansetzen müssen.

In der Vorlesung vom Wintersemester 1929/1930 hat Heidegger dazu angesetzt, Grundzüge einer Philosophie des Organischen zu entwickeln und seinen Weltbegriff umfassender auszugestalten. Die Welt des Zuhandenen und die geschichtliche Welt werden nicht mehr gegen die „entweltlichende" theoretische Betrachtung des nur noch Vorhandenen ausgespielt; die leitende These lautet nunmehr: „der Stein (das Materielle) ist weltlos; das Tier ist weltarm; der Mensch ist weltbildend".[116] Heidegger greift auf Biologen wie von Baer und von Uexküll zurück, nicht aber auf Bergsons Philosophieren; er hat sich auch nicht mehr auseinandergesetzt mit den parallelen Versuchen Schelers oder Plessners. Gerade weil Heidegger sich dann für kurze Zeit in politischer Blindheit für den angeblichen Aufbruch der nationalsozialistischen Revolution engagierte, gab er dem früher zurückgewiesenen Begriff des Geistes einen neuen, positiven Stellenwert: gegenüber dem Biologismus Nietzsches und dem Rassismus des Nationalsozialismus wurde betont, daß der Mensch Geist sei, der Geist sich über die Sprache aufbaue. Als Heidegger 1947 den *Brief über den Humanismus* veröffentlichte, wehrte er sich gegen eine kurzschlüssige Auffassung seines Denkansatzes. Er faßte Bergsons Kritik der starren Begriffe zusammen mit der Polemik, wie sie von Georg Misch und Karl Jaspers gegen die „Ontologisierung" des Lebens und der Existenz in der Fundamentalontologie gerichtet worden war, und reklamierte noch einmal seinen ursprünglichen Ansatz beim Dasein als der offenen Stätte für Totes, Lebendiges und eigentlich Menschliches. „Der Leib des Menschen ist etwas wesentlich anderes als ein tierischer

---

[116] Heidegger: *Die Grundbegriffe der Metaphysik* (s. Anm. 36) 263. – Zum folgenden vgl. Heidegger: *Platons Lehre von der Wahrheit*. Mit einem Brief über den „Humanismus". Bern 1954. 67.

Organismus. Die Verirrung des Biologismus ist dadurch noch nicht überwunden, daß man dem Leiblichen des Menschen die Seele und der Seele den Geist und dem Geist das Existenzielle aufstockt und lauter als bisher die Hochschätzung des Geistes predigt, um dann doch alles in das Erleben des Lebens zurückfallen zu lassen, mit der warnenden Versicherung, das Denken zerstöre durch seine starren Begriffe den Lebensstrom und das Denken des Seins verunstalte die Existenz. Daß die Physiologie und die physiologische Chemie den Menschen als Organismus naturwissenschaftlich untersuchen kann, ist kein Beweis dafür, daß in diesem ‚Organischen', das heißt in dem wissenschaftlich erklärten Leib, das Wesen des Menschen beruht. Dies gilt so wenig wie die Meinung, in der Atomenergie sei das Wesen der Natur beschlossen. Es könnte doch sein, daß die Natur in der Seite, die sie der technischen Bemächtigung durch den Menschen zukehrt, ihr Wesen gerade verbirgt." Solche Abwehr hinderte Heidegger in seinem Alter nicht daran, in Gesprächen gelegentlich zu betonen, man sollte doch nicht mehr (mit *Sein und Zeit*) davon reden, das Lebende verende, nur der Mensch sterbe. Statt sich auf ein bloßes Buch und auf unglückliche Formulierungen zu berufen, solle man darauf achten, wie denn z. B. ein Hund sterbe: er ziehe sich zurück, und was wirklich in ihm vorgehe, wüßten wir nicht.

Als die phänomenologische Philosophie in Frankreich weitergebildet wurde, hatte sie allen Anlaß, die ausgebliebene Auseinandersetzung mit Bergson endlich durchzuführen. Doch der Existenzialismus eines Sartre fand in jenem Vertrauen in das Leben, das wir bei Bergson vorausgesetzt sehen, nur einen unredlichen Optimismus.[117] Dagegen mußte Maurice Merleau-Ponty in seine Antrittsrede am Collège de France *(Éloge de la Philosophie)* das Lob Bergsons einflechten, da es ihm darum ging, Sartres abstrakte Entgegensetzung von Ansich und Fürsich von der konkreten Leiblichkeit des Menschen her zu überwinden. Als Emmanuel Lévinas die Phänomenologie seiner Lehrer

---

[117] Vgl. Sartres Äußerungen bei R. Jolivet: *Réflexions sur le déclin de Bergsonisme.* In: *Bergson et Nous.* Paris 1959. 65; vgl. dazu den Nachwortabschnitt *Bergson gerät in Vergessenheit* von K. P. Romanòs in: H. Bergson: *Denken und schöpferisches Werden.* Frankfurt a. M. 1985. 282 ff. Max Horkheimer kritisierte schon 1934 in seinem Artikel *Zu Bergsons Metaphysik der Zeit,* Bergsons pantheistisches Gerede unterschlage die Härte der Realität und des Todes; vgl. Horkheimer: *Kritische Theorie.* Frankfurt a. M. 1968. Band 1. 175 ff.

zusammen mit der überlieferten Orientierung an der Identität durch eine neue Berücksichtigung des Anderen zu überwinden versuchte, mußte er auch Bergson in neuer Weise aufnehmen. Zu Recht hielt Lévinas fest, daß die „einigermaßen summarische Aburteilung Bergsons durch Heidegger" ungerechtfertigt sei. Es wird Bergson zugestanden, daß er in der „Erneuerung" der Dauer, also im schöpferischen Charakter des Lebens die Transzendenz entdeckt habe, die vom Selben zum Anderen überzugehen gestatte. Aber der „Spiritualismus der Dauer" habe diese angekündigte Transzendenz „von der Erde getrennt". Lévinas muß Bergson letztlich doch in die Tradition Plotins und die Tradition jener Mystik stellen, die die Abgründigkeit der immer neu ansetzenden Zeit nur als Mangel, als eine verfehlte oder scheiternde Ewigkeit, fassen kann. „Henri Bergson, der erstmals in der Geistesgeschichte versucht, die Zeit außerhalb dieses Scheiterns der Ewigkeit zu denken, hat denn auch das Schicksal dieses Begriffs in der Philosophie als das eines Werdens bezeichnet, das als ein Mangel an Ewigkeit gilt."[118] Als Hans Jonas nach der Erfahrung so vieler Schrecknisse unseres Jahrhunderts in der Bedrohung des Lebens auf dieser Erde durch die technischen Errungenschaften des Menschen die größte Gefahr zu sehen begann, mußte er neu nach dem Phänomen des Lebens fragen. Seine Klage, keiner seiner Lehrer habe ihn auf diese Fragen hingewiesen, ist vielleicht auch dadurch veranlaßt, daß er Philosophie in der Nähe eines Theologen wie Rudolf Bultmann studierte. Jedenfalls arbeitet er seinen neuen Ansatz so aus, als ob es Bergson und die Ansätze zu einer phänomenologischen Auseinandersetzung mit ihm nicht gegeben hätte.

Daß die Auseinandersetzung mit Bergson letztlich doch ausgeblieben ist, ließe sich auch für andere philosophische Richtungen außerhalb der Phänomenologie nachweisen. Wenn die Verstrickungen, in die das technische Können des Menschen heute geraten ist, das Leben auf der Erde im ganzen bedrohen, dann muß eine Besinnung auf die so entstandenen Gefahren und Aufgaben auch die philosophischen Traditionen nutzen, die die Augen für die Phänomene zu öffnen

---

[118] Lévinas: *Die Spur des Anderen* (s. Anm. 104) 69, 152; *Wenn Gott ins Denken einfällt.* Freiburg/München 1985. 239. – Zum folgenden s. Anm. 81 und 82. Sicherlich hat der Einbruch der Technik (etwa in der Gentechnologie) die heutige Biologie von der Erfahrungsweise Bergsons getrennt; ob das auch der Fall ist bei den übergreifenden Theorien (so der Evolutionstheorie), bleibt fraglich.

vermögen. So sollte die Auseinandersetzung mit Bergson neu aufgenommen werden und es nicht bei der Feststellung bleiben, die Rudolf W. Meyer noch 1982 in seinem Referat *Bergson in Deutschland* treffen mußte: „Abgesehen von der vorzüglichen historischen Darstellung der *Quellen und Konsequenzen einer induktiven Metaphysik,* die *Günther Pflug* 1959 der Philosophie Bergsons gewidmet hat, ist Bergson in Deutschland heute ein weithin unbekannter Name."[119]

---

[119] Vgl. R. W. Meyer (s. Anm. 107) 47.

III. Dilthey und die Phänomenologie der Zeit

Dilthey hat seinen zentralen Beitrag zur Philosophie durch die *Einleitung in die Geisteswissenschaften* geben wollen. In seinen letzten Lebensjahren aber mußte er sehen, daß er das fragmentarisch gebliebene Werk nicht würde vollenden können. So faßte er die Vorarbeiten zur Fortsetzung zusammen unter dem Titel *Die geistige Welt. Philosophie des Lebens.* Das Fragment der Vorrede verknüpfte den „herrschenden Impuls" von Diltheys Denken, „das Leben aus ihm selber verstehen zu wollen", mit der mit und gegen Kant formulierten Auffassung von der „Realität" der Zeit als „Lebensverlauf" und „Wirkungszusammenhang" des Lebens: „Gäbe es hinter dem Leben, das in Vergangenheit, Gegenwart und Zukunft verläuft, ein Zeitloses, dann wäre dieses ein Antezedens des Lebens ... " (V, 4 f.)[120]

In seinen letzten Lebensjahren hat Dilthey über sein Tun auch in der großen Abhandlung *Das Wesen der Philosophie* Rechenschaft abgelegt, die 1907 in der Sammlung *Die Kultur der Gegenwart* in dem Band über systematische Philosophie erschien. Mögen sich in dieser Abhandlung wie immer bei Dilthey die historischen Präliminarien und die konkreten geisteswissenschaftlichen Analysen vordrängen und der Entfaltung der philosophischen Kernfragen kaum Raum lassen, so gibt Dilthey doch klar an, daß unmetaphysische Einstellungen sich nunmehr gegen die Metaphysik stellen. Das „eigenste still getragene Leiden der gegenwärtigen Philosophie" liege darin, daß das Schaffen des Dauernden zugleich als ein Schein gewußt werde, der Widerspruch zwischen diesem Schaffen und dem geschichtlichen Bewußtsein gegenwärtig sei und jede Lösung philosophischer Probleme auf eine „Gegenwart und ihre Lage" bezogen werde. Der Schluß der

---

[120] Ziffern im Text bezeichnen Band und Seite von *Diltheys Gesammelten Schriften* (s. Anm. 7). – Zum folgenden vgl. auch meine Einleitung zu Dilthey: *Das Wesen der Philosophie* (Philosophische Bibliothek 370). Hamburg 1984.

Abhandlung differenziert genauer: Philosophie erkennt immer nur aus einer „Bewußtseinslage", die durch die Epoche, den Charakter der Nation und den Typ der Weltanschauung begrenzt ist (V, 364, 416). Philosophie ist überhaupt nicht wie die Wissenschaften zu kennzeichnen durch einen Gegenstand und eine Methode, sondern allein durch die Funktion, der Tendenz des Lebens zur Entwicklung einer Lebensansicht und einer Weltanschauung zu dienen (im Unterschied zu ähnlichen Tendenzen in Kunst und Religion tendiert diese Tendenz jedoch auf ein allgemeingültiges Erkennen). Diese Funktion macht die Philosophie zu einem bewegten Strukturzusammenhang, der gewisse Gesetzlichkeiten für die Motivierung zum Philosophieren zeigt, obwohl die eine Realität in ihrer Tiefe letztlich unergründlich bleibt und sich nur durch eine Pluralität von Lebensansichten und Weltanschauungen ausloten läßt. Dilthey nennt dann drei Grundbedingungen, unter denen wir erkennen: die Annahme einer unabhängigen Wirklichkeit, die dennoch zugänglich ist; der Glaube, daß andere Personen verstanden werden können; die Voraussetzung, „daß dem Verlauf unserer inneren Zustände in der Zeit Realität zukomme und die Erlebnisse, wie sie sich in der inneren Erfahrung abbilden, im Denken zu gültiger Darstellung gelangen können" (V, 406).

Mit der letzten Voraussetzung verteidigt Dilthey noch einmal die Annahme der „Realität" der Zeit des Erlebens, aber so, daß er zugleich die Darstellbarkeit der Erlebnisse in seine Annahme einbezieht. Um das Verstehen des Erlebnisausdrucks geht es den Geisteswissenschaften; wenn sich die Naturwissenschaften erklärend auf eine unabhängige Natur richten, dann gehört der Zugang zu dieser Natur doch auch wieder zu den „inneren Zuständen". Damit umgreifen die Geisteswissenschaften die Naturwissenschaften; die Grundlegung der philosophischen Tätigkeit als einer geschichtlichen und endlichen ist damit in einer ausgezeichneten Weise mit der geisteswissenschaftlichen Arbeit verknüpft. Die Geisteswissenschaften selber bedürfen freilich der Grundlegung; geschieht diese nun realpsychologisch durch eine Ausarbeitung des Realitätsbezugs des Erlebens oder hermeneutisch über das Verstehen des Erlebnisausdrucks, der uns das Leben anderer zeigt und das eigene Leben nur als ein anderes (etwa schon vergangenes) und nur in dieser Distanz Leben überhaupt? Die Zeit kommt ins Spiel, weil sie in einer unaufhebbaren Weise Leben von Leben abtrennt. Bekanntlich hat Bernhard Groethuysen (nach dem Vorgang Sprangers) im Vorwort zum Band 7 von Diltheys *Gesammelten Schriften* beim späten Dilthey einen Übergang von einer psychologischen zu einer hermeneutischen Grundlegung der Geisteswissenschaften behauptet. So wurde es möglich, schließlich auch – was Dilthey nicht getan hatte – von einer hermeneutischen Philosophie zu sprechen. Diese hermeneutische Philosophie ist nach Diltheys Hinweisen in ihrem Selbstverständnis mit der Problematik der Zeit verknüpft; so hat Dilthey denn auch in der *Einleitung* an systematisch hervorgehobener Stelle über die Realität der Zeit handeln wollen. Diese Abhandlung fehlt, und sie findet sich auch nicht in den Vorarbeiten zur Vollendung der *Einleitung*. Da die phänomenologische Philosophie sich in einem besonderen Maße bis hin zur Behauptung einer Fragestellung „Sein und Zeit" der Analyse der Zeit zugewandt hat, mag dieser blinde Fleck in Diltheys Philosophie von den phänomenologischen Analysen her aufgehellt und so auch das Selbstverständnis einer hermeneutischen Philosophie geklärt werden.

a. Psychologie und Hermeneutik

Dilthey hält am Ende seiner Abhandlung *Das geschichtliche Bewußtsein und die Weltanschauungen* seine Nähe und Ferne zu Hegel fest. Wenn Hegel im philosophischen Denken eine geschichtliche Dialektik gefunden habe, dann sei daran „richtig, daß die aus diesen verschiedenen Betrachtungsweisen abgeleiteten Begriffe logisch genommen einander ausschließen". „Irrig" sei die Auffassung, daß diese Begriffe durch logische Akte hervorgetrieben würden; sie seien vielmehr in der „Lebendigkeit" enthalten. „Die Prinzipien wirtschaften ab, entgegengesetzte Prinzipien werden dann aufgenommen, und auch sie erweisen sich nur eine Zeit hindurch fruchtbar" (VIII, 70 f.). Von welcher Zeit ist hier die Rede? Dilthey sieht richtig: der junge Hegel hat vom ästhetischen Neuspinozismus und Neuplatonismus aus in seinen jugendlichen Aufzeichnungen am Beispiel der Revolution in seiner Zeit und der Revolution des Geistes, wie sie einst das Christentum brachte, eine besondere Sensibilität für das Geschichtliche entwickelt; er lenkte dann aber in jene Überlieferung ein, die seit Platons *Timaios* Zeit als Abbild der Ewigkeit faßte. Seit die christliche Religion den Ort des Göttlichen im endlichen und zeitlichen Menschen fand, sollten die

164

Zeit und die Endlichkeit selbst in sich die Möglichkeit der Erhebung zum Unendlichen und Ewigen tragen. Es wurde schließlich zur Leistung des „absoluten" Geistes, im Blick sub specie aeternitatis das Endliche und in der Zeit Zerstreute in den Ordnungszusammenhang des Wesentlichen und Bleibenden einzubringen und so – wie Hegel es schon in seiner *Phänomenologie des Geistes* forderte – im Begriff die Zeit zu tilgen. Das Ergreifen dieser Möglichkeit sollte aber selber einer bestimmten, einer letzten geschichtlichen Stunde zugehören.

Was Dilthey mit besonderer Intensität an Hegel exemplifizierte, mußte er gegenüber der klassischen philosophischen Tradition überhaupt vorbringen: diese Tradition, im zweiten Buch der *Einleitung* als „Metaphysik" zusammengefaßt, wurde entscheidend konstituiert durch Platons Einführung „substanzialer Formen" in den Monotheismus oder in die Lehre von der Vernünftigkeit des Wirklichen. Der Aufweis des „logischen Weltzusammenhangs" kulminierte darin, daß der „Satz vom Grund" für alle Vernunftwahrheiten und Tatsachenwahrheiten geltend gemacht wurde. Damit vergriff ein einseitig theoretisch ausgerichtetes Erkennen sich an der Lebendigkeit, zu dem auch ein Wollen zählt, das Schicksal erleidet, und ein Gefühl, das schließlich in die religiöse Dimension führt. In der vollen Lebendigkeit erfährt das Leben sich als das „Unergründliche", das nur in unterschiedlichen Individualisierungen aufzufassen ist. Diese haben ihren Ort und ihre Stunde und stehen so in der fortgehenden Geschichte. Freilich sieht Dilthey, daß ein Dichter oder ein Philosoph sich einem Autor, der vor Jahrhunderten oder Jahrtausenden lebte, näher wissen kann als manchem Zeitgenossen, dessen Einstellung zur Welt abgründig fremd bleibt. So hat Dilthey nach den „Typen der Weltanschauung" gefragt und sich in eine Tradition eingefügt, die schon von Kant sowie von Fichte und Schelling in den Thesen über Dogmatismus und Kritizismus ausgebildet wurde. Da Dilthey nicht genügend bedachte, wie ein Ensemble von Typen der genannten Art auf die konkrete und immer unabgeschlossene Geschichte zu beziehen sei, schien gerade diese Lehre und die ihr zugeordnete vergleichende Methode von der Einfügung in die Geschichte wegzuführen. Doch auch in dieser Lehre macht Dilthey Ernst damit, daß wir nur erkennen, indem dieses Erkennen durch geschichtliche oder Geschichte überwindende Einstellungen bedingt ist. Nur in dieser Vielperspektivität baut sich Philosophie auf. Erich Rothacker, der diesen

Relationismus weiterführte und verschärfte, behandelte die angeblich zerstörenden Widersprüche zwischen diesen Perspektiven als einen Schein: die Froschperspektive und die Vogelperspektive widersprächen sich keineswegs.[121] Die Behauptung einer perspektivenlosen Perspektive, eine unhistorische Typenlehre oder eine Geschichtsphilosophie als Ordnung der Perspektiven in einem abschließbaren Nacheinander überspielen nur die Problematik der Endlichkeit des Erkennens.

Das zweite Buch von Diltheys *Einleitung* zeigt Herrschaft und Verfall der Metaphysik und damit eine zu Ende gekommene Weise, wie Philosophie ihre Aufgabe mißverstand. Das Buch leitet am Ende über zu den Wissenschaften, die sich in mehreren geschichtlichen Schüben aus dem metaphysischen Rahmen befreien und den Menschen eine neue Weise der Orientierung versprechen. Darf sich die *Einleitung*, die ja auch als „Kritik der historischen Vernunft" vorgestellt wird, nicht als eine Wiederaufnahme des Versuches Kants verstehen, den Zugang zu dem, was ist und sein soll, methodisch abzusichern und so auch die wissenschaftliche Arbeit zu rechtfertigen? Die Frage bleibt, ob ein solches kritisches Unternehmen nicht jenen gesicherten Punkt des Selbstbewußtseins braucht, der für die Absicherung des Zugangs zum Seienden zum A und O wird. Cartesianismus und Kantianismus sind bei Dilthey aber Ausgangspunkte, die mehr und mehr weggearbeitet werden; so sehr Dilthey den kritischen Geist Kants fordert, so sehr widerspricht er ihm in den letzten Grundlegungsfragen durch die These von der Realität der Zeit. So ist die Rede von einer Kritik der historischen Vernunft paradox, wenn Kritik dabei vom Kantianismus her oder von einer Philosophie des Selbstbewußtseins her verstanden wird. Dilthey gerät in eine Konfrontation mit Fichtes Ich-Philosophie, die nur in der Weise wirksam wird, in der bei Schlegel, Schleiermacher und Humboldt das Selbstbewußtsein als Selbsttätigkeit und so als Individualität gefaßt wird und auch Erkenntnis damit in den letztlich ungreifbaren Prozeß der Individualisierung gestellt wird. Die Substanz als Subjekt zu fassen, wie Hegel es versuchte, das muß dann unmöglich werden, wenn das Selbstbewußtsein

---

[121] Erich Rothacker: *Probleme der Kulturanthropologie*. Bonn 1948. 143. Rothacker unterscheidet sehr wohl die tierische Artung von der geschichtlichen menschlichen Formung.

als ein Werden in der Individualisierung kein letzter, gesicherter Angelpunkt mehr ist.

Hält aber nicht auch Dilthey einen gesicherten Punkt kritischen Wissens fest, wenn er die Geisteswissenschaften „psychologisch" grundzulegen sucht, freilich „realpsychologisch" oder „strukturpsychologisch" von den „Realitäten" und „Strukturzusammenhängen" des Geistes aus und damit anthropologisch? Dilthey sieht, daß es ein Individuum nicht vor und außerhalb von Gesellschaft, Kultur und Geschichte gibt; er macht jedoch geltend, daß Gesellschaft, Kultur und Geschichte sich nur im „Kreuzungspunkt" des Individuums vollziehen. So kennt Dilthey „individualpsychologische" Begriffe wie „Bedürfnis, Wirtschaftlichkeit, Arbeit, Wert", von denen Begriffe zweiter Ordnung abhängig sind, die zu den Grundbegriffen einer Wissenschaft wie der Ökonomie werden. Die „Lücke" zwischen der ersten und der zweiten Ordnung kann freilich, so gesteht Dilthey zu, nur durch eine komplizierte erkenntnistheoretische und logische Grundlegung ausgefüllt werden (I, 45 f.). Wenn Dilthey in seinen letzten Lebensjahren die zentrale Thematik der *Einleitung* fortführt durch Überlegungen zum Aufbau der geschichtlichen Welt in den Geisteswissenschaften, dann beruft er sich ausdrücklich auf die „psychische Struktur" und die „psychologischen Vorbegriffe", die durch die *Einleitung* herausgestellt wurden (VII, 131, 10). Die Geschichte ist als Geist und Leben nach ihrem Inneren hin Energie, die geschichtliche Welt ein Wirkungszusammenhang oder ein Ineinanderspielen von Wirkungszusammenhängen. Das Verstehen anderer wird in die Selbstbesinnung auf die Leistung der Geisteswissenschaften ausdrücklich einbezogen, wenn gezeigt wird, wie die geschichtliche Welt aufgebaut wird, indem das erfahrende und erfassende Individuum in den Kultursystemen, Gemeinschaften und den Zusammenhängen von Generation und Epoche tätig wird, die Geisteswissenschaften trotz ihres Drängens zum Allgemeinen mit dem vorwissenschaftlichen Leben verbunden bleiben. Dilthey betont nun, daß unsere „psychologische Kenntnis" ohne Orientierung an den Werken der großen Dichter und Religiösen „arm und dürftig" wäre. Er weist den „gewöhnlichen Irrtum" zurück, man könnte die „Psychologie" einsetzen für den Rückbezug des Äußeren der Institutionen oder Kunstwerke auf das Innere der Lebendigkeit und des Geistes. Dilthey sieht nunmehr (nach der Begegnung mit Husserl und der erneuten Besinnung auf Hegel), daß das funktionierende Rechtssystem, das als Zweckzusammenhang minimale Bedingungen des Zusammenlebens absichert, oder das Werk des Dichters ein „geistiges Gebilde von einer ihm eigenen Struktur und Gesetzmäßigkeit" ist. Das Verstehen dieser Gebilde ist nicht einfach Rückgang zu einem Autor, Leser oder Applikator (VII, 19, 84 f.). So tritt das hermeneutische Motiv in aller Bestimmtheit zu dem psychologischen; doch werden die Spielräume für diese Motive nicht durch den Rückgang auf das Leben und die zu ihm gehörende Realität der Zeit abgegrenzt. Man kann aber nicht davon absehen, wie die Gedanken dieses wirkungsmächtigen Lehrers von seinen Schülern weitergeführt wurden. Dilthey suchte z. B. in der Pädagogik Sein und Sollen zu verknüpfen und doch eine minimale Allgemeingültigkeit dadurch zu retten, daß er die Teleologie in der Erziehungswirklichkeit heraushob: das immer zu beachtende Zusammenspiel der einzelnen Funktionen des Seelenlebens als Ziel aller pädagogischen Bemühungen. Kam er damit aber nicht nur zu einer Leerformel, von der aus nur durch einen Sprung zur konkreten Erziehungswirklichkeit zu gelangen ist? Diltheys Schüler Nohl führte die Pädagogik denn auch zurück auf die hermeneutische Auslegung der Erziehungswirklichkeit im ganzen; als diese Hermeneutik sich in historische Überlegungen verlor, fügte Flitner zur Rettung der ursprünglichen Dimension dem charakterisierenden Adjektiv „hermeneutisch" das Adjektiv „pragmatisch" hinzu. Theodor Litt sagte gegen Heidegger und auch gegen Dilthey, daß eine Theorie der Hermeneutik nicht selber wieder Hermeneutik sein könne, die Selbstbesinnung über der Hermeneutik stehe.[122]

Wenn die Pädagogik, die sich Dilthey anschloß, gerade in der Grundlegungsfrage zu antagonistischen Positionen kam, dann hob sie nur eine Zwiespältigkeit ans Licht, die bei Dilthey selber angelegt war, nämlich seinen Versuch einer Grundlegung der Geisteswissenschaften zwischen dem realpsychologisch-„transzendentalen" und dem hermeneutischen Ansatz schwanken ließ. Die Frage, wie Pädagogik in verbindlicher Weise möglich sei, ist keine müßige in einer Gesell-

---

[122] Theodor Litt: *Mensch und Welt*. München 1948. 328 ff. Bei Karl-Otto Apel hat Litt eine postume Wirkung erzielt, da Apel Litt gegen die hermeneutische Position ausspielt, vgl. seine *Comments* zu meinem Beitrag *Temporal Interpretation and Hermeneutic Philosophy*. In: *Phenomenology: Dialogues and Bridges*. Ed. by R. Bruzina and B. Wilshire. Albany 1982. 99 ff. Vgl. dagegen unten S. 331 ff. Zur Pädagogik s. Anm. 48.

schaft, in der der einzelne seinen Platz nicht mehr durch Tradition angewiesen bekommt, sondern durch die eigene Leistung und die Qualifikation für eine solche Leistung. Diese Bedeutsamkeit der Pädagogik ist aber charakteristisch für alle Geisteswissenschaften, insofern sie in einer Zeit, in der die Tradition ihre selbstverständliche Autorität verlor, den Menschen die Weisen der Lebensorientierung und Sinnsuche neu zu vermitteln suchen. Da die Kenntnis der Natur sich in geschichtlichen Kontexten aufbaut, umgreifen die Geisteswissenschaften die Naturwissenschaften, obwohl sie diesen als die „ungenauen" Wissenschaften suspekt sind. Kann man ihnen ihre Eigenständigkeit durch Abgrenzung sichern? Die beiden Wissenschaftsgruppen lassen sich anscheinend zurückführen auf eine Dualität, die von Descartes formuliert und dann dadurch umgeformt worden war, daß das „Ich denke" zur geschichtlich sich gestaltenden „Seele" wurde. Die äußere Wahrnehmung scheint auf eine Natur zu treffen, die relativ konstant ist; so kann diese äußere Wahrnehmung vor allem mit dem Raum verbunden werden, der sich geometrisch fassen läßt. Die innere Wahrnehmung nimmt zwar die äußere Wahrnehmung in sich auf, ist aber in ganz anderer Weise auf die Zeit bezogen: ich bin meiner selbst und der Gemeinschaften, in denen ich lebe, inne nicht als eines konstanten Etwas, sondern als eines Zeitlichen, dessen Zukunft noch aussteht, das immer neu abschiedlich sich in die Vergangenheit hinein entzieht. Dieser schwankende Boden ist der „feste Punkt", auf dem die Geisteswissenschaften mit der These von der „Realität" der Zeit zu stehen suchen. Die Neukantianer hatten die mathematische Physik, wie sie von Newton ausgebildet worden war, als Modell wissenschaftlicher Arbeit genommen und von ihrer generalisierenden Methode die idiographische Methode der Historie abgehoben. Folgt nicht auch Dilthey diesem cartesisch-kantischen Dualismus, wenn er schreibt: „Die Natur erklären wir, das Seelenleben verstehen wir" (V, 144)? Dilthey will jedoch das geschichtliche Leben mit seiner Individualisierung auf seine eigene Weise von Allgemeinheit, den Typus, bringen. Im Lauf seiner Arbeit orientiert er, der in einer Wendung gegen Hegel den geschichtlichen Geist als „Leben" versteht, sich in steigendem Maße am Modell der Biologie. Die Frage bleibt, ob er damit nicht nur den genannten Dualismus bricht, sondern auch das geschichtliche Leben als Thema der Geisteswissenschaften und die Geschichtlichkeit dieser Geisteswissenschaften selbst adäquat zu fassen vermag.

Der Erfolg, den die Aufsatzsammlung *Das Erlebnis und die Dichtung* hatte, brachte es mit sich, daß man Diltheys Grundlegung der Geisteswissenschaften als Geburt einer einseitigen Historik aus dem Geiste der Ästhetik verstand und in der Poetik das Diltheysche Modell der Geisteswissenschaften sah: Goethe hebt in seinen Gedichten, diesen Bruchstücken einer großen Konfession, aus Tiefen, die ihm selber unbewußt bleiben, geistige Gebilde heraus, die dann das volle Verständnis erst im Nachverstehen der Geisteswissenschaftler finden! Nicht von ungefähr greift Dilthey zu Goethe: dieser gibt, z. B. in der Lyrik der Straßburger Zeit, Symbole, die von allen nachvollzogen werden können; so kann Goethe später die Kunst als eine andere, eine zweite Natur auffassen. Diese Position Goethes vermag sich leicht mit einem Allesverstehen zu verbinden, dessen „Realpsychologie" pantheistische Voraussetzungen hat; sieht aber ein Kunstverständnis dieser Art z. B. die Eigenart der Allegorik christlicher Kunst, die nicht als tot und künstlich abgetan werden kann, weil sie vom Nullpunkt der Sinnerfahrung aus noch Sinn gewinnt, der aber gerade nicht mehr als eine andere Natur jedem zum Nachverstehen zugemutet werden kann? In jedem Fall kann diese ästhetische Orientierung Diltheys nicht der selbständigen begrifflichen Arbeit gerecht werden, wie sie sich auch in den Geisteswissenschaften findet. Aber dieser Zugang zu den Geisteswissenschaften ist in Wahrheit für Dilthey nicht der einzige. Dilthey hat in seiner Frühzeit nicht nur Mill aufgenommen, sondern sich im Alter wieder verstärkt aufklärerischen Tendenzen zugewandt. Die Einleitung zu der oft gehaltenen Vorlesung *System der Philosophie* weiß sich dem Lebensgefühl von Voltaire, Diderot und Friedrich dem Großen näher als dem Lebensgefühl von Goethe und Schiller; sie weist jene „Romantik" ab, die sich auch im Zeitalter einer verwissenschaftlichten Industriekultur am Vorbild Griechenlands oder an der religiösen Entwicklung Israels orientieren möchte. Nicht die Poetik als Goethephilologie, sondern die Ökonomie erscheint deshalb als die exemplarische Geisteswissenschaft. Man verkennt die Rede von den „Geisteswissenschaften", wenn man nicht sieht, daß für Hegel das Wort „Geist" ohne Adjektiv die sittlich-politische Sphäre meint (so in der *Phänomenologie*), daß für Dilthey die Ökonomie nicht aus den Geisteswissenschaften herausfällt, sondern in ihnen – die durchaus nicht nur die Philologien und Historien der „humanities" sind – eine zentrale Rolle einnimmt (VIII, 194 ff.).

Hat Dilthey nicht die Möglichkeiten der Geisteswissenschaften, auf das Leben zurückzuwirken, überschätzt? Gäbe es die Ökonomie, wie Dilthey sie forderte, so müßte sie zeigen können, daß der heutige Kampf um die Weltherrschaft zwischen Ost und West durch Thesen über Bedeutung und Struktur der Wirtschaft für das menschliche Leben unterbaut wird, in denen einzelne Aspekte dogmatisiert und ideologisiert werden. Die Hoffnung, nicht die dogmatisierenden, sondern die kritischen Elemente in Wissenschaft und Philosophie würden lebenswirksam, muß freilich zurückgeschraubt werden. Mag man dem Denken Hegels eine weltgeschichtliche Wirksamkeit zuschreiben, so hat dieses Denken in seiner konkreten Wirklichkeit doch kaum die Mitglieder der eigenen Familie erreicht; die Gedanken des angeblichen preußischen Staatsphilosophen waren allenfalls eine kleine zusätzliche Kraft zur Unterstützung und Klärung sowieso bestehender reformerischer wie reaktionärer Tendenzen. Dilthey erwartete aber von den Geisteswissenschaften und der mit ihnen verbundenen Philosophie gar keine Regulierung des Lebens, sondern nur die Steigerung der Besinnung. „Das Leben in seinem ruhigen Fluß", so heißt es in der späten Akademieabhandlung über den psychischen Strukturzusammenhang, „bringt Realitäten aller Art beständig hervor … Gesetze, Verordnungen, Religionsvorschriften wirken als zwingende Mächte und bestimmen den einzelnen." Es ist das Geschäft des Denkens, die Beziehung der Realitäten zueinander aufzufassen und auf den in ihnen enthaltenen Zusammenhang zu beziehen (VII, 6 f.). Einer Besinnung, wie Dilthey sie fordert, ginge es heute also nicht darum, nur etwas über Effektivität und Effizienz von Atomindustrie und -rüstung zu erfahren, sondern zu fragen, was dieser Komplex im Ganzen unseres Lebens soll. Vorschriften kann die Philosophie hier so wenig geben wie etwa in den rechtlichen Regelungen über so intime Dinge wie unser Zum-Leben-kommen und Sterben (da ja nicht einmal feststeht, ob in hundert Jahren Kinder noch in der heutigen Weise geboren werden).

Das Philosophieren Diltheys hat durchaus politische Voraussetzungen und Konsequenzen. Dilthey, in der Jugend durch die Enttäuschung nach 1848 geprägt und schließlich Bismarck und dem nationalen Anliegen zugewandt, hat den sozialen Aufbruch der Zeit nicht übersehen wollen. Aus seiner damaligen Perspektive hat er in abschließenden Ausführungen zur *Einleitung* die Gefahren, die beim Scheitern einer Grundlegung und In-Kraft-setzung der Geisteswissenschaften eintreten müßten, so formuliert: „Unser Glaube verfällt dann nicht den Naturforschern, sondern dem Papst zu Rom und der Herrschaft der slawischen Barbaren. Denn der Mensch muß an etwas glauben, das Sinn, Bedeutung oder Wert dem Leben gibt" (XIX, 379, 304). Was Dilthey über die Zeitgebundenheit dieser Äußerungen hinaus im Auge hat, das ist ein Fanatismus, der die Europäisierung der Welt durch Wissenschaft und Technik nur noch verwirft und nicht mehr bewältigt, also z. B. nicht zugestehen kann, daß auch die religiöse Tradition oder die eigene Herkunft wissenschaftlicher Forschung unterworfen werden. Es ist ferner die Verbindung berechtigter sozialer Tendenzen mit einem Fanatismus der Art, wie Dilthey ihn in der Energie der russischen Nihilisten kennenlernte. Auch Dilthey gesteht zu, daß ein Erkennen, das ständig neu an seine Grenzen stößt, „tragisch" ist; was aber wäre mit Sisyphus, wenn sein Stein einmal nicht den Berg wieder herabrollte, er nur noch oben auf dem Gipfel sitzen könnte? Dilthey selbst hat sich in der Absetzung von Vorgängern wie Mill und Lotze verstanden: „Mill ist dogmatisch aus Mangel an historischer Bildung", so notierte er sich zugunsten seines Ausgangs von der deutschen Historischen Schule in sein Exemplar von Mills *Logik* (V, lxxiv); gegenüber Lotze machte Dilthey immer wieder geltend, daß die Übernahme der mechanischen Weltansichten der Moderne nur noch einmal durch eine teleologische Metaphysik überhöht werde. Heute sehen wir Dilthey eher im Kontext jener Geister, die erst spät in das Licht der Öffentlichkeit traten – der Kierkegaard, Marx, Nietzsche. Aber wenn Kierkegaard weiß, daß das Heil auf Seiten des Religiösen ist und vom Ästheten verfehlt wird, Marx Kräfte und Zielrichtung der Geschichte angibt, Nietzsche den Willen zur Macht unabwertbar auf sich stellt, dann sind sie es und jene, die ihnen folgen, welche die „Zerstörung der Vernunft" betreiben und mit ihren angeblich kritischen Theorien zwar immer die anderen, aber nicht – wie Dilthey in seiner Besinnung auf die Endlichkeit des Erkennens und Wollens – sich selber in Frage stellen.

Gerade von den Geisteswissenschaften glaubt Dilthey sagen zu können, daß sie in der Erfahrung wurzeln: sie erwachsen aus der Auslegung der Selbsterfahrung des Lebens und damit der „Tatsachen" des Lebens, die freilich Tathandlungen sind oder Zweckzusammenhänge als zeithafte Prozesse. Die These von der Realität der Zeit führt Dilthey ab sowohl von einer Philosophie der Substanz wie von einer

Philosophie des Selbstbewußtseins; Dilthey gibt das Denken aber nicht dem bloßen Skeptizismus und auch nicht dem bloßen Relativismus anheim. Mit der traditionellen Philosophie, die die Zeit zum Abbild der Ewigkeit macht oder die Realität der Zeit durch die Behauptung ihrer Phänomenalität überspielt, hatte auch Bergson Schluß gemacht, als er 1889 seine These über die „unmittelbaren Gegebenheiten des Bewußtseins" vorlegte, die in der deutschen Übersetzung den treffenden Titel *Zeit und Freiheit* trägt. Die Grundgegebenheiten sind nun nicht mehr die quasimetaphysischen Postulate Unsterblichkeit und Gottheit; Grundgegebenheit ist das Faktum der Dauer, das heißt der realen oder gelebten Zeit. Da Vergangenheit und Zukunft in dieser Dauer lebendig ineinanderspielen, kann sie nicht quantifizierend vom Raum her erfaßt werden. Das Ineinanderspielen erbringt einen Spielraum für Freiheit, die nunmehr nicht das Durchbrechen der Kausalität und ein Jenseits zu dieser ist. Wenn Bergson seine These erkenntnistheoretisch, dann evolutionstheoretisch und zur Deutung der Quellen von Religion und Moral ausbaut, dann richtet er das Denken auf eine „Intuition" aus, die freilich intuitionistisch mißverstanden wurde. Wenn Dilthey schrieb, wir brauchten „nicht in die Intuition zu flüchten und den Begriffen zu entsagen", so war das auch Bergsons Meinung; doch glaubte Dilthey sich in einer Randnotiz zu einem Buch über Bergson auf die Opposition gegen die Gegenüberstellung von Intuition und Verstandeslogik versteifen zu müssen: „Dieser ganze Dualismus ist eine Chimäre" (VII, 280; V, cvi). In der Tat geht Dilthey mit aller Entschiedenheit davon aus, daß das eine Erkennen sich in einer Pluralität des Erfahrens und der Methoden verwirklicht. Die Behauptung dieser Pluralität ist die Wendung, die Dilthey jener Philosophie gab, die nach dem Ende der Philosophie der Substanz und des Selbstbewußtseins sich entscheidend durch die Berücksichtigung der Realität der Zeit ausgestaltete.

b. Realität der Zeit

Fast hundert Jahre nach dem Erscheinen der ersten beiden Bücher der *Einleitung in die Geisteswissenschaften* sind im Band XIX von Diltheys *Gesammelten Schriften* die Pläne und Ausarbeitungen zur Fortsetzung dieses Werks aus den verschiedenen Jahren vorgelegt worden. So ist Dilthey nunmehr auch als systematischer Philosoph zu würdigen. Dilthey entfaltet freilich unter den Bedingungen der immer weniger übersehbaren Arbeit in den einzelnen philosophischen und wissenschaftlichen Disziplinen die philosophischen Grundfragen von einer speziellen Frage aus, nämlich der Frage nach der Rechtfertigung geisteswissenschaftlicher Arbeit. Auch in diesen Fragmenten zur Fortsetzung seines Werks hat Dilthey noch wichtige systematische Verschiebungen vorgenommen. Der historisch-destruktive Teil der *Einleitung* sollte im dritten Buch über Erfahrungswissenschaften und Erkenntnistheorie seinen Abschluß erreichen, das vierte Buch über die Grundlegung der Erkenntnis dann über die Tatsachen des Bewußtseins, die äußere und die innere Wahrnehmung handeln. Im *Berliner Entwurf* von 1893 stellte Dilthey das vierte Buch aber unter den Titel *Das Leben,* um der psychologischen und anthropologischen Grundlegung eine „biologische Breite" zu geben (was Plessner später in seiner Weise versuchte). Die Kapitel über äußere und innere Wahrnehmung rückten in das fünfte, logisch-erkenntnistheoretische Buch. Die Polemik gegen Kant zugunsten der Realität der Zeit hatte freilich früh schon in Diltheys Logik-Vorlesung ihren Platz; die biologische Erweiterung führte zu einer Umformung der Logik und Erkenntnistheorie, die man hermeneutisch nennen darf: die einseitige Ausrichtung der Aristotelischen Hermeneutik wird abgebaut, die sich auf die Aussage konzentriert, welche wahr und falsch sein kann; Dilthey will den Imperativ, den Wunschsatz und die Bitte, die sich auch in Sätzen aussprechen können, gleichursprünglich berücksichtigen und das Denken in seiner sprachlichen Verwirklichung als „Funktion des Lebens" nehmen (XIX, 318 ff.). Das sechste Buch, das mit der Thematik des Geistes die Vorwegnahmen des ersten Buches präzisieren sollte, bekam in einer aktualisierenden Wendung den Titel *Von der Macht des Menschen durch das Wissen und den Grenzen derselben* (XIX, 327).

Achtet man darauf, daß die innere Wahrnehmung nach Dilthey mit der „Realität der Zeit" verknüpft ist, dann kann sich zeigen, daß die „hermeneutische" Wende des späten Dilthey konsequent aus der Radikalisierung der systematischen Grundfragen erwächst. Freilich bedürfte der Kontext, in dem Diltheys Lehre von der Realität der Zeit steht, einer genaueren Darstellung, da er im Laufe der Jahre wichtigen Differenzierungen und auch Veränderungen unterworfen wird; hier kann jedoch nur an die Grundzüge erinnert werden. Dilthey geht von den Tatsachen des Bewußtseins, dem Erfahrungsstandpunkt gegenüber dem Leben aus. Der erste Satz ist für ihn der Satz der Phänomenalität: was für uns da ist, muß (als „Phänomen") im Bewußtsein, dem Erleben des Lebens, gegeben sein (XIX, 58 ff.). Der zweite Satz faßt dieses Bewußtsein und Erleben als eine Totalität von Denken, Wollen, Fühlen, die nicht unter den Vorrang des Theoretischen gestellt werden darf. Eine „Fundamentalphilosophie" muß davon ausgehen, daß die Tatsachen dieser Totalität nicht Phänomene sind, sondern „Realität haben". Die Aufschlüsselung dieser Tatsachen ist aber der Verarbeitung der Erfahrung anheimgegeben, so daß es „keine absolute Philosophie" gibt, sondern Problemlösungen nur in den Grenzen der Epoche (XIX, 88 ff.). Allgemeingültig ist die Unterscheidung zwischen äußerer und innerer Wahrnehmung. Trotz des Satzes der Phänomenalität will Dilthey der wahrgenommenen Außenwelt „Realität" sichern, wenn auch in anderer Weise als dem Erleben.

Die Frage nach dem Ursprung unseres Glaubens an die Realität der Außenwelt und seinem Recht ist von Dilthey in einer eigenen Abhandlung beantwortet worden (V, 90 ff.). Durch „Trugschlüsse", so hält Dilthey fest, wird der Satz der Phänomenalität zum „Phänomenalismus", nämlich zu der These, daß wir den Zusammenhang der Bestandteile unseres Bewußtseins nicht zu überschreiten vermögen. Eine Realität der Außenwelt ist aber nicht Sache einer „unmittelbaren Gewißheit"; gegen entsprechende Lehren Jacobis verteidigt Dilthey mit Helmholtz die „Intellektualität" auch einfacher Gesichts- und Tonwahrnehmungen. Die Realität der Außenwelt kann auch nicht durch Schlüsse gesichert werden, die etwa von der Unabhängigkeit unserer Empfindungen vom Willen ausgehen. Diese Realität wird gewiß, wenn wir nicht nur „sehen", sondern mit der Totalität des Seelenlebens im Ding einen Widerstand gegen unsere Impulse finden, so daß wir im Ding analog zur Energie in uns eine „Kraft" ansetzen müssen, die von uns getrennt ist. Ausarbeitungen, die dieser Abhandlung vorausgehen und systematisch umfassender ansetzen, gehen davon aus, daß es für ein reines Sehen Eigenschaften gebe, die sich im Raum erstrecken, aber keine „Realität" der Dinge. Da diese Realität durch die Widerstandserfahrung gesichert wird, ist der Tastsinn der Grundsinn. Dilthey betont jedoch, daß sich Gefühle und Erinnerungen an einfache Widerstandserfahrungen anschließen. Die „Realität", die sich so für ein vielfach vermitteltes Erfahren aufbaut, ist zu unterscheiden von den Qualitäten der Dinge und von ihrer Ordnung in

Raum und Zeit (XIX, 179). Vom Gesichtsfeld und von den Bewegungsgefühlen her entsteht als Wissenschaft des „inneren uns gegebenen Raums" die Geometrie; sie kann aber nicht als „Abbild" eines Raums überhaupt genommen werden, sondern ist nur „Zeichen", das erst auf seinen Realitätsbezug hin zu interpretieren ist. Die Gegenstände der mathematischen Naturwissenschaften sind folglich „Phänomene". Während die Realität der Außenwelt aufgehoben sein kann (so in der Phantasie), führt eine solche Aufhebung bei der inneren Erfahrung auch wieder zur Realität (z. B. eben der Phantasie). Es scheint also, als sei Räumlichkeit mit der äußeren Wahrnehmung zu verknüpfen, die Zeit in ihrer Realität dagegen mit der Realität des Lebens, das sich in innerer Wahrnehmung gegeben ist (XIX, 184 f.).

In frühen erkenntnistheoretisch-logischen Fragmenten hält Dilthey fest, daß der innere Bewußtseinszusammenhang ein „Zeitverlauf" ist und die Philosophie auf „die hohe See" gelangt, wenn sie von diesem Zeitverlauf aus den Schritt tut zum „geschichtlichen Prozeß der Entwicklung des Menschengeschlechts". Gerade dieser Zeit soll „Realität" gesichert sein, da in der inneren Wahrnehmung oder dem Innewerden des Lebens der „psychische Akt ist, weil ich ihn erlebe". Hier findet die Philosophie ihr „Dos moi pou stoo", da die Realität des eigenen Lebens und der Geschichte unmittelbar als Zeitverlauf gegeben und nicht zu bezweifeln ist: jeder vermag sich auf diese Realität zu beziehen und an ihr den Maßstab für die Überprüfung „realpsychologischer" Thesen zu finden (XIX, 42, 53 ff.). Zur Zeit der Veröffentlichung der *Einleitung* fragt Dilthey, ob sich nicht die Zeitlichkeit so als ein Ordnungssystem des Nacheinanders aufbauen lasse, wie das für die Räumlichkeit vom Tast- und Gesichtssinn aus geschehe. Die Zeit als Sukzession wäre dann eine Linie mit gleichwertigen Punkten, die sich nach der Vergangenheit und der Zukunft hin ins Endlose erstreckt; Bewegungen im Sonnensystem könnten Maßeinheiten wie Tag und Jahr abgeben und „Pendeluhren" schließlich das Messen von solchen allzu natürlichen Vorgegebenheiten ablösen. Dilthey besteht aber auf dem Unterschied zwischen der Räumlichkeit und der Zeitlichkeit: Räumlichkeit wird durch eine „unräumliche" Seele aufgebaut, die das, was draußen ist, innen wiederholt; die Zeitlichkeit, die wir draußen gewahren mögen, ist zugleich „Form unserer eigenen Lebendigkeit". Diese Lebendigkeit ist als „erfüllte Zeit" qualitativ in Zeiten unterschieden und damit nicht voll zurückführbar auf die quantifizierte Zeit. Der Gegenwart kommt die volle Wirklichkeit zu, in deren Korruptibilität freilich sich die Zeit auch als das alles Verzehrende geltend macht; Vergangenheit bleibt als Erinnerung, Zukunft wird als mögliche erwartet. Gegenwart aber reißt ständig so zur Vergangenheit hin ab, daß die Lebendigkeit sich qualitativ nach verschiedenen Zeiten hin unterscheidet. Diese können nicht als ein „Schein" bezogen werden auf ein Ordnungssystem, in dem das Nacheinander als gleichzeitig gesetzt und in diesem Sinne „ewig" ist (XIX, 211 f.).

Trotz der angeführten Äußerungen über die „unräumliche" Seele berücksichtigt Dilthey gelegentlich, daß auch die geistigen Realitäten ihre Weise der Räumlichkeit haben. Freilich bleiben Diltheys Hinweise auf den Raum, wie er für „psycho-physische Wesen" vor der Geometrisierung da ist – etwa auf das verstehende Sichbewegen in einer architektonisch gestalteten Räumlichkeit – merkwürdig undifferenziert (XVIII, 192; VII, 208). Dilthey vergißt schließlich nicht, daß auch die Naturwissenschaften von der Zeit als einer meßbaren Gebrauch machen. In seinen späten Ausarbeitungen unterscheidet Dilthey klar die phänomenale Zeit, bei der Kant zwischen Aufeinanderfolge, Dauer und Gleichzeitigkeit differenzierte, vom „Erlebnis der Zeit". Mag die erstgenannte Zeit in die Grundlagen der Naturwissenschaft eingehen – die erlebte Zeit mit ihrer „Realität" wird von den Zeitverhältnissen der phänomenalen Zeit zwar „umspannt", aber nicht „erschöpft" (VII, 193). Zur Zeit der Publikation der *Einleitung* gesteht Dilthey dem Menschen zwar die (vergebliche) Tendenz zu, durch „Mystik" der Korruptibilität des Zeitlichen entrinnen zu wollen. Er glaubt jedoch, in Kant den schärfsten Gegner der Realität der Zeit bekämpfen zu müssen: Kant habe die äußere und die innere Wahrnehmung nicht so „zerlegt", daß das Eigentliche der Zeit, nämlich die Realität der Zeit als eines Zeitverlaufs im Gegensatz zur Phänomenalität der geometrisierten Räumlichkeit, herausgekommen sei (XIX, 211). Der „Grundfehler" Kants liege in der „Ausdehnung des Begriffs von Erscheinung auf die inneren Erfahrungen". Kant habe zu Recht die Zeit als eine Bedingung apriori gesehen, aber dann zu Unrecht mit Hilfe der Antinomie zwischen der Anfangslosigkeit der Welt und dem Anfangen in der Zeit die Zeit für subjektiv erklärt. Wir haben Wirklichkeit als „erfülltes Leben" in der Gegenwart, die als Verlauf gegeben ist, jedoch von der jetzt nur vorgestellten Vergangenheit und Zukunft unterschieden werden muß; die Anschaulichkeit der Außenwelt verführt dazu, die Zeit als Form zu nehmen, welche Elemente zusammenfaßt, nämlich als Linie für gleichförmige Punkte. Die qualitative Unterschiedenheit der Teile der Zeit wird so für die Intelligenz zur bloß unterschiedlichen Stellung einzelner Teile in einem Ganzen. Für die Zeit des „erfüllten Lebens" gesteht Dilthey zu, daß ihr Maß „subjektiv", nämlich „für verschiedene Organismen ein verschiedenes" ist. Dilthey erinnert daran, daß wir in einer bestimmten Zeit, etwa einer Sekunde, nur eine bestimmte Anzahl von Eindrücken unterscheiden können – eine Reflexion, die zu den bekannten Zeitfiktionen von Baers führte (XIX, 216 ff., 437).

Man mag fragen, ob Dilthey nicht den Sinn der Kantischen Argumentation verfehlt. Kant kennt sehr wohl auch eine „subjektive Zeit", aber um diese geht es nicht, wenn Wissenschaft in seinem Sinne erreicht werden soll. Kant will dartun, wie Wissenschaft möglich ist, und so muß er die Zeit als quantifizierte mit dem geometrisierten Raum verknüpfen, die Formen von Zeit und Raum zusammen mit den kategorialen Formungen als Form einem Stoff gegenüberstellen. Er erstrebt jedoch auch auf dem Feld der praktischen Vernunft Allgemeingültigkeit als Form dadurch, daß er den Stoff unserer Handlungen dem formal-allgemeinen kategorischen Imperativ als einem Maßstab zur Beurteilung von Sittlichkeit unterwirft. Hätte Dilthey sich nicht auf den Protest gegen eine solche Ethik beschränken sollen? Dilthey verwirft jedoch den Kantischen Begriff von Wissenschaftlichkeit, weil er einseitig an den Naturwissenschaften und deren Ausrichtung auf das Phänomenale gewonnen sei. In den *Ideen zu einer beschreibenden und zergliedernden Psychologie* greift Dilthey die Kantische Sonderung von Stoff und Form an als eine Zerreißung des „lebendigen Zusammenhangs": gegen Kant gelte es festzuhalten, daß die Form sich aus dem Stoff erhebe (V, 149 f.). Diltheys Lehre von der Realität der Zeit läuft also auf den Versuch hinaus, von den Geisteswissenschaften her eine Wissenschaftlichkeit zu rechtfertigen, die die Kantische Kritik als eine einseitig ausgerichtete überholt.

Diltheys Lehre von der Realität der Zeit meint nicht, daß es dem transzendentalen Idealismus entgegen um Dinge gehe, denen auch unabhängig davon, daß sie von uns aufgefaßt werden, Zeit zugesprochen werden soll. Dieses Problem diskutiert Dilthey auf seine Weise als Frage nach dem Recht des Glaubens an die Realität der Außenwelt. Die Lehre von der Realität der Zeit meint vielmehr, daß das Leben, dessen wir innewerden, nicht zum Phänomen erklärt werden kann, hinter dem erst in „falscher Transzendenz" etwas Transzendentes zu suchen sei (XIX, 437). Dilthey weiß, daß das Innewerden zu einem Auffassen wird (die apodiktische Evidenz, phänomenologisch gesprochen, noch keine adäquate zu sein braucht). Dieses Auffassen ist aber als Artikulation Ausarbeitung eines Keims, der immer der Realitätsbezug zukommt. In diesem Realitätsbezug hat das Innewerden eine Kontrollmöglichkeit für das Auffassen. Die Naturwissenschaften gehen dagegen auf Phänomene; da die Realität der Außenwelt erst durch die Widerstandserfahrung in der Totalität des Seelenlebens erschöpft wird, berührt die Erörterung des Realitätsbezugs der Naturwissenschaften ein geisteswissenschaftlich orientiertes Erkennen.

Zur Zeit der Publikation der *Einleitung* fügt Dilthey den Ausführungen über äußere und innere Wahrnehmung ein Kapitel an *Die Verbindung der äußeren und der inneren Wahrnehmung in dem Anerkennen und Verstehen anderer Personen.* Dilthey nimmt den Weg vom Äußeren (den Tränen oder dem Schriftstück) zum Inneren (dem Schmerz); ein Analogieschluß, der vom eigenen Erleben ausgeht, sichert das Verstehen fremder Personen ab. Dilthey fragt sich zwar, ob Frauen Männer verstehen können und Männer Frauen (eine Skepsis, die von Spranger noch in seine Jugendpsychologie eingebracht wird); im übrigen schreibt er ohne Skrupel: „Wir erfinden kein Gefühl, das wir nicht in uns erlebt haben. Wie dem Mammut oder verschiedenartigen Urtieren zu Mut gewesen sein mag, oder unseren Vorfahren, als sie noch mit diesen angenehmen Geschöpfen zusammenzuleben genötigt waren, ist uns nur verständlich aus unseren heutigen Gefühlen" (XIX, 223, 226, 205 f.). Es sind „pantheistische" Überzeugungen dieser Art, die dann z. B. den Spott Arnold Gehlens hervorgerufen haben, der auf Kulturschwellen wie die neolithische als mögliche Grenzen eines Verstehens aus der Analogie zum eigenen Erleben hinwies. Es kann kein Zweifel sein, daß der Zusammenhang von Erlebnis, Ausdruck und Verstehen seine Zweideutigkeit hat. Dürfen wir überhaupt unterstellen, daß alles Erleben in das eine und überall nachvollziehbare Leben gehöre? Dilthey macht darauf aufmerksam, daß oft nur der Ausdruck unbewußte Tiefen unseres eigenen Lebens an das Licht des Bewußtseins holt; so aber entsteht die Frage, ob das eigene Leben nicht unserem Auffassen fremd sein kann. Stärker könnte diese Fremdheit noch gegenüber anderen sein. Dilthey selber fragt gegenüber dem Wirkungszusammenhang der Geschichte: „Gewiß ist alles Wechselwirkung seelischer Einheiten, aber auf welchem Weg finden wir nun Seele da, wo nicht Einzelseele ist?" (VII, 282) Dilthey trennt im allgemeinen streng die Hermeneutik als Nachverstehen anderen Lebens und die Selbstbesinnung. Er sagt schroff, daß der Mensch nicht durch Grübelei und psychologische Experimente sich erfahre, sondern durch Geschichte. Muß dieser Satz aber nicht dahin fortgeführt werden, daß Nachverstehen und Selbstbesinnung nicht ohne einander sind, daß das Verstehen sich aus dem Lebensbezug zu Anderen und in der Abhebung von Anderen aufbaut? (V, 180, 320) Da die Realität der Zeit für Dilthey Abhebung von Anderen und so Individuierung ist, ist das Schwanken zwischen Psychologie und Hermeneutik oder Selbstbesinnung und Nachverstehen damit verknüpft, daß die Lehre von der Realität der Zeit zu wenig nach ihren Konsequenzen hin ausgearbeitet wurde.

c. Phänomenologie der Zeit

Eine Phänomenologie der Zeit schließt schon im Titel die Überzeugung ein, daß eine Realität der Zeit nicht vorausgesetzt werden darf, daß vielmehr die selbstverständliche Verknüpfung von Zeit und Realität aufzugeben und erst zu fragen ist, wie der Zeit Realität zugesprochen, die Realität der Zeit von der Realität der Außenwelt unterschieden werden kann. Kann die Phänomenologie der Zeit somit den blinden Fleck aufhellen, der in der Mitte von Diltheys Systematik durch das Ausbleiben der angekündigten Abhandlung der Realität der Zeit entstand?

Als Dilthey sich Husserl näherte, hatte er dessen *Logische Untersuchungen* in der ersten Fassung vor Augen, die noch nicht durch die Einführung des „transzendentalen Ichs" korrigiert oder auch bis zur Ausschaltung und Umgestaltung ganzer Abschnitte deformiert waren. Dilthey bestätigt in den Arbeiten zum *Aufbau* vor allem, daß er den „epochemachenden" *Logischen Untersuchungen* Entscheidendes für die „streng deskriptive Fundierung" einer „phänomenologischen" Erkenntnistheorie verdanke (VII, 14, 10, 39 f., 322). Rang Dilthey um Grundkategorien, so entfaltete der jüngere Forscher entschlossen exemplarische logische Grundverhältnisse wie die zwischen dem

Ganzen und den Teilen; Dilthey suchte jedoch „Lebenskategorien", und so bleibt zu fragen, ob die Übereinstimmung nicht nur eine scheinbare war. Wie durch Hegel, so konnte Dilthey sich auch durch Husserls psychologisch unterbaute Absetzung vom Psychologismus in der hermeneutischen Tendenz gestärkt fühlen, geistige Gebilde ohne Rückbeziehung auf ihren Träger auf ihren Sinnzusammenhang hin zu befragen. Ging es Husserl jedoch um Bedeutung, so Dilthey um eine Bedeutsamkeit, die die Prozeßhaftigkeit in sich trägt, ohne daß sie einen teleologischen Abschluß erreichen müßte. Der Individuierung, in der Dilthey die Bedeutsamkeit festmacht, entspricht die Unergründlichkeit der Wirklichkeit, und so kann Dilthey in der Weise, in der Husserl strenge Wissenschaftlichkeit fordert, nur eine Illusion sehen, die die erreichbare Wissenschaftlichkeit und Strenge überspringt. Als Husserl 1911 in seinem berühmten *Logos-Aufsatz* Dilthey der Weltanschauungsphilosophie und dem historischen Relativismus zuordnete, mußte Dilthey sich dessen bewußt werden, daß die beiden Wege sich nicht treffen konnten (wovon Husserl, dem Diltheys Werk kaum näher bekannt war, in dem damaligen Briefwechsel träumte).

Dilthey weist in dem späten Aufsatz über das Problem der Religion der Religionswissenschaft die Aufgabe zu, die Wunde zu heilen, die sie geschlagen habe, nämlich die aufgewiesene Relativität der verschiedenen Religionen nicht zur Zerstörung der Religiosität werden zu lassen. Hier verweist Dilthey auf seine „Auseinandersetzung mit Husserl" (VI, 303, 321). Husserl hatte brieflich ja seine transzendental-eidetische Phänomenologie an der Unterscheidung zwischen dem „rein Idealen" der Religion und den Exempeln für das Historisch-Faktische der vielen Religionen erläutert. Der Tod hat Diltheys Auseinandersetzung mit Husserl nicht zur Ausarbeitung kommen lassen; wichtige Hinweise auf sie gibt es gleichwohl. Die Überarbeitung der Poetik nimmt Husserl mit Brentano zusammen (der wie Dilthey von Trendelenburg herkam und nach Dilthey auf Mill zurückging); Dilthey attestiert Brentano wie Husserl nun aber nur „in gewissen Grenzen" das „indirekte Verfahren", vom Ausdruck aus (hermeneutisch und nicht durch Intuition) das Leben zu verstehen, das Erleben mit seinen Strukturen als „Funktion" des Lebens zu fassen und so Kants Gegensatz von Form und Inhalt auszuschließen (VI, 318). Die Fragmente zum *Aufbau* werfen Brentano „psychologistische Scholastik" vor:

„Denn sie schafft abstrakte Entitäten, wie Verhaltungsweise, Gegenstand, Inhalt, aus denen sie das Leben zusammensetzen will. Das Äußerste hierin Husserl" (VII, 237). Die Kritik, die Husserl 1925 in der Vorlesung über phänomenologische Psychologie gegen Dilthey richtete, könnte zum mindesten zeigen, wie die Probleme der Geisteswissenschaften, die Dilthey sah, der Naivität Husserls trotz aller Überwindung des abstrahierenden Wegs zum Allgemeinen durch den Weg der Variation fremd blieben. Wenn Husserl im *Logos-Aufsatz* die „Wesensschau" abgrenzt von der „Erfahrung" im Sinne von „Wahrnehmung, Erinnerung oder gleichstehenden Akten", dann notiert Dilthey an den Rand: „Echter Plato! der erst die werdenden fließenden Dinge im Begriff festmacht und dann den Begriff des Fließens zur Ergänzung danebensetzt" (V, cxii). Dilthey konnte Husserls berühmte Vorlesung vom Winter 1904/1905 nicht kennen, die nach den logischen Untersuchungen der höheren Erkenntnisakte nun „niedere" Akte wie Wahrnehmung, Phantasie, Bildbewußtsein und in diesem Zusammenhang schließlich auch das Zeitbewußtsein analysierte; Dilthey erfaßt aber genau den Ansatz Husserls, für den die Realität der Zeit und damit Individuierung und Geschichte nicht etwas Erstes und Letztes waren, sondern immer nur das, was auf die begrifflich-strenge Wissenschaft hin zu übersteigen ist, mag diese Wissenschaft schließlich auch zur regulativen Idee eines unabschließbaren Prozesses werden.

Als Scheler, Bergson und Heidegger Dilthey in die Umgestaltung der Phänomenologie aufgenommen hatten, Misch von der Dilthey-Schule her die Auseinandersetzung mit der Phänomenologie begann, tat Husserl 1930 im Nachwort zu seinen *Ideen* und 1931 in dem Berliner Vortrag *Phänomenologie und Anthropologie* die Philosophie des Lebens, die Philosophie der Existenz und die neue Anthropologie zusammen in den Bann des Anthropologismus. Dieser Zerstörung der transzendentalen Phänomenologie in der vielgestaltigen Krisis der Zeit entgegenzutreten, darin sah Husserl nunmehr seine Aufgabe. Die Ausarbeitung des Wiener Vortrags über die Philosophie in der Krisis der europäischen Menschheit geht aus von der Frage, die in einer noch weniger gefährdeten Zeit für Dilthey leitend gewesen war: warum versagen die so reich entwickelten Geisteswissenschaften in der heutigen Krisis „den Dienst, den die Naturwissenschaften in ihrer Sphäre vortrefflich üben?" (*Husserliana* VI, 315). Husserl hält Einstein vor, daß er gar nicht erst frage, wie die mathematische Objektivierung in seinen Formeln „auf dem Untergrund des Lebens und der anschaulichen Umwelt Sinn" bekomme. Einstein reformiere nicht „den Raum und die Zeit, in der sich unser lebendiges Leben" abspiele. Dilthey dagegen, „einer der größten Geisteswissenschaftler", habe „seine ganze Lebensenergie" an die Klärung der Beziehung von Natur und Geist gesetzt; aber er, der südwestdeutsche Neukantianismus und auch die neue Ganzheitspsychologie hätten den „Objektivismus" nicht gebrochen und den verkehrten Dualismus beibehalten, der Natur und Geist aufeinander aufbaue. Husserl selber wagt den Satz: „Die Universalität des absoluten Geistes umspannt alles Seiende in einer absoluten Historizität, welcher sich die Natur als Geistesgebilde einordnet" (343 ff., 347).

Wie die absolute Historizität, in der der historische Geist die begegnende Natur mitaufbaut, gemeint ist, zeigen die Ausarbeitungen zur *Krisis* im ganzen. Husserl geht nun davon aus, daß die Epoché, die zum transzendentalen Ich hinführt, nicht unvermittelt durch einen Sprung zu erreichen ist, sondern aus der Lebenswelt herausgearbeitet werden muß, in der das Ich in geschichtlich sedimentierten Horizonten mit den Dingen und den anderen Menschen zusammen ist. Wie ist dann Wissenschaft, die von einer urtümlichen Gegenwart als dem Selbstgegebenen lebt, möglich? Vergangenes, das sich entzieht, muß dennoch festgehalten, in der Wiedererinnerung neu aufgebaut werden; analog dazu muß in mir der Andere als Anderer konstituiert werden. Was selber in der Welt ist, ein Teilbestand in ihr, muß seine natürliche Einstellung auf Weltliches hin zugunsten der Einstellung eines „uninteressierten Betrachters" brechen und durch den Vollzug der Epoché das „transzendentale Ich" erreichen, „aber nicht als realen Teil oder eine Schichte" der Seele, sondern als ein Feld, das zuerst als das „Bodenlose" erscheint und nur durch Äquivokation „Ich" heißt (183, 190, 185, 188). Die Paradoxie, daß Innerweltliches und Konstituiertes Welt im ganzen konstituiert, löst sich dadurch, daß dieses Innerweltliche gerade auch mit seinen Lebenswelten in der Selbstbesinnung Phänomen wird, das auf den Sinn seines Erscheinens erst befragt werden muß. Auch das „größte aller Rätsel", das Sein der Welt selbst, wird verständlich gemacht, so daß nichts Unergründliches zurückbleibt. Das transzendentale Feld zeigt sich als eine urtümliche „Gegenwart", die erst Zeit aus sich entläßt. Gerade in der Auffassung der Zeit weicht

Husserl völlig von Dilthey ab: „wir Menschen" in unserer Lebenswelt sind nicht „Realitäten" gelebter Zeit, die wir als etwas Unreduzierbares nur ausartikulieren können; diese Realitäten sind auch nur Phänomene, deren Sinn verständlich gemacht werden muß. Strenge Wissenschaft muß das tun, dessen Möglichkeit Dilthey bezweifelte: eine wirklich universale und radikale Epoché durchführen (184, 186).

Diltheys Lebensphilosophie läßt sich nur dann auf Husserls Phänomenologie der Lebenswelt beziehen, wenn man Husserls Intentionen in ihr Gegenteil verkehrt; so ist es allerdings geschehen, als nach dem Zweiten Weltkrieg die Texte zur *Krisis* an das Licht der Öffentlichkeit kamen. Indem man Hegels *Phänomenologie* und deren Fortsetzung bei Kierkegaard und Marx in Husserl hineintrug und Heidegger im Sinne hatte, wenn man Husserl sagte, sah man in dem Satz vom ausgeträumten Traum einer Philosophie als strenger Wissenschaft nicht die bittere und erbitterte Abwehr dessen, was Husserl in seiner Zeit geschehen sah, sondern eine Ansicht von Husserl selbst. Als Husserl in den zwanziger Jahren zum führenden Philosophen seiner Zeit geworden war, haben ihm die Jüngeren in Dissertationen, Habilitationen und anderen Arbeiten schon viele Kuckuckseier in das Nest der Phänomenologie gelegt: Ingarden Bergson, der junge Ebbinghaus Hegel, Becker seine Philosophie der Mathematik und des Ästhetischen, Kaufmann und Landgrebe Yorck und Dilthey, Lévinas eine Kritik der Intuition. Husserl war großzügig im Gewährenlassen; als jedoch Scheler und Heidegger mit Dilthey und Misch zusammenzugehen schienen, war seine Abwehr eindeutig, obwohl er weiter die Leitworte seiner Gegner aufnahm, um sie zurechtzurücken. Heidegger hat im Rückblick festgehalten, daß er *Sein und Zeit* nicht aus Bergson, Spengler, Kierkegaard, Dilthey und Husserl zusammengesetzt habe, vielmehr von eigenen Gedanken aus eine Auseinandersetzung geführt habe. „Ich habe mich", so sagte er 1928 in seiner Vorlesung, „schon mit Kierkegaard auseinandergesetzt, als es noch keine dialektische Literatur gab, und mit Dilthey, als es noch unanständig war, ihn in einem philosophischen Seminar zu nennen." Wenn die Antrittsrede in der Heidelberger Akademie festhält, was die „erregenden Jahre zwischen 1910 und 1914" brachten, dann werden neben Nietzsches *Willen zur Macht*, den Übersetzungen von Kierkegaard und Dostojewski auch Diltheys *Gesammelte Schriften* genannt. In der Tat zitiert Heideggers Habilitationsschrift ein Wort Diltheys über

Duns Scotus offenbar aus dem Band II der *Gesammelten Schriften*, der 1914 als erster der Reihe erschien. (Auch Oskar Becker wies gerade auf diesen Band hin, der mit seinen Analysen zur Entstehung einer neuen Auffassung des Menschen seit der Renaissance einen vielfach übersehenen Dilthey zeigt.) Im Sommer 1923 nannte Heidegger seine Vorlesung *Ontologie* mit einem zweiten Titel *Hermeneutik der Faktizität*. Später hat Heidegger im Sammelband *Unterwegs zur Sprache* festgehalten, daß er den Titel „Hermeneutik" aus der Theologie kannte und dann bei Dilthey wiederfand, der den Titel seinerseits aus der Theologie, vor allem der Beschäftigung mit Schleiermacher, gehabt habe. Freilich gehört die Hermeneutik bei Dilthey zum Nachverstehen anderen Lebens, nicht zur Selbstbesinnung; doch spricht Dilthey nicht nur von Winckelmanns Interpretationskunst als einer Hermeneutik, die das Wesen der Kunst in einer exemplarischen Geschichte fand, sondern auch von der Hermeneutik einer Organisation wie des Staates: er hofft, daß die Hermeneutik nach ihrer Ausbildung und Umbildung in Antike, Reformation und Romantik sich nunmehr mit den Fragen der Erkenntnistheorie und der Grundlegung der Geisteswissenschaften verbindet. So konnte Heidegger die Interpretation des faktischen Lebens, das historisch ist, als Hermeneutik fassen und in ihr Ontologie verwurzeln. Der Ausdruck „Faktizität" gibt wieder, daß es nicht um ein leeres Daß geht, sondern um ein Daß, welches sich zum Was und zum „Eidos" öffnet, so nicht bloße Realisierung eines Was ist, sondern ein Wie-Sein in der Zeit. Der Ausdruck bringt also zur Sprache, was Dilthey mit seiner Rede von der Realität der Zeit meinte.[123]

Heidegger hatte sich die klassische philosophische Tradition so angeeignet, daß er in seiner Habilitationsschrift und im Habilitationsvortrag die Zeit (etwa der zerstreuten Wertgestaltung) auf die Ewigkeit der Werte selbst bezog (die aeternitas als Einsammlung des Zerstreuten von seinem Wesen her in eine bleibende Ordnung). Wenn

---

[123] Vgl. *Diltheys Gesammelte Schriften*. Band 8. 267; Band 7. 265, 217 f., 287 ff.; ferner Dilthey: *Das Erlebnis und die Dichtung*. Leipzig und Berlin ⁶1919. 317. Heidegger über sein Dilthey-Studium: *Metaphysische Anfangsgründe* (s. Anm. 35) 178. Im September 1920 schreibt Heidegger an Löwith, er habe im Sommer für seine Vorlesung Husserls Dilthey-Exemplare benutzt, dazu Exzerpte und auch Abschriften, die er sich 1909/1910 als Theologe gemacht habe. Vgl. auch O. Pöggeler: *Heideggers Begegnung mit Dilthey*. In: Dilthey-Jahrbuch 4 (1986/1987) 121 ff.

Heidegger unter den Erschütterungen des Ersten Weltkriegs diese Position aufgab, machte er dafür das Problem der Geschichte verantwortlich (so 1919 in einem Abschiedsbrief an seinen theologischen Freund und Förderer Krebs). Geschichte war einmal jene Geschichte unvergleichbarer Individuationen, wie sie von jenem neuzeitlichen Historismus herausgestellt wurde, dessen geheime Philosophie Dilthey auf den Begriff zu bringen suchte; Geschichte war aber nach Heidegger vor allem das, was in der neu entdeckten Eschatologie erfahren wurde, die z. B. in der Theologie des Apostels Paulus die letzten Dinge in einem unableitbaren und unverfügbaren Kairos geschehen läßt. Wird aber eine begriffliche Philosophie, die auf Allgemeines geht, nicht unmöglich, wenn das Leben als faktisch-historisches von der Eschatologie her erfahren wird? Heidegger sucht seine Phänomenologie des Lebens aus der Mitte der klassischen Philosophie selbst zu rechtfertigen: von Aristoteles her, der im sechsten Buch der *Nikomachischen Ethik* die Situation und deren Logos entdeckt, diese Entdeckung in seiner Lehre vom Sein und von der Zeit nicht angemessen durchgehalten haben soll. Von einer Phänomenologie her, die Kierkegaards indirekte Mitteilung in sich aufgenommen hatte, glaubte Heidegger der Philosophie ein Angebot machen zu können, damit diese die Flucht in die Bergsonsche Intuition vermeiden könne: formal-anzeigende Begriffe schließen eine Situation auf, ohne schon über die nötige (existenzielle, religiöse, politische) Entscheidung zu entscheiden. Nicht die Psychologie, sondern die Geschichte als eine Geschichte der Entscheidung wird nun zum Leitfaden der Phänomenologie. So wichtig Dilthey ist, so entschieden ist auch die Kritik an ihm: er sieht den Wirkungszusammenhang gemäß seinen humanistischen Ideen zuständlich und von außen und in diesem Sinne „ästhetisch". (Freilich verurteilt Heidegger selbst die Verschärfung des Lebens zur Existenz, wie Jaspers sie von den Grenzsituationen aus vornimmt, in seiner Rezension der *Psychologie der Weltanschauungen* als letztlich ästhetisch, nämlich „betrachtend".)

Als Heidegger im Sommer 1920 in der Vorlesung *Phänomenologie der Anschauung und des Ausdrucks* gemäß dem Untertitel „Theorie der philosophischen Begriffsbildung" vortrug, destruierte er einerseits Natorps Idee der Konstitution, andererseits Diltheys Idee des Wirkungszusammenhangs. Als Heidegger dann das faktisch-historische Leben als Dasein auffaßte und auf seinen Seinssinn hin befragte, kritisierte er sowohl die Ansätze von Husserl und Scheler wie von Dilthey als unzulänglichen „Personalismus". Von Diltheys Versuch, das „Leben" als die „Grundwirklichkeit der Geschichte" zu sehen, sagt die Vorlesung über den Zeitbegriff vom Sommer 1925, daß er durch den bloß wissenschaftstheoretischen Ansatz des südwestdeutschen Kantianismus trivialisiert worden sei; doch habe Dilthey auch selber zeitweise sein Anliegen mißverstanden. Dilthey sei in seiner „Unsicherheit" zu „keiner eigenen Methode" und zu „keiner eigentlichen Fragestellung" gekommen. Auf der anderen Seite gewann Dilthey ein Übergewicht über Husserls Intentionalitätsanalysen, da er den Vorrang der Theorie brach und vom vollen Leben in der Einheit von Denken, Fühlen und Wollen ausging, dieses Leben dann in die Geschichte hineinstellte. Wenigstens die Tendenz, die Seinsfrage zu stellen, wird Dilthey zugesprochen. Husserls „unmögliche" Stellung zum Problem der Geschichte im zweiten Teil des *Logos-Aufsatzes* habe „mit Recht das Entsetzen Diltheys hervorgerufen".[124] Die Vorlesung des folgenden Semesters konnte dann Diltheys „Umlegung" der Geschichtsforschung auf Geistesgeschichte parallelisieren mit der „Umwälzung in der heutigen Physik durch Einstein". Da Heidegger von Anfang seiner Arbeit bei Husserl an die „transzendentale" Phänomenologie im endlichen, historisch-faktischen Leben verwurzelte, konnte er schließlich in *Sein und Zeit* nicht ohne indirekte Polemik gegen Husserl das „ideale Subjekt" als ein „phantastisch idealisiertes" bezeichnen, dessen Begriff gerade das Apriori des nur „tatsächlichen" Subjekts, nämlich des Daseins, verfehle. Das tatsächliche Subjekt kann als ein zeithaftes auf die unterschiedlichen Weisen hin, wie es in die Ekstasen der Zeit entrückt ist, analysiert werden; die „Schemata" dieser Ekstasen aber geben ein Prinzipiengefüge, dessen unterschiedliches Zusammenspiel Seinsweisen wie Vorhandensein, Zuhandensein, existenziales Sein unterscheiden läßt. In der Vorlesung vom Winter 1925/1926 brach Heidegger seine Aristoteles-Interpretation ab, um von Kants Schematismuslehre her die Zeit als den Horizont der Unterscheidung unterschiedlicher Seinsweisen zu entfalten.

---

[124] Vgl. Heidegger: *Prolegomena* (s. Anm. 4) 19 ff., 163 f., 173, 165; zum folgenden vgl. Heidegger: *Logik* (s. Anm. 111) 17; *Sein und Zeit*. 229. Heideggers Vorlesung *Grundprobleme der Phänomenologie (1919/20)*. Frankfurt a. M. 1993, trägt Diltheys Ansatz in Husserls transzendentale Phänomenologie ein; *Sein und Zeit*. 373 ff., 387, 390 ist dann Kritik Diltheys und dieses unzulänglichen Dilthey-Bezugs.

Doch auch das so modifizierte Unternehmen von *Sein und Zeit* gab Heidegger bald auf, da dessen Ansatz sich in Aporien verstrickt hatte: die Geschichtlichkeit des Daseins soll herausgestellt werden, ohne daß näher berücksichtigt wird, was „objektiver Geist" genannt wird; Zeit und Geschichtlichkeit kommen zweimal vor – als Prinzipiengefüge für den Aufbau von Ontologie und als Medium, in dem jede Ontologiebildung sich vollzieht; der Raum, der gemäß der phänomenologischen Begründung von Geometrie vom erlebten Raum aus gesehen wird, soll dennoch mit Kant in die Zeit zurückgenommen werden. Ein Jahrzehnt nach *Sein und Zeit* brachten die *Beiträge zur Philosophie* eine Gründung des Daseins als des Zeitspielraums und der Augenblicks-Stätte der Wahrheit des Seins, die die früheren Aporien vermied: das Geschehen der Wahrheit wird bezogen auf seine jeweilige Bewahrung in den Werken der politischen, künstlerisch-religiösen und denkerischen Sphäre; diese Wahrheit erbringt als Ereignis aus ihrer Geschichte heraus das, was einmal Prinzip und System war; der Raum (der nach traditioneller Auffassung zusammenhält, so daß man in ihm umkehren kann) hält in seiner Gleichursprünglichkeit mit der Zeit deren Entrückungen in Zukunft, Gewesenheit und Gegenwart „berückend" so zusammen, daß das Dasein epochal es selbst und sich zueigen sein kann. Diese Erfahrung der Wahrheit des Seins als Seinsgeschichte muß die klassische Tradition verwinden, da diese als „Metaphysik" durch den Satz vom Grund bestimmt wird. Diese Wahrheit ist als Grund abgründig – für ihr Grundsein kann kein weiterer Grund angegeben werden, da erst in ihr das Fragen nach Gründen aufbricht; sie ist zugleich ungründig, da die eine gewährte Offenheit andere mögliche Offenheiten verstellt.[125]

Mußte Heidegger von diesem Denken aus nicht in neuer Intensität Dilthey begegnen, der ja von der Verfehlung der Metaphysik, der Unergründlichkeit der Wirklichkeit, der Endlichkeit jedes Erkennens gesprochen hatte? Die erste Nietzsche-Vorlesung zeichnet Dilthey zusammen mit F. Th. Vischer dadurch aus, daß sie deren Arbeiten zur Dichtung noch getragen sieht von den Überlieferungen Hegels und Schillers; der damals gerade erschienene Band XI von Dil-

---

[125] Heidegger: *Beiträge* (s. Anm. 37) 371 ff., vor allem 384 ff.; 31, 77, 308. – Zum folgenden vgl. Heidegger: *Nietzsche* (s. Anm. 86) Band 1. 107 f.; *Hölderlins Hymnen* (s. Anm. 27) 26 ff.; *Holzwege* (s. Anm. 80) 92, 103. Über Philosophie der Philosophie vgl. *Diltheys Gesammelte Schriften.* Band 5. XIII; Band 8. 204 ff.

theys *Gesammelten Schriften* wird benutzt. Aber schon die vorhergehende erste Hölderlin-Vorlesung hatte den Zusammenhang von Erlebnis und Ausdruck nur von den Perversionen her vorgestellt, wie sie sich bei Spengler, Kolbenheyer und Rosenberg finden. Eine Revision der Sicht Diltheys von dem Spätwerk her, das 1927 zusammen mit *Sein und Zeit* im Band VII der *Gesammelten Schriften* erschienen war, zeigt sich nicht einmal in Ansätzen. Dagegen dekretiert ein Zusatz zu dem *Weltbildvortrag* von 1938 genau das Gegenteil dessen, was der Fall gewesen war: Dilthey habe die Metaphysik „geleugnet", er habe schon ihre Frage nicht mehr begriffen und sei ihrer Logik hilflos gegenübergestanden. Die „Philosophie der Philosophie" sei die „vornehme Form einer anthropologischen Abschaffung, nicht Überwindung der Philosophie". Die Schuld für das Versagen Diltheys soll in der „anthropologischen Grundstellung" liegen, die nicht mehr nach dem Menschen frage, weil sie immer schon wisse, wer er sei. – Dilthey hatte die Philosophie in der Tat nicht überwinden, sondern in eine neue Wesensgestalt bringen wollen. Wie Misch notierte, hatte Dilthey die Rede von der Philosophie der Philosophie früh von Friedrich Schlegel aufgenommen; der späte Gebrauch dieser Wendung steht im Zusammenhang mit dem exemplarischen Aufsatz über das Wesen der Philosophie: Philosophie wird als ein Strukturzusammenhang verstanden, der eine bestimmte Funktion für das Leben hat, so gerade nicht starr auf Gegenstand und Methode festgelegt werden kann, wohl aber als Tendenz in seiner offenen Geschichte auf „Gesetzlichkeiten" und Motivation hin aufgeklärt werden kann.

Worin liegt das Motiv dafür, daß Heidegger nun jede Gemeinsamkeit mit Dilthey übersieht und leugnet? *Sein und Zeit* hatte schon mit dem Grafen Yorck den modernen Menschen, der durch die Renaissance heraufgeführt worden sei, als „fertig zum Begrabenwerden" erklärt. Eben diesem modernen Menschen folgt Dilthey; aber nicht Diltheys Überwindung der Metaphysik durch eine Klärung der Reichweite des Satzes vom Grunde wird für Heidegger verbindlich, sondern Nietzsches Kampf gegen den Sokratismus und den Leitfaden der Kausalität: zu geschichtlicher „Größe" scheint allein die tragische Auffassung der griechischen Frühe zu führen; damit verfällt alles, was seit Platon die Geschichte bestimmt hat, dem Verdikt des Nihilismus. Da Nietzsche diese Sicht der Geschichte vortrug, stellt er in die Entscheidung. Von Dilthey aus wird diese Entscheidung nicht nur nicht sichtbar; der Philosophie wird auch die Möglichkeit genommen, auf die Notwendigkeit der Entscheidung hinzuweisen: wenn das Erkennen verflochten wird in den Zusammenhang von Erlebnis, Ausdruck und Verstehen, dann wird die Geschichte zum „objektiven Geist" und damit zur vergangenen, schon objektivierten. Die Zukunftsdimension der Zeit findet kaum einmal die Aufmerksamkeit Diltheys. Es bleibt dem Leben überlassen, in seinem Fortgang die nötigen neuen Entscheidungen zu bewältigen. Daß gerade das Denken einen nötigen Übergang sichtbar zu machen, unter einen Anspruch zu stellen, zu einer Entscheidung wenigstens hinzuführen habe, kann zugunsten der Tendenz zur objektivierenden Wissenschaftlichkeit nicht zugelassen werden.

Bei Dilthey geht vor allem jene Radikalität verloren, mit der die metaphysische Tradition Zeit auf Ewigkeit bezog. Von diesem Bezug war Heidegger ausgegangen, und ihn hat er nie aus den Augen verloren. Wenn Spranger 1923 im *Logos* erklärte, Rickert, die Phänomenologen, „die an Dilthey anknüpfende Richtung" träfen sich in dem „großen Ringen um das Zeitlose im Historischen", dann konnte Heidegger 1925/1926 in seiner Vorlesung nur spotten: „stellen Sie sich vor: das große Ringen". Nietzsche dagegen war für ihn der Denker, der Zeit wieder auf Ewigkeit bezog: der Augenblick erscheint im *Zarathustra* als das Tor, auf das Vergangenheit und Zukunft zulaufen, so aber als Tor der Ewigkeit, nämlich als Öffnung auf die ewige Wiederkehr hin, die jedes Infragestellen des Lebens niederschlägt. Heidegger sieht im Gedanken der ewigen Wiederkehr den zentralen Gedanken Nietzsches, jedoch einen immer noch „metaphysischen" Irrweg. Er selbst bestimmt Ewigkeit mit Hölderlin als „vergängliche Ewigkeit" oder als „Vorbeigang": nimmt das Dasein seine Abgründigkeit und Ungründigkeit an, dann gewinnt es in seiner Augenblicklichkeit die Freiheit des Abtretenkönnens und in dieser seiner Erfüllung „Ewigkeit". In jedem Fall führt Heidegger mit diesen Gedanken die spekulative Tradition fort; ein Denken, das in der Weise Diltheys nur diese oder jene Grenze des Erkennens aufweist und sich nicht aus seiner eigenen Mitte heraus vor seine Abgründigkeit bringt, muß in seiner mangelnden Radikalität nach Heideggers Auffassung den Pervertierungen verfallen, die in der Zeit des Verendens der Metaphysik jedes Erkennen einschmelzen in den

Kampf um die Erdherrschaft mit Hilfe dieser oder jener Weltanschauung bzw. Ideologie.[126]

Nun ist es aber gerade Heidegger selbst gewesen, der sich unheilvoll in diesen Kampf verstrickte und aus den dabei gemachten Erfahrungen heraus die Wahrheit des Seins als das „Bodenlose" bestimmte. Dieses Bodenlose ist nicht das Bodenlose Husserls, das zu einer urtümlichen Gegenwart führt, deren Selbstgegebenheit Wissenschaft als unendliche Aufgabe möglich macht; es ist der abgründig-ungründige Grund, der in seiner Unverfügbarkeit jeweilig und überholbar Verbindlichkeit gibt. Hätte Heidegger hier nicht Diltheys Hinweis auf die Realität der Zeit aufnehmen können, in der nach Dilthey die Geisteswissenschaften nach ihrer spezifischen Arbeitsweise hin verwurzelt sind? Heidegger wagt jedoch letzte spekulative Bestimmungen und Unterscheidungen, wenn er gegen Nietzsche und die Tradition „Ewigkeit" neu und anders bestimmt. Nun mag man zugestehen, daß es für den Menschen die Erfahrung des „großen Mittags" geben kann, in der alle Dinge vollkommen werden, oder die Erfahrung des Vorbeigangs des Ewigen und Numinosen z. B. im Sinne eines tragischen Geschehens. Darf man aber diese Erfahrungen verabsolutieren zu der einen und einzigen Bestimmung von Ewigkeit? In einer solchen Verabsolutierung wird doch die Unterscheidung zwischen Phänomenologie und Metaphysik, wie Heidegger sie noch in *Sein und Zeit* machte, eingeebnet; die Philosophie (mit den Wissenschaften als ihren bloßen Nachläufern) wird der Dogmatisierung überliefert. Philosophie wird zwar nicht, wie Heidegger es Dilthey unterstellt, „vornehm" abgeschafft; aber sie geht doch in der Auseinandersetzung mit wenig vornehmen Tendenzen unserer Zeit verloren.

d. Hermeneutik und Selbstbesinnung

Hans-Georg Gadamer sieht durch Heidegger die Illusion aufgedeckt, die Husserl – noch und gerade in der *Krisis* – mit dem Neukantianismus teilte: „Es ist die Illusion, als könne je ‚die Wissenschaft' – wel-

---

[126] Zum „großen Ringen" vgl. Heidegger: *Logik* (s. Anm. 111) 91; ähnlich schon vorher *Ontologie* (s. Anm. 1) 42. Zur Ewigkeit als Vorbeigang vgl. *Hölderlins Hymnen* (s. Anm. 27) 54 ff., 110 ff.; *Beiträge* (s. Anm. 37) 407 ff. – Zum folgenden vgl. zum „Bodenlosen" *Parmenides* (s. Anm. 80) 223 f.

chen Stils immer – die Entscheidungen einer ‚universellen Praxis‘ tragen." Mag Heideggers Entlarvung dieser Illusion seinerseits „das Verhältnis der Philosophie zu den Wissenschaften auf eine gefährliche Weise" gelähmt haben – er hat den Weg geöffnet, die aristotelische Tradition der Praktischen Philosophie neu zu begründen.[127] Zwar wird zugestanden, daß die alte Praktische Philosophie als vernünftige Einweisung in Praxis im Zeitalter der Verwissenschaftlichung untergegangen sei; die dann entstandenen Geisteswissenschaften sollen aber zeigen, was einst das Charakteristikum der Praktischen Philosophie war: eine Wahrheit, die den üblichen methodischen Anspruch übersteigt. Wie Heidegger die Metaphysik auf eine verborgene Wahrheit hin befragte, so will Gadamer den Geisteswissenschaften diese Wahrheit abringen, die sich – z. B. im Umgang mit Kunst – der methodischen Absicherung entzieht. Für diese Zielsetzung ist eine neue Auseinandersetzung mit Dilthey unvermeidlich. Es ist Diltheys Gesprächsfreund Yorck, dessen radikalisierende Thesen die Brücke zurück zur großen philosophischen Tradition schlagen sollen. In *Wahrheit und Methode*, wo Husserls *Krisis* noch nicht wie in den späteren Aufsätzen entschieden von Heideggers Ansatz abgerückt wird, verbindet Yorcks Lebensbegriff den Hegel der *Phänomenologie des Geistes* mit der Phänomenologie der Lebenswelt; Dilthey aber wird von der vollen Wucht der Wissenschafts- und Fortschrittskritik getroffen, wie Heidegger sie unter dem Eindruck der inneren und äußeren Katastrophen der Weltkriegszeit entfaltete. Wenn Gadamer statt vom Wirkungszusammenhang von Wirkungsgeschichte, dazu von Zeitenabstand und Horizontverschmelzung spricht, dann zeigt sich, daß Dilthey sowohl nah wie fern ist und diese Zweiseitigkeit aus einer verschärften Sicht der „Realität der Zeit" erwächst.

Dilthey geht nach *Wahrheit und Methode* aus von der Historischen Schule, die letztlich auf eine Universalgeschichte habe hindrängen müssen. Dilthey übertrage die Hermeneutik, wie sie von der Reformation ausgebildet und von Schleiermacher zu einer universalen Theorie des Verstehens entfaltet worden war, auf die Historik: Geschichte, letztlich gesehen als Universalgeschichte, unterliege dem hermeneutischen Zirkel, der in immer weiter gesteigerter Differenzie-

---

[127] Gadamer: *Kleine Schriften III*. Tübingen 1972. 200. – Im folgenden beziehen sich Seitenzahlen auf *Wahrheit und Methode* (s. Anm. 13).

rung das Ganze nur von den Teilen her und die Teile nur vom Ganzen her zu fassen vermöge. Geschichte werde so zum lesbaren „Text" oder „Buch" (210,186). Nicht umsonst bekomme die Biographie und vor allem die Autobiographie, die einen Lebensverlauf und die in ihm ausgebildete Lebenserfahrung durch einen Text durchsichtig macht, eine Auszeichnung: die Geschichte als ganze werde in der Historischen Schule auf dem Grunde einer gnostisch-pantheistischen Theologie verstehbar, die dann zum ästhetischen Allesverstehen neutralisiert werde (218). Dilthey mache denn auch gegenüber der „Erfahrung", zu der sich auch der Historiker bekenne, immer wieder die philosophisch-metaphysische Tradition der Hegel und Schleiermacher geltend (205, 214). Er verrenne sich selbst in den Zwiespalt zwischen Wissenschaft und Lebensphilosophie (206, 218). Diese Charakterisierung Diltheys muß erstaunen, da Dilthey die Tradition der Metaphysik destruierte und eine Geschichtsphilosophie im Sinne Hegels oder eine Soziologie im Sinne Comtes als Irrweg abtat. Gadamer differenziert denn auch: keineswegs geht es bei Dilthey um eine gedankliche Konstruktion, sondern darum, aus der Realität die Idealität herauszuholen, im Leben die sich bildende Bedeutung und Bedeutsamkeit als eine „Figur" zu sehen, die dann Struktur genannt wird (210, 212). So erscheint Dilthey als ein nachromantischer Aufklärer: die Aufklärung hatte den Unsinn vergangener Zeiten nur von deren Vorurteilen her verstehbar machen können, die Romantik hatte in den Vorurteilen das gefunden, was eine Zeit positiv an Sinn in sich trug; Dilthey suchte die Geschichte mit dem in ihr sich bildenden Sinn einer letzten Aufklärung zuzuführen, die nun romantisch und historisch ist und Geschichte als Zusammenwirken von Individualisierungen durchsichtig macht. Diese Vollendung der Aufklärung durch Historik und Hermeneutik sei ein „Resignationsideal" im „Greisenalter des Geistes"; das Verstehen sei hier immer nur eine „nachfolgende inverse Operation", die das gelebte Leben rückwärts bis zu seinen Keimen hin verfolgt (245 f.). Die vergleichende Methode, die nach Gadamer in den Geisteswissenschaften fragwürdig bleibt, wird von Dilthey eingesetzt, weil er gegenüber der Auflösung der Tradition kurzschlüssig eine neue Lebensfestigkeit in der Gewißheit der Wissenschaften sucht. Damit sucht Dilthey im Verstehen und Wissen „Schutz" gegen die „Unergründlichkeit" des Lebens, dessen „geheimnisvolles Antlitz mit dem lachenden Mund und den schwermütig blickenden Augen" denn auch zum „furchtbaren Antlitz" wird (240, 225 f., vgl. dazu Dilthey VIII, 224; VI, 287).

Wird Gadamer Dilthey gerecht? Niemand wird die Verführungskraft „pantheistischer" Stimmungen bei Dilthey leugnen wollen; aber machen sie jene Seite seines Philosophierens aus, die uns primär betrifft? Biographie und Autobiographie spielen bei Dilthey eine wichtige Rolle (so daß Misch in seiner zweiten Lebensphase seine ganze Arbeitskraft einer Geschichte der Autobiographie widmete). Das Individuum und sein Lebensverlauf interessieren aber deshalb, weil sie der Kreuzungspunkt sind für die übergreifenden Wirkungszusammenhänge der Kultursysteme oder Epochen. Wenn Dilthey das Leben als ein in sich zentriertes faßt, das sich durch Assimilation gegenüber der Umwelt behauptet, dann schreitet er vom Individuum fort zu immer umfassenderen Totalisierungen der geistigen Welt; damit aber sieht er die Geschichte noch nicht als ein Buch, das seinen Abschluß finden muß. Statt Leben und Geschichte durch historische Aufklärung an ihr Ende bringen zu wollen, sucht Dilthey immer neu die Grenzen des Wissens aufzuweisen, die in der Endlichkeit des Weltanschauungstypus, aber auch der Epochen und Nationen liegen. Wer sich der Unergründlichkeit des Lebens fügt, ruft nicht das Wissen als Schutz gegen dessen Furchtbarkeit auf. So bleibt Dilthey auch bei der Unterscheidung von Hermeneutik und Selbstbesinnung und spricht gerade nicht wie Gadamer von einer „Hermeneutik des Lebens". Nicht nur Dilthey, sondern auch Gadamer ruft die metaphysische Tradition neu herauf: Hegels *Phänomenologie* steht für die neuplatonischen Traditionen, die das Sein als Licht des Lebens auffassen und so poietisch als eine „Sprache", die sich geschichtlich aufbaut. Bezeichnenderweise ist es der Begriff des Lebens, durch den Yorck zwischen Hegels *Phänomenologie* und Husserls *Krisis* oder Heidegger vermitteln soll; von der eingespielten Sittlichkeit des Aristoteles her, von Kierkegaards Forderung der „Gleichzeitigkeit" mit dem normativen Geschichtlichen her, aber auch mit der Entgegensetzung der Hegelschen Integration des Vergangenen gegen Schleiermachers Reproduktion wird der Geist als Leben gesehen, das sich im Fortgang des Lebensprozesses dennoch in seiner endlichen und vorübergehenden Selbstzentrierung behauptet. Yorck wird seit der Publikation seines Briefwechsels mit Dilthey im Jahre 1923 von allen Radikalen geschätzt; er wird nicht nur von Heidegger herangezogen, sondern auch von Bultmann für die Frage nach Geschichtlichkeit und Christentum und von Scholem für die Rechtfertigung des Paradoxes in den mystischen Traditionen. Diltheys Gespräch mit einem widersprechenden Partner wie Yorck gehört allerdings zu einer Philosophie, die sich ausdrücklich hineinstellt in die Pluralität der Weltanschauungen; doch schon hinter alle jene Weisen, in denen Heidegger in *Sein und Zeit* Yorck gegen Dilthey ausspielt, muß man ein Fragezeichen setzen: daß die konstruktive Psychologie nicht nur begrenzt, sondern widerlegt werden soll; daß das „ästhetische" Vergleichen in den Geisteswissenschaften verworfen werden muß; daß Systematik nur in Einheit mit der Historie möglich sei; daß die „öffentliche Meinung" zugunsten der Individualität des Sehens und „Ansehens" zu zersetzen sei; daß der moderne Mensch fertig sei zum Begrabenwerden … Vor allem muß in unserem Zusammenhang gefragt werden, ob Ranke und die Historische Schule nur „ästhetisch" konstruieren oder aber der Historiker nicht vielmehr eintritt für den Anderen und die andere Zeit, die in ihrer Individualisierung eben nicht zu „integrieren" ist.

Wahrheit und Methode ist so weit über eine klassische Philosophie der Substanz und die neuzeitliche Philosophie des Selbstbewußtseins hinaus, daß von der „Selbstbesinnung des Individuums" gesagt werden kann, sie sei „nur ein Flackern im geschlossenen Stromkreis des geschichtlichen Lebens". Es wird nicht nur mit Heidegger und Bultmann das unumgehbare „Vorverständnis" in allem Verstehen gerechtfertigt, sondern der Begriff des „Vorurteils" wird aufgenommen, der doch seit der Aufklärung negativ gemeint war (261). Gegen allen Glauben an den Fortschritt der Wissenschaft wird mit Heidegger die Endlichkeit alles Verstehens betont; in einer gesteigerten Sensibilität für das Trennende in der Zeit wird die Integration des Gewesenen in das endliche Verstehen als Verschmelzung geschichtlicher Horizonte gesehen. Wird damit nicht das Verstehen und die verstehende Philosophie dialogisch? In der Tat wird diese Konsequenz gegenüber dem Monolog der Hegelschen Dialektik gefordert (351). Es muß freilich auffallen, daß Gadamer in der gleichen Weise von einem Gespräch mit Platon spricht wie von einem Gespräch mit einem Zeitgenossen, der lebendig reagierend auf meine Fragen eingehen kann. Wie Misch und Heidegger, so sieht auch Gadamer im Verstehen nicht nur mit Droysen einen Methodenbegriff und nicht mit Dilthey nur „eine dem Zug des Lebens zur Idealität erst nachfolgende inverse Operation". Doch sagt Gadamer zugleich, das Verstehen des Anderen kenne sich mit dem Anderen aus und sei „am Ende ein Sichverstehen". Es wird daran erinnert, daß das Wort „Verstehen" der Etymologie nach das Vertreten einer Sache vor Gericht meint (246). In diesem Verstehen als einem Vertreten kommt dann freilich der Andere als Anderer nicht mehr vor. Verstehen wird zum Bestehen der Geschichte und damit zur Selbstbehauptung unter den Bedingungen der Endlichkeit. Wie sehr dieses Verstehen durch die Naturnotwendigkeit von Geborenwerden und Sterben betroffen ist, zeigt sich daran, daß Gadamer das „Vergessen" unter Berufung auf Heidegger für das eigentliche Dasein in Anspruch nimmt, obwohl es doch bei Heidegger die Bedingung eines *uneigentlichen* Verhaltens zur Vergangenheit ist, das vergißt oder auch besinnungslos nur behält. Während es in Heideggers Vorlesungen ein durchgehendes Motiv ist, die „biologische" und nietzscheanische Umformung der Geistmetaphysik bei Rilke zu kritisieren, fordert Gadamer in der zentralen Interpretation der zehnten *Duineser Elegie* eben dieses Vergessen, das den Toten dort ankommen läßt, wo kein Gedenken mehr ist. Es kommt gerade darauf an, sich mit Orpheus oder gegen dessen Verfehlung nicht umzusehen! Die Mitspielerin, die das Motto von *Wahrheit und Methode* mit Rilke für das Verstehen fordert, ist nicht der Andere, sondern eine „ewige Mitspielerin", die jeden für sich auf seinen begrenzten Platz in der Zeit stellt.[128]

Triumphiert hier nicht der Prozeß, in dem das Lebendige seine Umwelt assimiliert und sich für seine Zeit behauptet, über das Miteinander mit dem Du als dem unaufhebbar Anderen in der Realität der Zeit? Als Sartre vom Blick des Anderen ausging, der mich ergreift und gegebenenfalls bedroht, stellte er die Phänomenologie der Intersubjektivität auf eine neue Erfahrungsbasis; freilich hat Sartre in seinen späteren Arbeiten den Einzelnen durch immer weiter greifende „Totalisierungen" auf Gemeinsamkeit verpflichtet. Merleau-Ponty hat die

---

[128] Vgl. die Rilkeaufsätze in Gadamer: *Kleine Schriften II*. Tübingen 1967. Gadamer sagt in seinem Beitrag über Heidegger und die Marburger Theologie, daß nach Heidegger „die ursprünglichste Weise, in der die Vergangenheit da ist, nicht die Erinnerung sei, sondern das Vergessen" (*Heideggers Wege*. Tübingen 1983. 33). Doch rechnet *Sein und Zeit* an der angegebenen Stelle das Vergessen zur uneigentlichen Gewesenheit (die eigentliche Gewesenheit liegt in der Wiederholung, z. B. in der Reue). Gadamer denkt an Heideggers spätere Wahrheitsauffassung, die aber statt der Vergessenheit die bergende Verbergung anführt. Siehe auch Anm. 85. – Zum folgenden vgl. Vincent Descombes: *Le même et l'autre*. 1979. Überraschenderweise läßt Descombes Lévinas aus.

Entgegensetzung von Fürsichsein und Ansichsein, die bei Sartre zugrundelag, auf seine Weise zu mildern gewußt. E. Lévinas aber hat den zugrundeliegenden Ansatz im ganzen durchbrochen, indem er die phänomenologische Intentionalität nicht nur mit Heidegger als Transzendenz zur Welt hin faßte, sondern als das Begehren, das sich am Anderen bricht, so vom Anderen in Anspruch genommen werden kann und auch das Philosophieren in der ethischen Dimension verwurzelt. Damit ist die Aufgabe gestellt, mit und gegen Platon oder Descartes die Thematik des Selben und des Anderen neu zu formulieren, nämlich auch die letztlich sich entziehende Andersheit des Anderen einzubeziehen. Nur auf diese Weise – so sucht Lévinas seit den frühen Vorlesungen *Le temps et l'autre* zu zeigen – kann die Zeit als trennend, Differenz und Andersheit setzend erfahren werden. Lévinas muß (wie in anderer Weise Derrida) die Phänomenologie Husserls und Heideggers der Metaphysik der Identität, der man doch hatte entrinnen wollen, zurechnen. In seinem hebräischen Humanismus kann Lévinas (aus den furchtbaren Erfahrungen unserer Zeit heraus) auch die messianische Tradition neu aneignen: wenn nach Nietzsche die Rede von Gott einen Sinn haben soll, dann ist „Gott" – wie Rosenzweig gegenüber Buber geltend machte – Er, der für den Anderen wie für mich ist und jenen, denen nach Rilke Feindschaft das Nächste ist, jeweils ihren Ort anweist und Frieden ermöglicht. Freilich fragt sich, ob hier nicht eine Utopie sich durchsetzt und die Weise, wie auch und gerade der Raum trennt und als gelebter Raum sowohl Miteinander wie Gegeneinander möglich macht, zugunsten des Trennens und Scheidens der Zeit überspielt wird. Doch für den „gelebten Raum" hat das französische Philosophieren neue Analysen beigebracht, die mit der Phänomenologie der Zeit zusammenzuführen sind.

Wenn sich gegenüber den überlieferten Philosophien der Substanz und des Selbstbewußtseins eine dritte Gestalt der Philosophie durchzusetzen beginnt, dann hat die phänomenologische Philosophie auf sie hingewiesen durch die Analyse der Weise, wie das, was ist, sich auf die Zeit (und auch den Raum) bezieht. Blicken wir von diesen Analysen her auf Dilthey zurück, dann zeigt sich bei ihm ein Reichtum von Motiven, der aus dem konkreten Umgang mit den Problemen der Geisteswissenschaften erwächst: die zentralen systematischen Fragen aber sind nicht einmal in einer embryonalen Weise da, die dann weiter zu entwickeln wäre, sondern in unterschiedlichen, teilweise widersprüchlichen Aperçus und Thesen. Darf man die Geisteswissenschaften als die verstehenden den Naturwissenschaften als den erklärenden gegenüberstellen? Nimmt man das Erklären nicht als Interpretieren, etwa als Erklären des *Römerbriefes*, sondern als ein „exaktes", dann scheint dieses Erklären etwas ins Klare zu führen, nämlich auf Bekanntes zurückzuführen. Die Wurfbewegung wird zusammengesetzt aus einer geradlinig-gleichförmigen Trägheitsbewegung und einer gleichförmig-beschleunigten Fallbewegung; was Trägheit und Fall ist, scheint klar und selbstverständlich zu sein. Doch diese scheinbare Klarheit kommt schnell abhanden, wenn es um komplizierte physikalische Phänomene geht: springt die Wissenschaft der Physik nicht mit Formeln, die nichts Selbstverständliches mehr haben, in ein Experiment, um sich die Formeln bestätigen zu lassen? Das Erklären, das jeden Lebensbezug zu seinem Gegenstand bricht und dann über den Bruch hinweg die Phänomene mit Formeln zu beherrschen sucht, wird zu einem mantischen „Deuten". Ganz anders das hermeneutische Verstehen: es lebt das Leben seines Gegenstandes von innen her mit, steht in einem vorgängigen Lebensbezug zu ihm, der dann durch die Hermeneutik artikuliert wird. Zwar kann auch hier der Lebensbezug abbrechen, doch nur, um über jede Fremdheit hinweg neu aus einem Wirkungszusammenhang aufgenommen zu werden.

Deuten und Verstehen in diesem Sinn sind komplementäre Wege des Erkennens; daß sie sich nicht auf Naturwissenschaften und Geisteswissenschaften verteilen lassen, hat auch Dilthey gesehen und ausgesprochen. Wenn er die Geisteswissenschaften psychologisch-hermeneutisch auf das Innewerden und dessen Artikulation bezieht, dann will er damit keine Festlegung auf eine einzige Methode verbinden, sondern die Geisteswissenschaften inhaltlich vom „Geist" her von den Naturwissenschaften abtrennen. Daß es die Deskription, die Dilthey für die Psychologie fordert, auch in der Astronomie oder in der Biologie gibt, ist selbstverständlich; Dilthey besteht nur darauf, daß in den Geisteswissenschaften anders als in den Naturwissenschaften die Beschreibung, die auch als „ Erzählung" angesprochen wird, überwiege (V, 253, 255, 262). Selbstverständlich kann auch die Naturwissenschaft „die Welt als Einmaliges nach ihrer Gliederung beschreiben, ihre Evolution im Zeitverlauf feststellen". Wenn die hermeneutische Artikulation in den Geisteswissenschaften ein „sich immer tiefer Einbohren" ist, dann muß auch die Beschreibung der Welt in ihrer

Einmaligkeit und ihrem Zeitverlauf dieses Sichhineinbohren aus einem Lebensbezug zeigen (VII, 92, 118). Allerdings stellt Dilthey die Bedeutung zu wenig heraus, die das Erklären oder Deuten für die Geisteswissenschaften haben kann: die Struktur, die z. B. Sprache begründet, kann weithin aufgefaßt werden als ein immanent sich entfaltendes System, mag dieses nun auf die fungierenden leiblichen Organe oder auf die Auseinandersetzung mit der Welt durch Zeichen zurückgeführt werden; nach Strukturen in diesem Sinn kann auch gegenüber Phänomenen gefragt werden, die – wie das „unbewußte" Seelenleben – weitab zu liegen scheinen vom Geistigen. Diltheys allzu selbstverständliche Rede, daß Prinzipien in der Zeit abwirtschaften, weist darauf hin, daß er sich nicht genügend vergegenwärtigt hat, wie bestimmte Wissenschaften sich aus der fortgehenden Geschichte emanzipieren und Abgeschlossenheit erreichen können (etwa in der euklidischen Geometrie, ganz abgesehen davon, wie diese Geometrie dann in ihrem Verhältnis zu anderen Geometrien und nach ihren Anwendungsmöglichkeiten hin zu interpretieren ist). Die Weise, in der Dilthey Realität gegen Phänomenalität setzt, schöpft die Bedeutung von Realität nicht aus. Die Rede von der Realität der Zeit als erlebter vermag nicht deutlich zu machen, in welchen Weisen Zeit für den Menschen bedeutsam wird. Wenn Dilthey den Durchgriff zum „Zeitlosen" als einen unzulässigen Schritt zum Transzendenten abwehren zu müssen meint, dann übersieht er, daß die sog. Zeitlosigkeit ein immer mögliches Zurückkommen auf das Gleiche meinen kann und so nichts „Transzendentes" zu haben braucht. Die tote und auch noch die lebende Natur ist relativ konstanter als z. B. ein Gemälde Rembrandts, bei dem die Geschichte der Wirkung immer neue Bedeutungen der vieldeutigen Symbole artikuliert; so kann dem Deuten gegenüber der Natur, dem Verstehen gegenüber dem Geistigen eine größere Bedeutung zukommen. Diese unterschiedliche Gewichtsverteilung rechtfertigt aber noch nicht die These, wir erklärten die Natur und verstünden den Geist.

Das Schwanken zwischen Psychologie und Hermeneutik in der Grundlegung der Geisteswissenschaften muß in dem Augenblick verschwinden, wo die pantheistischen Motive, denen Dilthey folgte, abgebaut werden. Der Wirkungszusammenhang wird dann zu einer Wirkungsgeschichte, die nur hermeneutisch aufzunehmen ist, in der das Andere auch das Sichentziehende bleiben kann. Dilthey vollzieht den konsequenten Übergang zur Hermeneutik deshalb nicht, weil er das Leben als ein in sich zentriertes nimmt, das sich in der Auseinandersetzung mit der Umwelt bildet und sich zu immer neuen Totalisierungen aufstuft. So kann Dilthey auch den verhängnisvollen Schritt nachvollziehen, in dem Hegel von seiner metaphysischen Position aus die Normprobleme der offenen Geschichte umdeutete zu Fragen des objektiven Geistes, der auf dem Weg der Geschichte ganz zu sich selbst findet. Diese Metaphysik Hegels (und überhaupt der neuplatonischen Tradition) wird zugunsten des Einfühlens in andere Individualitäten umgedeutet und so auch die Realität der Zeit behauptet, aber diese Metaphysik wird nicht von einer entschiedeneren Erfahrung der Andersheit des Anderen her gebrochen (VII, 151 ff.). So sind gerade die Lebenskategorien Diltheys neu und anders zu bestimmen. Dazu bleibt Dilthey beirrt durch den Cartesianismus, der im „ich denke" ein „Dos moi pou stoo" sucht, dieses „Ich denke" freilich als Innewerden des geschichtlichen Lebens faßt. Obgleich Dilthey gegenüber Yorck darüber spottet, daß man seit Descartes am „Brückenschlagen" (vom Ich zur Außenwelt) sei, versucht er sich selbst an solchem Brückenschlagen (V, lvi, 90). Als Scheler und Heidegger gleichzeitig Diltheys Überlegungen über die „Realität" der Außenwelt fortführten, bauten sie dieses Vorurteil ab, das Sicherleben sei seiner Realität sicherer als der Umgang mit Weltlichem. Was das Erleben an ihm selbst ist, bleibt genauso problematisch wie ein Ansich der Dinge, mit denen wir umgehen; die Autobiographie kann auch zum Beleg für die Notwendigkeit tiefenpsychologischer und ideologiekritischer Rückfragen werden. Wenn Dilthey die Realität der erlebten Zeit als sicheren Ausgangspunkt einer Philosophie der Selbstbesinnung behauptet, dann fragt umgekehrt ein Naturwissenschaftler wie Einstein, ob für eine Physik, die „gläubig" im Sinne Spinozas sei, nicht überhaupt der Zeitverlauf und sein existenzielles Früher und Später eine Illusion sei, die das Lebendige sich aus seiner Lebensstruktur heraus macht.[129] Die erlebte Zeit als das Gesichertste anzusetzen, kann in keinem Fall Ausgangspunkt einer kritischen Philosophie sein. Eine solche Philosophie ist hermeneutisch gerade in dem Sinn, daß sie nur von unterschiedlichen Ausgangspunkten aus auf eine spekulative Mitte zeigen und die einseitige Bestimmtheit durch ihren Ausgangs-

---

[129] Siehe Anm. 99.

punkt nie voll überwinden kann; das Hermeneutische in dieser Philosophie bezieht sich aber nicht auf das Verstehen im Unterschied zum Deuten, sondern auf ein Erörtern, welches nach dem Leistungssinn von Deuten wie Verstehen fragt.

B. Phänomenologie und Metaphysik

I. Scheler und die heutigen anthropologischen Ansätze zur Metaphysik

Im Februar 1927 sprach Max Scheler in Amsterdam über Spinoza zu dessen zweihundertfünfzigstem Todestag. Zweierlei, so sagte Scheler am Schluß, sei in Spinozas Werk dauernder als Erz: die geistige Gestalt des einsamen Denkers selbst, die aus seiner Ethik zu uns spreche und uns lehre, daß man nur für Freunde philosophieren könne (nicht für Organisationen und Moden), und dann der Läuterungsweg dieser Ethik, der den Willigen in die Gottesnähe führe. Anthropologie, die ethische Aspekte zeigte, führte also zu letzten metaphysischen Perspektiven. Kurz vor dem eigenen frühen Tod spiegelte Scheler sich in der lange Zeit verfemten Gestalt des holländischen Juden. Gedacht war natürlich nicht an den „eleatischen" Spinoza, der von der neuen mathematisch-mechanischen Naturwissenschaft her die Wirklichkeit als zeitlich-ewige konstruierte; gedacht war an Spinoza, wie er von der Dichtung und Philosophie der Goethezeit gesehen und umgedeutet worden war.[130]

Scheler hatte in seinem früheren Werk Motive aus der Tradition Augustins und Pascals neu zur Geltung gebracht; indem er in seinen letzten Schaffensjahren den Menschen neu sah und dabei Geist und Drang als die zwei Attribute des Weltgrundes faßte, nahm er in einer platonisch-antiplatonischen Begründung der Philosophie Motive der Goethezeit auf – Motive, denen auch Nietzsches Provokationen noch zugerechnet wurden. Damit entfernte Scheler sich aus den Zusammenhängen, aus denen er kam. Er hatte schon 1922 in seinem Aufsatz *Die deutsche Philosophie der Gegenwart* seinen Standort als einen unabhängigen bestimmt. Zurecht sah er in den philosophischen Bemühungen der Zeit um den Ersten Weltkrieg eine Kulmination deutschen Philosophierens, mochte dabei auch die weltweite Wirkung

---

[130] Max Scheler: *Gesammelte Werke* (s. Anm. 32) Band 9. 171 ff. – Zum folgenden vgl. Band 7. 259 ff., vor allem 327.

eines Bergson oder William James ausbleiben (oder doch vorerst noch ausbleiben). Die phänomenologische Philosophie habe entscheidend beigetragen zur Überwindung jener Verengungen, die Scheler mit dem Namen Kants verband; doch die Phänomenologie sei keine Schule mit einem Schulhaupt gewesen, sondern die Kooperation von Philosophen, die schon ihren eigenständigen Weg gefunden hatten. So betonte Scheler denn auch, daß sich sein Ausgang von einem materialen Apriori nur mit einigen Seiten des Husserlschen Ansatzes gedeckt habe. Im Jahre vor seinem Tod war sowieso die Auseinandersetzung mit Heidegger für Scheler wichtig geworden, in der es sowohl um die Bestimmung der Aufgabe des Menschen wie um eine neue Zuwendung zur Metaphysik ging.

Nach dem Zweiten Weltkrieg gab es wenigstens *eine* deutsche Universität, wo das Werk Schelers – im Nationalsozialismus verfemt – unter den Philosophen und auch über deren Fach hinaus noch oder wieder neu lebendig war: die Universität Bonn. Erich Rothacker rechtfertigte sein spezifisches Interesse in einem gesondert publizierten Vortrag *Schelers Durchbruch in die Wirklichkeit* (Bonn 1949). Als vorbildlich galt die unermeßliche Neugier, mit der Scheler den Menschen erforscht hatte, so daß er nach Hegel zum größten Bahnbrecher der Wissenschaft vom Menschen geworden sei. Ein genuiner Metaphysiker, der den düsteren Kriegserfahrungen noch mit einer personalistischen Metaphysik entgegengetreten war, habe den Menschen nur ernst nehmen können, wenn dieser eine metaphysische Würde bekommen habe, nämlich zum Ort des Ringens der Attribute des Weltgrundes geworden sei. Freilich mußte Rothacker den Antagonismus von Drang und Geist mit einem Fragezeichen versehen. Hängen an dieser Antithese nicht Fluch und Segen des polarisierenden und hypostasierenden Denkens? Ist Scheler nicht bestimmt durch die Erfahrung eines verlorenen Krieges, ja durch die Probleme seines persönlich-intimen Lebens? Scheler habe mit dieser Antithese jedoch so bedeutende Vorfahren wie Schelling! So kehrte Rothacker die Frage nach der Rechtfertigung von Schelers methodischem Verfahren um: rechtfertigt die Fruchtbarkeit von Schelers Ansatz nicht – in welcher Weise auch immer – diese Methode, am Seienden Wesensgesetzlichkeiten aufzusuchen und den Wirklichkeit suchenden Menschen in die Mitte zu stellen? Die ältere Phänomenologie werde zwar als naiv gescholten; doch, so fragte Rothacker, war sie nicht fruchtbarer als

Heideggers Bestehen auf der einen Seinsfrage? – Anders als Rothacker möchte ich zeigen, daß die Frage nach dem Menschen, gerade wenn die ethischen Aspekte Dringlichkeit bekommen, zu metaphysischen Perspektiven führt, die nicht zugunsten einer nur noch empirischen Philosophie abgetan werden können. So will ich unter Berücksichtigung der Versuche, Schelers Anliegen weiterzuführen, zuerst etwas sagen über Anthropologie und Metaphysik, dann auf die ethischen Aspekte kommen und schließlich genauer bestimmen, was die Rede von metaphysischen Perspektiven meint.

a. Anthropologie und Metaphysik

Im April 1927 sprach Max Scheler in der Darmstädter Schule der Weisheit des Grafen Keyserling auf einer stark beachteten Tagung *Mensch und Erde* etwa vierstündig über die Sonderstellung des Menschen; der Vortrag erschien 1928 auch in einer separaten Publikation unter dem Titel *Die Stellung des Menschen im Kosmos*. Scheler versuchte, einen Einblick in seine Anthropologie zu geben; doch kam er am Schluß auf metaphysische Fragen. So berührte er Themen, die er in seinen beiden großen Buchplänen, einer Anthropologie und einer Metaphysik, im Zusammenhang darstellen wollte. Scheler führte aus, daß schon die Pflanze beseelt sei: sie folge einem Gefühlsdrang, der sich zum Licht hin ausrichte, sich sein Milieu bilde und die Lust des Wachsens zeige. Dieser Drang werde im frei sich bewegenden Tier zur Empfindung reflektiert. Der Instinkt füge das Lebewesen teleoklin von seiner Ganzheit her, in festen Rhythmen und artdienlich in seine Umwelt ein; zum Instinkt träten das assoziative Gedächtnis, das in Probierbewegungen lerne, und die praktische Intelligenz, die damals von Wolfgang Köhler in berühmten Versuchen schon bei Schimpansen nachgewiesen worden war. Die Sonderstellung des Menschen gründe erst im Geist, der sich vom Drang des Lebens zu befreien wisse und ideierend die Dinge als ganze erfasse (nicht nur von diesem oder jenem dienlichen Aspekt aus, sondern nach ihrem Wesen). Die Lehre von der phänomenologischen Reduktion, von Husserl allzu theoretisch durchgeführt, wird von Scheler verbunden mit Platons Lehre von der Philosophie als einem Sterben; das Zugehen auf den Tod sei auch ein immer freieres Hingehen zum Geist. Beansprucht wird auch

Buddhas Verneinung des Lebensdrangs, die im Armen, im Kranken und im Toten mit einem Schlag Wesensverhältnisse des Lebens erfasse und von diesen her den Weltgrund selbst sehe. Die anthropologischen Überlegungen Schelers schlagen hier in Metaphysik um: Scheler kann der klassischen griechischen Philosophie und dem christlichen Platonismus nicht zustimmen, wenn sie dem Geist Seinsmächtigkeit zusprechen; er kann aber auch dem Pessimismus nicht folgen, der nicht nur den Lebensdrang asketisch überwinden will, sondern den Weltgrund überhaupt abwertet. Scheler will nicht gleich zeitgenössischen Schriftstellern wie Klages Leben und Geist in das Verhältnis der Feindschaft bringen. Da der Mensch Drang und Geist auseinanderzuhalten vermag, können sich in ihm die beiden Attribute des Weltgrundes frei durchdringen, und so wird der Mensch zum Ort der Vergöttlichung des Weltgrundes oder des Gottwerdens.

Metaphysische Bestimmungen gestatten es Scheler, den Menschen als Geist abzuheben von allen anderen Lebewesen, ihn zugleich als Drang mit allem Lebendigen zu verknüpfen. Eindrucksvoll ist der Bericht, den Scheler im März 1926 seiner einstigen Frau Märit Furtwängler über einen Pflanzenfilm gab. Der Film zog 24 Stunden des Pflanzenwachstums auf eine Sekunde zusammen und zeigte so zum Beispiel, wie Ranken an vier Stangen klettern: befriedigt, wenn sie Halt finden, zusammenbrechend, wenn sie an einer anderen haltlosen Ranke Halt suchten, schließlich verzweifelt ins Leere greifend und nach Mißerfolgen sich wieder zur Stange umwendend. „Das erschütterte mich so", schrieb Scheler, „daß ich mit Mühe die Tränen zurückhielt. Oh wie ist das ‚Leben' überall gleich süß, zuckend und schmerzhaft ... Und wie ist alles, alles Leben eins."[131]

In seiner Abhandlung ließ Scheler keinen Zweifel daran, daß er ein Alleben und so auch eine einzige Zeit annehmen wolle, damit auch eine Geschichte mit einem Ende. Es ist nun Schelers These, daß der Mensch alle „Wesensstufen des Daseins, insbesondere des Lebens" in sich zusammenfasse; das Leben im ganzen komme in ihm (dem Mikrokosmos) zur Einheit. Das aber heißt nicht, daß der Mensch eine in sich ruhende höchste Stufe, die berühmte Krone der Schöpfung, sei;

[131] Wilhelm Mader: *Max Scheler in Selbstzeugnissen und Bilddokumenten.* Reinbek bei Hamburg 1980. 117 f. Die Abhandlung über die Stellung des Menschen ist wieder abgedruckt im Band 9 der *Gesammelten Werke.* 7 ff., zum folgenden vgl. vor allem 16.

vielmehr ringen in ihm die Attribute des Weltgrundes (Drang und Geist) um einen möglichen Ausgleich und damit um Vergöttlichung des Grundes, so daß der Mensch zugleich Mikrotheos ist. In seiner exzentrischen Stellung kann der Mensch durch die „dionysische" Einsfühlung und durch die Wesensschau des Geistes teilhaben an allem Seienden; so aber kann er das Seiende zurückbeziehen auf den Weltgrund selbst, der in ihm um sich ringt. Die Anthropologie, die verknüpft ist mit der Biologie und Kosmologie, erhebt sich zur Metaphysik.

Nach Scheler soll die Philosophie mithelfen, dem haltlos gewordenen modernen Menschen wieder einen Halt in einer großen Aufgabe zu geben. Die Verflechtung anthropologischer und metaphysischer Perspektiven konnte aber von zwei Seiten her in Frage gestellt werden – von der Problematisierung des Metaphysischen her und von der anthropologischen Einzelforschung her. Martin Heidegger hatte Schelers früheren Aufsatz über die Idee des Menschen als „literatenhaft" abgetan und in ihm eine vorschnelle Vermischung philosophischer und theologischer Perspektiven gefunden.[132] In Schelers letzten unruhigen Lebensjahren bemühte der Verfasser von *Sein und Zeit* sich zusammen mit Scheler um die metaphysische Dimension der Philosophie. Als Scheler plötzlich starb, nannte Heidegger ihn die „stärkste philosophische Kraft" in der gegenwärtigen Philosophie überhaupt; wie Wilhelm Dilthey und wie Max Weber sei Scheler rücksichtslos der offenen Zukunft entgegengegangen. Es sei Schelers Auszeichnung gewesen, das Problem der Metaphysik neu zu stellen. Im letzten längeren Gespräch im Dezember 1927 sei Scheler optimistisch gewesen in bezug auf das Wesentlichste, „gerade bei der Trostlosigkeit der öffentlichen philosophischen Lage den Überschritt in die eigentliche Metaphysik wieder zu wagen". Er, Heidegger selbst, sei dagegen der Überzeugung gewesen, daß das *Problem* der Metaphysik noch nicht einmal radikal gestellt und ausgearbeitet sei. Heidegger folgte aber Anstößen Schelers, wenn er nun die Fundamentalontologie nicht nur ontisch im Menschen verwurzelte, der unter allen bekannten Lebewesen allein die Warum-Frage stellt, sondern den Menschen metontolo-

---

[132] Heidegger: *Ontologie* (s. Anm. 1) 24 f.; *Prolegomena* (s. Anm. 4) 181. – Zum folgenden vgl. Heidegger: *Metaphysische Anfangsgründe* (s. Anm. 35) 62 ff., 165, 199 ff., 211.

gisch oder in einer metaphysischen Ontik mit seiner Sonderstellung im Kosmos zu seiner Voraussetzung, zum Lebendigen, stellte, und auch den Sinn der überlieferten Gottesfrage neu erörterte.

Heideggers Vorlesung *Die Grundbegriffe der Metaphysik* aus dem Krisenwinter 1929/1930 zog die Konsequenzen aus den neuen Tendenzen. Scheler hatte die Einsfühlung mit dem Drang als dionysisch bezeichnet und den Ausgleich mit dem Geist gefordert; so bezog Heidegger ihn zusammen mit Schriftstellern wie Spengler, Klages und Ziegler auf Nietzsches Rede vom Dionysischen und Apollinischen: aus dem Erleiden des Werdens heraus muß die begrenzende Form gefunden werden. Wird die Philosophie auf die Seinsfrage verpflichtet, dann kann sie die leitende Bestimmung des Seins nicht mehr in der Ousia oder Substanz finden, die mit *Sein und Zeit* zurückgestellt werden sollte in die vergessenen Zeithorizonte. Aus der Reihe der klassischen Bestimmungen wird die Energeia, die in sich die offene Möglichkeit enthält, zur leitenden: sie erbringt erst in unterschiedlichen Weisen das Eigene des Wesens und wird, da sie nicht mehr Entelecheia sein kann, zum Ereignis. Soll die Philosophie ihre spezifische Aufgabe neu bestimmen, dann muß sie über die Analysen von *Sein und Zeit* hinaus andere Weisen des Am-Werke-seins analysieren, zum Beispiel das Organische des Lebens, auch die Tätigkeit des Geistes im Mythos. Heidegger tat in dieser Vorlesung einen ersten Schritt innerhalb des neuen Ansatzes, indem er eine Philosophie des Organischen – ausgehend von Biologen wie von Baer und von Uexküll – skizzierte.[133]

Indem Heidegger Schelers Fragestellung aufnahm, widersprach er der These, der Mensch vereinige in sich alle Stufen des Seienden. Diese These sei „ein Grundirrtum der Schelerschen Position, der ihm überhaupt den Weg zur Metaphysik notwendig" habe verschließen müssen. Heidegger nennt den Stein weltlos, das Tier weltarm, den Menschen weltbildend; doch verschärft er den Unterschied zwischen Mensch und Tier, da er nur dem Menschen eine eigentliche Umwelt zuspricht, dem Tier nur ein Umfeld. Da ein Charakteristikum wie „weltarm" privativ ist, bleibt es dabei, daß die Biologie eine Ontologie des Menschseins voraussetzt; doch geht Heidegger – wie schon in *Sein*

---

[133] Heidegger: *Die Grundbegriffe der Metaphysik* (s. Anm. 36) 103 ff., 261 ff.; zum folgenden vgl. 283, 261.

und Zeit – davon aus, daß die Biologie nicht nur privativ begründet werden kann (also durch ein Wegnehmen von menschlichen Wesenszügen, wie in der mittelalterlichen Analogia entis). Das Leben bringt als eine andere, eigenständige Seinsweise auch eine eigenständige Begründung in die Biologie, und die privative Orientierung am menschlichen Dasein ist eher eine Warnung vor Anthropomorphismus. Bekanntlich hat Heidegger später in seinem *Brief über den „Humanismus"* betont, daß das Tier uns abgründig fremd sei. Als ich jedoch Heidegger gegenüber einmal die Rede von *Sein und Zeit* gebrauchte, das Tier sterbe nicht, sondern verende nur, wehrte Heidegger unmutig ab: „Berufen Sie sich doch nicht auf ein Buch, sehen Sie auf die Phänomene! Was wissen wir denn davon, was in einem Hund vor sich geht, wenn er sich beim Herannahen seines Todes in seine Ecke zurückzieht?" Die sprachliche Entgleisung findet sich aber noch in Heideggers spätem Vortrag über das Ding; es wird negativ vom Tier und seinem bloßen Verenden gesprochen, weil die Einzigkeit des Menschen herausgestellt werden soll: er soll einen „guten" Tod haben (plötzlich gebraucht Heidegger im Vortrag *Bauen – Wohnen – Denken* die sonst gemiedene Rede vom Guten).[134] Der Mensch zeichnet sich dadurch aus, daß er um seinen Tod weiß, so aus einer letzten Distanz heraus auf sich zurückkommt, sich in seine Grenzen bringt und sich in seiner Endlichkeit und Einzigkeit eigens annimmt. Der Mensch unterscheidet sich dabei nicht nur vom Tier, sondern auch von seinesgleichen, so daß der eine Mensch dem anderen, die eine geschichtliche Epoche der anderen in abgründiger Fremdheit gegenübertreten kann. Heidegger hat schon 1930 bei einer Diskussion in Bremen auf die beliebte Frage nach dem Du in seiner Phänomenologie mit der Legende des Tschuang Tse über die Freude der Fische geantwortet, also mit einer taoistischen Legende, die doch eigentlich von der Allsympathie mit dem Lebendigen handelt: Zwei gehen an einem Fluß; der eine sagt: sieh doch, wie freudig die Fische im Wasser springen. Der andere antwortet: wie kannst du wissen, daß die Fische sich freuen? Der erste fragt zurück: wie kannst du wissen, daß ich das nicht weiß? Die Offenheit dem Anderen gegenüber (sei dies das Tier

---

[134] *Sein und Zeit.* 240 f., 247; Heidegger: *Vorträge und Aufsätze.* Pfullingen 1954. 177, 151. – Zum folgenden vgl. Heinrich Wiegand Petzet: *Auf einen Stern zugehen.* Frankfurt a. M. 1983. 24.

oder der andere Mensch) ist immer gefährdet durch Täuschungen, die vor allem vom Verweilen beim Eigenen ausgehen. Doch hat Scheler recht, auf dieser Offenheit zu bestehen, und vielleicht läßt Heidegger durch sein Bestehen auf der Sorge um das Eigene und der möglichen Fremdheit gegenüber dem Anderen die Offenheit zu sehr ins Unverbindliche entgleiten. Zu Recht weist er jedoch die allzu massive teleologische Absicherung zurück, durch die Scheler den Menschen mit dem Kosmos verbindet.

Mußte die Metaphysik nicht überhaupt aus dem Versuch eliminiert werden, die Sonderstellung des Menschen herauszuarbeiten? Von jenen Biologen und Anthropologen, Ethnologen und Philosophen, die auf diesem Felde rein empirisch arbeiten wollten, sei nur Arnold Gehlen genannt. Sein Buch *Der Mensch,* in einer ersten Ausarbeitung 1940 erschienen, konnte deshalb so fruchtbar werden, weil es in ein breites Umfeld bestätigender oder korrigierender Forschungen eingebettet war. Genannt sei etwa Adolf Portmanns bekannte Beschreibung des menschlichen Säuglings, der mit seinen lebhaften Bewegungen eigentlich ein Nestflüchter ist, aber doch nicht wie andere höhere Säugetiere alsbald nach der Geburt auf seine Beine springt, sondern eher wie die Vögel zum Nesthocker wird, aber zum sekundären Nesthocker. So hat er ein Frühjahr vor sich, das er eigentlich noch im Mutterleibe hätte verbringen müssen; doch außerhalb des Mutterleibes kann er viel intensiver lernen. Beobachtungen wie diese bestätigten Gehlens These, daß der Mensch nicht erst als Geist, der Nein sagen kann zum Leben, weltoffen sei, daß er vielmehr schon in der Form seines Lebens geistig sei, nämlich aus der Distanz zur Welt heraus weltoffen. Als Grundfehler Schelers erscheint wiederum das metaphysische Stufenschema, das Leistungen wie Instinkt und Intelligenz parallelisiert mit dem Weg von niederen zu höheren Lebewesen. In Wahrheit können Instinkt und Intelligenz antagonistisch zueinander stehen: der Instinkt muß reduziert werden, wenn die Intelligenz die Führung übernimmt. Gehlen sucht die einheitliche und spezifische Struktur des Menschen vom Handlungskreis her zu fassen, in dem immer schon Welt und Mensch, Objekt und Subjekt verbunden sind. Da der Mensch in keine Umwelt besonders intensiv eingepaßt ist, aber sich in vielen Umwelten zu behaupten vermag, ist er dem Übermaß der Eindrücke ausgesetzt; er entlastet sich von ihnen, indem er schon in der Tätigkeit der Sinne umschaltet auf das zusammenfassende Sehen, dann durch die zusammengreifende Sprache hindurch sich auf die Dinge richtet. Will dies „nicht festgestellte Tier" einen Halt finden, muß es Führungssysteme für seine Zucht oder „Institutionen" finden. Gehlen macht in seinem Buch *Urmensch und Spätkultur* damit ernst, daß diese Institutionen auf verschlungenen Wegen in der Geschichte ausgebildet werden mußten. Die Geschichte zeige im neolithischen Seßhaftwerden, im Aufkommen des Monotheismus und dann des Industriezeitalters Kulturschwellen, über die kein unmittelbares Verstehen mehr hinwegführe. Wiederum kann Gehlen sich auf Scheler berufen, der keine Konstanz der menschlichen Vernunft oder des Kategorienapparates mehr annehmen wollte. Doch wird Schelers These verschärft, da Gehlen den Geist in das sich steigernde Leben hineinnimmt.[135]

Gehlen hat immer die Anstöße vermerkt, die er Scheler verdankt, so noch in dem Rückblick auf die Anthropologie Max Schelers, der 1975 in dem Sammelband *Max Scheler im Gegenwartsgeschehen der Philosophie* erschien. „Ratlos", so sagt Gehlen nicht ohne Humor, stehen wir heute vor den „kompakten metaphysischen Behauptungen" Schelers, die an Spinoza, Schelling und Schopenhauer erinnern. Doch zeigt Gehlen, wie die Spekulationen geniale und vielschichtige Ansätze sind, Phänomene des menschlichen Lebens aufzuschlüsseln. „Max Scheler hatte etwas wie eine Winkelried-Funktion; er zog zahlreiche stachelige Probleme in sein Herz und bahnte so der Zukunft eine Gasse." Merkwürdigerweise glaubt Gehlen, Scheler sei in seiner letzten Frankfurter Zeit auf dem Wege gewesen, „die Metaphysik überhaupt als eine vertretbare Position preiszugeben".[136] Eher hat Gehlen selbst in seinem späteren Werk den Gegensatz von Empirie und Metaphysik zu überbrücken versucht: man kann zwar nicht mit Bergson und Scheler Religion oder andere Institutionen unmittelbar aus einer Teleologie menschlichen In-der-Welt-seins verstehen, aber sie doch zurückführen auf leitende Ideen, die sich indirekt in der Geschichte durchsetzen. Auf den Umwegen der Geschichte kommt also ein idea-

---

[135] Arnold Gehlen: *Der Mensch*. Wiesbaden [13]1986. 20 ff.; *Urmensch und Spätkultur*. Wiesbaden [5]1986. 97.

[136] Gehlens Rückblick ist mit vergleichbaren Aufsätzen wieder abgedruckt im Band 4 der Gesamtausgabe: *Philosophische Anthropologie und Handlungslehre*. Frankfurt a. M. 1983. 247 ff., vgl. vor allem 248, 253 f. – Zum folgenden vgl. *Der Mensch*. 392; *Urmensch und Spätkultur*. 184 ff.

tives Bewußtsein zustande, das dem metaphysischen Bewußtsein nahesteht, jedenfalls einer instrumentalisierten Empirie gegenübersteht. Ein Beispiel ist etwa die Zähmung und Hegung der Tiere. Das Tier mußte, ehe es vor 10 000 Jahren gehegt werden konnte, zuerst einmal tabuisiert werden; ein Ritus mußte den übergreifenden Zusammenhang von Tier und Mensch vergegenwärtigen, der einer unmittelbaren Zweckmäßigkeit nicht unterlag.

Das Leben in seiner kontingenten Wirklichkeit wird bei Gehlen zu etwas Letztem und bekommt so einen quasi-metaphysischen Charakter. Dadurch wird die metaphysische Denkbewegung vorschnell abgebrochen; die antimetaphysische Einstellung könnte eine unbewußte Pseudometaphysik in sich schließen. Wer sagt uns denn, daß der Mensch sich am Tier orientieren darf, seinerseits die Selbstbehauptung des Lebens zu etwas Letztem machen muß? Es könnte doch die Auszeichnung des Menschen sein, nicht nur „Warum überhaupt?" zu fragen, sondern aus einer letzten Freiheit heraus das Leben nicht unter allen Umständen leben zu wollen. Die Freiheit wird von Gehlen heroisch und tragisch für den Einzelnen auch beansprucht, aber nicht den Institutionen gegenüber geltend gemacht. Da es um Selbstbehauptung unter kontingenten Bedingungen gehen soll, wird der Mensch festgelegt auf ein Handeln, das Weltbemächtigung ist und in den quasi-instinktiv funktionierenden Institutionen seine Stabilität finden soll. So tritt zurück, was am Menschen als Ausdruck seiner Lebendigkeit und als sympathetisches Mitleben mit anderem Leben beschreibbar ist. Wenn in der Beschreibung der Tabuisierung doch solche Züge menschlichen Lebens zur Geltung kommen, dann nur, um einer sekundären Zweckmäßigkeit für die menschliche Geschichte unterworfen zu werden. Ein Titel wie „Urmensch und Spätkultur" läßt mit den Vorsilben „Ur" und „Spät" unmittelbar Wertungen anklingen. Wird nicht der Mensch allzusehr dort festgehalten, wo er sich vom Tier ablöste, wird also nicht zu Unrecht für unsere Zeit reklamiert, was für die Frühgeschichte maßgeblich sein mochte? Werden nicht schon die Grenzen übersehen, die der Empirie auf diesem Feld gezogen sind?

Die „Erforschung" der Frühgeschichte blickt auf die Werkzeuge; die überlieferten Steine gehörten vielleicht aber einmal in ein nichtüberliefertes Umfeld, das vom Werkzeug allein her nicht zu fassen ist. Es ist gar nicht mehr auszumachen, wie die Sprache sich in diesem

Umfeld entfaltet hat. War sie ein besonders geniales Mittel der distanzierten Weltbemächtigung oder gehörte sie eher zu jenem menschlichen Bereich, in dem die beiden Geschlechter sich selbst mit ihren hilflosen Säuglingen durchbringen mußten? Wahrscheinlich kam es früh zur Aufgabenverteilung, so daß dann die Frau den Mann binden mußte und auch heute normalerweise noch die größere Sprachfähigkeit zeigt. Gehlen mag solche Überlegungen dem Bereich einer unkontrollierbaren Romantik zuweisen; doch könnte sein Zugang zur Frühgeschichte zum mindesten ebenso einseitig und unkontrolliert sein. Ist nicht auch die Abgrenzung der großen Geschichtsphasen durch eine selektive Betrachtung des Menschen bedingt? Das Seßhaftwerden vor zehntausend Jahren hat seine große Bedeutung; könnte aber nicht der Umbruch vor etwa 35 000 Jahren ebenso bedeutend oder bedeutender gewesen sein, also die Ablösung des Neandertalers durch jenen Menschen, der seine Höhlenbilder hatte und uns deshalb so nah scheint, der sich auch im Völkergemisch von New York bewegen könnte, ohne weiter aufzufallen? Die sarkastische Polemik gegen gewisse Züge der Spätkultur mag nicht unberechtigt sein; wenn aber dann die Spätkultur auf ein Posthistoire mit technokratischen Zügen abgeschoben wird, könnte verkannt und verstellt sein, was als Aufgabe zu unserer Zeit gehört.

Arnold Gehlen hatte die phänomenologisch-existenzialistische Berufung auf den wirklichen Geist und die idealistische Theorie der Willensfreiheit hinter sich gelassen, als er 1936 in seinem Aufsatz *Vom Wesen der Erfahrung* jene Empirie beanspruchte, die nach Aristoteles nicht nur Wissen aufbaut, sondern Können oder Techne und so eine Angelegenheit des bewegten Lebens ist. Metaphysik aber wird abgetan als ein Hängen an Allgemeinheiten, die durch Wertungen erzwungen werden und deshalb vor der weitergehenden Erfahrung nicht bestehen können.[137] Das Selbstportrait *Ein anthropologisches Modell* fragt, wo ein junger Philosoph mit diesen Überzeugungen in der Mitte der dreißiger Jahre ein Arbeitsfeld finden konnte. Bergson trieb damals in seinem Spätwerk über die zwei Quellen der Moral und der Religion seine Metaphysik als intuitive Einfühlung in den Lebensprozeß weiter zu mystischen Tendenzen. Gehlen fragte sich jedoch, ob diese Tendenzen nicht der Analyse durch die Psychologie anheimfie-

---

[137] Vgl. den Band 4 der Gesamtausgabe (s. Anm. 136) 3 ff.; zum folgenden vgl. 203 ff.

len, wie ja auch die praktische Philosophie zur Angelegenheit einzelwissenschaftlicher Arbeit geworden sei. Nicolai Hartmann suchte in seinem Buch *Zur Grundlegung der Ontologie* noch einmal für eine Sache zu wirken, deren Tage gezählt waren. Scheler, der ihn angeregt hatte, verwies dagegen darauf, daß die Menschen sich zur einen Menschheit zusammenschlossen und so in neue Gefährdungen gerieten, dabei sich durch und durch fragwürdig geworden waren. Hier, auf dem offenen Feld einer zusammenfassenden Anthropologie, schien die Philosophie noch einmal im Zusammenwirken mit der Forschung schöpferische Impulse geben zu können. Gehlen konnte sich Heideggers Wirkung nur so erklären, daß Intellektuelle aus katholischen oder kommunistischen Ländern die Säkularisierung nicht radikal mitvollzogen hatten und nun noch einmal – wie schon im deutschen Idealismus – einen dritten Weg zwischen Tradition und Moderne suchten; die konsequente Weiterentfaltung der schöpferischen Versuche Heideggers hätten eigentlich beim Dichten enden müssen; da dies versagt war, blieb nur die Hölderlin-Exegese.

Als eine metaphysische Verankerung der These von der schon biologischen Sonderstellung des Menschen angemahnt wurde, gab Gehlen zu bedenken, daß wir nicht ins Absolute gelangen können, ohne gelaufen zu sein. Es gebe „noch kein sicheres Kriterium dafür, welche Gestaltungen des Geistes sich eine metaphysische Bedeutung bloß anmaßen und welche sie haben". Gehlen weigerte sich, z. B. gewisse „Machwerke" der abstrakten Kunst für metaphysisch relevant zu halten, statt ihnen bloß *soziologischen* Symptomwert zuzulegen.[138] Das, was wir Geist nennen, könne durchaus in der Unverbindlichkeit stehen, und so legitimiere die Verbindung des Geistes mit dem Absoluten etwas nicht zu Legitimierendes. Eine Goldprobe gegenüber dem Anspruch auf Metaphysik gebe es nicht. Mit seiner Polemik gegenüber Versuchen wie den Heideggerschen übersieht Gehlen, daß der fünfzehn Jahre ältere Heidegger fünfzehn Jahre vorher auf die „Erfahrung" des Aristoteles zurückgegangen war, dabei aber gesehen hatte, daß diese Erfahrung von metaphysischen Vorgriffen durchwirkt blieb (auch in der *Nikomachischen Ethik*, die

---

[138] Vgl. Zeitschrift für philosophische Forschung 6 (1951/1952) 95 f. Läßt sich die bezweifelte „metaphysische" Bedeutung der Kunst nicht mit Heidegger und Klee herausstellen? Vgl. O. Pöggeler: *Die Frage nach der Kunst* (s. Anm. 63) 26 ff.

die praktische Philosophie von der Metaphysik lösen sollte, aber in der abschließenden These von der Theorie als höchster Praxis metaphysisch in einem neuen Sinn war). Die Aufgabe bleibt, die Frage nach dem Verwobensein von Erfahrung und Metaphysik auch gegenüber Schelers neuen Wegen und damit aus dem Horizont unserer Zeit heraus zu stellen.

b. Ethische Aspekte

Damit komme ich zum zweiten Teil meiner Überlegungen: bringt nicht gerade die Verschärfung der anthropologischen Fragen zu ethischen eine Metaphysik ins Spiel, die nicht handhabbar im Sinne empirischer Forschung, aber unvermeidlich und kritikbedürftig ist? Eine ethische Regulation menschlichen Handelns und Wirkens erscheint heute als Bedingung des Überlebens. So hat der Ausgriff auf die Atomenergie gezeigt, daß die neuzeitliche Weltbemächtigung das Leben auf diesem Planeten im ganzen gefährdet. Trennt uns die Ausweitung des wissenschaftlich-technischen Zugriffs auf das Leben, also die Mikrobiologie, nicht endgültig von der früheren Zuwendung zum Lebendigen? Daß wir von Bergson und Scheler doch nicht so weit entfernt sind, zeigt die Makrobiologie, die sich der Evolution des Lebens zuwendet und dabei die Nischen beachten muß, die das Organische in der Wechselwirkung mit seinem Umfeld findet. Wir können die Wege einer Evolution von Milliarden von Jahren nicht reproduzieren, und so gibt es inzwischen sogar Gesetze, die das Aussterben von gefährdeten Arten verhindern sollen. Wenn der Mensch mit seinen Techniken das Leben auf der Erde gefährdet, muß man ihn auch für sein Tun verantwortlich machen. Das aber heißt, daß der Mensch in einer Fernethik eine ganz neue Verantwortung übernehmen muß, nämlich auch für die langfristigen Folgen seines technischen Tuns. In diesem Sinn hat Hans Jonas unter dem Titel *Das Prinzip Verantwortung* den Versuch einer Ethik für die technologische Zivilisation vorgelegt (1979).

Jonas geht davon aus, daß der Mensch sich selbst und seine Aufgabe nur zu sehen vermag, wenn er wieder metaphysischen Perspektiven folgt. Der teleologische Grundzug der Wirklichkeit soll wieder anerkannt werden, damit der Mensch sich und sein Sollen im Sein verwurzeln, das Anorganische als ein Hindrängen zum Organischen, das Leben als Weg zum Geist auffassen kann. Dieser Verflechtung von Anthropologie, Ethik und Metaphysik gegenüber mußten sofort kritische Fragen gestellt werden: werden Sollen und Sein nicht vorschnell wieder verbunden, wird die Kontingenz nicht durch die Teleologie überspielt? Man mag die „Klugheit" der Evolution bewundern, sich auf Nischen einzuspielen – die Natur steht jedoch jenseits von Gut und Böse, und so kann sie uns letztlich nicht Vorbild sein, ja wir müssen uns immer wieder gegen sie behaupten. – Die Erfahrung der größten Katastrophe unserer Geschichte hat Jonas zu einer radikalen Position geführt; in einer Flucht nach vorn gestattet er sich wieder, was Platon tat: dort, wo die Macht des Begriffs aufhört, Mythen zu erzählen und an der Grenze der Philosophie die spekulative Theologie zu beanspruchen. Der Vortrag *Der Gottesbegriff nach Auschwitz*, auch der dort ermordeten Mutter gewidmet, greift hinter Schelers Lehre von den zwei Attributen des Weltgrundes und noch hinter Schellings Unterscheidung zwischen dem, was Grund in Gott und was Gott selbst ist, zurück auf jene jüdische Mystik, die in Zeiten schlimmster Verfolgung und Vernichtung ausgebildet wurde. Nach der kabbalistischen Idee des Zimzum hat das En-sof sich selbst beschränkt; Gott hat auf seine Allmacht verzichtet, sich der Odyssee des unschuldigen Lebens anvertraut, damit der Mensch Verantwortung übernehmen könne, sei es in Ausnahmesituationen auch nur dadurch, daß die 36 kleinen Gerechten durch ihr Opfer die Waage der Welt doch wieder richtigstellen.[139] Aber selbst der Theologe Rudolf Bultmann, der einstige Lehrer von Jonas, mußte Bedenken anmelden, wenn Jonas sich an dem alten Bild vom himmlischen Buch orientiert, in das wir uns mit unseren Taten einschreiben. Erinnert dies Bild nicht in der Tat an den Geist, der ohnmächtig ist, aber zeitenthoben in sich ruht?

Der Name Schelers wird in dem Buch *Das Prinzip Verantwortung* nur einmal genannt. Scheler habe in seiner Arbeit über den Formalismus in der Ethik und die materiale Wertethik, so heißt es anmerkungsweise, die Leerheit des Kantischen kategorischen Imperativs macht-

---

[139] Siehe Anm. 82. – Zum folgenden vgl. Hans Jonas: *Zwischen Nichts und Ewigkeit.* Göttingen 1963. Wenn ein Dichter die mystischen Gedanken in einer ähnlichen Situation aufnimmt, kann das mit ganz anderen Akzentsetzungen geschehen, vgl. O. Pöggeler: *Spur des Worts* (s. Anm. 65) 403.

voll kritisiert. Jonas teilt freilich die Bedenken, daß die Rede vom Wert zu stark mit einem subjektivistischen Abschätzen verknüpft sei, und so greift er denn auch auf die Aristotelische Lehre vom Guten zurück.[140] Lesen wir jedoch den populären Aufsatz *Auf der Schwelle der Zukunft,* so finden wir bis ins Wort hinein Schelers Formulierungen wieder: Die Werte an sich sind unwandelbar, doch werden sie verwirklicht unter geschichtlichen Bedingungen; so müssen heute bestimmte Tugenden zurücktreten, andere aber rehabilitiert werden. Vor allem müssen Gefühle, ja Solidaritäten und Ganzheitsgefühle, gestärkt werden; so das Gefühl der Furcht vor den Folgen unseres Handelns. Muß die Philosophie nicht versuchen, einen Ersatz zu finden für die glaubensgebundene biblische Lehre, der Mensch sei „im Bilde Gottes" erschaffen? Die in Verruf geratene Metaphysik ist wieder nötig, wenn der Mensch ein Wissen um sein Wesen und seine Stellung im All gewinnen will. – Schelers materiale Wertethik bleibt in der Tat mit ihrer Konkretheit auch dann vorbildlich, wenn man die angeblich unwandelbaren Werte wieder einbettet in unterschiedliche Situationen. Die Ethik bleibt dann insofern doch formal, als sie in Situationen einweist, aber die dort nötigen Entscheidungen nicht vorwegnimmt. Die überlieferte Lehre von den Tugenden, Leidenschaften und Affekten gibt erste Klärungen; zu Unrecht ist sie von Heidegger auf die uns überkommene Gestimmtheit reduziert worden. Immerhin konnte Heidegger so, etwa im Anschluß an die alte Unterscheidung zwischen timor castus und timor servilis oder Angst und Furcht, Unterscheidungen deutlich machen. Da Jonas sich nicht so sicher ist, was der Augenblick von uns verlangt, muß er die Furcht, die auf Konkretes geht, rehabilitieren. Zum mindesten seit Hegel ist aber klargestellt, daß in der komplizierten modernen Welt Sittlichkeit sich nicht mehr im vorbildlichen Einzelnen als einheitliche Tugend zeigt; die heutige Diskussion über die vielschichtige „Gerechtigkeit" zeigt, daß zur Unterscheidung komplizierte Prinzipiengefüge nötig sind. Hobbes konnte noch voraussetzen, daß jeder weiß, was Furcht vor dem gewaltsamen Tode ist. In welchem Sinne die Tödlichkeit der kriegerischen oder friedlichen Nutzung der Atomenergie heute zu bekämpfen ist, bleibt Thema unsicherer und schwer übersehbarer Erörterungen.

---

[140] *Das Prinzip Verantwortung* (s. Anm. 81) 399, 169. – Zum folgenden vgl. Hans Jonas: *Technik, Medizin und Ethik.* Frankfurt a. M. 1987. 53 ff.

Ist die Philosophie nicht aufgerufen, zu dem bloß technischen Wissen ein anderes Wesenswissen zu stellen oder, wie man oft sagt, den Menschen mit Ideen zu versorgen?

Max Scheler hat seine Unterscheidung des geistigen Menschen vom auch schon intelligenten Tier in die provozierende Bemerkung gekleidet, zwischen einem klugen Schimpansen und Edison, sofern dieser nur als Techniker genommen werde, bestehe nur ein gradueller Unterschied, wenn auch ein sehr großer. Gehlen hat den Unterschied nicht geleugnet, aber die These in ihrer Radikalität widerlegt, indem er die Schimpansenversuche Köhlers neu diskutierte: den Schimpansen sind schon einfachste unanschauliche technische Leistungen unmöglich, welche für den Menschen bloßer Ausgangspunkt sind. Trotzdem hat Schelers Abhandlung *Erkenntnis und Arbeit* ihren Siegeszug angetreten. Gleich am Anfang dieser Abhandlung stellt Scheler die rhetorische Frage: Ist die moderne Technik nur die nachträgliche praktische Verwendung einer Theorie oder ist der Wille zur Herrschaft das erste Bewegende? Heidegger hat noch in *Sein und Zeit* zu zeigen versucht, daß sich die mathematische Physik aus den technischen Veranstaltungen, die unabdingbar für sie sind, zur reinen Theorie zu emanzipieren vermöge. Er hat dann aber bis zu seinen letzten Lebensjahren in steigendem Maße die Auffassung vertreten, der technische Zugriff sei nicht erst eine Anwendung der Theorie in den Naturwissenschaften und dann auch in den Sozialwissenschaften, sondern bestimme diese Theorie vorweg in ihrem Wesen. Von neomarxistischen Tendenzen aus konnte man Erkenntnis und Arbeit auf Interessen beziehen, hinter denen nicht mehr (wie bei Scheler) der wertnehmende Eros Platons stand. So konnte Karl-Otto Apel, die entsprechenden Gedanken von Jürgen Habermas aufnehmend, in seiner Erkenntnisanthropologie Schelers Lehre von den drei Formen des Wissens verwandelt fortführen. Dabei wurden das Wissen um das Wesen der Dinge, in dem der Mensch sich zum Mikrokosmos bildet, und das Heilswissen auf Hermeneutik und auf eine emanzipatorische Ideologiekritik reduziert und so zum technisch interessierten Erkennen gestellt.[141]

Als Scheler zusammen mit Husserl 1927 im phänomenologischen Jahrbuch von Heidegger die Abhandlung *Sein und Zeit,* von Oskar

---

[141] Karl-Otto Apel: *Szientistik, Hermeneutik, Ideologiekritik.* In: *Transformation der Philosophie* (s. Anm. 90) Band 2. 96 ff.

Becker die Abhandlung zur Ontologie der Mathematik veröffentlichte, hat er in Überlegungen über *Geist und Zeit* nicht nur den um sich kreisenden Historismus Heideggers abgelehnt, sondern auch Beckers Ergänzung und Korrektur dieser Einseitigkeit. Becker beruft sich auf mathematische Idealisierungen, welche die wiederkehrende Natur zu deuten vermögen. Wenn Scheler in dieser Korrektur die Leistungen nicht wiedererkennt, die er dem Geist zuschreibt, dann braucht das doch nur zu heißen, daß Schelers Geistbegriff nicht legitim ist. Becker machte darauf aufmerksam, daß Naturwissenschaft und Technik durchaus natürlichen Antrieben des Menschen folgen, wenn sie das begegnende Wirkliche von seinen wiederkehrenden Zügen her zu beherrschen suchen. Gegen die These, die mathematisierende Naturwissenschaft sei spezifisch neuzeitlich, hat er den Hinweis auf die hellenistische Astronomie gestellt. Der Grundzug der neuen Naturwissenschaft Galileis sei nicht die Mathematisierung, sondern das analytische Experiment, das unterschiedliche Züge am begegnenden Wirklichen unterscheide und so methodisch abgetrennte Züge unter bestimmten Bedingungen erklärend beherrsche oder deute. Dies „Deuten" setzt die platonische Ausrichtung auf Ideen in legitimer Weise fort. Da das Deuten unter bestimmten Bedingungen des faktisch-geschichtlichen In-der-Welt-seins geschieht, kann der Mensch mit seinem spezifischen Zugang zum Wirklichen nicht voraussetzen, die Naturwissenschaft schöpfe die Wirklichkeit aus oder präge auch nur alle unsere Zugänge zu dieser Wirklichkeit. Zum Deuten tritt komplementär das Verstehen, das durch die Geschichte bestimmt ist und trotz aller differenzierenden Arbeit situationsgebunden bleibt. Die Philosophie, die keine Frage von sich abweisen darf, muß alle diese Weisen des Erkennens nach ihrer Eigenart hin erörtern und auf letzte „Hypothesen" zurückführen; sie kann aber nicht beanspruchen, von *einer* Weise des Erkennens aus alle möglichen Weisen in ein spekulatives Ganzes zu integrieren. Wenn Karl-Otto Apel trotzdem diesen Weg geht, führt schon der affektive Gebrauch von Worten wie „transzendental" zu der Frage, ob nicht vorschnell metaphysische und spekulative Traditionen übernommen werden.[142]

Scheler und Jonas zeigen mit ihren Gedankengängen unmittelbar, daß diese beanspruchten metaphysischen Perspektiven in der Nähe

---

[142] Siehe Anm. 93 und 94.

zu diesen oder jenen religiösen Traditionen stehen. Anmerkungsweise soll wenigstens darauf hingewiesen werden, daß die Perspektiven auch in politische Dimensionen führen. Scheler hat in seinen frühen Arbeiten dem Ressentiment-Begriff Nietzsches die antichristliche Ausrichtung genommen und ihn gegen den Bourgeois gewandt. So konnte er behaupten, der Kapitalismus wie auch der Marxismus verabsolutierten den Erwerbstrieb so, wie er erst in der neuzeitlichen Geschichte sich in einseitiger Weise entfaltet habe. Die Soziologie Schelers ist fragwürdig, weil sie Theorien wie die Ökonomie direkt auf fundamentale menschliche Triebe zurückführt (was schon Dilthey als unmöglich bezeichnete); trotzdem bleibt ein Recht dieser Kritik am Kapitalismus und Kommunismus bestehen. Scheler hat in seinen Beiträgen zu den berüchtigten „Ideen von 1914" seinen Grundgedanken auch eine nationalgeschichtliche Wendung gegeben. Er, der niemals England oder Amerika besuchte, glaubte zeigen zu können, daß diese Länder in besonderer Weise dem Bourgeoisgeist folgen (Max Webers Forschungen werden aufgenommen, die Intentionen Webers aber verkehrt). Die grauenhafteste Vision war für Scheler ein Europa, das erdrückt wird zwischen Amerika und Rußland. Noch im Kriege selbst, wenigstens seit 1916, hat Scheler gesehen, daß Europa sich im Weltkrieg durch Nationalismus und Imperialismus selbst zerstörte; er hat dann von den spezifisch europäischen Traditionen her einen neuen „Solidarismus" zur Überwindung der geschichtlichen Krise gefordert.

Wenn Scheler in seinen letzten Lebensjahren vom Weltalter des Ausgleichs (zwischen Ost und West, Askese und Intelligenz, Mann und Frau) sprach, dann konnte Arnold Gehlen auch in diesen Hinweisen die Genialität Schelers wiederfinden; doch wurde dieser Ausgleich von Gehlen verhöhnt als Humanitarismus, der dann noch (fälschlich, wie ich meine) auf die Ethosform der Familie zurückgeführt wurde. Gehlens „Empirie" orientiert sich an der sich behauptenden Nation und geht in grotesker Weise an den wirklichen Aufgaben unserer Zeit vorbei; sie hat mit Schelers Ansätzen nichts mehr zu tun. Gehlen, der in den ersten Auflagen seines Buches *Der Mensch* den Nationalsozialismus als Tatbeweis für seine Anthropologie bemühte, hat aus dieser intimen Nähe heraus in seinem Buch über Moral und Hypermoral Hitler von Nietzsche her erklärt; mit Berufung auf Hannah Arendt sagte er, Hitler habe nur Nietzsches welthistorisches Stiftertum, das sich in Fiktionen verlor, in die Wirklichkeit umgesetzt.[143]

Martin Heidegger hat dagegen Schelers Auffassung akzeptiert, die europäische Vernunft habe sich im Ersten Weltkrieg selbst widerlegt. Wenn er Anfang 1919 gleich in der Einleitung zu seiner ersten Nachkriegsvorlesung sagte, es sei das Wort gefallen vom Gegensatz der englisch-amerikanischen und der deutschen Weltanschauung, dann nahm er offenbar Schelers Thesen auf. Als Scheler starb, wollte Heidegger Schelers Nachlaß mit Hilfe des Nietzsche-Archivs edieren; er wollte ja auch dem Ansatz Schelers wieder die Schärfe von Nietzsches Geschichtsdiagnose geben. So konnte er 1935 in einer *Einführung in die Metaphysik* von der Zange sprechen, in der Europa (und vor allem Mitteleuropa) zwischen Amerika und Rußland liege; der positivistische und pragmatistische Liberalismus des Westens, der Bolschewismus und der Nationalsozialismus wurden in gleicher Weise als Totalitarismen gesehen, die den Geist zur Intelligenz verfälschten, nämlich Untergeistiges wie die gesellschaftliche Konkurrenz, die Klasse und die Rasse zu Basisphänomenen machten. Auch ein so vorsichtiger Diagnostiker wie Jacques Derrida verkennt, daß Heidegger hier Grundbegriffe Schelers gebraucht und damit Metaphysik und Anthropologie aus der Aufgabenstellung unserer Zeit heraus verbindet. Den Wissenschaften traute Heidegger keinen Widerstand gegen den Totalitarismus zu. Als einer der großen Naturwissenschaftler, die den Stolz der Universität Heidelberg ausmachen, ausgezeichnet wurde, schrieb Heidegger in einer berühmten Aufzeichnung: „Die Forschungen des in diesem Jahre mit dem Goethepreis der Stadt Frankfurt ausgezeichneten Chemikers Kuhn eröffnen bereits die Möglichkeit, die Erzeugung von männlichen und weiblichen Lebewesen planmäßig je nach Bedarf zu steuern. Der Schrifttumsführung im Sektor ‚Kultur‘ entspricht in nackter Konsequenz die künstliche Schwängerungsführung." Die Verrechnung der Führer mit den Funktionären, die durch ihre Intelligenz die Animalität organisieren, zeigt, daß es für Heidegger keinen Kompromiß mehr mit Totalitarismen wie dem Nationalso-

---

[143] Gehlen: *Moral und Hypermoral.* Wiesbaden ⁵1986. 119. Zum folgenden vgl. Heidegger: *Einführung in die Metaphysik.* Tübingen 1953. 28 f., 34 ff.; *Vorträge und Aufsätze* (s. Anm. 134) 93 ff. Zu Heideggers „politischem Selbstverständnis" vgl. auch meinen Beitrag in: *Heidegger und die praktische Philosophie.* Hrsg. von A. Gethmann-Siefert und O. Pöggeler. Frankfurt a. M. 1988. 17 ff.

zialismus gab. Kuhn bekam den Goethepreis im Jahre 1942. In jedem Fall kommt die Verstrickung der Philosophie in die Politik, wie Heideggers Fall sie exemplarisch zeigt, von weither und weist warnend in die Zukunft. So muß denn auch Jonas sein Buch über die Verantwortung mit der Frage schließen, welche politische Strukturen den bestehenden Aufgaben am ehesten gemäß seien.

c. Metaphysische Perspektiven

Philosophen und Intellektuelle treiben heute ihr Spiel damit, sich Worte wie „metaphysisch" und „modern" (oft verbunden mit Präfixen wie prä und post, nicht und über) als Fetische gegenseitig um den Kopf zu schlagen. Scheler bestand gegenüber Comte darauf, daß Religion, Metaphysik und Wissenschaft nicht mit geschichtlichen Stadien zu verrechnen seien, sondern allesamt aktuelle Aufgaben darstellen. Doch wollte Scheler nicht die klassische Metaphysik der Substanz oder die neuzeitliche Metaphysik des Subjekts erneuern, sondern aus den Aufgaben unserer Zeit heraus wieder zu metaphysischen Perspektiven finden. Schon das Wort Meta-Physik ist für ihn unzulänglich, da er die Metaphysik erster Ordnung in allen Metaszienzien findet, in denen die Grenzprobleme von Mathematik wie Biologie, Psychologie wie Rechtslehre behandelt werden. Über die besonders brennenden Probleme von Anthropologie und Ethik, also über eine Metanthropologie, führt dann der Weg zu einer Metaphysik zweiter Ordnung, die nach den Attributen des Weltgrundes fragt. Erst mehr als ein halbes Jahrhundert nach Schelers Tod sind seine Entwürfe zur Metaphysik in einem Band der Gesamtausgabe publiziert worden. Darauf kann ich hier nicht eingehen; doch möchte ich abschließend wenigstens an einem Beispiel (dem Zusammenhang von Wesensschau, Funktionalisierung und Schematisierung) etwas genauer bestimmen, in welcher Weise hier von metaphysischen Perspektiven gesprochen wird. Dabei gehe ich aus von der Abhandlung *Idealismus–Realismus*, die Scheler vor seinem Tode nur fragmentarisch publizieren und überhaupt nur in Teilen ausarbeiten konnte.

Scheler gibt einen Überblick über die verschiedenen Formen von Idealismus und Realismus; er hält ihnen allen den Fehler vor, nicht angemessen unterschieden zu haben zwischen dem Sosein (dem Wesen oder der essentia) und dem Dasein (der existentia, in unscharfer Kategorienvermischung auch Realität genannt). So besteht der Idealismus zwar auf der Möglichkeit einer Teilhabe des Geistes an allem Sosein; er stellt aber nicht genügend heraus, daß uns Dasein nur in der Widerstandserfahrung eines Strebens gegeben ist, das zum Drang gehört. Hier führt eine Unterscheidung der allgemeinen Metaphysik, also die Unterscheidung zwischen Sosein und Dasein, zur Unterscheidung der Attribute des Weltgrundes, also des Geistes und des Dranges. Zugleich kommt das Seiende im ganzen in den Blick: die Widerstandserfahrung des Lebens führt zur Bildung von Raum und Zeit; doch erhält der Mensch seine Sonderstellung erst durch den Geist, der sich asketisch und ethisch von der Herrschaft des Dranges befreit und Teilhabe am Sosein alles Seienden gewinnen kann. Scheler besteht jedoch darauf, daß die Akte des Wesenswissens funktionalisiert und so in den Zeitraum der Geschichte eingefügt werden müssen.[144] Schon die materiale Ethik definiert: „Akte entspringen aus der Person in die Zeit hinein; Funktionen sind Tatsachen in der phänomenalen Zeitsphäre." Die Religionsphilosophie *Vom Ewigen im Menschen* hält fest, daß die Idee Gottes dem Menschen nicht angeboren sei, sondern entfaltet werden müsse in einem Wachstum der Gotteserkenntnis, das auch in Abnahme umschlagen könne. Weseneinsichten müßten überhaupt funktionalisiert, also in den Prozeß des Lebens und der Geschichte eingefügt werden. Die Philosophie kann als Metaphysik verschiedener Ordnung nicht die Wege der Einzelwissenschaften gehen; vielmehr muß sie die wissenschaftliche Arbeit nach ihren Grenzen hin bestimmen. So begrenzt Scheler die Mechanisierung des Weltbildes, die seit Galilei die aristotelische Naturlehre ablöste: die Mechanisierung folgt einem Schema der Welteinstellung, das durchaus nicht das einzig mögliche ist. Dieses Schema ist ein Apriori für die wissenschaftliche Arbeit (etwa der mathematischen Physik, in anderer Weise aber auch für die kapitalistische Ökonomie), aber nur ein Apriori, das biologisch relativ ist, nämlich relativ auf das Leben, das sich durch die Intelligenz zum Homo faber erhebt und so behauptet. Die biologische Verhaltensforschung hat gezeigt, daß Schemata das Funktionieren des

---

[144] Scheler: *Gesammelte Werke.* Band 9. 183 ff. Schelers Metaphysik, Anthropologie und Geschichtsphilosophie erschienen als Bände 11, 12 und 13. – Zum folgenden vgl. Band 2. 387; Band 5. 195.

Lebens ermöglichen: ein Fleck an der Kehle des Altvogels signalisiert den Jungvögeln im Nest, daß Nahrung kommt, und so reagieren sie entsprechend. In ähnlicher Weise ist nach Scheler auch die wissenschaftliche Arbeit durch Schemata im Funktionskreis des Lebens angesiedelt, während der Geist sich durch Wesenseinsichten über diesen Funktionskreis erhebt.[145]

Heidegger berichtet, daß er nach einem Kölner Vortrag über Kants Schematismuslehre die Fragen der Schematisierung und damit das Problem der Metaphysik mit Scheler erörtert habe, ohne daß eine Verständigung hätte erzielt werden können. Zweifellos kann man zu Recht Heideggers Kantdeutung kritisieren; die bloße Kritik verfehlt aber die Frage, wie Heidegger die Schematisierung für seinen eigenen Ansatz einsetzte. Er problematisierte gerade jene Unterscheidung von Sosein und Dasein, die von Scheler als eine metaphysische Perspektive genommen wurde. Bei dem Pult, das ich hier benutze, darf und muß ich voraussetzen, daß sein Sosein mir vertraut und bekannt ist, wenn es mir mit seinem Dasein behilflich ist. Bei einem Menschen darf ich nicht oder doch nicht in jedem Fall voraussetzen, daß er nur ein bekanntes Sosein realisiert; der Mensch kann durchaus zu jenem Augenblick hinfinden, in dem er neue Wesenszüge gewinnt, sich also sein Dasein neu in das Sosein öffnet. Wird der unterschiedliche Zeitbezug von den Schemata der Dimensionen der Zeit her erörtert, dann zeigt die Unterscheidung von Sosein und Dasein ihre Problematik. Gerade gegenüber dem Geist gilt, daß er nicht einfach festzulegen ist auf ein herausstellbares Wesen – etwa auf ein Wesen der Kunst, das für die Griechen und für uns selbst und auch für kommende Jahrhunderte den Bezug zur Kunst erschöpfend regelt. Die Zeit ist damit nicht bloßes Bild der Ewigkeit, gebildet von einem Drang, der dann überstiegen werden müßte. Die Zeit gehört gerade zum Geist, und so kann der Mensch nicht mit Scheler angesprochen werden als der Neinsager, der in der Überwindung des blinden Dranges sich zum Geist erhebt. Er ist für Heidegger aber auch nicht der Jasager, der sich an bestimmte Formen des Lebens klammert, sondern der Warum-Frager, der keine Infragestellung ausschlägt und so Metaphysik als Problem erreicht.

---

[145] Das angeführte Beispiel gebraucht Portmann; Scheler spricht in *Erkenntnis und Arbeit* z. B. vom spezifischen Hören und Sehen der Eidechsen und Bienen. – Zum folgenden vgl. Heidegger: *Metaphysische Anfangsgründe* (s. Anm. 35) 182, 280. Zu Schelers Heideggerkritik s. Anm. 33.

Freilich mag Scheler recht behalten mit seiner Diagnose, der Homo curans von *Sein und Zeit* verstelle durch die Bekümmerung um die letzten Fragen, daß der Mensch im Wissen teilhabe am Sosein der Welt und nur aus dieser Konkretion heraus zur Metaphysik komme. Eine metaphysische oder auch pseudometaphysische Perspektive kann nicht nur vom Unterschied zwischen Dasein und Sosein her gewonnen werden, sondern zum Beispiel auch von der Unterscheidung eines performativen und propositionalen Anteils in einem Versprechen her, wenn diese Unterscheidung weitergetrieben wird zur Rekonstruktion aller Kompetenzen einer Kommunikationsgemeinschaft.[146] Wird nicht eine überschwengliche Metaphysik beansprucht, wenn die Ethik in der technologischen Zivilisation voreilig durch eine neue Rechtfertigung der Teleologie abgestützt wird? Vor nur fünfzig Jahren konnte Max Scheler jene Verschärfung noch nicht ahnen, die von der Technik in die Verflechtung von Anthropologie, Ethik und Metaphysik gebracht werden sollte. Die indirekten und verschlungenen Wege, auf denen die Stellung des Menschen im Kosmos bestimmt wird, haben mit der von Gehlen analysierten Tierhege nicht geendet; die monströsen Wege, auf denen sich die Atomtechnik entfaltete, ändern nichts daran, daß die Wissenschaft heute mittels der riesigen Veranstaltungen der Atomtechnik neue Blicke in den Aufbau der Materie und auch des Kosmos zu tun vermag. Die verschlungenen Wege bringen aber auch eine Fernethik vor schwer oder gar nicht entscheidbare Fragen, wenn die Furcht vor schlimmen Folgen konkretisiert werden soll. War schon 1896 die Bemühung eines Mannes mit dem inzwischen ominös gewordenen Namen Becquerel problematisch, die unsichtbare Strahlung von Uransalzen nachzuweisen? Oder erst die Arbeit von Rutherford oder gar erst die Versuche von Otto Hahn oder erst Einsteins berühmte Aufforderung an den Präsidenten Roosevelt, angesichts der Gefahr Hitlers die Atombombe zu bauen? Soll auf die Erprobung eines Ersatzes der Leichtwasserreaktoren durch Hochtemperaturreaktoren oder gar eines Ersatzes der Atomspaltung durch Fusion verzichtet werden? Schon die bisher entwickelte Technik hat ohne Zweifel die Stellung des Menschen im Kosmos so neu bestimmt, daß Schelers Rede von der Gottwerdung des Weltgrundes im Menschen obsolet geworden ist. Wir müssen

---

[146] Siehe Anm. 227.

überhaupt davon ausgehen, daß die Überprüfung der Perspektiven, die den Namen „metaphysisch" verdienen, eine unabgeschlossene Aufgabe ist und vielleicht auch bleiben wird. Daß die Überprüfung dennoch zu einem kontrollierten philosophischen Gespräch führen kann, mag das Schicksal zeigen, das Schelers Anstöße hatten.

II. Die Krise des
phänomenologischen Philosophiebegriffs (1929)

Husserls Phänomenologie hat nach dem Erscheinen der *Logischen Untersuchungen* sehr schnell eine schulbildende Wirkung erreicht. Für die schulbildende Kraft ist kaum eine Vorliebe für die Themen der logischen Untersuchungen verantwortlich gewesen. Was Husserl auf einem speziellen Feld praktizierte, wurde sofort auch auf anderen Feldern angewandt, und so konnte man die Impulse der Zeit im Arbeitsstil der Phänomenologie wiederfinden. Daß Husserl aus Mähren und Österreich kam, verstärkte das Fremdartige und Neue: er stand Kant, vor allem dem Methodologismus der Neukantianer, ebenso fern wie dem Systemgedanken des spekulativen Idealismus. Sein Philosophieren gehörte eher, so schien es, zu den empiristischen Tendenzen, und doch brachte es ganz anderes ins Spiel: die kategoriale Anschauung, das materiale Apriori. Hatte Husserls erste große Publikation sich der Logik und der Kategorienlehre, dazu dem Ausdruck des Logischen in der Sprache zugewandt, so führten seine Schüler nicht nur die Analysen zur Wahrnehmung eines Dinges weiter, sondern untersuchten auch den Vertrag im juristischen Feld abseits von einer Erkenntnistheorie, die sich totlief, und abseits von äußerlichen Konstruktionen. So war es, als ob das Ding und der Vertrag zum ersten Mal den Menschen vor Augen träten. Jenes Erklären wurde abgewiesen, das vorschnell von einem Phänomen zu einem erklärenden Grund weitergeht. Das Logische sollte nicht mehr auf eine Apparatur in unserer Psyche zurückgeführt werden; in Distanz gehalten wurde der Zweifel an der Realität der Dinge wie das unklare Bestehen auf dessen Realität, und auch das Religiöse sollte zuerst einmal als Phänomen analysiert und ausgewiesen werden.

Was sich bei Husserl in Göttingen vorbereitet hatte – die transzendentale Wendung der Phänomenologie, aber auch die Begegnung mit Dilthey –, wurde für Husserls Freiburger Lehrtätigkeit entscheidend. In Freiburg nahm Husserl nicht nur Abschied von der älteren Phänomenologie; vielmehr geriet auch seine transzendentale Phänomenologie in den Widerstreit. Es herrscht Übereinstimmung darüber, daß Heidegger es war, der jene anführte, die dem Streit mit dem Lehrer nicht ausweichen wollten. Seit Walter Biemel erstmals 1950 die verschiedenen Ansätze zu Husserls Phänomenologie-Artikel für die *Encyclopaedia Britannica* und Heideggers Vorschläge und Anmerkungen dazu veröffentlichte, hat man die Krise der Phänomenologie darin gesetzt, daß Heidegger das transzendentale Ich als ein faktisch-historisches nahm und so zu einer hermeneutischen Phänomenologie überging.[147] Man kann dann geltend machen, daß die fünfte *Cartesianische Meditation* Husserls das transzendentale Ich in den Bereich der Monadologie führte und so Heideggers Einwänden zu begegnen suchte. Im folgenden möchte ich aber einen anderen Vorschlag machen und den entscheidenden Widerstreit in der phänomenologischen Philosophie mit dem Modalitätenproblem verknüpfen, das um 1929 in neuer Schärfe aufbrach. Damit wird denn auch Heideggers Gegensatz zu Husserl aus dem fragwürdigen Rahmen der „Existenzphilosophie" befreit; der Widerstreit kehrt zurück in die logisch-metaphysischen Fragen.

a. Der Weg der Freiburger Phänomenologie

Zuerst soll wenigstens überblickhaft angegeben werden, welchen Weg die Freiburger Phänomenologie ging. Als Husserls *Logische Untersuchungen* so schnell zu einer Schulbildung führten, mußte Husserl über diesen Erfolg beglückt sein, aber zugleich fürchten, der neue Ansatz könne in einem bloßen Beschreiben, einer „Bilderbuchphänomenologie" (wie selbst Scheler im Vorwort seines Formalismusbuches sagte) fern von jeder kritischen Disziplinierung und systematischen Ausrichtung des Denkens enden. Als er 1913 das *Jahrbuch für Philosophie und phänomenologische Forschung* begründete, wollte er nicht nur die neue Schule zur Geltung bringen, sondern sie auch disziplinieren. Er führte seine Forderung nach einer Philosophie als einer strengen Wissenschaft fort, indem er im ersten Buch seiner *Ideen,* das sein Jahrbuch

---

[147] So habe ich das auch getan, vgl. *Der Denkweg Martin Heideggers* (s. Anm. 2) 67 ff.: „Transzendentale und hermeneutische Phänomenologie".

eröffnete, zurückging auf das transzendentale Ich. Dieses Ich, das nicht das psychologische Ich sein sollte, stand als Index für die Tendenzen zur kritischen und methodischen Absicherung und zur Verantwortlichkeit des Philosophierens. Die älteren Schüler wollten sich aber die realistischen Tendenzen nicht nehmen lassen, die mit der Hinwendung zu den Sachen verknüpft worden waren. Wenn Scheler den Bereich des Emotionalen nicht einer selbstverständlichen Dominanz der theoretischen Sphäre hatte opfern wollen, so konnte sein Weg zu einer neuen Berücksichtigung des Religiösen führen, aber auch in der Metaphysik des Spätwerks Parallelen zu Nietzscheanischen Tendenzen nicht verleugnen. Husserls neuer Freiburger Assistent, Martin Heidegger, hielt schon im Juni 1919 in den üblichen Samstagsdiskussionen Husserl entgegen, das transzendentale Ich – wenn schon von ihm die Rede sein solle – müsse als historisches Ich gefaßt werden; Husserls reines Ich lasse sich nur durch eine Entleerung dieses ursprünglichen Ichs von allen qualitativen Charakteren gewinnen. Dieser Weg zum Konkreten konnte in mannigfacher Weise variiert werden. So war die phänomenologische Philosophie in neue Spannungsfelder getreten.[148]

Als Husserls *Logische Untersuchungen* erschienen waren, hatte auch Wilhelm Dilthey in ihnen eine Hilfe für seine eigenen Versuche gesehen. Er mußte seine Arbeiten aber verkannt fühlen, als diese von Husserl in dem Logos-Artikel über *Philosophie als strenge Wissenschaft* schließlich doch dem Historismus, Relativismus und Skeptizismus zugeschlagen wurden. Husserl lenkte im Briefwechsel von 1911 denn auch ein: „Was wir", so schrieb er an Dilthey, „von verschiedenen Studien herkommend, durch verschiedene historische Motive bestimmt, durch verschiedene Entwicklung hindurchgegangen – erstreben und erforschen, stimmt zusammen und gehört zusammen: die phänomenologische Elementaranalyse und phänomenologische Analyse im Großen, an der Hand der von Ihnen erschlossenen Morphologie und Typik der großen Kulturgestaltungen." Husserl bestand aber darauf, daß das Historisch-faktische (etwa einer großen Religion) nur als Exempel dienen könne und zum „rein Idealen", dem Apriori, hin überstiegen werden müsse. Dilthey hatte es für unmöglich gehalten,

[148] Zu allen Einzelheiten vgl. Karl Schuhmann: *Husserl-Chronik*. Den Haag 1977. – Zum folgenden s. Anm. 4.

229

aus der allgemeinen Geltung der Idee des Wissens die Möglichkeit zu folgern, eine gültige Religion oder Kunst anzunehmen und dann zwischen der gültigen Religion und der historischen Religion das Verhältnis von Idee und getrübter Erscheinungsform anzusetzen. Gerade jener Platonismus, den Husserl als Urstiftung der Philosophie beanspruchte, war Dilthey fragwürdig geworden. Doch berichtete Heidegger noch in der Husserl-Kritik seiner Vorlesung vom Sommer 1925, Dilthey habe in einem Brief an Husserl ihre Arbeit „mit dem Anbohren eines Berges von entgegengesetzten Seiten" verglichen, „bei welchem Anbohren und Durchstoß sie sich getroffen". Heidegger sagt in dieser Vorlesung, Husserl sei über Dilthey nicht hinausgekommen, Dilthey habe in seinen vielschichtigen Untersuchungen aber weder eine Methode gefunden, noch einen Ansatz. Heidegger übernimmt, trotz Husserls Widerspruch, die Grundbegriffe der Diltheyschen Arbeit: jene Rede von einer letzten Faktizität, die sich historisch erschließe und nur so den Bereich für Allgemeines öffne. Zugleich verschärft Heidegger den Hinweis auf diesen Bereich, indem er von seinem Freunde Jaspers den Begriff der Situation übernimmt, die zur Grenzsituation werde, wenn sie auf den Augenblick verweise, von dem Kierkegaard gesprochen habe. Für das unruhige Suchen von Dilthey und Jaspers schlägt Heidegger die Phänomenologie als Methode vor, doch muß die Phänomenologie sich als ein Erschließen und Auslegen der Faktizität zur hermeneutischen Phänomenologie wandeln.

Haben Dilthey und Husserl sich wirklich mit ihren Tunneln im Berg der Philosophie getroffen? Es gab keine geologische Erfassung dieses Berges, also keine Überwissenschaft, die den philosophischen Versuchen die nötigen Anweisungen hätte erteilen können. Gab es die Sache der Philosophie als „invisible hand"? Gerade über diese Sache wird gestritten. Einer jener, die ihr philosophisches Lebenswerk auf die Überzeugung gebaut haben, daß Dilthey und Husserl sich im Berg der Philosophie getroffen hätten, ist Ludwig Landgrebe: Dilthey und Husserl, aber auch Husserl und Heidegger, überhaupt die kontinentaleuropäischen Ansätze der Philosophie mit dem großen Hintergrund bei Hegel müssen letztlich in eine Synthese gebracht werden. Andere meinen, Husserl und die jüngeren Freiburger Phänomenologen unter der Führung Heideggers hätten nur zusammenarbeiten können, weil man sich übereinander getäuscht habe, weil die Gruppe um Heidegger den Lehrer bewußt im unklaren über die eigenen Absichten gehalten habe. Die letzte Ansicht ist sicherlich falsch: Heidegger hat von dem Gespräch im Juni 1919 an bis hin zu der gemeinsamen Arbeit an dem Phänomenologie-Artikel für die *Encyclopaedia Britannica* Husserl über die eigenen Absichten klar informiert. Heidegger betonte, daß Husserl nicht auf den kritisierten ersten Band der *Ideen* festzulegen sei: Husserls Phänomenologie sei in einer offenen Entwicklung. In dieser Situation konnten sich auch Legenden bilden; so glaubte Ingarden sagen zu dürfen, Husserl behandele in den neuen Bernauer Zeitmanuskripten das Problem der Individualität. Husserl sprach aber von der Individualität der Zeit-Objekte, nicht von Individualität im Sinne der menschlichen Existenz! Doch machte Husserl sich ausdrücklich zu eigen, was Heidegger an Radikalisierungen einbrachte: den Hinweis auf den Galaterbrief des Apostels Paulus in der Vorlesung *Einleitung in die Phänomenologie der Religion,* die Entfaltung des phänomenologischen Ansatzes von Aristoteles her.[149] Gelegentlich zog Husserl freilich auch so etwas wie eine Notbremse. So ließ er Heidegger 1926 nicht weiterschreiben an *Sein und Zeit,* sondern brachte im Jahrbuch nur die ersten beiden Kapitel zusammen mit einer Abhandlung von Oskar Becker zur Ontologie der Mathematik. Er konnte nicht dulden, daß der eine Schüler die Phänomene der Geschichte oder gar den Bezug zur Theologie allzusehr in den Vordergrund rückte; die Phänomenologie sollte universal sein, sich auf Mathematik und Naturwissenschaft wie auf Geschichte und Theologie beziehen, dann aber als transzendentale ihre radikale Grundlegung erhalten. Daß gerade diese transzendentale Ebene von Husserl, Scheler, Heidegger und Becker – um nur diese zu nennen – in unvereinbarer Weise charakterisiert wurde, mußte deutlich werden und führte 1929 zum Zerbrechen der phänomenologischen Philosophie.

Die Dinge entwickelten sich gerade für Husserl schnell und überstürzt. Im April 1929 arbeitete Husserl das endgültige Manuskript seiner Pariser Vorträge, der *Cartesianischen Meditationen,* für den Übersetzer und Schüler Lévinas aus. Im Juli hielt der von Husserl allein akzeptierte Nachfolger Heidegger seine Antrittsvorlesung *Was*

---

[149] Vgl. die Angaben in Edmund Husserl: *Briefe an Roman Ingarden.* Den Haag 1968. Zum exemplarischen Weg Landgrebes vgl. O. Pöggeler: *Nachruf auf Ludwig Landgrebe.* In: Jahrbuch 1991 der Rhein.-Westf. Akademie der Wiss. 42 ff.

ist Metaphysik? Husserl mußte entsetzt sein, wie hier die Metaphysik als Problem genommen, nämlich jener Angst des Irdischen ausgeliefert wurde, die wir doch abwerfen sollen. Noch vor diesem Schock hatte Husserl Georg Mischs *Lebensphilosophie und Phänomenologie* zu studieren begonnen, war aber zu einer Erneuerung der Auseinandersetzung mit Dilthey und dessen Schule nicht gekommen; nachher las er (am Comer See, aber nun sehr mißtrauisch) *Sein und Zeit.* Im Oktober schickte er die Vorrede zur englischen Übersetzung seiner *Ideen* ab, wo Lebensphilosophie, neue Anthropologie und Philosophie der Existenz und deren Vorwürfe „Intellektualismus" und „Rationalismus" mit einer einzigen Handbewegung abgetan wurden. Im April 1931 las Husserl Schelers *Die Stellung des Menschen im Kosmos,* im Mai exzerpierte er dessen *Umsturz der Werte* und machte sich Notizen zur Frage nach dem Sein. So konnte er im Juni in Frankfurt, Berlin und Halle im Vortrag *Phänomenologie und Anthropologie* öffentlich das Tischtuch zerschneiden. Er beschränkte sich in der Absage auf Dilthey und Scheler; Heidegger – der untreue Schüler, der das Ohr der Zeit gefunden, sich dann mit Scheler verbündet hatte – wurde der namentlichen Erwähnung nicht gewürdigt. Die Phänomenologie, die eine Angelegenheit kooperierender, aber eigenständiger Philosophen gewesen war, brauchte nun nur noch Mitarbeiter, die sich dem endlich gefundenen Weg des monologisierenden Schulhaupts fügten. Zwar hatte der Jahrbuchband von 1930 noch einmal Ergebnisse der Zusammenarbeit gebracht – eine Dissertation aus dem Marburger Seminar Heideggers über Kants Einbildungskraft, eine Arbeit zur Logik der Modalitäten von Oskar Becker. Wie wenig man aber voraussetzen darf, daß Husserl auch studierte, was er publizierte, zeigt die Eintragung im Jahrbuchband von 1927, er habe „insbesondere zum ersten Mal auch die zweite Hälfte" von Beckers Abhandlung *Mathematische Existenz* gelesen. (Darf die *Husserl-Chronik* dieses „auch" wirklich mit einem Fragezeichen versehen?) Der Jahrbuchband von 1930, der auch den deutschen Text der Vorrede zur englischen Ausgabe der *Ideen* brachte, war faktisch der letzte, und so beendete Husserl das Jahrbuch mit einem Hinweis auf die *Ideen,* die siebzehn Jahre vorher das Gemeinschaftswerk begonnen hatten. Der Plan der folgenden Jahre, das Jahrbuch mit einer erweiterten Fassung der *Cartesianischen Meditationen* oder einem Buch über „Zeit" fortzusetzen, kam nicht zur Ausführung.

Der Bruch geschah nicht nur, weil Unvereinbares sich trennen mußte, sondern vor allem deshalb, weil gegensätzliche Motive einen neuen Ansatz suchten. Der neue Ansatz zeigte sich einmal in der anders akzentuierten Berücksichtigung bestimmter Phänomene. Husserl wie Heidegger waren, parallel zum Neukantianismus, davon ausgegangen, daß die mathematische Physik und die Historie jene beiden Modellwissenschaften darstellten, von denen aus sich die Problematik wissenschaftlicher Arbeit zeige. Wenn Scheler nach der Stellung des Menschen im Kosmos fragte, dann bekam (wie bei Bergson) das Leben einen neuen Akzent. Scheler stellte seine Fragen nicht nur um spezieller Disziplinen willen, sondern vor allem, weil die Rolle des Menschen metaphysische Probleme aufzuwerfen schien. Plessner hielt in seiner Philosophie des Organischen zwar nicht diese spekulierende Metaphysik fest, aber doch die Erschütterung des Rahmens der bisherigen philosophischen Systematik. Misch klagte von Dilthey her die geschichtliche Konkretion der Hermeneutik ein; doch Husserl hatte mit der Phänomenologie der Intersubjektivität schon einen Weg geöffnet, der die Auseinandersetzung mit der längst entfalteten dialogischen Philosophie verlangte. Der Übersetzer der fünften *Cartesianischen Meditation*, Lévinas, beschritt dann auch diesen Weg (mehr von Rosenzweig denn von Buber her). Die Frage nach dem Bildbewußtsein und nach dem Ästhetischen konnte in unterschiedlicher Weise gestellt werden: als Abgrenzung des Fiktiven vom Wirklichen wie bei Fink und Ingarden, dann als Frage nach der metaphysischen Relevanz der Idealisierung in der Kunst, die bei Oskar Becker Nietzsches Rede von der ästhetischen Rechtfertigung der Welt gegen die religiöse Ausrichtung Fritz Kaufmanns aufrief. Wenn Heidegger in seiner Vorlesung vom Winter 1929/1930 die Frage nach Befindlichkeit und Gestimmtheit mit der Skizze einer Philosophie des Organischen verknüpfte, wies er zugleich auf den Nietzscheanismus und auf Nietzsche selbst hin, welche die Frage nach geschichtlicher Größe mit dem Problem des Mythischen verknüpft hatten. In all diesen speziellen Fragestellungen spielte das Problem des Verhältnisses von Wirklichkeit und Möglichkeit mit, das nun in neuer Weise virulent wurde: der Organismus zeigt das Wechselspiel von Möglichkeit und Wirklichkeit in anderer Weise als das Am-Werk-sein der Geschichte; wenn der Andere und Fremde Möglichkeiten hat, die mir abgehen, muß mein Wirklichkeitsbezug auch von dieser Erfahrung her geprägt sein. Im folgenden möchte ich nur noch diesem Modalitätsproblem nachgehen, mich dabei aber für Husserl auf die *Cartesianischen Meditationen* beschränken.

b. Husserls „Cartesianische Meditationen"

Husserls fünfte *Cartesianische Meditation* wurde fast so lang wie die vier ersten Meditationen zusammen. So zeigt sich, daß in ihr ein neues erregendes Problemfeld betreten wurde: die personale Kommunikation zeigt Ich-Akte, „die durch das Medium der appräsentierenden Fremderfahrung in das andere Ich hineinreichen", ja, „Ich-Du-Akte" sind (§ 58). Hätte Husserl seine *Meditationen* nicht neu schreiben müssen? Dazu war er keineswegs bereit. Vielmehr baute er die Phänomenologie der Intersubjektivität auf der primordialen egologischen Sphäre auf. Unsere gemeinsame Leiblichkeit oder das „Ästhetische" führt zu einer gemeinsamen natürlichen Lebenswelt. Von ihr zu unterscheiden sind die konkreten Lebenswelten der kulturell geprägten Gemeinschaften. Diese treten zusammen mit Intersubjektivität und Kommunikation, sind aber nicht unbedingt für jedermann gleich zugänglich. Auch in dieser Pluralität reklamiert Husserl die eigene Kulturwelt als das Primordiale, von dem aus der Zugang zu den anderen Welten gesucht werden muß. Aus dieser natürlichen Lebenswelt und den vielen kulturellen Lebenswelten erhebt sich jedoch jene transzendentale Besinnung, die Husserl von Anfang an von jeder psychologischen Betrachtung abgehoben hatte. In dieser transzendentalen Besinnung geht es um die „reine Seele", die sich stufenweise, aber *notwendig* selbst objektiviert (§ 57). In diesen Selbstobjektivierungen geht es um die Konstitution dessen, was wir Natur nennen, als Unterschied zwischen Tier und Mensch fassen, als Intersubjektivität und Sozialität voraussetzen und mit den Besonderungen der Sozialität der Geschichte überlassen müssen. Diese Konstitution, so sagt Husserl, „ist selbst ein Apriori", und nur von ihm her wird das Faktum der Welt verständlich (§ 59). Husserl, der selber ein ewiger Anfänger bleiben wollte und mußte, blickt am Schluß der publizierten *Cartesianischen Meditationen* auf die Anfänge der Phänomenologie zurück – auf die Göttinger und Münchener Versuche, die Phänomenologie als eine Ontologie neuer Art zu entfalten (als „reine Grammatik, reine Logik, reine

Rechtslehre, Wesenslehre der intuitiv erfahrenen Natur usw.", aber auch als „allgemeine Ontologie der objektiven Welt"). Husserl gibt auch zu, daß eine Überwindung der objektivierenden Naivität dieser ontologischen Arbeit ganz konkret anfangen könne „mit unserer menschlichen Lebensumwelt". In jedem Fall käme es letztlich darauf an, daß „der natürliche Erkenntnisboden mit dem transzendentalen vertauscht" werde. So wird das geschichtlich Hervorgetretene (die ontologische Phänomenologie, die Umweltanalyse) zur bloßen Vorarbeit – wenigstens für Husserl, denn an diesem Punkt scheiden sich die Geister!

Husserl hatte schon im ersten Buch der *Ideen* (im § 58) dargelegt, inwiefern ihn die „Faktizität" des konstituierenden reinen Bewußtseins interessiere: Es gehe nicht um das „Faktum überhaupt", sondern um das „Faktum als Quelle sich ins Unendliche steigernder Wertmöglichkeiten und Wertwirklichkeiten". So müsse nach dem Grund dieser Faktizität und jener „wunderbaren Teleologie" gefragt werden, die das reine Bewußtsein in eine Übereinstimmung mit dem faktischen Bewußtsein und dem Faktum der Welt bringe. Philosophie als Phänomenologie müsse eine vorweg angesetzte Transzendenz Gottes ausschalten, doch kämen metaphysische Fragestellungen ins Spiel. Die *Cartesianischen Meditationen* geben genauer an, zu welcher Metaphysik Husserl eine Nähe sieht in einer Zeit der „historisch entarteten Metaphysik", die den „Boden" der transzendentalen Fragestellung verlor (wie Husserl im § 60 und § 63 sagt). Hier verweist Husserl nicht auf die Methodenlehre der Kantischen *Kritik der Urteilskraft*, sondern auf die *Monadologie* von Leibniz, die zur Frage nach den möglichen Welten, nach deren Kompossibilität und nach der wirklichen Welt führt.

Der kurze Schluß, der den publizierten *Meditationen* mitgegeben wird, bringt zwei wichtige Thesen. Die universale und eidetische Selbstauslegung des transzendentalen Ego, wie sie in der platonischen und cartesischen Tradition erstrebt wird, besagt: „Herrschaft über alle erdenklichen dem Ego und einer transzendentalen Intersubjektivität ‚eingeborenen' konstitutiven Möglichkeiten" (§ 64). Von diesen beherrschten Möglichkeiten aus können dann auch „alle abstrakten Relativitäten beherrscht" werden; die Philosophie kann „von sich aus" zu den Begriffssystemen kommen, die den Grundsinn aller wissenschaftlichen Gebiete bestimmen. Husserl sagt ferner (in Anknüpfung an die angeführten metaphysischen Überlegungen der *Ideen*): „Alle Rationalität des Faktums liegt ja im Apriori." So kann er auch die gerade publizierte sog. Fundamentalontologie von *Sein und Zeit* transzendental umfangen und begrenzen. Er sagt: „Aber innerhalb der faktischen monadischen Sphäre, und als ideale Wesensmöglichkeit in jeder erdenklichen, treten alle die Probleme der zufälligen Faktizität, des Todes, des Schicksals auf (der in einem besonderen Sinn als ‚sinnvoll' geforderten Möglichkeit eines ‚echten' menschlichen Lebens, darunter auch die Probleme des ‚Sinnes' der Geschichte) und so weiter aufsteigend. Wir können auch sagen, es sind die ethisch-religiösen Probleme, aber gestellt auf den Boden, auf den alles, was für uns soll möglichen Sinn haben können, eben gestellt sein muß." Es ist deutlich, daß Husserl von dieser Position aus alle Vorschläge Heideggers zurückweisen mußte, im Phänomenologie-Artikel für die *Encyclopaedia Britannica* Faktizität als etwas Unreduzierbares aufzunehmen. Über Heidegger hinausgehend, reklamiert Husserl eine monadologisch verwurzelte Metaphysik, so offenbar auch die Frage nach dem Sinn der Geschichte als dem Sinn des Geschichtsverlaufs. Liegt in dieser Weise, die Möglichkeit als reine Möglichkeit über die Wirklichkeit zu stellen und von ihr her Wirklichkeit zu beherrschen, nicht doch eine bestimmte, dogmatische Metaphysik?

Blicken wir von diesem abschließenden Ausblick aus auf die *Meditationen* selbst zurück, dann sehen wir, daß das Ergebnis schon im Ansatz des einsamen Meditierens mitgegeben ist. Sicherlich ist das Bekenntnis zu Descartes nicht kritiklos: Descartes, so heißt es, setzte zu Unrecht ein Verfahren more geometrico als Denkweise der Philosophie überhaupt voraus; er behielt das denkende Ich zurück als ein Stückchen Welt, das erst noch zur Ausdehnung und vor allem zu Gott in Bezug zu setzen sei. Doch auch Husserl sucht eine apodiktische Evidenz: wenn wir denken, können wir nicht leugnen, daß dieses Denken ist. Zugegeben wird, daß mit der apodiktischen Evidenz nicht die adäquate Evidenz gegeben sei, also das angemessene oder gar vollkommene Erfassen des Apodiktischen. Die Frage bleibt, ob Husserl nicht die apodiktische Evidenz in einer ganz bestimmten Weise erfaßt, die durchaus nicht selbstverständlich ist. Das Apodiktische im Ego cogito soll sich nicht auf den Bezug zum Weltlichen, nicht auf das Miteinander mit Anderen beziehen, sondern nur auf einen innersten Bereich des denkenden Ichs. Die Welt als Gesamtheit der Dinge, aber auch die Anderen könnten ein Traum sein. Was kein Traum soll sein können, wird in der zweiten *Meditation* genauer angegeben. Die „transzendentale Erfahrung" wird herausgehoben als eine neue Seinssphäre, welche unendlich wird, weil man in ihr offenbar über jede Grenze auch hinausgehen kann (§ 12). Dieses Hinausgehen ist nur möglich, wenn das Denken sich in einer „Ichspaltung" als „uninteressierter Zuschauer" vom „naiv interessierten Ich" trennt und sich ein „Universum absoluter Vorurteilslosigkeit" schafft (§ 15). Theorie in diesem Sinn ist nicht eine Sphäre unter anderen, sondern für die Philosophie fundierend. Für die Synthesen des Bewußtseins wird das „allumspannende innere Zeitbewußtsein" gefordert, in dem das Bewußtsein vom überhaupt Möglichen her auf das Wirkliche zurückkommt und auch seine eigene Aktualität von der Potentialität her ergreift (§ 18). Wenigstens als regulative Idee muß festgehalten werden, daß die Möglichkeit nicht vom „Chaos" her zu fassen ist, sondern von einer Ordnung aus, die auf ein „System" verweist (§ 22).

Evidenz, so sagt Husserl, ist Erfahrung in einem „weitesten Sinn". Die Logik weist ihr in bevorzugter Weise die Seinsgewißheit zu. Doch modalisiert sich Wahrheit nicht nur korrelativ zum Unterschied zwischen Sein und Nichtsein, sondern auch korrelativ zu modalen Abwandlungen wie „Möglich-Sein, Wahrscheinlich-, Zweifelhaft-Sein". Von der Gemüts- und Willenssphäre her gibt es auch den Bezug zu „Wert- und Gut-Sein" (§ 24). Dieser Ansatz der dritten *Meditation* führt weiter zur Analyse der passiven Genesis (etwa der unwillkürlichen Assoziation) in ihrem Unterschied von der aktiven Genesis (etwa der geforderten philosophischen Begriffsbildung). Gezeigt wird, wie einmal Gewonnenes habitualisiert wird, damit über die Sedimentierung auch wieder Passivität vorgibt. Doch soll das Habitualisierte überführt werden in neue Potentialität, damit aber in die reine Möglichkeit „Ich kann immer wieder" (§ 27). Die Betonung des Möglichen hebt hervor, was Husserl methodisch als Variation zur Vorbedingung der Begriffsbildung gemacht hat. Letztlich aber bleibt es dabei: das faktische Ego muß bezogen werden auf das Eidos Ego, auf die notwendigen Stufen der Konstitution; diesem Eidos Ego entspricht, daß die Wirklichkeit sich erweist als Spezialfall der systematisch sich darstellenden reinen Möglichkeiten. Erst eine Verweltlichung (eine neue Mundanisierung) führt von der Vernunft überhaupt zur Vernunft in uns Menschen zurück (§§ 34 ff.).

c. Das Modalitätenproblem als Streitfrage

Mußten jene, denen Husserl die transzendentale Phänomenologie für ihre eigenen Arbeiten vorschreiben wollte, ihren Lehrer nicht auf jenem tragischen Weg sehen, der wider Wissen und Willen zu dem führte, was Husserl doch immer hatte vermeiden wollen: zu einem Idealismus im Sinne der Tradition? Aus der Reihe der Widersacher seien nur jene genannt, die Husserl 1927 in dem spektakulären Jahrbuchband 8 herausgestellt hatte: Martin Heidegger und Oskar Becker. Seit seiner Freiburger Antrittsrede *Was ist Metaphysik?* reklamierte Heidegger in neuer Weise, was er Husserl seit zehn Jahren entgegengehalten hatte: die transzendentale Sphäre bricht faktisch in uns auf, nämlich so, daß für dieses Aufbrechen kein Grund mehr angegeben werden kann, da ja erst das Aufbrechen dieser Sphäre das Angeben von Gründen erlaubt. Dieses abgründige Aufbrechen verbleibt zudem ungründig: es verstellt sich selbst, da immer wieder das eine in den Vordergrund rückt und anderes zurückdrängt, so daß das Wechselspiel der Geschichte beginnt. Hat Dilthey (wie Nietzsche) die metaphysische Tradition auf einen illusionären, weil unbegrenzten Gebrauch des Satzes vom Grunde festgelegt, so verknüpft Heidegger das Problem der Metaphysik mit der Radikalisierung der Warum-Frage. Wenn Heidegger dabei das Philosophieren nicht einfachhin mit der Evidenz-Erfahrung verbindet, sondern es mit Kierkegaard der Erfahrung der Angst ausliefert, dann weist zumindest eine andere Dogmatik darauf hin, daß Husserls Ausrichtung auf eine letzte Durchsichtigkeit auch dogmatisch ist. Die Angst kehrt sich als ein „Gefühl" einer Situation zu, indem sie sich zugleich von dieser Situation abkehrt und so mit Zukehr und Abkehr eine letzte Distanz öffnet. Könnte es nicht so sein, daß wenigstens in begrenzten Bereichen Sinn nur gewonnen wird, wenn wir in eine offene Situation eintreten, auf letzte Durchsichtigkeit verzichten? Damit wäre nicht geleugnet, daß die Newtonschen Gesetze (oder wenigstens die Regeln der Geometrie) immer gegolten haben, wenn sie auch geschichtlich entdeckt werden mußten und in unterschiedliche Kontexte eingefügt werden müssen. Damit aber kann jene Zuordnung von Möglichkeit und Wirklichkeit von der reinen Möglichkeit her, wie Husserl sie reklamierte, für die transzendentale Sphäre nicht mehr durchweg beansprucht werden. An diesem Punkt mußten Heidegger und Becker 1929 Husserl widersprechen, damit aber auch die Husserlschen Eierschalen von ihren früheren Versuchen abzustoßen suchen.

Heideggers Bruch mit Husserl bedeutet, daß er Metaphysik als Problem faßt und fortan nicht mehr von der metaphysisch belasteten transzendentalen Phänomenologie der gesuchten zukünftigen Philosophie eine Methode ansinnt. Wie aber sah die nunmehr aufgegebene hermeneutische Phänomenologie als Methode aus? Sie war zuerst einmal formal anzeigende Hermeneutik. Husserl hatte (im § 13 der *Ideen*) zwischen Generalisierung und Formalisierung unterschieden. Die Generalisierung steigt zu immer höheren Allgemeinheiten auf (von dem Rot dieses Kleides zur Farbe Rot, von den Farben überhaupt zu den Qualitäten, usw.); die Formalisierung geht zurück zu den schon immer vorausgesetzten logischen und kategorialen Formungen. Heideggers formale Anzeige macht darauf aufmerksam, daß das Zusammenspiel von Generalisierung und Formalisierung in unterschiedlichen Bereichen verschieden sein muß, weil das „Noematische" und „Noetische" in verschiedener Weise in „Korrelation" stehen. Der jeweilige „Bezug" eines „Vollzugs" zu „Gehalten" muß eigens angezeigt werden. Die Dinge, mit denen wir umgehen, legen wir darauf fest, daß sie jeweils Fall eines bekannten Allgemeinen sind; der Mensch jedoch, der sich als geschichtliche Existenz versteht, kann sich nicht als bloße Realisierung eines allgemeinen Was sehen. So darf der Mathematiker sich in die Gleichungen an seiner Tafel und der Handwerker in sein Werken selbstvergessen verlieren; für den religiösen Menschen ist der Vollzug des Existierens dominant. In seiner frühen Phänomenologie der Religion besteht Heidegger darauf, daß z. B. christliche Religiösität nicht auf ein Was (eine Idee des christlichen Lebens) festzulegen ist, sondern die Erneuerung des Lebens vom Ursprung her in unterschiedlichen Situationen fordert. So bekommt die formal anzeigende Hermeneutik einen zweiten Sinn : sie kann mit ihren anzeigenden Begriffen nur in diese Situationen einweisen, muß in ihrem methodischen „Atheismus" die dort nötigen Entscheidungen aber in der Schwebe lassen (sie muß existential bleiben, darf nicht existentiell werden, wie Rudolf Bultmann dann sagte).

Heidegger konnte diese seine formal-anzeigende Hermeneutik in einem Buch über Aristoteles darstellen wollen. Aristoteles hatte im sechsten Buch der *Nikomachischen Ethik* die Orientierung in einer Situation hier unter dem wechselnden Mond analysiert, aber durch seine ontologische Option diesen Ansatz verstellt. Doch wies er auch einen Weg vorwärts: im Anschluß an seine Hermeneutik unterschied Heidegger das apophantische Als, das in einer Aussage etwas als etwas sehen läßt, vom hermeneutischen Als, in dem uns z. B. ein Hammer auch im theorielosen Umgang zuhanden ist. Die Lehre von Schemata wie diesem zweifachen Als hat Heidegger dann im Rückgriff auf Kants Lehre von der Schematisierung der Vernunft ausgebaut zur temporalen Interpretation als einer Selbstbegründung der Philosophie. Husserl hatte auch hier den Weg zu einer phänomenologischen Neufassung der Kantischen Hinweise gewiesen: es sei ihm „wie Schuppen von den Augen" gefallen, als er – so hielt Heidegger rückblickend fest – Kants *Kritik der reinen Vernunft* vor dem Hintergrund der Phänomenologie Husserls las; die Richtigkeit des Weges, auf dem er gesucht habe, sei bestätigt worden.[150] Doch als Heidegger 1928 Husserls erste Phänomenologie des Zeitbewußtseins edieren mußte, deutete er in einem kurzen Vorwort an, daß Husserl keinen Bezug zu dieser Fragestellung habe: Husserl setzt (ganz im Sinne der Tradition) die Zeiterfahrung zu den unteren intellektiven Akten; er faßt in der unterschiedlichen Zeiterfahrung von den Schemata der Zeitekstasen her nicht ein Prinzipiengefüge zur Unterscheidung unterschiedlicher Weisen der Welteinstellung und Begriffsbildung. Weitere Hilfe fand Heidegger eher bei Scheler, der ja von der mathematischen Physik der Neuzeit als einer spezifischen Schematisierung unserer Welteinstellung gesprochen hatte. *Sein und Zeit* gab in § 69 noch einen Vorblick auf die temporale Interpretation als Schematisierung der Vernunft, den Kernbestand des nichtpublizierten Abschnittes III von *Sein und Zeit* nach der neuen Konzeption, die erst während der Ausarbeitung des Buches gefaßt worden war. Gemäß der mittelalterlichen Aristoteles-Auslegung, die Brentano der phänomenologischen Philosophie vermittelt hat, gilt die Ousia als jener leitende Begriff von Sein, auf den alle anderen analogisch zugeordnet werden müssen. Indem Heidegger das ständige Anwesen dieses Wesens in unterschiedliche Zeithorizonte stellt, bricht er mit dieser Konzeption. Daß er mit dieser Tradition nur bricht, indem er sie zugleich voraussetzt, zeigt sich noch einmal in seiner Kant-Rezeption: die Zeitschemata sind nicht mehr vorbereitende Hinweise auf die Grundbegriffe, sondern die Grundbegriffe wer-

---

[150] Siehe Anm. 110.

den umgekehrt durch die Schematisierung erst in unterschiedlicher Weise anwendbar. Auch Husserls Ansatz bleibt in der Umkehrung vorausgesetzt. Möglichkeit und Wirklichkeit werden nicht mehr auf reine Möglichkeiten hingeordnet, sondern die reinen Möglichkeiten oder Bedingungen der Möglichkeit werden verstanden aus dem Wechselspiel von Wirklichkeit und Möglichkeit.

In den Jahren unmittelbar nach der Publikation von *Sein und Zeit* gibt Heidegger diesen Ansatz auf: nicht die Ousia ist der leitende Begriff von Sein, der dann in die vergessenen Zeithorizonte zurückgestellt werden muß, sondern die Energeia, zu der Dynamis gehört. Entsprechend darf die Wahrheitsfrage nicht einfach korrelativ zum Gegensatz Wirklichkeit-Nichtwirklichkeit gestellt werden. Zur Wahrheit gehört unaufhebbar der Wahrschein, der einen anderen Ansatz der Modalitäten, die Verbindung von Wirklichkeit und Möglichkeit, voraussetzt. Ein „Wesen" ergibt sich nur (in unterschiedlicher Weise), wenn die Wirklichkeit am Werke ist und in sich die Möglichkeit offenhält. Das Philosophieren muß sich als Partner der anderen Weisen des Am-Werke-seins verstehen; sie kann ihnen aus einem regulativen Vorgriff auf reine Möglichkeiten nicht in jedem Fall die konkreten Möglichkeiten vorschreiben wollen. Heidegger hat wenigstens einige Weisen dieses Am-Werke-seins näher zu analysieren versucht, so die Kunst. Vor allem hat er seinen neuen Ansatz dadurch zu motivieren versucht, daß er sein Denken in neue und andere geschichtliche Zusammenhänge zurückstellte. Wenn er schon in der Vorlesung vom Winter 1929/1930 auf den Zusammenhang des Dionysischen und Apollinischen zurückgriff, schien er sich aus der eigentlichen philosophischen Arbeit zu entfernen. Das aber ist nicht der Fall, da das Dionysische aufgefaßt wird als ein Erleiden des Werdens, das Apollinische als Gewinn der begrenzenden Form aus diesem Werden. Die Offenheit des Werdens darf dadurch nicht wieder verstellt werden, daß die Wirklichkeit der Energeia als Entelecheia gefaßt wird – wie etwa auch in dem teleologischen Erfahrungsprozeß der Hegelschen *Phänomenologie des Geistes*. Heidegger führt sein neues Leitwort „Ereignis" ein als Übersetzung von Energeia, die mit der Dynamis als Eignung zu sich und ihrem Eigenen (etwa einer „Ousia") findet. Es kann kein Zweifel sein, daß der Gebrauch bestimmter Leitvorstellungen bei Husserl wie bei Heidegger in verräterischer Weise auf die zugrunde liegende Konzeption von Philosophie verweist. Das

Chaos, das von Husserl abgewehrt wurde, erscheint bei Heidegger als Hölderlins „heiliges Chaos", und von der Vernunft heißt es alsbald, daß sie, die seit Jahrhunderten verherrlicht werde, die „hartnäckigste Widersacherin des Denkens" sei.[151]

Möglichkeit kann in dem Sinn eine Abwandlung der Wirklichkeit benennen, daß nur vom Daß-Sein die Rede ist, welches zum Was-Sein als dessen Realisierung hinzukommt oder nicht hinzukommt oder möglicherweise hinzukommen kann. In diesem Fall sind Möglichkeit und Wirklichkeit keine Attribute oder keine „realen Prädikate", die den Sachverhalt der Sache vermehren. Heideggers philosophischer Ansatz geht jedoch von der Überzeugung aus, daß der Mensch in seinem Sein von einem solchen Zusammenspiel zwischen Daß-Sein und Was-Sein nicht erfaßt wird: er ist „Existenz" in einem anderen Sinn, nämlich jenes Ausstehen einer Offenheit, in der erst über ein mögliches Was-Sein oder Wer-Sein entschieden wird. Dieser Unterschied wird in *Sein und Zeit* sofort in terminologischen Überlegungen betont: das Dasein „ist" als Verstehen und Seinkönnen „je seine Möglichkeit"; es „hat" diese Möglichkeit nicht nur „eigenschaftlich als ein Vorhandenes". Heidegger kann den Unterschied zwischen der modalen Kategorie und dem Existential der Möglichkeit in der folgenden Weise fassen: „Als modale Kategorie der Vorhandenheit bedeutet Möglichkeit das *noch nicht* Wirkliche und das *nicht jemals* Notwendige. Sie charakterisiert das *nur* Mögliche. Sie ist ontologisch niedriger als Wirklichkeit und Notwendigkeit. Die Möglichkeit als Existenzial dagegen ist die ursprünglichste und letzte positive ontologische Bestimmtheit des Daseins." Das Dasein ist seine Möglichkeit, ein Seinkönnen und Verstehen, aber nur als geworfenes und befindliches, d. h. auf dem Grunde der Unmöglichkeit und des Nichtkönnens (wie das Vorlaufen zum Tode enthüllt). Das Dasein muß sich überdies immer neu der Selbstvergessenheit entreißen. Die Übernahme seiner Möglichkeit auf dem Grunde der Unmöglichkeit bringt das einzelne Dasein in sein Schicksal; doch fügen sich die Schicksale der Einzelnen zusammen zu jenem „Geschick", durch das eine Generation ihre Einheit findet und ein Volk sich sammelt. Die Analysen von *Sein und Zeit* brechen nach diesem Hinweis bald ab; es hätte noch gezeigt

---

[151] Heidegger: *Erläuterungen zu Hölderlins Dichtung.* Frankfurt a. M. ⁴1971. 59 ff.; *Holzwege* (s. Anm. 80) 247.

werden müssen, wie das Seinkönnen des Daseins seine Möglichkeiten der Aufgliederung des Sinnes von Sein entnimmt und wie diese Aufgliederung sich jeweils epochal in einem geschichtlichen Am-Werke-sein vollzieht. Was als Möglichkeit des Daseins erschien, hätte in dieser „Kehre" sich gezeigt als jenes Gefüge der Bahnen des Seins, auf denen z. B. das Sein des Göttlichen und das Sein der Dinge in unterschiedliche Konstellationen eintreten.[152]

Diese Bahnen zeichnen Spielräume des Möglichen vor; sie dürfen aber nicht in jedem Fall als „reine Möglichkeiten" gefaßt werden, die auf ein Eidos oder auf das Überzeitlich-Allgemeine der „Vernunft" verweisen. Die Rede vom „Chaos" kann einen positiven Sinn bekommen, weil es gerade in den großen geschichtlichen Übergängen unentschieden ist und auch unentschieden sein muß, ob noch die eine oder die andere Konstellation das Bestimmende ist. Heidegger hat auch dann noch, als er sein verhängnisvolles politisches Engagement aufzulösen begann, den Begriff des „Volkes" gebraucht. In diesem Sinne hat er sich in der Vorlesung über Hölderlin vom Winter 1934/1935 z. B. auf Hölderlins Modalitätenlehre im Text über das „untergehende Vaterland" bezogen. Die *Beiträge zur Philosophie* von 1936-1938 bauen diesen Ansatz aus: das „Seyn", das mit seinen Bahnen in jeweils einzigartige Konstellationen tritt, verlangt als Stätte seiner Unverborgenheit jeweils die einzigartige geschichtliche Gemeinschaft. In seiner sog. Seinsgeschichte hat Heidegger überdies eine durchgehende Linie von Platon bis zu Nietzsche gezogen: wo das Denken ein Eidos und „reine" Möglichkeiten verlangt (wie in der platonischen Urstiftung der Philosophie), da ist auf verborgene Weise schon jener Wille zur Macht am Werk, von dem Nietzsche dann sprach. Das Am-Werk-sein erscheint als Macht und als ein Wille, der sich des Seienden über Ideen bemächtigt und schließlich nur sich selbst (als ewig wiederkehrend) will. Heideggers ganze Anstrengung geht darauf, die Spielräume der Bahnen des Seins als Möglichkeiten zu nehmen, die für uns nicht einfach verfügbar oder gar mobilisierbar sind, uns vielmehr trotz ihrer Offenheit auf verbindliche Aufgaben verpflichten. Der Begriff des Volkes war aber längst anachronistisch geworden, als Heidegger ihn handstreichartig schon in *Sein und Zeit,* dann als ambivalenten, viel

---

[152] *Sein und Zeit.* 42, 143 f., 384 ff. – Zum folgenden vgl. *Hölderlins Hymnen* (s. Anm. 27) 122 f. Zum Begriff „Konstellation" vgl. *Vorträge und Aufsätze* (s. Anm. 134) 41.

mißbrauchten und problematischen Grundbegriff in den *Beiträgen zur Philosophie* heranzog. Die Konzeption der Seinsgeschichte, wie Heidegger sie ausgestaltete, gibt mit ihrer polemischen Einlinigkeit keine positive Rechtfertigung des Gebrauchs von „Ideen" innerhalb bestimmter Bereiche des Seienden. Darüber hinaus bleibt Heideggers Zuwendung zum Modalitätenproblem (der „Zerklüftung" des Seins) spekulativ auf die „einzige" Frage nach dem Sein konzentriert. Die Krise der Phänomenologie um 1929 läßt sich aber nicht im vollen Sinn verstehen, wenn man nicht auch jene Differenzierung im Modalitäts-Problem einbezieht, wie sie damals von Oskar Becker in der Auseinandersetzung mit Husserl und Heidegger versucht wurde.

Becker, dessen Arbeit zur Ontologie der Mathematik von Husserl programmatisch neben *Sein und Zeit* gestellt wurde, bezieht durchaus auch Mathematik auf das Mögliche, ja auf eine offene Zukunft. Man kann immer weiter zählen. Die potentielle Unendlichkeit der Zahlen ist niemals gegeben, sie kann trotzdem beherrscht werden mit den endlichen Mitteln der Regeln, auf die man immer wieder zurückkommen kann. Becker geht von dem Grundlagenstreit zwischen Formalismus und Intuitionismus aus, auf den ja auch *Sein und Zeit* verweist. Der Formalismus Hilberts orientiert sich an der Alternative „wahr – falsch" und verlangt Widerspruchslosigkeit für die mathematischen Gebilde. Der Intuitionismus geht darüber hinaus; er möchte seinem Namen gemäß anschauliche Vorlegbarkeit oder Konstruierbarkeit. Dabei muß er jedoch Restriktionen gegenüber dem Satz vom ausgeschlossenen Dritten vornehmen. Daß ein Drittes nicht gegeben ist, mag in vielen Fällen nicht unmöglich sein, vielmehr durchaus möglich; aber ist es nachweisbar? Durch diese Restriktionen sieht Becker sich auch von der Mathematik und Logik her auf eine Modallogik verwiesen. Diesen spezifischen Ansatz verbindet Becker mit einer kritisch-einschränkenden Rezeption Heideggers, der im Ausgang von der faktisch-historischen Existenz den Vorrang der Möglichkeit vor der Wirklichkeit betont und von einem Primat der Zukunft spricht. Das Gebiet des Historischen verlangt in der Tat neue Differenzierungen. Man kann nicht sagen: 2 x 2 = 5 sei zwar falsch, aber doch eher möglich als 2 x 2 = 7. So etwas kann vom realen Vorgang des Zählens gelten, wo man versehentlich eher fünf Kugeln statt sieben Kugeln zählt, wenn tatsächlich nur vier da sind. Gegenüber der Seeschlacht von morgen, von der Aristoteles gesprochen hat, kann man heute noch nicht entscheiden, ob der Satz wahr oder falsch ist, daß die Griechen gewinnen. Es gibt aber eine Skala von Möglichkeiten: es ist wahrscheinlich, ja so gut wie sicher, daß die Griechen gewinnen; es ist eher möglich, daß die Griechen gewinnen, als daß die Perser gewinnen; es ist nicht ganz unmöglich, daß die Griechen gewinnen, eher aber werden die überlegenen Perser gewinnen; es ist zwar noch gerade denkbar, daß die Griechen gewinnen, in Wirklichkeit haben sie aber keine Chance. Das Problem der Möglichkeit bekommt jedoch seine volle Schärfe erst, wenn es nicht nur mit dem immer auch zufällig bleibenden Ausgang einer Seeschlacht verknüpft wird, sondern mit den jeweils spezifischen „Möglichkeiten" der Griechen als Griechen und der Perser als Perser.[153]

Becker hat sich 1936 in einem Aufsatz *Husserl und Descartes* auch mit Husserls *Cartesianischen Meditationen* befaßt. Dabei hat er vor allem die Bedeutung der ausführlichen fünften *Meditation* hervorgehoben (die damals nur in der französischen Übersetzung von Lévinas vorlag). Becker sagt, diese Meditation führe den cartesianischen Ansatz in eine „neue Welt", wenn sie die *Monadologie* von Leibniz einbringe. Becker will jedoch noch über Husserl hinausgehen, indem er den Grundgedanken des cartesischen Gottesbeweises analog für die Intersubjektivität verwendet: so wie die Idee Gottes nicht nur Realität in meiner Endlichkeit haben kann, so auch das Sosein eines anderen Menschen! „So etwa, daß ich einen anderen Menschen in seiner Originalität als dieses unwiederholbare Individuum nicht einfach mir bloß einbilden kann, weil ich dazu nicht reich genug bin …" Becker hat später von einem „hermeneutischen Realismus" gesprochen, der sich auf individualisierte geistige Gebilde verstehe, damit aber in die Sphäre der Intersubjektivität gerät. Dort kann Michelangelo nicht so malen wie Raffael; die Möglichkeiten des einen sind nicht die Möglichkeiten des anderen. Das gilt in verstärktem Maße für unterschiedliche Generationen oder gar geschichtliche Epochen. Die geschichtlichen Unterschiede können sich aber auch in der nächsten Nachbarschaft zeigen: in Dresden malten Caspar David Friedrich und Kügelgen; der eine blieb verkannt, bestimmte aber die Zukunft und eine

---

[153] Vgl. Oskar Becker: *Zur Logik der Modalitäten.* In: Jahrbuch für Philosophie und phänomenologische Forschung 11 (1930) 497 ff. Vgl. neben anderen Arbeiten auch *Untersuchungen über den Modalkalkül.* Meisenheim/Glan 1952. – Zum folgenden s. Anm. 40.

neue Weise des Malens, der andere war ein schwacher Nachklang des Vergangenen. Muß man nun nicht von der Philosophie verlangen, daß sie von den reinen Möglichkeiten der Kunst aus auf diese unterschiedlichen konkreten Möglichkeiten zurückkommt? Sicherlich mag man versuchen, das anzugeben, was als Minimum zu jeder Kunst gehören muß; genügt das aber, wenn man mit den Kunsthistorikern diskutieren will, die für die Malerei der Chinesen und die europäische Malerei, für die spätmittelalterlichen Ansätze und die heutige Zeit so etwas wie unvergleichbare Welten voraussetzen? Es ist zweifelhaft, ob Husserls Rede von den kulturellen Sonderwelten hier genügt. Der hermeneutische Realismus, von dem Becker spricht, stellt die eidetische Phänomenologie im ganzen in Frage.

Aber Becker folgt nicht Heidegger; er stellt zum hermeneutischen Realismus des „Verstehens" antagonistisch den transzendentalen „Idealismus", der apriorische Elemente im Erkennen sucht und im Sinne von Kants dritter Kritik Wirkliches über ideale Geltungszusammenhänge erklärt, d. h. nach Husserl „beherrscht". Die Frage bleibt nur, welche Aspekte der faktischen Wirklichkeit dabei getroffen werden. Diese Frage ist ja – etwa durch die Wissenschaftstheorien à la Kuhn – sehr weit in die hermeneutische Richtung verschoben worden. Muß man nun das Erklären oder Beherrschen und das Auslegen oder Verstehen nicht zu einer spekulativen Einheit zusammenfassen? Dieser Weg ist etwa von Karl-Otto Apel in seinem Buch über Erklären und Verstehen beschritten worden.[154] Wenn Becker diesen Weg ablehnt, als Philosoph nur hypothetisch unterschiedliche Wege vorschlägt und befragt, kann man ihm vorwerfen, er gebe die eine Vernunft auf. Wer aber sagt, daß diese Einheit Einheit in einem spekulativen Sinn sein müsse, so etwas wie eine einheitliche Wurzel? Derrida hat denn auch den Versuchen Apels massive „Metaphysik" vorgeworfen. Doch wenn wir Derridas bedeutende Frühschrift über Husserls Fragment zum Ursprung der Geometrie lesen, dann müssen wir fragen, ob er nicht selber in einer spekulativen Ferne zu den neuen Ansätzen in einzelnen Wissenschaften wie Mathematik, Geometrie

---

[154] Vgl. Apel: *Die Erklären:Verstehen-Kontroverse* (s. Anm. 93). – Zum folgenden vgl. O. Becker: *Größe und Grenze* (s. Anm. 19) 161 ff.; Jacques Derrida: *Antwort an Apel.* In: Zeitmitschrift. Journal für Ästhetik 3 (Sommer 1987) 79 ff.; Derrida: *Husserls Weg in die Geschichte am Leitfaden der Geometrie.* München 1987. Zur „Enge" der Mathematik vgl. *Sein und Zeit.* 153.

und Geschichtswissenschaft bleibt. Die Polemik gegen ein Philosophieren more geometrico ist berechtigt und wegweisend, doch wirklich überzeugend würde diese Polemik nur, wenn auch aufgewiesen würde, wie das Beherrschen des Unendlichen mit endlichen Mitteln in einem positiven Sinn zur Mathematik gehört. Mathematik, so heißt es in *Sein und Zeit*, ist enger, aber nicht strenger als die Historie (die bekanntlich zu den „ungenauen Wissenschaften" gerechnet wurde). In der Tat schließt diese Enge aus, was zur Rede von der morgigen Seeschlacht oder den spezifischen Möglichkeiten der Griechen gehört; aber diese Enge muß auch als eigenständige Leistung aufgewiesen werden. Darum hat die Phänomenologie sich in der Krise der Jahre um 1929 bemüht, und so ist sie in vielem vorbildlicher für uns als das, was heute für und gegen Phänomenologie gesagt wird.

III. Hermeneutik der technischen Welt

Im zwanzigsten Jahrhundert hat die Menschheit mit neuen Techniken die Wirklichkeit neu erschlossen. Unter diesen Techniken ist die Nutzung der Atomenergie ein besonders eindrucksvolles Beispiel. Noch am Ende des 19. Jahrhunderts galt eine Jahrtausende alte Auffassung vom Aufbau der Materie: die chemischen Elemente sind Substanzen in dem Sinn, daß sie nicht weiter zerlegt werden können, also eben „Atome". Die Entdeckung der Radioaktivität widersprach dieser Auffassung und führte in eine neue Welt; so gehören heute die Namen von Röntgen und Becquerel zum Alltag der Medizin und des Strahlenschutzes. Um die Jahrhundertwende zog Rutherford aus der Uran-Strahlung die Konsequenzen: das „Atom" ist nicht unteilbar; es ist ein positiv geladener Kern mit negativ geladenen Elektronen in seiner Umgebung. Enrico Fermi zeigte 1934, daß es beim Uran unter Bestrahlung zu Umwandlungen kommt. Daß diese Umwandlung eine Kernspaltung ist, konnten Otto Hahn und Fritz Straßmann 1938 nachweisen. Die neuen technischen Möglichkeiten, die sich aus der Kernspaltung ergaben, beschäftigten über Nacht die Physiker in aller Welt. Albert Einstein, von Hitler aus Deutschland vertrieben, mußte fürchten, daß der Diktator überlegene technische Möglichkeiten in die Hände bekommen könne. Am 2. August 1939 schrieb auch er mahnend an den amerikanischen Präsidenten Roosevelt, daß man auf Grund der Kernspaltung eine Bombe bauen könne, die einen großen Hafen mitsamt seiner Umgebung auf einen Schlag zerstören würde.[155]

Die Atombombe wurde in der Tat in Amerika gebaut; sie wurde so spät fertig, daß sie nicht auf Berlin fiel, sondern zuerst auf den alten japanischen Kriegshafen Hiroshima. In Deutschland kam eine Arbeitsgruppe um Werner Heisenberg nicht weit. Ein junges Mitglied

---

[155] Vgl. *40 Jahre Kernspaltung*. Hrsg. von H. Wohlfarth. Darmstadt 1979. 38 f.

dieser Gruppe, Carl Friedrich von Weizsäcker, diskutierte mit seinem Freunde Georg Picht 1939 noch vor Kriegsausbruch die Folgen einer Atombombe: der Krieg in seiner klassischen Form werde abgeschafft werden. Die deutsche Forschung wurde durch die schwierige Ressourcenbeschaffung behindert, dann durch den Luftkrieg. Vor allem hatten manche Wissenschaftler – so Otto Hahn – die größten Hemmungen, möglicherweise noch dem Diktator das neue Kriegsmittel zu verschaffen. So kam es dazu, daß man in den USA für das Bombenprojekt tausendmal so viel Geld ausgab wie in Deutschland.[156] Man hatte in diesem neu besiedelten Land ohne alte Traditionen große Unternehmen zu organisieren gelernt. Ein Ingenieur und Betriebswirtschaftler wie Taylor hatte eine rationale Betriebsorganisation konzipiert, die den Menschen ganz zur Ergänzung der produktiven Maschinen machte. Der Fordismus verband die Massenproduktion mit den entsprechenden Veränderungen im sozialen Leben. Schon ein Erfinder wie Edison hatte nicht nur die Glühlampe auf den Markt gebracht, sondern das ganze System der Elektrifizierung gefördert. Präsident Roosevelt hatte dann von staatlicher Seite aus die Elektrifizierung des Tennesseetales organisieren lassen und die Stromversorgung der Tennessee Valley Authority übergeben. An solche staatlich gelenkte Großprojekte konnte im Zweiten Weltkrieg das Manhattan-Projekt, also der Bau der Atombombe, anknüpfen.

Die Physiker wehrten sich vergebens gegen den Abwurf der Bombe auf ein Bevölkerungszentrum im schon geschlagenen Japan. Es blieb ihnen die Hoffnung, die Kernspaltung für die friedliche Energiegewinnung einsetzen zu können. Enrico Fermi sagte 1946 von seinem Reaktor, dieser lasse sich so leicht und sicher handhaben wie ein Auto mit Hilfe des Steuerrads.[157] Das Fermi-Laboratorium in der Nähe von Chicago scheint heute die Atomtechnik in das Ganze eines neuen Lebens mit der Natur zu integrieren: das Besucherzentrum zeigt modernste Architektur, doch die wichtigsten technischen Anlagen sind unter dem Boden nur an leichten Erhebungen zu erkennen; oben jedoch sucht man ein Stück Prärie zurückzugewinnen und auch wieder Büffel weiden zu lassen. Muß in der Tat nicht erhalten werden, was

---

[156] Vgl. das Gespräch mit C. F. von Weizsäcker *Ich gebe zu, ich war verrückt.* In: Der Spiegel (22. April 1991). – Zum folgenden vgl. Thomas P. Hughes: *Die Erfindung Amerikas.* Der technische Aufstieg der USA seit 1870. München 1991.
[157] Vgl. *40 Jahre Kernspaltung* (s. Anm. 155) 40; zum folgenden 31 f.

eine Evolution von Milliarden Jahren an Lebensformen in die Nischen dieser Erde gestellt hat? Doch der Mensch fügt sich nicht mehr nur in die Evolution ein; er sucht diese vielmehr mittels der Gentechnik in die Hand zu bekommen. Damit die Dynamik einer neuen Weltzivilisation beherrscht und geplant werden kann, werden Elektronenrechner eingesetzt, die unseren Gehirnkapazitäten in manchen Bereichen weit überlegen sind. Für die Atomtechnik übernahm man 1946 noch einen Elektronenrechner aus der Kriegsindustrie, der über 30 Tonnen wog, eine Grundfläche von 140 m^2 und umfangreiche Kühlanlagen benötigte. Heute ist ein Taschenrechner leistungsfähiger. Inzwischen arbeitet man in Großprojekten an der Frage, ob der Mensch seinen „Geist" nicht in die „Künstliche Intelligenz" neuer Computer retten könne. Der Geist, der sich auf der Spitze der Evolution des Lebens entwickelt hat, könnte sich dann auch leichter von diesem vielfach gefährdeten Planeten lösen. Sicherlich wäre es eine umstürzende Erfahrung, wenn die Künstliche Intelligenz im Weltraum auf andere Intelligenz stieße. Nach der Planung von Hans Moravec, dem Direktor eines Robotics Institute in Pittsburgh, wird sich einer vierten Computer-Generation etwa um 2050 die Frage stellen, ob sie die Erde im ganzen oder nur einige Reservate bzw. Zoos den jetzigen Menschen überlassen soll – eine schwierige Frage, denn die Mind Children könnten doch Anstoß nehmen an der Art, in der diese Lebewesen mit so schwachen Spuren von Vernunft sich fortpflanzen und ernähren. Jedenfalls scheint schon in absehbarer Zeit die Auslegung der technisch gewordenen Welt auf einen letzten Sinn hin in ein entscheidendes Stadium praktizierten Verstehens zu kommen.[158]

Soll Philosophie weiterhin eine Weise menschlicher Selbstbesinnung sein, dann muß sie aus ihren akademischen Träumen erwachen. Sie muß sich der Frage nach der Technik stellen. So hat Martin Heidegger es versucht. Fünf Minuten vor Zwölf, im Winter 1937/1938, wollte er in einem Freiburger Arbeitskreis *Die Bedrohung der Wissenschaft* zu der Frage führen, wie die Wissenschaft zusammen mit der Technik in die Organisation des Kampfes um Weltherrschaft einbezogen wird. Er erntete den Hohn der offiziellen Publizisten und zog die

---

[158] Hans Moravec: *Universal Robot 2000:2040* (Vortrag auf dem Essener Kongreß *Kultur und Technik im 21. Jahrhundert*). In: *Das Magazin*. Wissenschaftszentrum Nordrhein-Westfalen 2 (1991) 2. 18 ff.; *Mind Children*. Hamburg 1990.

Gegenwehr der politischen Instanzen auf sich. So mußte er in seinen Notizen einen „weltgeschichtlichen Selbstmord" darin finden, daß die Deutschen damals ihr „völkisches Wesen" gewinnen wollten und dabei die Philosophie als Selbstbesinnung abzuschaffen suchten. Heidegger sah im Totalitarismus des Nationalsozialismus das mögliche Vorspiel einer Zukunft, die noch ganz andere Techniken einzusetzen vermag.[159] Im Dezember 1949 stellten die Bremer Vorträge *Einblick in das, was ist* die „Fabrikation von Leichen in Gaskammern und Vernichtungslagern" zusammen mit der Umwandlung des Ackerbaus zur technisierten Ernährungsindustrie, der strategischen Blockade und Aushungerung von Ländern, der Steigerung der kriegerischen Möglichkeiten der Atomtechnik. Eine solche Zusammenstellung mußte jene tief verletzen, die Verwandte oder Bekannte in einem noch nie gesehenen Verbrechen wie dem Holokaust verloren hatten. Doch greift die Kritik der Zeit auch sonst zur Zusammenfassung unterschiedlichster Phänomene in einer Grundtendenz. So sprach Theodor W. Adorno in seiner *Negativen Dialektik* von der „bürgerlichen Kälte"; diese soll mit der Triebkraft des Bourgeois-Egoismus nicht nur die effiziente kapitalistische Wirtschaft angetrieben, sondern auch den Holokaust mitermöglicht haben. Ja, ohne diese Kälte sei für die Überlebenden aus dem Holokaust ein Weiterleben nicht möglich. Diese Rede vom „Bürgerlichen" kann schwerlich den konkreten geschichtlichen Tendenzen gerecht werden; sie nutzt jene simplifizierende und hybride Polemik, mit der Marx und Nietzsche in den Verunsicherungen des 19. Jahrhunderts auftraten.[160] Ist der Bürger in der technischen Welt aber nicht längst durch ein Millionenheer von Angestellten ersetzt, deren Konditionierung auch ihre gefährlichen Seiten hat? Hannah Arendt sah nach dem Prozeß gegen Adolf Eichmann in diesem Organisator des Holokaust nicht den großen bösen Verbrecher, sondern den Angestellten, der auch in anderen Organisationsbereichen hätte funktionieren können. Gegenüber solchen kurzschlüssigen

---

[159] Heidegger: *Die Bedrohung der Wissenschaft.* In: *Zur philosophischen Aktualität Heideggers.* Hrsg. von D. Papenfuss und O. Pöggeler. Band 1. Frankfurt a. M. 1991. 5 ff., vor allem 27. – Zum folgenden siehe Harries und Pöggeler in *Martin Heidegger. Kunst – Politik – Technik* (s. Anm. 17) 203 ff., 30 ff.
[160] Theodor W. Adorno: *Negative Dialektik.* Frankfurt a. M. 1966 und 1970. 354. – Zum folgenden vgl. zur „Fabrikation von Leichen" in Auschwitz schon Hannah Arendt: *Sechs Essays* (s. Anm. 57) 9.

Analysen muß die Philosophie fragen, wie Organisation und Technik wirklich zu unserem Leben gehören.

Heideggers Vortrag *Die Frage nach der Technik* führt die genannten Bremer Vorträge weiter. Er wurde 1953 in München bei einer Veranstaltung der Bayerischen Akademie der Schönen Künste gehalten und dann an die Spitze des Sammelbandes *Vorträge und Aufsätze* (1954) gestellt. Der Vortrag schwingt am Schluß ein in Hölderlins Wort vom Rettenden, das dort wachse, wo die Gefahr gesehen und angenommen werde. Vielleicht läßt sich der Gebrauch der Hölderlinschen Formulierung leichter verständlich machen aus Heideggers Begegnung mit Ernst Jünger, der einmal die schreckliche Vision der totalen Mobilmachung zum Buch *Der Arbeiter* ausformte, später (mit seinem Bruder Friedrich Georg) den Nietzscheanismus durch Hölderlin korrigierte. Bleibt der Zugriff des Schriftstellers und des Philosophen auf die Wirklichkeit und die vordringende Technik nicht allzu undifferenziert? Diese Frage klärt sich in der Kontroverse zwischen Heidegger und dem Physiker Werner Heisenberg, die bei der Münchener Akademieveranstaltung ihren Höhepunkt erreicht.

a. Heidegger und Ernst Jünger

Im Umkreis von *Sein und Zeit* geht Heidegger aus von der Auffassung, daß sich die Philosophie in ihren Anfängen bei Platon und Aristoteles am Modell des handwerklichen Tuns orientiert habe: zuerst sieht der Schreiner die „Idee" des Tisches, dann realisiert er dieses Was-Sein in beliebig vielen Exemplaren nach seinem Daß-Sein hin. Das Sein als Idee zeigt hin auf ein Fertig-Sein, das in der theoretischen Einstellung rein herausgehoben werden kann. In dieser Weise kann der Mensch sich selbst und sein Existieren aber nicht verstehen: vielleicht öffnet sich sein Wesen oder Was-Sein überhaupt erst im freien Vollzug des Daß-Seins in herausgehobenen Augenblicken und damit in der Zeit. So muß neu nach Sein und Zeit gefragt werden; sonst könnte die Phänomenologie sich als Hermeneutik nicht bewähren in der Auslegung dessen, was ist. *Sein und Zeit* destruiert vom handwerklichen Tun oder von der *techne* der alten Griechen aus den Vorrang der theoretischen Einstellung im abendländischen Philosophieren; die Technik im modernen Sinn kommt überhaupt nicht vor.

Sein und Zeit verwendet die Worte „Technik" und „technisch" insgesamt nur viermal; doch auch dann ist von methodischen Handgriffen des eigenen Vorgehens oder von der alten Technik des Messens der Zeit die Rede. Wenigstens durch eine zusätzliche Anmerkung bei der Korrektur der Druckbögen verweist *Sein und Zeit* noch auf Max Schelers Abhandlung *Erkenntnis und Arbeit.*[161] Nach dieser Abhandlung ist die neuzeitliche Physik wie die kapitalistische Ökonomie durch das gleiche „Schema" des Weltzugangs bestimmt: die Welt soll vom technischen Interesse eines homo faber „beherrscht" werden können. Als Max Scheler plötzlich starb, würdigte Heidegger ihn in der Vorlesung vom Sommer 1928 als den bedeutendsten Philosophen der Zeit. Scheler habe den Menschen, der nach dem Sein zu fragen vermag, zum Lebendigen und damit in den Kosmos gestellt; er habe ihn als den Sterblichen mit dem Göttlichen konfrontiert. In diese Welt, in der der Mensch mit dem Lebendigen zusammen und dem Göttlichen gegenüber steht, „wütet" nach Heideggers Worten die Technik „wie eine entfesselte Bestie" hinein.

Heidegger sah in seinem bewegten Nachruf auf Scheler in Wilhelm Dilthey, Max Weber und Max Scheler jene, die „rücksichtslos" dem entgegengegangen waren, was die Zeit „erst dunkel noch" heranwälze. Mit Dilthey hatte Heidegger sich seit seiner Studienzeit eingelassen; eine kritische Aufnahme jenes Anliegens, das bei Dilthey mannigfach verdeckt blieb, sollte die Phänomenologie zu einer hermeneutischen umgestalten. In der Vorlesung vom Winter 1919/1920 bemerkte Heidegger, daß ein Münchener Semester und die Vorlesungen Max Webers ein Studium bestimmen könnten: Karl Löwith, der Weber gehört hatte, war Heideggers bevorzugter Schüler geworden. Doch wies Heidegger in der Rezension der *Psychologie der Weltanschauungen* von Jaspers darauf hin, daß Max Weber als Soziologe in einer bestimmten historischen Wissenschaft arbeite; man könne aber nicht jene Methodologie, die von „objektiven, wirtschaftlichen Vorgängen" her gewonnen sei, auf Existenzphänomene überhaupt übertragen (wie es auch das Typologisieren von Jaspers tat). Ein Jahrzehnt später, im April 1932, gestand Heidegger Löwith brieflich ein, daß er weder

---

[161] Das Technische meint das Methodische, die Versuchsanordnung oder die Meßtechnik: *Sein und Zeit.* 27, 303, 358, 418; zu Scheler 210. – Zum folgenden vgl. Heidegger: *Metaphysische Anfangsgründe* (s. Anm. 35) 62 ff., 199, 211, 271.

Marx noch Weber kenne (abgesehen von Webers Vorträgen und einigen methodologischen Aufsätzen, also dem schwächsten Teil von Webers Werk); so könne er auch nicht Stellung nehmen zu Löwiths Arbeit über Marx und Weber.[162] Webers Festlegung des europäischen Weges der Rationalisierung als einer „Entzauberung" der Welt wurde für Heidegger zu einer Verzauberung, in der sich die Offenheit des Daseins verengt und sich so selbst unfähig macht für ein schöpferisches Bestehen des europäischen Schicksals.

Max Scheler zeichnete sich dadurch aus, daß er die Verflechtung von Wissenschaft, Industrie und Technik ernstnahm, aber zurückführte in einen umfassenderen Zugang zur Welt. So wurde durch Schelers Spätphilosophie die Problematik der „Metaphysik", also die Enge und Unzulänglichkeit des überkommenen Philosophierens, sichtbar. Heidegger beteiligte sich deshalb an dem Versuch, Schelers Nachlaß herauszugeben; bezeichnend ist, daß er diese Aufgabe an das Nietzsche-Archiv bringen wollte. Noch im März 1932 schrieb er an Elisabeth Blochmann, die Arbeit am Scheler-Nachlaß werde ihn einige Wochen kosten. Am 22. Juli 1932 verwies er darauf, daß Nietzsche die Deutschen auf die Griechen (und deren tragisches Zeitalter) aufmerksam gemacht habe. Heidegger folgte spätesten Äußerungen Nietzsches, die im Liberalismus wie im Sozialismus eine Fortsetzung des hellenistisch-christlichen „Sklavenaufstandes" gegen alles Große sahen. Der westliche Liberalismus (der auch noch die Politik der deutschen Zentrumspartei möglich mache) verbinde tote Traditionen mit der taktischen Vorteilssuche mittels der Parteipolitik; dagegen sei der Kommunismus „grauenhaft", aber eine „klare Sache". Mußte die Philosophie nicht jene Selbstunterscheidung von den leitenden Tendenzen der Zeit aufnehmen, die Sokrates einmal das Leben gekostet hatte, die nun mit Nietzsche zur Frage nach dem Nivellierenden in Kunst, Religion und Politik wurde?

Heidegger wollte die Wirklichkeit ohne akademische Brille sehen; so orientierte er sich an dem harten Nietzscheanismus Ernst Jüngers: mit seinem Assistenten Brock studierte er Jüngers Buch *Der Arbeiter*.[163] Jünger war aufgewachsen, als sich gerade in der Jugend

---

[162] Vgl. Heidegger: *Grundprobleme der Phänomenologie (1919/1920)* (s. Anm. 124) 44. – Zum folgenden vgl. *Beiträge* (s. Anm. 37) 107.
[163] Heidegger: *Die Selbstbehauptung* (s. Anm. 63) 24.

mannigfache Formen des Protestes gegen den Protz und das Sicherheitsverlangen des herrschenden Bürgertums meldeten. Der Erste Weltkrieg erschien auch ihm als eine Gelegenheit, aus den Spannungen der Zeit auszubrechen in die elementaren Erfahrungen des Lebens selbst. Doch der Krieg erwies sich in den Materialschlachten als ein Vernichtungsmechanismus; zeigte damit nicht auch die große Errungenschaft der Zeit, die Technik, ihr wahres Gesicht? Um dieser Frage willen setzte Ernst Jünger schließlich an die Stelle der Kriegsberichte und des nationalrevolutionären Engagements die radikale Analyse der Zeit. Er veröffentlichte 1930 in dem Sammelband *Krieg und Krieger* seinen Aufsatz *Die totale Mobilmachung* und ließ 1932 das Buch *Der Arbeiter* folgen. In der totalen Mobilmachung aller Energien erschien die Technik nicht mehr als Instrument in der Hand der Menschen; sie gab vielmehr dem Menschen die neue Gestalt des Arbeiters und Soldaten, die ungeschützt entfesselten Gewalten standhalten muß. In der Bereitschaft zum Tode berührt dieser Arbeiter-Soldat jene mythischen Tiefen, die dem Leben Sinn geben, indem sie es zu einer Gestalt prägen. Wer den Weg zu diesen Tiefen nicht findet, fällt aus der Geschichte heraus. Nach Jüngers Auffassung mußte Amerika den Krieg gewinnen, weil es ohne traditionelle Hemmungen (etwa durch Aristokratie und Monarchie) zur totalen Mobilmachung bereit war. Was in der aristokratischen und kirchlichen Welt einmal ein heiligendes Tabu und eine rangsetzende Kraft war, verschwand: ein Kirchturm dient im totalen Krieg nur als Zielmarke der Artillerie. Jüngers Hauptstoß richtet sich gegen den Bürger, dessen Streben nach Sicherheit und Reichtum dem nun geforderten Einsatz des ganzen Lebens nicht gerecht werden könne. Die Herrschaft des dritten Standes sei ein bloßer Schein gewesen, der gerade die deutsche Geschichte in ihrem Kern nie berührt habe.

Konnte die Universität helfen, die deutsche Geschichte auf ihre Aufgaben zu verweisen? Als junger Privatdozent hatte Heidegger im Sommer 1919 eine Vorlesung *Über das Wesen der Universität und des akademischen Studiums* gehalten – aus der Überzeugung heraus, daß die Reform der Universität die Zeit einer Generation beanspruche. Im Sommer 1929 verknüpfte die Vorlesung *Einführung in das akademische Studium* das sechste Buch der *Nikomachischen Ethik* mit dem Höhlengleichnis Platons als der tragischen Geschichte des Philosophen.[164] In der Zeit eines angeblichen Aufbruchs glaubte Heidegger sich 1933 der Aufforderung nicht entziehen zu dürfen, als Rektor seine Universität zu führen. Die Rektoratsrede ging unter Berufung auf Nietzsche davon aus, daß jener Gott tot sei, der einmal der abendländischen Geschichte ihren Sinn gegeben hatte, den die europäischen Nationen 1914 aber jeweils für sich beanspruchten im selbstmörderischen Krieg. Konnte die Philosophie Wege weisen auf ein neues Richtmaß hin? Heidegger erwähnte den alten Bericht, Prometheus sei der erste Philosoph gewesen; er zitierte aus dem *Prometheus* des Aischylos, daß die *techne* als Wissen um die Dinge der Übermacht des Schicksals ausgeliefert bleibe. Wenige Verse später sagt Aischylos, daß auch Zeus dem Schicksal unterstehe. Kann aus der Erfahrung des „Übermächtigen" sich ein neuer Bezug zum Heiligen und Göttlichen entfalten, und zwar gerade über die philosophische Besinnung? Heidegger gab die Thematik der Hegel-Vorlesung vom Sommer 1933 an, als er fortfuhr, daß der griechische Aufbruch zum Wissen und zum Fragen durch die „nachkommende christlich-theologische Weltdeutung" und das „spätere mathematisch-technische Denken der Neuzeit" von seinem Anfang wieder entfernt worden sei. Doch hielt Heidegger an der Hoffnung fest, die er auch am 8. Dezember 1932 brieflich gegenüber Jaspers formuliert hatte, daß der Anfang, der sich bei den Griechen ereignet habe, als ferne Verfügung (und so als Aufgabe) zur Zukunft gehöre. Jaspers wollte im Sommer 1933 die schon lange gewünschte „aristokratische Universität" durch eine radikale Umstellung auf das Führerprinzip erreichen; Heidegger stellte sich in seiner Rektoratsrede nicht mehr als Erster unter Gleichen vor, sondern als der Führer einer Universität, die die neuen Führer des Volkes zu erziehen habe.

Für die politische Ausrichtung des Rektors von 1933/1934 war es bezeichnend, daß er Arbeitslose zu Fortbildungskursen in die Universität holte. Die gemeinsame Arbeit sollte ein hoffnungslos gewordenes Volk wieder sammeln; die Notstandsarbeit mit dem Spaten in der Hand sollte sich verbinden mit der geistigen Arbeit, die zu den elementaren Erfahrungen mit der unerschöpflichen Erde zurückkehrte.

---

[164] *Japan und Heidegger.* Hrsg. von H. Buchner. Sigmaringen 1989. 109 ff. – Zum folgenden vgl. Heidegger: *Die Selbstbehauptung* (s. Anm. 63) 11 ff.; zum Reformplan von Jaspers vgl. Martin Heidegger / Karl Jaspers: *Briefwechsel 1920-1963.* Frankfurt a. M. und München/Zürich 1990. 259 ff.

Noch kurz vor der nationalsozialistischen Machtergreifung hatte Heidegger eine lokale Partei gewählt, die sich für die bedrohten Weingärtner einsetzte. Er versagte sich dann auch einem zweiten Ruf nach Berlin in das Zentrum der rastlosen Organisation. Unter dem Titel *Schöpferische Landschaft: Warum bleiben wir in der Provinz?* verwies er darauf, daß seine „Arbeit" die tragende Kraft der Heimat und die Nähe zum kargen bäuerlichen Bemühen um die Erde brauche.[165] Als Heidegger sah, daß der Nationalsozialismus keine radikale „Revolution" in seinem Sinn brachte, wollte er mit Gescheiterten wie Hölderlin und Vincent van Gogh, aber auch im Hinweis auf das Schicksal der Antigone zeigen, wie der Bezug zum „Übermächtigen" verwandle. Der Dichter und der Künstler, der die mythische Kraft zurückzuholen suchte, zeigte das Wesen geistiger Arbeit und wurde zum Partner des Philosophen. Die „große Politik", die nach Nietzsche zum „großen Schaffen" gehören sollte, blieb nunmehr als eine illusionäre Hoffnung zurück. Nicht mehr die handwerkliche *techne* war das Modell für das alltägliche In-der-Welt-sein; vielmehr sollte das, was Poiesis ist, sich nunmehr in der Verbindung einer gezügelten Technik und einer wegweisenden Kunst zeigen. Diese vieldimensionale Ausrichtung auf Arbeit oder Am-Werk-sein sollte jene Tendenzen der Zeit überwinden, die den Menschen zurückzubinden suchten an das Unschöpferische und Untergeistige der gegebenen gesellschaftlichen Konkurrenzmechanismen, der Ausrichtung auf eine angeblich führende Rasse oder Klasse.

Heideggers Verweis auf das Vorbild bäuerlicher Arbeit und das Schicksal Hölderlins war unvereinbar mit der Weise, in der Ernst Jünger den Arbeiter mit dem Soldaten der Materialschlachten verbunden hatte. Zudem stellte die Rektoratsrede dem Arbeitsdienst und Wehrdienst den Wissensdienst voraus, der an das Fragen der Philosophie gebunden wurde. Doch muß auch gesagt werden, daß Jünger anders als Heidegger sich nicht über das Ressentiment im Weg Hitlers täuschte. Leider sind Heideggers Randbemerkungen und Notizen zu Jüngers Buch *Der Arbeiter* noch nicht bekannt. Daß sie vorwiegend kritisch sein müssen, zeigt die Weise, in der die *Beiträge zur Philosophie* sich auf die „totale Mobilmachung" beziehen. Diese Mobilma-

---

[165] Heidegger: *Aus der Erfahrung des Denkens.* Frankfurt a. M. 1983. 9 ff. – Zum folgenden vgl. schon *Einführung in die Metaphysik* (s. Anm. 143) 35 f.

chung sei nichts als die „Folge der ursprünglichen Seinsverlassenheit". Die Gehalte der bisherigen Bildung würden ausgehöhlt, wenn die Mobilisierung dem Sein den Charakter dessen gebe, was zu erarbeiten sei. Vom Verfahren her, das sich selber sichere, werde die Welt eingerichtet; die Massen der Menschen würden in den Dienst dieser Einrichtung gestellt. Als bloße „Gegenfolge" dieses Geschehens, niemals aber als „Ziel", würde ein „neuer Schlag des Menschen", der Arbeiter, erzwungen. Ein Ziel könne die totale Mobilmachung nicht mehr kennen, da es für sie keinen verbindlichen Anfang gebe. Die Totalität, die nun für den Glauben, die Weltanschauung, die Politik und jede Haltung des Menschen gefordert werde, verschließe sich vor dem anfänglichen Fragen.[166]

Die *Beiträge zur Philosophie* verzichten darauf, wie *Sein und Zeit* den Weltzugang für die mathematische Physik, die Historie und die Theologie zu spezifizieren. Die Wissenschaft überhaupt wird mit dem technischen Weltzugriff zusammengeschlossen; auch die sog. Geisteswissenschaften sind dann letztlich nur noch Propagandamittel im Dienst der totalen Mobilmachung. Die „Machenschaft", die das, was ist, über die Vergegenständlichung in den Griff nimmt, gehört zusammen mit der Technik der Steigerung des Lebens im „Erlebnis" (zu dem dann die nationalsozialistischen Massenveranstaltungen ebenso gehören wie Wagners Gesamtkunstwerk). Diese Technik im umfassenden Sinn gehört aber nur in die Dimension des „Anklangs", in der die Fraglichkeit des Daseins allenfalls über ihre völlige Verdeckung anklingen kann. Noch in der Übersetzung des ersten Standliedes aus der *Antigone*, die 1935 vorgetragen wurde, hatte die Rede von der „Machenschaft des Wissens" einen positiven Sinn. Die Vorträge *Der Ursprung des Kunstwerkes* wollten das Werk mit seiner „Gestalt" durchaus positiv in das Ganze eines poietischen „Gestells" einbeziehen.[167] Von diesem Ansatz hat Heidegger dann als von einer Illusion immer mehr Abschied genommen. Der Arbeitskreis vom Winter 1937/1938 sah die Bedrohung der Wissenschaft darin, daß diese in ihrer Speziali-

---

[166] Heidegger: *Beiträge* (s. Anm. 37) 143.
[167] Vgl. die Übersetzung von 1935 in Heidegger / Jaspers: *Briefwechsel* (s. Anm. 164) 158 f.; dagegen Heidegger: *Hölderlins Hymne „Der Ister"*. Frankfurt a. M. 1984. 71 f. („das Gemache des Könnens"). Vgl. ferner Heidegger: *Der Ursprung des Kunstwerkes*. Stuttgart 1960. 71 f., 97 f. – Zum folgenden vgl. Silvio Vietta: *Heideggers Kritik am Nationalsozialismus und an der Technik*. Tübingen 1989. 36, 32.

258

sierung nach ihren Grundlagen nicht mehr frage und gerade deshalb dem Zugriff von Industrie und Politik verfallen müsse. Der erste Druck des zusammenfassenden Vortrags *Die Begründung des neuzeitlichen Weltbildes durch die Metaphysik* vom Juli 1938 wurde unterbunden. Die Druckfahnen, die sich erhalten haben, zeigen charakteristische Abweichungen vom späteren Druck innerhalb des Bandes *Holzwege* unter dem Titel *Die Zeit des Weltbildes*. Der Einfluß Ernst Jüngers wird sichtbar, wenn es noch heißt: „Der ‚Wissenschaftler‘ drängt *von sich aus* notwendig in den Umkreis der Wesensgestalt des Arbeiters und des Soldaten." (Später drängt der Forscher „in den Umkreis der Wesensgestalt des Technikers".) Der später getilgte Zusatz 4 kritisiert ausdrücklich die Rektoratsrede: in ihr habe die geforderte Auseinandersetzung mit dem Anfang des Denkens bei den Griechen jene Macht der metaphysischen Grundstellung der Neuzeit noch nicht berücksichtigt, die sich in der Grundlegung der Wissenschaft durch Descartes ausspreche.

Heideggers Vorlesungen über Nietzsche verweisen über die Zeit des Willens zur Macht hinaus auf die Gegenwart als die Zeit des Willens zum bloßen Willen. Ernst Jüngers Analysen werden genutzt, wenn Heidegger gerade in der „gesamttechnischen ‚Mobilisierung‘ des Erdballs" die Geschichte als die „ganz andere Grundmacht des Seins" heraufkommen sieht.[168] Als der Zweite Weltkrieg drohte, brach Heidegger seine Vorlesung ab mit einem Hinweis auf Hölderlins Wort vom Hirten. Nietzsche hatte den jungen Hirten genannt, der bereit wird für den Gedanken der ewigen Wiederkunft. Hölderlin aber läßt seinen Hirten „in heiligem Schatten" wohnen. Das Seiende wirft seine Schatten auf das Sein, wenn es mit seiner Idee auf das Verfügenkönnen des Menschen bezogen wird. Heidegger erinnert (wie Platon im Höhlengleichnis) an das Licht, das die Schatten wirft. Doch wird der Schatten als Verbergen in das Licht selbst hineingenommen. So kann das Sein als Verbergen und Entbergen zugleich zu jenem unerschöpflichen Geheimnis werden, das über das Heilige und Göttliche die Menschen neu (wie einst den Hirten) bindet. Die Zusammenfassung der Auseinandersetzung mit Nietzsche, die Heidegger vor Kriegsausbruch nicht mehr vortragen konnte, sieht denn auch in der totalen

---

[168] Heidegger: *Nietzsche* (s. Anm. 86) Band 1. 451; zum folgenden Band 1. 657 f. und 443; Band 2. 21 ff. und 393.

Mobilmachung die Zerstörung dieser ursprünglichen Wahrheit. Es bleibe nur die „Machenschaft", die „Sicherung des Seienden in seiner ausmachbaren Machbarkeit". Auch der Mensch selbst und seine „Werte" würden zum Machbaren. Dieses Machen um des Machens willen rolle sich ein in die vollendete Sinnlosigkeit; im Kampf um die Erdherrschaft gehe es nur noch um das reine Sichdurchsetzen, das jeden „Sinn" verloren habe, der aus einem Anspruch und einer Aufgabe komme. Es verwundert nicht, daß Heidegger im Winter 1939/1940 mit einem kleinen Kreis von Universitätslehrern ein Seminar über Jüngers *Arbeiter* begann, das aber überwacht und schließlich unterbunden wurde. Sichtbar werden sollte, daß Jüngers Nietzscheanismus die „Metaphysik", die Nietzsche voraussetzte, übernahm, ohne weiterhin ihrer Fragwürdigkeit nachzugehen.[169]

In den Kriegsjahren faßte Heidegger eine Reihe von Aufzeichnungen wiederum unter dem Titel *Der Anklang* zusammen. Das Textstück *Die Technik* nimmt die These von der „Neutralität" der Technik auf. Es stellt der allzu sicheren Hoffnung auf den möglichen Nutzen der Technik die Frage entgegen, ob nicht gerade eine Nutzung den Menschen zum Egoismus und somit in das Unheil seines Wesens treibe, die Vernichtungsmacht in der Technik aber auf einen anderen Weg und damit zum Heil bringen könne. „Vielleicht ist der Anschein der Neutralität, den die Technik um sich legt und den der Mensch gierig aufnimmt, um ja in der Verzauberung durch die Technik bleiben zu können, die letzte Täuschung, die von der Metaphysik ausgeht und den Willen zum Willen in seinen unbedingten Machenschaften bestätigt." Dem Manuskriptbündel *Der Anklang* wurden auch jene Aufzeichnungen *Überwindung der Metaphysik* entnommen, die 1954 im Sammelband *Vorträge und Aufsätze* erschienen. Diese Aufzeichnungen fassen die Metaphysik als Zugriff auf das Seiende im Ganzen, der nach den Vorstadien bei Hegel und Nietzsche in der universalen Technik im Miteinander von Machenschaft und Erlebnissteigerung endet. Ernst Jünger habe diesen Vorgang analysiert und nach der „Gestalt" gefragt, in die der Mensch zu bringen sei. Was sich im Abendland entfaltet habe, werde zu einem planetarischen Verhängnis, das nicht mehr auf Völker und Kontinente bezogen sei. Wer „heute"

---

[169] Heidegger: *Zur Seinfrage.* Frankfurt a. M. 1956. 11 f. – Zum folgenden vgl. Vietta: *Heideggers Kritik* (s. Anm. 167) 93 f.

europäisch denke, sei weder Internationalist noch Nationalist. (In der Tat sollte gerade die SS eine europäische Formation werden; Amerikanismus und Kommunismus sollten nicht kontinental lokalisiert bleiben.) Das gesuchte Übermenschentum sei zugleich das Untermenschliche, das instinktsichere „Führer" brauche.[170] Heidegger entlarvt nun jene Begriffe als bloße Schlagworte, die er selbst einmal gebraucht hatte: die Rede von den großen Schaffenden, vom Schicksal und vom Auftrag. Die künstliche Schwängerungsführung zugunsten der Deckung des Menschenmaterials sieht er zusammen mit der Schrifttumsführung (die Heidegger zum Austritt aus der Nietzsche-Kommission bewog). Freilich kommt Heidegger die Frage nicht in den Sinn, wo denn in dieser totalen Machenschaft die jüdischen Mitbürger geblieben seien, die aus seinen Augen verschwanden. Gegenüber dem, was geschieht, beschwört er mit einem Titel von Knut Hamsun den „Segen der Erde".

Heideggers Aufzeichnungen scheinen sich von der einstigen Auseinandersetzung mit Jünger weit wegzubewegen; sie führen diese Auseinandersetzung jedoch fort durch die Verbindung von Arbeit und Schmerz. Ernst Jünger hat die Abhandlung *Die totale Mobilmachung* in das Buch *Blätter und Steine* aufgenommen, das erstmals 1934 erschien. Dieser Sammelband wird durch die Abhandlung *Über den Schmerz* beschlossen. (Es folgt noch ein epigrammatischer Anhang; Heidegger liebte das vorletzte der hundert Epigramme: „Wer sich selbst kommentiert, geht unter sein Niveau.") Die Abhandlung *Über den Schmerz* möchte nach Jüngers militärischer Ausdrucksweise die Stellung des Arbeiters von einem vorspringenden „Laufgraben" aus sehen und so neu fragen, wie die totale Mobilmachung in Faschismus, Bolschewismus und Amerikanismus, im Zionismus und in der Bewegung der „farbigen Völker" die Geschichte bestimmt. Das Motto zur Abhandlung spricht vom qualvollen Tod der Krebse in der perfekten Kochkunst; die Abhandlung selbst häuft dann die Beispiele für die Verbindung des Schmerzes mit der technischen Mobilisierung. Das lebende Torpedo der Japaner, bei dem der Mensch mit der Zerstörungskraft der Waffe verschmilzt, wird ebenso angeführt wie die Vernichtung der alten Intelligenz in der russischen Revolution oder der

---

[170] Heidegger: *Vorträge und Aufsätze* (s. Anm. 134) 72, 87, 77, 81, 96; zum folgenden 82, 90, 98, 78.

Angriff gegen die Ungeborenen, „in dem sich ohne Zweifel der bestialische Charakter eines individualistischen Zeitalters am deutlichsten entlarvt". Wenn die Technik unsere „Uniform" wird, erleichtert sie die Hinnahme des Todes: ein uniformierter Toter wird eher akzeptiert als ein ermordeter Zivilist; die hohe Anzahl der Verkehrstoten wird etwas Selbstverständliches. Im *Sizilischen Brief an den Mann im Mond* blickt eine Landschaft wie mit Augen; für den Mann im Mond verschmelzen in der Landschaft der Technik das Physische und das Metaphysische zum Mythischen. So kann eine neue Kristallbildung der Erdgeschichte sichtbar werden.

Heidegger hat Jüngers Abhandlungen und Hegels *Phänomenologie des Geistes* offenbar zusammen studiert; Jünger wird auf jene metaphysische Tendenz festgelegt, die in der Vorrede zu Hegels *Phänomenologie* die Arbeit und den Schmerz der Negativität verband.[171] Wird dabei das Neue gesehen, das schon Hegel durchzusetzen suchte? In einem seiner Notate zum *Arbeiter* sagt Heidegger: „Der ‚Arbeiter‘ als der zum unbedingten *Herrn* aufgespreizte unbedingte *Knecht* – d. h. der neuzeitliche ‚freie‘ Vollstrecker der Technik im Sinne der planend-züchtend-berechnenden Sicherstellung des Seienden im Ganzen (auch des Menschen) in seiner Machbarkeit. Vollstreckung ist nicht nur Ausführung eines bereitliegenden – sondern Wesensvollendung. Der ‚Arbeiter‘ und die unbedingte Subjektivität der völligen Anthropomorphie daher aber: Wesung des Seins als Machenschaft." Hegel handelt über den Herrn und den Knecht, weil er mit der neuzeitlichen Ökonomie den Menschen (und selbst das Absolute) in einer positiven Weise auch von der Arbeit her verstehen will. So wird die „bürgerliche Gesellschaft" gerechtfertigt als ein Weg, der durch die Arbeit und Arbeitsteilung mehr Freiheit unter die Menschen bringt. Heidegger sieht den Herrn und den Knecht von Nietzsche her, der unter Berufung auf Heraklit das Herrschaftliche und Anfängliche, das geschichtlich Große und Tragische gegen den alles nivellierenden Sklavenaufstand stellt. (Diese Vermischung von Hegel und Nietzsche wurde fortgeschrieben, als französische Übersetzungen zwischen dem Knecht und dem Sklaven nicht weiter unterschieden.) Die ursprüngli-

---

[171] Ebd. 78; siehe ferner Anm. 76. – Zum folgenden vgl. *Ernst Jünger. Leben und Werk in Bildern und Texten*. Hrsg. von H. Schwilk. Stuttgart 1988. 131; Heidegger: *Vorträge und Aufsätze*. 97.

che Frage von Marx, in welchem gesellschaftlichen Zustand bürgerliche Rechte überhaupt ausgeübt werden können, bleibt bei Heidegger ganz beiseite. Der Kampf gegen den „Bürger" wird mit Nietzsche geführt; Nietzsches Verbindung des Willens zur Macht mit der ewigen Wiederkehr des Gleichen soll auf die nivellierende Macht der Technik verweisen. Der metaphysisch-technische Zugriff auf das Seiende im Ganzen zerstört jeden Sinn, denn Sinn spricht sich dem Menschen nur zu, wenn dieser seine Endlichkeit und Sterblichkeit auf den Augenblick des Einmaligen ausrichtet. Durch die Technik wird die Erde (gemäß der ursprünglichen Bedeutung des Wortes „Planet") zum „Irrstern".

Nebenbemerkungen in Heideggers Vorlesungen konkretisieren diese Kritik an Ernst Jünger. So hält die Vorlesung *Grundbegriffe* vom Sommer 1941 fest, daß Nietzsche das 20. Jahrhundert vorausgedacht habe. In diesem Jahrhundert unterwerfe sich der Mensch der Technik, um Reiche für Jahrtausende zu schaffen. Solche Versuche entsprängen nicht der Eigensucht von Diktatoren und autoritären Staaten, sondern der Grundbewegung der abendländischen Geschichte. Heidegger möchte diesen Zug zum Totalen brechen; so muß er fragen, ob es denn überhaupt die Gestalt des Arbeiters und des Soldaten und damit des „Technikers" sei, die den Menschen entscheidend präge und das Seiende in sein Sein bringe.[172] Nur mit Befremden kann Heidegger auf die Weise blicken, in der Jünger in den beiden Fassungen des Buches *Das abenteuerliche Herz* die Romantik eines E. Th. A. Hoffmann und die französische Moderne aufnimmt. Die Vorlesung *Hölderlins Hymne „Andenken"* vom Winter 1941/1942 hält fest, daß für Jünger auch die Sprache Rüstung sei. Das Abenteuer gehöre in die Metaphysik des Willens zur Macht; Odysseus sei kein Abenteurer, die Seefahrer in Hölderlins Hymne seien schon keine Abenteurer mehr. „(Der abenteuerliche Mensch kann die Sorge nur als Schwäche und Kümmernis begreifen, da er nur subjektiv und d. h. metaphysisch denkt und angeblich die Härte liebt. Wenn diese versagt, nimmt er die Zuflucht zu irgend einem Rausch und sei dies nur der Blutrausch.)" Die Vorlesung *Hölderlins Hymne „Der Ister"* vom Sommer 1942 betont, daß die

---

[172] Heidegger: *Grundbegriffe*. Frankfurt a. M. 1981. 83 f., 17 ff., 36 ff., 18. – Zum folgenden vgl. Heidegger: *Hölderlins Hymne „Andenken"*. Frankfurt a. M. 1982. 35, 181. Heidegger nimmt nicht einmal auf, wie Hegel das Abenteuer in der mittelalterlichen Epik von der griechischen Dichtung abgrenzt.

Seefahrer aus dem ersten Standlied der *Antigone* keine Abenteurer seien. Der Abenteurer bleibe in seiner Bodenlosigkeit heimatlos; er sei „höchstens sonderbar und interessant", komme aber nicht in den Bezug zum Unheimlichen und damit zum Übermächtigen und Heiligen. Die Wildnis werde als „Fülle des Seins" verabsolutiert; sie könne nicht mehr zum Heimischen umgeschaffen werden, da die Unterscheidung zwischen dem Heimischen und Unheimischen verlorengegangen sei. „Wenn man romantisch dem Abenteurer eine besondere Härte zusprechen möchte, vergißt man, daß da, wo die Gefahr als das Absolute gesetzt wird, die Gefahr jede Gefährlichkeit verloren hat."[173] Die *Heraklit*-Vorlesung vom Sommer 1943 wiederholt, daß die Sprache für Jünger „Arbeitscharakter" habe. Das Wort sei ihm „ein Instrument der Jagd und des Treffens" in der Arbeit der „schußsicheren Vergegenständlichung von allem". „Das Maschinengewehr, der Fotoapparat, das ‚Wort', das Plakat haben alle dieselbe Grundfunktion der Sicherstellung der Gegenstände. Die technische Präzision des Wortes ist das Gegenstück zur Verwahrlosung der Sprache in ein verkehrtechnisches Mittel." In dieser Vorlesung schlägt die Enttäuschung über den Nietzscheanismus der Zeit zurück auf Nietzsche selbst: dieser habe Jüngers Einstellung vorbereitet; er habe die „dionysische" Deutung Heraklits in die „Sphäre des Sumpfes" verschoben, habe mit seiner Metaphysik wie Platon in den Tag hineingelebt, usf.

Der Verlag Klostermann brachte zum 60. Geburtstag Heideggers (mit Hilfe von Hans-Georg Gadamer) die Festschrift *Anteile* heraus (1950). In ihr waren die Verlagsautoren Ernst und Friedrich Georg Jünger mit den Beiträgen *Über die Linie* und *Die Wildnis* vertreten. Heidegger gab 1955 in der Festschrift für Ernst Jünger eine Erwiderung unter dem Titel *Über „Die Linie"*. Wenn er dem Separatdruck dieses offenen Briefes den Titel *Zur Seinsfrage* gab, nahm er das Dargelegte stärker in den eigenen Denkweg zurück. Jünger hatte der Hoffnung Ausdruck gegeben, daß der „Nullmeridian" des Nihilismus, auf dem alle Werte entwertet sind, überschritten worden sei. Heidegger fragt, ob man nicht vor solchen Hoffnungen fragen müsse, wie überhaupt von der Linie und damit vom Nichts des Nihilismus zu sprechen sei. Heidegger bestätigt, daß Ernst Jünger nicht mehr an den

---

[173] Heidegger: *Hölderlins Hymne „Der Ister"* (s. Anm. 167) 89, 91 f. – Zum folgenden vgl. Heidegger: *Heraklit*. Frankfurt a. M. 1979. 70 f., 18, 98.

Aktionen des aktiven Nihilismus teilnehme, der freilich schon im *Arbeiter* aus sich heraus über sich hinausgeführt werden sollte. Heidegger zitiert aus dem *Arbeiter* den Satz, der für ihn zentral wurde: „Die Technik ist die Art und Weise, in der die Gestalt des Arbeiters die Welt mobilisiert." Doch gibt er zu, daß für Jünger die Gestalt des Arbeiters nicht mehr die einzige Gestalt sei, „darin die Ruhe wohnt". Volle Zustimmung finden die Bemühungen, im Sog des Nihilismus „alle noch unversehrten Kraftquellen fließen zu lassen".[174] Doch fragt Heidegger, wie man über den Nihilismus hinauskommen könne, wenn man weiterhin die Sprache jener Metaphysik spreche, in der Heidegger den Anlaß für das Auftreten des unheimlichen Gastes „Nihilismus" findet. Wenn die Theologie neu ins Spiel komme, dann könne das auch in der Weise der Metaphysik geschehen: diese machte einmal ihr Wissen-wollen in einem höchsten Seienden fest und zerstörte dadurch nur die Erfahrung des Heiligen und Göttlichen.

Heidegger knüpft weiterhin an Jüngers Abhandlungen über den Arbeiter und den Schmerz an, um das Selbstverständnis der technischen Welt aus der metaphysischen Tradition abzuleiten. Vor allem soll Jüngers Verbindung von Arbeit und Schmerz als eine bloß metaphysisch-technische von Hegel her gedacht werden, der die Arbeit und den Schmerz der Negativität aus der Verflechtung von Phänomenologie und Logik dachte. Die „Transzendenz", die über das Seiende hinausgeht zum Sein und in dessen Licht das Seiende vorstellt, werde zu einer „Reszendenz", die in den Menschen zurückgehe und die Herrschaft in die Hand einer maßgeblichen Gestalt des Menschen bringe. (Der Untertitel des *Arbeiters* hieß: „Herrschaft und Gestalt".) Nietzsche, der die Gestalt des Zarathustra dichtete, um die ewige Wiederkehr lehren zu können, habe die Technik vorbereitet, die den Willen zur Macht zum unterschiedslosen Willen zum Willen nivelliert. (Heideggers Bremer Vortrag *Wer ist Nietzsches Zarathustra?* von 1953 erhielt eine Anmerkung, die die ewige Wiederkehr des Gleichen beispielhaft in der „modernen Kraftmaschine" ausgeformt sieht.)[175] Die Arbeit und der Schmerz, der das Leben aus seiner Unmittelbarkeit löst, charakterisieren das Sein des Seienden, wenn das Seiende zum zu

---

[174] *Zur Seinsfrage* (s. Anm 169) 7, 12, 19, 23, 26; zum folgenden 16, 18, 24.
[175] *Vorträge und Aufsätze* (s. Anm. 134) 125 f. – Zum folgenden *Zur Seinsfrage.* 28 f., 34 f.

erarbeitenden technischen Bestand wird. Muß dieses Sein auf die Gestalt des Menschen zurückgeführt werden oder muß umgekehrt der Mensch vom maßgeblichen Sein her verstanden werden? Für Heidegger ist das Sein Anwesen zum Menschen hin, der für das Sein als Offenheit des Seienden „gebraucht" wird. Gerade die Erfahrung des Nihilismus kann nach Heidegger in diesen Zirkel hineinbringen: das Nichts, in dem jede vorgegebene Verbindlichkeit schwindet, gehört in das Sein selbst, das Seiendes in seine Offenheit bringt; das Vergessen dieses Zusammenhangs gehört zum Sein, dessen Entbergen mit einem Verbergen zusammengehört und so in einer Unerschöpflichkeit geborgen bleibt. Der Nihilismus darf überhaupt nicht überwunden werden; er muß vielmehr zeigen, daß seine Voraussetzung – der metaphysische Zugriff auf das Seiende im Ganzen – das Wesen der Wahrheit des Seins als Verbergen wie Entbergen verstellt. Kommen Grundworte wie Sein und Nichts in diesem ursprünglichen Sinn zur Sprache, dann werden überlieferte Begriffe wie Transzendenz und Gestalt problematisch. Nur von diesem ursprünglicheren Sprechen her kann die Fraglosigkeit des metaphysischen Zugriffs auf das Seiende gebrochen, die Technik aus sich heraus auf *eine* Weise des Zugangs zum Sein von Seiendem begrenzt werden.

Heidegger beschreibt keinen Weg *trans lineam*; er handelt *de linea*. Mit Hilfe einer Erörterung von Leitworten wie Sein und Nichts fragt er nach dem Ort, zu dem der Nullmeridian des Nihilismus gehört. Am Schluß besteht er mit Goethes Noten zum *West-östlichen Divan* darauf, daß die Worte keine bloßen Münzen bleiben dürfen, weil sie in dieser vernutzten Form „ganzen Fächern eine falsche Richtung geben". Heidegger gibt zu, daß nicht nur die Topographie eine Topologie fordert, sondern diese auch auf jene angewiesen bleibt. Ist seine Erörterung aber auch nur mit den Details vermittelt, die von Jünger in den Blick gebracht werden? Was „Arbeit" (z. B. nach Hegels Erörterung) in der Geschichte des Menschen bedeutet, gerät aus dem Blick, weil das Spezifische der Arbeit in der Vision einer totalen Mobilmachung untergeht. Der Schmerz wurde z. B. in Jüngers Roman *Heliopolis* durchaus nicht nur metaphysisch-technisch gesehen; Lucius muß dort vielmehr lernen, daß der Schmerz nicht erspart werden kann, aber vom Scheitern an einer höheren Macht her gesehen und mit dem Opfer verbunden werden muß. Weist die „Wildnis" nicht doch hinaus über das, was der Mensch in seine Pflege nehmen kann? Geht der Sinn

der Rede von „Gestalt" nicht gerade dann verloren, wenn das Gestalthafte nur von abkünftigen Weisen der Ideenlehre, nämlich als Typos
oder Prägung und Schlag verstanden wird? Heidegger selbst hatte in
den Vorträgen über den Ursprung des Kunstwerks den Gestaltbegriff
noch auf Kunst und Geschichte bezogen. Heidegger erzählt, er habe
Jünger auf einem Waldweg an der Stelle, wo ein Holzweg abzweigte,
den Vorschlag einer Neuauflage des *Arbeiters* gemacht. War Jünger
aber nicht längst auf seinem „Waldgang" über den *Arbeiter* hinausge-
gangen? Mit kritischem Unterton berichtet Heidegger auch, daß man
1939/1940 *Die Marmorklippen* las, aber nicht – wie Heidegger es in
seinem Seminar zu zeigen versuchte – die planetarische Tendenz der
Technik sah. Jüngers Erzählung zeigte mit den Schinderhütten spezifische Formen der deutschen Tyrannei und machte auf mögliche Formen des Widerstands aufmerksam. Ein wirkliches Gespräch mit Jünger hätte diese konkreten Hinweise aufnehmen müssen.[176]

Der 14. Abschnitt von Jüngers Schrift *Der Friede* beginnt mit einem
Hinweis zur „Bekämpfung des Nihilismus": „Die Mittel und Methoden des technischen Denkens dürfen nicht dorthin übergreifen, wo
dem Menschen Glück, Liebe und Heil erwachsen soll. Es müssen die
geistig-titanischen Kräfte von den menschlichen und göttlichen getrennt und ihnen unterstellt werden. Das ist nur möglich, wenn die
Menschen sich metaphysisch stärken im gleichen Maße, in dem die
Technik wächst. Und hier beginnt das weite, unangebaute Feld der
Neuen Theologie als erster Wissenschaft ..." Wie selbstverständlich
wird hier das Technische vom eigentlich Menschlichen, das Titanische
vom Göttlichen unterschieden; Metaphysik und Theologie werden als
etwas Verfügbares in den Kampf gerufen. Es ist verständlich, daß
Heidegger gegen diese Sprache, die sich einem Armeebefehl angleicht,
Vorbehalte anmeldete. Doch blieb er bei dem Eindruck stehen, den
ihm einst das Buch *Der Arbeiter* gemacht hatte; auf die späteren
Dichtungen Jüngers ging er nicht ein. (Gespräche mit Heidegger über
sein Verhältnis zu Jünger um 1960 konnten nicht gelingen: man mußte
den Eindruck gewinnen, Heidegger habe *Heliopolis* nie gelesen. In
Sachen der Theologie, so bemerkte er, habe er Jünger auf den Zahn

---

[176] *Zur Seinsfrage.* 12 f., 11. – Über Heidegger als Gesprächspartner vgl. meine Einleitung zu *Zur philosophischen Aktualität Heideggers* (s. Anm. 159) Band 2: *Im Gespräch
der Zeit.* Frankfurt a. M. 1990.

gefühlt, doch dieser sei hohl. Natürlich hatte Heidegger an der neuen Bemühung um das Mythische lebhaftes Interesse; doch die Arbeiten von Mircea Eliade, dem Mitherausgeber Jüngers bei der Zeitschrift *Antaios,* waren ihm unbekannt.)

Da die Briefe, die zwischen Heidegger und den Brüdern Jünger gewechselt wurden, noch unbekannt sind, kann auch die Rolle nicht bestimmt werden, die Friedrich Georg Jünger bei der persönlichen Annäherung spielte. Sein Buch, das schließlich den Titel *Die Perfektion der Technik* bekam, wurde seit 1939 durch Kriegseinwirkungen mehrmals vernichtet. Es sollte gegenüber dem einseitigen *Arbeiter* die andere Seite der Medaille zeigen (die auch von Ernst Jünger gefordert wurde). Wenn Heidegger 1956 die „Perfektion der Technik" vom Satz vom Grund als Leitsatz der Metaphysik her verstand, dann war das sicherlich ein spätes Echo.[177] Wenigstens der Sache nach nahm schon eine Aufzeichnung von 1942 die Technik wie Friedrich Georg Jünger, nämlich als „Organisation des Mangels" und so als Reduktion des Seins auf die Ausbeutung der Erde und als Reduktion des Menschen auf mechanische Arbeit. Friedrich Georg Jünger hat seine Bücher *Griechische Götter* und *Die Titanen* von 1943 und 1944 im Buch *Griechische Mythen* von 1947 zusammengefaßt. Dieses Buch handelt über Titanen, Götter und Heroen. Zum Chaos tritt Gaia, die in ihrer Gebärkraft aus sich lebt; Uranos, ihr Sohn und Gatte, ruht in seiner Stille; Kronos bringt Tod und Zeit ein. Auf ihn führen sich die Titanen zurück, die das kosmogonische Werden weiterführen. An der Gestalt des Prometheus muß sich entscheiden, wie die Menschen das Titanische aufnehmen. Können sie es durch den musischen Bezug zur Heiterkeit der Götter überwinden? Das Buch *Nietzsche* von 1949 geht nicht vom Griechenlandbezug Winckelmanns, Schillers und Goethes aus, sondern von der Linie, die von Klopstock zu Hölderlin führte. Nietzsche, der sich in seiner frühen Wagner-Begeisterung selbst mißverstand, mußte Hölderlins Verbindung von Herakles, Dionysos und Christus wieder in Frage stellen; doch muß die ewige Wiederkehr

---

[177] Heidegger: *Der Satz vom Grund.* Pfullingen 1957. 198. – Zum folgenden vgl.: *Vorträge und Aufsätze.* 95. Umgekehrt berichtet Ernst Jünger, daß sein Bruder Friedrich Georg und der Verleger Klostermann ihm schon vor dem Zweiten Weltkrieg von Heidegger gesprochen hätten: *Entretien recueilli par F. de Towarnicki.* In: *Martin Heidegger* (Les Cahiers de L'Herne 45). Hrsg. von M. Haar. Paris 1983. 145 ff., vor allem 146.

„dionysisch" verstanden werden, nämlich als tragische Verwandlung und damit von Hölderlin her. Heidegger hat 1968 zum 70. Geburtstag von Friedrich Georg Jünger den Hölderlin-Vortrag *Das Gedicht* gehalten. Doch hat er keinen Zweifel daran gelassen, daß er in den meditativ-philosophischen Arbeiten Friedrich Georg Jüngers die Radikalität der Zeitanalyse vermißte, die er im *Arbeiter* gefunden hatte. Heidegger liebte es überhaupt nicht, wenn ihm eigene Gedanken von anderen entgegengebracht oder gar zurückgebracht wurden.

Als Heidegger 1932 zum *Arbeiter* griff, teilte er mit Jünger die Auffassung, die Deutschen müßten in der Abgrenzung vom bürgerlichen Westen wie vom bolschewistischen Osten ihren eigenen Weg suchen. Jünger hat im Rückblick festgehalten, daß Heideggers Denken ihm dann nahekam durch junge Franzosen, die im Zweiten Weltkrieg in der Auseinandersetzung mit Heidegger die Kluft zwischen kriegführenden Nationen und unterschiedlichen Sprachen überwanden. Die spätere Nähe zu Heidegger konzentrierte Jüngers Aufmerksamkeit dann auf den Kreis um Jean Beaufret (XII, 331 f.; V, 156).[178] Im Widerstand gegen Überfremdungen sollten Nationen zu sich selbst zurückgeführt werden; doch muß Ernst Jünger zugestehen, daß seine Option durch die Geschichte nicht bestätigt wurde. In den Adnoten zum *Arbeiter* heißt es, daß die Deutschen nach den Versäumnissen von 1848 und 1918 im Jahre 1933 die „letzte Gelegenheit" verpaßten, über die Unentschiedenheit ihres geschichtlichen Weges hinauszukommen. „Inzwischen ging es damit wie mit jeder zu lange aufgeschobenen Entscheidung: sie wurde irrelevant. Was die Bergstürze nicht vermochten, geschieht durch Erosion" (VIII, 349). So glaubte Jünger sagen zu können, nicht Heidegger habe sich 1933 getäuscht, sondern Hitler habe Heidegger getäuscht und enttäuscht – indem er die Aufgabe, die an der Zeit war, pervertierte.[179] Damit bestätigt Jünger das Selbstverständnis Heideggers. Jünger wie Heidegger entlasten sich von einer Aufarbeitung ihres Irrweges zusätzlich dadurch, daß sie die Grundtendenz der Geschichte in eine planetarische Technisierung legen, welche alle konkreten politischen Optionen überspielt haben soll.

---

[178] Ziffern im Text beziehen sich im folgenden auf Band und Seitenzahl der zweiten Ausgabe von Jüngers *Sämtlichen Werken*. Stuttgart 1978 ff.
[179] Vgl. *Entretien* (s. Anm. 177) 150.

Von seiner Sicht aus beansprucht Jünger, nicht als Antimarxist dargestellt werden zu können: Der *Arbeiter* füge sich nicht dem zu engen System von Marx ein; wohl passe der Ansatz von Marx in das übergreifende System des *Arbeiters,* das in der Tradition Hegels stehe: „Ich darf vermuten, daß Hegel mit der ‚Gestalt‘ des Arbeiters eher einverstanden wäre als mit dessen Reduktion auf die Ökonomie, die einer der Sektoren bleibt. Die ‚Gestalt‘ (schon das Wort ist schwer übersetzbar) repräsentiert den Weltgeist für eine bestimmte Epoche, und zwar herrschend, unter anderem auch hinsichtlich der Ökonomie." Die Gestalt des Arbeiters sei keine „ökonomische Figur", sondern eher Gestalt im Sinne der „Urpflanze" (VIII, 390 f., 395). Der Arbeiter sollte die Antwort geben auf die Revolution von 1789 und über das hinausführen, was in Rußland seit 1917 sich durchsetzte (VIII, 345). Auch nach dem Scheitern der eigenen Bestrebungen blieb die Verachtung für das Bürgertum und den Liberalismus; so mußte die vorerst herrschende weltgeschichtliche Tendenz im Kommunismus gefunden werden. Jünger zitiert aus Lenins „Staatsplänen" die Formel „Sozialismus plus Elektrifizierung" und findet in ihr „zwar primitiv, doch richtig" zwei Hauptfunktionen der Gestalt des Arbeiters angegeben (VIII, 569). Noch 1980 ist es für ihn ausgemacht, daß „der Marxismus russischer Prägung" die „einzige metaphysik-geschichtlich bedeutsame Kraft" darstellt, wenn plötzlich wieder „Geschichte gemacht" wird. Er bemerkt zu den „augenblicklichen polnischen Unruhen": „Der inneren Sympathie des liberalen Geistes widerspricht die Einsicht, daß dort innerhalb der Entwicklung ein Rückschritt geschieht" (VIII, 392, 396). Heidegger hatte Lenins Formel schon im Stalingrad-Winter 1942/1943 zitiert und dem kommunistischen Rußland dabei einen „metaphysischen Vorsprung" zugesprochen, den die bürgerliche Welt schon vor zwei Jahrzehnten nicht verstanden habe. Statt von den Sowjets, nämlich den Arbeiter- und Soldatenräten, spricht Heidegger sofort von der Partei, deren „unbedingte Macht" sich mit der Technisierung zusammenschließe. Zweifellos hat die „Partei" seit der Niederschlagung des Kronstädter Aufstands über die „Sowjets" gesiegt. Hätte man nicht trotzdem an die Kräfte erinnern müssen, die ursprünglich die Revolution prägen sollten, die Umwandlung des Kommunismus im „vaterländischen Krieg" berücksichtigen müssen?[180]

---

[180] Heidegger: *Parmenides* (s. Anm. 80) 127 f.

Anders als Heidegger besteht Ernst Jünger darauf, daß Hegels „Arbeit des Geistes" nicht in eine einlinige Seinsgeschichte zu verrechnen sei; vielmehr habe Hegel den Menschen in seinem Verhältnis zur Wirklichkeit neu bestimmt. Andererseits sieht Jünger im Hegelianismus nur eine der Traditionen, die uns aus dem 19. Jahrhundert überkommen sind. So notiert er am 18. August 1945 in sein Tagebuch, daß Nietzsche, Wagner und Spengler sich gemäß Schopenhauer auf das Problem des Willens konzentrieren, Burckhardt und Huysmans auf die Vorstellung. „Sie enden in Zellen – sei es in Klöstern, Sanatorien, Philosophenklausen, stets im Kontrast zur Welt. Demgegenüber bei den Hegelianern die mächtige Wendung zur Aktion und zur politischen Wirklichkeit. Sie tauchen führend in allen Lagern auf, bei Freund und Feind, Hochmauretanier." Zweifellos ging Heidegger der Einblick in Machtverhältnisse gerade da ab, wo er sich politisch engagierte; er gehört nicht zu den Mauretaniern, den Technikern der Macht. Doch greift Jünger für die Einordnung Heideggers zu größeren geschichtlichen Zusammenhängen. Als er ein Buch über den römischen Kaiser Julian bekommen hatte, beobachtete er den Versuch, vom Neuplatonismus her die alten Kulte zu beleben. „Noch einmal rüttelte der Tartaros am Kreuz." Die „Hoffnung der Neuplatoniker auf die Rückkehr der alten Götter" sei mit Julian gestorben, die Sehnsucht aber habe unausgesprochen bis zu den Humanisten und Klassikern fortgewirkt. Gesucht werde der unmittelbare Verkehr mit der Götterwelt: „Das entspricht modernen Prognosen, so Nietzsches und Heideggers." Jünger erinnert in diesem Zusammenhang selbst an den Spiritismus und den „unaufhaltsamen Drogenkonsum" (V, 592). So hätte freilich Heidegger sich niemals, weder von den geschichtlichen Zusammenhängen noch von der Sache her, eingeordnet sehen wollen.

Als Jünger 1979 Mykene besuchte, las er in Nietzsches *Fröhlicher Wissenschaft* den § 40, den er sich schon 1940 angestrichen hatte. Dort bezeichnet Nietzsche die „sogenannte industrielle Kultur", in der Arbeitskraft gekauft und verkauft wird, als die „gemeinste Daseinsform, die es bisher gegeben hat". Sie stehe tief unter dem Soldaten, der sich dem Heerführer unterwerfe, von diesem noch „Vornehmheit" erwarte. Doch hält Jünger nunmehr fest, daß man hundert Jahre nach Nietzsche weitersehen könne: „Vom Krieger als Stand oder Kaste ist nichts mehr zu hoffen; er ging mit den beiden anderen Ständen, dem Priester und dem Bauern, zugrund" (V, 480 f.). Jünger will das Gegenspiel zum Arbeiter aber nicht in der Dekadenz, der Droge oder in jenen femininen Aspekten finden, die sich schon im Jugendstil zeigten. Möge beim homo faber selbst vieles Spiel und Abenteuer sein, so sei doch erst der musische Mensch das Gegenbild zum Arbeiter (V, 100 f.). Diese Suche nach verbindlichen Gestalten des Menschen bleibt aber dabei, daß man vom entscheidenden Stellenwert der totalen Mobilmachung und des Arbeiters nicht abgehen könne. Jünger verweist wie Heidegger die Politik und auch die Philosophie in einen zweiten Rang, wenn er von Günther Anders wenigstens die Formel von der „Antiquiertheit des Menschen" übernimmt: „Der Ausdruck erscheint mir wichtig insofern, als er auf einen Zustand verweist, der durch historische Mittel nicht mehr behoben werden kann – also nicht durch Krieg oder Frieden, Verträge und Diktaturen, auch nicht durch ein philosophisches System." Jünger kann Heidegger darin recht geben, daß die Metaphysik in der Herrschaft der Physik und Technik ihr Ende erreiche; so sei die Frage nicht abzuweisen, ob der Mensch nicht wie Nietzsches Seiltänzer „einen Fehlsprung gewagt" habe (VIII, 395).

Jünger versuchte das Gespräch mit Heidegger fortzusetzen, als er 1959 Auszüge aus der gerade fertiggewordenen Schrift *An der Zeitmauer* in die neue Heidegger-Festschrift gab. Jüngers Abhandlung beginnt mit „Gedanken eines Nichtastrologen zur Astrologie", mit den Gedanken zum Thema meßbare und Schicksalszeit. Eine Metahistorie wird konzipiert, welche die menschliche Geschichte in den Kosmos einfügt. Nur von einem Umbruch in der Erdgeschichte her scheint der Arbeiter neu verortet werden zu können. Heideggers Ausdruck „Gestell" soll darauf hindeuten, daß zwar die Räderuhr herrsche, doch die darauf aufbauende Technik Kulisse bleibe (XII, 539). Kann die Zeitmauer nicht so durchstoßen werden, daß sie einstürzt, sich hinter den titanischen wieder göttliche Kräfte zeigen? Heidegger gilt diesem Vorausfragen als ein Denker, der Zugang habe zur „ältesten Kunde". Wenn Heidegger sage, „daß jedem Sprechen ein Hören vorausgeht und ihm Bahn bricht", dann treffe das auf den „frühen Menschen" zu. Dessen Sprechen und Hören trenne noch nicht Ursache und Wirkung und gehe nicht auf „Eigenschaften" aus. „Es faßt nach Art des Magneten oder des elektrischen Stromes den Zusammenhang. In unserer Zeit hat es sich tief zurückgezogen, obwohl es auch unser Denken instrumentiert. So instrumentiert der elektrische Strom ja auch unsere Botschaften" (VIII, 510 f.). Ein Geburtstagsbrief und eine Ansprache wiederholen diese Würdigung, als Jünger 1969 Heidegger zum achtzigsten Geburtstag die *Federbälle* widmete: Wer in das Kraftfeld Heideggers gerate, dessen Denken werde selbst unmerklich verändert. Heidegger sei so etwas wie ein „Schatzhauser im tiefen Tannenwald", doch sei auch etwas vom Fallensteller dabei. Da neue Phänomene auftauchten, könne diese Schatzsuche nicht allenthalben Zustimmung finden. Die *Federbälle* bringen Beobachtungen über Sprache und Stil. Jünger macht z. B. aufmerksam auf den „falschen Superlativ": „der zentralst gelegene". Hier und an anderen Stellen sucht Heidegger zu zeigen, daß auch solches „Falsche" Sinn haben kann: „Der primaschte Wei(n)" (XII, 331 ff., 353, 377). Für das Verhältnis von Denken und Sprache verweist Jünger schließlich auf einen Vorgänger, den Heidegger nicht beachtet hatte: im Sommer 1980 trug er eine Stelle aus einem Brief Jacobis an Lavater in sein Tagebuch ein, die die „Wurzeln der Worte" als Leitfaden des Philosophierens empfiehlt. „Das Zitat würde Martin Heidegger behagt haben" (V, 616).

Im Jahre 1972 fanden sich auch Philosophen in einer veränderten Welt wieder. Einer von ihnen, „ein ziemlich berühmter aus Tübingen", sagte zu Jünger: „Heidegger kommt bei den Studenten nicht mehr an." Dazu notierte Jünger: „Mich erstaunte an dem Satz nur, daß das Manko offenbar Heidegger unterstellt wurde" (V, 75). Jünger wollte offenbleiben für die Erfahrungen, von denen Heidegger ausging. Doch darf man nicht verkennen, daß die Weise des Erfahrens bei Jünger und bei Heidegger verschieden ist. Als Jünger innerhalb seiner vielen Reisen für Monate nach Ostasien aufbrach, sandte Heidegger ihm den 47. Abschnitt des *Tao te King:* „Nicht zum Tore hinausgehen …" Heidegger hatte die Übersetzung von Jan Ulenbrook nur an einer Stelle leicht verändert und statt „des Himmels Weg sehen" geschrieben: „den Himmel ganz sehen".[181] Jünger notierte sich am Tag vor dem Aufbruch, am 9. Juni 1965: „Martin Heidegger, der anscheinend

---

[181] Vgl. H. W. Petzet: *Auf einen Stern zugehen* (s. Anm. 134) 191. – Zum folgenden vgl. Heideggers Griechenlandaufzeichnungen *Aufenthalte.* Frankfurt a. M. 1989. In Aufzeichnungen, die den Katalog der Biennale in Venedig 1993 eröffnen und vom Autor eine „Entgegnung auf Heisenbergs Weltformel" genannt werden, sagt Ernst Jünger, das 21. Jahrhundert werde als ein Interim noch einmal ein Zeitalter der Titanen sein – vor der Wiederkehr der Götter!

zur Zeit alte Chinesen liest, schreibt mir, daß man sich am besten in seinem Zimmer aufhalten, ja nicht einmal aus dem Fenster schauen soll." An Bord des Schiffes schrieb er an Heidegger, auch dann, wenn er sich in ein Zimmer einschließe, werde er wie ein französischer Vorgänger eine Reise durch das Zimmer beginnen. „Besser ists also, die geistige Ruhe zu gewinnen und in ihr zu verharren, während der Raum sich bewegt" (IV, 35, 65; vgl. auch XIII, 496).

Auf der Reise machte Jünger sich klar, daß Laotse mit seiner Ehrfurcht vor dem „Erdgeist" nur eine Weise des In-derWelt-seins repräsentiere. „Goethe, Schelling und Nietzsche gehören auf seine Seite, ebenso wie Hegel auf die Seite des Konfuzius gehört" (IV, 141). Als sich 1979 die Reisen wieder einmal häuften, notierte Jünger: „Heidegger warnte mich vor solchen Umtrieben. Es kommt aber nicht so sehr darauf an, die Bewegung zu vermeiden, wie darauf, sie durch sich hindurchgehen zu lassen, als säße man im Sessel bei einem spannenden Buch" (V, 479). Jünger ist offen für die Bildungen der Natur wie der Geschichte; von der Muschel bis zur Kreuzritterburg geben diese Bildungen ihm eine Botschaft. Im Roman *Eumeswil* kann der Biologe (im 21. Textstück) die technischen Erfindungen bei den Vögeln vorgebildet sehen. So wird unsere Intelligenz „eine Abzweigung vom Baum des Lebens mit seit Jahrtausenden zugespitzter Auslese". „Von hier aus läßt sich die Banalität von Geistern beurteilen, die sich mit der Frage abmühen, ob die Tiere Intelligenz haben." Heidegger dagegen schließt sich auf einer Griechenland-Kreuzfahrt vor Rhodos in seiner Schiffskabine ein, um Heraklit zu lesen, nämlich jene Kunstfigur, die er sich unter Nietzsches Anstoß aus den überlieferten Fragmenten gebildet hat. Das Tal der Schmetterlinge und die Bauten aus den verschiedensten Zeiten und Kulturen bleiben aus dem Traum von Griechenland ausgeschlossen, den Hölderlin vorgab (um vom Platz der Märtyrer zu schweigen, der an die vernichtete jüdische Gemeinde von Rhodos erinnert). Wird da nicht der neue Bezug zum Griechischen, wie Hölderlin ihn gegen Goethe und Buschor ihn gegen Winckelmann durchsetzte, zu einem Bildungsgut, das die Wirklichkeit verstellt?

Läßt diese Ausblendung von Wirklichem sich nicht durch Jüngers späteres Werk korrigieren? Der Roman *Eumeswil*, 1977 nach dem Tode Heideggers publiziert, spielt in der Zukunft nach dem Scheitern des ersten Weltstaates. Für das Modell des machtlosen Stadtstaates nutzte Jünger, was Droysen über die hellenistischen Diadochen vermittelte. Das oft besuchte Agadir mit der Kasbah und dem Flusse Sus stand ihm vor Augen; dort fand Jünger auch z. B. den Namen „Latifah", als eine Maurin dieses Namens ihm „mit eidechsenhafter Gewandtheit" die Haare schnitt (V, 183, 227). In einem fellachoiden Zeitalter, dessen Nihilismus saturiert ist, trifft der junge Erzähler oder Tagebuchschreiber doch auf große Lehrer, die ihm das Geschichtsdenken, die Philosophie, die Aufmerksamkeit auf die Sprache vermitteln. Als Anarch, dem selbst das Engagement des Anarchisten und des Partisanen abgeht, setzt der junge Mann nur auf sich selbst und die eigene Autorität. Er kann das, weil sowieso alle geschichtliche Substanz und die „Ideen" korrumpiert sind. Doch praktiziert er diese Distanz nicht nihilistisch, „sondern eher als ein Grenzposten, der im Niemandslande zwischen den Gezeiten Augen und Ohren schärft" (wie es im 13. Textstück heißt). Der junge Mann dient dem Tyrannen, der die Volkstribunen und Despoten besiegt hat; auf diese Weise bildet er sich zum Historiker. Ein Luminar (halb Datenbank, halb verbessertes Videogerät) hält die Vergangenheit abrufbar bereit, auf Modellhaftes hin aufgearbeitet. Doch der Anarch verschreibt sich schließlich dem Abenteuer: kann das Abenteuer den Baum der Erkenntnis wieder mit dem Baum des Lebens verbinden (der bei ihm selbst verletzt worden war, als er im Mutterleib der väterlichen oder unväterlichen Forderung nach Abtreibung nur knapp entging)? Das Abenteuer führt über die Wüste, die von einem Atomschlag blieb, zum Wald, der als eine neue Wildnis mit ältesten Ungeheuern durch die Genveränderungen in der atomaren Strahlung entstand. In diesem Wald geht der Anarch zusammen mit seinem Tyrannen zugrunde; der Bruder, der zu den Liberalen hielt und entsprechend verachtet wurde, archiviert dann auch die Zeugnisse dieses abenteuerlichen Herzens.

Heidegger und Jünger stimmen darin überein, daß sie sich mit Nietzsche vom Bürger und vom „Liberalismus" abwandten. Wenn sie in unterschiedlicher Weise in die Nähe eines Despoten gerieten, dann haben sie diesen Irrweg niemals grundsätzlich korrigiert. Macht es einen großen Unterschied, daß Jüngers Stadtstaat von einem Tyrannen regiert wird, der als gebildeter Offizier die Volkstribunen besiegte? Jünger wie Heidegger haben den neuen Aufbau der deutschen Republik und Europas nur genutzt, nie mitgetragen. Alle Aufmerksamkeit richtete sich darauf, wie die totale Mobilmachung der Technik eine neue Phase der Erdgeschichte (und nicht nur der Weltgeschichte des Menschen) heraufführte. Jünger notierte, daß die Rolle seines Romanhelden eher passiv sei, „wie die einer psychogenen Tapete". „Er nimmt die Vorzeichen des Kampfes zwischen den heraufziehenden Titanen und den wiederkehrenden Göttern wahr. Seine historische Bildung kommt ihm dabei zugut" (V, 390). Jünger versagte sich die Vermutung nicht, daß die Menschen den Schmerz über die Verletzungen durch die titanische Technik verwinden und – vielleicht im 22. Jahrhundert – neu zur Begegnung mit Göttlichem finden. Er meint sogar neue Möglichkeiten auch darin finden zu dürfen, daß nicht mehr das Wasser mit seinen Sintfluten, sondern der atomare Feuerschlag die erdgeschichtlichen Katastrophen bringt. Diese gnostischen Spekulationen und diese phantastische Weltfremdheit können aus der Sicht Heideggers nur Ausflüchte sein, die von der faktischen Situation des Menschen in der technischen Welt wegführen. Vermag Heidegger seinerseits das „Totale" der totalen Mobilmachung aufzubrechen, indem er im Bezug zum Ursprung den Weg zu einer neuen und anderen Welt sucht? Zum Gestell des totalen Vorstellens und technischen Zustellens tritt dann als verborgener Ursprung das Geviert des Gegenübers von Erde und Himmel, Göttlichen und Sterblichen. Doch teilt dieser Ursprung mit dem Totalen der Technik, daß Differenzierungen ausgeschlossen werden, die in eine Offenheit und Mannigfaltigkeit führen. Jünger wies 1980 darauf hin, daß Heideggers Seminar über den *Arbeiter* publiziert werden solle, und sagte: „Wohin das führen wird, weiß ich nicht" (VIII, 393). Wichtiger als Heideggers Notizen zum *Arbeiter* könnte die Kontroverse sein, die er mit dem Physiker Werner Heisenberg führte: der Wissenschaftler muß auf der Frage bestehen, ob denn überhaupt die Wissenschaften, die Industrien und die Technik zu einem einzigen großen Komplex zusammengeschlossen werden dürfen.

b. Die Kontroverse Heidegger – Heisenberg

Für Heidegger war der etwas jüngere Nobel-Preisträger Heisenberg kein Unbekannter, sondern eher ein Weggefährte, jedenfalls ein Wissenschaftler, der die Besinnung suchte und damit Brücken zur Philosophie schlug. Als 1927 *Sein und Zeit* erschien, stellte Heisenberg gerade heraus, daß sich das atomare Geschehen dem Messen entweder als Korpuskel oder als Welle und so in einer gewissen Unschärfe zeige. Konnte dieser Nachweis nicht Heideggers These stützen, das Vorhandensein des Vorhandenen (etwa in einem wissenschaftlichen Experiment) sei abkünftig gegenüber dem Zuhandensein? Im späteren Rückblick hat Heidegger (in Gesprächen) jedenfalls eine Parallele gesehen zwischen dem Ansatz von *Sein und Zeit* und der neuen Quantenphysik. Heidegger konnte 1935 in seiner Todtnauberger Hütte ein Gespräch leiten zwischen Heisenberg und dem Mediziner Viktor von Weizsäcker. Heisenberg gestand zu, daß der Beobachter oder Experimentator in der Quantenphysik eine Rolle spiele: das Objekt zeige sich nicht einem unvoreingenommenen Subjekt, vielmehr bestimme dieses mit der Anlage des Experiments die Weise des Sichzeigens. Weizsäcker legte das Subjekt in weit stärkerem Maße seiner Wissenschaft zugrunde: der Mediziner müsse sich an seinem „Gegenstand", dem lebenden und leidendem Menschen, beteiligen, ihn schließlich als Partner nehmen.[182] Schon im Arbeitskreis *Die Bedrohung der Wissenschaft* vom Winter 1937/1938 kritisierte Heidegger Pascual Jordans Schrift *Die Physik des 20. Jahrhunderts* von 1936. Er wiederholte diese Polemik in schroffer Form im Sommer 1941 in seiner Vorlesung *Grundbegriffe*. Nach Jordan kenne die Quantenphysik das Kausalitätsgesetz nicht mehr, sondern nur einen „statistischen Durchschnitt", der auch dem Neuen und Unvorhersehbaren Raum gebe. Diese Auffassung von Materie lasse Freiheit zu; sie führe vermeintlich zu einer Quanten-Biologie und Quanten-Historie oder Quanten-Metaphysik (vor allem natürlich auch zu den traditionellen religiösen Vorstellungen). In einem Aufsatz von Jordan sah Heidegger ein Beispiel „für die innere Verkommenheit der heutigen Wissenschaft". Dieser Verkommenheit setzte er Heisenberg und seine Schule entgegen, nämlich einen „ernsthaften und behutsamen" Aufsatz von Carl Friedrich von Weizsäcker.

Nach dem Kriege hatte Heidegger Schwierigkeiten mit der Universität, da er als Rektor von 1933 belastet war; auch fand er in wenigen Seminaren nicht den Weg zu den Impulsen der Studenten. Doch konnte er abseits der Universität das Ohr der Zeit erreichen – so im

---

[182] Vgl. C. F. von Weizsäckers Bericht in: *Erinnerung an Martin Heidegger*. Hrsg. von G. Neske. Pfullingen 1977. 239 ff. – Zum folgenden vgl. Heidegger: *Die Bedrohung der Wissenschaft* (s. Anm. 159) 14; *Grundbegriffe* (s. Anm. 172) 55 f., 76.

Dezember 1949 in Bremen mit der Vortragsreihe *Einblick in das, was ist,* 1951 in Darmstadt unter Architekten und Städteplanern mit dem Vortrag *Bauen – Wohnen – Denken.* Vor der Münchener Akademie der Schönen Künste trug er im Juni 1950 eine Erweiterung des Bremer Vortrags über das „Ding" vor; anschließend las er in Haarse im Hause des Grafen Podewils, des Generalsekretärs der Akademie, den Bremer Vortrag *Die Kehre.* Besuche der denkwürdigen Aufführung von Orffs Vertonung der Hölderlinschen *Antigone*-Übersetzung vertieften die Kontakte nach München. So konnte Heidegger – zusammen z. B. mit Friedrich Georg Jünger und Werner Heisenberg – im November 1953 in einer Akademieveranstaltung *Die Künste im technischen Zeitalter* sprechen. Wiederum erweiterte der Vortrag *Die Frage nach der Technik* Bremer Gedankengänge. Zur Vorbereitung der Münchener Tagung hatte Heidegger einige Monate früher den Vortrag *Wissenschaft und Besinnung* gehalten. Der Briefwechsel mit Werner Heisenberg, der aus diesen Bemühungen entstand, ist noch nicht publiziert worden; doch zeigen die Münchener Vorträge von Heidegger und Heisenberg die Kontroverse, in die der Philosoph und der Physiker gerieten.[183]

Der Vortrag *Wissenschaft und Besinnung* versucht, was Heidegger gegenüber Ernst Jünger „Topologie" nennt: die heutige Redeweise wird zurückgeführt auf verdeckte und verstellte Leitworte *(topoi);* diese Erörterung führt „vor Ort", nämlich zu jenem „geheimnisvollen" Augenblick, in dem heute das Sein in seiner Unerschöpflichkeit den Menschen auch als Wissenschaftler und Techniker braucht (57). Wie selbstverständlich wird die Wissenschaft heute als „Theorie des Wirklichen" gefaßt – z. B. als Relativitätstheorie in der Physik, Deszendenztheorie in der Biologie, Zyklentheorie in der Historie, Naturrechtstheorie in der Jurisprudenz (46, 53). Das Wirkliche war bei den Griechen ein allumfassendes Walten und Wachsen (Heidegger glaubt, die griechische Frühzeit und nicht erst der Hellenismus habe das Wort *physis* in diesem Sinne verwandt). Dieses Walten als Am-Werk-sein oder als *energeia* verlangte das Mitwirken der Menschen. Als die *energeia* bei den Römern zur *actualitas* wurde, konnte diese vom Tun

---

[183] Seitenzahlen beziehen sich im folgenden auf Heidegger: *Vorträge und Aufsätze* (s. Anm. 134). Die Komposition dieses Bandes sowie das Verhältnis des Technikvortrags zu den Bremer Vorträgen vom Dezember 1949 kann hier nicht erörtert werden.

als einem Bewirken her gedacht werden. In der Neuzeit wurde die Mannigfaltigkeit der „Gründe" für Seiendes eingeschränkt auf das Bewirken eines Erfolgs, die Kausalität. Im Wort *theoria* hörten die Griechen noch die sprachlichen Wurzeln und Anklänge mit; so war die *theoria* ein verehrendes und hütendes Schauen (53). Dieses Schauen wurde dann auf das Sehen eines Anblicks, auf die Idee, verengt. Als die *theoria* bei den Römern zur *contemplatio* wurde, rückte das einteilende und zugreifende Zusehen in den Vordergrund (etwa in der Vorhersage mittels der Deutung eines Vogelflugs). In der Neuzeit wurde das Vorstellen zu einem Nachstellen, das sich des sichersten „Messens" bediente. Für Max Planck war das Wirkliche das, „was sich messen läßt". Bei Heisenberg wurde die Kausalität zu einem Zeitmessungsproblem und zur Angelegenheit der Statistik. Der vorgestellte Gegenstand verschwand im zu sichernden bloßen Bestand. Die Wissenschaft wurde notwendigerweise ein spezialistisches Tun, da ihr methodisches Vorgehen die Bereiche der Bestandssicherung voneinander abgrenzen mußte. Damit enthüllte die Wissenschaft ihr technisches Wesen, den Zugriff auf einen Bestand. Heidegger erinnert daran, daß zur Wirklichkeit und Theorie die verbindende Wahrheit gehört. Diese wandelte sich von der Unverborgenheit der Griechen über die *veritas* der Römer zur Sicherstellung der Neuzeit.

Heideggers Erörterung vollzieht eine „Kehre" mit dem Hinweis, daß jeder Wissenschaft etwas Unumgängliches vorausliege. Für die Physik, in der man mit Heisenberg die klassische von der modernen Physik unterscheiden könne, bleibe die Natur das Unumgängliche, auf das die Physik angewiesen sei, das sie aber nicht umgehen und nicht in seiner Wesensfülle umstellen könne. Diese Unumgänglichkeit der Natur habe Goethe „bei seinem verunglückten Streit mit der Newtonschen Physik" wohl vorgeschwebt; doch verbleibe Goethe in seinem Drängen auf Gegenständlichkeit mit der klassischen Physik im selben „metaphysischen" Geschichtsraum (62 f.). Die Natur, die Seele, die Geschichte, die Sprache seien das Unumgängliche der Physik, der Psychiatrie, der Historie, der Philologie. Das Unumgängliche werde zum Sachverhalt der Wissenschaften, doch zu jenem „unscheinbaren" Sachverhalt, der im wissenschaftlichen Zugriff nicht aufscheine, ihm unzugänglich bleibe. Zwar thematisierten die Wissenschaften auch ihre Geschichte; Beachtung finde aber nur die Grundlagenkrise einer einzelnen Wissenschaft, nicht „die Krisis der

Wissenschaft als solcher" (66). Heidegger hat Jakob Burckhardt als einen „Geschichtsdenker" von den bloßen Historikern unterschieden; doch ist er nicht der These Goethes gefolgt, die Geschichtswissenschaft brauche seit Winckelmann keine Philosophie (weil sie auf ihre Weise das erreiche, was die Philosophie ihr geben wolle). Auch die Philologie kann nach seiner Auffassung sich nicht selbst zum Thema machen. Die „Bildung" wird abgewiesen, da sie den Menschen immer schon auf Leitbilder festlegen wolle (69). So stellt Heidegger der Wissenschaft die Besinnung gegenüber, in der das Unumgängliche zum Fragwürdigen werde. Die Gelassenheit als Eingelassenheit in dieses Fragwürdige könne auf einen Weg bringen, der nicht „Abenteuer" sei, sondern „Heimkehr" (68). *Sein und Zeit* hatte in seiner forcierten Sprache das „Gewissen-haben-wollen" auf den Augenblick ausgerichtet, der das Aufgehen in der Umwelt durchbricht. Dieser Augenblick ist nun zugleich die Stätte, in der z. B. der wissenschaftliche Weltzugriff in seine Grenzen eingewiesen werden muß; er wird in der Erörterung der geschichtliche Aufenthalt und „Ort" für ein Wohnen des Menschen. Der vielschichtigen Besinnung auf das Fragwürdige öffneten sich „wieder die Tore zum Wesenhaften aller Dinge und Geschicke", ohne daß das Fragen schon zum einfachen Sagen des Wesenhaften werden könne (69 f.).

Heideggers Vortrag *Die Frage nach der Technik* sucht das Wesen der Technik, um „das Technische in seiner Begrenzung zu erfahren" (13). Der Vortrag geht von der gängigen instrumentalen und anthropologischen Bestimmung aus: die Technik sei ein Mittel für die Zwecke, die der Mensch sich setze. Nach dieser Bestimmung ist die Technik neutral; sie kann dem Menschen nutzen, ihn aber auch ins Unheil führen. Der Mensch soll deshalb die Technik „geistig in die Hand bekommen", sie „meistern". Doch in dieser gängigen Redeweise sieht Heidegger eine Verblendung, da das Meistern-wollen der wuchernden Großtechniken selber technisch bleibt, somit nicht zu der gesuchten Begrenzung des Technischen führt. Heideggers eigene Überlegungen setzen bei der Festlegung der Technik auf das Instrumentale ein. Sie führen das Instrumentale als ein Bewirken zurück in die ursprüngliche Lehre von den Gründen, wie die Griechen und vor allem Aristoteles sie entworfen haben. Danach gibt es vier Gründe oder Ursachen – in der späteren Formulierung: *causa materialis, causa formalis, causa finalis, causa efficiens.* Bei einer Silberschale sind die vier Ursachen das Silber als der Stoff oder das Material, das Aussehen oder die Idee der Schale als die Form, der Zweck der Schale im Opferdienst, das bewirkende Tun des Silberschmieds. In diesen vier Weisen wird veranlaßt, daß es die Silberschale gibt; die Schale wird poietisch in ihr Sein oder Anwesen hervorgebracht. Auch die Natur ist (als *physis*) eine solche *poiesis;* doch in der „Kunst" wird der hervorbringende Mensch eingeschaltet. Kann das Veranlassen zurückgenommen werden in ein Hervorbringen, in dem das, was ist, in die griechisch erfahrene Unverborgenheit tritt?

Ist auch die Technik nach ihrem Wesen hin ein Entbergen, das in die Unverborgenheit gehört? In der Aristotelischen Lehre von den dianoetischen Tugenden gehören *techne* und *episteme* zusammen; jene ist mit ihrer Umsicht ein Wissen wie diese auch, damit ein Entbergen *(aletheuein).* Die moderne Technik scheint ihre Unvergleichbarkeit dadurch zu gewinnen, daß sie auf der exakten Naturwissenschaft aufbaut. Sind aber Wissenschaft wie Technik nicht ein Entbergen, das im Zusammenhang von moderner Wissenschaft und Technik zu einem Herausfordern wird? Die Natur wird herausgefordert, Energie zu liefern; ganze Landstriche werden zu einem Industrierevier, und an die Stelle des bäuerlichen Tuns tritt die motorisierte Ernährungsindustrie. Das Wasserkraftwerk ist nicht mehr in den Rheinstrom verbaut wie die alte Brücke, nicht mehr den Elementen „unmittelbar anheimgegeben" wie die Windmühle. Das Kraftwerk macht den Strom zum Wasserdrucklieferanten, der zusätzlich auch Objekt der Urlaubsindustrie wird. Der Rhein ist dann nicht mehr jener Strom, der nach Hölderlins Hymne hilft, ein ganzes Land bewohnbar zu machen. Hegel hatte die Maschine noch als „selbständiges Werkzeug" aufgefaßt. Doch die heutige Maschine, das Verkehrsflugzeug auf der Startbahn, ist nur noch ein Bestand innerhalb der Transporttechnik. Auch der Mensch wird (als Menschenmaterial oder Krankenmaterial einer Klinik) zum bestellbaren Bestand. Zu dieser herausfordernden Mobilisierung ist der Mensch gemäß einer langen Geschichte selbst herausgefordert. Die Idee, von der aus Platon das Seiende vorstellte, ist über Galileis Physik in den Bereich eines umfassenden Zustellens geraten; die neuzeitliche Naturwissenschaft, die früher als die Technik auftrat, ist schon als reine Theorie in ihrem Wesen Technik, nämlich Bestandssicherung. Die Natur meldet sich nur noch in einer „rechnerisch feststellbaren Weise" und wird „als ein System von Informationen bestellbar"; die Kausalität schrumpft (in der statistischen Deutung der Quantenphysik) „in ein herausgefordertes Melden gleichzeitig oder nacheinander sicherzustellender Bestände zusammen". Heisenbergs Münchener Vortrag habe diesen „Prozeß des zunehmenden Sichabfindens" in eindrucksvoller Weise geschildert (30 f.).

Die Technik ist das herausfordernde Entbergen, in dem die Welt zum Ganzen eines Vorstellens und Zustellens, zum Gestell, wird. Der Mensch selbst ist von diesem Gestell herausgefordert zum bloßen Bestellen und Sichern von Beständen. Das „Wesen" der Technik, von der doppelten Herausforderung her erfahren, schickt auf einen bestimmten Weg des Entbergens und ist in diesem Sinne „Geschick". Es ist kein Schicksal im Sinne des Verhängnisses und Zwanges; vielmehr gehört es in jenes Freie, das Spielräume für Freiheit gibt. Doch ist dieses Geschick die Gefahr, daß man sich an ihm versieht. Das Walten des Geschicks als des Gestells ist die höchste Gefahr. Der Mensch sinkt als Besteller des Bestandes selbst zum bestellbaren Bestand herab; gerade in diesem Absturz spreizt er sich auf als Herr der Erde, der – nach Heisenbergs Worten – in der wissenschaftlichen Technik nur noch sich selbst begegnet (damit aber nicht mehr seinem Wesen, für das Entbergen und damit für die Welt gebraucht zu sein). Darüber hinaus droht jede andere Weise des Entbergens durch die Technik verstellt zu werden. Das Entbergen in der Weise der Technik führt zu der äußersten Gefahr, daß das Geschick selbst, das auch die Technik schickt, nicht mehr erfahren werden kann als das Freie, das unterschiedliche Weisen des Entbergens zuläßt. Nach Hölderlins *Patmos*-Hymne wächst das Rettende aber dort, wo die Gefahr ist und als solche angenommen wird. Retten meint: etwas in sein Wesen einholen. So muß die Technik in ihr Wesen, eine Weise des Entbergens unter anderen zu sein, eingeholt werden. Die Rede vom Hauswesen und Staatswesen zielt nach Heidegger nicht auf das Allgemeine einer Gattung; dieses Wesen ist der „Weserei" anheimgegeben, die nach J. P. Hebel das Rathaus meint, in der das Gemeindeleben „west". Kommt die Gefahr ins Äußerste, dann kann die Bewegung vom Wesen der Technik weg zum Wuchern des Technischen sich umkehren; das Unaufhaltsame des Bestellens und das Verhaltene des Rettenden treten (wie zwei Sterne) in eine Konstellation: das Technische wird vom Wesen der Technik her begrenzt. Das Schöne, von dem Platon gesprochen hatte, und die Kunst, die sich dem Walten der Unverborgenheit fügt, werden frei als andere Weisen des Entbergens. Diese Kunst hat von sich aus ein Verhältnis zum Unerschöpflichen der Unverborgenheit, die in einem unauflöslichen Geheimnis ruht.

Man kann nicht umhin, einzelne Schritte von Heideggers Vortrag mit Fragezeichen zu versehen. Das Schöne ist bei Platon (und auch noch bei Plotin) gerade nicht das Kunstschöne. Eine lange Zeit der Entwicklung im neuzeitlichen Platonismus war nötig, ehe das Schöne und die Kunst zusammenkamen. Die *technai* oder *artes* waren in der Tat so sehr auf Wissen angelegt, daß auch die „freien" Künste mit diesem Namen benannt werden konnten. Doch gerade die Dichtung wurde nicht nur als *techne* aufgefaßt, sondern auf einen „göttlichen Wahnsinn" bezogen. Vielleicht war es nicht der Platonismus der Humanisten, der seit der Renaissance entscheidend zu einem neuen Kunstverständnis beitrug, sondern das Selbstverständnis der Künstler, die um den Vorrang der einen oder anderen Kunst stritten. Wie Technik und Kunst sich dabei durchdringen konnten, zeigt das Beispiel Leonardos. Sind die Techniken überhaupt immer Anwendungen eines Wissens, können sie nicht auch eine Bastelei sein, die durch absichtsloses Probieren zu Erfolgen kommt? Kann man wirklich im bäuerlichen Tun ein Gegenbild zur Technik finden, da dieses Tun etwa über die großen Rodungen schon die Welt umgestaltet hat? Waren die Wind- und Wassermühlen nicht technische Vorstöße, die das Verhältnis des Menschen zur Natur änderten? Zur Herausforderung soll die moderne Technik dadurch werden, daß sie sich universal auszubreiten sucht und durch den nur noch technischen Zugriff ihren Ursprung (nur *eine* Weise des Entbergens zu sein) verdeckt. Darf man aber auf diesen Vorgang Hölderlins Rede von der Gefahr anwenden? Nach Hölderlin bricht die Gefahr gerade dann auf, wenn der Gott nahe ist, aber die Formen fehlen, die Begegnung mit dem Göttlichen zu fassen und einzugrenzen. Nach Heidegger liegt die Gefahr eher darin, daß der Mensch vor lauter Formen und technischen Formungen im Nihilismus versinkt, der Anspruch und Verbindlichkeit nicht mehr kennt. Eine Ontologie geordneter Substanzen ist nach Heidegger keine Möglichkeit der Philosophie mehr. Heidegger folgt auch nicht mehr Scheler, der durch eine neue Metaphysik vom Weltgrund her den Weltauftrag des Menschen neu bestimmen und dabei z. B. das Herrschaftsschema der Technik einzugrenzen suchte. Heidegger stellt zum Denken das Dichten und die kultisch

eingebettete Kunst, die den Dingen und dem Menschen ihren „Ort"
anweist. In der Physik Heisenbergs vermag Heidegger nur das Auslaufen des metaphysischen Weltzugriffs zu sehen, der sich in der
Technik in sich selbst verstrickt. Wird Heidegger damit seinem Gesprächspartner gerecht?

Es ist wohl schon eine indirekte Polemik gegen Heisenberg, wenn
Heidegger Goethe und Newton als Antipoden derselben seinsge-
schichtlichen Tendenz zuordnet. (Heidegger selbst möchte, anders als
Heisenberg, diese Tendenz von Hölderlin her zurücklassen.) Heisen-
berg sprach 1941 in Budapest über *Die Goethe'sche und Newton'sche
Farbenlehre im Lichte der modernen Physik.* Dieser Vortrag stellt
Newton und Goethe nebeneinander: Newton geht aus vom einfarbi-
gen Lichtstrahl; er setzt das weiße Licht als etwas Zerlegbares zusam-
men und kann so zur Messung als Grundlage der Optik kommen. Für
Goethe ist das „Phänomen" (wie das so betitelte *Divan*-Gedicht zeigt)
die Mischung von Licht und Dunkel. Goethes Annahme aber ist ein
Irrtum, Newton könne dieses Phänomen nicht erklären. Doch weist
Goethe auf das hin, was z. B. den Maler am Licht interessiert: dieses
ist nicht nur etwas Subjektives, sondern wie die Physik auch eine
Wechselwirkung des Menschen mit der Wirklichkeit. In der Zeit nach
Newton führen weitere Schritte der Physik z. B. zum Begriff des
elektrischen Feldes (das nicht mehr anschaulich ist), schließlich zur
Atomtheorie. Heisenberg erwartet, daß eine Theorie der atomaren
Bausteine „in nicht allzu ferner Zeit zu einer vollständigen Übersicht"
kommen würde über „die in der Natur ausnützbaren Kräfte und
damit über die Möglichkeiten, die der Technik noch offenstehen".
Doch gibt Heisenberg auch Goethe recht, indem er dessen Vorwürfe
gegen Newton auf die Meinung zurückführt, „daß es weitere und
lebendigere Bereiche der Natur gebe, die eben dieser Methode der
Naturwissenschaft nicht zugänglich seien". Goethe habe in den Nach-
trägen zur *Farbenlehre* die Felder des Erfahrens als etwas Stetiges
gefaßt, das dennoch getrennt werden müsse. „Er ordnet sie vom niederen zum höheren Rang aufsteigend: zufällig, mechanisch, physisch,
chemisch, organisch, psychisch, ethisch, religiös, genial." Heisenberg
möchte für die unteren Bereiche durch die Atomphysik eine einheitliche Theorie finden; in der modernen Biologie lassen sich nach seiner
Auffassung bereits Grenzen und innere Struktur des nächsten Bereichs, des Organischen, „undeutlich" erkennen. „Die höheren Berei-

‚che bestimmt festzulegen, darf wohl in unserer Zeit noch niemand wagen."[184]

Heisenbergs Leipziger Universitätsrede *Die Einheit des naturwissenschaftlichen Weltbildes* von 1942 möchte den Widerspruch zwischen Mechanismus und Vitalismus in der Biologie auflösen: es handele sich nicht um einen Widerspruch, sondern um Ausschließung. Eine solche Ausschließung zeige ja auch die Physik (wenn die Quantentheorie entweder nur Teilchen oder nur das Feld beobachten kann). „In ähnlicher Weise kann man auch in der Biologie an die Möglichkeit denken, daß die Feststellung: ‚eine Zelle lebt', in einem ausschließenden Verhältnis steht zur genauen und vollständigen Kenntnis aller ihrer physikalischen Bestimmungsstücke. Zur Erlangung einer solchen vollständigen Kenntnis wären ja wahrscheinlich so starke Eingriffe nötig (z. B. Beleuchtung durch Röntgenstrahlen), daß die betreffende Zelle durch sie zerstört würde." Gibt Bohrs Begriff der Komplementarität die Möglichkeit, Kontinuität und Unterschied in den Feldern des Erfahrens aufzuzeigen? (Einem großen Manuskript Heisenbergs von 1942 hat man postum den Titel *Ordnung der Wirklichkeit* gegeben. In diesem Manuskript will Heisenberg den Gedanken nicht abweisen, daß es auf anderen ähnlichen Weltkörpern auch Leben geben kann. Dann aber kann die historische Einmaligkeit der Erdgeschichte mit der Evolution des Lebens ein grundsätzlich wiederholbarer Vorgang sein und vielleicht auch einmal durch allgemeine Naturgesetze erklärt werden. Von seiner physikalischen Arbeit aus drängt Heisenberg auf abschließbare Theorien.)

In seinem Münchener Vortrag *Das Naturbild der heutigen Physik* geht Heisenberg davon aus, daß die alte Naturphilosophie tot sei. Unser Verhältnis zur Natur sei durch die moderne Naturwissenschaft und Technik bestimmt; so bekomme auch eine andere Bestimmung der Natur, etwa in den Künsten, einen neuen Ausgangspunkt. Seit Galilei beschränke man sich darauf, isolierte einzelne Naturvorgänge durch ein Gesetz zu erklären, ohne daß diese Vorgänge von ihrem Wesen her in ein Naturganzes eingeordnet würden. Die Elektrizitätslehre habe über die Atome Demokrits hinausgeführt zum „Kraftfeld"; die Quantenphysik habe darüber hinaus gezeigt, daß die Materie mit

---

[184] Wiederabgedruckt in Werner Heisenberg: *Gesammelte Werke*. Hrsg. von W. Blum u. a. Abt. C. Band 1. 146 ff.; zum folgenden ebd. 161 ff., 217 ff.

ihren kleinsten Bausteinen sich in unterschiedlichen experimentellen Zugriffen verschieden zeige. Der Atomphysiker müsse sich damit „abfinden", daß er nicht mehr von der Natur an sich spreche, daß vielmehr seine Wissenschaft nur ein Glied in der Kette der Auseinandersetzung des Menschen mit der Natur sei. Die Technik sei zur Voraussetzung und zur Folge der Naturwissenschaften geworden. Schon die elektrischen Überlandleitungen hätten etwas Unheimliches für die Menschen gehabt (in stärkerem Maße natürlich die Anlagen der Atomtechnik). Doch die Umgestaltung der Umwelt durch die Technik sei so etwas wie ein „biologischer Vorgang", der sich der Kontrolle des Menschen entziehe. Schon vor zweieinhalb Jahrtausenden habe aber der chinesische Weise Tschuang Tse die Geschichte von dem Gärtner erzählt, der den Ziehbrunnen als eine Maschine verwarf, weil die Maschine den Menschen ein Maschinenherz gebe und so zum Verlust der Einfalt führe. Heisenberg setzt dieser Sicht entgegen, daß auch zweitausend Jahre später noch „schöne Kunstwerke" auf der Erde entstanden. Doch begegnet nunmehr der Mensch nur noch sich selbst: er wird nicht mehr bedroht durch wilde Tiere und die Hungersnöte, Seuchen und Überflutungen sind wenigstens in den entwickelten Ländern weitgehend ausgeschaltet; darüber hinaus begegnet der Mensch nur noch seiner Umgestaltung der Natur. Noch fünfmal gebraucht Heisenberg die Rede, der Mensch müsse sich damit „abfinden", daß er kein Bild von der Natur mehr habe, sondern nur ein Bild von seinen Beziehungen zur Natur.[185] Damit ist sein Leben auf der Erde in Gefahr: der Kompaß des Schiffes der Menschheit reagiert nur noch auf die Eigenmasse des Schiffes. Doch kann der Mensch versuchen, sich wieder an den Sternen zu orientieren; er kann neue technische Orientierungsmöglichkeiten finden. Heisenberg zieht den Vergleich zur Jurisprudenz: auch die Rechtsbildung muß auf neue Aufgaben reagieren (etwa für den Handel zwischen verschiedenen Ländern und Kontinenten ein internationales Privatrecht ausbilden); dieses konkrete Recht ist nicht bloße Ausgestaltung des einen Natur- oder Vernunftrechts, sondern antwortet auf unvorhersehbare einzelne Aufgaben. Natürlich können die neuen wissenschaftlichen und technischen Vorstöße Gefahren bringen; doch nur dann, wenn man die

---

[185] Werner Heisenberg: *Das Naturbild der heutigen Physik*. Hamburg 1955. 12, 18, 19, 21.

Gefahr sieht, kann einmal eine neue Balance für das Leben auf der Erde gefunden werden.

Heidegger tut Heisenberg Unrecht, wenn er dessen Rede vom Sichabfinden undifferenziert auf die These bezieht, in der wissenschaftlich-technischen Welt begegne der Mensch nur noch sich selbst. Es geht Heisenberg gerade darum, daß der Mensch von den Aufgaben des Lebens auf dieser Erde her wieder zur Auseinandersetzung mit der Wirklichkeit findet: mag die Naturwissenschaft auch technisch eingebettet sein, so kann sie sich doch prüfen von ihrem Bezug zur Wirklichkeit her. Ein Beitrag zur Heidegger-Festschrift von 1959 weist auf die Bemühungen um eine Logik der Quantentheorie hin: die Physik ist dem Ideal der Einfachheit der Theorie verpflichtet, aber auch der experimentellen Überprüfung ausgesetzt.[186] In seinem Brief zur achtzigsten Wiederkehr von Heideggers Geburtstag geht Heisenberg nicht auf das Problem der Technik ein, aber auf die Wurzel für die unterschiedliche Beurteilung von Wissenschaft, Technik und Kunst. Am meisten habe ihn aus Heideggers Äußerungen der Schluß der Ausführungen über Platons Lehre von der Wahrheit beschäftigt und beunruhigt. Nach Heidegger fasse der Mensch seit Platon das Wesen der Wahrheit von den Ideen her und schätze alles Wirkliche nach Werten; für die Zukunft könne (und solle) diese Einstellung aber nicht mehr herrschen. Heisenberg läßt sich von Heidegger die Gleichung von Idee und Wert aufdrängen; doch setzt er Heidegger ein entschiedenes „Nein" entgegen. Die Naturwissenschaft lege die Welt in der Tat nach Ideen aus und sei so eine „Bilder-Schrift"; diese Schrift sei inzwischen noch abstrakter und auch einfacher geworden. Gerade auf diesem Wege erinnere die Naturwissenschaft aber an die „zentrale Ordnung alles Geschehens", die mit der „Zeit" zu tun habe. „In anderen Worten, ich sehe nicht, daß in dem Teil der modernen Welt, in dem sich scheinbar die stärksten Bewegungen vollziehen, nämlich in der Naturwissenschaft, die Bewegung von den Ideen und Werten wegführt. Im Gegenteil, dieses Auslegen nach Ideen und Werten findet in größter Intensität, nur in einer tieferen Schicht statt." Für diese Kritik bleibt Heideggers Denken nur dadurch bedeutsam, daß es den

---

[186] Werner Heisenberg: *Grundlegende Voraussetzungen in der Physik der Elementarteilchen.* In: *Martin Heidegger zum siebzigsten Geburtstag.* Hrsg. von Günther Neske. Pfullingen 1959. 291 ff. – Zum folgenden vgl. *Dem Andenken Martin Heideggers. Zum 26. Mai 1976.* Frankfurt a. M. 1977. 44 f.

Widerspruch gegen seinen Ansatz und gegen seine Übernahme der philosophischen Tradition weckt.

Heisenbergs wissenschaftliche Arbeit ist durch eine Grundhaltung geprägt, die eine philosophische Ausrichtung aufnimmt, gerade deshalb aber unter den Wissenschaftlern umstritten bleiben muß. Schon Heisenbergs erster Lehrer Sommerfeld suchte in der Weise „pythagoreisch" nach einer umgreifenden Theorie, daß Heisenbergs Freund und Gefährte Wolfgang Pauli ihm „Atommystik" zuschrieb. Heisenberg berichtet in seinem autobiographischen Rückblick von sich selbst, er habe einen „Grund von merkwürdiger innerer Schönheit" gefunden, als er 1925 auf Helgoland durch die Oberfläche der atomaren Erscheinungen geschaut habe. Auch Einstein gegenüber verteidigte er das Drängen nach „Einfachheit und Schönheit", das nicht als Griff nach einem ästhetischen Wahrheitskriterium abgetan werden dürfe.[187] Tragische Verwicklungen blieben nicht aus, als Heisenberg dreißig Jahre später vergeblich den Durchbruch zu wiederholen suchte, der ihm in der Jugend gelungen war. Im Februar 1958 berichtete er in Göttingen über Fortschritte in der Theorie der Elementarteilchen; die Presse reagierte mit dem Klischee von der „Weltformel". Heisenbergs engster Mitarbeiter und Kritiker Wolfgang Pauli sandte seinen Kollegen einen weißen Briefbogen, auf dem mit vier Strichen nur ein großes Rechteck gemalt war. Darüber stand: „Dies soll der Welt zeigen, daß ich wie Tizian malen kann", und darunter: „Nur ein paar technische Einzelheiten fehlen." Pauli kündigte die weitere Zusammenarbeit mit Heisenberg auf; eine Erkrankung führte zum schnellen Tod. Was allzu grob und mißverständlich als Suche nach einer Weltformel ausgegeben wurde, war getragen vom Vertrauen einer neuplatonischen Religiosität, aber wissenschaftlich gesehen fragwürdig. Heisenberg hatte seinen Neuplatonismus jedoch um die traditionelle metaphysische Dimension gekürzt: der Aufstieg des Erkennens, zu dem das Schöne ermutigte, ging nicht in einen Abstieg über, der auch die Emanationsstufen vom Glanz des Einen her begriff. Damit war auch der Weg, den etwa Pascual Jordan ging, verschlossen. Heisenberg berichtet von den Kopenhagener Gesprächen nach der Brüsseler Sol-

---

[187] Werner Heisenberg: *Der Teil und das Ganze*. München 1969 und 1983. 37, 78, 86. – Zum folgenden vgl. Armin Hermann: *Werner Heisenberg*. Reinbek bei Hamburg 1976. 123.

vay-Konferenz von 1927, daß Niels Bohr es als ein Mißverständnis ansah, wenn man „die nicht vollständige Determiniertheit des Geschehens in der Atomphysik" als Argument dafür verwendet, „daß jetzt wieder Raum für den freien Willen des Einzelnen und auch Raum für das Eingreifen Gottes geschaffen sei". Die Frage nach der vollständigen oder nur statistischen Determiniertheit des Naturgeschehens und die Frage nach dem freien Willen ständen in einem „komplementären" Verhältnis.

Für Heisenberg sind Wissenschaft und Kunst Nachbarn: zur Idee, von der Platon sprach, tritt das Bild, dem die Kunst sich zuwendet. Es ist jedoch unangemessen, mit Heidegger die moderne Kunst mit ihren ästhetisch-artistischen Tendenzen zusammen mit dem einen Block von Wissenschaft und Technik als ein „Sich-ins-Bild-setzen" zu fassen, in dem der Mensch nur um sich kreise. Heisenberg hatte sich in seiner Jugend zu entscheiden, ob er Pianist und damit ausübender Musiker werden wolle oder Physiker. Während mit der Wiener Klassik und der Romantik die Musik an die Spitze der Zeit trat, fand Heisenberg die Sicherheit, aus einem Umbruch heraus die Welt umzugestalten, in seiner eigenen Zeit eher in der Physik. Als Heisenberg 1925 auf Helgoland einen Heuschnupfen auskurierte, arbeitete er nicht nur die Quantentheorie aus, sondern lernte auch Gedichte aus Goethes *Divan* auswendig.[188] Heisenberg hielt 1967 in Weimar seinen Vortrag *Das Naturbild Goethes und die naturwissenschaftliche Welt*. Der Vortrag gibt zu, daß Goethe die neuen Wege der Kunst der Romantiker ebenso fürchtete wie die Abstraktionen der Newtonschen Physik; doch sei ihm etwa eine Auseinandersetzung mit Schuberts C-dur-Streichquintett erspart geblieben. Schiller habe Goethe klargemacht, daß das Urphänomen eine „Idee" sei. Diese Idee müsse aber (gegen Schiller) als „Grundstruktur" und so eher von Platon als von Kant her gefaßt werden. Urphänomen und Idee sei auch die Doppelkette der Nukleinsäure als Grundstruktur des Lebendigen, wie sie von der Biologie aufgedeckt worden sei. Das gleiche gelte für die sog. Weltformel in der Physik. Der Aufsatz *Die Tendenz zur Abstraktion in moderner Kunst und Wissenschaft* aus der Schade-

---

[188] Vgl. Carl Friedrich von Weizsäcker: *Der Garten des Menschlichen*. München/Wien 1977. 28. – Zum folgenden vgl. Heisenberg: *Gesammelte Werke* (s. Anm. 184) Abt. C. Band 2. 394 ff., vor allem 406 f.; Band 3. 359 ff., vor allem 366 und 536 ff.

waldt-Festschrift von 1970 legt dann dar, warum die moderne Kunst eine neue Abstraktion suchen müsse: sie sei nicht mehr die Kunst eines bestimmten Kulturkreises; vielmehr müsse sie ein Lebensgefühl darstellen, „das den Menschen in der Relation zur ganzen Erde empfindet, das die Erde im ganzen gewissermaßen von anderen Sternen her sieht". Unmittelbar vor seinem Tode hat Heisenberg in der Festschrift für Erich Heller die „Reise der Kunst ins Innere" mit positiven Akzenten versehen. Die Faszination, welche die Jazz-Musik ausübe, und ähnliche Erscheinungen zeigten jedoch, wie wenig die Kunst mit dieser Tendenz zur Abstraktion fertig werde.

Während der Unruhe an den Universitäten schrieb Martin Heidegger am 21. Februar 1971 dem Generalsekretär der Bayerischen Akademie der Schönen Künste, in einer Zeit der „Versklavung unter die Tyrannis der Öffentlichkeit" könne eine Akademie „durch das Nichtteilnehmen am Gerede und Geschreibe ihr Dasein bekunden".[189] Heisenberg suchte dagegen ein bleibend gültiges Thema herauszustellen; er sprach im Juli 1970 in der Akademie noch einmal über *Die Bedeutung des Schönen in der exakten Naturwissenschaft.* Er faßte das Schöne mit einer Formel, die in der Renaissance eine bedeutsame Rolle gespielt hatte: als Übereinstimmung der Teile miteinander und mit dem Ganzen. Er folgte den Pythagoreern, die den Urgrund der Dinge nicht mehr als Wasser oder als Atome im leeren Raum bestimmten, sondern als ein „ideelles Formprinzip". Sie hatten entdeckt, „daß gleichgespannte schwingende Saiten dann harmonisch zusammenklingen, wenn ihre Längen in einem einfachen rationalen Zahlenverhältnis stehen". Die mathematische Struktur, nämlich das rationale Zahlenverhältnis, erschien hier als Quelle der Harmonie und des Schönen: die Teile sind die einzelnen Saiten, das Ganze ist der Zusammenklang. Nach Platons *Phaidros* erschauert die Seele beim Anblick des Schönen; dieses Erschauern kommt aus unbewußten Tiefen: aus der Wiedererinnerung an einen vorgeburtlichen Zusammenhang mit dem Kosmos geht der Seele etwas auf, was die Sinne ihr nicht vermitteln können. Platon mußte Befremden erregen, wenn er im *Timaios* die Urformen der Materie mit bestimmten Vielflächnern verglich oder

---

[189] Heideggers Brief in: *ensemble.* Hrsg. von H. Piontek. 10 (1979) 205. – Zum folgenden Heisenberg: *Gesammelte Werke.* Abt. C. Band 3. 369 ff.; zu Pauli ebd. 379 f. und Band 4. 113 ff.

gleichsetzte. So verpflichtete Aristoteles die Wissenschaft auf Empirie; Galilei mußte sich gegen den mittelalterlichen Aristotelismus wenden, als er den freien Fall idealisierte, um ihn mathematisch deuten zu können. Wie Kepler und Newton, so ließen sich auch Relativitätstheorie und Quantenphysik durch das Drängen auf Einfachheit und Symmetrie zu neuen und umfassenderen wissenschaftlichen Theorien leiten. Wolfgang Pauli hat daran erinnert, daß Kepler von neuplatonischen Gedankengängen aus die Erkenntnis mit Traumbildern verglichen hatte; so konnte Pauli die Brücke schlagen zu den Archetypen C. G. Jungs. Mit der Biologie Portmanns verweist Heisenberg auch darauf, daß die Farbmuster im Gefieder der Vögel und die Formen ihres Gesanges lebenswichtige Signale geben. Die Kunst teilt die Ausrichtung auf das Schöne mit der Wissenschaft; freilich hat die Wissenschaft dann die Chance, ihre Erkenntnisbemühungen im Experiment zu überprüfen. Kann die Kunst uns dazu bewegen, auch jene zweite Formel für das Schöne aufzunehmen, die den ewigen Glanz des Einen in der materiellen Erscheinung durchleuchten sieht? Aus der Nüchternheit unserer Zeit heraus glaubt Heisenberg diesen metaphysischen Gedankengängen gegenüber Zweifel anmelden zu müssen. Wenigstens in einer Nebenbemerkung betont Heisenberg, daß wir „die ethische Bedeutung der Technik für die heutige Zeit" nicht unterschätzen dürfen. Das Methodische in der wissenschaftlichen Arbeit und die Verpflichtung des Technikers auf das vollkommenste und damit schönste Gerät zwingen dazu, das eigene kleine Bemühen dem gemeinsamen „Erreichen großer Ziele" unterzuordnen.

Heidegger hatte in *Sein und Zeit* betont, daß die Wissenschaften gerade in ihren Grundlagenkrisen philosophische Fragestellungen erreichen. Wenn er sich später auf den Satz festlegte, die Wissenschaft denke nicht, dann meinte das nur, daß Wissenschaftler über ihre Spezialwissenschaft hinausgehen, wenn sie nach deren Nutzen und Nachteil für das Leben fragen. Heidegger hat immer zugestanden, daß Heisenberg als ein schöpferischer Physiker die Grundlagen seiner Wissenschaft verändert habe. Darüber hinaus wird er es begrüßt haben, daß 1957 achtzehn Atomphysiker in ihrem Göttinger Manifest sich gegen eine atomare Bewaffnung der Bundesrepublik aussprachen. Heidegger selbst hat sich an dem Kampf gegen den „Atomtod" beteiligt, ausnahmsweise doch noch einmal öffentlich für ein Moratorium im Ausbau der Atomtechnik votiert. Letztlich aber wird er bei dem

Urteil geblieben sein: auch Heisenberg denke nicht, weil er nicht sehen wolle, daß die Physik gemäß der Umwandlung des metaphysischen Weltzugriffs in der neuzeitlichen Wissenschaft im Sog eines technischen Interesses stehe (und damit auch im Sog des Kampfes um Weltherrschaft mittels Wissenschaft und Technik). Als Heidegger mit dem Zürcher Psychiater Medard Boss Seminare für junge Ärzte hielt, wiederholte sich die interdisziplinäre Gesprächssituation von 1935. Heidegger führte im November 1965 aus: „Genauso, wie es möglich ist, daß zum Beispiel der Physiker Heisenberg nicht als Physiker, sondern in gewisser Weise philosophierend nach den Grundstrukturen der Gegenständlichkeit der physikalischen Natur fragt, so kann dementsprechend das Verhältnis von Daseinsanalytiker und Analysand als ein solches von Dasein zu Dasein erfahren und daraufhin befragt werden, was dieses bestimmte Miteinandersein als daseinsmäßiges kennzeichnet …" Nach dem Dasein selbst zu fragen, sei aber nicht Sache des medizinischen Daseinsanalytikers, „so wenig wie es die Sache Heisenbergs ist, über das Wesen der Kausalität oder über die Subjekt-Objekt-Beziehung eine Erörterung anzustellen". Eben diese Erörterung stellt Heisenberg aber an, wenn er mit Niels Bohr das Verhältnis von Physik und Biologie von der Komplementarität her sieht, zugleich Goethes Urphänomen in der Doppelkette der Nukleinsäure wiederfindet. Heidegger sieht die Dinge jedoch anders. Er besteht darauf, daß Galilei mit seiner Idealisierung des freien Falles (dem Absehen von den Reibungskräften usf.) „eine Supposition, eine Fiktion" macht, und dadurch die Natur auf eine Beherrschung hin stellt. Heidegger zitiert aus Goethes *Maximen und Reflexionen,* daß „die Gegenstände durch die Ansichten der Menschen erst aus dem Nichts hervorgehoben werden". So kann auch Goethe in die Tendenz der neuzeitlichen Naturwissenschaften einbezogen werden. Nietzsche habe diese Tendenz ausgesprochen, als er das 19. Jahrhundert nicht durch den Sieg der Wissenschaft ausgezeichnet sah, sondern durch den „Sieg der wissenschaftlichen *Methode* über die Wissenschaft".[190]

In einem Gespräch mit Boss behauptet Heidegger 1967 nach Heisenbergs Weimarer Vortrag, in der Physik siege die Kybernetik der Computer über die Sprache. „Dieses Schicksal der Physik, die jetzt in

---

[190] *Zollikoner Seminare* (s. Anm. 43) 161 f., 160, 165, 168 f. – Zum folgenden ebd. 268 f.

der Kernphysik angekommen ist, beunruhigt die Nachdenklichen unter den Physikern, insofern sie sehen, daß der Mensch, der in diese Welt gesetzt ist, wie sie die Kernphysik aufbaute, keinen Zugang mehr zur Welt hat. Zugänglich sind nur noch die Berechenbarkeit und der Effekt. In dieser Lage sucht man sich damit zu helfen, daß Heisenberg z. B. einen Vortrag hielt über Goethe und die neuzeitliche Naturwissenschaft. Dort versuchte er etwas völlig Unhaltbares, nämlich zu zeigen, daß das, worauf die Physik hinaussteuert, nämlich die Weltformel, die Zurückführung in einen einfachen Satz, dem Urphänomen Goethes oder den platonischen Ideen entspreche. Daß eine mathematische Formel, auch wenn sie noch so einfach ist, etwas grundsätzlich anderes ist als Goethes Urphänomen, wurde von Heisenberg übersehen." Heisenbergs Not sei die noch größere, daß er die Physik „nicht in Lebensbezug zum Menschen bringen" könne. Wohl im Hinblick auf Physiker wie Jordan fügte Heidegger hinzu: „Andere Physiker koppeln die Wissenschaft mit dem Glauben." In seinem eigenen Athener Vortrag *Die Herkunft der Kunst und die Bestimmung des Denkens* vom April 1967 stellt Heidegger die kybernetische Steuerung der Systeme der Weltzivilisation der kultisch verwurzelten Kunst gegenüber, die noch einen Bezug zum Heilsamen und Göttlichen hat. Nun mag es partikulare kybernetische Zusammenhänge geben, die, richtig interpretiert, Aspekte der Wirklichkeit steuern; die Kybernetik aus diesem semantisch-hermeneutischen Einzelzusammenhang herauszunehmen und zu der Kybernetik überhaupt zusammenzufassen und hochzusteigern, ist unangemessen.[191] Nicht von ungefähr nimmt Heidegger deshalb die vulgäre und undifferenzierte Rede von der „Weltformel" auf. Zwei Jahre nach der Athener Rede sagte Heidegger französischen Freunden im Seminar von Le Thor, die Entdeckung der „Weltformel" bedeute das Ende der Physik; die Physik könne nun nur noch eingesetzt werden für die „bloße gedankenlose Ausbeutung" der Entdeckungen, also zur Etablierung der Herrschaft menschlicher Gruppierungen im Kampf um Weltherrschaft. Das Suchen nach einem anderen Verhältnis zur Natur bleibe ausgeschlossen.

Heisenberg konnte in dieser Einordnung seiner Versuche nur ein Mißverständnis der wissenschaftlichen Arbeit sehen: mag die Wissen-

---

[191] Siehe Anm. 65. – Zum folgenden vgl. Heidegger: *Vier Seminare.* Frankfurt a. M. 1977. 95 f.

schaft auch noch so große technische Apparaturen benutzen, sie kann sich vom bloß Technischen emanzipieren zu dem Versuch, eine bestimmte Auseinandersetzung der Menschen mit der Natur verbindlich zu klären. Heideggers Auffassung von der Kunst sprach nach Heisenberg von einer kultischen Kunst, die eher der Vergangenheit angehört; die spezifisch moderne Kunst kam nicht in den Blick. Vor allem mußte Heisenberg in Heideggers Denken eine angemessene Aufnahme der philosophischen Tradition vermissen, so den Versuch, Platons Ansatz innerhalb bestimmter Grenzen zu rechtfertigen. Heisenberg hat die Gespräche, die für ihn wesentlich waren, in autobiographischer Weise unter dem Titel *Der Teil und das Ganze* dargestellt. In diesen Gesprächen kommt Heidegger als Partner nicht vor, denn die Kontroverse mit ihm konnte nicht ausgetragen werden. Hatte aber nicht Husserls Drängen auf eine universale Anwendung der Phänomenologie die Frage erzwungen, ob die hermeneutische Phänomenologie gegenüber dem Leistungssinn der Mathematik nicht phänomenblind blieb? Oskar Becker bemühte sich 1959 in seinem Buch *Größe und Grenze der Mathematik* noch einmal um eine gerechte Antwort auf diese Frage.

Becker geht davon aus, daß auch noch Heisenbergs Physik das alte pythagoreische Prinzip beansprucht, die Dinge seien Zahlen, nämlich Gefüge aus mathematisch bestimmbaren Verhältnissen oder mathematische Formen mit einer bloßen Tendenz zum Sein. Erst die Anwendung der Mathematik in den exakten Wissenschaften habe die Technik möglich gemacht; ohne diese Technik könnten die Milliarden von Menschen auf der Erde nicht leben, doch habe die Technik inzwischen auch ihre Schrecken gezeigt. Scheler und Heidegger hätten schon die vortechnische Wissenschaft des 17. Jahrhunderts auf das Schema der Beherrschung der Dinge und damit auf ein technisches Interesse bezogen. Gemäß der Klage eines Neuromantikers habe die so entstandene titanische Technik „die Große Mutter zur Dienstmagd erniedrigt".[192] Schon Goethe habe Newtons Bemühungen nicht mehr nachvollziehen können. Als der deutsche Idealismus (vielleicht mit Ausnahme von Novalis) keinen genuinen Bezug zur Mathematik

---

[192] Becker: *Größe und Grenze* (s. Anm. 19) 17; zum folgenden 65, 34, 67. Becker bezieht sich kritisch auf Eugen Fink: *Zur ontologischen Frühgeschichte von Raum – Zeit – Bewegung.* Den Haag 1957. 183.

fand, spalteten sich die neuen Geisteswissenschaften von den exakten Wissenschaften ab. Eine anthropomorphe Deutung der Natur im Sinne der Neuromantik sei aber Dichtung und nicht Wissenschaft. Auch Heideggers These, der metaphysische Weltzugriff laufe in der Herausforderung der Technik aus, bedarf nach Beckers Darlegungen mannigfacher Korrekturen.

Die Griechen haben die Mathematik zu einer „freien" Wissenschaft gemacht, die nicht nur einem Nutzen (etwa in der Feldmesserkunst) dient. Zu den ältesten Denkversuchen gehören auch astronomische Beobachtungen. Von einem technischen Herrschaftsinteresse kann bei ihnen nicht die Rede sein, denn man kann Sterne nicht mit Händen greifen und nicht einmal begehren. Da die Bewegung der Sterne nicht gestört wird, ist sie der ideale Fall für eine reine Beobachtung. So wurde die Astronomie im Hellenismus zur ersten exakten Wissenschaft. Es kann nicht davon die Rede sein, daß Platons Sehen der Ideen zweitausend Jahre lang im Schlafe gelegen habe, ehe es zur exakten Wissenschaft und zur Technik umgewandelt wurde. Der sichere Gang der Gestirne galt als ein göttlich in sich ruhendes Leben; erst das 17. Jahrhundert machte die Gestirne und die irdischen Dinge hier unter dem wechselnden Mond in gleicher Weise zum Gegenstand seiner wissenschaftlichen Bemühungen. Der geschichtliche Bruch in dieser Zeit ist in seiner Grundsätzlichkeit nicht wiederholt worden.[193] Sein Kennzeichen ist nicht das Experiment überhaupt, sondern das analytische Experiment. Dieses Experiment zerlegt die Phänomene in Komponenten, konstruiert die Elemente dann gemäß einem Kalkül und unterstellt sich dem Extremalgedanken, möglichst viel mit möglichst geringen Mitteln zu erreichen. Dabei wird der „Verzicht" vorausgesetzt, in der Natur gemäß den vier Ursachen des Aristoteles eine Stufenfolge von Substanzen auszumachen. Das methodische Vorgehen fügt sich nicht dem Ganzen der einen Methode ein, von der Hegel am Schluß seiner *Logik* sprach. Es grenzt seine Zugriffe vielmehr auf partiale Aspekte ein, die partikular und einseitig bleiben können und sich gegebenenfalls nur „komplementär" ergänzen. Schon Anaximander relativiert die absolute Unterscheidung von „oben" und „unten" auf „auf die Erde zu" und „von der Erde weg". Im Grundsätzlichen verschwindet hier schon das Problem, daß die Antipoden „auf dem

---

[193] *Größe und Grenze.* 35, 62, 53; zum folgenden 27, 30, 32.

Kopf" stehen. Von Anaximander und in den folgenden Relativitäts-theorien werden Symmetriebedingungen eingeführt; die Relativie-rung macht die Gesetze invariant (z. B. gegenüber einer Drehung der Erde). Doch wird es unangemessen, von „der" Wissenschaft zu reden und dementsprechend von „der" Technik.

Kann dann die Rede von der *einen* Herausforderung zum heraus-fordernden Stellen der Wirklichkeit noch unangefochten bleiben? Zweifellos entdeckt man seit dem 17. Jahrhundert ganz neue Welten: man verwendet nicht nur (wie schon in der Antike) Linsen, sondern setzt diese zum Fernrohr und zum Mikroskop zusammen. Die Dampfmaschine revolutioniert dann über Eisenbahn und Dampf-schiff den Verkehr zwischen Ländern und Kontinenten; die neuesten Techniken schließen sich an. Wird damit der technische Zugriff total, so daß er sich schließlich selbst verstellen kann? Becker gibt zu, daß die Bewährung eines mathematischen Formalismus im Experiment nicht wieder zum Ansich eines selbstsicheren Realismus führe. Doch widersetzt er sich der idealistischen Tendenz, in der C. F. von Weiz-säcker die Wechselwirkung zwischen Subjekt und Objekt in den quantenphysikalischen Experimenten als eine Tateinheit faßt. Nach Becker fällt die Registrierung eines Experiments (vielleicht zuerst nur im automatisch funktionierenden Meßapparat) als ein „historisches Faktum" aus der berechneten Wahrscheinlichkeit heraus. An diesem Faktum, daß sich in die umfassende „Geschichte" der Natur einfügt, findet das pythagoreische Prinzip seine Grenze.[194] Becker zeigt, daß die Mathematik in der Physik nicht nur überhaupt endlich ist, sondern auch oft zu „klein" bleiben muß (so schon beim Drei-Körper-Pro-blem, der Erfassung der gleichzeitigen Bewegung von Sonne, Jupiter und Mond unter dem Einfluß der Gravitation). Darüber hinaus stellt das Lebendige in einer grundsätzlich neuen Weise vor die Frage, ob es überhaupt mathematisch erfaßbar ist (mag dieses Lebendige auch nur in einem schmalen Größenbereich vorkommen).

Becker befragt die Geschichte der Mathematik, ob sich in ihr eine Grenze der Mathematik zeige. Schon in der Antike gab es Krisen: Zenon entdeckte an der Dichotomie die unendliche geometrische Reihe; was anschaulich gegeben war, konnte sich rechnerisch als das Irrationale erweisen: das Verhältnis der Seite zur Diagonale im Qua-

---

[194] Ebd. 55 ff.; zum folgenden 67 f.

drat brachte die Wurzel aus 2 ins Spiel. Ähnliche Krisen begleiteten die explosive Entfaltung der Mathematik in der Neuzeit, z. B. bei Russells Aufweis der Paradoxien der Mengenlehre.[195] Hegel hatte Zenons Dialektik spekulativ aufheben wollen; doch die Krisen der Mathematik verlangen eine andere Dialektik: den Verzicht auf scheinbar Selbstverständliches zugunsten neuer Argumentationsweisen. An der selbstgesetzten Grenze, nur mit Abzählbarem zu arbeiten, wurde immer festgehalten. Nach Brouwer beruht die Mathematik auf Operationen, „die unabhängig sind einmal von der Sprache und dann von den ‚Objekten‘, auf die sie sich beziehen". Becker führt die Geometrie auf die Anschauungsform des Raumes zurück, die Algebra auf die Anschauungsform der Zeit und das potentiell unendliche Weitergehen. Mit Kant wird Mathematik so verwurzelt in einem rezeptiven und nicht schöpferischen Vermögen. Wir treiben Mathematik, weil wir endlich sind; Gott rechnet (entgegen üblichen Redewendungen) nicht, sondern überschaut alles mit einemmal.[196] Mathematik kann (etwa in der Physik) angewandt werden zur „Erklärung" bestimmter Phänomene. Doch zeigt es sich, daß die Voraussetzungen des Erklärens nicht selbstverständlich und deshalb auch nicht klarzumachen sind (so hieß es schon von Maxwells Gleichungen zur Elektrodynamik, sie seien klüger als ihr Autor, und Heisenberg hat pathetisch das Erschrecken über die nötigen, paradox scheinenden Begriffsbildungen ausgedrückt). Das Erklären ist ein Beherrschen bestimmter Phänomene, in der Emanzipation aus den technischen Nutzungen ein Deuten. Doch seitlich zu diesem Deuten, „komplementär" zu ihm, ergibt sich der andere Weg des „Verstehens", der an das Faktisch-Historische anknüpft.

Die Philosophie muß alle Wege erörtern, die Zugänge zu dem eröffnen, was ist. So hat Becker 1960 in der Gadamer-Festschrift noch einmal *Die Aktualität des pythagoreischen Gedankens* verdeutlicht. Es kann der Philosophie nicht gestattet werden, das Zählen als ein äußerliches, sich selbst verzehrendes Rechnen abzutun, das nicht zu den Dingen hinfinde.[197] Der pythagoreische Ansatz hat sich z. B. gegen-

---

[195] Ebd. 98, 77, 120 f.; zum folgenden 73, 104, 141, 152.
[196] Ebd. 156, 158 f., zum folgenden 166 f., 169.
[197] Vgl. Heideggers erschreckende Sätze gegen das „Rechnen" im Nachwort zu *Was ist Metaphysik?* (1943). – Zum folgenden vgl. Oskar Becker: *Dasein und Dawesen* (s. Anm. 39) 127 ff., vor allem 155, 144, 150. Zum Zusammenhang zwischen der These von der

über der Musik bewährt: in der klassischen Tradition der Musik können die musikalisch relevanten Töne auf den Saiten eines Instruments durch Teilung nach zahlhaften Verhältnissen gewonnen werden. Kepler wollte in unterschiedlichen Ansätzen auch die Abstände der Planeten von der Sonne, also die „Sphärenharmonie", in dieser Weise fassen; dieser Weg hat sich aber nicht bewährt, sondern als ein Irrweg erwiesen (den der junge Hegel aus einer abseitig gewordenen Position heraus noch einmal wiederholte). Heisenberg konnte die Quantenphysik auf die pythagoreische Haltung gründen. Andreas Speiser zeigte, daß die Symmetrien einer Bachschen Fuge mathematisch bestimmbar sind (diese Analyse ließ sich ausdehnen etwa auf die Bandornamentik islamischer Moscheen oder zur „Computerkunst" weiterführen). Sicherlich gibt es Evolution und Geschichte; doch ist es unzulässig, heilsgeschichtlich, existenzphilosophisch, marxistisch oder von der „neuen Mythologie" her Geschichte als das Letzte und Einzige auszugeben. Wenn Physiker „an die Endlichkeit des Raumes und an eine Geschichte des Kosmos" glauben, ist der Zusammenhang mit den genannten Tendenzen deutlich. Der Glaube an das göttliche „Leben" und Insichruhen der Sterne auf ihren scheinbar ewig gesicherten Bahnen ist freilich nicht wiederholbar; Becker zitiert aus Heines Nordsee-Zyklus: „Es blinken die Sterne gleichgültig und kalt, / Und ein Narr wartet auf Antwort." Doch muß die „durchformte" Struktur des Kosmos auch vom Skeptiker anerkannt werden. Mit Plotins Rede von der intelligiblen Schönheit oder Nietzsches ästhetischer Rechtfertigung der Welt kann die Spekulation morphologisch (und nicht mehr physikotheologisch oder teleologisch) so etwas wie einen „Gottesbeweis" suchen.

Vom pythagoreischen Ansatz aus läßt sich auch Platons Ideenlehre in begrenzter Weise rechtfertigen. So geht es um die Grundlagen der unausgetragenen Kontroverse zwischen Heidegger und Heisenberg, wenn Becker in einem späten Aufsatz *Platonische Idee und ontologische Differenz* Platons Ansatz vor Heideggers radikaler Kritik schützt.[198] Becker zeigt, daß die platonische Idee nicht etymologisch

---

Endlichkeit und Geschichte des Kosmos mit dem christlichen Glauben vgl. jetzt jedoch Carl Friedrich von Weizsäcker: *Zeit und Wissen* (s. Anm. 42) 477; die indischen Vorstellungen veranlassen dazu, die Frage offenzuhalten, „ob der ‚Urknall' vielleicht nur ein Spezialereignis in einer längeren Kette war".

[198] *Dasein und Dawesen.* 157 ff.

als Aussehen gefaßt werden kann (wie der junge Heidegger es von lebensphilosophischen Motiven und vor allem von der Polemik der Kirchenväter gegen die Augenlust her getan hat). Eher dürfe man die Idee als „innere Struktur" fassen; diese sei als Wesensgestalt jedoch ungeschieden von der Wesensgestaltung. (Auch hier muß abgewehrt werden, die Gestalt vom „stellen" und einem alten Partizip „gestalt" her zu verstehen und dem Gestell zu integrieren.) Da Wesen und Wesensgestaltungen ungeschieden sind, gibt es Ideen nur im Plural; kann eine Idee der Ideen, die als das *agathon* oder die Güte jenseits des Seins liegt, den Zusammenhang der Ideen aufzeigen? Aristoteles hat die Ideenlehre Platons kritisiert, aber schwerlich nach allen Seiten hin verstanden. Obgleich er viele Jahre bei Platon studierte, müssen wir zugeben, daß Platons letzte Lehre ihm der Sache nach unverständlich blieb. Nach seiner Auffassung liegt in der Wesensgestalt noch nicht das, was die Wesensgestalten Wirklichkeit erlangen läßt. Das pythagoreische Modell der Materie wird bekämpft, weil es die stoffliche Grundlage des Gedeuteten nicht angemessen berücksichtigt. Diese Aristotelische Kritik wird radikalisiert, wenn der junge Heidegger die Grunderfahrungen des christlichen Glaubens in die Philosophie aufnimmt. Dabei wird Hegels Kompromiß zwischen Idee und Geschichte abgelehnt. Das Sein tritt in neuer Radikalität in eine Differenz zum Seienden und wird so der Transzendenz übergeben; diese Transzendenz wird als sich zeitigende Zeit vorrangig auf den Augenblick und die Einmaligkeit bezogen. Idee und ontologische Differenz oder Wesen und Sein schließen sich als letzte Prinzipien aus; sie prägen aber das, was wirklich ist. Die Wesensgestalten in ihrer „ewigen Jungfräulichkeit" werden nicht allein durch sich (sondern nur zusammen mit dem Sein) wirklich. Sieht man den Philosophen durch das „Sterben-können" charakterisiert, dann kann dieses sich mit Platon in die Wesensgestalten retten, aber auch mit Heidegger Zeitlichkeit und Einmaligkeit als das auf sich nehmen, worauf es ankommt.

Becker unterscheidet das Dawesen, das ideenhaft und in sich ruhend begegnet, vom Dasein, das historisch-faktisch erfahren wird. Dabei bringt er als Beispiel für Wesendes vor allem Phänomene des Lebendigen: weniger das Elementare des Felsens, der Woge, des Windes, der Flamme als vielmehr das edle Pferd, die Meduse am Strand, das Kind als das „kleine Wesen", die „Fee" Melusine. Die Pflanze, die aus dem Boden aufwächst und ihm doch „unentstiegen" verhaftet bleibt, zeigt die gleichgestaltete Wuchskraft oder *physis*. Müßte aber nicht genauer zwischen den Formen des Anorganischen und der Gestalt unterschieden werden, wie ein Lebewesen sie in der Evolution für einen bestimmten Zeitraum gewinnt?[199] Das pythagoreische Erdeuten eines Gefüges mit Hilfe der Mathematik tritt als eine Weise „absoluter" Geistigkeit zusammen mit der Kunst. Gerade die ästhetische Tendenz modernster Kunst kann zeigen, daß auch so etwas Widriges wie Haar, Kot und Schmutz „idealisiert" werden kann und so seine „Idee" hat (was der junge Sokrates in Platons *Parmenides* noch nicht einsehen wollte). Wo aber liegen die bleibenden Unterschiede zwischen dem Deuten des Physikers und der Bilderschrift der Kunst? Die Natur und die absolute Geistigkeit zeigen mit ihrem Ruhen in der wiederkehrenden Gestalt eine Strukturanalogie; sie treten antagonistisch zur geschichtlichen Existenz. Sie dürfen dieser gegenüber aber nicht als das „Uneigentliche" abgetan werden. Der Kosmos, unterschieden von der geschichtlichen Welt, ist nicht mehr das *divinum animal* der Antike oder die „Blume" Schellings und auch nicht mehr das *horologium* der frühen Neuzeit, sondern der Kristall. Dieser ist aufgebaut gemäß einem Gitter, das mathematisch bestimmbar ist und sich als Struktur auch in den Stücken eines zerschlagenen Kristalls findet; nach der Auflösung des Kristalls kann dieses Gitter den Kristall neu aufbauen. Müßte Becker aber nicht eher von einzelnen Kristallen sprechen, die von der exakten Wissenschaft gefunden, aber nicht in das zusammenfassende Ganze des einen Kristalls integriert werden können?[200] Kristallhaftes gibt es nur zusammen mit der faktischen Bildung des Weltalls, der Evolution des Lebens und der Geschichte der Menschen. Wenn Heisenberg mit Wolfgang Pauli auch die begriffliche Arbeit der Physik auf „Urbilder" zurückführt, dann sind diese Urbilder wenigstens nicht in jedem Fall immer wiederkehrende Gestalten. Sie sind unterschiedliche Schematisierungen, die im Zeitspielraum „Orte" bilden für das Hervortreten dessen, was ist. Zu diesen Orten muß jede Erörterung zurückgeführt werden, da sie immer schon durch sie bestimmt ist.

---

[199] Ebd. 70, 101 f., 124 f., 99, 81; zum folgenden 74, 21, 89.
[200] Ebd. 102 u. ö.; *Größe und Grenze*. 7, 34, 66, 170. Zu einem anderen Gebrauch des Kristallmotivs vgl. Pöggeler: *Spur des Worts* (s. Anm. 65) 323 ff.

Eine Erörterung der Technik muß davon ausgehen, daß es Technik nur in partialen Vorstößen gibt. Diese Vorstöße bleiben verbunden mit anderen Weisen des In-der-Welt-seins, z. B. mit den Bewegungen und Gegenbewegungen der Künste. Freilich kann sich die Tendenz bilden, nur noch das technisch Verfügbare gelten zu lassen. Doch bauen die Techniken dadurch nicht schon den einen geschlossenen Block des wissenschaftlich-technischen Gestells auf. Wenn die frühe Neuzeit den Menschen durch Wissenschaft und Technik zum „Herrn" der Erde machen wollte, dann suchte sie zuerst einmal Einbrüchen wie den Seuchen und Hungersnöten zu begegnen. Auch die spektakulären Vorstöße wie Atomtechnik und Weltraumflug erinnern den Menschen gerade an seine Endlichkeit und Ohnmacht. Dabei hat auch die Atomtechnik ihre natürliche Grundlage: hätte der liebe Gott den Fusionsreaktor in der Sonne vor einer Million Jahren abgeschaltet, dann würden die Sonnenstrahlen jetzt nicht mehr den langen Weg zu uns hinfinden, und alles Leben auf der Erde würde sterben. Unabsehbar viele Bedingungen müssen erfüllt sein, damit solche Prozesse lebensdienlich sind. Auch so etwas Elementares wie der Herzschlag kann technisch stabilisiert werden. Natürliche Vorgänge können von der Technik aufgenommen, vielleicht zu völlig neuen Konstruktionen hingeführt werden. Doch zeigt sich immer schon die Grenze und Partialität technischer Leistungen.

Zweifellos ist die vorrangige Zuwendung zur Technik zuerst einmal ein Phänomen der europäischen Geschichte. Darf man deshalb schon die Technik aus dem metaphysischen Weltzugriff des Abendlandes herleiten? Es könnte doch sein, daß z. B. die Japaner die europäische Entfaltung der Technik aus natürlichen Impulsen und zugleich aus anderen geschichtlichen Einstellungen heraus durchaus eigenständig aufnehmen. Als Jaspers über Ursprung und Ziel der Geschichte schrieb, bestand Heidegger ihm gegenüber am 21. September 1949 brieflich darauf, daß das wesentlich Andere der modernen Technik „seine *Wesen*sherkunft im Griechischen Anfang des Abendländischen und nur hier" habe. „Ich weiß zu wenig, um zu entscheiden, ob diese Technik jemals hätte aus den beiden anderen Räumen der Achsenzeit herkommen können." Doch kann man wissen, daß die europäische Wissenschaft nicht das geworden wäre, was sie wurde, wenn sie nicht entscheidende Anstöße von arabischer und auch von chinesischer Seite erhalten hätte. Die Chinesen gingen auch im wissenschaftlichen

Bereich gelegentlich den Europäern voran. Zu fragen bleibt jedoch, ob sie nicht anders als die Europäer vor einem bestimmten Punkt der Weltbemächtigung stehenblieben. Von japanischer Seite aus kann man geltend machen, daß z. B. die zenbuddhistische Tradition eher in den Umgang mit autonomen Strukturen und so mit der Technik einführt als die iranisch-jüdisch-mittelmeerischen Kulturen mit ihrer Ausrichtung auf das Personale und Geschichtliche. Zu den „westlichen" Kulturen gehört dann auch die einstige Sowjet-Union, die in eindrucksvoller Weise den schnellen Sturz eines Imperiums im Wettkampf des Rüstens und im unbesonnenen Einsatz bestimmter Spitzentechnologien demonstrierte. Das Menetekel, das hier an die Wand der Geschichte geschrieben wurde, gilt jedoch dem blinden Verfolgen zufällig sich bietender technischer Möglichkeiten überhaupt.

Heidegger gab nach dem mißglückten Gespräch mit Heisenberg den Bemühungen um Größe und Grenze der Mathematik durchaus ihr Recht. Als er von Heisenberg dessen Vorlesungen *Physik und Philosophie* bekommen hatte, verwies er im Januar 1960 darauf, daß man nach dieser Darstellung im Herbst 1926 in Kopenhagen die Fragestellung umkehrte: nicht mehr fragte, welches mathematische Schema eine experimentelle Situation beschreibt, sondern vielmehr, ob „nur solche experimentellen Situationen überhaupt in der Natur vorkommen, die in dem mathematischen Formalismus der Quantentheorie auch ausgedrückt werden können". Mit diesem Hinweis klammerte Heidegger sich jedoch vorschnell an vorläufige Darlegungen, die ihren Sinn erst finden, wenn Heisenberg die abgeschlossenen Theorien in der Physik behandelt und (vergeblich) eine letzte abschließende Theorie sucht. Entscheidend wird dann, daß Heisenberg die Physik zu anderen Wissenschaften in Beziehung setzt und dabei schon die Biologie als „komplementär" in Anschlag bringt.[201] Zu Beckers Bemühungen sagte Heidegger: „Ich weiß sehr wohl, daß ich, um erst einmal das andere Denken zu verdeutlichen, die positive Frage nach der Idee abgeschoben und auch das Mathematische nur negativ bestimmt habe." Heidegger verwies auf Gespräche mit Heisenberg 1936 und auf spätere Gespräche mit C. F. von Weizsäcker. Fasse man das „Gestell" als Vor-Schein des Ereignisses, dann öffne sich „ein Weg

---

[201] Heisenberg: *Physik und Philosophie*. West-Berlin 1959. 26, 38, 77 ff., 83. Heideggers Bemerkungen zu Heisenberg und Becker aus einem Brief an mich vom 29. Januar 1960.

für die Aufgabe eines positiven Denkens der ‚Idee‘ und der ‚Natur‘ aus dem Ereignis“.

Wie in den zwanziger Jahren gegenüber Löwith und Becker, so bezieht Heidegger sich auch in diesen Äußerungen darauf, daß er vor der Zuwendung zu existenziellen, wissenschaftstheoretischen und ontologischen Anliegen eine Logik des Philosophierens überhaupt gewinnen will. Die Auseinandersetzung mit der Tradition des Philosophierens wie die Hermeneutik unserer technisch geprägten Welt sollen Wege öffnen zu einem anderen Anfang oder Ursprung. Wenn die Logik des Philosophierens jedoch als Hermeneutik gefaßt wird, dann bleibt sie nicht nur der Selbstkorrektur ausgesetzt; sie ist auch von vornherein durch den Rückbezug auf die einzelnen und konkreten Aufgaben geprägt. Die spezifische Weise, in der Heidegger in *Sein und Zeit* Uneigentlichkeit und Eigentlichkeit, in seinem späteren Denken Gestell und Geviert ins Spiel bringt, zeigt schon Vorprägungen. Wird das Denken, das sich auf solche Vorprägungen besinnt, zur Erörterung, dann kann es auch zu einer zulänglichen Hermeneutik der technischen Welt kommen. Die Philosophie kann nicht voraussagen, ob die Technik in eine plötzliche Katastrophe oder eine langsame Verwüstung führt oder aber sich selbst in eine neue Balance des Lebens auf dieser Erde einfügt. Doch muß die Philosophie helfen, Wege für eine Besinnung auf unsere Lage zu finden.

C. *Ethik – Politik – Pädagogik*

I. Die Pädagogik und
das Verhältnis der Generationen

Theodor Litt konnte 1947 im Alter von 66 Jahren – nachdem man ihn jahrelang zum Schweigen gebracht hatte – in Bonn eine neue Lehrtätigkeit beginnen. Seine damaligen Vorlesungen (z. B. über die Entfaltung der Kulturkritik in der neuzeitlichen Geistesgeschichte) enthielten Nebenbemerkungen, die schon durch ihren besonderen Klang auf persönliche Erfahrungen – auf bittere Enttäuschung und auf unverhoffte Freude – verwiesen: nach dem Zweiten Weltkrieg ständen die jüngere und die ältere Generation, anders als in der ersten Jahrhunderthälfte, nicht mehr gegeneinander! Litt stellte eine kleine Schrift *Das Verhältnis der Generationen ehedem und heute,* im August 1947 in Wiesbaden erschienen, geradezu an den Beginn seiner neuen akademischen Tätigkeit. Überraschenderweise enthielt diese Schrift einen Passus, der unter dem Titel *Vom Verhältnis der Generationen* schon zu Weihnachten 1943 in einer Publikation *Unseren Söhnen im Felde* vom Leipziger Verlag Brockhaus vertrieben worden war. Litts Erörterung des Verhältnisses der Generationen baute also auf Gedanken auf, die sich im Dritten Reich in der Einsamkeit eines nur am Rande gerade noch Geduldeten gebildet hatten – so wie ja auch die größeren Bücher *Denken und Sein, Mensch und Welt, Staatsgewalt und Sittlichkeit,* mit denen Litt 1948 seine Position neu darstellte, Jahre vorher in der inneren Emigration ausgearbeitet worden waren.

Blickt man auf Litts Gesamtwerk, dann wird offenkundig, daß die kleine Schrift über das Verhältnis der Generationen Klärungen voraussetzt, die Litt schon 1927 unter dem Titel „*Führen*" oder „*Wachsenlassen*" veröffentlichte. Auf der Grundlage der Kulturphilosophie seines Werks *Individuum und Gemeinschaft* hatte Litt in den zwanziger Jahren die Aufgaben der Schule, der Bildung, der Pädagogik zu bestimmen versucht und 1926 auf dem Pädagogischen Kongreß in Weimar ein heftig umstrittenes Referat gehalten. In der Auseinandersetzung um Chancen und Gefahren der Jugendbewegung und ihrer

Politisierung – überhaupt um die Bedeutung jener Kulturkritik, die hinter dieser Bewegung stand – sucht die genannte Streitschrift die Leitworte der Diskussion „Führen" und „Wachsenlassen" in ihrer Verflechtung genauer zu fassen und so eine Erörterung des „pädagogischen Grundproblems" zu geben (wie der Untertitel sagt). Dieses Grundproblem ist aber auch berührt, wenn die Erziehung auf ein Bildungsideal ausgerichtet wird. Das „Bildungsideal der deutschen Klassik" mag selber einmal in einer Kulturkritik, ja schon mit einer Art von Jugendbewegung durchgesetzt worden sein; ist es, so fragte Litt in einer großen Streitschrift in den fünfziger Jahren, in der „modernen Arbeitswelt" nicht obsolet geworden?

Inzwischen hat das Generationenproblem sich zeitweilig in einer dramatischen Zuspitzung neu gestellt. Wer wollte noch in seine Schranken weisen wollen, was sowieso keine Macht mehr hat – das Bildungsideal der deutschen Klassik? Das „pädagogische Grundproblem" wird in so anderer Weise angegangen, daß Litts Worte kaum noch unmittelbare Resonanz finden. Man hat Abschied genommen von der „geisteswissenschaftlichen Pädagogik". Vielleicht aber täuscht diese scheinbare Ferne zu Litts Erörterungen über die Konstanz der Probleme hinweg, vielleicht kann Litt sogar – wie das immer sein Anliegen war – auch diese unsere Zeit über einige Selbsttäuschungen aufklären. So ist es nicht unnütz, Litts Gedanken neu zu vergegenwärtigen und zu prüfen.

a. Generationenkonflikte

Das Verhältnis der Generationen scheint dann schon gestört zu sein, wenn es überhaupt ins Gerede kommt. Doch nur traditionale Kulturen, so entwickelt Litts kleine Schrift, weisen die junge Generation selbstverständlich in das Hergebrachte als in jene zweite Natur ein, die durch Erbgang erworben werden muß. Die Aufklärung dagegen – in Griechenland, im modernen Europa – will in den Menschen und damit auch in der Jugend ein Licht entzünden, das in gleicher Weise jedem zugehört; sie macht die Vergangenheit verantwortlich für das, was nicht oder noch nicht durch Vernunft bestimmt ist. Doch eben diese Vernunft muß sich – in Deutschland z. B. durch Herder – als vergreist schelten lassen, so daß die Zukunft nun allein der Jugend zu gehören scheint. In der Romantik wird auch die Rückwendung zum Gewachsenen und Altehrwürdigen eine Sache der Jugend. Da die Vergangenheit, die Vergangenheit in der Gegenwart und die Gegenwart selbst so unter Anklage gestellt sind, müssen die Vorkämpfer des Ideals von heute gegen das Ideal, das angeblich von gestern ist, Front machen. Im Blick auf die Jugendbewegung des 20. Jahrhunderts muß Litt freilich festhalten: wenn die Plagegeister der Zeit (vom Militarismus und Imperialismus bis zum Utilitarismus und Intellektualismus) angegriffen wurden, waren die Waffen der Jüngeren dem Arsenal der Kulturkritik der Älteren entnommen. Sofern man den Protest der Jugend überhaupt beachtete, applaudierte man ihm denn auch. „Entschiedener Widerspruch gehörte zu den Seltenheiten."[202] Der „Klassenkampf der Jugend", zuerst mehr auf dem Papier oder doch in der abgegrenzten Welt der Jugend proklamiert, wurde über Nacht durch die Machtergreifung des Nationalsozialismus „grausame Wirklichkeit" und führte zur „Selbstverbarrikadierung" der Älteren. Gerade der Empfindlichkeit der Jugend konnte aber nicht verborgen bleiben, daß auf diese Weise die Grundverhältnisse des Zusammenlebens pervertiert wurden. An dieser Stelle seiner Überlegungen schaltet Litt den Text von 1943 ein: Die Not der Zeit umfing in den Katastrophen- und Kriegsjahren „alte und junge Menschen wie mit Eisenklammern", so daß der vermeintlich „ewige" Gegensatz von Alten und Jungen nicht mehr epochebestimmend sein konnte; wenn es überhaupt noch einen Weg in die Zukunft gab, dann unter solchen Schwierigkeiten, vor denen nur allseitige Bescheidung am Platze war. „Das ist die Lehre, die die Zeit in unsere Herzen gräbt. Wird sie so ernst genommen, wie sie es verdient, dann muß der Prozeß der Generationen als verjährt ad acta gelegt werden." Da die Aufbausituation nach dem Kriege von

---

[202] Theodor Litt: *Das Verhältnis der Generationen ehedem und heute.* Wiesbaden 1947. 43; zum folgenden 47, 52, 57, 60. – Die zu einfache Verbindung von Jugendbewegung und Kulturkritik bleibt umstritten. Innerhalb des Sammelbandes *Kulturkritik und Jugendkult* (hrsg. von Walter Rüegg. Frankfurt a. M. 1974) weist Hans Bohnenkamp aus der eigenen Erinnerung heraus darauf hin, daß die Jugend der Jugendbewegung neue Freiräume für neue Erfahrungen ausnutzte (bei der Wanderung und auf der Fahrt, zugunsten einer neuen Mitmenschlichkeit, eines neuen Verhältnisses zur Musik usf.); Walter Rüegg besteht dagegen darauf, daß es nur in Deutschland zum Jugendkult kam, daß nur hier eine neue Kunst – äußerlich nach einer Zeitschrift – „Jugendstil" genannt wurde; hier habe die Geistesgeschichte prägend gewirkt, die Griechenland oder das Mittelalter normativ als „Jugend" der Menschheit aufgefaßt habe.

dieser Erfahrung ausging und man endgültig Abschied nehmen wollte von Irrwegen, blieb kein Raum mehr für einen Gegensatz der Generationen.

Wie wenig Litt dazu neigen konnte, sich dem augenblicksbedingten Gefühl einer spannungslosen Harmonie zwischen den Generationen zu überlassen, zeigt sich sofort, wenn man zurückgreift auf seine Schrift über Führen und Wachsenlassen. Diese Schrift, aus den Auseinandersetzungen der zwanziger Jahre entstanden, will nicht zugunsten des Führens oder des Wachsenlassens entscheiden; sie will vielmehr aufzeigen, wie die Forderung des Wachsenlassens zum Führungsanspruch drängt und umgekehrt das Führen das Gewachsene in den Vordergrund rückt. Dieselbe Jugend, die dem Erzieherwillen das Recht eigenständigen Wachstums entgegenstellt, konzentriert den Willen zur Selbsterziehung im Erlebnis des Führertums; freilich will diese Führung, die das Wachsen in ihre Zuständigkeit nimmt, den Geführten nur über „sein tiefstes Streben" aufklären. Was dieses tiefste Streben sei, darüber erbringt die Diskussion immer neuer Gruppen und Grüppchen keine Einigkeit; vielmehr verliert der Streit sich in einen Wortstreit über abstrakte Prinzipien und künstlich aufgebauschte Einzelfragen, ja in das „flüchtige Spiel der Eigenwilligkeiten, Eitelkeiten und Rivalitäten". Eine grundsätzliche Erfahrung festigt sich: „die Übereinstimmung von ‚Führen' und ‚Wachsenlassen' besteht nur in der Einbildung derer, die für ihre Velleitäten die Fürsprache des Weltgeistes suchen". Der Erzieher, der sich am Eigenrecht der Jugend nicht vergreifen will, wird darauf verzichten müssen, die Zukunft zu bestimmen, zu der zu führen wäre. Wird damit aber das nötige Führen nicht zu einem Zurückführen zur Gegenwart und zur Vergangenheit, zum Gewachsenen? Doch gerade die Aufrichtung von Bildungsidealen vergreift sich am fortschreitenden Leben. Litt sagt hier schon, daß das Bildungsideal der deutschen Klassik „jenseitig" zum Leben geworden sei; von dem anderen Ideal des Rückgangs auf die nationale Tradition fürchtet er, daß die neue Generation einen „deutschen Menschen" in die Welt hineinstellen werde, „in dessen Physiognomie man vergeblich nach den im ‚deutschkundlichen' Bildungsreglement verordneten Linien suchen wird".[203]

---

[203] Theodor Litt: *„Führen" oder „Wachsenlassen"*. Eine Erörterung des pädagogischen Grundproblems. Berlin 1927. 13, 16, 22 f., 48; zum folgenden 53 f., 78, 91, 83.

Litt will – im zweiten Teil seiner Schrift – aber auch den „guten Sinn" des Führens wie des Wachsenlassens festhalten: der „objektive Geist", wie er z. B. in der Sprache waltet, bringt immer schon die Vergangenheit in eine offene Zukunft hinein; er wächst in der jungen Generation gerade dann, wenn man ihn nicht eigenmächtig in ein „Ideal" hineinzwängt. Auf der anderen Seite hat der einzelne nicht von vornherein in sich, was Generationen in unendlicher Mühe aufgebaut haben: das Erziehen, das nicht einen „ordnungs- und richtungslosen Impressionismus" auf den Thron setzen will, muß auch führen. Wenn zum wirklichen Führen aber die Konzentration auf ein Ziel gehört, dann kann das Führen in der Erziehung nur ein „Einführen" sein; alles Führen in einem andern Sinn sucht in dem jungen Geschlecht „die Kampftruppe für eine zukünftige Gesellschaftsordnung" einzuexerzieren, macht damit die Jugend zum Material von Experimenten mit ungewissem Ausgang und gibt sie nicht frei für den eigenen Weg. Gerade weil der Jugend die Zukunft nicht verbaut werden darf, eignet der Erziehung ein konservativer Zug. In der Aufbausituation nach dem Zweiten Weltkrieg ging es Litt in seinen so oft aufgelegten zeitkritischen Büchern darum, daß nach der Katastrophe der Rückgriff auf das Bewährte das glücklich erreichte Miteinander der Generationen nicht störe. Das Bildungsideal der deutschen Klassik hatte sich selbst einmal aus einem Kulturprotest entwickelt; wird es einseitig in der modernen Arbeitswelt geltend gemacht, dann zwingt es die Menschen, wie Litt mit einem Ausdruck Benns sagt, zu einem fragwürdigen „Doppelleben". Das berechtigte Anliegen in diesem vereinseitigten Ideal ist, mit der Sachbeherrschung in der wissenschaftlich-technischen Welt auch den lebendigen „Umgang" mit dem, was ist, zu pflegen.[204] Zur gleichen Zeit fordert Litt – wie schon in Arbeiten nach dem Ersten Weltkrieg – eine andere Korrektur fragwürdiger deutscher Tradition: statt der Politisierung von Pädagogik und Wissenschaft oder der anmaßenden Pädagogisierung des politischen Bereichs eine Erziehung zum politischen Verhalten. In solchen zeitkritischen Arbeiten wird aber die Wissenschaft, die Litt zusammen mit der Philosophie betreibt, also die Pädagogik, zum Problem: Der Wechsel der Genera-

---

[204] Theodor Litt: *Das Bildungsideal der deutschen Klassik und die moderne Arbeitswelt.* 2. Aufl. (der Neuausgabe) Bochum 1962. – Zum folgenden vgl. Theodor Litt: *Die politische Selbsterziehung des deutschen Volkes.* Bonn 1954; *Freiheit und Lebensordnung.* Zur Philosophie und Pädagogik der Demokratie. Heidelberg 1962.

tionen weist hin auf die Geschichtlichkeit des Lebens; wenn jedoch das Leben jeweils zu einer geschichtlich-individuellen Gestalt finden muß, wie kann die Pädagogik, gestützt auf öffentliche Institutionen, dann doch allgemein verbindlich erziehen oder wenigstens eine allgemein verbindliche Wissenschaft von der Erziehung erarbeiten?

b. Die Entdeckung der „Jugend"

Litt hat nicht von ungefähr in der aufgebrochenen Situation nach dem Zweiten Weltkrieg mit seinen Gedanken über das Verhältnis der Generationen und den rechten pädagogischen Bezug Gehör – gerade auch bei der Jugend – gefunden. Er hatte einfach die menschlich überlegene Position in einer Zeit, in der man hörte, niemand könne mitsprechen, der nicht die Zeit vor 1933 miterlebt habe (als ob nicht gerade diese Zeit zum Jahr 1933 geführt hätte). Er ließ sich nicht durch angebliche soziologische Einsichten und durch den angemaßten pädagogischen Auftrag verblenden wie jener amerikanische Wissenschaftler, der aus der Beschäftigung mit der Geschichte der Jugendbewegung heraus für die deutsche Jugend der Nachkriegszeit eine fanatische Werwolf-Bewegung und ein kriminalisiertes Bandentum voraussagte – als ob das Denken und Wollen der einzelnen durch das politische System, in dem sie leben müssen, und die Ausrichtung der Jugend durch die offiziell bestellten „Erzieher" maßgeblich geprägt würden (Howard Becker hat denn auch auf Grund seiner Erfahrungen als Besatzungsoffizier seine Prognose sehr bald auf einem Tübinger Soziologentag widerrufen). Faßte Litt jedoch, wenn er die Vergangenheit in der Gegenwart fortwirken sah, das, was er als „deutsche Klassik" fixierte, richtig auf? Las er die Tendenzen der Gegenwart nicht vorschnell an einer Übergangssituation ab, die allzu bald überholt sein sollte? Wurde das Verständnis des Verhältnisses der Generationen, das Litt sich aus persönlicher Erfahrung, geistesgeschichtlicher Besinnung und philosophischem Klärungsversuch erarbeitete, nicht endgültig durch einen neuen wissenschaftlichen Zugang zu dieser Thematik überholt?

Watts Erfindung der Dampfmaschine und *Werthers Leiden*, so beginnt Litt seine Schrift über das Bildungsideal der deutschen Klassik und die moderne Arbeitswelt, traten in den gleichen Jahren, die Struktur der überlieferten Welt erschütternd, hervor; indem man in der Bildung in einseitiger Weise den Kulturprotest „humanistisch" durch den Rückgriff auf die Antike fixierte, verfehlte man die differenzierte Situation. Man wird kritisch gegen Litt fragen müssen, ob in dieser Situationsbestimmung nicht der Altphilologe spricht, der unter den Erschütterungen des Ersten Weltkriegs zum Philosophen wurde, der gerade die humanistische Tradition nur in ihren Verfallsformen im Blick hatte. Man darf nicht vergessen, daß die Jugendbewegung als eine Hölderlin-Generation angesprochen wurde, daß Litt selber aber seinen Gefährten innerhalb der geisteswissenschaftlichen Pädagogik Hegel als Korrektiv des ästhetischen Individualismus Humboldts und des romantischen „Expressionismus" der Jugendbewegung vorhielt. Wird jedoch in Litts Situationsbestimmung das, was der pädagogische Humanismus ursprünglich war, gesehen?

Niethammer, der die pädagogische Rede vom Humanismus einführte, hat durchaus nicht als „Enfant terrible" die philanthropinistische Erziehung zu Industrie und Gewerbefleiß als bloße Erziehung der Animalität und der Äußerlichkeit abtun und durch die geistige Erziehung zur Innerlichkeit ersetzen wollen; er hat in einer großen Umbruchszeit auch den aufklärerisch-philanthropinistischen Tendenzen gerecht werden und so jenes wunderbare Ganze erziehen wollen, das der Mensch als Synthese von Animalität und Rationalität, von Leib und Geist, von technisch-artistischer Fertigkeit und Vernunft ist. Niethammer scheiterte deshalb vor allem an zwei Dingen: seine Neuerung, das Realinstitut mit seiner Pflege von Gewerbefleiß und modernen Sprachen, wurde von den Eltern noch nicht angenommen (Hegel, unter Niethammer Gymnasialrektor in Nürnberg, verlangte deshalb gleich für sein Gymnasium einen besseren physikalischen Apparat, d. h. die gleiche naturwissenschaftliche Ausstattung wie für das Realinstitut); der Religionsunterricht, den der Philosophielehrer für alle Konfessionen geben sollte, wurde natürlich nicht akzeptiert (so gab Hegel als Philosophielehrer zwar Religionsunterricht, aber von Anfang an nicht für die katholischen Schüler). Deshalb kam die strikte humanistische Reform von Thiersch zum Zuge, die sich auf Neuerungen weniger einließ und den Konfessionen nicht zu nahe trat, die so ihren Schatten bis in Litts Streitschrift werfen konnte.[205] Die ur-

---

[205] Über Niethammer als Enfant terrible des Humanismus, der Humboldts Humani-

sprüngliche humanistische Erziehung sollte gerade nicht zu einer weltabgewandten inneren Welt des Geistes führen, sondern in die jungen Menschen einen „Kern" legen, der sie zum Handeln in Staat und Gesellschaft befähigte. Der Humanismus erschien als eine politische Notwendigkeit; ganz im Sinne von Niethammer wies Hegel in einer Schulrede darauf hin, daß jene Staaten, in denen die philanthropinistisch-aufklärerischen Bildungsreformen vorzüglich ihre Heimat hatten (also Frankreich und Preußen), in Gefahren (nämlich in der Revolution und in den Napoleonischen Kriegen) „haltungslos" dagestanden und in der Mitte ihrer vielen nützlichen Mittel zusammengestürzt seien.

Litt hat in seinem Hegel-Buch auf historischem Wege seinen eigenen philosophisch-wissenschaftstheoretischen Ansatz vergegenwärtigt. Zweierlei sucht dieser Ansatz zu verbinden: die Geltungsproblematik (wie der Neukantianismus sie durchhielt) und ein lebensphilosophisch-geschichtliches Denken oder in größerem epochalen Rahmen Kant, den Transzendentalphilosophen, und Herder, den geschichtlichen Denker, „als Deuter der geistigen Welt". Litts Hegelrezeption schlägt deshalb auch in dem Augenblick in eine heftige Kritik um, wo er bei Hegel die Einmaligkeit der Geschichte einseitig zugunsten der übergreifenden Bewegung des Weltgeistes mediatisiert sieht. Litt faßt Hegel, auch gegen dessen Buchstaben, als Denker der Geschichte, aber er nimmt ihn nicht eigentlich geschichtlich auf. Gerade in der Geschichte der Pädagogik geht es aber nicht nur um Gedanken und Ideale, sondern ebenso um Institutionen und um die Verwurzelung von beidem in der konkreten Geschichte. Die humanistische Pädagogik, wie Niethammer und Hegel sie vertraten, entstand zwar im Rahmen einer Kulturkritik, aber diese Kulturkritik diente dazu, in einer positiven Weise jene Aufgaben zu ergreifen, vor die die Französische Revolution die europäischen Staaten stellte. Durchgesetzt werden sollte die neue Zuwendung zu den leitenden Aufgaben maßgeblich durch die Jugend, die nun – zuerst im engen Kreise der akademischen, aber wesentlich bürgerlichen Jugend – sich selbst entdeckte. Der Bund der freien Männer in Jena wird zurecht immer wieder als

---

tätsidee in schroffer Polemik durchsetzen hilft, vgl. Litt: *Das Bildungsideal* (s. Anm. 204) 63 ff. Vgl. die Korrektur bei Ernst Hojer: *Die Bildungslehre F. I. Niethammers.* Frankfurt/Berlin/Bonn 1965. – Vgl. ferner O. Pöggeler: *Hegels Bildungskonzeption im geschichtlichen Zusammenhang.* In: Hegel-Studien 15 (1980) 241 ff.

Beispiel dieser Selbstentdeckung der Jugend angeführt, die auch das Resultat hatte, daß viele von der Zeit der Jugend sich nicht lösen konnten und an der Einfügung in Beruf und Ehe scheiterten. Die Studenten des Tübinger Stifts, gemäß der herkömmlichen Ordnung zusammengeführt, schlossen in ihrer Weise „Bünde", in denen man sich aneinander orientierte und Träger des Neuen sein wollte. „Es kommt darauf an", so schrieb Schelling im Januar 1796 an Hegel, „daß junge Männer, entschieden, alles zu wagen und zu unternehmen, sich vereinigen, um von verschiedenen Seiten her dasselbe Werk zu betreiben, nicht auf einem, sondern auf verschiedenen Wegen dem Ziel entgegenzugehen, überall aber gemeinschaftlich zu handeln übereinkommen, und der Sieg ist gewonnen." Hegel vergegenwärtigt sich in seinen Frankfurter Aufzeichnungen dann aus der Nähe zu Hölderlin, was ein Bund sei. Er denkt das Göttliche nicht nur als Vereinigung, sondern als Bund; diesen Bund aber faßt er gerade nicht vom Vater-Sohn-Verhältnis, sondern von der Brüderlichkeit her auf. Aus der „Schönheit und dem göttlichen Leben eines reinen Menschenbundes", dem „Freisten, was möglich ist", muß, so schreibt der junge Hegel, die Einheit durch Herrschen, wie die Rede vom Königreich Gottes sie nahelegt, durchaus entfernt werden; diese Einheit sei Liebe, Freundschaft, ja „Seelenfreundschaft". Formuliert man Hegels Gedanken in der soziologischen Sprache des zwanzigsten Jahrhunderts, das die „bündischen" Bewegungen der Jugend gesehen hatte, so lassen sich etwa folgende Unterschiede angeben: als Partner begegnen die Menschen sich in einer gemeinsamen Situation, sie spielen eine Rolle und bauen so Gesellschaft auf; über die Gesellschaft hinaus führt die Gemeinschaft, die geschichtlich und traditional bestimmt ist; auch in der Gemeinschaft sind die einzelnen für sich, sie können in einem „Bund" der Gemeinschaft entgegentreten, für diesen Bund Einsfühlung und Verschmelzung durch den Bezug auf eine charismatische Macht gewinnen.[206]

Als Hegel – gemäß seinem berühmten Briefwort an Schelling – das „Ideal des Jünglingsalters" zur Reflexionsform und zum System ausgestaltete, mußte er Recht, Gesetz und Institutionen in einer positive-

[206] Vgl. *Hegels theologische Jugendschriften*. Hrsg. von H. Nohl. Tübingen 1907. 321; Aron Gurwitsch: *Die mitmenschlichen Begegnungen in der Milieuwelt*. Berlin/New York 1977.

ren Weise berücksichtigen. Die Praktische Philosophie, wie er sie in seinem Jenaer Naturrechtsaufsatz konzipierte, begreift neben dem Natur-Recht mit der Ethik und dem positiven Recht auch die Pädagogik in sich. Doch noch nicht die vergängliche Blüte der Jenaer Universität, erst die Bildungsreform, die zum Gymnasium das Modell der neuen Berliner Universität stellte, führte Hegel zu einer konkreten Bildungskonzeption. Diese verbindet die neuen Institutionen des Erziehungswesens mit den Idealen und Theorien, indem sie anerkennt, daß die Jugend oder das „Jünglingsalter" anthropologisch zwischen Kindheit und Mannesalter eingeschoben werden muß. Das „Jünglingsalter" zeichnet sich dadurch aus, daß in ihm der Mensch (nur die Männer zählten damals) in einem Übergangsstadium sich von der Wirklichkeit weg und ganzheitlichen Idealen zuwendet. Die Erziehung muß in einem entscheidenden Stadium humanistisch sein, weil die komplizierte moderne Welt keine anschaulichen Ideale zeigt, die Jugend deshalb in einer Einsamkeit, die vom Hauch des Weltgeistes durchweht sein soll, an den Idealen der Jugend der Menschheit großgezogen werden muß – an den Idealen der Griechen und auch der christlichen Zeit. Die Universität führt dann über die spezielle wissenschaftliche Ausbildung, die nur noch in der Philosophie ihre Zusammenfassung finden kann, in die Berufe der modernen Welt ein. Hegel akzeptiert also die Jugend als ein eigenständiges Lebensalter, jedoch nur in der Weise, daß er die Lebensalter überhaupt am „Mann" ausrichtet, der in den Institutionen wirkt; dabei geht Hegel von der Voraussetzung aus, daß die Geschichte im wesentlichen zu vernünftigen Institutionen hingeführt habe. Was er selbst in seinen Frankfurter Niederschriften den erstorbenen Formen der Zeit als das Höhere entgegengestellt hatte – Herz, Gemüt und Begeisterung, Volk, Gemeingeist und Freundschaft –, verurteilt er in der Vorrede zur *Rechtsphilosophie* als Phrase im Munde jener, die nur der Jugend (der neuen Generation der Burschenschaftler) nach dem Munde reden und dabei die entfalteten Institutionen und das „Schibboleth" des Gesetzes mißachten. Als der *Figaro* sich im September 1830 über die „Senioren aller Regime" äußert, die die „Emanzipation" zurückhalten wollen, kommentiert Hegel in einem Exzerpt sarkastisch, daß es sich bei den Senioren um „erfahrungsvolle Männer" handle, „die alle Phasen der Revolution durchgemacht und ihre Schwächen kennen". Zum Stichwort „Emanzipation" bemerkt er, daß die Jugend durch die Natur und durch das Leben emanzipiert, nämlich älter und reifer werde. „Die einzige Manier, ihre Emanzipation zurückzuhalten, ist, ihr als Jugend das große Wort zu lassen; nur so kann sie nie mündig werden." „Uns unterdrückt man nicht", das heiße eben, daß Kinder immer wieder geboren würden ...[207] Hegel faßt also Emanzipation durchaus als Mündigwerden im alten Sinn, als Reifwerden für das Leben in den Institutionen; er denkt nicht daran, der neuen Jugend zuzugestehen, daß sie durch ihren Einsatz die Geschichte weiterbringen könne. Auch in seinem persönlichen Umkreis hat Hegel sich konsequent und in aller Härte an den bestehenden Institutionen orientiert: Die Schwester, die offenbar so begabt war wie er, den Gouvernantenberuf als unbefriedigend empfand und in Depressionen verfiel, wurde auf ihre vorgeschriebene gesellschaftliche Rolle verwiesen; dem unehelichen Sohn wurde die akademische Ausbildung verweigert. Hegels praktische Philosophie, die die Geschichte entdeckt, verliert ihre eigene Geschichtlichkeit, damit aber auch einen genuinen Bezug zur Ethik und Pädagogik; sie setzt als Philosophie des objektiven Geistes den Weg der Geschichte zu vernünftigen Institutionen als einen zurückgelegten voraus und setzt sich damit über die eigene Situation hinweg.

Litt verkennt den ursprünglichen Sinn des pädagogischen Humanismus von Niethammer und Hegel, weil er ihn nicht aus dessen eigener Situation versteht. Statt dessen bekämpft Litt Verfallsformen oder doch Spätformen, wie sie ihm selbst begegneten. Zu Recht wendet er sich dagegen, daß man am Obsoletgewordenen festzuhalten sucht und darüber die Aufgaben der eigenen Zeit übersieht: Der undifferenzierte Rückgriff auf Vergangenes und die vorschnelle Aktualisierung verkennen, daß z. B. Goethe sich in *Wilhelm Meisters Wanderjahren* nur auf den bildenden Wert handwerklicher Arbeit bezieht, nicht aber auf die Arbeit in der Welt moderner Wissenschaft und Technik. Litts Kritik, wenn auch in einer Streitschrift vorgetragen, war im übrigen situationskonform: die Aufbauleistungen der Nachkriegsjahre rechtfertigten aus sich die moderne Arbeitswelt; der Einstieg in die vorwiegend wissenschaftlich-technisch bestimmte

---

[207] Hegel: *Berliner Schriften.* Hamburg 1956. 698. Vgl. ferner Theodor Litt: *Hegel und die Aufgabe deutscher Jugend.* In: *Jugendführer und Jugendprobleme* (Festschrift für G. Kerschensteiner). Hrsg. von A. Fischer und E. Spranger. Leipzig/Berlin 1924. 50 ff.

Weltzivilisation zeichnete sich ab, so daß Litts Polemik durchaus einen internationalen Kontext hatte (wie dann Snows Rede von den zwei Kulturen, dem störenden Übergewicht der humanistischen Kultur, anzeigte). Die polemische Ausrichtung von Litts Überlegungen verhinderte aber, was bald dringlicher als Polemik war: den guten Sinn einer humanistischen Erziehung festzuhalten, die über den „Umweg" der Orientierung an einer normativen Vergangenheit in die Aufgaben der Gegenwart einzuführen sucht. Eine solche Weise der Erziehung muß gerade in Europa, das wichtige Teile der Menschheitsgeschichte gegenwärtig hält, wenigstens eine Möglichkeit unter anderen bleiben.[208] Freilich bleibt zu fragen, ob der Humanismus der Pädagogik nicht ein Rückzugs- und Resignationsphänomen war: man hatte durch die Kunst neue Lebensverhältnisse vorbereiten wollen, sogar eine „neue Mythologie" erstrebt; doch noch unter den Augen des Kultusministers Goethe (in Gesprächen mit ihm und dem Kunsthistoriker Fernow) hatte Hegel in seinen Jenaer Jahren realistisch die Einsicht in die neue Partikularität und Beschränktheit der Kunst formuliert; die „klassische" Kunst der Griechen erschien als nicht wiederholbar und wurde zum Bildungsideal der Jugend. Die Meisterung der Gegenwartsaufgaben konnte nicht mehr von der Kunst angezeigt werden; so drohte die Kunst, die sich noch im Barock an die leitenden politischen und religiösen Aufgaben angeschlossen hatte, entweder zur bloßen Gegenbewegung zu werden oder in eine Sphäre abzugleiten, die nicht die des praktisch Belangvollen ist. Litt sucht diesen unheilvollen Weg aufzuhalten, indem er den „Umgang" mit Menschlichem und Außermenschlichem, wie natürliche Lebensverhältnisse und die Kunst ihn zeigen, als das Unverdrängbare und pädagogisch zu Fördernde neben die Sachbeherrschung stellt. Litts Gedanken (die heute noch wichtiger sein mögen als zur Zeit ihrer Formulierung) behalten jedoch etwas Ambivalentes und Unzulängliches: Auf der einen Seite polemisiert Litt zurecht dagegen, daß Scheler schon in seinen bekannten Titeln Bildung nur dem „Bildungswissen", nicht dem „Leistungs- und Herrschaftswissen" zuweist (eine wissenssoziologische Lehre, die bekanntlich zu den Lehren von den Erkenntnisin-

---

[208] Vgl. Hans Freyer: *Die Wissenschaften des 20. Jahrhunderts und die Idee der humanistischen Bildung.* In: *Erkenntnis und Verantwortung* (Festschrift für Theodor Litt). Hrsg. von J. Derbolav und F. Nicolin. Düsseldorf 1960. 142 ff.

teressen umformuliert, damit aber gerade nach ihrer unzulänglichen Seite hin beibehalten wurde); Litt zeigt, daß die Entgegensetzung des technischen, mittelfindenden und des praktischen, zielsetzenden Verhaltens unangemessen ist, weil beide Verhaltensweisen unablösbar ineinander verflochten sind. Auf der anderen Seite stellt Litt selbst dem „Harmonieideal" der deutschen Klassik den Gegensatz von Sachbeherrschung und Selbstbesinnung als „Antinomie" gegenüber. Offenbar bleibt hier die einseitige neukantische Gegenüberstellung der mathematischen Physik als der leitenden Naturwissenschaft und der individualisierenden Kulturwissenschaft, die auch der Zwischenstellung der Wissenschaft vom Lebendigen nicht gerecht wird, leitend.[209]

Nach Litts Aufweis ist es die Kulturkritik moderner Gesellschaften, die es auch der Jugend gestattet, sich selbst und ihr eigenes Wollen dem Überlieferten und Gegenwärtigen entgegenzusetzen. Der Ausgleich der so entstehenden Spannungen zwischen den Generationen, den Litt am Ende des Zweiten Weltkriegs begrüßt und dann von Störungen freizuhalten sucht, sollte nur eine bald vorübergehende Phase in der Entdeckung der neuen Rolle der Jugend sein. Die Bemühung um die Jugend wurde immer stärker zu einer gesellschaftlichen Aufgabe; so wurde auch die Weise, in der Litt das Verhältnis der Generationen zum Thema der Besinnung machte, durch den Einsatz der empirischen Soziologie überholt. Eduard Spranger hatte in den zwanziger Jahren in seiner *Psychologie des Jugendalters* vom Leitbild der bildungsbeflissenen bürgerlichen Jugend her die Gestalt der Jugend gezeichnet; von dieser Zeichnung meinte er – damals wenigstens –, sie gelte im wesentlichen für die letzten hundertfünfzig Jahre. Die geisteswissenschaftliche Psychologie, die sich maßgeblich auf die Interpretation literarischer Texte und biographisch-historischer Dokumente stützt, veranschlagte den „Faktor des Selbsterlebthabens" doch so hoch, daß Spranger vor allem für das männliche Geschlecht sprechen, Charlotte Bühlers Buch über *Das Seelenleben des Jugendlichen* aber vorzüglich für Mädchen gedacht wissen wollte. Helmut Schelsky dagegen arbeitete auf der Basis breitangelegter, institutionell abgestützter soziologischer Forschung, ehe er 1957 sein Buch *Die skeptische Generation* vorlegte. Abschreckende Beispiele führen auch ihn dazu, das „Mitge-

---

[209] Theodor Litt: *Das Bildungsideal* (s. Anm. 204) 94 f., 98 ff.

lebthaben" neben der Fähigkeit zu objektivierender Distanz als Voraussetzung zur Aufschlüsselung des exakt erhobenen Materials zu postulieren und sich deshalb ein Urteil über die Jugend anderer Länder oder die Jugend der industriellen Gesellschaft überhaupt zu verbieten. Erfahrungen des Wechsels im Verhältnis der Generationen bringen Schelsky überdies dazu, von vornherein verschiedene „Profile" der Jugend im zwanzigsten Jahrhundert anzusetzen (also die Jugend der Nachkriegszeit von der Jugendbewegung zu Anfang unseres Jahrhunderts und von der politischen Jugend der zwanziger Jahre und dann des Nationalsozialismus zu unterscheiden). Schelsky möchte sich das neue Profil der Jugend nicht durch Wertungen von früheren Perspektiven aus verstellen. Als Beispiel für die unangemessene „Voreingenommenheit" Älterer zitiert Schelsky Sprangers damalige Klage über die Jugend. Spranger gab einige Stichworte zur Situation: „Verlust der Heimat, Verlust des einheitlichen Vaterlandes, Zerreißung der Familien, Bedrohung der persönlichen Freiheit und der Unabhängigkeit des eigenen Staates, eine von Fiktionen getragene Wirtschaftslage, weitest getriebener Unfug mit völlig unproduktiven Dingen wie Meetings und Scheinkongressen"; dann sagte er, er selbst habe in jungen Jahren einen solchen Zustand der Dinge nicht ertragen können, „ohne in die äußerste Aufwallung zu geraten". „Aber wenn die Ratlosigkeit und das Leiden nicht produktiv machen, wenn auf diese Herausforderung die leidenschaftliche Antwort ausbleibt (Toynbee), in welcher Sprache soll dann das Schicksal noch zu uns reden? Kurz: ich vermisse eine Jugendideologie, die von den öffentlichen Angelegenheiten herausgepreßt wäre und zu ihnen Position bezöge."[210] Schelsky akzeptiert, daß jene Jugend sich jugendbewegte Aufwallungen erspart, die wahrgenommen hat, wie Hitler das Schicksal anrief, Stalin im Namen einer praktikablen Ideologie Millionen opferte; er möchte diese neue Jugend aus ihrer eigenen Perspektive begreifen, und dazu dient ihm die soziologische Forschung.

Litt hat den späteren Auflagen seines Buchs „Führen" oder „Wachsenlassen" als Anhang einen Aufsatz über die „Methodik" oder das „Wesen" des „pädagogischen Denkens" mitgegeben. In diesem Aufsatz hält Litt grundsätzlich fest: „Das Sein der Erziehung kann über-

---

[210] Eduard Spranger: *Psychologie des Jugendalters*. Leipzig ⁴1925. 21; Helmut Schelsky: *Die skeptische Generation*. Neuausgabe Frankfurt a. M./Berlin/Wien 1975. 97.

haupt erst im Ausblick auf ihr *Sollen* erfaßt werden."[211] Ist wirklich die geisteswissenschaftlich-pädagogische Erkenntnis von Tatsachen (etwa der „Jugend") abhängig von der Weise, wie der Erkennende sich selber auffaßt und dabei den Auftrag der Jugend bestimmt? Schelsky jedenfalls will diese Verknüpfung von Sein und Sollen durch eine empirische Soziologie unterlaufen, die Wirklichkeitswissenschaft und nichts anderes ist. Gelingt jedoch dieser Schritt von einer fragwürdigen geisteswissenschaftlichen Pädagogik und Kulturphilosophie zu einer vorurteilslosen Wissenschaft? Schon der Gebrauch des Adjektivs „skeptisch" im Titel von Schelskys Buch erweckt Bedenken: Tut dieses Adjektiv der beschriebenen Jugend nicht bitter Unrecht, weil es doch wiederum aus einem unangemessenen Erwartungshorizont stammt? Sicher war diese Jugend ein gebranntes Kind, bestimmt durch den Willen, sich nicht durch fragwürdige Visionen oder Ideologien verführen zu lassen, vielmehr immer in Zurückhaltung die Bewährung in der konkreten Leistung zu suchen. Sie kannte aber durchaus die Aufbruchssituation; z. B. wurden in ihrem Denken mit einem Schlag die unheilvollen, früher nie wirklich überwundenen Barrieren zwischen Franzosen und Deutschen zugunsten europäischer Perspektiven hinfällig (ein Aufbruch, den man nicht mit der verfälschenden Indienstnahme durch Adenauer und de Gaulle gleichsetzen sollte). Schelsky hält zu Recht fest, der junge Arbeiter und Angestellte, nicht der Oberschüler und Hochschüler sei die strukturleitende und verhaltensprägende Figur dieser Generation. Rückblickend aber wird man darauf hinweisen, daß die damalige Aufbausituation so etwas wie eine geschichtliche Verzögerung brachte: Man akzeptierte Beschränkungen, die nach dem Erwerb des Standards der Industrienationen kaum noch akzeptiert werden konnten, daß das Zusammenstehen der Generationen eine starke gesellschaftliche Differenzierung voraussetzte, daß folglich nur eine kleine Schicht von Jugendlichen studieren konnte und sehr früh für das Studium ausgewählt wurde, daß die Mädchen und Frauen zugunsten des Aufbaus der Familien auf den gelernten Beruf weitgehend wieder verzichteten, usf. So wenig Hegel nach dem Opfer fragte, das gemäß den damaligen gesellschaftlichen Vorstellungen seiner Schwester, seinem nachgeborenen Bruder, seinem unehelichen Sohn abverlangt wurde, so wenig fragt Schelsky nach den Op-

---

[211] *Pädagogik als Wissenschaft* (s. Anm. 48) 268 ff., vor allem 291.

fern des Wiederaufbaus nach dem Zweiten Weltkrieg. Die Hauptschwierigkeit des Jugendalters liegt nach Schelsky darin, daß die Jugend aus der primären, bergenden Welt der Familie heraus- und in die sekundären, komplizierten Systeme der verwissenschaftlichten Welt hineinwächst. Werden in dieser Sicht aber nicht Ablösungsschwierigkeiten (der Jugendlichen vom Elternhaus) aufgerichtet, die gar nicht mehr die eigentlichen Schwierigkeiten waren, jedenfalls bald – in der sog. „vaterlosen" Gesellschaft – abgebaut wurden? Schließlich wird für Schelsky die beschriebene deutsche Jugend doch zu einer bloßen Sonderausgabe der neuen Jugend jener Industriegesellschaft, für die der angepaßte Angestellte die Leitfigur sein soll. Von der Jugend der Industriegesellschaften überhaupt soll gelten, daß ihr angepaßtes und erfolgsgeleitetes Verhalten um der Sicherheit und des minimalen Risikos willen nichts Erreichtes wieder aufs Spiel setzt. „Ich erwarte", so schrieb Schelsky am Schluß des Buches von 1957, „eine ‚sezessionistische' Jugendgeneration, gekennzeichnet durch eine Welle ‚sinnloser' Ausbruchsversuche aus der in die Watte manipulierter Humanität, überzeugender Sicherheit und allgemeiner Wohlfahrt gewickelten modernen Welt." Die Frage bleibt jedoch, ob die Halbstarkenkrawalle auch noch für die Jugend der sechziger Jahre symptomatisch sind oder nicht vielmehr Engagement und Einsatz gegen Rassendiskriminierung und Vietnamkrieg in den USA, dann gegen alle die Probleme, wie der konsequente Eintritt in die wissenschaftlich-technische Zivilisation bei spannungsvollen politischen Konstellationen sie mit sich bringt. Schelskys leitende Vorstellung, in der neuen verwissenschaftlichten Zivilisation schrumpfe der Bereich der politischen Entscheidung und der „Geschichte", macht ihn blind für die politische Sensibilität, wie die Jugend sie wirklich zeigte und bald weiterentfalten sollte.

Schelskys Arbeit von 1957 zeigt gegenüber dem Vortrag Litts von 1947 exemplarisch den Wandel von einer philosophisch-geisteswissenschaftlichen Pädagogik zur empirischen, institutionell abgestützten Forschung in diesem Bereich. Wie wenig es sich jedoch um eine einfache Ablösung handeln kann, wird daran deutlich, daß Schelskys Wirklichkeitswissenschaft stillschweigende Voraussetzungen in sich trägt, die den untersuchten Gegenstand in einer bestimmten Weise in den Blick bringen und sogar mitaufbauen. Im übrigen war Schelsky sich darüber im klaren, daß der Gegenstand selber sich wandelt, daß sein Buch eine Jugendgeneration darstellte, deren Zeit abgelaufen war.

Ende der fünfziger Jahre ging auch auf dem Gebiete des Bildungswesens der Wiederaufbau in einen Ausbau über, in einen Ausbau freilich, der zuerst das Bewährte und Wiederhergestellte nur von seinen Mängeln und Lücken glaubte befreien zu müssen. Aufbau und Ausbau können sich freilich totlaufen, und in der Tat erschien bald das, was Zurückhaltung gegenüber Ideologien gewesen war, als Gesinnungslosigkeit, was Eroberung neuer Lebensbereiche gewesen war, als Ablauf immer neuer Konsumwellen. Seit der Mitte der sechziger Jahre setzte sich die Überzeugung durch, daß der Eintritt in die wissenschaftlich-technische Weltzivilisation auf dem Niveau der führenden Industrienationen neue Wege für Schule und Hochschule fordere. Schon hatte aber die weltweite Protestbewegung, die durch die Jugend der freien Industrienationen ging, auch Kontinentaleuropa und Deutschland erfaßt. Hier traf der Protest auf eine radikalisierende Grundlage: Literatur und Philosophie hatten in den Auseinandersetzungen der vierziger und fünfziger Jahre die Figur des Partisanen hochstilisiert, der die angestammte Heimat gegen fremde Diktaturen oder Kolonialherren verteidigt; dieser Protest wurde – zumal die konkreten amerikanischen Motive hier fehlten – umgewendet auf Utopien einer besseren Zukunft hin, für die die Wissenschaft und Technik die Mittel bereitgestellt zu haben schienen. Die Energiekrise von 1973 leitete dann eine Wende, nämlich eine Besinnung auf die heute bestehenden Möglichkeiten und die Grenzen des Engagements ein. Überall auf der Erde tun heute die Zivilisationen den Schritt in die eine weltweite und vielfach verflochtene Zivilisation, die maßgeblich durch Wissenschaft und Technik aufgebaut wird; unübersehbar aber zeigen sich die Gefährdungen dieses Aufbaus. Wissenschaft und Technik schneiden die einzelnen Zivilisationen von ihrer Tradition ab, und so liegt es nahe, aus der Enttäuschung an der Wissenschaft und der Technik heraus unvermittelt zu Utopien zu greifen oder die Herkunft neu festzuhalten. Die Jugend, die die künftige Welt tragen muß, ist dabei der maßgebliche Herd oder der Adressat der Unruhe. Wenn einmal die Geschichte des zwanzigsten Jahrhunderts geschrieben wird, wird dieses Jahrhundert wohl als das Jahrhundert eines gewaltigen, krisenreichen Übergangs betrachtet werden: indem Europa seine Stelle in der herrschenden Mitte der Welt verliert, bilden sich neue weltpolitische Konstellationen; in dieser Ungesichertheit wird industriell wie kulturell die neue Weltzivilisation durchgesetzt. Im sozialen Bereich – im Verhältnis von

Mann und Frau wie im Verhältnis der einzelnen gesellschaftlichen Schichten, aber auch im Verhältnis der nördlichen Welthälfte zum einmal kolonialisierten Süden – zeigt sich eine Kette von „Emanzipationen"; eines der entscheidenden Phänomene aber ist die Ausbildung der „Jugend", auf die sich nun ein riesiges soziales System der Erziehung und der Jugendpflege verschiedenster Art mit den anhängenden neuen Wissenschaften und Ideologien richtet.

Man mag nun darauf hinweisen, daß die Aufeinanderfolge der Generationen und die Ablösung der einen Generation durch die nächste auch im menschlichen Leben eine Naturkonstante sei. Wie dieser Wechsel sich konkret darstellt, ist jedoch geschichtlich. Die geschichtlichen Unterschiede gehen dabei bis ins Biologische: Es ist gerade die biologische Reifung, die durch die Akzeleration früher zum Abschluß kommt. Heute kann (anders als in vergangenen Epochen) auch heiraten, wer wirtschaftlich nicht auf eigenen Füßen steht, ja als Student sich noch auf den Beruf vorbereitet; so wird das Heiratsalter herabgesetzt, und die klassische Zeit einer Generation (die berühmte Spanne von dreißig Jahren) schmilzt zusammen. Zugleich erhöht sich die Lebenserwartung, und damit leben mehr Generationen als früher zur selben Zeit. Das ganze Gefüge der Generationen ändert sich somit. In diesem Gefüge muß die Jugend ihren Platz finden; dabei ist die Jugend etwas, was geschichtlich gefunden werden mußte. (Der Weg des einzelnen Menschen kann durchaus – etwa über die Initiation in primitiven Gesellschaften – aus der Kindheit, die den Unmündigen in der Obhut der Familie hält, unmittelbar zur Mündigkeit des Erwachsenen führen, der seine endgültige gesellschaftliche Rolle übernimmt.) Wenn gesteigerte Ausbildungserfordernisse die Jugend als eine Zwischenphase zwischen Kindheit und Erwachsensein einfügen, kann die Jugend in differenzierten und dynamischen Gesellschaften sich einen neuen Sinn geben: der einzelne sozialisiert sich und findet seine gesellschaftliche Rolle nicht mehr nur dadurch, daß er dem Vorbild des Vaters oder dessen Vertreters folgt; die Jugend[212] sucht für den einzelnen dessen Rolle und eine neue Gestaltung der Gesellschaft, indem die einzelnen sich – etwa in den genannten „Bünden" – in altershomogener Weise aneinander

---

[212] Vgl. die Bestimmung der Jugend gemäß der funktionalen Soziologie von Talcott Parsons bei S. N. Eisenstadt: *From Generation to Generation*. London 1956.

orientieren. Erziehung kann in diesem Fall nicht mehr eine Linie von Gottvater über den Landesvater und den Hausvater zum Zögling ziehen; sie muß sich fragen, wie sie das Recht der Jugend auf eine eigene Zukunft wahren will.

Hat die Jugend sich selber entdeckt, dann können die verschiedenen Jugendgenerationen in unterschiedlichen Situationen jeweils ihr eigenes Profil gewinnen. So unterscheiden sich dann die einzelnen Generationen – die kleinen Bünde der „Freien Männer" und der Tübinger Stiftler von den akademischen Burschenschaften, die Jugendbewegung zu Anfang des zwanzigsten Jahrhunderts von der politischen Jugend, der sog. skeptischen Generation, der Protestgeneration usf. Ein Autor wie Comte hat die Zeit einer Generation noch quantitativ gefaßt und gar gemeint, eine kürzere Generationsdauer als die dreißig Jahre müsse den Fortschritt übersteigern, eine höhere Lebenserwartung mit einer längeren Generationsdauer einhergehen und die konservativen Kräfte stärken. Lebens- und Existenzphilosophie haben den qualitativen Begriff der Erlebniszeit entwickelt und von da aus in Geistesgeschichte, Kunstgeschichte und existenzialer Analytik die einzelne Generation von ihrer inneren Einheit her erfassen wollen (Dilthey, Pinder, Heidegger). Karl Mannheim hat 1928 die Grenzen beider Ansätze diskutiert und dabei darauf hingewiesen, daß jede junge Generation ein Profil nur in der Bestimmtheit durch einen übergreifenden gesellschaftlichen Kontext gewinnt.[213] Die Frage, wie weit die Jugend aus eigenem Recht und in Ursprünglichkeit ihr Leben bestimme, hat sich im Laufe der Entwicklung verschärft: Bildet die Jugend eine eigenständige Teilkultur aus? Der Weg mag durchaus in Subkulturen führen, von einer autonomen Teilkultur kann jedoch nicht die Rede sein. Deshalb kann man zwar nachträglich feststellen, wie eine junge Generation sich profiliert hat; aber es bringt nicht viel, die Jugend zu fragen, wie sie sich profilieren wolle, denn die Fragen suggerieren schon Antworten und die Jugend selbst greift in ihrem unsicheren Tasten zu vorgegebenen Mustern. Es war z. B. ein vorgegebenes geistesgeschichtliches Verständnis, aus dem heraus Spranger eine Jugend, der er sich zugehörig wußte, als „Hölderlin-Jugend" ansprach, die nur über die eigenen „Ideale" den Weg zum „Vaterland"

---

[213] Karl Mannheim: *Wissenssoziologie*. Berlin/Neuwied 1964. 509 ff.: *Das Problem der Generationen*.

finden könne. Nach dem Zweiten Weltkrieg nutzte man Hölderlin in durchaus anderer Weise zur Ausbildung eines eigenen Selbstverständnisses: Zuerst akzeptierte man die Askese jenes Bildungsweges, der nötig ist zum Verständnis einer Hymne wie der *Friedensfeier;* dann aktualisierte man Hölderlins frühe Bejahung der Französischen Revolution; schließlich gab man sich zufrieden mit biographischen Mitteilungen über das Mutterkind, dessen emotionale Erwartungen von der Kälte der Welt enttäuscht wurden.[214] Auch im politischen Bereich lassen sich die Parallelen zwischen den übergreifenden gesellschaftlichen Tendenzen und dem Wollen der „Jugend" leicht aufzeigen. Die Offenheit der Jugend kann – wie schon die Umwandlung der Jugendbewegung zur politischen Jugend zeigte – von den herrschenden gesellschaftlichen Tendenzen in den Dienst gestellt werden. Sprach man nach dem Zweiten Weltkrieg von einem steigenden „Puerilismus" der Gesamtkultur und diagnostizierte man dann auch die Krisen im Leben der Erwachsenen, so war damit angezeigt, daß nunmehr die Identitätsfindung des einzelnen keineswegs mit dem Ende der Jugend abgeschlossen ist.

c. Litt und die geisteswissenschaftliche Pädagogik

Litt verknüpft die Bestimmung von Sinn und Aufgabe der Pädagogik mit einer Besinnung auf die geschichtlich wechselnde Ausgestaltung des Verhältnisses der Generationen. So kann er unter den Bedingungen seiner Zeit in kritischer Auseinandersetzung die humanistische Pädagogik, wie sie z. B. Hegel zusammen mit Niethammer vertreten hat, umformulieren; Litts Position wird jedoch von der fortgehenden Entwicklung bald überholt. Alle drei Positionen – der Ansatz Hegels, der Ansatz Litts, jener Ansatz, der den Jahrzehnten nach dem Tode Litts zugehören könnte – gehören offensichtlich jedoch in ein soziales System, das sich seit bald zweihundert Jahren neu durchsetzt. Die drei

---

[214] Spranger hat noch einen speziellen Hölderlintypus, den ästhetischen Schwärmer auf neuplatonisch-panentheistischer Grundlage, abgegrenzt und unter Hinweis auf eigene Hölderlinaufsätze von 1903/1905 belegt, daß er selbst die Einseitigkeiten dieses „Hölderlin" in sich habe überwinden müssen; vgl. *Psychologie des Jugendalters* (s. Anm. 210) 350 f. – Zum folgenden vgl. Friedrich H. Tenbruck: *Jugend und Gesellschaft.* Freiburg i. Br. 1962.

Positionen sind so als fortschreitend differenziertere Lösungen einundderselben Aufgabe verstehbar.

Hegel hat das Neue, das sich geschichtlich durchzusetzen suchte, als ein neues Verständnis der Freiheit zu erfassen versucht, die nun Freiheit aller (nicht nur Freiheit weniger) sein sollte. Der Ort, den der einzelne in der Gesellschaft einnimmt, wird nicht mehr durch die Geburt bestimmt; der einzelne erwirbt sich diesen Ort über die Bildung und über die Leistung, und so fordert Hegel grundsätzlich die Freiheit der Berufswahl. Er kann sich zu seiner Zeit noch damit begnügen, daß die faktisch bestehende soziale Ungleichheit bei der Verteilung der Bildungschancen zugunsten besonderer Begabungen durch ein Stipendienwesen korrigiert wird; doch sind spätere Bemühungen zur Herstellung größerer Chancengleichheit vorgegeben. Hegel spricht zuerst noch (antike Anschauungen in die Diskussion seiner Zeit einbringend) von einer tragischen Entzweiung des Menschen in den Citoyen und den Bourgeois; wenigstens seit der Jenaer Realphilosophie versteht er aber die Berufe allesamt funktional aus der arbeitsteiligen Gesellschaft. Bildung wird zur Eingangsvoraussetzung für die Berufe. Damals wird zusammen mit der Universität vorzüglich das Knabengymnasium Gegenstand der Reform – erst um 1900 werden die Oberrealschule und das Mädchengymnasium diesem Gymnasium wirklich gleichgestellt, und die konkrete gesellschaftliche Gleichstellung der Geschlechter bleibt Aufgabe noch der jetzigen Jahrzehnte. Hegel formuliert das Recht der Eltern, über die Ausbildung ihrer Kinder mitzuentscheiden, und das Recht der Kinder, aus dem Familienvermögen erzogen zu werden; er geht jedoch davon aus, daß bei den gestiegenen Ausbildungsbedürfnissen der Staat über die relativ autonome Sphäre der Gesellschaft für die nötigen Bildungsinstitutionen zu sorgen habe. Der damaligen Zeit kann man noch einen Stand der Unschuld zusprechen, mißt man ihre Regelungen und „Normative" an dem Prüfungs- und Berechtigungswesen, das heute zwischen der Sphäre der Bildung und der Sphäre der Berufe vermittelt. Die Bildungsinstitutionen von damals ermöglichen es aber, daß die Jugend sich als eine eigenständige Lebensphase in immer neuen Formen selbst entdeckt. Hegel glaubt freilich, die Impulse seiner Jugend in einen Kompromiß mit der Überlieferung zwingen zu können: er erkennt die Jugend bzw. das Jünglingsalter nur als eigenständige Phase an, indem er alle Lebensphasen auf den Mann ausrichtet, der als mündiger in den ausgebildeten Institutionen lebt. Obgleich Hegel mit der Forderung der Freiheit der Berufswahl die Tendenzen der Französischen Revolution aufnimmt, stellt er sich den damit gegebenen Auflösungserscheinungen entgegen: er sucht den Bereich der Arbeit in neuen Formen zu ordnen (den nicht mehr geburtsständisch gedachten „Korporationen") und dann mit dem politischen Bereich zu vermitteln (durch eine korporative Repräsentation). So erläutert Hegel im Winter 1824/1925 den § 251 seiner *Rechtsphilosophie* in der folgenden Weise: „Die Gemeinde, die Corporation ist der große Punkt, um den es sich gegenwärtig in der Welt in Beziehung auf Verfassung handelt." Hegel, der nur seine Zeit in Gedanken fassen möchte, fordert hier eine Institution, die es zu seiner Zeit faktisch nicht gibt und die es in der gewünschten Form auch später nicht geben wird, weil die Industrie mit der Organisation ihrer Arbeitsprozesse über die Gemeinden hinausgreift. Die humanistische Ausrichtung der Gymnasien begründet Hegel anthropologisch-geschichtsphilosophisch: die Jugend müsse an den Idealen der Jugend der Menschheit großgezogen werden; damit wiederholt er eine bestimmte alteuropäische Einstellung zur Antike, die in der fortschreitenden Entwicklung durch eine stärkere Berücksichtigung des europäischen Mittelalters abgelöst werden konnte (oder im zwanzigsten Jahrhundert durch einen Bezug zur Goethezeit selbst). Hegel selber beanspruchte gerade in seinen letzten Lebensjahren das, was er philosophisch konzipierte, zugleich als die geschichtlich geforderte vernünftige (nämlich „protestantische") Religion.

Litt will den Ansatz Hegels nicht nur unter anderen geschichtlichen Bedingungen fortführen, sondern ihn – wie der Untertitel seines Hegelbuches sagt – kritisch erneuern; so wird die Geschichtlichkeit des Menschen in neuer Weise betont. Damit kann das Bemühen der Jugend um ein Selbstverständnis mit der Kulturkritik verbunden und auf den geschichtlichen Wandel bezogen werden. Als pädagogisches Grundproblem tritt die Frage auf, wie das Recht der Jugend auf ihre eigene Zukunft zu wahren ist, ohne daß die Pädagogik sich ihrer Verantwortung für die Jugend entschlägt. Von der Reformpädagogik des Jahrhundertanfangs her hat Herman Nohl die Rede vom „pädagogischen Bezug" in die Mitte der pädagogischen Selbstbesinnung gerückt; Litt betont aus kritischer Distanz, die Relation „Erzieher-Zögling" dürfe nicht als ein ungeschichtliches Phänomen gefaßt werden. Die Isolierung des pädagogischen Bezugs und das Leitbild der

Erziehungs-„Autonomie" haben nach Litt zu der Illusion geführt, man könne Ziel, Inhalt und Verfahren der Erziehung in einer allgemeingültigen Pädagogik in zeitlosen Grundbestimmungen festlegen.[215] Indem Litt den pädagogischen Vorgang auf das Verhältnis der Generationen bezieht, faßt er ihn in seiner geschichtlichen Konkretion; nach dem letzten Krieg glaubt Litt jedoch, unter dem Eindruck der Schwierigkeiten der Situation sei das Verhältnis der Generationen nach den vorausgegangenen Turbulenzen zu einer neuen Ausgewogenheit gelangt. Wird die Jugend als jene Lebensphase akzeptiert, in der der Prozeß der Identitätsfindung des einzelnen seinen Abschluß findet, so kann auch das überlieferte Bildungssystem im wesentlichen bewahrt oder nur korrigiert werden. Kritik und Reform betreffen Fragen, die im Grunde von Anfang an diskutiert wurden. Humboldt hatte die Universität ja mit den anderen Bildungseinrichtungen in die Nähe von Schloß und Dom und so in die Mitte der Stadt gestellt, weil diese universitas der Lehrenden und Lernenden die universitas des Wissens in die Bildung einbringen und weil sie über die Bildung in einem langfristigen Prozeß die Gesellschaft umformen sollte. Humboldt hatte aber – in einer Arbeit *Über den Charakter der Griechen, die idealische und historische Ansicht desselben* – die erstaunliche These aufgestellt, was den Griechen die Götter gewesen seien, das seien uns die Statuen dieser Götter und überhaupt die Griechen in ihrer Vorbildlichkeit. Hegel hatte das Bildungsideal der in sich vollendeten Persönlichkeit für die arbeitsteilige moderne Welt nicht mehr festhalten wollen: nur das Gymnasium könne humanistisch sein, an der Universität könne nur noch die philosophische Reflexion das Wissen, das in die Berufswelt einführe, zusammenfassen. Wenn der Mediziner Rudolf Virchow 1893 in seiner Berliner Rektoratsrede festhielt, mit Hegels Tod sei die Universität „dauernd aus dem Bann der philosophischen Systeme erlöst worden", blieb es doch dabei, daß die Universität der maßgebliche Ort der naturwissenschaftlichen und geisteswissenschaftlichen Arbeit und so der Ort der höchsten Bildung war. Unausgeglichenheiten in diesem überlieferten Bildungssystem zu beseitigen, dazu dienten die Polemiken und die Reformvorschläge Litts.

---

[215] So Litt im Aufsatz *Die Bedeutung der pädagogischen Theorie für die Ausbildung des Lehrers* von 1946, der dem Buch „*Führen*" *oder* „*Wachsenlassen*" seit der 4. Aufl. von 1949 angehängt wurde.

Mit der Geschichtlichkeit des Menschen war auch der Pluralismus und die Konkurrenz der Bildungsideale anerkannt. Doch hielt sich das Anliegen durch, den einmal erreichten geschichtlichen Stand nicht zu unterbieten. In diesem Sinne konnte Litt (wie Hegel zu seiner Zeit) das protestantische Christentum als zu unserer Geschichte gehörig gegen Bestrebungen verteidigen, wie sie im Nationalsozialismus kulminierten.[216] Die Pädagogik ist bei Litt nicht mehr spekulativ im Sinne Hegels, sondern als philosophische infolge ihres Geschichtsbezugs zugleich geistesgeschichtlich fundiert.

Die neue Harmonie der Generationen, wie Litt sie nach dem Zweiten Weltkrieg begrüßte, hielt nicht lange vor; eine neue Protestgeneration zeigte, daß es immer noch darum ging, die Rolle der Jugend und das Gefüge der Generationen im Zusammenhang dessen, was einmal Kulturkritik genannt wurde, neu zu bestimmen. Aristoteles hat im fünften Buch der *Nikomachischen Ethik* das politische Recht in aller Schärfe vom häuslichen Recht unterschieden: Das politische Recht vermittelt das Miteinander der Freien; das häusliche Recht mag gegenüber dem Sklaven, dem Kind, der Gattin verschieden ausfallen, ist aber in jedem Fall durch den angeblich natürlichen Herrschaftsanspruch des freien Mannes bestimmt. Hegel hat zur Polis und zum Haus die bürgerliche Gesellschaft als eine eigene Sphäre gestellt, zugleich die Jugend zwischen Kindheit und Erwachsensein eingeschoben; Litt hat von einem stärker geschichtlichen Denken her das Recht der Jugend auf die eigene Zukunft herausgestellt und die Konsequenzen für die Pädagogik gezogen. In einer Parallele zur Protestbewegung der sechziger Jahre hat die Pädagogik ihr „Grundproblem" neu formuliert: der pädagogische Bezug wird nun als „Kommunikation" gefaßt und dabei wird in extremen Stellungnahmen eine symmetrische Korrelation zwischen Zögling und Erzieher gefordert. Die Pädagogik in dieser Weise auf das Gefüge der Generationen beziehen heißt aber, den Unterschied zwischen Pädagogik und Politik aufheben und das pädagogische Ziel der Mündigkeit als ein erst zu erreichendes entwerten.[217] Vielleicht hat der neue Protest gar nicht die Rolle der Jugend

---

[216] Vgl. Theodor Litt: *Der deutsche Geist und das Christentum*. Leipzig 1938; *Protestantisches Geschichtsbewußtsein*. Leipzig 1939.
[217] Vgl. die Kontroverse zwischen Klaus Schaller und Clemens Menze, z. B. in Menzes Aufsatz *Zur Kritik der kommunikativen Pädagogik*. In: Vierteljahrsschrift für wiss. Pädagogik 55 (1979) 1 ff.

gestärkt, sondern offenbar gemacht, daß das Generationengefüge im ganzen sich ändert und das Ende der Jugend viel weniger als früher das Ende der Identitätsfindung des einzelnen und seiner Bildung bedeutet. Daß man ein lebenslanges Lernen fordert oder auch von Andragogik spricht, zeigt an, daß selbst der alte Titel „Pädagogik" fragwürdig geworden ist. Die Universität ist nicht mehr im gleichen Sinn wie früher jene Stelle, an der die maßgebliche wissenschaftliche Arbeit getan und zugleich für die Bildung fruchtbar gemacht wird, die die Jugend abschließend für die gesellschaftlichen Aufgaben vorbereitet: Einerseits wird die Universität Humboldts als bloße Hochschule in ein übergreifendes Bildungssystem eingeschmolzen, andererseits entfaltet sich Forschung als institutionalisierte wissenschaftliche Arbeit in immer größerem Umfang fern von der Universität und ohne Bezug zum Bildungssystem.[218] Die Umwandlung des Bildungssystems berührt Lebensfragen der Gesellschaft; so muß die Gesellschaft zur Erörterung dieser Fragen neue Wissenschaften ausbilden (eine empirische Soziologie erforscht die Rolle der Jugend und das Generationengefüge, die Bildungsökonomie die Verflechtung von Berufssystem und Bildungssystem, die Curriculumforschung die Möglichkeiten der Lehrplangestaltung, usf.). Da der Gegenstand solcher Forschung nicht nur ein Sein ist, sondern zugleich ein Sollen, tritt mit den neuen Wissenschaften zugleich der ideologische Kampf um die maßgeblichen Perspektiven für den Ansatz und den Einsatz dieser wissenschaftlichen Arbeit auf. Hat unter diesen Bedingungen eine philosophisch-geistesgeschichtliche Pädagogik, wie Litt sie vertrat, noch eine Chance?

Rousseau hat in der zweiten Hälfte des 18. Jahrhunderts zusammen mit der Kulturkritik und der staatsphilosophischen Programmatik

---

[218] Schelling hat (unter dem Protest z. B. von Schleiermacher) in seinen Jenaer Vorlesungen über das akademische Studium die Idee der Universität nicht von der Berufserziehung, sondern vom wissenschaftlich-philosophischen Auftrag her entfaltet. Für die weitere Entwicklung des Bildungssystems wurde jedoch nicht die kurze Blüte der Jenaer Universität entscheidend, sondern das Modell der Berliner Universität, die neue pädagogische Institutionen wie das Gymnasium voraussetzte und Institutionen wie z. B. das Museum neben sich hatte. (Vgl. dazu den Ausstellungskatalog *Hegel in Berlin. Preußische Kulturpolitik und idealistische Ästhetik.* Hrsg. von O. Pöggeler. Berlin 1981.) Kann man deshalb heute noch – nach dem Abschied auch von der Humboldt-Universität – die Universität mit Schelling auf die Einheit der Wissenschaften gründen wollen und derart ihren Bildungsauftrag auf das Berufssystem beziehen? So Karl Ulmer: *Philosophie der modernen Lebenswelt.* Tübingen 1972.

eine Mahnung zur pädagogischen Umorientierung gegeben; diese Umorientierung blieb auch dort vorausgesetzt, wo man – wie im ursprünglichen deutschen Humanismus – in der konkreten bildungspolitischen Arbeit fragte, was von den neuen Impulsen sich verwirklichen lasse.[219] Zu Anfang unseres Jahrhunderts hat die Reformpädagogik in einem zweiten Ansatz Kindheit und Jugend in ihrem eigenen Sinn gesehen und dann aus dieser neuen Sicht mannigfache Konsequenzen gezogen; diesen Impulsen gegenüber hat Litt zu Recht nach *Möglichkeiten und Grenzen der Pädagogik* gefragt (wie er 1926 im Titel eines Sammelbandes formulierte). Nach dem Tode Litts hat man primär aus gesellschaftlichen Bedürfnissen heraus das Bildungswesen im ganzen neu zu ordnen versucht und von der Arbeit an neuen Aufgaben her die „geisteswissenschaftliche" Pädagogik verabschiedet. Auffallend für den Beobachter mußte aber sein, daß in dem neuen Ansatz der Wille zur einzelwissenschaftlichen Forschung keineswegs immer zur Bescheidung auf das Erreichbare führte; die neuen methodischen Bemühungen hatten eine neue Politisierung nicht nur als Gegner sich gegenüber, sondern verquickten sich oft auch selber vorschnell mit einem politischen Wollen. Eine neu aufzubauende Wissenschaft – die Bildungsökonomie, deren Ergebnisse von den staatlichen Instanzen so dringend für die Planungen benötigt wurden – erbrachte mit einigen ihrer Prognosen geradezu einen Modellfall der Selbstdiskreditierung wissenschaftlicher Arbeit. Nach einer Kette von Reformen, die die Bundesrepublik auf den Weg gebracht hatte, war die Bildungsreform ein Versuch, dem zum mindesten die Betroffenen das Gelingen nicht bestätigen. Das Nichtgelingen nach dem ersten Anlauf mag auf die Schwierigkeiten der gestellten Aufgabe verweisen; es gibt aber auch Anlaß zu der Frage, ob die wissenschaftliche Arbeit in zulänglicher und kritischer Weise eingesetzt wurde. In dieser Situation wird eine Pädagogik wieder bedeutsam, die – wie die Pädagogik Litts – vorzüglich nach Möglichkeiten und Grenzen der Pädagogik gefragt hat. Selbstverständlich ist, daß in der neuen Situation der Ansatz Litts nicht unverwandelt übernommen werden kann.

---

[219] Wird Hegels Beitrag zur humanistischen Pädagogik aus der geschichtlichen Situation verstanden, dann ist es gleich einseitig und unzulänglich, mit Litt vor allem den späten Hegel der Jugend als Mahnung vorzuhalten oder (im Anschluß an Herman Nohl) beim jungen Hegel den Durchbruch der Goethezeit zum geschichtlichen Denken zu finden (vgl. Carl-Ludwig Furck: *Der Bildungsbegriff des jungen Hegel.* Weinheim 1952).

Die geisteswissenschaftliche Pädagogik der Nohl, Spranger, Flitner, Litt ist freilich immer schon umstritten gewesen: Diese einmal maßgebliche Pädagogik hielt, anders als andere Tendenzen der Zeit, eine besonders enge Nähe zur Goethezeit und zum Idealismus.[220] Litt hebt sich dadurch ab, daß er nicht nur mit Schiller, sondern auch mit dem Schelling der Freiheitsschrift den Menschen als den „tragischen" sieht; er greift nichts so sehr an als die Vermessenheit, den geschichtsoffenen Bildungsprozeß auf ein Bildungsideal festzulegen. Doch auch Litt denkt aus der Überzeugung, daß die Gebilde des Geistes, die um ihrer selbst willen gesucht werden, als „ideale Gehalte der Bildung" der Zeitlichkeit enthoben sind.[221] Es ist aber gerade diese Überzeugung, die von einem konsequenter geschichtlichen Denken wie auch von der Ideologiekritik schon in den zwanziger Jahren abgelehnt wurde. So wendet sich z. B. Heidegger im Winter 1925/1926 geradezu mit Hohn und Verachtung gegen Sprangers Rede von jenem „großen Ringen um das Zeitlose im Historischen", in dem sich Neukantianismus, Phänomenologie und die Diltheyschule treffen sollen. Um die Geltungsproblematik festhalten zu können, setzt aber Litt sich sogar von Dilthey ab: das „geisteswissenschaftlich Allgemeine" hat für ihn nicht die Objektivität, die das Sachallgemeine erreichen kann, doch als nachvollziehbares Sinnallgemeines ist es allgemein. Die Diltheyschule sucht dagegen Objektivität im Sinne einer sachangemessenen Erschließung von Wirklichkeit festzuhalten, läßt aber geisteswissenschaftliche Allgemeinheit im Prozeß der Geschichte zerschmelzen bzw. auf größere oder kleinere (geschichtlich wechselnde) Kreise bezogen werden.[222] Litt wendet sich gegen Hermeneutik und Phänomenologie, gegen Lebensphilosophie und Existenzphilosophie; z. B.

---

[220] Nicht nur die leitenden Themen der humanistischen Pädagogik sind umstritten, sondern auch ihr Bezug zur geschichtlichen Wirklichkeit. Sprachen Paulsen, Spranger und Roeßler von Preußen als dem Staat der Erziehung zur Selbständigkeit, so gebrauchte man später Titel wie *Die Okkupation der Schule, Schule der Untertanen* (Christa Berg, Folkert Meyer, allerdings vorwiegend gegenüber dem Preußen der zweiten Hälfte des 19. Jahrhunderts). Das entspricht der Verdächtigung der angeblich humanen Errungenschaften nach der Aufklärung (z. B. bei Foucault). Vgl. auch F. K. Ringer: *Education and Society in Modern Europe.* Bloomington/London 1979.

[221] Vgl. Theodor Litt: *Mensch und Welt* (s. Anm. 122) 213, 277; *„Führen" oder „Wachsenlassen"* (s. Anm. 203) 57. – Zum folgenden s. Anm. 126.

[222] Vgl. Theodor Litt: *Das Allgemeine im Aufbau der geisteswissenschaftlichen Erkenntnis.* Leipzig 1941 und Hamburg 1980; Otto Friedrich Bollnow: *Studien zur Hermeneutik* (s. Anm. 14) Band 1. 13 ff. Zum folgenden s. Anm. 122.

macht er gegen Heideggers Fundierung des existenziellen Verstehens in einem existenzialen geltend, das existenziale Verstehen müsse in ein Begreifen überführt werden, das selbstreflexiv auch z. B. ein Begreifen des existenzialen Verstehens als solchen sei, überhaupt ein Zu-Ende-Denken, das als Selbstaufstufung des Geistes Läuterung und Befreiung sei. An diesem Punkt setzt die Diskussion mit Litt ein: Überspringen sein Humanismus und seine Dialektik nicht die unverfügbare Geschichte? Läßt sich „Begegnung" radikaler fassen, als Litt es tut, der in seinem Buch über Individuum und Gemeinschaft vom Ich-Du-Verhältnis her zum Aufbau des objektiven Geistes weiterschreitet?

Nach Litts Tode sah die Pädagogik sich in der Weise mit neuen Aufgaben konfrontiert, daß sie in der Abwendung von ihrer eigenen Tradition neue Wege zur Lösung dieser Aufgaben gehen zu müssen glaubte. Sie entwickelte neue Einzelwissenschaften, die ihre Arbeit in dieser oder jener Weise empiristisch rechtfertigten; zugleich aber wurde der Ansatz und der Einsatz dieser Arbeit von ideologischen, von politischen oder weltanschaulichen Perspektiven geleitet. So stellt sich die Frage neu, wie nun wieder alle diese pädagogischen Dimensionen miteinander zu vermitteln sind. Da Hegel der metaphysischen Illusion erlag, die Geschichte als Vollzug der Energeia des Geistes sei im wesentlichen zu einer Vollendung gelangt, Litt die Geschichtlichkeit des Menschen neu akzentuierte, aber doch Historismus und Idealismus in unhaltbarer Vermischung zugleich festzuhalten suchte, können weder Hegel noch Litt diesem neuen Vermittlungsversuch eine letzte Hilfe geben.[223] Faßt man Hegel und Litt jedoch geschichtlich von den leitenden Problemen und deren Fortentwicklung her auf, dann führen ihre Versuche über sich selbst hinaus zu den Aufgaben der Gegenwart. Erziehung erweist sich als notwendig, weil das Leben den Menschen im Wandel der Geschichte und im Wechsel der Generationen immer

---

[223] Josef Derbolav (vgl. vor allem *Pädagogik und Politik*. Stuttgart u. a. 1975) hat deshalb den dialektischen Ansatz in der Pädagogik „praxeologisch" umformuliert und dabei die einzelwissenschaftliche Arbeit als Entfremdungsphase der Pädagogik, die ideologische Ausrichtung als Konkretisierung verstanden. Hier bleibt zu fragen, ob der Praxisbegriff nicht zu sehr ausgedehnt wird (indem z. B. Kunst und Religion auch als eine Praxis erscheinen, wenn auch als eine spezifische), ob Wissenschaft und Berufswelt nicht zu eng aufeinander bezogen werden und in einem didaktischen Szientifismus die Erziehung von diesem Bezug her gesehen wird, ob schließlich die Differenzierung der Gesamtpraxis die Geschichtlichkeit des menschlichen Lebens und seiner maßgeblichen Aufgaben genügend in Anschlag bringt. – Zum folgenden s. Anm. 48 und 21.

neu aufgegeben ist. In dieser Aufgegebenheit zeigen sich (indem z. B. „Jugend" zum Adressat der Erziehung und Bildung wird) maßgebliche Aufgaben, die durch eine umfassende Hermeneutik darzulegen sind; es zeigen sich Vorgegebenheiten, die Gegenstand unterschiedlicher wissenschaftlicher Theorien und Forschungen werden. Die Hermeneutik, die die Theorie des Vorgegebenen und den Aufweis der maßgeblichen Aufgaben vermittelt, kann durch Erwägungen den Kreis der möglichen Lösungen der entscheidenden Aufgaben ausgrenzen; die Lösung der konkreten Aufgabe selbst muß als eine unableitbare Entscheidung außerhalb der Erwägungen bleiben. Bei diesen Erwägungen ist zudem zu unterscheiden, ob sie auf überzeitliche Strukturen zielen oder auf Strukturen, denen eine Verbindlichkeit nur für eine bestimmte geschichtliche Situation zukommt. Wird die grundlegende Selbstbesinnung als Selbstaufstufung des Geistes gefaßt, dann ist die entscheidende Frage die, ob der Geist humanistisch und dialektisch am Leitfaden des sich selbst durchsichtigen Selbstbewußtseins oder hermeneutisch von der unableitbaren geschichtlichen Faktizität her, die sich dennoch zu Strukturen entfaltet, gefaßt wird. Wenn die Pädagogik heute nach einer Zeit ungestümer Wandlungen sich ihrer Möglichkeiten und Grenzen neu vergewissern muß, dann hat sie allen Anlaß, sich auf einen Autor wie Litt zu besinnen, der zu seiner Zeit von den leitenden Problemen her diese Möglichkeiten und Grenzen zu bestimmen suchte.

II. Die ethisch-politische Dimension
der hermeneutischen Philosophie

Sicherlich ist es nötig, den etwas umständlichen Titel dieses Referats zu erläutern; ich sollte aber auch einen Hinweis darauf geben, wie es überhaupt zu diesem Referat gekommen ist. Die Frage war, ob man innerhalb eines Kolloquiums über Probleme der Ethik nicht auch an eine Philosophie erinnern müsse, wie sie etwa mit dem Namen „Heidegger" verknüpft ist. Von Heidegger hörte man freilich schon vor mehr als zwanzig Jahren, daß er die an ihn herangetragene Frage: „Wann schreiben Sie eine Ethik?" als ein Mißverständnis seines eigentlichen Anliegens betrachtete. Welchen Sinn eine Ethik in Zukunft haben kann, das soll erst durch die Ausarbeitung eines neuen philosophischen Ansatzes, durch eine neue Auslegung der Dimensionen des Denkens geklärt werden. Es fiel jedoch immer schon auf, daß dieses neue Denken an zentralen Stellen Fragen enthält, die man einmal „ethische" Fragen genannt hat. Es war kein Geheimnis, daß das Gewissen-haben-wollen, das in dieser forcierten Formulierung auf dem Gipfel der Analysen von *Sein und Zeit* auftaucht, von Heidegger einmal von der Aristotelischen Phronesis hergeleitet wurde, oder daß Heidegger Kants *Metaphysik der Sitten* (trotz der Ungeklärtheit im Gedanken eines Sitten-„Gesetzes") der materialen Wertethik vorzog. Wenn Heidegger später vom Menschen als dem „Hirten des Seins" sprach, dann konnte man zu Recht darauf hinweisen, daß er hier von Vorstellungen Gebrauch machte, die in den Bilderschatz vergangener Zeiten – zur Agrarkultur – gehören; zu Unrecht – scheint mir – meinte man jedoch, das späte Heideggersche Denken könne Verantwortung nicht mehr begründen und verliere schon in ihm selber die Dimension der kritischen Ausweisung – als ob Heidegger nicht vom Menschen als dem Hirten gesprochen habe, der das Sein in seine Sorge zu nehmen habe, sondern umgekehrt vom Sein als dem Hirten, dem der Mensch als eine neue Art von Herdentier nur nachzutrotten habe.[224]

Jean-Paul Sartre hat es dagegen lange Zeit für selbstverständlich gehalten, daß er seinen frühen Arbeiten eine Ethik oder Moral zur Seite stellen müsse. Doch 1964 erklärte er in einem Interview: „Meine Entwicklung besteht darin, daß ich daran [nämlich an die Ausarbeitung und Publikation einer Ethik oder Moral] nicht mehr denke." Offenbar wollte Sartre nun zuerst das Feld der gesellschaftlich-geschichtlichen Praxis erkunden, die Formen der Ausbildung dieser Praxis analysieren, ehe die Frage entwickelt werden sollte, wie der Mensch seinem Handeln Verbindlichkeit geben, es auf ein „Ideal" ausrichten, zum „sittlichen" Handeln erheben könne. Und liegt nicht in der Tat ein Zynismus darin, daß man „philosophisch" aus einem gesicherten Leben heraus auch jenen Menschen eine „Ethik" vorschreibt, deren Leben in den verschiedensten Regionen unserer Welt sinnlos vernichtet wird oder gar nicht erst zu sinnvoller Entfaltung kommt? In dieser Frage liegt jedoch wiederum das „Ethische" – die Forderung nämlich, die Welt so zu gestalten, daß alle Menschen zu einem sinnvollen Leben kommen können. Wird nicht in dem Aktionismus, den Sartre seit der Unterdrückung der Pariser Maiunruhen und seit der Besetzung Prags praktiziert, wiederum Sartres ethischer Ansatz frei, freilich nun in exzessiven Formen des Protestes und der Provokation?

Sartres vergebliches Werben um die Jugend scheint unübersehbar zu zeigen, daß jenes Denken, das sich einmal als Existenzphilosophie artikulierte, selbst dort außer Mode gekommen ist, wo es sich mit dem Marxismus oder anderen Ansätzen verband. Die Rechtsromantik, die man Heidegger unterstellt, die Linksromantik in der Weise Sartres und anderer, ebenso jener Moralismus, in dem Jaspers von einem mehr eklektischen Wahrheits- und Freiheitsbegriff aus den ethischen Appell der Wissenschaft, der Technik und Strategie entgegenstellt, scheinen ihre Zeit gehabt zu haben. So richtig diese Feststellung sein mag – sie könnte über das Entscheidende hinwegtäuschen: darüber nämlich,

---

[224] Vgl. Ernst Tugendhat: *Der Wahrheitsbegriff bei Husserl und Heidegger*. Berlin 1967, und meine Kritik in: Philosophisches Jahrbuch 76 (1969) 376 ff.; vgl. ferner unten S. 410 ff. – Der folgende Satz Sartres wird zitiert nach Helmut Fahrenbach: *Existenzphilosophie und Ethik*. Frankfurt a. M. 1970. 132. Vgl. auch O. Pöggeler: *Besinnung oder Ausflucht? Heideggers ursprünglicheres Denken*. In: *Zerstörung des moralischen Selbstbewußtseins: Chance oder Gefährdung? Praktische Philosophie in Deutschland nach dem Nationalsozialismus*. Hrsg. vom Forum für Philosophie Bad Homburg. Frankfurt a. M. 1988. 238 ff.

daß die Strukturen wenig verwandelt bestehen bleiben, während die Worte, mit denen man sie benannt hat, sich verschlissen haben und aufgegeben werden, während neue Worte gegen die alten ausgespielt werden, als gelte es, etwas völlig Neues zu sagen. Ist nicht der Partisan, der in den letzten Jahren in aller Munde war, ein natürlicher Sohn der Existenz – der Partisan in der älteren Form, in der er sich gegen eine Fremdherrschaft auf die angestammte Heimat berief, der Partisan in der jüngeren Form, in der er zugunsten einer Utopie gegen das Unrechtssystem des Bestehenden protestiert, wie auch der Partisan in jener sublimierten Form, in der er den Protest des Einzelnen und der einzelnen Gruppen gegen eine nur noch technokratisch verwaltete Welt vorträgt?[225] Die Frage ist nicht, ob man die Ausarbeitung einer „Ethik" zuerst einmal zugunsten der Klärung der Situation zurückstellen oder doch wieder das Ethische unmittelbar und aktionistisch geltend machen soll. Die philosophisch zu stellende Frage ist doch wohl die, ob man nicht auf die Situation der Menschen in der heutigen Welt sehen, diese Situation hermeneutisch auslegen muß, wenn man die ethische Problematik neu entwickeln will; ob man schließlich nicht darauf achten muß, welcher Spielraum dem sittlichen Handeln nicht nur durch die natürlichen Bedingungen des Lebens, sondern auch durch jene „Politik" abgesteckt wird, die heute wie nie zuvor in der Geschichte die Welt des Menschen gestaltet.

a. Hermeneutik und Ideologiekritik

So fragen, heißt nach der ethisch-politischen Dimension einer hermeneutischen Philosophie fragen. Doch was ist hermeneutische Philosophie? Unter den Titel „Hermeneutik" ist im 17. Jahrhundert die ars interpretandi gestellt worden. In Diltheys späteren Arbeiten konnte dieser Titel dann das Problem einer Grundlegung der Geisteswissenschaften anzeigen: für Dilthey wurde die Einsicht leitend, daß die Kantische Vernunftkritik, neukantisch gefaßt als Grundlegung der Naturwissenschaften, nicht durch eine parallel aufgebaute Kritik der historischen Vernunft als Grundlegung der Geisteswissenschaften er-

---

[225] Diese Zuspitzung zur „welthistorischen" Figur hat Rolf Schroers (zusammen mit Carl Schmitt wie Paul Celan!) versucht: *Der Partisan*. Köln/Berlin 1961.

gänzt werden könne, da die Geisteswissenschaften es nicht mit einem fremden Objekt zu tun haben, sondern selbst immer schon von ihrem „Gegenstand", dem geschichtlichen Leben, getragen und bis in ihre einzelnen Ansätze hinein in den Prozeß der Selbstbesinnung und Selbstauslegung des Lebens hineingenommen sind. Geisteswissenschaften sind für Dilthey auch und gerade die ethisch-politischen Wissenschaften, und so hätte Dilthey von seinem hermeneutischen Ansatz aus eigentlich die Frage entwickeln müssen, wie die alte praktische Philosophie unter den neuen Bedingungen, vor allem angesichts der Erfahrung der Geschichte, wieder zu vergegenwärtigen sei. Dazu kam es nicht, und das liegt wohl vor allem daran, daß Dilthey um der Wissenschaftlichkeit, der „Objektivität" der Geisteswissenschaften willen die Hermeneutik auf den Zusammenhang von Erlebnis, Ausdruck und Verstehen bezog, also das Verstehen als Nachverstehen auf das schon gelebte Leben und dessen Ausdruck in den vorliegenden geschichtlichen Objektivationen verwies.

Die hermeneutische Philosophie, wie Hans-Georg Gadamer sie entwickelte, hat demgegenüber von Heidegger her das Verstehen als Sichverstehen genommen und dieses Sich-verstehen-auf in die zukunftsoffene, dialogisch sich aufbauende Geschichte gestellt. So konnte Gadamer die Aristotelische Analyse des sittlichen Wissens oder der praktischen Klugheit als Modell einer Analyse des hermeneutischen Bewußtseins nehmen, an der juristischen Hermeneutik die Applikation als wesentliches Moment des hermeneutischen Prozesses herausstellen. Als Jürgen Habermas die Hermeneutik in den Methodenstreit der Sozialwissenschaften einführte, unterzog er sie einer grundsätzlichen Kritik: Die hermeneutische Philosophie soll sich in einseitiger Tendenz der Tradition zuwenden, so die Kraft der Reflexion, die aus der Bindung durch Tradition emanzipiert, verkennen; zu Unrecht soll sie einen „Universalitätsanspruch" erheben. Deshalb wird ihr eine Geschichtsphilosophie in praktischer Absicht entgegengestellt, die die Bindung des hermeneutischen Prozesses an Arbeits- und Herrschaftsverhältnisse beachtet und ideologiekritisch in einem erklärenden („explanatorischen") Verstehen diese Bindung bewußt macht. In der Tat hätte heute eine hermeneutische Philosophie keine Chance, die in einseitiger Weise eine konservative, vielleicht nur historisch-ästhetische Bewahrung der Herkunft der fortschrittsgläubigen oder revolutionären Ausrichtung auf die Zukunft vorzöge. Wenn die Menschheit zum ersten Male in ihrer Geschichte als ganze an die Ausbildung einer einheitlichen Weltzivilisation geht und dabei in riskanter Weise ihre Existenz aufs Spiel setzt, dann muß der entscheidende Akzent auf die Zuwendung zur Zukunft fallen. Die Polarisierung, um die es geht, zeigt sich erst innerhalb dieser Zuwendung: setzt man im utopischen Ausgriff oder auch nur in emotionalen Protesten die Zukunft schroff der Gegenwart entgegen, oder vertraut man darauf, von den Sachzwängen der einzelnen Bereiche her die Weltzivilisation in den Griff zu bekommen? Die in Deutschland geführte Diskussion über die Hermeneutik zeigt die Tendenz, die Zuwendung zu den Sachen und deren Zwängen aus dem hermeneutischen Prozeß herauszunehmen und diesen Prozeß dann nur noch als ein bloßes „Dolmetschen" aufzufassen. Werden schon bei Gadamer um der Einheit des hermeneutischen Prozesses willen die Differenzen zwischen exegetischer, dogmatischer und strukturtheoretischer Fragestellung oder zwischen historischem Auslegen und normativem Applizieren zurückgestellt, so wird in der Diskussion dieses Ansatzes der hermeneutische Prozeß als ein theorieloses Verstehen gefaßt, dem dann in der Tat ein erklärendes Verstehen entgegengestellt werden muß.[226]

Man darf deshalb die deutsche Diskussion daran erinnern, daß Paul Ricoeur eine hermeneutische Philosophie ausgebildet hat, die das Erklären in das Verstehen einzubeziehen versucht, ein Erklären zudem, das nicht mehr allein den exakten Wissenschaften zugesprochen wird, sondern gerade auch jenem Buchstabieren von kulturellen Systemen, in dem diese – strukturalistisch – wie sprachliche Zeichensysteme behandelt werden. Nicht das simple Dolmetschen oder Übersetzen, sondern das Symbol-Verstehen ist das Grundmodell des hermeneutischen Prozesses; indem das doppelsinnige, deshalb der Interpretation bedürftige Symbol vom bloßen Zeichen abgesetzt wird, wird die Eigenständigkeit des hermeneutischen Feldes gegenüber einer restriktiven analytischen Sprachphilosophie behauptet. Wenn Marx, Nietzsche und Freud die Vernunft zur „Interpretation" jener Illusionen einsetzen, zu denen das produzierende Gattungswesen, der Wille zur Macht oder der Wunsch treibt, dann ist diese desillusionierende Inter-

---

[226] Vgl. den Sammelband *Hermeneutik und Ideologiekritik*. Mit Beiträgen von K.-O. Apel u. a. Frankfurt a. M. 1971. Zum folgenden s. Anm. 15.

pretation oder Ideologiekritik nicht eine Ergänzung zur Hermeneutik, sondern deren Bewährungsprobe. Der Mensch muß die Kränkung hinnehmen, daß seine Symbole zugleich Idole sind und in ihrer listenreichen Doppelsinnigkeit nur zu oft nicht in der Selbstreflexion, sondern allein in der kommunikativen Interpretation entschleiert werden können. Philosophie, die wesentlich Reflexion ist, hat ihre Wurzeln im Leben; in ihr geht es nicht so sehr um Bewußtsein als um Bewußt-*werden,* und so ist diese Philosophie gemäß dem Sprachgebrauch des Spinoza schon „Ethik", bevor sie innerhalb ihrer eine Moralphilosophie ausbildet. Sie kann die Moralphilosophie nicht mehr in der Kantischen Weise dadurch strukturieren, daß sie eine Gesetzgebung apriori der Empirie entgegenstellt und so die Struktur der Kritik der theoretischen Vernunft auf die Kritik der praktischen Vernunft überträgt. Die Reflexion als ein Bewußtwerden geschieht nur durch die Werke hindurch, die von diesem Werden zeugen, und so ist die Philosophie als „Ethik" hermeneutisch. In diesen Bestimmungen Ricoeurs ist konsequent herausgestellt, was sich bei Dilthey nur erst andeutete: daß die Hermeneutik letztlich in eine Philosophie der Selbstbesinnung gehört, damit selber eine ethische Dimension hat und so den Überlegungen über die Methodologie der Naturwissenschaften wie der Geisteswissenschaften vorausliegt.

b. Dimensionen des Hermeneutischen

Die hermeneutische Philosophie – das darf ich als Resultat unserer kleinen Skizze festhalten – hat sich seit Dilthey in verschiedenen Gestalten ausgebildet und dabei nicht nur in den ethisch-politischen Wissenschaften die hermeneutische Position geltend gemacht, sondern auch die hermeneutische Philosophie selbst in die Dimension des Ethischen geführt. Will man nach der Legitimität dieses Vorgehens fragen, dann muß man das allzu undifferenziert Behauptete erst einmal zu differenzieren suchen. Diesen Versuch möchte ich machen, indem ich den Leitfaden für die Differenzierung jenem Werk entnehme, über das ich mir am ehesten jeden Bericht sparen kann. Der Ansatz von *Sein und Zeit* soll uns den Ansatz einer hermeneutischen Philosophie zeigen, ganz unabhängig von der Frage, was Heidegger selbst aus diesem Ansatz gemacht oder nicht gemacht hat.

In den einleitenden Erörterungen dieses Werks charakterisiert Heidegger bekanntlich seine Philosophie als Phänomenologie, Ontologie und Fundamentalontologie, Transzendentalphilosophie. In einem kleinen Anhang zu diesen Erörterungen sagt er dann, der methodische Sinn der phänomenologischen Deskription sei Auslegung, seine Phänomenologie des Daseins sei eine Hermeneutik. Setzt dieser Anhang zusätzlich und in durchaus überflüssiger Weise zu vielen Titeln noch einen Titel? Ich glaube nicht; allzu oft und allzu selbstverständlich bezeichnet Heidegger auch im Werk selbst seine philosophische Arbeit als ein Auslegen und ein Interpretieren, reklamiert er für diese Arbeit den „hermeneutischen Zirkel". Was auch immer Titel wie „phänomenologisch, ontologisch, transzendental" bedeuten mögen – sie weisen darauf hin, daß es darum geht, die Bestimmung der Philosophie neu festzulegen. Daß es darum geht, neu zu bestimmen, was Philosophie sein soll, daß aber auch die Gefahr besteht, in dieser neuen Bestimmung das eigentlich Philosophische zu verlieren, wird angezeigt durch das Adjektiv „hermeneutisch".

Die Frage, wie das Hermeneutische in *Sein und Zeit* differenziert wird, möchte ich in fünf Schritten behandeln.

1. Heidegger verwendet in seinem Werk den Ausdruck „hermeneutisch" schon sehr bald in einer spezifischen Weise. Im § 33 behandelt er die „Aussage" als „abkünftigen Modus der Auslegung". Die Aussage läßt etwas als etwas sehen – etwa einen Hammer in der Industrieforschung als so und so schwer. Das „Als", dem gemäß hier etwas *als* etwas genommen wird, ist ein apophantisches, wie Heidegger sagt. Diesem Als setzt Heidegger das hermeneutische Als entgegen, das eine Situation erschließt und auslegt, somit der Auslegung zugehört. Auch in Sätzen, die bloße Aussagen zu sein scheinen, kann sich eine Auslegung verstecken. Der Satz: „Der Hammer ist schwer", gesprochen in einer bestimmten Arbeitssituation, kann durchaus Abwehr, Bitte oder Befehl ausdrücken: „Zu schwer; den anderen Hammer!" (Selbst die Forschung kann, eben als Industrieforschung, auf eine Situation bezogen sein – als ganze, wenn auch nicht unmittelbar mit ihren einzelnen Aussagen.) Andere Sätze könnten den „hermeneutischen" Charakter deutlicher zeigen. Wenn ich sage: „Ich bin glücklich", dann will ich kaum die unbeteiligte Aussage machen, ein bestimmter Mensch sei in einem bestimmten Zustand; vielmehr identifi-

ziere ich mich im Ich-sagen mit mir selber und erschließe eine bestimmte Situation. Ein Mann, der zu einem Mädchen sagt: „Du bist schön", will kaum eine bloße Aussage machen. „Ich" und „Du" sind zwar einerseits „Pronomina", 'so daß man für sie ein Nomen setzen, den Satz „Ich bin glücklich" umformulieren kann in den Satz „XY ist glücklich". Andererseits erschöpft sich ihre Funktion nicht darin, für ein Nomen stehen zu können. Sätze wie: „Ich verspreche dieses oder jenes", erwecken nicht einmal den Anschein, nur einen apophantischen Sinn zu haben.

Heidegger spricht vom Apophantischen im Unterschied zum Hermeneutischen im Rückgriff gerade auf jene Arbeit aus dem Organon des Aristoteles, die den Titel „Hermeneutik" trägt – „de interpretatione" oder „peri hermeneias". Hermeneia, „Auslegung" im Sinne dieser Arbeit, sind in gewisser Weise schon das Nomen oder das Verbum, sofern sie etwas sagen, im vollen Sinne aber ist es erst der komplexe Satz. Der Satz kann z. B. Wunsch, Bitte, Befehl oder Aussage sein. Der Hermeneutik des Aristoteles kommt es auf den Satz an, der wahr oder falsch sein kann, und das soll allein die Aussage sein können. Hermeneia, Auslegung, ist also gerade die Apophansis, das Sehenlassen von etwas als etwas. Heidegger dagegen setzt die Auslegung (hermeneia) in einen Unterschied zur Apophansis und spricht von einer „Nivellierung" des hermeneutischen Als zum bloß apophantischen, die in der Aussage geschehe. Er kann in dieser Weise unterscheiden, weil er eine Frage stellt, der Aristoteles nicht nachgeht: Aristoteles führt Satzarten wie Wunsch, Bitte, Befehl nur an, um die Aussage von ihnen abzuheben; Heidegger fragt, welche Funktion Aussage, Wunsch, Bitte, Befehl haben, wenn sie eingreifen in die Situation, die durch das bewegte Miteinander der Menschen und Dinge bestimmt ist. Die Aussage greift in dieses Miteinander ein, indem sie „apophantisch" etwas als etwas sehen läßt, damit aber als bloßes Aufzeigenwollen von der Dynamik der Situation abstrahiert, diese „nivelliert". Als bloßer Grenzfall des Erschließens einer Situation, der sich vom Erschließen emanzipiert, kann die Apophansis dem eigentlich Hermeneutischen entgegengesetzt werden. In dieser Entgegensetzung wird aber klar, daß das Hermeneutische gar nicht von der hermeneia des Aristoteles her verstanden ist, sondern von der Hermeneutik der theologischen Tradition her: das eigentliche Modell des Hermeneutischen ist für Heidegger offenbar das Wort, das in eine Situation eingreift und diese verwandelt, das immer neu ausgelegt und appliziert, in der Geschichte bewährt sein will. Es ist nun die These Heideggers, daß es gerade auch in diesem hermeneutischen Geschehen um „Wahrheit" geht, daß also nicht, wie das seit Aristoteles festgelegt wurde, die Aussage allein der Ort der Wahrheit und der Logos des Aussagens vorzüglich der Logos sei, den die Philosophie zu beachten habe.

So scheint sich für die Philosophie eine Alternative abzuzeichnen: entweder legt sie – in der Fortführung der sog. Hermeneutik des Aristoteles – in restriktiver Weise durch Sinnkriterien fest, was überhaupt als sinnvolle Rede oder doch als wissenschaftlich mögliche Rede zu gelten habe; oder aber die Philosophie interessiert sich gerade für jene Redeweisen, die in eine Situation eingreifen, diese verändern und so in einem engeren Sinn der Hermeneutik bedürfen. Beide Möglichkeiten sind in unserem Jahrhundert in radikalen Formen zur Geltung gebracht worden. Man neigt deshalb dazu, die hermeneutische Philosophie und (als Widerpart) die analytische Philosophie in der Weise aufeinander zu beziehen, daß man jeweils auf die letzte Tendenz sieht. So kann man dann die beiden philosophischen Richtungen als unvereinbar ausgeben oder aber deshalb konvergieren sehen, weil die analytische Philosophie inzwischen die pragmatische Dimension der Sprache aufgedeckt habe. Tut man damit nicht den letzten Schritt vor dem ersten, greift man nicht nach dem Ganzen, ehe man die Teile hat? Hier sollte deshalb darauf hingewiesen werden, daß die hermeneutische Philosophie selber – folgt man nur den Schritten, die sie getan hat – dazu auffordert, elementarer und detaillierter anzusetzen. Auf der elementaren Ebene konvergieren dann durchaus die sog. „hermeneutische Logik", wie Hans Lipps sie im Anschluß an Heidegger und Misch ausbildete, Austins Unterscheidung zwischen konstatierenden und performativen Äußerungen, die Analyse der language of morals.[227] Hier ist es denn auch, wo die hermeneutische Philosophie die

---

[227] Jürgen Habermas (vgl. J. Habermas / Niklas Luhmann: *Theorie der Gesellschaft oder Sozialtechnologie.* Frankfurt a. M. 1971. 101 ff.) hat von den „performativen" Äußerungen her klären wollen, wie eine Sprache ihre eigene Metasprache, wie ein Sprachgebrauch zugleich „analytisch" und „reflexiv" sei (was ja ein Grundthema der sog. Dialektik wie der „hermeneutischen" Philosophie ist). Im Satz: „Ich verspreche dir, daß …", unterscheidet Habermas einen dominierenden performativen Satz und einen davon abhängigen Satz „propositionalen" Gehalts bzw. einen Satz, der wenigstens in eine Proposition soll umgeformt werden können. Die Frage bleibt, was hier „propositional" heißen soll. Hans Lipps hat darauf hingewiesen, daß etwa im Versprechen der

Dimension des Ethischen und Politischen zum ersten Male erreicht, insofern sie nach dem moralischen Sprachgebrauch frägt.

2. Was das Wort „Hermeneutik" betrifft, so bleibt die Frage, ob gerade die Aussage als hermeneia gelten soll oder erst eine von ihr abgehobene Auslegung, oder ob man nicht in neutraler Weise jede Analyse des Leistungssinns von sprachlichen Äußerungen oder „symbolischen" Systemen als Hermeneutik bezeichnen soll. *Sein und Zeit* setzt das Hermeneutische als das Ursprünglichere der Aussage entgegen. Das Buch schlägt in seinem zweiten Abschnitt – der Analyse der Zeitlichkeit des Daseins – eine weitere Brücke zur Hermeneutik dadurch, daß es jene Wissenschaften zu legitimieren versucht, die „hermeneutisch" vorgehen. Diese Wissenschaften gelten für unexakt, weil sie von einem Vorverständnis ausgehen, das selber geschichtlich vermittelt ist, von diesem Vorverständnis aus ein anderes Lebensverständnis interpretieren und applizieren auf das eigene Sichverstehen. Heidegger nimmt Diltheys Begründung der Geisteswissenschaften auf, aber zugleich Nietzsches Frage nach dem Nutzen und Nachteil der Historie für das Leben; so wird das Verstehen – unter Anstößen von Kierkegaard – zum Sichverstehen. Damit sind schon die Motive für die heutige Methodendiskussion in den Geistes- und Sozialwissenschaften gegeben, freilich noch nicht die Differenzierungen dieser Diskussion.

Was ein hermeneutischer Prozeß ist, zeigt sich, wenn Philologie und Theologie den Sinn als ein Sinn*geschehen* nehmen, da ein Text sich in vielfacher Weise auslegen und applizieren läßt, wenn der Jurisprudenz die Vermittlung des besonderen Falles und des allgemeinen Gesetzes zur Aufgabe einer ständig neuen Gesetzesauslegung wird, da die im Gesetz gesetzte Allgemeinheit die Konkretheit menschlichen Handelns nicht vollständig unter sich zu bringen vermag. Hier kann

---

Treue das, was Treue meint, beim Versprechen „sachlich" nicht vollständig angegeben werden kann (*Die Verbindlichkeit der Sprache*. Frankfurt a. M. 1958. 103). Um den Status eines solchen Ausdrucks des Versprechens klären zu können, hat Lipps seine hermeneutische Logik entwickelt, z. B. unterschieden zwischen Begriff und Konzeption. An das Versprechen-Dürfen, das Gutheißen für die Zukunft, hat schon Nietzsche seine Überlegungen über Verantwortlichkeit und auch über „große Politik" geknüpft (vgl. etwa die zweite Abhandlung *Zur Genealogie der Moral*). Die Frage bleibt, ob Habermas den hermeneutischen Prozeß nicht deshalb so vorschnell zu dem hin zu übersteigen versucht, was er Diskurs nennt, weil er die elementaren Überlegungen von Lipps überspringt.

die hermeneutische Philosophie in einer anderen als der schon genannten Weise an Aristoteles anknüpfen: Aristoteles zeigte – unter Kritik an Platon – die Eigenständigkeit des „sittlichen Wissens" auf. Dieses muß das Gute, das ihm nicht als Gegenstand, sondern als das zu Verwirklichende entgegentritt, sich jeweils aus der konkreten Situation begegnen lassen; sich in einer Situation bewegen zu können, verlangt „Erfahrung", die zu einer „Haltung" ausgebildet werden muß; das sittliche „Wissen" hält sich also von vornherein in der moralischen Dimension.[228] Aristoteles hat eine praktische Philosophie zu begründen vermocht, die sich mit ihren Disziplinen Ethik, Ökonomie, Politik, Rhetorik bis in die Neuzeit durchgehalten hat (während es zu einer entsprechenden Ausbildung der poietischen Philosophie in der Antike nicht gekommen ist). Die Tradition dieser praktischen Philosophie war dann aber so abgebrochen, daß man nach dem letzten Kriege die Politik unter Titeln wie „Politologie" als amerikanisches Produkt glaubte importieren und vertreiben zu müssen. Doch konnte – vor allem in der Bergsträsser-Schule und bei Wilhelm Hennis – der Anschluß an die alteuropäische Tradition der Politik wiederhergestellt werden. Diese Wiederherstellung der praktischen Philosophie hat dann Joachim Ritter philosophisch zu fassen versucht: Leben, so hat er dargelegt, ist für Aristoteles wesentlich Praxis – Tätigkeit und Handeln; der Mensch muß eigens seine Welt im Handeln aufbauen und für dieses Handeln das Maß finden; wenn er sich „ethisch" verhalten will, muß er jedoch beachten, welche Möglichkeiten des rechten Verhaltens schon durch die Gemeinschaft, in der er lebt, bereitgestellt sind. Das Ethos, das „Wohnen" der Lebewesen, das beim Menschen ein Getragensein durch Brauch und Sitte und deren Institutionen wird, bleibt bezogen auf das Politische, das universal von der Ausgestaltung der Polis überhaupt her zu verstehen ist (heute also nicht von einem Primat der Außenpolitik her gefaßt werden darf, sondern ebenso als Sozialpolitik, Kulturpolitik, Wissenschaftspolitik, also als Gestaltung der verschiedenen Bereiche der Weltzivilisation). Die praktische Philosophie ist „hermeneutisch", weil sie das Ethische auf das Politische verweist und das vernunftgemäße Handeln durch die Auslegung der schon institutionalisierten Vernunft zu sich bringt. Sie ist

---

[228] Vgl. unten S. 385 ff. – Zum folgenden s. Anm. 10. Vgl. ferner Wilhelm Hennis: *Politik und praktische Philosophie*. Neuwied/Berlin 1963 und Stuttgart 1977.

jedoch auch in dem Sinn hermeneutisch, daß sie in einer Zeit des Traditionsbruches auftritt und das Ethos, das in eine Krise gekommen ist und sich als selbstverständliche Tradition nicht mehr fortsetzt, durch die Reflexion neu herzustellen sucht. So zeigt sich die Bedeutung der Geschichte; diese hat für uns freilich eine ganz andere Relevanz, als sie sie für Aristoteles haben konnte.[229]

Aristoteles hat die praktische Philosophie als eine eigenständige Disziplin konzipiert; in der weiteren Entwicklung bis hin zu Wolff wurde das Naturrecht als Vernunftrecht dann wieder im Rückgriff auf die metaphysica specialis begründet. Diese metaphysische Begründung der praktischen Philosophie wurde zerstört, als man einerseits seit Hobbes die Sozialphilosophie als eine Physik des Sozialen entwickelte, andererseits die Inhalte der metaphysica specialis zuerst zu Postulaten der praktischen Vernunft erklärte, dann mit den religiösen Überzeugungen zusammen in den Bereich der Weltanschauung abschob und der Wissenschaft entgegenstellte. Heute scheint der alteuropäischen praktischen Philosophie der Boden schon dadurch entzogen zu sein, daß das politische System nur eines unserer sozialen Systeme ist, und man sich in der Pluralität der Systeme mit durchaus verschiedenen, ja unvereinbaren Haltungen bewegen zu können scheint – etwa für eine rationale Politik sich einsetzen und „Christian Science" betreiben, im familiären Bereich auf Solidarität, im gesellschaftlichen Bereich auf Konkurrenzmechanismen schwören kann, usf. Wie kann unter diesen Umständen eine praktische Philosophie

---

[229] Ritter geht von Aristoteles weiter zu Hegel. In anderer Weise bestimmt Michael Theunissen Hegels Philosophie als eine hermeneutische: weil bei Hegel der Gott des Aristoteles (der die Theoria als höchste Form der Eudaimonia verlangt) zum christlichen, geschichtlichen Gott wird, fallen philosophische Archäologie und Eschatologie zur Hermeneutik zusammen. „Eine derartige, nur im ergründenden ‚Zurücksehen' vorausschauende Hermeneutik der historischen Situation stellt die moderne Gestalt dar, in der sich bei Hegel die reine Theorie Aristotelischer Metaphysik verwandelt." Theunissens Hegeldeutung läßt sich dann rechtfertigen „ausschließlich aus der zweifachen Überzeugung, daß der Gekreuzigte die Wahrheit und daß Hegel aus der Wahrheit sei"; eine Hegelkritik muß Hegel ein korrumpiertes Verständnis des christlichen Glaubens vorwerfen (vgl. *Hegels Lehre vom absoluten Geist als theologisch-politischer Traktat*. Berlin 1970. 417, 51, 442). Vgl. zu diesem Typus „hermeneutischer" Philosophie auch die engagierte Polemik, die F. W. Korff als einen „Beitrag zur Typologie aktueller Gesinnung" (in dem Kierkegaard für den jungen Marx die Schläge bekommt) gegen K. Schäfers Buch *Hermeneutische Ontologie in den Climacus-Schriften Sören Kierkegaards* (München 1968) gerichtet hat: *Hermetische Hermeneutik und ideologische Ontologie im Gefolge Sören Kierkegaards*. In: Studium Generale 24 (1971) 865 ff.

noch Aktualität haben, die das Handeln der Menschen auf ein höchstes Gut ausrichten, den Staat nicht als Faktum nehmen, sondern auf einen Staatszweck ausrichten will? Und wie kann man dort, wo die Geschichte zur Macht wurde und dabei weithin als machbar erscheint, in einer geschichtlichen Krise die Vernünftigkeit und damit auch die Verbindlichkeit der Institutionen durch die Reflexion wiederherstellen wollen? Wenn die alteuropäische praktische Philosophie als hermeneutische Philosophie fortgesetzt werden soll, ist dann diese hermeneutische Philosophie nicht nur eine milde Verschleierung des Tatbestandes, daß nur noch Ideologien das Handeln lenken?

3. An dieser Stelle muß nun grundsätzlich darauf hingewiesen werden, daß hermeneutische Philosophie nicht nur in einer Kritik der historischen Vernunft eine Grundlegung der Geisteswissenschaften versucht, sondern das Philosophieren selber als ein Auslegen nimmt, das in den Prozeß der Geschichte hineingestellt ist. *Sein und Zeit* sollte deshalb dem Plan nach zu einem ersten Teil, der systematischen Konstruktion, einen zweiten Teil, die geschichtliche Destruktion, stellen, also System und Geschichte letztlich überhaupt nicht voneinander trennen. Wenn es so etwas wie einen Stil des hermeneutischen Philosophierens gibt, dann besteht dieser darin, daß diese Philosophie in einer besonderen Weise die Tradition der Philosophie gegenwärtig hält und die eigene Arbeit in die fortgehende Geschichte stellt. Dabei bilden sich unterschiedliche Figuren hermeneutischen Philosophierens aus: bei Heidegger und Gadamer geht es offenbar immer wieder darum, durch die Unterscheidungen, die sich geschichtlich ausgebildet haben, durchzugreifen zu einer verlorenen und neu zu suchenden ursprünglichen Einheit – die Unterscheidung zwischen Dichten und Denken soll wieder auf ein „dichterisches" Denken zurückgeführt werden, die „ästhetische Unterscheidung" zwischen Inhalt und Form eines Kunstwerks auf eine ursprüngliche Kunsterfahrung, die Trennung zwischen methodischer geisteswissenschaftlicher Arbeit und vorwissenschaftlicher Traditionsvermittlung auf ein übergreifendes Wahrheitsgeschehen. Bei Ritter wird der hermeneutische Prozeß offenbar anders artikuliert: was einmal einheitlicher Ursprung war (Theoria als Mythos und Logos, Kunst als kultische und ästhetische, Tradition als erbaulich verwaltete und wissenschaftlich aufgearbeitete), soll nur noch in den neuen Differenzierungen festgehalten wer-

den. Für die Jüngeren scheint die Hermeneutik nur interessant, wenn der hermeneutische Prozeß ausgerichtet wird auf den Zielpunkt der „Emanzipation". Doch: unterscheidet sich die hermeneutische Philosophie in allen diesen ihren Differenzierungen überhaupt noch von einer historisch-politischen Analyse, wie sie etwa Tocqueville gegeben hat, bleibt in ihr nicht nur das Hermeneutische, sondern auch das Philosophische?

Die Panhermeneutik scheint ausdrücklich proklamiert zu werden, wenn Heidegger z. B. behauptet, Shakespeares Dichtung sei nicht fortgeschrittener als die des Sophokles, aber die Physik des Galilei auch nicht fortgeschrittener als die Physik des Aristoteles. Sollen also auch die physikalischen Lehren als zeitgebunden und deshalb als unvergleichbar gelten? Soll z. B. die neuzeitliche Lehre, ein bewegter Körper verhalte sich gemäß dem Axiom „Kraft gleich Masse mal Beschleunigung", nicht richtiger sein als die antik-mittelalterliche Auffassung, nicht Kraft und Beschleunigung, sondern Kraft und Geschwindigkeit seien einander proportional? Wenn man sich an einfache Bewegungsphänomene hält, hat die antike Auffassung ja viel für sich: je schneller man läuft, um so mehr Kraft muß man aufwenden. Den Benzinverbrauch beim Autofahren könnte man jedoch nicht mehr nach einem Axiom oder Quasiaxiom „Kraft gleich Masse mal Geschwindigkeit" berechnen, und einen Satelliten würde man mit einer solchen Auffassung sicher nicht auf seiner Bahn halten können. Das in der Neuzeit gefundene Axiom ist aber nur dann verwendbar, wenn man die Kräfte genau unterscheidet, die auf den wirklichen bewegten Körper wirken, also die vorwärtstreibende Kraft von der Reibungskraft, der Schwerkraft isoliert. Die Antike scheute sich jedoch, die einfachen Phänomene der Bewegung durch methodische Abstraktion in verschiedene Komponenten zu zerlegen; so kam es weder zum analytischen Experiment noch zu Autos oder Satelliten; die Bedingungen für die Aufstellung und Anwendung des genannten Axioms waren nicht gegeben. Um diese Bedingungen geht es in einer hermeneutischen Erörterung oder in dem, was Heidegger einmal „Seinsgeschichte" genannt hat (ein Ausdruck, der mit seinen beiden Bestandteilen mißverständlich bleibt, zu kurzschlüssig von Geschichte spricht und in wenig reflektierter Weise von jenem metaphysischen Sprachspiel mit dem Worte „Sein" Gebrauch macht, welches durch die Struktur der indogermanischen Sprachen angeregt wurde).

Der hermeneutischen Philosophie geht es nicht um historische Feststellungen, sondern um die Frage, unter welchen Bedingungen bestimmte Ansätze legitim sind. Die Hermeneutik ist nicht historistisch; sie ist auch dann nötig, wenn man – wie Leo Strauss das tut – antike Einsichten gegen den Historismus geltend machen will. Die hermeneutische Philosophie hat die exakten Wissenschaften nicht neben sich, sondern hat auch deren Theorien auf ihren „Sinn" hin zu „erörtern". Wenn die hermeneutische Philosophie jedoch nach dem Sinn fragt, den Kunst im technischen Zeitalter hat oder nach den Grenzen der Technik, wenn sie in exemplarischer Weise Hegels Frage nach dem Verhältnis des Staates zur neu entstandenen „bürgerlichen Gesellschaft" aufnimmt, dann entfaltet sie offenbar Fragen, deren Lösung (sofern man hier überhaupt von Lösung oder Lösungen reden darf) an „geschichtliche" Entscheidungen gebunden ist. Wenn Heidegger in diesem Zusammenhang von einem Geschick des Seins spricht, gibt er dann nicht offen zu, daß das Denken dem Fatalismus und Irrationalismus ausgeliefert wird? Heidegger betont jedoch, daß er das Geschick weder vom Fatum noch von der Geschichte her verstehe, sondern vom Schicken, das ein Entbergen sei, mit dem ein Verdecken und Verbergen verbunden sei. Bewege ich mich nach den Direktiven der einen Seins- oder Sinnsphäre – etwa nach den Konkurrenzmechanismen der bürgerlichen Gesellschaft -, dann wird mir die andere Sphäre – die des eigentlich politischen Handelns – verdeckt. Die hermeneutische Philosophie macht Ernst damit, daß es nicht möglich ist, in der Weise einer analogia entis oder der sich schließenden Dialektik Hegels die verschiedenen Sphären in die Ordnung eines wohl abgeteilten Nebeneinanders zu bringen.

4. Mit diesen Überlegungen kommen wir zu unserem entscheidenden, dem vierten Schritt: Die alte praktische Philosophie unterstellte alles Handeln einem letzten Zweck; als Hegel Theorie und Praxis, objektiven und absoluten Geist, Staat und Gesellschaft unterschied, legitimierte er seine Unterscheidungen durch ein Gefüge von Prinzipien, in dem ein letztes „spekulatives Prinzip" entfaltet sein sollte. Auch Heidegger wollte Unterscheidungen, wie die zwischen dem Apophantischen und dem Hermeneutischen nicht nur deskriptiv einführen, sondern dadurch begründen, daß er sie zurückführte auf Modifikationen der Zeit als des letzten Horizontes für alles In-der-Welt-sein. Hier

geriet er jedoch in eine Aporie, die wohl der Grund dafür ist, daß das Buch *Sein und Zeit* Fragment blieb: die Zeitigung der Zeit als dieses letzten Horizontes könnte selber zeitlich-geschichtlich in unterschiedlichen Weisen erfolgen und so diese „Zeit" gar kein endgültig greifbares Unterscheidungsprinzip sein. Was Zeit in diesem Sinn überhaupt sein könnte, ließe sich dann allenfalls in unabgeschlossener Weise vom Apophantischen und vom Hermeneutischen in seinen verschiedenen Formen her zeigen. Nennen wir Welt das jeweilige Ganze jener Bahnen und Bereiche, auf denen und in denen uns das, was ist, in unterschiedlichen Weisen begegnet, dann gibt es für die Auffächerung dieser Welt in Bereiche und Konstellationen kein spekulatives Prinzip, sondern allenfalls so etwas wie eine spekulative Mitte: eine Mitte, die jeweils von den einzelnen Punkten der Peripherie (den geschichtlich sich differenzierenden Bereichen der Welt) angegangen werden kann, die sich von den verschiedenen Ausgangspunkten aus in unterschiedlichen Weisen zeigt, die in endgültig-abgeschlossener Weise kaum bestimmt werden kann. Die Mitte ist nur dem hermeneutischen Vorgriff gegeben, der sich in der Auslegung des einzelnen bewähren und modifizieren muß, vielleicht nicht in einen Zirkel, aber in eine unabschließbare Spiralbewegung führt. Um die Bewegtheit dieser Bewegung zur Geltung zu bringen, muß die Philosophie z. B. die Aussagenzusammenhänge durch offene Fragen aufbrechen, ohne damit selber Bitte, Wunsch, beschwörende Geste zu werden.[230] In dieser hermeneutischen Auslegung zeigt Welt sich jedoch als ein spannungsvolles Gefüge, und dieser Gefügecharakter der Welt gestattet es, verbindliche Argumentationen beizubringen für die Fragen nach dem Verhältnis von Staat und Gesellschaft, Kunst und Technik, für Fragen, ob Politik in Technokratie auflösbar sei, usf.

An dieser Stelle sei noch einmal ein Blick auf die heutigen Diskussionen über hermeneutische Philosophie gestattet. Ludwig Landgrebe hat in einem Vortrag *Über einige Grundfragen der Philosophie der Politik*[231] darauf hingewiesen, daß von einer Erneuerung der prakti-

---

[230] Die „Logik von Frage und Antwort" bildet deshalb bei Gadamer (der Collingwood und Lipps nicht vergessen hat) den Abschluß der Analyse des wirkungsgeschichtlichen, „hermeneutischen" Bewußtseins; vgl. *Wahrheit und Methode* (s. Anm. 13) 351 ff.
[231] Köln und Opladen 1969. Siehe auch Anm. 149. – Zum folgenden vgl. Georg Picht: *Der Begriff der Verantwortung*. In: Picht: *Wahrheit, Vernunft, Offenbarung*. Stuttgart 1969. 318 ff.

schen Philosophie nur die Rede sein könne, wenn auch die teleologische Dimension der klassischen Politik wiedergewonnen werde; auch die heutige praktische Philosophie müsse also das Handeln einer letzten Direktive unterstellen, es am „wahren Leben" orientieren. Diese letzte Direktive bestimmt Landgrebe dann in einer Auseinandersetzung mit Habermas als das Interesse an der Freiheit als Mündigkeit. Die Direktive, Freiheit möglich zu machen, kann aber nur dann als Vorgriff einer hermeneutischen Philosophie gelten, wenn sie nicht abstrakt bleibt in jenem Sinn, in dem Hegel Kants kategorischen Imperativ als abstrakt kritisierte. Was Freiheit ist, zeigt sich uns nur, wenn wir konkret für unsere geschichtliche Situation fragen, was Freiheit in den einzelnen Bereichen ihrer möglichen Verwirklichung sein kann. Hier zeigt sich der schon genannte Zusammenhang von Ethik und Politik in der hermeneutischen Philosophie: der Mensch kann in einem „ethischen" Sinn Verantwortung nur übernehmen innerhalb der „politischen" Dimensionierung seines Handlungsspielraums. Ob verantwortlich gehandelt wird, bestimmt sich von den Aufgaben her, die in dem Geschehen dieser Dimensionierung sich stellen, nicht von einer bloßen „Gesinnung" oder einem bestimmten, etwa „revolutionären" Bewußtsein her.

Karl-Otto Apel und Jürgen Habermas haben nun ein „regulatives Prinzip" für die Auslegung des genannten Geschehens in der Forderung finden wollen, *alles* Sichverstehen müsse sich beziehen auf eine „ideale", „unbegrenzte" Interpretationsgemeinschaft und Wahrheit vom möglichen Konsens dieser Gemeinschaft her ausweisen. Die Frage bleibt, in welchem Sinn von einer „Unbegrenztheit" dieser Gemeinschaft gesprochen wird. Zuzugestehen ist, daß diese Gemeinschaft nicht auf Grund bestimmter „Herrschaftsansprüche" begrenzt werden darf – daß keiner aus dieser Gemeinschaft der Interpretierenden und Diskutierenden ausgeschlossen werden darf, sofern er überhaupt bereit ist, sich „vernünftig" zu verhalten. Wie aber wird bestimmt, was „vernünftig" heißen soll? Jedenfalls gilt: wenn einer Interpretation Wahrheit zukommt, dann nicht, weil sie sich als Interpretation eines einzelnen, einer Rasse, Klasse oder Epoche „durchgesetzt" hat und sich faktisch dagegen abzuschirmen vermag, daß sie von anderen bestritten wird. Von den einzelnen, deren Interpretationen durch Irrtümer und verfälschende Interessen bestimmt sein können, wird zu Recht das Gespräch mit anderen als Korrektiv gefordert.

Habermas schreibt: „Ich nehme, um wahre von falschen Aussagen zu unterscheiden, auf die Beurteilung anderer Bezug – und zwar auf das Urteil aller anderen, mit denen ich je ein Gespräch aufnehmen könnte (wobei ich kontrafaktisch alle die Gesprächspartner einschließe, die ich finden könnte, wenn meine Lebensgeschichte mit der Geschichte der Menschenwelt koextensiv wäre)." Auf diese Weise stelle ich eine „ideale Sprechsituation" her und finde im „Vorgriff" auf diese Situation ein Kriterium dafür, welchen faktisch erzielten Konsensus ich in Frage stellen muß, und mit welchem faktisch erzielten Konsensus ich den Anspruch des wahren Konsensus verbinden darf. „Die ideale Sprechsituation ist dadurch charakterisiert, daß jeder Konsensus, der unter ihren Bedingungen erzielt werden kann, per se als wahrer Konsensus gelten darf."[232] Man kann die Frage außer acht lassen, ob ein Konsensus aller Angehörigen der Gattung „Mensch" per se ein wahrer wäre – denn ein solcher Konsensus kann ja nicht hergestellt werden in unserer Welt. Es bleibt aber die Frage, wann von einer idealen Sprechsituation die Rede sein kann, wer für was einen „Vorgriff" auf sie überhaupt beanspruchen darf. Wie kann ich auf das „Urteil aller anderen" – sowohl der gelebt habenden wie der noch leben werdenden Menschen – wirklich Bezug nehmen wollen? Wie kann ich auch nur bei der Diskussion einer unserer politischen Fragen auf das mögliche Urteil eines Eiszeitmenschen und eines vernünftigen Wesens des Jahres 20 000 Bezug nehmen? Verführen solche leeren Vorstellungen nicht nur dazu, sie phantastisch oder durch quasi-metaphysische Postulate auszufüllen? Wenn der hermeneutische Vorgriff nicht nur in der jeweiligen Situation bewährt wird und mit dieser Situation sich als etwas letztlich Fragwürdiges und Überholbares in die weitergehende Geschichte hineinstellt, wenn der Vorgriff „als Vorgriff auf die Wahrheit im Sinne eines möglichen consensus omnium gedacht wird", dann, so formuliert Karl-Otto Apel, „muß die Enttäuschung dieses Vorgriffs auch dazu legitimieren, die Gründe des Scheiterns der Verständigung durch ein kritisches Verständnis der geschichtlich-gesellschaftlichen Bedingtheit des Interpretandums bzw. seines Autors oder seiner Autoren aufzudecken". Ideologiekritische Reflexion muß die „Hindernisse" der Verständigung beseitigen. Das „regulative Prinzip" solchen Erkenntnisengagements wird dann nicht nur formal von ei-

---

232 Vgl. Habermas/Luhmann (s. Anm. 227) 124, 136.

nem angestrebten Konsensus her, sondern auch inhaltlich mit dem jungen Marx von einem Ziel der Geschichte her formuliert als die „Humanisierung der Natur" und die „Naturalisierung des Menschen".[233] Was (angeblich) in einem psychotherapeutischen Prozeß geschieht, wird zum Modell einer ideologiekritisch ausgestalteten Geschichtsphilosophie in praktischer Absicht und der Philosoph zum Arzt der Menschheit.

Hans-Georg Gadamer hat gegen das angegebene „regulative Prinzip" eingewandt, jene, die im Vorgreifen auf eine „ideale" Sprechsituation Wahrheit vom Konsensus her ausweisen wollen und dabei in der „Idee der Wahrheit" die „Idee der Mündigkeit" eingeschlossen finden und das „wahre Leben" wenigstens übereinstimmend interpretieren, erinnerten an die Engel des Mittelalters, die ja als reine Intelligenzen den Vorzug hatten, Gott in seinem Wesen zu schauen.[234] In der neuen Aufnahme der Hegelschen Vermischung von kritischer Philosophie, theologischer Metaphysik und Eschatologie wird jedoch nicht der Anspruch erhoben, im Himmel zu sein, sondern nur, auf ihn vorgreifen zu müssen. Jürgen Habermas gesteht ausdrücklich zu, der „Status" des „unvermeidlichen" Vorgriffs auf eine „ideale" Sprechsituation sei noch „unklar". Die ideale Sprechsituation sei jedenfalls nicht nur regulatives Prinzip im Sinne Kants, aber auch nicht Hegels existierender Begriff, sondern eher transzendentaler Schein, jedoch Schein als Vor-Schein. Die Frage wird ausdrücklich gestellt, ob die Vorwegnahme des „idealisierten" Gesprächs nicht eine „in Zukunft zu realisierende Lebensform" sei. Wie immer es sich mit der Zukunft verhalten mag – gehört der Vorgriff auf die ideale Sprechsituation in die Sphäre des transzendentalen Scheins als Vorschein der Wahrheit, dann bedarf dieses Kriterium für die Unterscheidung zwischen einem bloß faktischen und einem wahren Konsensus selber der Ausweisung; es ist Vorgriff im Sinne der Hermeneutik, und der Überstieg über die hermeneutische Philosophie fällt in diese zurück. Gadamer hat zu Recht gegenüber der Idee des Wahren, die die Idee der Mündigkeit ein-

---

[233] Vgl. jetzt Apel: *Transformation der Philosophie* (s. Anm. 90) Band 2. 178 ff., vor allem 216; 96 ff., vor allem 127.

[234] *Hermeneutik und Ideologiekritik* (s. Anm. 226) 304. – Zum folgenden ebd. 316; vgl. ferner Habermas/Luhmann (s. Anm. 227) 140. Vgl. auch *Hermeneutik und Ideologiekritik.* 155, wo Habermas die Vorwegnahme des idealisierten Gesprächs ohne Fragezeichen als eine in Zukunft zu realisierende Lebensform einführt.

schließe und Idee des wahren oder rechten Lebens sei, an die Aristotelische Kritik der Idee des Guten bei Platon erinnert: diese Idee sei als allgemeine Idee leer (mataion), müsse deshalb in die Konkretion der Situation hineingearbeitet werden. Die Situation gehört als verendlichende und begrenzende freilich in die weitergehende Geschichte; sie ist deshalb zu überschreiten, doch führt dieses Überschreiten wieder in eine andere Situation und so in ein letztlich offen bleibendes Gespräch. In bezug auf die Sphäre des Handelns und der Geschichte muß zudem gefragt werden, wieweit sie überhaupt auf „Diskussion" und „Konsensus" angelegt ist. Die Demokratie als eine Form der Bewältigung politischer Probleme zeichnet sich dadurch aus, daß sie die Forderung der Égalité als Leittendenz unserer Geschichte zur Geltung bringt, alle ihre Mitglieder an den Entscheidungsprozessen zu beteiligen und die anstehenden Probleme möglichst auszudiskutieren sucht. Aber auch in der Demokratie können Entscheidungen nicht erspart werden; die Debatten der Parlamente enden damit, daß man durch Handaufheben eine riskante und umstritten bleibende Entscheidung durchsetzt, allerdings die unabdingbaren Interessen der Minderheit dabei zu wahren sucht. Die Endlichkeit des Menschen schließt Kontingenz ein.

5. Diese Überlegungen führen uns zu unserem letzten Schritt, der nur noch genannt werden kann: die hermeneutische Philosophie als Artikulation der universalen Selbstbesinnung der Menschen steht von vornherein in einer Spannung, die man als antagonistisches Miteinander von Leben und Erkennen fassen darf. *Sein und Zeit* hat in diesem Sinn das philosophische Verstehen als *eine* der Weisen des Verstehens gefaßt, das ontologische Verstehen auf das Ganze des „vorontologischen" Verstehens bezogen. Praktische Philosophie war und ist nicht nur Theorie der Praxis, sondern in sich selber „praktisch", d. h. der eigenständige Versuch einer Einweisung in die Praxis, der freilich die konkrete Entscheidung über die Ziele der Praxis noch suspendiert. Wenn die Philosophie als praktische auch für den Bereich des Politischen Anweisungen aufstellt, denen sie durch Argumentation Verbindlichkeit zu geben versucht, dann begibt sie sich damit noch nicht auf das eigentliche Feld des Politischen – noch nicht an den Aufbau von Verstehenslagen als Machtlagen und von Instanzen für die Entscheidung der Fragen der Ausgestaltung der Polis bzw. der Weltzivili-

sation. Sie muß verschiedene Gefahren vermeiden: weder darf sie zu bloßer politischer Rhetorik degenerieren noch dem Traum erliegen, in einer idealisierten Gesprächssituation die konkrete Situation, die durch Entscheidungen gemeistert werden will, unterlaufen zu können; sie darf aber auch nicht in einem kurzschlüssigen Neodezisionismus Erkenntnis und Entscheidung nur trennen und das Getrennte isolieren. Die praktische Philosophie, die die ethisch-politische Dimension betreten soll, ohne selber politisiert zu werden, trägt freilich in sich ethisch-politische Voraussetzungen. In *Sein und Zeit* wird das dadurch angezeigt, daß die sog. existenziale Analyse zwar von der existenziellen Entscheidung unterschieden, doch auch wieder an die existenzielle Voraussetzung gebunden wird, die Existenz sei auf ein „eigentliches" Existieren auszurichten.

Wer überhaupt in den Prozeß des Philosophierens eintritt, setzt voraus, daß in den einzelnen Bereichen des Wissens Sachgemäßheit zu erstreben und den Mitphilosophierenden gegenüber nachzuweisen ist, daß die Entfaltung jedes einzelnen Wissenszusammenhanges sich an die Normen gebunden hat, denen das Wissen sich unterstellt. Wer Fragen der praktischen Philosophie aufgreift, setzt offenbar auch voraus, daß die „Welt" uns nicht nur gegeben, sondern aufgegeben ist. Wenn man etwa fordert, die Welt sei so zu gestalten, daß alles, was in ihr begegne, seine Möglichkeiten optimal soll entfalten, „eigentlich" und „es selbst" sein können, dann bleibt zu fragen, ob solche Forderungen bloße Leerformeln sind oder nicht doch Konzeptionen, die das weitere Fragen in eine bestimmte Richtung weisen. Voraussetzungen wie die genannten ruhen nicht in völlig irrationalen Entscheidungen, sondern können jedem, der überhaupt in die Philosophie eintreten will, zugemutet werden. Wird eine umfassende praktische Philosophie als hermeneutische ausgebildet, dann stellt die Ideologiekritik weiterhin vor die Frage, ob nicht in diese Philosophie vom hermeneutischen Vorgriff her Vorurteile eingehen, die in verdeckten Entscheidungen wurzeln und als solche von den Philosophierenden nicht erkannt sind. Von anderen Ansätzen aus mag man solche Vorurteile dann entlarven können. Die Frage bleibt aber, ob man überhaupt die Gefahr meiden kann, einseitig machenden Vorurteilen zu verfallen und das als Weg zur Wahrheit überhaupt auszugeben, was eine bestimmte politische oder weltanschauliche Tendenz ist. Steht es aber so, dann muß die Zweideutigkeit in der Formulierung des Titels dieses

Vortrags bleiben: die hermeneutische Philosophie richtet sich nicht nur auf die ethisch-politische Dimension, sondern ist auch von ihr bestimmt.

III. Gibt es auf Erden ein Maß?

Werner Marx hat eine Reihe von Aufsätzen unter den Titel *Gibt es auf Erden ein Maß?* gestellt. Die Frage wird zusammen mit Heidegger dem späten Hölderlinschen Gedicht *In lieblicher Bläue* entnommen. Während Hölderlin und Heidegger diese Frage jedoch mit einem Nein beantworten und den Einklang von Himmel und Erde oder Gott und Mensch als die ursprüngliche Maß-Nahme ansetzen, will Werner Marx die Frage positiv entscheiden und von der Philosophie her „Grundbestimmungen einer nichtmetaphysischen Ethik" angeben. Das Buch stellt so etwas wie den Ertrag jahrzehntelanger philosophischer Bemühungen dar. Drei Jahre später (1986) folgte diesem Buch ein anderer Sammelband: *Ethos und Lebenswelt. Mitleidenkönnen als Maß.* Während der erste Band das eigene Anliegen noch im Ausgang von Heideggers Spätphilosophie her entfaltete, befreit der zweite Band sich von diesem Ausgangspunkt (der doch auch schon ein Sich-Absetzen war) zur systematischen Verdeutlichung und Entfaltung hin. Die beiden Bücher sind nicht bloß ein Beitrag zu akademischen Diskussionen; sie zeigen unmittelbar, daß sie aus einem Leben erwachsen sind, welches in den Wirren unseres Jahrhunderts umhergestoßen und zur Nachdenklichkeit geführt wurde.

Man darf bei der Lektüre nicht vergessen, daß Werner Marx nach seinem juristischen Referendarexamen noch im Sommer 1933 als damals letzter jüdischer Doktorand von der Bonner Juristischen Fakultät promoviert wurde; die Referendarzeit, die er nahe seiner Heimatstadt in Wesel angetreten hatte, wurde dann abgebrochen durch die Auswirkungen der nationalsozialistischen Revolution. Der Emigrant, der über England nach Israel ging, verkaufte seine Bücher, weil er ohne die bürgerliche Bildung – als Bauarbeiter in neuen Gemeinschaftsformen – seinen weiteren Weg gehen wollte. Er hat sich dann in den USA als Geschäftsmann durchgesetzt, während in Deutschland die Verfolgung erst voll in Gang kam. So weiß der Autor, wovon er spricht, wenn er nachweist, daß ein Fabrikant auch bei seiner Berufs-arbeit mit seiner Familie und mit der politischen Situation verbunden bleibt. Wenn das Beamtentum als Vorbild hingestellt wird, dann von jemandem, der bei normaler Karriere heute Oberlandesgerichtsrat a. D. wäre. Ein erneutes Studium, nämlich der Nationalökonomie an der New School for Social Research in New York, führte schließlich zur Philosophie. Dabei blieb der ständige Begleiter das Buch *Sein und Zeit* von jenem Philosophen, der 1933/1934 als Rektor der Freiburger Universität amtiert hatte. Als Werner Marx Nachfolger Heideggers in Freiburg wurde, sagte er 1964 in seiner Antrittsvorlesung *Die Bestim-mung der Philosophie im Deutschen Idealismus,* in der schweren Zeit der Emigration sei es vielen „ein Trost und Grund für Stärke und Hoffnung" gewesen, daß die idealistische Philosophie gelehrt habe, den anderen Menschen niemals nur als Mittel zu nehmen.

Die Maßlosigkeiten unseres Jahrhunderts, die unermeßliches Leid über die Menschen gebracht haben, lassen hier nach einem Maß fra-gen, das im Mitleidenkönnen gesucht wird. Die philosophische Tradi-tion wird befragt, wie weit sie eine Antwort auf die Fragen unserer Zeit vorbereiten könne. Wenn eine nicht-metaphysische Ethik zur Diskussion steht, darf Aristoteles neben der idealistischen Philosophie und der Phänomenologie unserer Zeit nicht fehlen; doch alle diese Traditionen können nur verwandelt neue Aktualität bekommen. Da die gesuchte Ethik eine „Nächstenethik" sein soll, steht sie in der Nähe dessen, was die jüdisch-christliche Religiosität dem glaubenden Menschen vermittelte. Da dieser Glaube vielen Menschen jedoch frag-würdig geworden ist, soll die Philosophie die Aufgabe einer neuen Orientierung übernehmen, ohne daß damit etwas gegen den Glauben gesagt wäre. Werden hier nicht die Hoffnungen eines Bildungsbürger-tums neu geweckt, das die Verwurzelung in seinen Traditionen verlo-ren hat, sich zu ihnen nicht mehr entschieden bekennen kann, sie aber doch nicht aufgeben will? Davon kann nicht die Rede sein, da der Abschied vom Überlieferten konsequent durchgehalten wird und aus unseren Fragemöglichkeiten der neue Ansatz aufgebaut werden soll. Doch bleiben andere Fragen: zwar wird von einem nicht-metaphysi-schen Denken gesprochen, doch dieses Denken wird von der meta-physischen Tradition her gewonnen und bleibt in dessen Nähe stehen; ist das aber nicht ein einseitiger philosophischer Ansatz? Die gleiche Frage muß in bezug auf die Nähe zu einer bestimmten religiösen

Tradition gestellt werden: gibt es nicht andere religiöse Einstellungen, die auch einen anderen Bezug zur Ethik nahelegen? Werner Marx macht ausdrücklich darauf aufmerksam, daß sich heute eine einheitliche Weltzivilisation aus vielen Ursprüngen heraus zu bilden beginnt. Kann man hier philosophisch *ein* Maß als das allgemein Verbindliche empfehlen, oder spricht diese Empfehlung nicht selber aus einer bestimmten geschichtlichen Perspektive heraus? Diese Frage darf auch dann nicht beiseite geschoben werden, wenn man nicht vergißt, daß es den beiden Büchern nicht um universal sich orientierende Forschung geht. Zwar hat Werner Marx sich auch an der kontroversen Forschung beteiligt (etwa zu Idee und Ausführung von Hegels *Phänomenologie des Geistes*); doch geht es ihm gerade in den letzten beiden Büchern um ein Fragen, das sich auf das Einfache und Grundsätzliche beschränkt und dieses mit einem persönlichen Anliegen verbindet.

a. Kein Muß, ein Kann

Werner Marx will die Ethik, die von unserer Zeit so dringend benötigt wird, auf ein „Maß" gründen. Dieses Maß wird im Mitleidenkönnen gefunden, aber auch in der Liebe und in der Anerkennung, welche Gerechtigkeit walten läßt. In diesem Maß „wohnt" der Maß-Nehmende nach einer Wandlung zum Mitleidenkönnen. Das Maß ist ihm gewiß, und zwar absolut gewiß; es ist verbindlich für alle. So zeigt dieses Maß Wesenszüge jenes Maßes, das von der Tradition gesucht wurde, und doch soll es nicht das Transzendente sein, welches den Maßnehmenden schlechthin übersteigt und nur im Glauben zugänglich oder nur durch eine „Metaphysik" zu erreichen ist. Dieses Maß soll vielmehr in einer Erfahrung der Tatsächlichkeit des Lebens gewonnen werden, und zwar in einer Erfahrung, die zu einer Verwandlung des Menschen führt. Diese Verwandlung ist aber nicht lehrbar, wenn auch vieles einzelne nach dem Vollzug der Erfahrung gelehrt werden muß. Was Platon im Schatten des Sokrates lehrte (daß die Tugend ein Wissen sei), wurde von Aristoteles zurückgewiesen; Ethik und Politik oder die praktische Philosophie trennten sich von der theoretischen Philosophie und der Metaphysik. Die *Nikomachische Ethik* stellte in ihrem sechsten Buch die Phronesis heraus, die in den Situationen mit dem Tunlichen vertraut ist; das zehnte Buch legte doch wieder die höchste Praxis des Menschen in die Theorie und führte so über die Situation hier unter dem wechselnden Mond hinaus zum Unwandelbaren. Damit war die Ethik wieder an eine metaphysische Einstellung zurückgebunden. Diese teleologische Rationalität wird in der nichtmetaphysischen Ethik von Werner Marx verlassen; doch bleibt die Tugendlehre, die die Affektivität als Grundlage der Tugenden betont, der entscheidende Anstoß. Die Verwandlung, die in einem Maß wohnen läßt, kann aufgewiesen, aber nicht als etwas Notwendiges und Erzwingbares gelehrt werden. Es kann nur gezeigt werden, „daß es diese Verwandlung geben kann, aber *nicht*, daß es sie geben muß" (E 33; G 49).[235]

Die Auseinandersetzung, die zwischen Aristoteles und Platon geführt wurde, ist auf ihre Weise zwischen Heidegger und Husserl wieder aufgebrochen. Doch geht Marx davon aus, daß Heidegger mit seiner Akzentuierung der Befindlichkeit und Gestimmtheit an Husserls Aufweis eines vorprädikativen Verstehens und der Horizonte des Sinnverstehens anknüpfen konnte (E 17). Bekanntlich hat Heidegger die Lehre von der erschließenden Kraft der Stimmungen oder Pathe von der Aristotelischen Rhetorik her entfaltet, sie aber dann durch die christliche Auffassung radikalisiert, Furcht und Hoffnung seien keine Laster im Sinne der Antike; in ihnen müsse der Mensch vielmehr sich sein Heil erwerben. Weltfurcht und reine Gottesfurcht (timor servilis und timor castus) wurden unterschieden; dieser Unterschied wurde von Heidegger formalisiert zum Unterschied zwischen der Angst, in der das In-der-Welt-sein selbst in Frage gestellt ist, und der Furcht vor diesem oder jenem innerweltlichen Geschehen. Die Angst, die als Todesangst die Erfahrung unserer ständigen Sterblichkeit ist, führt nach Werner Marx zu einem „Entsetzen"; dieses Entsetzen reißt uns heraus aus unserer Gleichgültigkeit anderen gegenüber, die so sterblich sind, wie wir selbst auch. Es führt uns zum Mitleidenkönnen und verwandelt uns damit. Marx gewinnt so gegen Heidegger von der Ausrichtung auf den Anderen her die ethische Dimension. Er bringt zugleich wieder Aristoteles ins Spiel, der die Gestimmtheit und Befindlichkeit zusammen mit der Leidenschaft auf die Tugend bezogen

---

[235] Die Sigle G verweist auf Werner Marx: *Gibt es auf Erden ein Maß?* Grundbestimmungen einer nichtmetaphysischen Ethik. Hamburg 1983, die Sigle E auf Werner Marx: *Ethos und Lebenswelt*. Mitleidenkönnen als Maß. Hamburg 1986.

hat, die als eine stabilisierende Habitualität unser Sichauskennen in den Situationen des Lebens leiten muß und in der Gerechtigkeit kulminiert. Jene Verwandlung, die eine Gestimmtheit zur Tugend werden läßt, erbringt in dieser Tugend das Rettende und Heilende, das dann zum Maß der Lebensführung wird. Marx nennt die Liebe, die freilich auf Kleingruppen beschränkt bleibe, das Mitleid, das auch in großen und anonym bleibenden Gruppen möglich sei, und die Anerkennung, die Gerechtigkeit walten lasse (G 11 f.; E 25 f.).

Überraschenderweise geht Werner Marx davon aus, daß von Heidegger her die Frage der Ethik bisher noch nicht in einem grundsätzlichen Sinn entfaltet worden sei. Der Widerspruch gegen Heidegger im Namen der Dialogik und der Ethik ist alt; dazu gibt es unter Heideggers Schülern kaum jemanden, der sich nicht an der sogenannten Rehabilitierung der praktischen Philosophie beteiligt hat – durchaus im Blick auf die politische Verirrung, die zum Denkweg Heideggers hinzugehörte, in einer Revision der Einstellung der Philosophie zur politischen Sphäre, aber auch von einer Verwindung der metaphysischen Tradition her. Wenn Marx diese Versuche zur Seite schiebt, scheint ein Gegensatz im Ansatz seine polemische Abgrenzung zu leiten. Er beginnt denn auch seine Ausführung mit einem Hinweis darauf, daß Walter Schulz die „zeitgemäße Ethik“ einer „veränderten Welt“ auf die Vermittlung zur Ordnung bauen wolle, da Ordnung das Gute trage und das Böse abweise, so aber die ethische Grundunterscheidung zwischen Gut und Böse ermögliche (G XIII). Marx weist darauf hin, daß wir erfahren hätten, wie Ordnung zur totalitären Ordnung geworden sei und so gerade nicht das Gute ermöglicht habe; um Ordnungen messen zu können, brauchten wir schon das Maß zur Unterscheidung zwischen Gut und Böse. Wenn jedoch die rehabilitierte praktische Philosophie Ordnung vom Werk der Wahrheit her dachte, dann durchaus in einem dynamischen Sinn und damit auch von der Erfahrung her, daß Ordnung pervertiert werden könne. Doch eben der Versuch, die Ordnungen gegebenenfalls auch als geschichtliche zu denken, verfehlt nach Marx das Maß, das ein bleibendes sein müsse. Wenn Hans Jonas von den Gesellschaften des technologischen Zeitalters eine Verantwortung auch für spätere Zeiten fordert, dann möchte Werner Marx diese Fernethik in der Nächstenethik verwurzeln; läßt sich diese Verantwortung jedoch gewinnen von der Gesinnung her, wie sie im Verhältnis von Du und Ich erwacht? Ist diese

Gesinnung die tragende Wurzel für alle späteren Differenzierungen oder nur der Kern einer Struktur unter anderen Strukturen?

Was in unserem Jahrhundert den Menschen angetan wurde, sollte auch den Philosophen ein Anlaß sein, nach der Bedeutung des Mitleidenkönnens zu fragen. Doch gibt ein Blick, der vom Mitleid geleitet ist, die Sicht frei auf das, was wirklich geschieht? Als jüngere Philosophen (auch französische Widerstandskämpfer) nach dem Zweiten Weltkrieg vom Notschrei im Schwarzwald her nach Todtnauberg zu Heidegger pilgerten, mochten sie auch den großen Notschrei im Ohr haben, der an Zarathustra gelangte; ein solcher Notschrei war aber nach Nietzsche die Versuchung zum Mitleid als der letzten Sünde! Die bloße „Anti-Metaphysik" des Nietzscheanismus ist es denn auch, in der Werner Marx seinen eigentlichen Gegner findet. Der Irrationalismus dieses Nietzscheanismus tritt zu jener „Zweckrationalität" Max Webers, die nach A. MacIntyres Buch *After Virtue* (1984) einen ethischen Ansatz unmöglich macht. Nicht zu Unrecht geht Werner Marx davon aus, daß andere Bemühungen unserer Zeit – um eine kommunikative Rationalität oder auch um eine Wertethik – diesem technologischen Ansatz oder doch der zugrunde liegenden „kognitivistischen" Einstellung nicht entrinnen (E 6 f.). In Wirklichkeit kann man Max Weber jedoch kaum Nietzsche entgegenstellen, da er in dessen Schatten steht: dem Bestehen auf Rationalität entspricht der Irrationalismus, in dem nach Webers Auffassung Werte gewählt werden. Wenn Werner Marx sich diesem unseligen Geflecht von Rationalität und Irrationalität entgegenstellt, muß er sich fragen lassen, ob die gesuchte Ethik mit ihrer Verwurzelung in der Nächstenethik nicht privatistisch und wirklichkeitsfern bleibt.

Dieser Frage stellt sich das zweite Buch *Ethos und Lebenswelt,* wenn es explizit nach einer Sozialethik fragt, und zwar für Menschen, die in vielen Welten leben. Kann die Ethik, die in einer Nächstenethik begründet wird, zu einer Sozialethik werden, also konkret das Leben in den unterschiedlichsten Gemeinschaftsformen orientieren? Die subjektive Gesinnung müßte dann eine „objektivierte" Gestalt bekommen, z. B. schon im Einsatz für den Rechtsstaat und den Sozialstaat, die den Spielraum der Freiheit absichern und den Einzelnen Teilnahme an den Freiheitsspielräumen ermöglichen (E 47, 49 f.). Hier verweist Marx auf das Vorbild der Beamtenschaft, deren Pflichtausübung durch „das Maß des Mit-Leiden-Könnens als eine selbstverständliche Gesinnung" geprägt sei (während die Bürokratie nach Max Weber z. B. dem wirtschaftlichen Unternehmergeist Berechenbarkeit garantieren mußte und so Geschichte in ein neues Stadium brachte).

Die Pluralität der sozialen Welt erweist sich als die geschichtliche Pluralität vieler Welten, die nicht mehr auf Einheit und Ganzheit zurückgeführt werden kann: der Fabrikant bleibt in seiner Unternehmertätigkeit durch die Sorge für die Familie geprägt und von der Aufmerksamkeit auf die politischen Aufgaben mitbestimmt; die Regeln aber, nach denen er in seinem Bereich handelt, sind geschichtlich geworden, und auch die Konstellation der Bereiche von Familie, Unternehmen und Staat unterliegt dem geschichtlichen Wandel.

Es geht also nicht nur um ein Ethos, das in den sozialen Gemeinschaften bewährt werden muß, sondern um ein Ethos, das zu einer Vielheit von Welten tritt und diese in der Weise des Freigebens als durchwirkende Kraft „durchdringt" (E 52). Von den Griechen bis zur theoretischen Vernunft Kants suchte der ordnende Logos der Vielheit im Kosmos Einheit zu geben. Im mittelalterlichen Denken sollte die Analogie die Teile der Welt, denen Selbständigkeit gelassen wurde, zu einem Ganzen zusammenfassen. Werner Marx sucht zu zeigen, daß unsere Zeit diese Wege verlassen mußte. Schon in den Abhandlungen zur Phänomenologie Husserls und Heideggers, die Marx 1970 unter dem Titel *Vernunft und Welt* veröffentlichte, wurde das Problem der Lebenswelt und der Sonderwelten bei Husserl behandelt. Der Objektivismus der wissenschaftlichen Vernunft, der die Lebenswelt vergißt, wird nicht zusammen mit der Lebenswelt zurückbezogen auf das Telos einer leistenden Vernunft; vielmehr wird Husserl vorgeworfen, daß er die Lebenswelt, die doch menschliche Welt sei, unter der Hand als Weltall denke und diesem dann die Sonderwelten (etwa die wissenschaftliche Welt) integriere. In dem anderen Anfang, den Heidegger suchte, werde die Lebenswelt bezogen auf die „heile Welt" des Dichters, obgleich das dichterische Wohnen des Menschen kaum für unseren Alltag stehen könne.[236] Die neuen Abhandlungen, die von der Frage „Gibt es *eine* Welt?" ausgehen, setzen voraus, daß die Welt als Zeit-Raum des Begegnens von Dingen und Menschen zwar auf eine „Typizität" zurückgebracht werden könne; wir könnten aber nicht

---

[236] Werner Marx: *Vernunft und Welt.* Zwischen Tradition und anderem Anfang. Den Haag 1970. 72, 111 f. Siehe auch Anm. 244.

sagen, daß die Sinngehalte in aller „Ewigkeit" so und nicht anders sein würden. Indem wir einer Familie und einem Volk angehören sowie einen bestimmten Beruf ausüben, leben wir mit unserer „Faktizität" in vielen Welten, die so heterogen sein können wie die nüchterne Alltagswelt und die „Zauberwelt eines Theaterspielers". Die Menschen müßten von der „unfruchtbaren Sehnsucht" befreit werden, die Vielheit auf Einheit oder Ganzheit zurückzuführen und so Entfremdung überwinden zu wollen. Doch gebe es eine ethische Kraft (wie auch eine Religiosität), „die alle Lebenswelten zu durchstimmen" vermöge (E 63, 67, 69 f.).

Sicherlich müssen wir heute lernen, das Leben in vielen Welten als einen Gewinn sehen zu können. Zur Vielheit gehört aber auch die Andersheit, und für diese gilt immer wieder, daß da, wo der eine lebt, der andere nicht leben kann. Was wird aus dem Ethos der Nächstenethik in jener vieldiskutierten Situation, wo den zwei Schiffbrüchigen im Meer nur die rettende Planke für einen einzigen bleibt, den zwei Völkern nur das Land zum Leben für ein einziges Volk? Führen Angst und Entsetzen in solchen Situationen immer hin zum Erwachen eines Ethos? Schelling hat in seiner Freiheitsschrift gesagt, die Angst des Lebens selbst treibe den Menschen aus dem Zentrum. Dazu soll Heidegger schon im Marburger Seminar gesagt haben: „Nennen Sie mir einen einzigen Satz von Hegel, der diesem Satz an Tiefe gleich kommt!"[237] Doch Konsequenzen für Heideggers Begriff der Angst hat dieser Bezug auf Schelling nicht gehabt; die Angst, der man normalerweise Züge der Panik gibt, ist bei Heidegger ganz positiv gesehen und wird zur Tugend ruhiger Gelassenheit. Werner Marx fordert dagegen eine „eigene Analyse" jener menschlichen Wege, auf denen Angst und Entsetzen nicht zur Verwandlung in die Haltung der Verantwortung führen, sondern zu gegenteiligen Haltungen, z. B. zum Sichabschließen gegen Andere (E 5). Marx glaubt jedoch, die „Melancholie", die beim Blick auf diese anderen Wege erwachse, könne wie das Entsetzen selbst zur Verwandlung in das gesuchte Ethos führen (E 30). Dostojewski zeigt uns jedoch Gestalten, denen aus der Wirklichkeit des Lebens nicht nur die Melancholie erwächst, sondern jene Verzweiflung, die – nicht erst angesichts von Ungeheuerlichkeiten wie

---

[237] Hans-Georg Gadamer: *Heideggers Wege.* Tübingen 1983. 98, 138. Zur Kritik von Heideggers Angstbegriff vgl. O. Pöggeler: *Neue Wege* (s. Anm. 16) 142 ff.

Auschwitz, sondern schon dem Leiden eines unschuldigen Kindes gegenüber – die Eintrittskarte in diese Welt zurückgeben wollen. Iwan Karamasoff sagt überdies, ohne Gott und Unsterblichkeit gebe es keine Moral, und dem Gottlosen sei alles erlaubt. Diese zugespitzte Behauptung weist darauf hin, daß Ethos und Religiosität verbunden sind. Damit aber werden unterschiedliche Optionen möglich. Die Angst, in der der Mensch seine Sterblichkeit erfährt, kann auf unterschiedliche Weise verwunden werden: nach Platon nicht in der Öffnung für den Andern, sondern in der Rettung in das Allgemeine der Idee. Kehrt diese Hoffnung nicht wieder in der These, die Welt könne nur als ästhetisches Phänomen gerechtfertigt werden? Nietzsches Polemik gegen das Mitleid ist keine bloße Rohheit; sie weist jene Menschen zurück, die immer nur bei anderen sind und nicht bei sich selbst und so den Sinn des Lebens gerade im eigenen Leben leer werden lassen. Nietzsche orientiert sich am antiken Ideal der Freundschaft, nach dem die Freunde einander helfen, um sich dann freizulassen in ihre Andersheit. Läßt sich für die vielen Welten, in denen wir leben, eine einheitliche Kraft auch nur als Stimmung und Tugend aufweisen? Werner Marx schreibt: „Wer gleichgültig ist gegenüber dem Schmerz und dem Unglück der in seiner Gegenwart lebenden Anderen und ihnen nicht einmal Anerkennung zu zollen vermag, wird sich auch nicht um zukünftige Geschlechter anderer kümmern" (G XVI). Als Karl Marx im Britischen Museum sich forschend um die zukünftigen Geschlechter kümmerte, war er durchaus immer wieder gleichgültig gegenüber dem Schicksal seiner Nächsten, auch gegenüber den Angehörigen seiner eigenen Familie. Heißt das nun, daß deshalb auch die Sorge des Wissenschaftlers um die Zukunft verderbt war? Oder darf man so vorschnell die Verbindungslinien nicht ziehen? Alle diese Fragen führen zu der einen Frage, wie denn und ob überhaupt das eine Maß im Ethischen angesetzt werden könne.

b. Hölderlins Frage nach dem Maß

Die Ethik des Aristoteles weist den Menschen an, sich auch in den Situationen hier unter dem wechselnden Mond am Tunlichen zu orientieren; diese Orientierung soll ihren eigenen Logos und ihre eigene Weise des Wahrheitsbezuges haben. Dabei kann Aristoteles jedoch darauf vertrauen, daß die Polis eine selbstverständliche sittliche Substanz in sich trägt, die den Einzelnen birgt. Freilich bildet Aristoteles die Adelsethik in die Ethik des Polisbürgers um in einer Zeit, in der sein zeitweiliger Schüler Alexander der Geschichte neue Horizonte öffnete. Hegel hat 2 000 Jahre später die großen Umbrüche der Geschichte vor Augen. So muß er davon ausgehen, daß die Umwandlung des Menschen und die Öffnung einer ethischen Dimension nur dadurch zu einer sittlichen Substanz werden, daß sie in einer „Bildungsgeschichte" eigens herausgebildet werden (E 45). Können wir das Vertrauen auf die Wege der Geschichte noch haben, nachdem die Geschichte zu Auschwitz hingeführt hat und die Menschheit im Ganzen mit dem Tod im Nuklearkrieg bedroht ist (G 13; E 47)? Es ist das Problem des Bösen, das immer wieder der Schellingschen Freiheitsschrift einen Vorrang vor Hegels *Phänomenologie* gibt. Kann man zwar nicht dem konkreten Bösen, aber der Möglichkeit des Bösen eine Rechtfertigung durch den Hinweis geben, daß es ohne diese Möglichkeit einer Entscheidung zum Bösen keine Freiheit und damit nicht den Geist geben würde? Auch was sich so verirrt, ist Geist, so heißt es dann vom Bösen.[238] Schelling geht über Hegel hinaus, indem er Gott als die Liebe denkt, die den Menschen in seiner Freiheit will, so einen Grund in sich unterscheidet von dem, was er selbst ist. Aus dem dunklen Grund kommen Krankheit und Wahnsinn und auch die Verirrung zum Bösen, aber letztlich soll Gott doch alles in allem werden. So weist Werner Marx darauf hin, daß auch bei Schelling eine Metaphysik, nämlich eine Metaphysik der Liebe, der sichere Halt sei.

Werner Marx macht darauf aufmerksam, daß Hegel und seine Freunde ausgingen von jenem Versuch, der zu einer Kette von Revolutionen führte: dem Menschen neue „Freiheit" zu gewinnen (E 44). Als die Spielräume der Freiheit durch die Gleichheit im Recht und die Gleichheit der sozialen Chancen abgesichert werden sollten, verdarben die neuen Ansätze immer wieder im Fanatismus und in terroristischen Diktaturen. So setzte schon der junge Hegel, als er in Frankfurt wieder mit dem Jugendfreund Hölderlin zusammenlebte, ganz auf die Solidarität der Brüderlichkeit: in den Aufzeichnungen dieser Jahre

---

[238] Das war Theodor Litts hegelianische Selbstbehauptung angesichts der Erfahrung, daß Welt und Leben aus einem dunklen Grund kommen und das Böse immer wieder triumphiert. Vgl. Hegel: *Enzyklopädie.* § 248 Anm.

dachte er das Göttliche selbst als Liebe, ja als „Seelenfreundschaft". Die Liebe, die im eigenen Leben wie im Leben des Anderen einen sinnvollen Anfang bejaht, bezieht sich nicht nur auf den Anderen, sondern gewinnt sich selbst aus der Gemeinschaft mit ihm. So kann Hegel Shakespeares Julia zitieren: „Je mehr ich gebe, desto mehr habe ich." Das Leben, das sich der Liebe unterstellt und sich so zum Göttlichen erhebt, will sich durch immer neue Trennungen und deren Überwindung bilden, um aus vielen Gestaltungen das Gefühl seiner Einheit, die Liebe, zu trinken. Freilich bleibt dieses Philosophieren auf das *Hen kai Pan* und auf die gesuchte „Ganzheit" des Menschen verpflichtet. Als Hegel durch Gesetz und Begriff den „Reichtum des Seins", den die sich bildende Liebe gewinnt (E 100), abzusichern trachtete, lief sein Denken wieder in die Bahnen jener Metaphysik ein, die sich auch bei Aristoteles letztlich der Vernunft und der reinen Durchsichtigkeit des Lichtes verpflichtet hatte, dann bei Hegel den bewegten geschichtlichen Prozeß in diese metaphysische Position aufnahm. Werner Marx macht darauf aufmerksam, daß die Junghegelianer, Feuerbach, Marx und Kierkegaard deshalb ein Recht hatten, von der offenen Geschichte, dem Leben, den materiellen Bedingungen der Geschichte oder dem Existieren des Einzelnen her gegen Hegel zu protestieren. Die Lebensphilosophie und die phänomenologische Philosophie führten diesen Protest in einer freieren Weise zu einem neuen Anfang des Denkens weiter (E 96).

Es war Heideggers Buch *Sein und Zeit,* das den jüngeren Philosophierenden 1927 einen radikalen Neuanfang versprach. Doch schon wenige Jahre nach der Veröffentlichung dieses Fragments geriet Heideggers Denken aus einer neuen Konfrontation mit der Wirklichkeit heraus in eine Krise. Diese Krise wurde durch Nietzsches Fragen artikuliert; als eine einseitige und gefährliche Ausformung des Nietzscheanismus erschien Jüngers These, daß die totale Mobilmachung aller Energien durch den Arbeiter die Signatur der Zeit sei und in dieser Zeit nur der Tod, wie er in den Materialschlachten des Weltkriegs erfahren worden war, noch einen Bezug zum Mythischen und Überdauernden gewähre. Die christliche Liebe, so formuliert Heidegger in seinem Aufsatz *Nietzsches Wort ‚Gott ist tot',* werde da oder dort sein, bestimme aber nicht mehr die Wirklichkeit. Mit Nietzsche suchte Heidegger einen Begriff des Göttlichen auszudenken, für den das Böse kein Einwand mehr sei (weil es zu den Übergängen gehört, die für die Wahrheit als Geschehen entscheidend sind und auch die Irre positiv sehen lassen).[239] Es sind jedoch Hölderlins späte Hymnen, in denen Nietzsches Rückgang zur tragischen Welterfahrung für Heidegger eine konkrete Gegenwartsbedeutung bekommt. Ist es aber wirklich die Tragik der Griechen, auf die Heidegger sich bezieht, oder nicht eher jenes Irren, von dem Thomas Mann im *Doktor Faustus* gesprochen hat? Nach Thomas Mann sucht der Künstler den Ausbruch aus Dürftigkeit und Sterilität; so kann der Künstler durchaus in die Nähe des Politikers geraten, der einen Durchbruch durch tote Traditionen und einen Aufbruch zu Neuem versprechen zu können meint. Noch in der Emigration hat Thomas Mann den Künstler von dessen großen Versuchungen her als den „Bruder Hitlers" angesprochen. Es versteht sich von selbst, daß Werner Marx zu einem Heidegger, der in diese Zusammenhänge geriet, keinen Bezug haben kann. Der Hinweis auf die Wahrheit, zu der auch eine Irre gehöre, wird kritisiert, weil Marx das Maß sucht; in Heideggers Auslegung der Freiheitsschrift Schellings wird gerade der Ernst, mit dem Schelling dem Bösen begegnet, vermißt. Doch geht Werner Marx davon aus, daß Heidegger in den düsteren Jahren um 1945 sich dem Nihilismus gestellt und in der Reflexion auf die eigene Versuchung und Verfehlung nach dem Heilen und Rettenden gefragt habe. Mit einer Intensität, die man in der unübersehbaren Literatur zu Heidegger sonst kaum noch einmal findet, knüpft Marx gerade an Heideggers späte Gedankengänge an, um diese dann eigenständig weiterzuführen. Diese Weiterführung geschieht von Hölderlins Frage nach dem Maß her, doch so, daß das Wohnen, von dem Hölderlin spricht, nicht nur ein dichterisches sein soll, sondern auch vom alltäglichen Leben aus gefunden und zum Ethos geführt werden soll.

Werner Marx hat sich für das „andere Denken" nicht allein auf Heidegger berufen, sondern auch auf verwandte und doch so gegensätzliche Denker wie Rosenzweig, Marcel, Lévinas (G XV; E 4). Das sind Denker, die die Dialogik und damit die Differenz betont haben und deshalb schließlich an Heidegger die Frage richten mußten, ob seine Überwindung der Metaphysik nicht in der metaphysischen Su-

---

[239] Heidegger: *Holzwege* (s. Anm. 80) 234; *Nietzsche* (s. Anm. 86) Band 1. 74. Vgl. dazu die Kritik von Werner Marx: *Schelling: Geschichte, System, Freiheit.* Freiburg/München 1977.

che nach der Identität verbleibe (wenn ihm die Identität auch vom Ereignis her zur geschichtlichen Identität werde). Rosenzweig hat im *Stern der Erlösung* diesen Vorrang der Differenz durch eine Rehabilitierung des Begriffs der Offenbarung zur Geltung gebracht, dabei Offenbarung von der Liebe her verständlich gemacht, die stark sei wie der Tod. Wenn dabei das *Hohe Lied* zitiert wird, dann wird die Liebe (mit Herders und Goethes Interpretation) als eine rein menschliche gefaßt, die sich dann doch enthülle als eine mehr als menschliche und so einen allegorischen Zug behalte. Nicht das Selbstbewußtsein, aber auch nicht das geschichtliche Sichzueigensein bilden hier die Angel des Philosophierens, sondern der Dialog mit dem Anderen, der aber auf den messianischen Frieden verweist, der jedem seinen begrenzten Platz läßt. Muß man nicht von diesem Ansatz aus (wie Lévinas es schließlich tut) gegen Heideggers Denken protestieren, da dieses die geschichtliche Identität allein von den Griechen, ja von der Bodenständigkeit des Mythos her suche? Da Lévinas Motive von Rosenzweig in seinen phänomenologischen Ansatz aufnimmt, überrascht es nicht, wenn er dem entscheidenden IV. Kapitel seines Spätwerks *Jenseits des Seins oder anders als Sein geschieht* als Motto Verse aus einem Gedicht mitgibt, das von Du und Ich, so von Liebe und Tod, ja von der Liebe und dem „Strang" spricht. Der zitierte Lyriker – Paul Celan – suchte jedoch auch eine Begegnung mit Heidegger, die freilich mißlang. Er mußte bei Heidegger das Wort vermissen, das den Toten der Verfolgungen wenigstens nachträglich Gerechtigkeit widerfahren läßt. Muß man sich nicht ganz auf Celans Seite stellen? Heidegger aber fragte sich, ob das Haften der Erinnerung am Bösen nicht „heillos" bleiben müsse. Hat nicht auch er große Traditionen auf seiner Seite? Man braucht nicht daran zu denken, daß selbst von Freud her Nietzsches These gerechtfertigt wurde, allzuleicht wolle nur gerächt sein, wer das Wort „gerecht" im Munde führe; auch bei Meister Eckhart oder im Zenbuddhismus wird das Böse zum Sekundären.[240]

Lévinas will die Gewalt aufbrechen, mit der die Metaphysik alles ins System integrierte, mit der aber auch der politische Totalitarismus auftritt. Die Erfahrung des Anderen soll zu einer Andersheit und

---

[240] Vgl. Gerhart Baumann: *Erinnerungen an Paul Celan.* Frankfurt a. M. 1986. 79 f.; O. Pöggeler: *Spur des Worts* (s. Anm. 65) 259 ff. – Zum folgenden vgl. E. Lévinas: *Die Spur des Anderen* (s. Anm. 104) 209 ff. Derridas Lévinas-Essay ist abgedruckt in: *Die Schrift und die Differenz* (s. Anm. 104).

Differenz führen, die auf eine sich entziehende Unendlichkeit verweist; vom Ethischen her zeigt sich ein Weg zu dem, was die Tradition einmal „Gott" nannte. Derrida hat aber in seinem Lévinas-Essay über *Metaphysik und Gewalt* den Hegelianer Eric Weil zitiert, für den auch vom Anderen her (dessen Geisel wir nach Lévinas sein sollen) Gewalt einbrechen kann; diese Gewalt werde nur gebrochen durch den Begriff, der das eine mit dem anderen vermittele. Die Frage bleibt, in welcher Sprache dieser Begriff verwurzelt werde; Derrida verweist hier auf einen Ursprung, den es nicht gibt, dessen Spur sich nur in den Kopien vieler Texte melde. Gegenüber diesem Ausweichen nicht zum Dichterischen, aber zur Vielfalt des Literarischen besteht Werner Marx auf dem alltäglichen Leben, das ein Ethos entfalten könne, damit aber auch ein Maß gewinne. Dieser Weg zur Ethik stellt den Andern nicht höher, damit eine Verpflichtung gewonnen werden kann; vielmehr wird das Ethos aus der Gleichursprünglichkeit von Du und Ich gewonnen. Der Begriff, der für die Verwirklichung des Ethos gesucht wird, soll schon angezeigt sein in der intuitiven Einsicht, die nach Aristoteles in den wechselnden Situationen mit dem Tunlichen vertraut ist. Wenn die Rede von Marx mit Heidegger einem späten Gedicht Hölderlins entnommen und mit dem Wohnen des Menschen verknüpft wird, dann fragt es sich, ob Hölderlins Rede so aufgenommen wird, wie sie wirklich gemeint war.

Hölderlins Frage „Gibt es auf Erden ein Maß?" steht in dem Gedicht *In lieblicher Bläue*. Dieses Gedicht wurde von Waiblinger 1823 in seinem Roman *Phaeton* überliefert, und es bleibt unsicher, ob es wirklich von Hölderlin stammt oder richtig überliefert ist. Heidegger hat das Gedicht schon in der Hölderlin-Vorlesung vom Winter 1934/1935 für seine Hölderlin-Interpretation beansprucht. Er hat ein zentrales Stück aus dem Gedicht 1951 wieder in den Vortrag „… *dichterisch wohnet der Mensch*" aufgenommen.[241] Nach Heidegger erscheint der Dichter als ein Geometer oder Architekt; er vermißt den Himmel oder vielmehr den Einklang von Himmel und Erde. Gott bleibt unbekannt wie der Himmel, doch zeigt er sich je und jäh in

---

[241] Heidegger: *Vorträge und Aufsätze* (s. Anm. 134) 187 ff. Heidegger verteidigt die Authentizität des Gedichts: *Aus der Erfahrung des Denkens* (s. Anm. 165) 213 ff. Heidegger hat die Thematik von Hölderlins letzten Gedichtentwürfen nicht erfaßt; vgl. meine Einleitung zu *Jenseits des Idealismus*. Hölderlins letzte Homburger Jahre. Hrsg. von Ch. Jamme und O. Pöggeler. Bonn 1987.

Erscheinungen. So ist er vom Himmel her das Maß. Mit einer Maß-nahme verweist der Dichter den Menschen ein in das Geviert, das die Sterblichen vor die Göttlichen stellt, die Erde dem Himmel sich öffnen läßt. In solchem Geviert kann der Mensch dichterisch wohnen. Da die Maß-Nahme allein vom Göttlichen und vom Einklang zwischen Himmel und Erde her möglich ist, bricht Heidegger das Hölderlin-Zitat ab mit den Worten: „Gibt es auf Erden ein Maß? Es gibt keines." Hölderlin selbst fährt an dieser Stelle fort: „Nämlich es hemmen den Donnergang nie die Welten des Schöpfers." Damit gibt auch er eine Begründung dafür, daß es kein Maß gibt, eine Begründung jedoch, die Heideggers Interpretation oder Nutzung isolierter Sätze als ein Mißverständnis erweist. Nach Hölderlin gibt es deshalb kein Maß, weil keine der Welten den Donnergang, d. h. das jeweilige Erscheinen und Sichzeigen Gottes, hemmen kann. Gott selbst ist maßlos und will die Maßlosigkeit, aber freilich so, daß die Menschen doch jeweils im Reichtum der Liebe wohnen. Gottes Sichzeigen ist selbst die größte Gefahr, da es den Menschen in eine gefährliche Hybris und eine schreckliche Irre treiben kann. Deshalb stellt Hölderlin in seinen letzten Entwürfen und Fragmenten (zu denen auch unser Gedicht gehören mag) die Frage, wie der Mensch in einer solchen Gefährdung ausharren, die offene Geschichte bestehen könne. Zum Schutz vor dem Absturz in Hybris und Irre will Hölderlin das pflegen, was als das Gesetz jeweils vor der Versuchung bewahrt und nach dem Gedicht *Der Einzige* die „Spur des Wortes" ist. Heidegger ist Hölderlin nicht in diese Überlegungen gefolgt; er hat die *Patmos*-Verse mißverstanden: „Wo aber die Gefahr ist, wächst das Rettende auch". Die höchste Gefahr für Hölderlin ist nicht schon die Entgötterung und der Nihilismus selbst, sondern der Bezug des Menschen auf Gottes Erscheinen, diese Versuchung zur tragischen Hybris.

Sieht man auf das Gedicht *In lieblicher Bläue* im ganzen, dann wird deutlich, daß es zum Ansatz des späten Hölderlin paßt, also wohl auch irgendwie von ihm stammt. Der Kirchturm blüht mit seinem Dach in lieblicher Bläue: die Kirche selbst ist wie eine unschuldige Blume. Die Glockenfenster sind der Natur nachgeformt, die Säulen sind den Stämmen der Bäume ähnlich. Doch innen in der Kirche zeigt sich – in Statuen und Bildern – ein ernster Geist. Der Mensch nimmt die himmlischen Gestalten dort als Vorbild; indem er sich nachahmend mit ihnen mißt, wird er Ebenbild der Gottheit. Denn diese zeigt sich in den himmlischen Gestalten; so ist sie „offenbar" wie der Himmel: sie birgt sich zurück und verbirgt sich in den Abgrund der Bläue, zeigt sich aber doch in Zeichen – so im bevorzugten Zeichen des Gewitters, dann in der ziehenden Wolke usf. Die Nähe, die aus einer unaufhebbaren Ferne kommt, erbringt ein Maß, das nicht willkürlich gesetzt ist und so die Aura des Heiligen erhält. Wohnen heißt, nicht nur dieses oder jenes Verdienst haben, sondern sich dichterisch von heiligen Bildern her mit der Gottheit messen. Der Mensch muß die Einfalt dieser Bilder für sein eigenes Leben gewinnen, einfältig sein wie die Blume, wie der Vogel, der sich der Luft anvertraut, wie der Bach, der ins Unbekannte fortrollt, ja wie der Komet, dessen unbekannte Bahn bei Hölderlin nicht mehr abgewertet wird gegenüber der Planetenbahn. Der Mensch muß auf der Erde aufrecht stehen, wie die Kirche mit ihrem Turm, der in den Abgrund der Bläue ragt. Die himmlischen Gestalten sind sein Maß, ein Maß nämlich im Sinne der alten Tugend, in bestimmten Situationen die Mitte zu treffen, die „mâze" nach dem mittelhochdeutschen Ausdruck. Ein bleibendes Maß aber gibt es nicht, denn gerade der höchste Gott ist der Donnerer, der jede Ausgewogenheit auch wieder zerstört. Hölderlin spricht auch von dem Herz, das blutet, nämlich an der Wunde, die es sich durch Hybris oder unsicheres Suchen selbst geschlagen hat. Er nennt Ödipus eine tragische Gestalt, die nicht wohnt, sondern wieder Fremdling wird. Doch solche Tragik hat auch ihren Sinn: sie erinnert die Menschen daran, daß die Gottheit unverfügbar bleibt – nicht nur verborgen ist, um endlich offenbar zu werden, sondern immer neu sich verbergend. Die Ode *Der Frieden* sagt, die Väter, die – in Kriegen und Revolutionen – das Maß verloren hätten, seien vom Geist getrieben gewesen, nämlich von jenem Gott, der größere Freiheitlichkeit verlangte.

Werner Marx übernimmt von Heidegger die Hölderlinschen Zeilen. Wie Heidegger versteht er den Ausdruck „ein Maß" vom Maßnehmen her. Doch gegen Hölderlin und gegen Heidegger wird betont: es gibt auf Erden ein Maß. Nicht allein der Einklang von Himmel und Erde und damit die religiöse Tradition führt zu einem Maß, sondern dieses Maß kann im alltäglichen Leben gewonnen werden und so zu einem Ethos auch dann führen, wenn die religiösen Traditionen fragwürdig geworden sind. Auch die Weise, wie Werner Marx sich so auf Hölderlin bezieht, führt über den Deutschen Idealismus und noch über Schellings Spätphilosophie hinaus. Wenn Schelling die Freiheit und damit auch die Fehlbarkeit des Menschen neu thematisiert, bleibt er doch auf den Gott der Liebe bezogen, der Freiheit will, damit er schließlich offenbar werden kann als der, der alles in allem ist. Werner Marx geht über Schelling hinaus, indem er in der Sterblichkeit der Menschen ein nichtmetaphysisches Maß aufzeigen will. Hölderlin hatte schon andere Wege als Schelling eingeschlagen, indem er Gott ein ständig neues Sichverbergen zusprach, das nicht mehr bezogen ist auf ein letztes Offenbarwerden (wie bei Hegel) oder Offenbar-werden-wollen (wie bei Schelling). Zu fragen ist, wer der Wirklichkeit am nächsten bleibt. Um dieser Frage willen aber muß geklärt werden, was Werner Marx unter einem nichtmetaphysischen Denken versteht.

c. Nichtmetaphysisches Denken

Die Begründung der Ethik im Maß des Mitleidenkönnens wird von Werner Marx aufgefaßt als eine „nichtmetaphysische" Ethik. Die Rede von einem nichtmetaphysischen Denken folgt dem Sprachgebrauch, wie Heidegger ihn nach 1929 durchgesetzt hat: die Metaphysik ist die maßgebende Ausgestaltung des abendländischen Denkens von Platon bis Nietzsche; sie hatte vielleicht eine gewisse Notwendigkeit, blieb aber eine Illusion und eine Verfehlung der eigentlich gestellten Aufgabe. Schon Dilthey hatte in seiner *Einleitung in die Geisteswissenschaften* in diesem Sinne von der Metaphysik gesprochen; er hatte das metaphysische Denken kulminieren lassen in jenem Satz von Leibniz, der für alle Vernunft- und Tatsachenwahrheiten die Beistellung des Grundes verlangt. Nach Dilthey scheitert diese Metaphysik an Phänomenen wie z. B. dem Schicksal-haben; sie wurde schon durch die wissenschaftliche Arbeit aufgelöst, die an ihre Grenzen stieß. Doch bleibt das Denken, das in neuer Weise kritisch sein will, nach Diltheys Auffassung ebenso durch die Tendenz zur Wissenschaftlichkeit bestimmt wie durch die Tendenz zur Weltanschauung, die es mit Kunst und Religion teilt. Heidegger sieht in dieser vorsichtigen Einordnung und Abgrenzung des philosophischen Denkens eine mangelnde Radikalität; sein nichtmetaphysisches Denken führt konsequent die spekulative Tradition fort, um das Denken aus ihm selbst zu seiner Ursprünglichkeit zurückzuführen. Dabei bleibt der Satz vom

Grund der Ausgangspunkt für die Distanzierung der Metaphysik. In welchem Sinne das Maß ein Maß sein kann, also so etwas wie ein Grund und ein Prinzip, wird dann von Werner Marx neu gefragt.

Hans-Georg Gadamer hat in seiner Besprechung *Gibt es auf Erden ein Maß?* dargelegt, daß Werner Marx versucht, mit Heidegger von der Sterblichkeit auszugehen, aber gerade in dieser Sterblichkeit ein Maß zu finden; dieser Versuch müsse aber von Heidegger her metaphysisch und eben nicht „nichtmetaphysisch" genannt werden. Wenn Werner Marx in einem „Offenen" ein letztes Maß sucht, dann sagt Gadamer von diesen Bemühungen: „Was wir alle von Heidegger gelernt hatten, war das genaue Gegenteil dessen, nämlich daß solche vermeintliche Entborgenheit die Seinsvergessenheit des metaphysischen Denkens ausmacht, indem das Sein als die letzte, höchste und andauernde Anwesenheit des Anwesenden gedacht wird – und in seiner letzten Vollendung als das Selbstbewußtsein da ist."[242] Man wird Gadamer in der Auffassung recht geben müssen, daß Werner Marx bestimmte Aussagen Heideggers auf sein eigenes Anliegen hin so interpretiert, daß die Interpretation schließlich ohne Anhalt in dem ist, was Heidegger wirklich sagt. Werner Marx selbst vermerkt die Abweichungen; so findet er in Heideggers „Feldweggespräch" von 1944/1945 einen Satz, der die Welt als Zeitspielraum oder als die Gegend der verweilenden Weite faßt und im Sichöffnen dieser verweilenden Weite das „Offene" gehalten und angehalten sieht. Marx will vom Sichöffnen (der Wahrheit als der Unverborgenheit und als der Welt) das Offene unterscheiden. Doch sagt er selbst, daß Heidegger diesen Unterschied nicht durchgehalten habe; dieses Versäumnis habe in eine Aporie geführt, die durch ein Weiterdenken aufgelöst werden könne, welches das Offene als Maß fasse (G 64).

Die Aporie, in die Heidegger geraten sein soll, besteht darin, daß der Mensch einerseits für das genannte Sichöffnen gebraucht wird und sogar eine entgegenstehende Macht sein kann, andererseits der Mensch „entmachtet" und dem Geschehen der Öffnung ganz ausgeliefert wird. Marx versucht die Todeserfahrung über die Interpretation, die Heidegger ihr gegeben hat, hinauszuführen. Bekanntlich

---

[242] Hans-Georg Gadamer: *Gibt es auf Erden ein Maß?* In: Philosophische Rundschau 31 (1984) 161 ff., vor allem 174. Vgl. auch Werner Marx, Hans-Georg Gadamer und Adriaan Peperzak in: Phänomenologische Forschungen 19 (1986).

blieb die Todesanalyse von *Sein und Zeit* unbefriedigend, da sie den Tod der Anderen beiseite schob. Heidegger verstand in seinen späteren Arbeiten dagegen das Sterblichsein der Menschen überhaupt vom Tod her. Dabei wurde der Tod zu einem Schrein des Nichts, der gerade deshalb das Sein als Entbergung und Bergung in sich trägt, weil er im Nichts den Entzug und die Verbergung als Geheimnis erfaßt, das verbirgt und birgt. Dieses Ineinanderdenken von Sein und Nichts wird von Werner Marx entflochten. Der Tod erst ist das Dritte zu Sein und Nichts, damit hinausgenommen aus der Verflechtung von Sein und Nichts in das geheimnisvolle Geschehen der Unverborgenheit; so gewinnt der Tod eine eigene „Macht" und wird zu dem Ort, an dem ein Maß gewonnen werden kann (G 100). Werner Marx schreibt vom Tod: „Gerade wenn wir ihn mit Heidegger nicht als die ‚Verwesung des menschlichen Leibes' auffassen, sondern ihm darin folgen, daß er das ‚höchste Gebirg des Geheimnisses der rufenden Entbergung' ist, und ihn als die ‚höchste *Verborgenheit* des Seins' denken, dürfen wir dann nicht vermuten, daß das, was der Tod als dieses Geheimnis in die ‚Entbergung ruft', seinerseits die ‚höchste *Entborgenheit*' und diese ihrerseits ein ‚Anderes' gegenüber dem Sein und dem in ihm nichtenden Nichts ist, daß dieses ‚Andere ', weil es einer anderen Dimension angehört, einen gegenüber dem Seinsgeschehen als Wahrheitsgeschehen eigenen ‚Ort' hat und daß es an diesem ‚Ort' das Maß und die Maße gibt?" Diese Vermutung führt über Heidegger hinaus. Marx hatte ja kritisch festgehalten, daß bei Heidegger der Ort fehle, der der Verbergung und der Irre entzogen sei. Das „Offene", das aus dem Sichöffnen und Verbergen herausgelöst wird, soll den Ort abgeben: das Maß als das „Heilende" zum Beispiel in der Gestalt der Liebe, des Mitleids und der Anerkennung (G 107).

Werner Marx sieht Heidegger als den Denker, der in den Übergang zu jenem anderen Anfang hineinführt, den wir heute zu vollziehen haben. Er kann aber nicht davon absehen, daß die Verwindung der Metaphysik, wie Heidegger sie in den dreißiger Jahren versuchte, die Wahrheit als das Geschehen von Entbergung und Verbergung ohne Maß läßt, ja diesem Geschehen eigens die Irre und den „Grimm", der Böses mit sich führt, zuspricht. In seinem Buch *Heidegger und die Tradition* hat Marx die „vielfach gehörte Behauptung" in Zweifel gezogen, daß Heidegger sich über die Gewaltsamkeit und das Böse der nationalsozialistischen Revolution „geirrt" habe. Heidegger müsse diese Revolution im Gegenteil von vornherein richtig eingeschätzt haben, weil er sie als ein „Wahrheitsgeschehen" angesehen habe.[243] Diese Fragen verlangen in der Tat eine genaue Prüfung. Ohne Zweifel hat Heidegger 1933 demokratische und rechtsstaatliche Einrichtungen (wie die Selbstverwaltung der Universitäten) mit einer Handbewegung beiseite geschoben. Er hat den Führern ein Risiko schöpferischen Handelns zugemutet, das er dann nach seiner großen Enttäuschung im politischen Bereich wenigstens noch einem Dichter wie Hölderlin ansinnen wollte. In völliger Täuschung über die Wirklichkeit hat er vor allem dem einen „Führer" zugemutet, falsche Programmpunkte der Partei – wie die Rassenideologie und die Umwandlung der Universitäten in Fachhochschulen – zu korrigieren. Damit hat er die Struktur des politischen Bereichs (auch den Unterschied von Politik und Kunst) verkannt, da er dem großen Politiker eine Blankovollmacht gab, statt ihm die Rechtfertigungslast für andere und neue Wege zuzuweisen. Vielleicht kann man Heidegger nicht überhaupt dafür tadeln, daß er das politische Handeln mit einem offenen Risiko verband, ja die politische Ordnung von den Bahnen eines geschichtlich sich öffnenden und wandelnden Wahrheitsgeschehens her sah. Ist diese Sicht nicht einfach realistisch, die Ansetzung eines bleibenden Maßes für dieses Wahrheitsgeschehen eine Illusion? Marx sieht aber den Denkweg Heideggers so, daß Heidegger in den Jahren um 1945 eine Besinnung auf das Problem des Nihilismus und der Maßlosigkeit eingeleitet habe, an die das Suchen nach einem Maß anknüpfen könne. Hier wird zum Beispiel die wichtige Unterscheidung zwischen dem Gestell der wissenschaftlich-technologischen Welt und dem Geviert als der Dimension des Heilen und Heiligen so gefaßt, als müsse das Gestell erst verabschiedet werden, ehe das Geviert sich entfalten könne. Sollte man aber nicht den Hinweis auf die vielen Welten, in denen der Mensch lebt, so fassen, daß das Gestell und das Geviert auf Strukturen verweisen, die in ihrem Ineinanderspielen bleibend zum Aufbrechen von Welt gehören? Daß wir statt des einen „Maßes" nur den Hinweis auf das Maß geben können, „Wahrheit" im Zusammenspiel der vielen Welten nur so zuzulassen, daß das Wahrheitsgeschehen seine Ursprünglichkeit nicht verliert (wie es das im bloß technologi-

---

[243] Werner Marx: *Heidegger und die Tradition.* Hamburg ²1980. 247. Vgl. auch O. Pöggeler: *Den Führer führen?* In: *Neue Wege* (s. Anm. 16) 203 ff.

schen Bezug zur Wirklichkeit nach Heidegger tut) und sich so nicht selbst zerstört?[244]

Schon in seinem Buch *Heidegger und die Tradition* von 1961 hat Werner Marx Heidegger nicht nur als den Denker charakterisiert, der die Tradition der Vernunft und Lichtmetaphysik verläßt; er hat auch darauf hingewiesen, daß der Denker der Zeit schließlich nach dem Bezug zur Ewigkeit frage. In der Tat: Die Hölderlin-Vorlesung von 1934/1935 bezieht die Zeit auf Ewigkeit; die Ewigkeit wird aber nicht mehr gedacht als Aeternitas oder als Sempiternitas, sondern als Vorbeigang: erfährt der Mensch im herausgehobenen Augenblick Göttliches, dann schwingt die Zeit in die Ewigkeit ein, doch die Ewigkeit erweist sich als der Vorbeigang, der dem erfüllten Augenblick und damit der Zeitlichkeit in ihrer Endlichkeit die Freiheit gibt, zu vergehen und sich nicht auf sich zu versteifen. Doch Werner Marx fragt, ob Heidegger nicht in seiner späten Wende zur Welt die „Geschichte stillelegt". Bedeutet nicht auch die Rede vom Spiegelspiel des Gevierts eine Rückkehr zur „totalen Intelligibilität" der „Lichtmetaphysik"? Die Rede vom „unendlichen Verhältnis" der Weltgegenden im Geviert mache wieder die gute Unendlichkeit Hegels geltend! Gibt nicht das Protokoll der Diskussion von Heideggers spätem Vortrag *Zeit und Sein* dieser Auffassung recht, da Heidegger dort offenbar von einem Ende der Seinsgeschichte gesprochen hat? Nach Walter Bröcker hat Heidegger gar mit seinen spätesten Bemerkungen über Parmenides sein liebstes Kind, die Lichtung für das Sichverbergen, umgebracht, um zur durchsichtigen Kugel des Parmenides zurückzukehren, in der es keine Spur von Verbergung geben kann. Doch: die Seinsgeschichte kommt an ihr Ende, wenn sie nicht mehr eine Kette von Verbergungen des eigenen Ursprungs ist, sondern als ein Sichschicken auf dem Grunde des Verbergens eigens angenommen wird! Das Geviert ist ein unendlich „inniges" Verhältnis im Sinne Hölderlins; Unendlichkeit ist hier nicht die Unendlichkeit des Geistes, der nach Hegel über alle

---

[244] Vgl. O. Pöggeler: *Heidegger und die hermeneutische Philosophie* (s. Anm. 72) 244. Zur Frage, ob Heidegger unter Titeln wie „Geviert" und „Gestell" eher voneinander abzugrenzende Sphären der Welt oder sich ablösen sollende geschichtliche Zustände erörtere, vgl. die kontroversen Äußerungen von Werner Marx und mir in: *On Heidegger and Language*. Ed. by Joseph J. Kockelmans. Evanston 1972. 235 ff., 107 ff. – Zum folgenden vgl. Werner Marx: *Heidegger und die Tradition* (s. Anm. 243) 197 f.; Heidegger: *Zur Sache des Denkens* (s. Anm. 102) 44; Walter Bröcker: *Heideggers letztes Wort über Parmenides*. In: Philosophische Rundschau 29 (1982) 72 ff.

Grenzen hinausgeht und so die Identität als Totalität, das Eine in Allem, darstellt. Die Spiegelung der Sterblichen in den Göttlichen erfährt das Göttliche nicht als ein Bild, sondern nur als den Wink, in dem ein Abschiednehmender sich im Sichentziehen noch einmal zuwinkt. Nach dem Rilke-Aufsatz der *Holzwege* sind das Sein und das Heilige nur Spur, zu der das Abwesen gehört. Der späte Widerruf jener Parmenides-Auslegung, wie Heidegger sie nach *Sein und Zeit* entfaltet hatte, gibt nur zu, daß es die Spur zur Verbergung, wie Heidegger sie bei Parmenides gesucht hatte als das Ungedachte dort, nicht gibt. Er bringt das liebste Kind, die Lichtung für das Sichverbergen, erst ganz ins Freie und Eigene, das am griechischen Denken keinen positiven Anhalt hat. Wenn Heidegger zuletzt über seine Gesamtausgabe das Motto „Wege – nicht Werke" setzte, dann zeigte er noch einmal an, daß es ihm nicht um eine Rückkehr zu einer quasi metaphysischen Position geht. Als eine solche Rückkehr mußte ihm wohl auch das Suchen des einen Maßes, wie Werner Marx es entfaltet, erscheinen.

Gadamer stellt eine andere wichtige Frage: Müsse Moral überhaupt metaphysisch oder in einem ethischen „Maß" begründet werden? Gerade Aristoteles habe doch die Eigenständigkeit der praktischen Philosophie gezeigt! Diese praktische Philosophie gehe davon aus, daß Moral in dem gründe, was uns in unserer Geschichte jeweils gemeinsam sei: in der Suche nach dem guten Leben. Für eine solche hermeneutische Ethik hat Kant die ethische Reflexion von aufklärerischer Sophistikation gereinigt, aber den aristotelischen Ansatz nicht umzustürzen vermocht. (Freilich hat Dilthey schon darauf hingewiesen, daß auch die *Nikomachische Ethik* metaphysische Implikationen hat – etwa wenn sie im 10. Buch die Theoria als die höchste Praxis ausgibt, überhaupt die Situation hier auf der dunstigen Erde unter dem wechselnden Mond ansiedelt als etwas Untergeordnetes gegenüber dem Blick auf den bleibenden Lauf der Sterne.) Man kann hier auch ad hominem argumentieren: Es ist absurd, sich vorzustellen, Hegels Familie habe sich an Hegels Philosophie orientiert; wenn sie ein sinnvolles Leben zu führen suchte, dann orientierte sie sich an dem, was geschichtlich im Leben selbst vorgegeben war, durch die Philosophie nur näher aufgeklärt werden konnte. Kann man in einer Zeit, in der alles fragwürdig zu sein scheint, jenes Verhältnis von Leben und Erkennen umkehren? Kann man den Menschen durch die Philosophie vermitteln, was sie im Leben selbst nicht mehr finden? Für Gadamer steht die Solidarität in Familie, Beruf und anderen Gemeinschaften, wie sie sich geschichtlich ausgebildet hat, am Anfang; die Todeserfahrung reißt aus den Selbstverständlichkeiten, führt zu radikaler Vereinzelung, aber auch sie kann nur zu einer entschiedenen Annahme der Möglichkeiten führen, die sich geschichtlich bilden und umbilden. Was Werner Marx mit dem Hinweis auf Liebe, Mitleid, Anerkennung ins Spiel bringt, findet Gadamer schon in der freigebenden Fürsorge von *Sein und Zeit*.

Hier scheint mir Werner Marx stärker als Gadamer in der Nähe Heideggers zu bleiben, denn Gadamer denkt Heidegger lebensphilosophisch um. Gadamer faßt das Verstehen von der Etymologie her als Vertreten der Sache eines anderen vor Gericht. Auch im Verstehen des anderen verstehe ich die Sache, und so wird das Verstehen am Ende ein Sichverstehen. Es steht freilich unter den Bedingungen unserer Endlichkeit – in der Naturnotwendigkeit des Geborenwerdens und Sterbens, und so wird es ein Sichbehaupten, das sich auf Zeit durchsetzt und gegebenenfalls auf möglichst lange Zeit durchzusetzen versucht. Triumphiert hier nicht der Prozeß, in dem Lebendiges seine Umwelt assimiliert und seine Partner sucht, über die Offenheit für ein Du, die ethisch bestimmt ist? Nicht von ungefähr braucht Gadamer den Grafen Yorck nicht nur als guten Lutheraner, sondern vor allem als jenen, der durch den Begriff des Lebens zwischen Hegels *Phänomenologie des Geistes* und Husserls *Krisis*-Werk vermittelt. Das Leben, das sich durchsetzen will, muß anderes vergessen können, sich vor allem vom Vergangenen befreien können. Unter Berufung auf Heidegger fordert Gadamer das „Vergessen"; aber dieses „Vergessen" gehört bei Heidegger zur uneigentlichen Zeitlichkeit, während Gadamer es für die eigentliche Zeitigung in Anspruch nimmt. Auch in der Rezension des Buches von Werner Marx wird Heidegger in charakteristischer Weise umformuliert: nach Heidegger sind der Tod und das Nichts der Schrein, der das Sein verwahrt; nach Gadamer meint die Rede vom Schrein, daß das „geheimnisvolle Nichts im Sein verwahrt ist".[245] Die

---

[245] Gadamer: *Gibt es auf Erden ein Maß?* (s. Anm. 242) 171. Daß etwa Platon – phänomenologisch nicht einfach unberechtigt – ein letztlich ganz anderes Verhältnis zum Tode nahelegt als Heidegger, hat Oskar Becker gezeigt: *Dasein und Dawesen* (s. Anm. 39) 184 ff. – Zum folgenden vgl. Heideggers Ausführungen über Rilke in *Parmenides* (s. Anm. 80) 226 ff.

Philosophie vertraut hier darauf, daß Sein und Leben sich schon immer wieder durchsetzen. In sehr unterschiedlicher Weise beziehen Gadamer und Heidegger sich zum Beispiel auf Rilke: Heidegger läßt trotz aller Anerkennung Rilkes nicht ab von der Kritik, daß Rilke die Geistmetaphysik nietzscheanisch oder biologistisch umbilde und zur ästhetischen Autonomie forme. Für Gadamer ist dagegen die Interpretation der zehnten *Duineser Elegie* charakteristisch. Diese Interpretation fordert, den Toten dort ankommen zu lassen, wo kein Gedenken mehr ist, ihn eben um des Lebens willen zu vergessen oder doch seinen Tod zu verschmerzen. Orpheus, der nach Rilke ein Gott sein soll, darf sich nicht umsehen nach Eurydike, wenn er sie – im dichterischen Bild der Erinnerung und Verinnerlichung ins Geistige – behalten will.

Gegenüber der Tradition, die das Existieren oder auch das Leben auf eine Identität in der Zeit verpflichtet, macht Werner Marx die Offenheit für den Anderen geltend. Muß damit nicht die Anknüpfung an Heidegger zu einer Gegenbewegung gegen Heidegger werden? Immer wieder ist darauf hingewiesen worden, daß der phänomenologische und existenzphilosophische Ansatz von den Versuchen eines dialogischen Philosophierens bestritten worden sei. Nachdem Emmanuel Lévinas aus dieser dialogischen Tradition die „Geste" von Rosenzweigs *Stern der Erlösung*, die auf Differenz zielt, aus der phänomenologischen Philosophie selbst entfaltet hat, läßt sich von Lévinas her etwa folgende Kritik an Heidegger formulieren: Weil der Andere ausfällt, öffnet sich bei Heidegger nicht die ethische Dimension. Mit Nietzsche (zuerst einmal dem jungen Nietzsche) wird seit 1929 das Sicheinhausen in der je eigenen geschichtlichen Welt gefordert, jene Bodenständigkeit, die vom Mythos grundgelegt und ausgegrenzt wird; so kann die griechische Frühe mit ihrer tragischen Welterfahrung für den angeblichen deutschen Aufbruch reklamiert werden. Jener Mensch, der fremd ist zwischen den Völkern, aber offen für die Geschichte im Ganzen oder den Auftrag an sie, wird als entwurzelt abgetan. In jedem Fall bleibt Heideggers Denken, das die Überwindung der Metaphysik fordert, selber metaphysisch, da es an der Identität als dem geschichtlichen Sichzueigensein vom Ereignis her orientiert ist und die Differenz als bloßen Austrag der Identität mißversteht, jedenfalls an die zweite Stelle rückt.

Ist jedoch diese Sicht von Heideggers Philosophieren überzeugend? Sicherlich hat *Sein und Zeit* zum Gerede nicht jenes Gespräch gestellt, das zwischen dem einen und dem anderen geführt wird, und vielleicht gibt es auch eine Tendenz in *Sein und Zeit,* die diese Weiterführung verhindert. Wenn Kierkegaard die ethische Dimension durch die religiöse Ausnahmesituation (etwa Abrahams Verhältnis zu Isaak) relativierte, so scheint diese Relativierung bei Heidegger formalisiert und für die Existenz überhaupt beansprucht zu werden. (Beim späteren Heidegger deutet die Rühmung Antigones, die aus der Konfrontation mit Kreon herausgenommen wird, in die gleiche Richtung.) Eröffnet aber die vorspringende Fürsorge in *Sein und Zeit* nicht auch einen anderen Weg, der von Heidegger immer wieder begangen wurde? So hat Heidegger im Oktober 1930 in einer Bremer Diskussion gerade für diese Fragen auf Tschuang Tses Parabel von der Freude der Fische hingewiesen: Wir können mindestens die Behauptung zurückweisen, wir verständen die Freude der Fische nicht, die im Bach so fröhlich springen; wer uns dieses Verstehen verweist, kann ja seinerseits nicht behaupten, der schlechthinnigen Andersheit der Fische gewiß zu sein. Der andere ist so anders, daß wir über seine Andersheit keine Gewißheit haben, und doch sind wir so gerade offen für ihn![246] Heidegger hat schon im Sommer 1925 in der Vorlesung über die Geschichte des Zeitbegriffs die frühere Unterscheidung zwischen Umwelt, Mitwelt und Selbstwelt abgewiesen, weil der Andere uns nicht nur in unserer Mitwelt begegne, sondern die Welt mit uns teile. Dabei hat Heidegger auch darauf verwiesen, wie von der Orientierung an der Umwelt und am Man her die „Freundschaft" mißverstanden werde, und auf dieses „Ideal" der Freundschaft, die weder das eigene Leben dem Anspruch des Anderen unterwirft noch sich den Anderen unterwirft, scheinen Heideggers Gedanken hinauszulaufen.

Wenn Marx die Offenheit für den Anderen aus der Erfahrung der Sterblichkeit und das heißt auch immer der eigenen Sterblichkeit entfaltet, unterläuft er die Frage, ob man vom Anderen oder von sich selbst ausgehen müsse – traditionell formuliert, ob man sich im ethischen Bereich eher an Self-Love oder an Benevolence orientieren müsse. Wenn das Maß, auf dem Werner Marx besteht, angezeigt wird in der Achtsamkeit für die Hilfsbedürftigkeit des Menschen über-

---

[246] Vgl. Petzet: *Auf einen Stern zugehen* (s. Anm. 134) 24. – Zum folgenden vgl. Heidegger: *Prolegomena* (s. Anm. 4) 333, 387.

haupt, dann fragt sich aber, ob hier nicht bestimmte „Tugenden" in einseitiger Weise so verabsolutiert werden, wie Heidegger das mit der Gestimmtheit der Angst tat. Wird nicht bestimmten Tugenden oder der einen ausgezeichneten Gestimmtheit eine grundsätzliche Erschließungsmöglichkeit zugemutet, so daß das Spezifische zum Ort eines quasi-metaphysischen Maßes führt? So fragt sich, ob Mitleid, Liebe und Anerkennung überhaupt vergleichbar sind und ob gerade sie in die Rolle einrücken müssen, die Marx ihnen zuweist. Das Mitleid ist sehr verschieden beurteilt worden. Bei Giraudoux sagt Helena, sie habe Mitleid nie gekannt; spricht sich hier die Dämonie der Schönheit aus oder spricht einfach die Griechin? Parzival dagegen wird verurteilt, weil er kein Mitleid gezeigt habe. „Ethisches Prinzip" ist Mitleid aber nur in einem religiösen oder metaphysischen Kontext. Schopenhauer spottet darüber, daß der Wille, der die Welt aufbaue, nach Hegel göttlich sei. Dieser Wille sei dämonisch, die Brechung des Sichwollens im Mitleid kann deshalb zum ethischen Prinzip werden. Aber Schopenhauer folgt so gut wie Hegel einer nicht zu rechtfertigenden Metaphysik. Einer solchen Metaphysik folgt auch Nietzsche, wenn er das Mitleid verwirft und nicht einmal das Böse mit seinem dämonischen Glanz als den härtesten Einwand gegen das Leben empfindet, sondern das Häßliche und das Niedere. Werner Marx will aber eine Metaphysik des Mitleids, wie Schopenhauer sie vorgestellt hat, gerade nicht übernehmen. Heißt das aber nicht, daß das Mitleid dann zwar noch ein Maß für bestimmte Sphären sein kann (nicht für Legalität, aber für eine bestimmte Moralität), doch eben nicht ein Grundmaß? Ethisches Prinzip überhaupt kann das Mitleid auch aus einem anderen Grund nicht sein. Aus Mitleid kann man durchaus auch Böses tun und Schlimmes bewirken, und so muß eine „Ethik ohne Metaphysik" durch analytische Unterscheidungen feststellen, daß das Mitleid nicht einfach als ethisches Prinzip gelten könne.[247] Ähnliche Überlegungen kann man auch für Liebe und Anerkennung durchführen. Hegel stimmt mit dem amerikanischen Geschäftsmann durchaus überein, wenn er für den Bereich der bürgerlichen Gesellschaft den Bourgeois-Egoismus, aber nicht die Liebe als Triebfeder fordert; von der Anerkennung sucht Hegel zu zeigen, daß sie nicht nur Anerkennung des Anderen (etwa als Rechtsperson wie bei Fichte), sondern darin auch

---

[247] Vgl. Günther Patzig: *Ethik ohne Metaphysik*. Göttingen 1971. 42 ff.

Anerkennung eines bestimmten Bereiches ist, in dem man dann seine Ehre und Würde hat, etwa als Rechtsperson geachtet werden kann. Diese Vielheit der Welten wird von Werner Marx auch herausgestellt, doch sucht er der Sozialethik und dem ethischen Verhalten zur Vielheit der Welten eine Grundlegung in der einen und grundsätzlich ansetzenden Nächstenethik zu geben. Nur so scheint die Rede von einem Maß gerechtfertigt zu sein, doch eben diese Rechtfertigung muß philosophisch wohl umstritten bleiben.

d. Ethik und Topik

Wenn Werner Marx in der Sterblichkeit des Menschen die Hilfsbedürftigkeit findet, sucht er diese Hilfsbedürftigkeit durch eine Verwandlung des Affekts des Entsetzens in die Tugend des Mitleidens zu jener Solidarität zu führen, die sich ethisch verpflichtet weiß. Da diese Verpflichtung die Erfahrung der Geschichtlichkeit des Lebens und der Pluralität der Lebenswelten nicht aufgibt, kann sie nicht auf starre Regeln gebracht werden. Trotzdem sollen grundsätzliche Unterscheidungen – zwischen Norm und Normiertem, ja zwischen Gutem und Bösem – zurückgewonnen werden, und zwar gerade aus der Erfahrung der Zeitlichkeit heraus, durch die jene Differenzen unterlaufen wurden. Das Maß tritt aber nicht auf als ein Imperativ, sondern als Motivation zur Verwandlung des Lebens und so als Gewinn einer ethischen Dimension in der Lebensführung; damit bleiben die Glaubenserfahrungen nahe, obgleich die verbindliche Kraft der überlieferten Religionen dahingestellt bleibt. Das Maß, das ein Kann und kein Muß ist, soll nicht Prinzip in traditionellem Sinn sein, aber doch als das Offene herausgenommen werden aus der Geschichte und der faktischen Vermischung zwischen Gut und Böse. In der Anlehnung an Hegel und in der Abwendung von ihm sucht Werner Marx zwar nicht eine spekulative Logik, aber eine spekulative Hermeneutik, und so eine Sprache für das Maß (G 139).

So kann es nicht verwundern, daß neben Studien zu Aristoteles und zu Heidegger Studien über Reflexion und Sprache bei Hegel und über Hegels *Phänomenologie des Geistes* Schwerpunkte im Werk von Werner Marx bilden. Es ist bekannt, welche große Rolle die *Phänomenologie des Geistes* für die französische Philosophie unseres Jahrhunderts gespielt hat; Heideggers Vorlesung über Hegels *Phänomenologie* vom Winter 1930/1931 bildet auf einem anderen Wege den Schwerpunkt einer neuen Auseinandersetzung mit Hegel von der *Phänomenologie* her. Heidegger beginnt dort Motive zu formulieren, die auch andere bewegten, zum Beispiel Eugen Fink in den Vorschlägen zur Umarbeitung von Husserls *Cartesianischen Meditationen* und dann in freierer Weise in Lehrveranstaltungen in Leuven und Freiburg. Heidegger hat die *Phänomenologie* Hegels schließlich mit Schellings Freiheitsschrift zusammengestellt als Gipfelwerke der abendländischen Philosophie. Durch diese Betrachtung wird die spezifische Funktion, die Hegel der *Phänomenologie* von 1807 gab, verdeckt. Die vorläufige und oft recht äußerliche Erläuterung der Funktion des Werkes, wie Hegel sie in der Einleitung und in der Vorrede gibt, wird als eine spekulative Gedankenentfaltung mißverstanden. Werner Marx ist in seiner Erläuterung der Idee der *Phänomenologie* behutsamer und genauer vorgegangen; in der nun publizierten Vorlesung über die Phänomenologie des Selbstbewußtseins hat er für ein wichtiges Kapitel der *Phänomenologie* neue Interpretationsmöglichkeiten von Hegels übrigen Werken her gewonnen. Vielleicht bleibt aber auch in dieser Interpretation die spezifische Funktion der *Phänomenologie* unterbelichtet; so kommt die Frage nicht auf, ob sich nicht von Hegel her auch für den eigenen Ansatz eine Modifikation nahelegt.

Hegel hat in der Einleitung und der Vorrede zur *Phänomenologie* verdeutlicht, wie das natürliche Bewußtsein seine Erfahrungen macht und anhand von einfachen Exempeln eingeführt wird in den Umgang mit den Momenten der Logik. Diese Logik hatte (wie am Ende der Realphilosophie von 1805/1806 angegeben wird) 2 x 3 Kapitel: Sein, Verhältnis, Leben und Erkennen; wissendes Wissen, Geist, Wissen des Geistes von sich. Ein einfaches Exempel (der Gebrauch von deiktischen Worten wie „dieses") zeigt, daß die sinnliche Gewißheit niemals das Sein nur als das schlechthin individuelle Dieses nimmt, sondern immer schon als dieses und jenes Dieses, also in einer gewissen Allgemeinheit; so geht die Sphäre des Seins über in die Sphäre der Relation oder des Wesens (wo nach dem leitenden Exempel von dem einen Ding mit vielen allgemeinen Eigenschaften gesprochen wird). Die Phänomenologiekapitel über Wahrnehmung und Verstand üben den Umgang mit den Relationskategorien ein; die Phänomenologie des Selbstbewußtseins zeigt dann, wie das Leben seiner selbst bewußt und damit Geist werden kann. Das Leben wird seiner selbst bewußt durch eine Negation seiner bloßen Instinkthaftigkeit; für das borniert Miß- verstehen dieser Negation steht das Exempel des Tötens im Kampf um Anerkennung. Der Weg vom Leben zum selbstbewußten Leben oder Geist wird dann durch andere, kompliziertere Exempel weiter ver- deutlicht: durch das Verhältnis von Herrschaft und Knechtschaft, den Stoizismus mit seiner These, Physis sei Logos, schließlich durch das unglückliche Bewußtsein. Werner Marx kann mit Hegels Worten dar- auf hinweisen, daß Stoizismus und unglückliches Bewußtsein auch als eine geschichtliche Position vorkommen, doch an dieser Stelle der *Phänomenologie* werden diese geschichtlichen Positionen nur als Exempel gebraucht. Hegel vermerkt deshalb im Kapitel über den Geist ausdrücklich, daß erst auf dieser Ebene vom Stoizismus auch als einer geschichtlichen Erscheinung die Rede sein kann.[248] Deshalb kann man für die Exempel zur Verdeutlichung Parallelen aus Hegels späteren Vorlesungen heranziehen; doch müßte man immer sagen, daß die Funktion des Bezugs auf den Stoizismus oder das unglückliche Bewußtsein in der *Phänomenologie* eine ganz andere ist. Diese Hin- weise auf die unterschiedlichen Funktionen fehlen auch noch in der Interpretation, wie Werner Marx sie gibt; so kommt das Verhältnis der *Phänomenologie* zur Logik nicht deutlich genug zur Sprache.

Das Exempel des unglücklichen Bewußtseins soll zeigen, daß das Absolute nicht nur Ding ist oder Leben, sondern das Selbst, aber die Anerkennung, daß das absolute Selbst endlich werden muß, das end- liche Selbst absolut; das Selbst muß anerkennen, daß es einen Grund im Leben hat, das Leben, daß es sein Telos im Selbst hat. (In Schellings Freiheitsschrift wird vom Verhältnis zwischen dem ausgegangen, was in Gott Grund ist und was er selbst ist.) Der höchste formale Begriff, der hier gewonnen wird, ist die Teleologie, die zum Bestand der Kategorien hinzukommt. Die nächsten Kapitel der *Phänomenologie* üben dann spekulative Bestimmungen ein, bei denen es nicht mehr um logische oder formale Grundbestimmungen geht, sondern um meta- physische (nach dem einleitenden wissenden Wissen um den sittlich- politischen Geist und dann um das Wissen des Geistes von sich in Religion und Wissenschaft). Daß die *Phänomenologie des Geistes*

---

[248] Vgl. dazu Pöggeler: *Hegels Idee einer Phänomenologie des Geistes* (s. Anm. 22) 231 ff., vor allem 256.

nicht bloß Propädeutik ist, sagt der Schluß der *Phänomenologie*: Die Geschichte des Bewußtseins übt die spekulativen oder logischen Bestimmungen ein und kann so verbunden werden mit der kontingenten Geschichte, nämlich diese kontingente Geschichte begrifflich von den eingeübten logischen Momenten her aufschließen und so zur „begriffenen Geschichte" führen. Da Hegel in Nürnberg der *Wissenschaft der Logik* eine neue und andere Gliederung gab, zerbrach das angegebene Verhältnis zwischen Logik, Phänomenologie und Geschichte. Hegel suchte in der späteren Verarbeitung der neuen philologisch-historischen Forschungen ein logisches Begreifen der Geschichte zu reklamieren, ohne noch eine überzeugende Gesamtkonzeption vorstellen zu können. Die Kritik der Historischen Schule an diesem Programm sieht jedoch überhaupt nicht die Motive, von denen Hegel ausging.

Diese Motive sind auch für uns noch bedeutsam. Wir müssen mit Hegel fragen, wie der Mensch im Intimbereich der Familie, in der bürgerlichen Gesellschaft und in der politischen Sphäre sich verhält; damit ist auch gefragt, ob diese verschiedenen Welten und ihre Konstellation geschichtlich aufkommen und sich wandeln oder ob sie nicht auch in einem nichtgeschichtlichen Ordnungszusammenhang ihre Grundlage haben. Ist es nicht unangemessen, allein von einer Nächstenethik aus die Grundlage für das Ethos zu finden, wie es für die verschiedenen sozialen Bereiche und die verschiedenen Lebenswelten gesucht wird? Kann die Ethik überhaupt noch von den Affekten her entworfen werden, die zur Tugend verwandelt werden? Im tugendhaften Menschen (in Herakles oder auch noch in Bürgern der Polis) soll das, was sittlich bedeutsam ist, als prägende Kraft einer vorbildlichen Gestalt aufscheinen. Hegel hat aber schon in seinem Jenaer Naturrechtsaufsatz Tugend dieser Art nur dem Citoyen zugesprochen, nicht auch dem Bourgeois, der mit seiner Rechtschaffenheit in komplizierten Verhältnissen lebt und dort nicht mehr die gestalthafte Tugend aufscheinen lassen kann. In der Berliner *Rechtsphilosophie* hat Hegel erklärt, die Tugendlehre könne von einer einfachen Anwendung der Institutionenlehre her gewonnen werden: lebe in diesen und jenen Verhältnissen. So aber wird die Tugendlehre zu einem überflüssigen Annex. Für unsere Zeit hat zum Beispiel Ch. Perelman gezeigt, daß von der alten Tugend der Gerechtigkeit uns nur noch ein dynamisches Prinzipiengefüge bleibt. Perelman ist in frühen Arbeiten davon ausgegangen, daß sich in geisteswissenschaftlichen

Begriffen wie „Gerechtigkeit" Affektives mit Kognitivem durchdringe; die Pluralität der Gerechtigkeitsvorstellungen sollte jedoch als Variable einer abstrakten und formalen Gerechtigkeit zugeordnet werden. In späteren Arbeiten sucht Perelman zu zeigen, daß auch eine Forderung wie „Gerechtigkeit als Fairness" durch bestimmte Idealvorstellungen geprägt bleibt; nur eine Topik, die von wechselnden Gesichtspunkten aus argumentiere, könne in diesem Bereich den Wahrheitsanspruch konkretisieren.[249]

Wenn Werner Marx auf Aristoteles zurückgreift, dann ist Hegels Umwandlung der philosophischen Tradition gegenwärtig, aber auch der Protest gegen Hegel, wie Heidegger ihn entfaltete. Die Versuche, Aristoteles voreilig in einen modernen Kontext zu ziehen, werden zurückgewiesen – zum Beispiel jene sprachanalytisch-hermeneutische Deutung der Begriffe des Aristoteles als Topoi von der Rhetorik her und zugleich als Reflexionsbegriffe im Sinne der Kantischen Topik. Lassen sich jedoch die Bemühungen um Ethik und Ethos noch einmal von der Tugendlehre her konkretisieren? Auch andere Bemühungen um eine solche Erneuerung blieben beschränkt auf den Bereich der persönlichen Lebensführung, zum Beispiel Josef Piepers Anschluß an die griechisch-christliche Tradition oder Otto Friedrich Bollnows Verbindung der Tugendlehre mit dem Ausgang von der Erfahrung der Geschichtlichkeit. Wenn Heidegger strikt darauf bestand, daß von seinem Denken aus kein Weg zur Rehabilitierung der praktischen Philosophie führe, dann zeigt sich darin nicht nur ein Unverständnis für Ethik, sondern auch die Einsicht, daß die technologische Zivilisation vor ganz neue Aufgaben und Probleme geführt habe. Muß man nicht Zweifel anmelden, wenn bei Werner Marx eine Gestimmtheit zur Tugend hinführt und damit zur Einsicht eines gewandelten Menschen, die mit der heutigen technologischen Situation fertigwerden soll? So schreibt Marx: „Die Gestimmtheit einer von Eigennutz beherrschten Gleichgültigkeit weicht zunächst einer anderen Gestimmtheit, der Angst eben vor dem Einbruch der Gewalt in Gestalt eines nuklearen Krieges oder einer nuklearen Katastrophe." Dann würden die „partikularen Interessen" zurückgedrängt; Stufen sich intensivie-

---

[249] Vgl. Pöggeler: *Topik und Philosophie* (s. Anm. 21) 112 ff. Zur Tugendlehre vgl. Pöggeler: *Études hégéliennes*. Paris 1985. 121 ff.: *L'éthique dans la philosophie pratique de Hegel*. – Zum folgenden vgl. die Kritik an W. Wieland bei Werner Marx: *Einführung in Aristoteles' Theorie vom Seienden*. Freiburg i. Br. 1972. 40.

render „Emotionen" würden einen Raum erschließen, „der frei wäre von Eigennutz und Gleichgültigkeit" und offen für die „Vernünftigkeit eines auf unmittelbar intuitive Weise ‚wahrnehmenden' Einsehens, eines Sehens und eines Hörens auf den Anspruch der Gemeinschaft, der jetzt als Sorge um das Wohl der Gemeinschaft wach wird". Schon vorher hatte Marx von diesem Prozeß geschrieben: „Die heraus-setzende Stimmung ist dabei begleitet von einem intuitiv vernünftigen Sehen und Hören, einer intuitiv vernünftigen Einsicht etwa in die Konsequenzen einer Kriegssituation oder einer Naturkatastrophe und einem Hören auf den Anspruch, den Gemeinschaft und Gesellschaft an jede Person richten und den diese zu vernehmen vermag." Dabei ist Werner Marx sich darüber im klaren, daß die geforderte Wandlung des Menschen sich nicht in einer vordergründig politischen Weise erreichen läßt. „Der bloße Zusammenschluß mit politisch Gleichgesinnten genügt hierfür nach allem, was wir sagten, nicht" (E 47, 44, 34). Es war ein Aufruf zur Besinnung, als Heidegger die erschließende Kraft der Angst von der Weltfurcht unterschied und in einer Zeit thematisierte, in der ein Mann wie Hitler die Angst der entwurzelten Massen zu manipulieren begann. Heute wird die Auseinandersetzung der großen Mächte nicht nur durch die Mobilisierung der Energien und die Eskalation der Technologie in der Rüstung geprägt, sondern auch „psychologisch" durch den Zugriff auf die Stimmungslagen der Menschen: Wer das Entsetzen über die furchtbaren Mittel beim Gegner zur Panik hochtreiben kann, hat gewonnen. Unter diesen Umständen ist die Philosophie aufgefordert zu der Frage, ob sich von der Angst und vom Entsetzen her nicht auch die Möglichkeit zur Verwandlung des Menschen auf ein neues Ethos hin gewinnen läßt.

Die Frage bleibt, ob das Ethos für die unterschiedlichen Gemeinschaftsformen und die vielen Lebenswelten allein und grundlegend vom Miteinander zwischen Du und Ich her gewonnen werden kann. Folgt die Hoffnung auf eine Verwandlung der Menschen nicht einem Optimismus, der auch die Wirklichkeit verstellen kann – jenem Optimismus, der mit Platon oder den großen Religionen „das" Gute gewinnen möchte und damit in den Streit der metaphysischen Positionen und der Religionskriege sowie der heutigen Ideologien hineinführt? Was für den Anderen öffnen sollte, verliert die Toleranz gegenüber der Andersheit des Anderen wieder. Damit scheint der Pessimismus Recht zu bekommen, der mit Hobbes davon ausgeht, daß der eine den anderen im Lebenskampf auf diese oder jene Weise mit dem „Mord" bedroht und nur die Schiedsinstanz – eine Rechtsordnung mit Sanktionsgewalt – die von Grund aus bösen Menschen befriedet. Dieser Weg führt nicht zu der einen Vernunft, die zu einem falschen Maßstab pervertiert wird, aber zum ständig neuen Ausgleich und Kompromiß unter den Bedingungen einer letzten Nichtverständigung. Sicherlich sind die 36 kleinen „Gerechten" diesem Gegensatz von Optimismus und Pessimismus entnommen, wenn sie in den Situationen der Verfolgung mit dem eigenen Leben für die Verfolgten eintreten und so die Waage, auf der die Zeit gewogen wird, durch ihr unscheinbares Tun noch einmal in ein Gleichgewicht zu bringen suchen. Aber diese Ausnahmesituation entbindet nicht von der Frage, wie die Strukturen zu vermeiden sind, in denen solche Verfolgung und Not möglich werden.

Zu all diesen Fragen hat Werner Marx wichtige Hinweise gegeben; dabei hat er die philosophische Überlieferung aus den durchlittenen Erfahrungen unserer Zeit heraus in verwandelter Weise eingesetzt. Sicherlich mag man das, was Aristoteles und Hegel, Hölderlin und Heidegger uns zu sagen haben, auch anders sehen können; man mag sich überhaupt fragen, ob das gesuchte „nichtmetaphysische" Denken nicht allzu eng mit der spekulativen Tradition verbunden bleibt. Das ändert nichts daran, daß wir in den Arbeiten von Marx die Grundlegung einer Ethik systematisch entfaltet finden und daß diese Grundlegung weitergeführt wird zu einer Sozialethik und zu einem Ethos für das heutige Leben in „vielen Welten". Auch bei dieser Weiterführung mag umstritten bleiben, ob eine Struktur, die vom Verhältnis zwischen Du und Ich her gewonnen wird, als Ansatz für eine ethische Orientierung auch in anderen Strukturen genommen werden darf. Es mögen überhaupt andere Ansätze zu einer Ethik möglich sein. Könnte die Erfahrung der geschichtlichen Pluralität im Leben der Menschen nicht auch eine Pluralität des Philosophierens selbst zulassen und nicht mehr als Einwand gegen die Philosophie empfinden? In jedem Fall hat Werner Marx entscheidende Anstöße für eine Besinnung auf die zentralen Fragen unseres heutigen Miteinanderlebens gegeben und so das philosophische Erbe in unserer Zeit bewahrt und bewährt.

D. Geist und Geschichte

I. Selbstbewußtsein und Identität

Martin Heidegger hat seiner Habilitationsschrift *Die Kategorien- und Bedeutungslehre des Duns Scotus* ein Kapitel angehängt, das zum Schluß emphatisch auf Hegel verweist: die „Philosophie des lebendigen Geistes, der tatvollen Liebe, der verehrenden Gottinnigkeit" müsse sich auseinandersetzen mit Hegel, nämlich mit dem „an Fülle wie Tiefe, Erlebnisreichtum und Begriffsbildung gewaltigsten System einer historischen Weltanschauung", die „alle vorausgegangenen fundamentalen philosophischen Problemmotive in sich aufgehoben" habe. Für den jungen Privatdozenten erreichte die Philosophie seit Aristoteles ihren Gipfel in der philosophischen Theologie. Diese erst brachte eine Lösung der letzten philosophischen Fragen: nur vom Gott der Philosophen aus konnten Sein und Erkennen, Werterkenntnis und Wertgestaltung in Übereinstimmung gebracht werden. Indem Hegel die Wertgestaltung als Geschichte faßte, überlieferte er diese metaphysische Tradition an unser modernes, historisch orientiertes Welterfahren.

Noch im Ersten Weltkrieg, am 1. August 1917, legte Heidegger in einem privaten Freiburger Kreis Schleiermachers *Reden über die Religion* aus. Dabei bezog er sich vor allem auf die zweite Rede. Diese sucht zu zeigen, daß Religion nicht von einer metaphysischen Theologie und auch nicht von Kants Ethikotheologie ausgehen kann; das Erleben und Erfahren muß vielmehr vorsichtig in die religiöse Dimension des Lebens eindringen und kann dann vielleicht auch Worte wie „Gott" und „Unsterblichkeit" langsam klären.[250] Als die Pädagogin Elisabeth Blochmann über Schleiermacher promovieren wollte, verwies Heidegger sie auf Diltheys „geniales Erstlingswerk" *Leben*

---

[250] Vgl. *Das Maß des Verborgenen*. Heinrich Ochsner zum Gedächtnis. Hrsg. von C. Ochwadt und E. Tecklenborg. Hannover 1981. 92. – Zum folgenden vgl. Martin Heidegger / Elisabeth Blochmann: *Briefwechsel 1918-1969*. Marbach 1989. 11.

Schleiermachers und auf Schleiermachers „Jugendschriften", an denen auch Dilthey sich orientiert hatte: auf die *Reden über die Religion,* die *Monologen,* die *Weihnachtsfeier.* Dilthey hat Schleiermacher schließlich auf die Mystik Meister Eckharts zurückbezogen. Von dieser Mystik jedoch war Heideggers geistige Herkunft bestimmt. Seine Briefe an Elisabeth Blochmann zeigen, daß er sich vom jungen Schleiermacher und von Meister Eckhart her eine neue Sprache erarbeitete, in der die metaphysische Theologie zurückgelassen war. Der Einzelne sollte seine „Berufung" aus dem Ewigen finden, sie im personalen Erleben erfahren und so jeweils mit den anderen „unterwegs" sein.

Heideggers Vorlesung *Grundprobleme der Phänomenologie* vom Winter 1919/1920 nennt als Beispiel dafür, daß bestimmte Motive plötzlich wieder verstanden werden, die Wiederentdeckung von Luthers Römerbriefvorlesung. Als der Augustinermönch Luther zum Universitätsprofessor und Exegeten wurde, legte er nach den Psalmen den Römerbrief des Apostels Paulus aus. Diese Auslegung war verschollen und wurde zu Anfang unseres Jahrhunderts auf eine etwas abenteuerliche Weise wiedergefunden. Johannes Ficker wies in der Einleitung zu seiner Edition von 1908 darauf hin, daß Luther sich durch die mystische Tradition, vor allem durch den Gedanken der „humilitas", habe leiten lassen. Genau diese Stelle exzerpierte Heidegger sich für seine religionsphänomenologische Arbeit. Ficker ging aber auch weiter und zeigte, daß Luther zu einem neuen Verständnis von Augustin und so auch von Paulus gekommen war. So brauchte Luther die Rede von der „Gerechtigkeit Gottes" nicht länger von der aktiven oder strafenden Gerechtigkeit her aufzufassen; er konnte sie passivisch von der Zuwendung Gottes her verstehen, durch die unsere Rechtfertigung möglich wird. Damit war der entscheidende Schritt zu einer Reformation getan. Heidegger folgte diesen Hinweisen, wenn er im Winter 1920/1921 in seiner Vorlesung *Einleitung in die Phänomenologie der Religion* in Briefen des Apostels Paulus ein Modell für die faktisch-historische Lebenserfahrung fand und in der Augustinusvorlesung des folgenden Semesters auf die Kreuzestheologie in Luthers Heidelberger Disputation verwies. Dann versuchte er das, was er mit Husserl phänomenologische Philosophie nannte, durch eine Auseinandersetzung mit Aristoteles darzulegen. Der Bericht über das geplante Aristoteles-Werk, den er im Herbst 1922 an Georg Misch und Paul Natorp sandte, findet beim jungen Luther den Schlüssel, der die

„hermeneutische Situation" für eine Auseinandersetzung mit Aristoteles als dem Lehrer des Abendlandes aufschließt. Er weist darauf hin,
daß die metaphysische Theologie der Fehlgriff eines sich sichernwol-
lenden Wissens gewesen sei, der wirkliche Religiosität verstelle. Die
idealistische Philosophie von Kant bis Hegel kranke an ihrem Unverständnis für den Durchbruch bei Luther.[251]

Heidegger will Aristoteles und damit die Verwurzelung der Philosophie in einer metaphysischen Theologie destruieren; doch kann er
bei Aristoteles auch einen positiven Ansatz finden, wenn dieser die
endliche Substanz des Menschen als das Leben faßt, das zum Ethos
findet und dafür Orientierung in wechselnden Situationen sucht. Das
sechste Buch der *Nikomachischen Ethik* unterscheidet hier die *episteme* oder Wissenschaft von der *techne*, dem umsichtigen Vertrautsein
des Handwerkers mit seinem Zeug, die *techne* wiederum von der
phronesis, die sich auf Situation und Augenblick einzustellen vermag.
Die Philosophie trifft die genannten Unterscheidungen als formal
anzeigende Hermeneutik. Deren Charakter wird z. B. in der Vorlesung *Einleitung in die Phänomenologie der Religion* von 1920/1921
entfaltet und in der Vorlesung *Die Grundbegriffe der Metaphysik* vom
Winter 1929/1930 noch einmal rekapituliert. Husserl unterscheidet im
§ 13 der *Ideen I* zwischen der Generalisierung, die zu immer höheren
Allgemeinheiten aufsteigt, und der Formalisierung, die auf die immer
schon vorausgesetzten logischen und kategorialen Formen zurück-
geht. Die formale Anzeige Heideggers geht davon aus, daß Generalisierung und Formalisierung in den unterschiedlichen Bereichen des
Seienden verschieden zusammenspielen. Das Sichverstehen-auf-etwas
und das Verstehen, das zum Glauben gehört, müssen unterschieden
werden. Gehe ich mit einem zuhandenen Werkzeug oder Möbel um,
dann bin ich vertraut mit seinem „Was"; das „Daß" (etwa des stützen-
den und tragenden Pultes) ist eine mehr oder weniger zufällige Realisierung. Mich selbst oder den Menschen neben mir darf ich letztlich
nicht in dieser Weise als bloßen „Fall" eines vertrauten Was auffassen;
es könnte ja sein, daß der Mensch sein Was nur im Vollzug des Daß in
herausgehobenen Augenblicken findet. Die formale Anzeige muß diesen Unterschied zwischen dem Zuhandensein und dem existenzialen

---

[251] Vgl. Heidegger: *Phänomenologische Interpretationen zu Aristoteles.* In: Dilthey-
Jahrbuch 6 (1989) 235 ff., vor allem 263, 250.

Sein anzeigen. Beim existenzialen Sein bekommt sie darüber hinaus noch eine zweite Bedeutung: sie weist in die Spielräume einer Situation ein, kann die dort nötige Entscheidung aber nicht vorwegnehmen und nicht aus sich vorgeben. Sie weist z. B. in die religiöse Dimension des Lebens ein; doch weiß sie selbst nicht von Gott und sei es auch nur darum, daß Gott nicht die Freiheit seiner Zuwendung verliert und dem Menschen und seinen Bedürfnissen verfügbar wird.

Gleich in seiner ersten Nachkriegsvorlesung sagte Heidegger von seiner Phänomenologie, diese stehe „mit der Front gegen Hegel, d.h. vor einer der schwierigsten Auseinandersetzungen".[252] Er betonte in den folgenden Jahren immer wieder, daß die Hermeneutik als Logik des phänomenologischen Philosophierens in der Dialektik ihren Todfeind habe. Richard Kroner ging damals in Freiburg über seinen Lehrer Rickert hinaus und führte so den Neukantianismus zum Neuhegelianismus weiter. Die Andersheit, mit der Rickert analytisch den Unterschied zwischen der gegenständlich gerichteten Anschauung und dem formenden Denken festhielt, könne nicht das letzte Wort sein, wenn die Philosophie vom Absoluten ausgehe. An diesem Ausgangspunkt fallen Sprache und Metasprache zusammen: das Sein als Setzen einer Bestimmtheit ist in seiner Unmittelbarkeit das Nichts als Fernhalten jeder Bestimmtheit; die Identität ist von der Differenz verschieden und hat diese so an sich selbst. Heidegger hat mündlich immer wieder darauf hingewiesen, daß Julius Ebbinghaus, der sich damals in Freiburg mit einer Arbeit über Hegel habilitierte, jenem Ansatz überlegen gewesen sei, der in Kroners berühmtem Buch *Von Kant bis Hegel* entfaltet wurde. Mit Ebbinghaus zusammen studierte Heidegger damals Luther; er wollte den Kollegen durch Luther zu einer kritischen Haltung gegenüber dem Deutschen Idealismus führen. Doch Ebbinghaus ging einen anderen Weg: plötzlich fiel ihm die hegelianische Binde von den Augen, und er kehrte zu Kant zurück. Im Luther-Jahrbuch veröffentlichte er 1927 in seinem Aufsatz *Luther und Kant* das Ergebnis, das er aus dem Luther-Studium mit Heidegger gezogen hatte: der Reformator wie der Philosoph stellen den Menschen unter ein Gebot, doch legitimiert Luther den Dienst Gottes

---

[252] Heidegger: *Zur Bestimmung der Philosophie* (s. Anm. 3) 97. Vgl. auch Pöggeler: *Hegel und Heidegger*. In: Hegel-Studien 25 (1990) 139 ff. – Zum folgenden vgl. Pöggeler: *Eine nötige Erinnerung an Richard Kroner*. In: Archiv für Geschichte der Philosophie 74 (1992) 203 ff.

nicht philosophisch, sondern historisch, nämlich von einer geschichtlichen Offenbarung her. Wenn Heidegger dagegen sagte, daß die faktische Lebenserfahrung historisch sei, dann meinte dieses: die Ethik muß – trotz Max Schelers Einspruch – im Kantischen Sinne formal bleiben; doch gehört diese Formalität in die formale Anzeige, in der die ethische (oder religiöse) Entscheidung ihren Spielräumen nach ausgegrenzt wird, in der das Bestimmende für diese Entscheidung aber geschichtlich und existenziell als etwas für das Denken Unverfügbares aufgenommen werden muß.

Als Heidegger im Winter 1925/1926 ein Seminar über Hegels *Wissenschaft der Logik* abhielt, berichtete er Jaspers davon. Sein Einwand gegen Hegels *Logik* war, daß es in ihr unklar bleibe, ob sie von der Generalisierung ausgehe oder von der Formalisierung. Schon Aristoteles habe gezeigt, daß das Sein nicht oberste „Gattung" sein könne, also auch nicht das „Abstrakteste". Wenn Hegel aber vom Formalen ausgehe, dann bleibe unbegreiflich, wie „dieses formale Sein sich bestimmen soll zu den konkreten Kategorien". Hegel kannte die formale Anzeige nicht, die das Zusammenspielen von Generalisierung und Formalisierung in seine unterschiedlichen Weisen aufgliedert. So bleibt der grundsätzliche Einwand gegen Hegel bestehen, daß seine *Logik* von Anfang an Phänomene wie „Leben", „Existenz" und „Prozeß" verfehle. Hegel gehe vom „überlieferten Kategorienbestand der Ding- und Weltlogik" aus; ihm fehlten also die Mittel zur Unterscheidung von Vorhandensein und Zuhandensein einerseits, existenzialem Sein andererseits.[253] Doch hielt Heidegger in der Logik-Vorlesung dieses Wintersemesters fest, daß erst Hegel in seiner *Logik* Aristoteles als dem Vater der Logik wieder ebenbürtig geworden sei. „Die heutige Phänomenologie hat, mit gewissen Kautelen gesprochen, sehr viel mit Hegel zu tun, nicht mit der Phänomenologie, sondern mit dem, was Hegel als Logik bezeichnet." Heidegger bricht in dieser Vorlesung jedoch die geplante Auseinandersetzung mit Aristoteles plötzlich ab; er sieht die behandelten Probleme von Logik und Zeit in Kants Schematismus der Vernunft radikaler gestellt. Von der Einbildungskraft und deren Zeitbezug her soll die Sinnlichkeit und ihre Empfänglichkeit für Gegebenes mit dem Verstand und dessen kategorialen Rege-

---

[253] Vgl. Heidegger / Jaspers: *Briefwechsel* (s. Anm. 164) 59. – Zum folgenden vgl. Heidegger: *Logik* (s. Anm. 111) 14, 32.

lungen verbunden werden. Auch Fichte und Hegel hatten in diesem Sinn auf die vermittelnde Einbildungskraft verwiesen; hatte Hegel nicht darüber hinaus in seiner *Phänomenologie des Geistes* die Einbildungskraft zurückgenommen in den konkret geschichtlichen Geist, der erst die Weisen menschlichen Wissens und Verhaltens aufbaut? Die *Phänomenologie des Geistes* könnte also doch Entscheidenderes über Hegels ursprünglichen Ansatz lehren als die *Wissenschaft der Logik*. Hegels Verhältnis zur Zeit ließe sich dann nicht so abtun, wie Heidegger das handstreichartig in *Sein und Zeit* noch versucht hatte.

Schon drei Jahre nach der Publikation des Fragments von *Sein und Zeit* begann Heidegger, in einem ersten Schritt seine sog. „Kehre" zu vollziehen. Er suchte nicht nur den Weg vom Dasein zum Da – der Offenheit oder Wahrheit – des Seins; er stellte umgekehrt das Dasein zurück in das Sein und die Geschichte seiner Wahrheit und verstand es von daher. Damit mußte der Ansatz von Hegels *Phänomenologie des Geistes* in neuer Weise Problem werden. So betont die Vorlesung *Hegels Phänomenologie des Geistes* vom Winter 1930/1931 zwar noch, daß Kant die Problematik der Zeit radikaler als Hegel in die Selbstbegründung der Philosophie hineintrage; sie stellt auch richtig heraus, daß der Begriff nach Hegel die „Macht der Zeit" ist und die Zeit „tilgt". Doch weist Hegel gerade mit der *Phänomenologie des Geistes* das Denken Heideggers wider dessen Willen auf einen neuen Weg. Für die *Beiträge zur Philosophie* ist die *Monadologie* von Leibniz, die von Hegel, Schelling und Nietzsche ins Geschichtliche umgedacht wurde, ein zweites „Zuspiel" neben dem Anfang des Fragens in der Frühzeit Griechenlands. Wenn der Aufsatz *Der Spruch des Anaximander* eine „Eschatologie des Seins" als Aufgabe stellt, dann sieht er in der *Phänomenologie des Geistes* einen Hinweis auf diese Aufgabe innerhalb der metaphysischen Geschichte des Seins.[254] Will man danach fragen, welche positiven Anstöße Hegel Heidegger geben konnte, dann muß man ausgehen von Heideggers Bemühung um den Ansatz von Hegels *Phänomenologie des Geistes*.

Seit 1938 sah Heidegger in Nietzsche nicht mehr jenen Denker, der auf neue Wege wies; vielmehr soll sich im Willen zur Macht, der sich in der ewigen Wiederkehr selber will, der geheime Nihilismus der Metaphysik radikal erfassen und ausweglos in sich verstricken. Die

---

[254] Heidegger: *Holzwege* (s. Anm. 80) 301 f.

Auseinandersetzung mit Nietzsche konnte nun zur Auseinandersetzung mit jenem Totalitarismus werden, dessen verhängnisvollstes Beispiel der Nationalsozialismus darstellte. Hegel hatte die Geschichtserfahrung in die Metaphysik aufgenommen und damit sowohl die Lehre vom Ende der Geschichte wie die weltrevolutionären Tendenzen vorbereitet. Er wird von Heidegger nunmehr verstanden als ein Schritt zur Überführung der metaphysischen Einstellung in die universale Technisierung, die zum Kampf um Weltherrschaft führt.

Es war der Schriftsteller Ernst Jünger, der Heidegger eindringlich auf das Problem der Technik verwies – 1930 mit dem Aufsatz über die totale Mobilmachung, 1932 mit dem Buch *Der Arbeiter*, 1934 mit dem Aufsatz über den Schmerz in dem Band *Blätter und Steine*. Noch in seinem Brief an Ernst Jünger von 1955 stellt Heidegger die Aufgabe, Jüngers Einsichten von Hegel her verständlich zu machen: „Um die Bezüge, die den Zusammenhang von ‚Arbeit‘ und ‚Schmerz‘ tragen, deutlicher nachzeichnen zu können, wäre nichts geringeres nötig als den Grundzug der Metaphysik Hegels, die einigende Einheit der *Phänomenologie des Geistes* und der *Wissenschaft der Logik* zu durchdenken. Der Grundzug ist die ‚absolute Negativität‘ als die ‚unendliche Kraft‘ der Wirklichkeit, d. h. des ‚existierenden Begriffs‘. In der selben (nicht der gleichen) Zugehörigkeit zur Negation der Negation offenbaren Arbeit und Schmerz ihre innerste metaphysische Verwandtschaft."[255] Zur achtzigsten Wiederkehr des Geburtstages von Heidegger wurden 1969 die kleinen Texte *Zeichen* veröffentlicht. Sie sehen in der damaligen „Hegel-Renaissance" das „herrschende Denken" und sagen von ihm, es sei schwerlich aus der Mühle der Dialektik herauszuholen. Diese Mühle aber laufe leer, weil sie Hegels Grundstellung, die „christlich-theologische Metaphysik", preisgegeben habe. Die Industriegesellschaft sei an die Stelle Gottes getreten und solle nun „mit Hilfe der marxistischen Dialektik, d. h. im Prinzip mit Hegels Metaphysik" gedacht werden. Dieses aber sei unmöglich. Was Kant und seine Nachfolger die „Revolution der Denkart" genannt hätten, sei noch nicht vorbereitet und könne öffentlich noch nicht erörtert werden. Die Dialektik sei jene „Diktatur des Fraglosen", in deren Netz jede Frage ersticke.

---

[255] Heidegger: *Zur Seinsfrage* (s. Anm. 169) 24 f. Siehe ferner Anm. 171 und 176. – Zum folgenden vgl. Heidegger: *Aus der Erfahrung des Denkens* (s. Anm. 165) 212.

Diese Polemik gegen die ausufernde Berufung auf Dialektik darf nicht übersehen lassen, daß Heidegger in den letzten Jahrzehnten seines Schaffens Hegel als maßgeblichen Partner in der Auseinandersetzung mit der philosophischen Tradition nahm. Die beiden Vorträge, die 1957 unter dem Titel *Identität und Differenz* zusammengefaßt wurden, suchen auch Hegels Vollendung der metaphysischen Tradition als „Ontotheologie" zu fassen. Die „-logie" gründe als Ontologie das Seiende in seinem Sein; das mannigfache Sein werde dann theologisch in einem höchsten Seienden, dem Gott der Philosophen, gegründet. Heidegger trägt die mittelalterliche Lehre von der Analogie des Seins nicht nur zurück in Aristoteles; er sucht auch Hegels Dialektik noch von ihr her zu fassen. Zugleich aber bahnt er sich mit Hegel einen Ausweg aus dieser Tradition. Hegel hatte die neuplatonische Interpretation von Parmenides und Platon auf die Formel von der Identität der Identität und der Differenz gebracht; Heidegger übersetzte diese Formel wörtlich mit der Rede vom Einklang (der Identität als dem Einen) von Ereignis (der Vereignung von Sein und Denken) und Austrag (diaphora, dem Austrag der Differenz von Seiendem und Sein). Wenn wir das eine Seiende vom anderen unterscheiden, müssen wir das Seiende jeweils in seinem Sein ankommen lassen und damit die Differenz zwischen dem Seienden (diesem Gegebenen) und seinem Sein (etwa dem Zuhandensein eines Möbels) austragen. Dieser Austrag gehört immer schon in das Ereignis der Vereignung von Sein und Denken oder Dasein; in der Geschichte dieser Vereignung gibt es seit einer bestimmten Zeit auch Möbel in ihrem Zuhandensein. Der Einklang von Ereignis und Austrag muß eigens gehört und erfahren werden; er kann auch verstummen und muß dann neu geweckt werden. Gerade das völlige Verstummen im selbstverständlich gewordenen Nihilismus erinnert daran, daß dieser Einklang nicht einfach eine Sache des Menschen und seines Verfügenkönnens ist.

Der Einbezug des Daseins in die Geschichte des Anklangs und des Verstummens im Einklang von Ereignis und Austrag scheint das zu beseitigen, was der neuzeitlichen Philosophie ihren „kritischen" Charakter gab: das Suchen eines sichersten Zugangs zu dem, was für die antik-mittelalterliche Philosophie das Sein oder die Substanz war. Diese Verwandlung der „Identität" gibt gerade die Konzentration auf das angemessene „Selbstbewußtsein" auf. So konnte Hans-Georg

Gadamer 1960 in *Wahrheit und Methode* (261) schreiben: „Die Selbstbesinnung des Individuums ist nur ein Flackern im geschlossenen Stromkreis des geschichtlichen Lebens." Das Selbstbewußtsein wurde in mannigfachen Formen als „Identität" angesprochen: lange unterdrückte Gruppen der Menschen – die Frauen etwa oder die sog. „unterentwickelten" Völker – sollten sich nach einem neuen Selbstverständnis selbst verwirklichen und so ihre „Identität" finden; zumal die Deutschen schienen besondere Schwierigkeiten mit ihrer „nationalen Identität" zu haben oder in besonderem Maße vor die Frage gestellt zu sein, welche Identität heute an die Stelle der einstigen nationalen Identität tritt. Es war ein Symptom für diesen Sprachgebrauch, wenn G. H. Meads Buch *Mind, Self and Society* unter dem Titel *Geist, Identität und Gesellschaft* ins Deutsche übersetzt wurde.

Wenn Hans-Georg Gadamer zur Rechtfertigung der Umbildung der Philosophie zur Hermeneutik den Weg von Platon zu Plotin, von Plotin und Augustin zu Hegel und von Hegel zu Heidegger nachzeichnete, dann hielt Heidegger, als er von diesen Vorlesungen hörte, fest, daß es diesen Weg – vor allem von Hegel zu Heidegger – nicht gebe. Er sah im wirkungsgeschichtlichen Bewußtsein einen Rückfall in jene neuzeitliche Bewußtseinsposition, die in der Umwandlung des Bewußtseins zum Dasein hatte überwunden werden sollen. Deshalb sollte die philosophische Hermeneutik oder gar eine hermeneutische Philosophie eine Sache von Gadamer bleiben, die Heidegger sich nicht oder nicht mehr zueignen wollte. Die Aufnahme angeblich emanzipatorischer Tendenzen aus dem Marxismus und aus der Psychoanalyse – vielleicht gar zugunsten der „Dialektik" – wurde schroff zurückgewiesen: „Die vom Marxismus geforderte Bewußtseinsänderung ist nur eine weitere Verstrickung in die Bewußtseinssphäre, und hier haben auch die heute umlaufenden Phrasen vom ‚Selbstverständnis' und ‚Identität' ihren undurchdachten und brüchigen Boden."[256] Die Auseinandersetzung mit Hegel sollte ein radikales Sichabsetzen von der Tradition möglich machen. Kann man eine Auseinandersetzung mit Hegels *Logik* jedoch von der Wesenslogik und ihrem Bezug zur Tradition her führen? Müßte nicht die Ideenlehre, in der die *Wissen-*

---

[256] So brieflich, vgl. Pöggeler: *Heidegger und die hermeneutische Philosophie* (s. Anm. 72) 395.

schaft der Logik ihre Aporien und ihre Unzulänglichkeit offenlegt, thematisiert werden? Vielleicht könnte auf diesem Weg auch die Auseinandersetzung zwischen Dialektik und Hermeneutik über die leichtfertigen Reklamationen von Dialektik hinausgehoben und zu Ende geführt werden. In jedem Fall gehört die Erörterung von Identität und Differenz zentral in Heideggers Auseinandersetzung mit Hegel. Doch muß diese Erörterung aus jenen kontroversen Rezeptionen von Hegel und Heidegger her geführt werden, die inzwischen entfaltet worden sind.

Geht man davon aus, daß die Metaphysik mit ihrem Zugriff auf das Seiende im ganzen in der universalen Technik zu ihrer Vollendung und zu ihrem Ende kommt, dann kann die Kunst als das erscheinen, was in diesem Auswuchern des Technischen „retten" muß. Nicht nur Heidegger, auch ein Antipode wie Th. W. Adorno hat in der Kunst den Austrag der Differenz oder des Nichtidentischen gefunden. Als Heidegger sich durch eine Auseinandersetzung mit Nietzsche die Verstrickung des Abendlandes in Metaphysik, Technik und Nihilismus klarmachen wollte, begann er in der ersten Nietzsche-Vorlesung von 1936/1937 mit einer Besinnung auf den Willen zur Macht als Kunst. Vorausgesetzt war dabei, daß man nicht die Philosophie mit Hegel der Kunst und Religion überordnen dürfe; vielmehr müsse die Kunst als das Höhere angesetzt oder doch als Partner des Denkens angenommen werden. Hegel habe mit seiner Lehre vom „Ende der Kunst" nur die Konsequenzen aus dem metaphysischen Ansatz gezogen. Heidegger suchte deshalb von Hegels Jugendgefährten Hölderlin her Wege zu finden, die über den Idealismus von Schelling und Hegel und über die Metaphysik hinausführten.

Heidegger verwies 1969 in einem Seminar, das er mit französischen Freunden in der Provence abhielt, auf seinen Vortrag *Hegel und die Griechen.* Der Vortrag habe gezeigt, daß Hegel sich konsequent die Wahrheit als Unverborgenheit verstelle. Damit folge Hegel freilich den Griechen selbst, die die *aletheia* auf den *logos* bezogen und dabei das Sagen vorrangig als Aussagen genommen hätten. Mallarmé habe deshalb von der „großen Homerischen Abirrung" der Dichtung gesprochen. Offenbar liegt diese Homerische Abirrung für Heidegger in einem epischen Charakter des Dichtens, der das Vergangene und das Zukünftige wie das Gegenwärtige vorliegen lassen möchte. Dieser Grundzug des Sagens verhindert, daß die Dichtung – wie dann bei

Hölderlin – ganz ein Nennen im Sinne des Rufens, Herbeirufens und In-den-Namen-Rufens wird. So kann Heidegger folgern, wer vom „Ereignis" her denke, denke „überhaupt nicht mehr griechisch".[257] Ist Mallarmé aber nicht ein Dichter, der sich dem Denken Hegels ausgesetzt, in ihm eine Hilfe für eine neue und andere Kunst gefunden hat? Darf die Kunst überhaupt nur *gegen* die Technik gestellt werden? Diese Frage muß bei Überlegungen über Hegel und Heidegger wenigstens aufgeworfen werden.

a. Der Ansatz der Phänomenologie des Geistes

Heidegger hat im Hegel-Aufsatz der *Holzwege* eine Interpretation der Einleitung zur *Phänomenologie* mit dem Hinweis begonnen, daß Hegel Descartes als denjenigen feiere, der das „Selbstbewußtsein" als „wesentliches Moment des Wahren" erkannt habe; Hegels philosophiegeschichtliche Vorlesungen könnten deshalb beim Auftreten des Descartes „nach langer Umherfahrt auf der ungestümen See ‚Land' rufen". Heideggers Aufsatz schließt denn auch mit einem Ausblick auf die Aufhebung des Bewußtseins ins Selbstbewußtsein; das wahrhaft Seiende – so hatte Heidegger seine Interpretation begonnen – ist zum Wirklichen geworden; dessen Wirklichkeit aber ist für Hegel der Geist, dessen Wesen im Selbstbewußtsein beruht. Den Weg des Bewußtseins zum Selbstbewußtsein interpretiert auch die Vorlesung über Hegels *Phänomenologie*, die Heidegger im Winter 1930/1931 gehalten hat. Etwas verblüfft ließ Heidegger sich in den sechziger Jahren davon berichten, daß Kojèves Pariser Vorlesungen über Hegels *Phänomenologie* eine Gestalt französischen Philosophierens entscheidend geprägt hätten; in der Weise, wie Heideggers Finitismus und Historizismus mit dieser Wirkung verknüpft wurde, konnte Heidegger selbst seine eigentliche Absicht nicht zur Geltung gebracht sehen. Als er jedoch seine eigene frühe Hegelvorlesung publizieren wollte – auch der Verlag war schon abgesprochen –, kam jene neue Diskussion über die Idee der Hegelschen *Phänomenologie* auf, die auch mit entwicklungsgeschichtlichen Argumenten arbeitete. In diese Diskussion, so meinte Heidegger damals, könne er sich nicht mehr mischen; um

---

[257] Heidegger: *Vier Seminare*. Frankfurt a. M. 1977. 73 ff., 104.

von Rückfragen verschont zu bleiben, wünschte er dann, daß die Hegelvorlesung erst nach seinem Tode publiziert würde.[258]

Die Vorlesung gibt eine Interpretation der Gestalten des Bewußtseins mit einem kurzen Ausblick auf das Selbstbewußtsein, vor allem das unglückliche Bewußtsein. Diese Interpretation ist voll von Hinweisen auf die Geschichte der Entwicklung des Hegelschen Denkens. Heidegger parallelisiert richtiger als manche späteren Interpreten die Kraft als Gegenstand des Verstandes mit der Idee des Verhältnisses, von der die Jenaer Logik und Metaphysik spricht (150). Anhand von Exempeln soll die *Phänomenologie* ja das „natürliche" und ungebildete Bewußtsein in den Umgang mit logischen Bestimmungen einführen. So macht z. B. die Darstellung der Erfahrung der sinnlichen Gewißheit am Gebrauch von Worten wie „dieses" klar, daß das Gemeinte – das schlechthin individuelle Seiende oder dessen „absolutes Sein" – immer schon umschlägt in ein kumulatives Allgemeines, das sich als Relation (die eine Substanz mit den vielen Eigenschaften) erweist: ich meine dieses Dieses, habe aber als ausgesprochene Wahrheit im Wort „dieses" (und selbst in der zeigenden Geste mit ihrer Allgemeinheit) dieses und jenes Dieses – Heidegger sagt: eine allgemeine „Diesigkeit". Das Bewußtsein erfährt und lernt, daß „dieses" auch immer so und so ist; dieser Fortriß von der Sphäre des Seins zur Sphäre des Verhältnisses schließt nicht aus, daß auch das absolute Wissen immer sinnliche Gewißheit ist, deiktische Worte wie „dieses" in ihrer richtigen Funktion also phänomenologisch und logisch zu rechtfertigen sind. Das natürliche Bewußtsein muß aber erst lernen, daß zugleich andere Bestimmungen ins Spiel kommen, wenn es das Wort „dieses" verwendet; die Sphäre des Seins schöpft die Sphären der logischen Bestimmungen nicht aus und wird nur im Wissen um ihre Beschränktheit richtig gebraucht. Wenn Heidegger, über Hegel hinausgehend, ein so unmittelbar komisch wirkendes Wort wie „Diesigkeit" bildet, eilt er ein wenig lieblos und zu schnell über die von Hegel bearbeiteten Fragen hinweg. Während Heidegger wenige Jahre später im Kunstwerk-Aufsatz die philosophischen Ding-Modelle ausführlich diskutiert, beschäftigt er sich in der Hegelvorlesung nicht länger

---

[258] So mit Bezug auf meinen destruierenden Aufsatz *Zur Deutung der Phänomenologie des Geistes* von 1961, vgl. jetzt Pöggeler: *Hegels Idee einer Phänomenologie des Geistes* (s. Anm. 22) 170 ff. Im folgenden Text beziehen sich Ziffern auf Martin Heidegger: *Hegels Phänomenologie des Geistes.* Frankfurt a. M. 1980.

mit Hegels Neigung, Sein wie ein reales Prädikat zu nehmen, das Substanz-Modell auf den Kraftbegriff zurückzuführen usf. So ist es vielleicht doch nicht verwunderlich, daß diese Heideggersche Vorlesung eigentlich folgenlos blieb – im Gegensatz etwa zu den Vorlesungen über Schelling und Nietzsche, die auch schon vor ihrer Publikation eine große Wirkung ausübten.

Das Verhältnis der *Phänomenologie* zur Logik läßt sich nur angemessen erfassen, wenn man berücksichtigt, daß Hegel zur Zeit der Niederschrift der *Phänomenologie* dem Lebensbegriff einen bestimmten Ort in seiner spekulativen Philosophie gab. Heidegger zitiert aus Hegels Frankfurter Manuskripten den Satz: „Reines Leben ist Sein." Der Hinweis auf den Lebensbegriff des Aristoteles erfaßt freilich nicht die (neuspinozistische) Atmosphäre, in der der junge Hegel dachte; vor allem wird nicht deutlich, daß Hegel zur Zeit der Abfassung der *Phänomenologie* den Lebensbegriff einschränkte: er gebrauchte ihn nicht mehr (wie noch in den ersten Jenaer Jahren) gemäß der frühen Rede vom einen Sein als dem Lebendigen und Schönen, sondern eher gemäß der Unterscheidung von esse, vivere, intelligere, vor allem innerhalb der Forderung, das Leben müsse Selbst, die Substanz Subjekt werden (206 f., 142). Die Parallelität zwischen den Gestalten der *Phänomenologie* und den Momenten der Logik, die von Hegel behauptet und von Heidegger angesprochen wird, läßt sich nur erkennen, wenn man jene spekulative Philosophie zugrundelegt, wie Hegel sie 1805/1806 am Ende der Realphilosophie in sechs Abschnitten konzipiert hat: absolutes Sein, das sich andres (Verhältnis) wird, Leben und Erkennen; wissendes Wissen, Geist, Wissen des Geistes von sich. Der spezifische Ort, den die Bestimmung des Lebens hier bekommt, ist entscheidend für das Verständnis der *Phänomenologie* und vor allem für den Weg vom Bewußtsein zum Selbstbewußtsein. Heidegger unterscheidet ein angebliches Phänomenologie-System vom späteren Enzyklopädie-System (10); er sieht aber nicht, daß die Logik 1806 noch ganz anders aussah als in der später publizierten *Wissenschaft der Logik*. Nur den Momenten der Logik von 1806 entsprechen die Gestalten bildenden, exemplarischen Erfahrungen der *Phänomenologie:* dem Sein die sinnliche Gewißheit, dem Verhältnis Wahrnehmung und Verstand, dem Leben und Erkennen die Wahrheit der Gewißheit seiner selbst, dem wissenden Wissen die Vernunft, dem Geist der Geist, dem Wissen des Geistes von sich Religion und absolutes Wissen.

Blicken wir auf die später publizierte *Wissenschaft der Logik*, dann sehen wir, daß die ersten beiden Abschnitte der frühen spekulativen Philosophie sich zu den beiden Teilen der objektiven Logik ausgedehnt haben, alles Folgende aber unter enormen Reduktionen und Eliminationen zu einem Teil der subjektiven Logik umgeformt worden ist. Die Entsprechung zwischen den Bestimmungen der Logik und den Gestalten der *Phänomenologie*, wie sie in der *Phänomenologie* behauptet wird, besteht nicht mehr, und so mußte Hegel seine *Phänomenologie* uminterpretieren. Er machte aus ihr die Bewußtseinslehre, die in der Philosophie des subjektiven Geistes ihren Ort zwischen der Seelenlehre und der Geisteslehre hat. (Inzwischen sind jene Manuskripte aus den ersten beiden Nürnberger Schuljahren wieder aufgefunden worden, die genau zeigen, wie Hegel zuerst der Bewegung der *Phänomenologie* von 1807 in didaktischer Verkürzung folgt, dann aber das Material in eine neue Konzeption einbringt.) Ein Schwanken zwischen zwei Konzeptionen zeigt sich aber schon im Text von 1807: dieser tritt zuerst auf als eine Wissenschaft der Erfahrung des Bewußtseins, deren Gestalten durch Konstellationen von Wahrheit und Gewißheit gekennzeichnet werden; sie stellt sich dann als Phänomenologie des Geistes, als eine „Geschichte" der Artikulation unterschiedlicher Geistmomente dar. Die Titel „Wissenschaft der Erfahrung des Bewußtseins" und „Phänomenologie des Geistes" werden deshalb nicht von Hegel nebeneinander gebraucht (wie Heidegger meint); der erste Titel sollte vielmehr aus dem Text herausgeschnitten und durch den zweiten ersetzt werden; nur weil diese Buchbinderanweisung nicht überall befolgt wurde, ist uns auch der erste Titel erhalten. Erst das Inhaltsverzeichnis gibt (freilich den letzten Textstücken im Buch folgend) der Gestalt „Die Wahrheit der Gewißheit seiner selbst" auch die Überschrift „Selbstbewußtsein". Die von Heidegger angeführten Titel „C. Vernunft" (49) oder „C. Vernunft. Gewißheit und Wahrheit der Vernunft" (185) gibt es bei Hegel nicht; sie sind falsche Vermischungen der ursprünglichen Titel im Text mit den Titeln des Inhaltsverzeichnisses.

Heidegger bezeichnet die *Phänomenologie* als „Fundamentalontologie der absoluten Ontologie"; die Ontologie sei zugleich Theologie (gemäß der antiken Ausrichtung auf das höchste Seiende), aber auch entscheidend Egologie (gemäß der neuzeitlichen Festmachung der Wahrheit in der Gewißheit des Selbstbewußtseins). „Diese egologische Bestimmung des Seins sehen wir seit dem Ansatz Descartes' sich langsam entfalten, bis sie über Kant und Fichte bei Hegel in der *Phänomenologie* die umfassende und ausdrückliche absolvente Begründung erfährt" (204, 182 f.). Schreitet Hegel nun vom Bewußtsein zum Selbstbewußtsein fort, weil das cogitare für ihn auch ein me cogitare ist – vielleicht gar im Sinne der Husserlschen Phänomenologie, in der eine innere Wahrnehmung sich auf die Akte des Selbst richten soll? Heidegger geht auf diesem Interpretationsweg nur, um ihn zu korrigieren: für Hegel ist das Selbstbewußtsein die „Wahrheit" des Bewußtseins in einem ontologischen Sinn (192 ff.). In seiner konkreten Interpretation zeigt Heidegger noch mehr: daß das Leben die Wahrheit des Seins ist, das Selbstbewußtsein die Wahrheit des Bewußtseins, daß aber das Leben in seiner höchsten Wahrheit zugleich Selbstbewußtsein ist. Heidegger sollte Hegels Berliner Äußerungen über Descartes nicht in Hegels Jenaer Arbeiten hineintragen: Descartes ist für den Jenaer Hegel im wesentlichen noch der Philosoph, der in die entscheidende Entzweiung zwischen Denken und Ausdehnung führt! Die Vorrede zur *Phänomenologie* beruft sich auf den späten Platon, in gewisser Weise auf Aristoteles, dann auf den Neuplatonismus. Der junge Hegel hat die abendländische „Geist-Metaphysik" vom Neuspinozismus her aufgenommen, um dann in die Auffassung des einen Seins oder des Absoluten als Leben und Schönheit die Problematik der Einzelheit und des Selbst hineinzutragen. So kann er die entscheidende Krise, die diese Geistmetaphysik zu sich selbst führte, schon in der Spätantike ansetzen: der Anfang des Kapitels über die offenbare Religion sagt, die „schöne selbstische Körperlichkeit" der griechischen Statuen, vor allem die Person des römischen Rechts, die gedachte Person des Stoizismus und die Unruhe des skeptischen Bewußtseins machten die Peripherie der Gestalten aus, „welche erwartend und drängend um die Geburtsstätte des als Selbstbewußtsein werdenden Geistes umherstehen; der alle durchdringende Schmerz und Sehnsucht des unglücklichen Selbstbewußtseins ist ihr Mittelpunkt und das gemeinschaftliche Geburtswehe seines Hervorgangs". Als Bruno Bauer, Köppen und der junge Marx gegen Hegel eine Kritik als Philosophie des Selbstbewußtseins ausspielten, parallelisierten sie ganz im Hegelschen Sinn die Spätantike, die Aufklärung und die eigene Zeit als die großen Ansätze zu einer solchen Philosophie. Auch die Skepsis, von der Hegel spricht, ist nicht der Zweifel des Descartes, sondern der radikale Zweifel des antiken Skeptizismus und die (produktive) Verzweiflung der spätantiken Welt.

Zu Recht legt Heidegger den Finger darauf, daß es Hegel um die Selbständigkeit des Selbstbewußtseins gehe (die Untertitel des Selbstbewußtseinskapitels sprechen ja zuerst von der Selbständigkeit, dann erst von der Freiheit des Selbstbewußtseins). Wie Hegel diesen Selbstand erreicht, wird in Heideggers Interpretation freilich nicht deutlich, weil die Rolle des Lebens nicht genügend gesehen wird. Das Bewußtsein erfährt: das, was ist, ist nicht nur als „dieses" reines (oder absolutes) Sein, sondern auch in seiner Aufhebung zur Allgemeinheit so und so, damit als das eine Ding mit den vielen Eigenschaften Relation, aber auch Kraft als Idee der Relation. In der Kraft verkehrt sich die Identität des einen Dings immer in die Differenz der Eigenschaften, die Differenz geht immer in die Identität zurück (so daß eben die Eigenschaften nicht ohne Träger im Raum schweben). Dieses Spiel der Kräfte kennen wir in seiner erfüllten Form als Leben, hier als das divinum animal. Ist das, was ist, Leben, so hat es doch noch keinen Selbstand erreicht: das Bewußtsein steht ihm gegenüber. Es muß z. B. bei der Relation entweder die Einheit des Dings oder die Vielheit der Eigenschaften auf seine Kappe nehmen; gegenüber der Kraft zeigt sich das Tun des Bewußtseins als Erklären, und dieses ist nach Hegel nichts anderes als ein Verkehren von Identität in Differenz und umgekehrt, so eine „tautologische Bewegung" und damit selbstisch. In den Dingen ist (strukturell) hinter dem Vorhang letztlich nichts anderes als im Bewußtsein; das Ding als Kraft und Leben und das Bewußtsein als Selbstbewußtsein sind in der genannten Struktur eins. Ist das, was ist, in einem Leben und Selbstbewußtsein, dann muß zur Erfahrung gebracht werden, wie Selbstbewußtsein im Leben aufbrechen und mit diesem bestehen kann. Im Leben mag die Begierde des Selbstwerdens auftreten (wenn Hegel in der Einleitung zum Selbstbewußtseinskapitel von Begierde spricht, ist noch nicht die Stufe der Begierde gemeint, wie die enzyklopädische Phänomenologie sie enthält). Das Selbstwerden hätte keinen Selbstand, wenn Leben immer nur in das Selbsthafte sich aufheben und dabei gleichsam verpuffen würde (wie bei Sartre das Fürsichsein nur ein Loch in das kompakte Sein reißt). Selbstbewußtsein ist das Selbstbewußtsein des Lebens in einem Selbstand nur, wenn das Leben anerkennt, daß es sein Ziel im Selbstbewußtsein hat, das Selbstbewußtsein anerkennt, daß es aus dem Leben kommt und in ihm seinen Grund hat. Da es sich beim Leben um das Alleben handelt, kann sich diese Anerkennungsproblematik in zugespitzter Form im „unglücklichen Bewußtsein" religiös darstellen als Verhältnis des ewigen zum endlichen Selbst: Gott will Mensch werden, der Mensch ist aus Gott und so wesenseins mit ihm.

Diese Hegelsche Problematik von Leben und Selbstbewußtsein läßt sich auch entwicklungsgeschichtlich darstellen: Zwar übernimmt Hegel in seinen Frankfurter Manuskripten versuchsweise aus der Diskussion mit seinen Freunden die Fichtesche Grundlegung der Philosophie und bestimmt als leitende Aufgabe, „reines Selbstbewußtsein zu denken"; mit Hölderlin ersetzt er aber das Prinzip des Selbstbewußtseins durch das Prinzip des einen Seins im Sinne Platons und Spinozas als des Lebens und der Schönheit: „reines Leben zu denken". Das neuspinozistische eine Sein als Lebendiges und Schönes ist ein tragischer Prozeß, der – gemäß den frühen Jenaer Systementwürfen – das Absolute unter den Bedingungen der ersten (physischen) und der zweiten (sittlichen) Natur darstellt. So kann Hegel sich Schellings Identität von Natur und Intelligenz zueignen. Von Fichte dagegen sagt *Glauben und Wissen*, sein Idealismus und „Nihilismus" artikuliere zwar richtig das Gefühl „Gott ist (in dem genannten tragischen Prozeß in einer Phase) tot"; der wahre Nihilismus – so formuliert Hegel gegen die „Reflexionsphilosophie der Subjektivität" – müsse aber den einseitigen Ausgang vom Subjektiven überwinden und die objektive wie die subjektive Seite aufheben in die Identität des Absoluten. In der Phase der *Phänomenologie* soll jedoch das eine Sein als Lebendiges und Schönes zugleich als das Selbst, die Substanz als Subjekt gedacht werden. So ist in dieser Phase das Verhältnis von Leben und Selbstbewußtsein oder ewigem und endlichem Selbst das entscheidende Problem. Auch in der damaligen philosophiegeschichtlichen Vorlesung formulierte Hegel als Leistung des „Weltgeistes": „Der Kampf des endlichen Selbstbewußtseins mit dem absoluten Selbstbewußtsein, das jenem außer ihm schien, hört auf."[259]

Zehn Jahre nach der Vorlesung über Hegels *Phänomenologie* hat Heidegger in seinen Schellingseminaren Hegels *Phänomenologie* und

---

[259] Vgl. *Hegels theologische Jugendschriften* (s. Anm. 206) 302; Hegel: *Gesammelte Werke.* Band 4. Hamburg 1968. 398; Karl Rosenkranz: *G. W. F. Hegel's Leben.* Berlin 1844. 202. – Zum folgenden vgl. Martin Heidegger: *Schellings Abhandlung über das Wesen der menschlichen Freiheit.* Tübingen 1971. 223 ff., 182 f.

Schellings Freiheitsschrift als die Gipfel der Metaphysik zwischen Leibniz und Nietzsche bezeichnet. Hegel denke den Geist als Anerkennen, so aber als den Willen des Wissens; Schelling fasse den Geist dagegen als Liebe: was Grund in Gott sei, könne – getrieben durch die Lebensangst, die sich zu verlieren glaubt – sich auf sich selbst versteifen und böse werden; was nur Grund in Gott sei, solle aber er selbst werden, doch der (göttliche) Wille lasse als Liebe das Walten des Grundes gewähren, da er sonst die Freiheit aufheben würde. In der Tat besteht eine erstaunliche Parallele zwischen dem Weg Schellings und dem Weg Hegels im ersten Jahrzehnt des 19. Jahrhunderts: beide haben zuerst das eine Sein als Schönes und Lebendiges gefaßt und sich in der Verhöhnung des Moralismus zu überbieten versucht; in der *Phänomenologie* und in der Freiheitsschrift aber befassen sie sich mit dem Problem des Bösen (das ja wesentlich im Christentum entfaltet wurde). Zu Recht weist Heidegger darauf hin, daß Hegel bei aller Übereinstimmung mit Schelling anders ansetzt als dieser: was in Gott Leben (bloßer Grund) ist, soll er selbst werden, aber dieser Prozeß der Anerkennung hat eine teleologische Struktur, die von Hegel intellektualistisch aufgefaßt wird. Gerade die Umwandlung der spekulativen Philosophie, in die die *Phänomenologie* gehört, zur *Wissenschaft der Logik* zeigt Hegels Versagen vor der gestellten Aufgabe: statt der äußeren Teleologie des instrumentalen Handelns nur eine ausgearbeitete innere Teleologie des Lebens entgegenzustellen und diese so zum Leitfaden zu nehmen, hätte Hegel die andersartige Anerkennungsstruktur des Geistes logisch herausstellen müssen; Hegel faßt jedoch auch den Geist als einen sich in sich vollendenden teleologischen Prozeß und zerstört so die offene Geschichte, die er doch entdeckte, in ihrem Wesen.

Was Heidegger wie die Pest meidet, beansprucht Hegel für sich: jene Deutung der Zeit als des abkünftigen Abbildes der Ewigkeit, wie sie von Platon bis Plotin und bis zum mittelalterlich-neuzeitlichen Platonismus leitend war. Der Geist als Wissen und das heißt der Begriff ist für Hegel die Macht der Zeit; gegensätzlich dazu will Heidegger in seiner „Ontochronie" zeigen, daß die Zeit (die nicht in die Naturphilosophie abgeschoben werden dürfe) die Macht des Begriffes sei und die Endlichkeit des Seins festgehalten werden müsse (143 ff., 211). Da Husserl sich 1931 öffentlich von seinen Anhängern Scheler und Heidegger losgesagt hat, will Heidegger für sein Denken den Titel „Phänomenologie" nicht mehr reklamieren; gegenüber üblichen Vermischungen unterscheidet er klar zwischen der modernen und der Hegelschen Phänomenologie: Husserl und Scheler erweitern den Erfahrungsbegriff, insofern sie nicht nur eine sinnliche Anschauung, sondern auch eine Wesensanschauung an den Sachen selbst ausweisen wollen; in Hegels *Phänomenologie* ist jedoch von einer Erfahrung die Rede, die das Bewußtsein mit sich selbst macht, und so kann das Sicherfahren des Bewußtseins das Erscheinen des Geistes sein (40, 29 ff.). Heidegger kann es nun nicht mehr akzeptieren, daß Jaspers die Idee der Hegelschen *Phänomenologie* für seine *Psychologie der Weltanschauungen* reklamiert und die *Phänomenologie* als Steinbruch für die eigenen Typologien und Klassifikationen ausbeutet; doch will Heidegger die *Phänomenologie* auch nicht traditionell als Propädeutik nehmen (41 f.). Da Hegel die Zeit nicht nur als Abbild der Ewigkeit nimmt, sondern Zeit und Geschichte als Aufhebung ihrer selbst und als Verewigung zu fassen sucht, kann Heidegger für seine seinsgeschichtliche Besinnung oder Topologie des Seins auch positiv an eine Seite der Hegelschen *Phänomenologie* anknüpfen. (Das zeigt z. B. sehr schön ein Manuskript *Prüfung aus der Be-Stimmung*, das Walter Biemel in seiner Monographie *Martin Heidegger*. Reinbek 1973. 146, wiedergibt.)

Sieht man genauer zu, wie Hegel am Schluß der Realphilosophie von 1805/1806 die Momente der spekulativen Philosophie anführt, dann zeigt sich, daß er sie in zwei Gruppen sondert: Sein, Verhältnis, Leben und Erkennen; wissendes Wissen, Geist, Wissen des Geistes von sich. In dieser Zweiteilung wirkt noch die Scheidung von Logik und Metaphysik nach, wie Hegel sie in den ersten Jenaer Jahren machte: die logischen Momente fallen in Gegensätze (wie Realität und Negation) auseinander, in denen die zusammenhaltende Einheit erst noch hervortreten muß; wenn diese Einheit sich jedoch als Leben und Selbst gezeigt hat, können die metaphysischen Momente das sich zusammenfassende Wissen als Wissen der Realität, den Geist und dessen Selbstbewußtsein als existenzfähige Einheiten geltend machen. Ist die Anerkennung als Struktur des lebendigen Selbst die höchste „logische" Struktur, so zeigt sie sich in den „metaphysischen" Kapiteln in ihrer konkreten Erfüllung: als der „erscheinende Gott" im „reinen Wissen" jenes Anerkennens, in dem die schöne Seele sich mit dem Bösen versöhnt, als „Anerkennen der Liebe", das zum Anerkennen des Geistes werden muß und erst so kennzeichnend ist für die trinitarische Dogmatik der absoluten oder offenbaren Religion. Gemäß dieser Zweiteilung der spekulativen Philosophie sind die Gestalten der *Phänomenologie* zuerst nur Gestalten des Bewußtseins, dann auch Gestalten einer Welt und so konkret existierend. So kommt z. B. der Stoizismus zweimal vor – im Kapitel über die Wahrheit der Gewißheit seiner selbst als Exempel für eine Abstraktion, im Rechtszustand als wirkliches Bewußtsein. Das aber heißt: wenn im Kapitel über das Selbstbewußtsein zwei Kämpfende oder Herr und Knecht oder Stoizismus und Skeptizismus auftreten, dann ist das genauso ein bloßes Exempel, wie der Gebrauch des Wortes „dieses" es für die Dialektik der sinnlichen Gewißheit ist; an diesen konkreten Exempeln sollen abstrakte Bestimmungen klargemacht werden. Existierende Individuen oder gar Klassen bzw. Stände kann es dagegen erst innerhalb des „Geistes" geben. Diese Unterscheidung besagt aber nicht, daß nicht die Sprengkraft sozialphilosophischer Gedanken in Hegels Exempeln gegenwärtig wäre. Schon die neuspinozistische Lebensphilosophie des Frankfurter Hegel faßt das göttliche „Leben" nicht nur als „Vereinigung", sondern auch als „Freundschaft"; so aber nimmt sie jene erste Entdeckung der „Jugend" auf, die durch Freundschaft eine neue Welt herauführen will. Hegels Jenaer Besinnung auf den revolutionären Umbruch der Zeit sieht, daß man sich in der mittelmeerischen Kultur und in Alteuropa an Kampf und Herrschaft orientierte. Wir würden heute etwa sagen, daß der neolithische Umbruch die organisierende Arbeit schätzen mußte, deshalb die politische Leistung höher stellte als die Handarbeit und zur „Antibanausie" führte. Aus christlichen Anfängen heraus ist dann in der Neuzeit – vor allem in der englischen Nationalökonomie – die Bedeutung der Arbeit für den Menschen entdeckt worden. Nun galt es, die Bedeutung von Krieg und Herrschaft einerseits und Arbeit andererseits gegeneinander abzuwägen. Versuche dazu sind in den Exempeln der Phänomenologie des Selbstbewußtseins gegenwärtig; aber wenn man diese Versuche an ihrem eigentlichen systematischen Ort sehen will, dann muß man in Hegels Sozial- und Geschichtsphilosophie, also in der Jenaer Realphilosophie nachschlagen.

Karl Marx hat in seiner Phänomenologie des Geistes, den Pariser Manuskripten, die genannte Unterscheidung zwischen Logischem und Metaphysischem oder den Gestalten des Bewußtseins und den

Gestalten zugleich einer Welt und dazu die Unterscheidung zwischen Phänomenologie und Realphilosophie nicht beachtet. Kojève hat in seinen epochemachenden Pariser Vorlesungen in Hegels *Phänomenologie* die Darstellung der Anthropogenese gesehen und für diese Genese die Bedeutung von Kampf, Herrschaft und Arbeit betont. Daß der Kampf auf Leben und Tod in Hegels Phänomenologie des Selbstbewußtseins zum Exempel wird, hat freilich logische Gründe: Hegel will illustrieren, wie das Leben durch „Negation" seiner Unmittelbarkeit zum Selbst wird. Die Unterstellung, Hegel weise dem Kampf die ausschlaggebende Bedeutung für die Menschwerdung oder die Sozialisation des Menschen zu, wird durch Hegels Sozialphilosophie widerlegt (obwohl Hegel in Jena aus dem Raum des neuspinozistisch aufgefaßten Spinoza in den Raum von Hobbes tritt, wenn er das Leben als Liebe zum Geist mit seiner Entfremdung hinführt). Da Kojève nicht sieht, daß die einzelnen Gestalten der Phänomenologie des Selbstbewußtseins logische Bestimmungen zum Verhältnis des Lebens zum Selbstbewußtsein einüben und in ihrer Reihenfolge von diesen Bestimmungen her festgelegt werden, müssen ihm die Philosopheme des Stoizismus und Skeptizismus und die Religion des unglücklichen Bewußtseins zur bloßen Ideologie werden; die Gestalten, die der „Wahrheit der Gewißheit seiner selbst" vorausgehen, werden kaum berücksichtigt – obwohl doch diese Gestalten in einem einzigen Fortriß zur Wahrheit der Gewißheit seiner selbst hinführen. Natürlich kann man Hegels Phänomenologie des Selbstbewußtseins – wie einen alten Mythos, aus dem man alles Gewünschte herausinterpretieren kann – für eine Analyse der gegenwärtigen Situation benutzen. So hat ja G. Fessard die Gegenwart mit Hegel aufzuschlüsseln versucht: der Faschismus betont einseitig Kampf und Herrschaft, der Kommunismus einseitig die Arbeit, mit Hegel müsse man in einer ausgewogenen Weise alle konstitutiven Züge des Menschen aufnehmen. Die Schule von Leo Strauss hat dagegen Kojèves Vorlesungen ins Amerikanische übersetzen lassen, um ein Exempel zu haben für die Zerstörung wahrer Philosophie durch deren Umbildung in Historizismus und Ideologie. Heideggers *Phänomenologie*-Vorlesung könnte dagegen ein Anlaß sein, Hegels Versuch von der philosophischen Tradition her und von unseren philosophischen Aufgaben her erst einmal wieder so aufzufassen, wie er gemeint war.

b. Streit um Identität

Ernst Tugendhat hat das sprachanalytische Philosophieren in den *Vorlesungen zur Einführung in die sprachanalytische Philosophie* (Frankfurt a. M. 1976) als Konkurrenzunternehmen zur Ontologie Aristotelischer Herkunft und zur neuzeitlichen Bewußtseinsphilosophie vorgestellt. Die Vorlesungen über Selbstbewußtsein und Selbstbestimmung suchen die sprachanalytische Methode zu rechtfertigen gegenüber einem einzelnen Problemkreis, der jedoch in der Neuzeit für die Grundlegung der Philosophie beansprucht wurde.[260] Für Descartes wie für Kant sei das Selbstbewußtsein „Grundlage" dessen gewesen, was sie in der theoretischen Philosophie wollten; freilich sei auch bei Kant der Stellenwert des „transzendentalen Bewußtseins" letztlich unklar geblieben. Fichte habe dann das Selbstbewußtsein und das praktische Selbstverhältnis „zu Unrecht ineinandergeschoben" (44 f.). Bedenkt man, wie Descartes den Gottesbegriff bemüht, was seit den Neukantianern über Selbstbewußtsein als Faktum und als Prinzip gesagt wird, wie Fichte eine „Geschichte" des Bewußtseins gerade zur Unterscheidung von Theorie und Praxis ansetzt, dann wird man sich fragen, ob in einem solchen Reden Descartes, Kant und Fichte mit ihren eigentlichen Anliegen noch zu Wort kommen. Von der Selbstbewußtseinsproblematik her, wie Tugendhat sie auffaßt, wird Hegel von Anfang an als einer der Hauptgegner ins Auge gefaßt; so können die Vorlesungen mit einem „Kehraus mit Hegel" schließen – „Kehraus" aber meint nicht nur den Schluß der Vorlesung, sondern durchaus auch das Auskehren einer verstellenden Tradition. Die Frage bleibt jedoch, ob Hegel hier nicht von einer verstellenden Tradition aus in den Blick genommen wird. Tugendhat beginnt seine Vorlesung so, wie Heidegger den Hegelaufsatz der *Holzwege* begonnen hatte: mit jenem Wort aus Hegels späten philosophiegeschichtlichen Vorlesungen, das Descartes als den Entdecker des Prinzips des Selbstbewußtseins und damit des Landes der neuzeitlichen Philosophie feiert. Hegel, so sagt Tugendhat, habe die Selbstbewußtseinsthematik „aufgenommen, aber auch aufgehoben" – indem er den Geist als Wahrheit des Selbstbewußtseins genommen habe (9). Doch vielleicht konnte Hegel den Geist als Wahrheit des Selbstbewußtseins

---

[260] Ziffern im Text beziehen sich im folgenden auf Ernst Tugendhat: *Selbstbewußtsein und Selbstbestimmung.* Sprachanalytische Interpretationen. Frankfurt a. M. 1979.

410

nehmen, weil er – innerhalb seiner metaphysischen Fragestellung – das Selbstbewußtsein als Selbstbewußtsein des Lebens nahm. Gegen diesen metaphysischen Ansatz protestierten denn auch Bruno Bauer, Köppen und der junge Marx, indem sie gegen Hegel das Selbstbewußtsein – nämlich das „menschliche" – als „oberste Gottheit" proklamierten. Doch darauf kommt Tugendhat nicht zu sprechen. Während nun Heidegger Hegel nicht nur auf die cartesisch-kantisch-fichtesche Linie bezog, sondern auch auf die Linie Leibniz- Schelling-Nietzsche, tut Tugendhat den Anfang des Schellingschen *Systems des transzendentalen Idealismus* mit seinem Hinweis auf die Dualität von Natur- und Transzendentalphilosophie als „umwerfend primitiv" ab (316). Der Blick auf Hegel, der dann übrig bleibt, könnte nicht nur „umwerfend primitiv" sein, sondern schlicht falsch.

Der Ansatz, von dem aus Tugendhat seine Hegelkritik durchführt, kann an dieser Stelle nur Thema weniger Hinweise sein. In bezug auf das unmittelbare epistemische Selbstbewußtsein bestimmt Tugendhat zuerst Bewußtsein als unmittelbares Wissen im Gegensatz zu jenem vermittelten Wissen, das z. B. mein Unbewußtes erschließt oder nicht unmittelbar Gewußtes wie Ort und Datum meiner Geburt. Unbewußtes (wie die unbewußte Furcht) und Bewußtes oder „Erlebtes" können gerichtet sein (aber auch nicht gerichtet); Husserls Lehre von der Intentionalität orientiert sich jedoch – das ist die sprachanalytische Kritik an Husserl – in Wahrheit nicht an einem Sehen, sondern an der semantischen Eigentümlichkeit gewisser Verben, die als transitive ein Sichrichten auf etwas implizieren (18 f.). Gerichtetheiten beziehen sich aber auf Sachverhalte, sind also „propositional attitudes". Von der Proposition her ist Sprache entscheidend Prädikation. So favorisiert Tugendhat gegenüber der üblichen Kritik auch für das Selbstbewußtsein ein korrigiertes Substanz-Modell, da dieses mit der Substanz-Akzidens-Relation ja die Struktur der Prädikation spiegelt. Mit Wittgenstein (sowie der Wittgensteinschule und deren Kritik an Wittgenstein selbst) wird vor allem die „Introspektion" abgelehnt: die Lehre, Bewußtsein werde zum Selbstbewußtsein dadurch, daß es in einer „inneren" Wahrnehmung sich auf sich und seine Gerichtetheit richte. Die beiden leitenden Thesen Tugendhats werden aber bestritten. So sucht Elmar Holenstein zu zeigen, daß Husserl recht habe mit seinen Hinweisen auf „vorprädikative Synthesen"; die These von der fundamentalen Bedeutung der Prädikation sei „ein Logizismus – vergleichbar dem Intellektualismus in der Bedeutungslehre".[261] Die „kognitive Wende" in der Psychologie mache heute die Hintergehbarkeit der Sprache in neuer Weise diskutabel. Wittgensteins Kampf gegen die Introspektion suche zwar einen Dogmatismus zu korrigieren. „Der ärgste Dogmatismus ist jedoch ein Antidogmatismus, der sich, weil antidogmatisch, ipso facto auch für adogmatisch hält". Dieser Satz muß in potenzierter Weise von dem Versuch gelten, im Rückgriff auf eine philosophische Position Introspektion für „erledigt" zu erklären, ohne von der psychologischen Forschung Kenntnis zu nehmen.

Was Selbstbestimmung sei, entfaltet Tugendhat in Auseinandersetzung mit Heidegger, dessen Daseinsanalytik durch Meads Berücksichtigung der Anderen und der Interaktion korrigiert wird. So wird Selbstbestimmung (unterschieden vom bloßen epistemischen Selbstbewußtsein) im reflektierten Selbstverhältnis gegründet: ich handele selbstverantwortlich, wenn ich zu den eigenen Neigungen und Wünschen, den Erwartungen anderer, den traditionellen Mahnungen und den geltenden Regeln eigens Stellung nehme, „Nein" oder „Ja" sage oder wenigstens in Frage stelle. Das Ja oder Nein zu Imperativen führt über Sätze wie „Ich weiß, daß ich Schmerzen habe" hinaus zu Sätzen in der ersten Person Futur; diese Sätze müssen freilich Absichtssätze sein, in denen das „Ich werde etwas tun" sich auch auffassen läßt als „Ich kann dieses oder jenes tun" (30 ff.). Auf diesem Wege soll die Rede von einem „autonomen Gewissen" geklärt werden („Gewissen" neben „Bewußtsein" als Übersetzung von „conscientia"). Bewegen sich dieses Ja- und Neinsagen und das Infragestellen nicht immer schon innerhalb einer Konzeption von dem, was die Tradition das „gute Leben" nannte? Im Gegensatz zu früheren Zeiten glauben wir heute jedoch nicht zu wissen, was gut ist; die skizzierte Verantwortlichkeit ist aber die Bedingung dafür, das Leben im Modus der Verantwortung führen zu können (356 f.). – Die Frage ist nur, ob die Verantwortlichkeit als diese Bedingung schon genügend von Tugendhat herausgestellt wird.

Tugendhat berührt diese Frage, wenn er kurz auf die Kritik am neuzeitlichen Prinzip des Selbstbewußtseins eingeht. Dieses Prinzip sei auf dreifache Weise in Frage gestellt worden: Man soll sich nicht

---

[261] Elmar Holenstein: *Von der Hintergehbarkeit der Sprache.* Frankfurt a. M. 1980. 26, zum folgenden 87.

nur um sich kümmern, sondern um Gott; der Rückgang auf das Selbstbewußtsein ist Abfall von Gott (Gerhard Krüger). Man soll sich nicht nur um sich kümmern, sondern um das Sein (Heidegger setzte an die Stelle des Abfalls von Gott den Abfall vom Sein). Man solle sich nicht nur um sich kümmern, sondern um die anderen, die Gesellschaft. Tugendhat folgt – ganz im Sinne grassierender Tendenzen der gerade abgelaufenen Zeit – der „Neigung", einzig aus der letzten Perspektive die Relevanz des Selbstbewußtseins in Frage zu stellen. Dabei will er die Alternative von Selbstbekümmerung und sozialem Engagement überwinden (47). Gegen Heideggers ständige Einwände wird das „Sein" noch einmal mit Gott in Parallele gesetzt, aber nur als „Kuriosum" erwähnt. Damit wird aber auch die Frage abgeschnitten, ob nicht epistemisches Selbstbewußtsein und reflektiertes Selbstverhältnis in ein übergreifendes Zu-sein gehören. Tugendhat behauptet doch wohl zu Unrecht, Heidegger habe seinen frühen Ansatz bei der Unterscheidung von „Ich bin" und „Es ist" aufgegeben – gerade das Bestehen auf dem ausgezeichneten Sinn von „Ich bin" führt bei Heidegger zur Auffassung von Wahrheit als Erschlossenheit und als Wahrheit der „Existenz" (36). Faßt man Wahrheit aber so auf, dann besteht zwischen Sätzen wie „Ich bin froh" und einer Rede von mir in der dritten Person („XY ist froh und genießt das auch") nicht nur keine epistemische Symmetrie (weil nur der Sprecher des Ich-Satzes ein „unmittelbares Wissen" vom Sachverhalt hat), sondern auch keine veritative (weil das Zu-sein als Vollzug in den Er-Satz nicht eingeht). Von Heidegger her ließe sich auch ein Zugang zum (allerdings metaphysischen) Wahrheitsbegriff Hegels gewinnen. Die Weise, wie Tugendhat dagegen vom Veritativen spricht, zeigt, daß er einen ganz anderen Wahrheitsbegriff favorisiert.

Ein Satz wie „Ich weiß mich" ist für Tugendhat nicht nur erkünstelt, sondern auch falsch, weil alles Wissen propositional sei. Es gibt freilich andere Verben, die diese Satzkonstruktion erlauben (auch intransitive Verben, Konstruktionen mit einem anderen Fall als dem Akkusativ); ich kann z. B. sagen: „Ich verstehe mich", „Ich kenne mich". Das „Erkenne dich selbst" leitet nach Tugendhat aber schon über vom epistemischen Selbstbewußtsein zum praktisch relevanten; der Ausdruck „Ich kenne mich" sei zudem elliptisch, weil implizit propositional: „Ich kenne mich als den und den" (28, 57). Doch könnte dieses Sichkennen und so auch das angemessen aufgefaßte

Selbstbewußtsein der Tradition auf ein Ganzes veweisen, das sich dann erst durch das propositionale Wissen aufgliedert und verdeutlicht. Tugendhat vollzieht die einschlägigen Analysen der Phänomenologie nur zum Teil mit. Husserl hat, vor allem in seinem Spätwerk, auf das Horizontbewußtsein als ein intentionales, aber nicht gerichtetes verwiesen; Heidegger hat die Intentionalität in der Transzendenz des Daseins verwurzelt und sich dabei die Mehrdeutigkeit der Rede von der Intentionalität zunutze gemacht – auch das Gerichtetsein auf Absichten im Umgang mit Zuhandenem, vielleicht sogar die Gespanntheit der Existenz auf den Tod hin ist dieser Rede nicht fremd. So hat Heidegger das Verstehen oder Seinkönnen auf die Befindlichkeit bezogen, diese aber aus der Gerichtetheit der Empfindung gelöst; die Befindlichkeit soll in einer Gestimmtheit erschlossen werden, die – z. B. gemäß der Hölderlin-Vorlesung von 1934/1935 – eine epochale Verbindlichkeit haben können soll. Wenn Stimmungen Affekte im Sinne Kants sind, dann bringen sie den Menschen gerade um seine Vernunft und die Philosophie, die von ihnen ausgeht, um jede kritische Verantwortlichkeit. Offenbar will Heidegger aber auf jenes Dritte verweisen, in das Theorie und Praxis immer schon eingewiesen sind, in dem auch Selbstbewußtsein und Selbstbestimmung erst ihren Ort gewinnen. Gegenüber der analytischen Theorie Kennys, die neben den gerichteten Affekten keine ungerichteten affektiven Dispositionen oder Stimmungen anerkennt, hält Tugendhat fest, daß der Horizont-, Situations- oder Weltbegriff der Phänomenologie das Anerkennen solcher Stimmungen ermöglicht (204 ff.). Aber er ist diesen Ausblicken nicht weiter nachgegangen, sondern hat sich um der kritischen Sicherung des einzelnen willen unkritisch-dogmatisch nur am epistemischen Selbstbewußtsein und am praktischen reflektierten Selbstverhältnis orientiert. So berücksichtigt er neben Sätzen im Präsens Sätze in der ersten Person Futur, als ob es nicht auch andere wichtige Zeiten gäbe. Er nimmt Heideggers Parallelisierung des voluntativ-aktiven Moments der Existenz mit der Zukunft auf, nicht aber die Parallelisierung des passiv-affektiven Moments mit der Gewesenheit, vor allem nicht die Zusammenfassung von Gewesenheit und Zukunft zur Ganzheit der („erlebten") Zeit. Die „Bewandtnisganzheit" des Zuhandenen ist für Heidegger ja nur ein Schritt hin zu dieser erlebten Zeit, in der Heidegger die Problematik des Selbstbewußtseins (als Gewissen-haben-wollen) findet (187). Bergson hatte für diese Ganzheit „Intuition"

gelordert, Dilthey diese Intuition aber durch eine konkrete Hermeneutik ersetzt. Die Frage, ob nicht von dieser Tradition her sich die
Selbstbewußtseinsproblematik des Idealismus fortführen ließe,
kommt bei Tugendhat gar nicht auf.

Hier wirkt sich verstellend aus, daß die Ouvertüre für Tugendhats
Kritik der Bewußtseinsphilosophie Dieter Henrichs Theorie des
Selbstbewußtseins ist. In dieser Theorie – das ist Tugendhats leitende
Unterstellung – werde „die traditionelle Selbstbewußtseinstheorie
selbst ad absurdum geführt", indem sie sich in unauflösbare Aporien
verfange (54). Einmal werde das Reflexionsmodell als ein Zirkel ad
absurdum geführt: Ich soll mich hervorbringen, indem ich als Subjekt
auf mich als Objekt zurückkomme und mich so voraussetze. Hier
sucht Tugendhat zu zeigen, daß die ganze Schwierigkeit überhaupt
nur durch das Subjekt-Objekt-Modell erzeugt wird. So kommt es zu
so erkünstelten Sätzen wie „Ich weiß mich". Die zweite Aporie soll
dann in der Schwierigkeit liegen, darüber zu entscheiden, ob ich eigentlich „ich" bin und nicht ein anderer. Diese Schwierigkeit wird
nach Tugendhat dadurch erzeugt, daß die Funktion des deiktischen
„ich" mißverstanden wird: mit dem Wort „ich" sei eine identifizierbare Person gemeint, diese aber werde als schon irgendwie identifizierte
unterstellt. Identifiziert werden könne das identifizierbare „ich", indem es sich wie ein „er" nehme und sich nicht aus der Perspektive des
Ich-sagens, sondern aus der Perspektive des Dies-sagens Prädikate
zuspreche („hat braune Augen"). Nicht nur aufgrund äußerer Beobachtung, sondern aufgrund unmittelbaren Wissens kann ich mir Zustände wie Zahnschmerzen zusprechen; der Satz „Ich habe Zahnschmerzen" ist nach Tugendhat „wahr genau dann", wenn der Satz
„Er hat Zahnschmerzen", der mit „er" mich meint, „wahr ist". Die
Frage bleibt, ob Tugendhat hier nicht von einer bestimmten Wahr-
heitstheorie aus den überlieferten Ansatz beim Selbstbewußtsein verliert.

Wie immer man in den hier nötigen Auseinandersetzungen entscheiden mag: die Kritik an einer heutigen Selbstbewußtseinstheorie
trifft, wenn sie sich an dem erkünstelten Satz „Ich weiß mich" orientiert, schwerlich auch schon die idealistischen Theorien; die Unterstellung, die idealistischen Theorien seien in der heutigen Theorie ad
absurdum geführt, könnte selber absurd sein. Gingen die Idealisten,
wenn sie das Selbstbewußtsein als Prinzip ins Spiel brachten, über-

haupt vom epistemischen Selbstbewußtsein aus? Selbst Fichte läßt in der *Bestimmung des Menschen,* wenn er vom Wissen zum Tun und Glauben übergeht, den „Ich" den Einwand vorbringen, es sei „Es wird gedacht" oder vorsichtiger noch „Es erscheint ein Gedanke" zu sagen statt „Ich empfinde, schaue an, denke". „Nur das erstere ist Faktum; das zweite ist hinzu erdichtet." Die Berechtigung zum Ich-sagen und zur Feststellung einer „Differenz" im Ich könnte angemessener vom Bereich des Affektiven oder des Praktischen her erfolgen. Wenn ich etwas tue und mich gleichzeitig schäme, dann unterscheide ich in mir eine Mannigfaltigkeit; der Apostel Paulus meint sogar, wir täten nicht, was wir wollten, sondern billigten das eine und täten doch das andere. Mag Fichte für Tugendhat der Hauptschuldige sein: auch er kann sicherlich nicht dadurch kritisiert werden, daß man vom Satz „Ich weiß mich" her nur an den ersten Grundsatz seiner Grundlegung der *Wissenschaftslehre* erinnert; dieser Grundsatz hat nur Sinn zusammen mit den beiden anderen Grundsätzen. Die These, Fichtes „Setzen" habe den Sinn von „Hervorbringen", ja „aus Nichts Schaffen" (63), sollte eigentlich einer überholten Fichtemißdeutung angehören. Für Fichte bedeutet „setzen", sein Sein zu wissen und zu wollen. Fichte bringt das Selbstbewußtsein ins Spiel, um aus der Analogie zum Selbstbewußtsein ein Prinzip für die Einheit des Wissens und Verhaltens zu gewinnen (wie schon der Bericht über die plötzliche Konzeption der *Wissenschaftslehre* in Zürich am warmen Winterofen eindrucksvoll zeigt). Dieses Prinzip des Selbstbewußtseins ist von Hölderlin und Hegel in Frankfurt als ein Reflexionsprinzip aufgefaßt worden; ihm wurde das „Unauflösliche, Unmittelbare", das eine Sein als Leben und Schönheit, vorausgesetzt. Das ist noch Hegels Position, wenn er zu Anfang der Jenaer Zeit die Reflexion mit der transzendentalen Anschauung verbindet. Erst in der Zeit der *Phänomenologie* tut Hegel den weiteren Schritt, das Leben als Selbst erweisen zu wollen – das Unmittelbare als vermittelt und das Vermittelte in neuer Unmittelbarkeit, so daß die Spekulation Reflexion der Reflexion sein kann.

Tugendhat sagt mit der herrschenden Hegelinterpretation, Hegels Grunderfahrung sei die Entzweiung und Entfremdung seiner Zeit gewesen; Hegel habe sich diese Grunderfahrung aber durch unangemessene Modelle, die über sie hinausführen sollten, verstellt. Tugendhat sucht nun an der Einleitung zur *Rechtsphilosophie* zu zeigen, daß das Subjekt-Objekt-Modell und die Ausrichtung der Beziehung zwischen Subjekt und Objekt auf ein Sehen hier die Hauptschuld tragen. Solche Kritik ist einerseits ein alter Hut, da sie seit der Philosophie der Tat und seit den Pariser Manuskripten von Marx vorgetragen wird. Andererseits ist sie gerade in der Weise, wie Tugendhat sie vorbringt, nicht akzeptabel. Hegel versucht in der Einleitung zur *Rechtsphiloso-phie* (meines Erachtens auf eine unglückliche Weise) in einem vereinfachten Modell lemmatisch zusammenzufassen, was ihm jetzt wichtig ist (und so auf die ausführliche Handlungslehre des Kapitels „Moralität" vorauszugreifen). Nimmt man diese Einleitung zusammen mit den differenzierteren Bestimmungen der Philosophie des subjektiven Geistes und des Kapitels über Moralität, dann zeigt sich immer noch die unangemessene „Vergegenständlichung", Theoretisierung oder Intellektualisierung; aber es wird auch deutlich, daß das „Objekt" hier für Hegel „Leben" ist, das nun zum Selbst werden soll. Keineswegs ist die Beziehung zwischen Objekt (Leben) und Subjekt (Selbst) einfach das Sehen eines dinglichen Gegenstandes. Tugendhat sagt, die „gesamte europäische philosophische Tradition von Parmenides bis Husserl" sei der Neigung zum Opfer gefallen, die Rede vom Bewußtsein metaphorisch nach dem Modell des Sehens aufzufassen (17). Diese globale These hatte bei Heidegger einen bestimmten polemischen Sinn: sie sollte die Bemühung unterstützen, in der Absetzung von Husserl neben der theoretischen Wahrheit die „praktische" und „religiöse" Wahrheit zur Geltung zu bringen (wie Heidegger in seinen frühen Vorlesungen sagte). Trotzdem war diese These korrekturbedürftig, und sie ist, als Klischee tradiert, eine bloße Legende: die christlichen Schriftsteller hatten gegen die griechische Neugier und Augenlust die Ausrichtung auf das Heil der Seele gesetzt; der Graf Yorck hatte Dilthey animieren wollen, gegen die eigenen „ästhetischen" Tendenzen anzugehen; vor allem die Theologen haben sich auch in unserer Zeit der Polemik gegen die Subjekt-Objekt-Spaltung angenommen – aus dem Interesse, Jesus nicht nur als Objekt der Historie zu sehen, sondern auch als den uns angehenden Christus zu nehmen, usf. In dieser Atmosphäre konnte die Heideggersche Polemik Erfolg haben; doch bleibt sie eine Verdeutung der Tradition – die Ideenlehre z. B. läßt sich nicht durch die etymologische Zurückführung auf das Sehen in ihrem begrenzten Recht verstehen. Die Polemik gegen das Sehen läßt sich nicht nur historisch, sondern auch systematisch korrigieren: gemäß einem bekannten Satz ist das Auge Herr, das Ohr Knecht; das

Sehen erbringt eine Distanzierung und so „Freiheit". Diese Leistung des Sehens braucht nicht dazu zu verführen, alles wie einen gesehenen Gegenstand zu nehmen. Es ist mir nicht bekannt, daß Hegel „Selbstbewußtsein" anhand von Sätzen wie „Ich weiß mich" oder „Ich sehe mich" entwickeln würde; schlägt man bei ihm nach, wie nach seiner Auffassung „Selbstbewußtsein" entsteht, dann findet man Phänomene wie den Kampf auf Leben und Tod oder eine Prozession zum Parthenon bzw. einen christlichen Gottesdienst. (Die oben genannte Intellektualisierung kommt durch die Überwindung der Zeit zur Ewigkeit im Sinne der perfekten Selbsthabe der aeternitas zustande – auch ein traditioneller Bestand, den Tugendhat aber nicht nennt.) Tugendhats Behauptung ist grotesk, der deutsche Idealismus sei in eine „fiktive Welt des geistigen Sehens" geflüchtet, in „eine Art Selbstbespiegelung", die das Sichzusichverhalten als Beziehung von etwas auf sich selbst nehme (40, 38).

Zu einer Auseinandersetzung mit Hegel müßte es eigentlich kommen, wenn Tugendhat sich der Phänomenologie des Selbstbewußtseins zuwendet. Dabei sucht er von der „Einleitung" in die *Phänomenologie* her zuerst die Methode der *Phänomenologie* klarzustellen. Diese Einleitung ist nun seit Heideggers *Holzwege*-Aufsatz das Opfer eines Interpretierens geworden, das Hegels Worte durch das Hineintragen unangemessener Auffassungen völlig verdeutet und vor allem – was nach Aristoteles wie nach Heidegger eine Ungezogenheit ist – den Charakter dieses Textes gründlich verkennt. Hegel will durch einfach aufgenommene „vulgäre Bestimmungen" (313) den Lesern eine erste Vorstellung von dem vermitteln, was er dann tut; diese seine Bestimmungen kann man genauer nur von dem her verstehen, was er dann wirklich tut – das Unternehmen, in einzelne Worte die ganze Metaphysikgeschichte hineinzugeheimnissen, kann man als eine Irreführung nur aufgeben. Doch auch Tugendhat versteht die von Hegel aufgenommenen „vulgären Bestimmungen" nicht von dem her, was Hegel wirklich tut; er trägt vielmehr in geradezu traumatischer Manier das Subjekt-Objekt-Modell in sie hinein, um dann in Hegels Bestimmung des Verhältnisses von Wahrheit und Gewißheit im Sinne des natürlichen Bewußtseins eine „Ungeheuerlichkeit" zu finden. Nimmt man aber nur auf, was Hegel wirklich sagt, dann hat Hegel völlig recht: er redet so, wie man redet, und nicht anders will er an dieser Stelle reden. Im erscheinenden Wissen (und auf etwas anderes kann die Philosophie, wenn sie auftritt, nicht Anspruch machen) steht das eine Wissen neben dem anderen; man muß also prüfen, was an dem einzelnen erscheinenden Wissen ist. Für eine Prüfung braucht man einen Maßstab; indem man diesen an den Prüfling anlegt, besteht er oder besteht er nicht. Für die üblichen Prüfungen liefert ein Prüfungsamt oder die dahinter stehende Institution den Maßstab; ein solches Amt gibt es in der Philosophie nicht (jedenfalls sollte keine Institution sich dieses Amt anmaßen). Hegel behauptet nun, man brauche für die Prüfung des erscheinenden Wissens auch gar keinen Maßstab von außen einzuführen, denn jedes Wissen prüfe sich selbst oder sei doch – über mögliche Erfahrung – auf Selbstprüfung angelegt. Das Wissen (oder das Bewußtsein als Träger des Wissens und Verhaltens im ganzen) unterscheide nämlich in sich zwei Seiten: das Wissen im engeren Sinn, sonst die Seite der Gewißheit genannt, und dann die Wahrheit. So spricht in der Tat das „natürliche Bewußtsein": ich habe eine bestimmte Gewißheit die heutige politische Situation betreffend; es ist aber fraglich, ob diese Gewißheit der Wahrheit entspricht. Die Seite der Gewißheit hat etwas Subjektives, die Seite der Wahrheit etwas Objektives, und so kann ich mein Wissen prüfen durch die Frage, ob „Subjekt" und „Objekt" sich entsprechen. Auf diese Weise macht das Bewußtsein „Erfahrung". Tugendhat, besessen von der Verteufelung des „Sehens" und des Subjekt-Objekt-Modells, unterlegt Hegel die Auffassung, „Objekt" meine hier den Gegenstand als jenes Ding, auf das das Bewußtsein sich richten könne. „Wissen" wäre dann nach Hegel jegliche Beziehung des Bewußtseins auf einen Gegenstand; „Wahrheit wäre demnach definiert als die Unabhängigkeit eines Gegenstandes von der Bewußtseinsbeziehung zu ihm". Dazu bemerkt Tugendhat: „Von Tischen und Stühlen sagen wir nicht, daß sie, weil sie unabhängig von unserer Bewußtseinsrelation existieren, deswegen wahr sind" (311 f.). Der Unsinn, den Tugendhat hier Hegel unterstellt, ist aber seine eigene Produktion. Wenn die Studenten Tugendhat auf seinen Irrtum aufmerksam machen, gibt er einige Einschränkungen zu, um dann doch wieder seiner leitenden „These" zu verfallen (321 ff.).

In dieser „Interpretation", die nun wirklich keine mehr ist, kann vor allem nicht klar werden, wie die Gegenstände, die in der *Phänomenologie* für das Bewußtsein werden, gemäß dem Schluß der „Einleitung" in der Logik als „abstrakte, reine Momente" auftreten. Freilich landet Hegel in der Tat bei der Auffassung, daß das, was ist, im „Selbstbewußtsein" für sich wird; aber dieses Selbstbewußtsein ist nicht mehr das epistemische Selbstbewußtsein des einzelnen Menschen oder die Selbstbestimmung, von der Tugendhat spricht. Weil Tugendhat diese Unterschiede nicht beachtet (sondern die Phänomenologie des Selbstbewußtseins realphilosophisch interpretiert), sind die einzelnen Interpretationen so voller Verdeutungen, daß ein Versuch der Korrektur und der Diskussion sinnlos wird. Das ist deshalb schade, weil Hegels Phänomenologie des Selbstbewußtseins und Tugendhats Analyse der Selbstbestimmung und Verantwortlichkeit das leitende Thema gemeinsam haben: die Negation. Die Phänomenologie des Selbstbewußtseins soll ja klarmachen, daß nur eine Negation von der Unmittelbarkeit des Lebens zum Selbstbewußtsein oder zu Selbständigkeit und Freiheit führt. Gemäß ihrer propädeutischen Aufgabe will die *Phänomenologie* dem natürlichen Bewußtsein durch dessen eigene Erfahrung und dessen Lernen klarmachen, wie diese Negation aussehen muß. Man kann sie „natürlich" auffassen, nämlich als Negation im bloßen Gegensatz zur Position. Zur Illustration dient das Beispiel des Kampfes auf Leben und Tod: indem Lebendiges das Risiko des Todes auf sich nimmt und tötet, verwirklicht es die Negation in einer radikalen, aber einseitigen Weise. Das Ergebnis des Kampfes – die eine Seite liegt tot da, die andere bleibt einsam – illustriert diese Einseitigkeit und läßt lernen: man braucht eine Negation der Unmittelbarkeit und Natürlichkeit des Lebens, die nicht neben der Position des Lebens steht, wenn Leben Selbstbewußtsein werden soll (gemäß der Anerkennung, daß das Leben sein Ziel im Selbstbewußtsein hat, das Selbstbewußtsein seinen Grund im Leben). Das Modell der Herrschaft und der knechtischen Arbeit zeigt, wie man in komplizierten Vermittlungen Natürliches negieren (etwa das Essen auf den Tisch bringen) kann; wenn die Arbeit die bildende Kraft der Natur aufnimmt (indem sie z. B. ein Haus auf einen Hügel baut), dann führt das Modell der Arbeit weiter zu einem anderen Modell: zu der stoischen These, Physis sei Logos. Der Stoizismus mit seiner Rede vom Weltlogos bleibt (wie der Skeptizismus) unmenschlich, nämlich unbeteiligt und ohne Mitleid gegenüber dem einzelnen endlichen Selbst; so trägt Hegel unter dem Titel des „unglücklichen Bewußtseins" ein Modell der Anerkennung zwischen dem ewigen und dem endlichen Selbst vor. Auch bei dieser Anerkennung geht es noch (gemäß traditionellen Vorstellungen) um den „Kampf" des ewigen und endlichen Selbst, damit um „Negation", jedoch um konkrete, vielfach vermittelte. (Ein früherer Aufsatz Tugendhats führte „Sein und Nichts" bei Hegel auf Parmenides zurück, ohne auf die Vermittlung der Parmenidesinterpretation durch die neuplatonische Theologie einzugehen; eine Kritik Heideggers wurde angehängt, ohne daß die konkrete, nämlich „geschichtliche" Nichtigkeit des Daseins zureichend berücksichtigt worden wäre.)[262]

Wenn klargestellt ist, wie Negation und Position bei Hegel und wie sie bei Tugendhat ins Spiel kommen, dann läßt sich auch darüber entscheiden, was der Ansatz von Hegel und was der Ansatz von Tugendhat leistet. Tugendhat sagt zu Recht, daß wir bei einer solchen Entscheidung nicht von sozialphilosophischen Einzelheiten ausgehen können. Er weist freilich eigens darauf hin, daß auch die eifrigsten Hegelapologeten sich nicht mit Hegels konkreter Konzeption vom Staat identifizieren möchten (353). Dazu kann man aber nur sagen: wer würde, nachdem er von Hegel gelernt hat, so albern sein, für die damalige geschichtliche Situation und die heutige die gleiche konkrete Konzeption vom Staat zu fordern? Tugendhat meint auch, jene deutschen Philosophen, die das Bestehende um jeden Preis rechtfertigen möchten, beriefen sich mit besonderer Vorliebe auf Hegels politische Philosophie (351). Soll diese Denunziation mehr sein als ein bloßes (nicht gerade „verantwortliches") Lieb-Kind-Machen, dann muß Tugendhat sagen, welche Philosophen er meint. Darin hat er sicherlich recht: für die Idee der Verantwortlichkeit brauchen wir „ein wesensmäßig offenes Modell"; doch Hegel (und Marx) folgen einem „geschlossenen Modell" (355). Kann man aber nicht von Hegel her, wenn man seine Verhaftetheit an die Tradition in zulänglicher Weise kritisiert, den Ansatz für ein offenes Modell gewinnen? Tugendhat verweist auf die „Idee der Brüderlichkeit" beim jungen Hegel; vielleicht stellt die Anerkennungsproblematik bei Hegel den Versuch dar, über eine solche bloße Idee hinaus zu einem philosophischen Ansatz zu kommen. In diesem Sinne hat z. B. Ludwig Siep sich – in einer sozialphilosophischen Reduzierung – auf den Hegel der *Phänomenologie* bezogen. Auch in Auseinandersetzung mit modernen Gerechtigkeits-

---

[262] Vgl. Ernst Tugendhat: *Das Sein und das Nichts.* In: *Durchblicke.* Martin Heidegger zum 80. Geburtstag. Hrsg. von V. Klostermann. Frankfurt a. M. 1970. 132 ff.

theorien begründet er die These, daß selbst Prinzipien der Beurteilung der Regeln und Institutionen des sozialen Lebens sich geschichtlich aufbauen.[263] Wenn diese These zu Recht besteht, dann läßt sich von Hegel her ein Ansatz gewinnen, der auch systematisch dem Tugendhatschen überlegen ist.

Hegel kennzeichnet das Leben wie das Selbstbewußtsein als Identität, die sich zur Differenz verkehrt, und Differenz, die zur Identität zurückkehrt. Tugendhat dagegen entwickelt den Identitätsbegriff (mit Strawson) von der Identifizierung des Individuellen her; dabei unterscheidet er eine numerische Identität von einer qualitativen. Bei der numerischen Identität geht es darum, daß ich etwas als dieses oder auch mich selbst als diesen identifiziere. Das führt auf Raum-Zeit-Bestimmungen, in denen dieses oder ich selbst von einem Hier und Jetzt her identifiziert werden. In der qualitativen Identität geht es um anderes: welche Prädikate will ich für mich – durch die verantwortliche Entscheidung – gewinnen? Natürlich bringe ich mich mit einer bestimmten Vergangenheit in eine solche Entscheidung hinein. Tugendhat lehnt es aber ab, die beiden Identitätsbegriffe in einem dritten Begriff zu vereinen oder zu gründen, der eine „lebendig"-geschichtlich sich durchhaltende Identität bedeuten könnte. Wenn aber z. B. Meinecke seinem Historismus-Buch Goethes Wort „Individuum est ineffabile" als Motto voraussetzt, zielt er mit den Leitbegriffen Individualität und Entwicklung auf eine solche dritte Identität (wobei „Identität" als eine „geschlossene" an Hegel abgeschoben oder für die heutige Rede von Ich-Identität und nationaler Identität geöffnet werden kann). Wenn man von Bergson, Dilthey und Heidegger bis zu heutigen Versuchen Individualität in diesem Sinn genauer zu fassen sucht, stellt man die Prädikation als Norm des Redens und das entsprechende Substanz-Akzidens-Modell in Frage. Auf ähnlichen Wegen war schon Hegel gewesen, doch seine Geist-Metaphysik und dialektische Spekulation hatten dann die Arbeit an den Problemen durch einen Gewaltstreich abgeschnitten. Konkreter Ausdruck dessen war, daß er gelegentlich die Sterne als Aussatz des Himmels abwertete, trotz aller Ausrichtung auf das Werden im Sinne seiner Zeit eine

[263] Vgl. Ludwig Siep: *Anerkennung als Prinzip der praktischen Philosophie.* Freiburg/München 1979; *Kehraus mit Hegel? Zu Ernst Tugendhats Hegelkritik.* In: Zeitschrift für philosophische Forschung 35 (1981) 518 ff.; *Praktische Philosophie im Deutschen Idealismus.* Frankfurt a. M. 1992.

Evolution der Arten des Lebendigen leugnete, die menschliche Geschichte als eine Geschichte von knapp sechstausend Jahren auf eine Vollendung hin ausrichtete. Wie der Schluß der Phänomenologie der sinnlichen Gewißheit zeigt, behielt auch für Hegel das „absolut Einzelne, ganz Persönliche, Individuelle" etwas Unaussprechliches; dieser Erdenrest wird aber als die niederste „Wahrheit" abgewertet. Wieweit Hegels spekulative Philosophie zur Zeit der *Phänomenologie* dem (reinen oder absoluten) Sein des Diesen ein Sein des Absoluten und Ganzen vorausstellte, ist auch historisch eine offene Frage.[264]

Tugendhat besteht darauf, daß die numerische Identität nicht mit der qualitativen verwechselt werde. Wenn ich einen tröpfelnden Wasserhahn reparieren möchte und um eine Dichtung bitte, dann kann man mir nicht Goethes *Faust* geben, obwohl auch das eine Dichtung ist (und vice versa). Die Forderung, sich durch das gleiche Wort nicht zu Verwechselungen verführen zu lassen, gilt aber auch für die problematische dritte Identität. Für Bemühungen, die auf diese und was mit ihr zusammenhängt zielen, hat Tugendhat jedoch nur Qualifizierungen wie nicht natürlich, letztlich unverständlich, logisch fehlerhaft, desaströs (302 f.) oder abwegig, schlecht, uneigentlich und unecht (318, 321, 338); es heißt sogar, Hegel denke pervers im Sinne „einer gewiß nicht mehr nur begrifflichen, sondern moralischen Perversion" (349). Nun kann man gegebenenfalls einen echten Rembrandt von einem unechten unterscheiden, denn ein Grundbestand von Rembrandtschen Werken ist gesichert; in der Philosophie jedoch geht der Streit gerade darum, was diesen „echten" Grundbestand ausmache. Wollen wir uns vergegenwärtigen, wie es mit Bezug auf Identität und Differenz zu diesem Streit kam, dann begegnet uns ein Buch von Werner Beierwaltes.[265] Beierwaltes stellt sich offenbar auf die Seite der „Unechten" und „Abwegigen" und damit auch Hegels. Er zitiert Hegels Verknüpfung von Wahrheit, Wissenschaft und Selbstbewußtsein: „Als Wissenschaft ist die Wahrheit das reine sich entwickelnde

---

[264] Vgl. Takako Shikaya: *Die Wandlung des Seinsbegriffs in Hegels Logik-Konzeption.* In: Hegel-Studien 13 (1978) 119 ff., vor allem 158 ff. Vgl. auch O. Pöggeler: *Hegels Kritik der sinnlichen Gewißheit.* In: *Sinnlichkeit und Verstand in der deutschen und französischen Philosophie von Descartes bis Hegel.* Hrsg. von H. Wagner. Bonn 1976. 167 ff.
[265] Ziffern im Text beziehen sich im folgenden auf Werner Beierwaltes: *Identität und Differenz.* Frankfurt a. M. 1980.

Selbstbewußtsein und hat die Gestalt des Selbsts, daß das an und für sich Seiende gewußter Begriff, der Begriff als solcher aber das an und für sich Seiende ist." Er zeigt, wie Hegel die Identität in der Differenz zu denken und so hinzukommen sucht zur „reinen Persönlichkeit", dem „Sich-selbst-Bestimmen", der „absoluten Freiheit" – dem Selbstbewußtsein, aber als Selbstbewußtsein Gottes. Philosophie, vor allem die *Wissenschaft der Logik*, ist damit „in der Tat selbst Gottesdienst" (245, 247, 249). Das Buch von Beierwaltes hat nun die Aufgabe zu zeigen, daß Hegel mit diesen „abwegigen" Gedanken berühmte (oder berüchtigte) Leute auf seiner Seite hat – von Platon bis Plotin und von Nikolaus von Kues bis Schelling.

Im ersten Abschnitt seines Buches zeigt Beierwaltes, wie Platon gegenüber Parmenides den Bezug von Identität und Differenz neu formuliert und so eine Grundstruktur ausbildet, die neuplatonisch entfaltet, in die christliche Theologie transformiert und bis zu Hegel durchgehalten werden konnte. Für Parmenides sind Denken und Sein dasselbe; Denken ist ein Vernehmen dessen, was ist. Das Sein ist das Maßgebende gegenüber dem Denken, aber es hat in sich das sich aussprechende Denken und ist so auch für sich. Nicht-sein gibt es nicht, und so ist das Sein alles. Platon sucht in den Ideen das Eine im Vielen, das zeitfrei Identische im erscheinenden Differenten; von der Idee her kann das Einzelne in seinem Bezug zum Allgemeinen „identifiziert" werden (9). In seiner zweiten Theorie der Ideen verweist Platon – in der *Politeia* – schon auf die Idee des Guten, die dann neuplatonisch fortbestimmt werden konnte zum Einen und Absoluten. Die dritte Theorie der spätplatonischen Dialektik – so der *Sophistes* – gibt eine „reflexive Begründung des Ideen-Bereichs" (18); dabei kommt Platon zu der These „Nicht-Sein ist", doch wird das Nicht-Sein nicht als kontradiktorischer Gegensatz zum Sein verstanden, sondern als relationales Nicht-Sein, als Andersheit. „Die Vermittlung zwischen den antithetischen Sätzen des Parmenides: ,Sein ist' und ,Nicht-Sein ist nicht' gelingt Platon durch die Einführung der ,Natur des Anderen', Verschiedenen, der Differenz. Differenz meint partielles Nicht-Sein als Aussage über ein Seiendes; oder: Das Nicht-Sein eines Seienden ist dessen Differenz zu Anderem, von ihm selbst wieder Differenten" (20). Zum Ideenreich gehören Identität und Differenz, Verbindung und Trennung; ein Logos oder Satz kann falsch sein, weil er eine Mimesis der Bewegtheit des Ideenreichs ist.

Die weiteren Kapitel zeigen, wie das Verhältnis von Identität und Differenz in der neuplatonischen Theologie von Plotin und Proklos und bei Ps.-Dionysius Areopagita weiter entfaltet wird, wie Marius Victorinus bei der Transformation dieses Verhältnisses in die christliche Trinitätslehre die Energeia der Aristotelischen Theologik aufnimmt, Augustin die Schöpfung als Setzen von Differenz versteht. Bei Nikolaus von Kues erreicht die Problementfaltung eine Spitze, die zugleich ein neuer Anfang ist und „eine Konfrontation mit *Hegels Dialektik* als durchaus sinnvoll, weil die Sache selbst erschließend und fortbestimmend erscheinen läßt". Für eine solche Konfrontation ist der Gedanke maßgebend, „daß der Terminus Identität nicht nur ein formallogisches A=A, sondern eine Dignität des Seins insgesamt und von dessen Grund meint, und daß der Terminus Differenz die Bedeutungen Unterschied, Verschiedenheit, Andersheit und Gegensatz (distinctio, alteritas, aliatas, diversitas, differentia, oppositio, contraria) in sich umfaßt" (105). Von der neuplatonischen Geistauffassung ausgehend, tut die christliche Theologie etwas, dessen Erwägung sich schon der Neuplatonismus verbitten mußte: sie denkt das Eine selbst als schaffendes Denken. So kommt die mittelalterliche Geistmetaphysik auf den Weg, der zu Hegel führt; Nikolaus von Kues tritt hier also wieder in der Rolle dessen auf, der die Kontinuität zwischen der mittelalterlichen und der neuzeitlichen Problematik bezeugt. Beierwaltes weist darauf hin, daß schon Johannes Scotus Eriugena den Sohn der Trinitätslehre als das „Selbstbewußtsein" Gottes auffaßt; doch weist er die These von Walter Schulz zurück, die von der Frage nach dem „Gott der neuzeitlichen Metaphysik" her den Gott des Kusaners als Subjektum zurückbindet an meine Subjektivität (170, 174). Auch Giordano Bruno muß – wenn man auch die lateinischen Arbeiten gebührend berücksichtigt – viel stärker, als es oft geschieht, von den Distinktionen des Neuplatonismus her verstanden werden – gerade Bruno zeigt das hohe „Maß an Vernunft und Objektivität", das „in der Geschichte des Denkens wirksam zu sein scheint"; „das Neue erscheint nicht dadurch als neu, daß es das Alte destruiert, sondern indem es dies als ein ihm selbst Wesentliches – auch in der Negation – in sich aufhebt, in der Umformung bewahrt" (178). Ehe Beierwaltes zu Hegel kommt, weist er nach, wie Schelling von Bruno her und dann wohl auch direkt neuplatonische Gedanken seiner Identitäts-Philosophie integriert.

Das Eigentümliche begriffsgeschichtlicher Untersuchungen liegt oft darin, daß die Spitze einer Überlieferung sich wie von selbst ergibt – in unserem Fall Hegels Entfaltung von Identität und Differenz. Beierwaltes vermeidet bewußt den pejorativen Klang der Hegelschen Rede von Reflexionsphilosophie und verwendet den Begriff „Reflexion" für das „Denken seiner selbst" und damit der Identität in der Differenz; so kann er durch die folgende Formulierung eine Kontinuität abendländischer Geistmetaphysik in den Blick bringen: „In der Frage nach der geschichtlichen und sachlichen Kontinuität einer Struktur *absoluter Reflexion* gibt es, dies bestätigt sich rückblickend noch einmal, innerhalb der Metaphysik keinen überzeugenderen Analogiepunkt zu Hegel als etwa die Trinitätskonzeption des Cusanus oder Meister Eckharts oder des Marius Victorinus. Diese verweisen ihrerseits auf ihre philosophischen Implikationen: auf den neuplatonischen Geist-Begriff, der das Aristotelische ‚Denken des Denkens' zur reflexiven Bewegung der in sich differenten Ideen fortbestimmt" (242 f., 268). In aller Klarheit wird auch der Unterschied herausgestellt, den Hegel zwischen sich und den Neuplatonismus setzt (wobei er freilich die christliche Tradition auf seine Weise beansprucht): „Während die platonische Idee oder der plotinische Nus ‚immer schon' sind, was sie sind – vollendete, durch die Geschichte in keiner Weise bestimmte Wirklichkeit –, ist die Hegelsche Identität ‚erst am Ende', was sie sein soll oder sein kann, zugleich aber das, was sie ‚schon' war" (242). Wenn Hegel sagt, Gott sei Sichwissen und dieses Sichwissen sei „Selbstbewußtsein" im Menschen, dann glaubt Beierwaltes sich eindeutig für eine rechtshegelianische Deutung dieser Rede entscheiden zu können: „Ich kann die Behauptung nicht favorisieren, das endliche Bewußtsein von Gott *konstituiere* in eben diesem Akt das absolute Bewußtsein oder das Sich-wissen des Absoluten selbst, vielmehr scheint mir das endliche Bewußtsein Gottes oder das Gottesbewußtsein des Endlichen in diesem Akt der Selbst-Konstitution oder Selbst-Explikation Gottes als ein notwendiges Moment seiner selbst hineingenommen zu sein" (266 f.). Indem Hegel die überlieferten primär logischen wie die primär metaphysischen Bestimmungen in einer einzigen Sequenz darstelle, finde er hin zum Begriff des Subjekts oder der Selbstreflexion, ja der Selbstbestimmung und der „absoluten Freiheit" (246 f.). So aber sei die Logik Theologie, Darstellung Gottes. Wie diese Darstellung die Religionsphilosophie Hegels trägt, wird gezeigt.

Wird die mittelmeerisch-europäische Philosophiegeschichte in einer solchen Darstellung nicht einseitig vom Platonismus her gesehen? Bekanntlich steht in Raffaels *Schule von Athen* Aristoteles so neben dem zum Himmel weisenden Platon, daß er die Ethik in der Hand hält und auf die irdischen Dinge zeigt. Nicht nur der „neuplatonische" Aristoteles, auch der Aristoteles der Ethik, auch der „Empirist" Aristoteles hat die Geschichte des abendländischen Denkens geprägt. Wenn Hegel in seiner Frankfurter Zeit die Alternative zwischen der Vernunft und dem Positiven zu überwinden versucht und von der „lebendigen Natur" sagt, sie sei ewig ein anderes als der Begriff, dann wiederholt er von der Sache her die Aristotelische Kritik der Platonischen Ideenlehre; einige Jahre später betont er mit Aristoteles gegen den „vornehmen Ton in der Philosophie", daß Philosophie begriffliche Arbeit sei und damit auch analytischer Aufweis der Arbeit der Wissenschaften. Beim jungen Hegel war der Neuplatonismus und Neuspinozismus durchaus noch nicht Theologik und Dialektik; deshalb kann Heidegger noch aus Hegels Frankfurter Manuskripten den Satz zitieren: „Gott kann nicht gelehrt, nicht gelernt werden, denn er ist Leben, und kann nur mit Leben gefaßt werden."[266] Wie konnte Hegel von dieser Position aus zu seiner Logik und Theologik kommen? Da Substanz und Akzidens Wechselbegriffe seien, könne man – so schrieb Hegel noch im August 1795 an Schelling – das absolute Ich nicht Substanz nennen. Doch in Frankfurt ist die einzige Substanz Spinozas für Hegel das Sein, nämlich neuspinozistisch Sein als Leben und Schönheit; Hegels Metaphysik ist in den ersten Jenaer Jahren in diesem Sinne Metaphysik der Substanz. Diese Substanz ist freilich ein tragischer Prozeß: Ewigkeit, die sich in die Endlichkeit aufopfert. Indem Hegel die Substanz als Subjekt und das Leben als Selbst und „Begriff" bestimmt, kann er die Zeit als „Schicksal" des Geistes überwinden wollen und die aeternitas der Tradition als perfekten Begriff für sich reklamieren. „Es ist gar keine Zeit – oder eine ewige Zeit", so schaltete Hegel sich nach Boisserées Bericht am 23. Juli 1817 in Heidelberg in eine Diskussion mit Jean Paul über die Zeit ein; „alles heraus aus dem verschlossenen Gotte", so notierte er sich zum § 465 der Heidelberger *Enzyklopädie*. Für die logische Darstellung solcher

---

[266] Heidegger: *Hegels Phänomenologie des Geistes* (s. Anm. 258) 142.

Überzeugungen[267] gab – zuerst in Frankfurt, dann in unterschiedlichen Weisen in Jena – ein Autor entscheidende Anstöße, der in dem Buche von Beierwaltes nicht genannt wird: Fichte. Läßt sich das spekulative Prinzip des Selbstbewußtseins (oder des Lebens) als Identität, Differenz und Grund im Ausgang von den entsprechenden logischen Bestimmungen denken oder gar umgekehrt das Gefüge dieser Bestimmungen aus der Spekulation gewinnen? Oder zerstört dieser Versuch die Grunderfahrung, die dem Hegelschen Denken den Anstoß gab und auch für uns noch bedeutsam ist?

Da Hegels spekulative Thesen für uns kaum wiederholbar sind, hätte man eine Auseinandersetzung mit Hegels Lehre von der Identität der Identität und der Differenz erwartet. Beierwaltes unterscheidet nun ausdrücklich zwischen Verschiedenheit und Gegensatz, konträrem und kontradiktorischem Gegensatz, ohne aber diese Unterscheidungen kritisch gegen Hegel zu kehren. Statt dessen gibt er am Schluß einem radikalen Kritiker das Wort, um an solche Kritik (die freilich dem Kritisierten allzu sehr verfallen sein könnte) eine Warnung auszusprechen: Für Adorno sei die Identität in der Differenz Totalität, die nicht nur zum philosophischen System führe, sondern auch zum Zwangssystem unserer Gesellschaft, damit aber nach Auschwitz. Diese durchaus totalitär zugreifende Kritik an der „Ursprungsphilosophie" muß sich von Beierwaltes aber sagen lassen: „Unverständlich ist der Mut, ein Universalverdikt gegen sog. metaphysische Identität auszusprechen ohne ausdrückliche oder auch implizit erkennbare Reflexion auf den Begriff von Identität" (280 Anm. Wenn Adorno die Kunst zur Rettung des „Nichtidentischen" einsetzt, spricht er nicht nur von apparition, sondern auch von Epiphanie, die religionsgeschichtlich das nichtfixierbare „flüchtige" Erscheinen des Göttlichen meint (302). So kann Beierwaltes Adorno und Heidegger zusammenbringen, um dann aber von dem, was in unserer Situation retten könnte, zu sagen: „Gegenüber der Flucht ins ‚Bild' – Adorno mit Heidegger gemeinsam – scheint dieses mir eher in der Reflexion des Begriffs zu liegen, die sich ihrer Möglichkeiten und Grenzen, ihrer aufklärenden Kraft und ihrer Gefahren bewußt ist und dieses Bewußtsein auch ständig erneuert" (314).

---

[267] *Hegel in Berichten seiner Zeitgenossen* (s. Anm. 95) 152 f.; *Hegels Notizen zum absoluten Geist.* In: Hegel-Studien 9 (1974) 9 ff., vor allem 26.

Von Heidegger zeigt Beierwaltes, daß er nie eine fundierte Auseinandersetzung mit dem Neuplatonismus geführt hat. Seine Forderung, das Sein als „es selbst" zu erfahren, sei gerade vom Neuplatonismus erfüllt worden, wenn dieser das Eine als „grundlos" und so als das „Absolute" gedacht habe. „Es bliebe zu fragen, *worin* Heideggers Konzeption eines ‚grundlos gewährenden Ereignisses' – zumindest vom Aspekt eben dieses ‚grundlosen Gewährens' her – sich von dem angedeuteten Grundgedanken des neuplatonischen Denkens fundamental unterscheiden soll" (138 Anm.). Auf diese Frage kann man eine bündige Antwort geben: Heidegger meidet die neuplatonische Auffassung von Zeit und Ewigkeit (die aeternitas); statt dessen besteht er auf der (erlebten, geschichtlichen) Zeit in ihrer Endlichkeit. So kann er in der Schrift *Identität und Differenz* die Formel von der Identität der Identität und Differenz übersetzend aufnehmen als „Einklang von Ereignis und Austrag". Die Zeit in Einklang und Ereignis ist nicht mehr auf die aeternitas ausgerichtet, sondern allenfalls – wie Heidegger in seiner ersten Hölderlin-Vorlesung im Anschluß an Hölderlin in einer paradoxen Formulierung sagt – auf „vergängliche", nämlich flüchtig „vorbeigehende" Ewigkeit. Trotzdem bleibt zu fragen, ob nicht die Ausrichtung an der Identität der Metaphysik das Sichzueigenwerden – etwa einer Epoche – im Ereignis die phänomenologische Analyse der Zeit verfälscht.

c. Denken und Dichten

Denken ist die höchste Tätigkeit; wenn Gott denkt, dann muß auch der Gegenstand seines Denkens dieses Höchste, das Denken, sein. In einem Denken des Denkens hat Gott sein in sich ruhendes Leben; dieses Denken ist sein Leben nicht nur – wie bei uns – dann und wann, sondern immer. Dieser Gott bewegt die Welt, aber als selbst unbewegter und nicht als Liebender, sondern als Geliebter; das göttliche Leben garantiert die zu denkende Ordnung in dieser Welt, und wenn der Mensch sich der Unsterblichkeit für würdig erachtet, dann ist es auch seine Aufgabe, die Welt zum göttlichen Denken des Denkens als ihrem Grund und Ziel zurückzutragen. – Diese Gedanken der Aristotelischen *Metaphysik* hat Hegel bekanntlich an das Ende seiner *Enzyklopädie* gestellt. Wenn Hegel in seiner Interpretation der Aristoteli-

schen Sätze den Akzent auf die „Energie" des Denkens legt, in der das
Aufnehmen das Aufzunehmende hervorbringt, dann deutet er das
Denken des Denkens zugleich als Schaffen (den Menschen zwar als
Geschaffenen, aber doch als wesenseins mit dem Vater); so kann das
göttliche „Selbstbewußtsein" – sehr ungriechisch – als etwas erschei-
nen, das in der Geschichte aufzubauen und zu leisten ist. Sind solche
Gedanken aber für uns überhaupt noch vollziehbar? Die Philosophie
hat sich mit den Wissenschaften verbunden, diese haben über die
Technik die Welt bis zum atomaren Geschehen hin in einer früher
unglaublich scheinenden Weise in den Griff bekommen; die Welt im
ganzen entzieht dem Zugriff sich aber auch in eine Fremdheit, die den
Menschen mitsamt seiner heimatlichen Erde zu etwas Zufälligem und
Verlorenem macht.

Wenn die einstige Geistmetaphysik sich so der Philosophie und der
Wissenschaft entzieht, scheinen die Dichter sie den Menschen noch
einmal als Möglichkeit entgegenzubringen. Sind wir nicht hier, so
fragt Rilkes neunte *Elegie*, um „Haus, Brücke, Brunnen, Tor, Krug,
Obstbaum, Fenster, – höchstens: Säule, Turm" zu sagen, aber „zu
sagen *so,* wie selber die Dinge niemals innig meinten zu sein"? Dann
freilich müßten wir unser Hiersein, auch den Tod, ganz annehmen
können. Doch, so klagt die vierte *Elegie,* wir sind nicht „einig", „sind
nicht wie die Zugvögel verständigt". Die *Sonette an Orpheus* können
aber den Gott noch feiern, der getötet wurde, um als Zerstreuter im
Gesang aufzuerstehen. Zu solchem Gesang geben die Zugvögel Anlaß, die verständigt zur rechten Zeit aufbrechen, oder die Löwen, die
von keiner „Ohnmacht" wissen. Im Brunnen spricht die Erde mit sich
selber (der Mensch mit seinen Zwecken soll nicht den Krug zwischen
den redenden Brunnenmund und das „Ohr der Erde" halten). Auch
im Baum singt Orpheus: die Erde strebt in ihm aus sich heraus und
kehrt mit den gebogenen Zweigen und den fallenden Früchten (die der
Mensch der Natur nicht entfremden soll) zu sich zurück. Im Spiel des
zwecklos hin und her wandernden Balles, im Spiegel, in dem Narziß
zu sich zurückkehrt, in den Engeln, die nichts als in sich zurückkeh-
rende Spiegel sind, ist der orphische Kreislauf da. Rilke denkt und
dichtet aus dem Raum der Geist-Metaphysik, freilich so, daß er den
Geist als Leben auffaßt, ihn dem Denker nimmt und dem Dichter gibt.
Nietzsche ist maßgeblich dafür verantwortlich, daß das Denken zum
Dichten, der Geist zum Leben oder zur „Seele" zurückgeführt wurde.

Gottfried Benn hat 1951 in seinem Vortrag *Probleme der Lyrik* eine Bestimmung der Aufgabe der Dichtung von der avantgardistischen Gattung der Lyrik her versucht. Dabei kommt freilich Rilke schlecht weg, da er allzu oft das verräterische „Wie" gebraucht, das „keine primäre Setzung" sei. Eliot wird getadelt, weil er das „Fortschreiten des Selbstbewußtseins" in der poetischen Produktion (ebenso wie das Fernsehen) bekämpft. Benn will Artistik; der Ahnherr der modernen Lyrik ist für ihn Mallarmé, der – über Nerval und Baudelaire hinausgehend – zur poetischen Produktion auch noch eine Theorie dieser Produktion entwickelt. Dazu wird Novalis gleichsam als Urahn zugelassen (in gewisser Weise sogar Schiller, der vom Schein sprach, der nicht nur Schein ist, sondern es auch sein will). Eine solche Genealogie der modernen Lyrik, die von den frühromantischen Ahnungen über die Franzosen des 19. Jahrhunderts zum 20. Jahrhundert führt, wird dann auch von der Literaturgeschichte – so von Hugo Friedrich – ausgearbeitet. Wieweit Mallarmé auf Novalis zurückbezogen werden könne, wird Gegenstand heftiger Kontroversen. Als man 1968 in Paris mit Novalis die Phantasie an die Macht bringen und so Entfremdung überwinden wollte, kam jener Autor ins Spiel, der die Rede von der Entfremdung so wirkungsmächtig in die Philosophie gebracht hat: Hegel. Wenn Hegel selbst – schon in Jena gegen Klassiker und Romantiker – den Hoffnungen abgeschworen hatte, die die Zeit auf die Kunst als Weg zur Überwindung der Selbstentfremdung setzte, so werden heute in seinem Namen und mit seinen Begriffen diese Hoffnungen neu aktiviert. Damit gerät Hegel auch in die Nähe all jener romantischen Tendenzen seiner Zeit, die er verurteilt hatte. Hinter den Gedanken von Benns Vortrag steht Nietzsche, damit auch Schopenhauer, indirekt selbst Schelling. Das kleine lyrische Gedicht, das an niemanden gerichtet ist und sich allein noch auf sich selbst bezieht und in sich selbst steht, ist ein letzter Widerstand gegen „ontologische Leere": „Die ganze Menschheit zehrt von einigen Selbstbegegnungen, aber wer begegnet sich selbst? Nur wenige und dann allein." So kann Benn im lyrischen, monologischen Ich die „letzten Reste eines Menschen" finden, „der noch an das Absolute glaubt und in ihm lebt". Um mehr als einige „letzte Reste" kann es nicht gehen: das Ich einzusetzen als welthaltiges, systemformendes Selbstbewußtsein, davon kann nicht die Rede sein. (So lang kann die Wahrheit doch nicht sein, bemerkt Benn zu dem bekannten Buch von Jaspers.) Abzutun hat das

Gedicht vor allem den romantischen Stallgeruch, der dem Menschen noch einmal Heimat verspricht, und so nimmt Benn am Schluß seines Vortrags Abschied mit einem „großartigen Hegelwort", einem Satz aus der Vorrede zur *Phänomenologie*: „Nicht das Leben, das sich vor dem Tode scheut und vor der Verwüstung rein bewahrt, sondern das ihn erträgt und in ihm sich erhält, ist das Leben des Geistes."

Der Sprachlehrer Mallarmé, in bescheidenen Verhältnissen zuletzt wenigstens in Paris lebend, ist durch den Ernst, mit dem er sich auf seine Lyrik konzentriert hat, zu einer epochalen Figur geworden. Läßt er sich in Bezug setzen zu Hegel, war er vielleicht ein Hegelianer? Janine D. Langan beantwortet diese Frage entschieden mit Ja; sie beginnt ihre Dissertation mit dem Satz eines frühen Verehrers von Mallarmé (Mauclair): „La conception de Stéphane Mallarmé procède de l'esthétique métaphysique de Hegel, et l'on peut dire qu'il fut l'applicateur systématique de l'hégélianisme aux lettres françaises."[268] Die Mallarméschüler haben aber genau wie die Hegelschüler die Position ihres Meisters nicht durchgehalten, sondern zum Denken und Dichten auch noch Wirklichkeit haben wollen. So gesteht man Mallarmé „Philosophie" zu, nämlich irgendeinen Neuplatonismus, sieht aber nicht seinen alles durchdringenden Hegelianismus. Seit Thibaudets Buch über Mallarmé von 1913 kümmert man sich um die „Seele" des Dichters und weist deutsche Metaphysik und Innerlichkeit ab – als ob es Mallarmé um seine Person gegangen wäre! Valéry und andere brechen mit der Metaphysik ihres Lehrers zugunsten des poetischen Tuns; von daher hat man viele Gedichte in Struktur und Detail genauer erfaßt, aber nicht die zugrundeliegende Konzeption.

Das zweite Kapitel der Dissertation sucht Mallarmés Begegnung mit Hegel genauer zu fassen: In ein Denken à la Condillac hatte Cousin von der deutschen Philosophie her spekulative Gedanken eingeführt; in der zweiten Hälfte des 19. Jahrhunderts mußte dieser Idealismus sich gegen den neuen Positivismus dadurch durchzusetzen versuchen, daß er sich selbst szientifisch gab. Lefébure führte Mallarmé in diesen „Hegel" ein, dann aber vermittelte Villiers de l'Isle-Adam den Hegel Véras: Hegel als Stifter einer neuen Religion! Véras Übersetzung der Hegelschen *Enzyklopädie* ist der harte Kern von Mallar-

---

[268] Janine D. Langan: *Hegel and Mallarmé.* Lanham/London 1986. 1. – Ziffern im folgenden Text beziehen sich auf dieses Buch.

més Hegelianismus; gleich einleitend macht die Verfasserin darauf aufmerksam, daß die französische Sprache dieser Übersetzung die Idee ein konkretes Drama von Verwandlungen durchleben läßt. In seinen entscheidenden Entwicklungsjahren verstand Mallarmé sein Leben und Dichten hegelianisch: „Immediate contact with pure Idea, death to his edenic dream and birth to a life of consciousness and systematic objectivisation. Like Véra, he defines this triple movement in terms of Self: the ‚*en-soi*‘ life of the Idea-Dream, the ‚contre-soi‘ or ‚autre que soi‘ life of the Idea become ‚localised‘ in the Poet's Ego, ‚*non moi*‘, finally, the ‚*en et pour soi*‘ life of Absolute thought, which sees the one as ‚*preuve inverse*‘, as reciprocal proof of the other, and is the divine self-awareness of Spirit, ‚Soi‘" (33 f.). Nach 1870 mußte die Deutschfreundlichkeit und Metaphysikliebe etwas zurücktreten; doch seit den achtziger Jahren treffe man neue hegelianische Spuren bei Mallarmé.

Im dritten Kapitel ihrer Dissertation sucht J. D. Langan den hegelianischen Charakter von Mallarmés Ästhetik zu erweisen: das Buch, das Mallarmé sucht, entspricht dem Hegelschen System, niedergelegt in der *Enzyklopädie!* Dieses Buch gehört zum „Abend", zum Ende der Zeit als der Zusammenfassung und Überwindung der Zeit; es sammelt alles Wissen in sich und ist in einem letzten geistigen Akt das Sichselbstdenken der Idee, das einen Bruch mit der Unmittelbarkeit voraussetzt. Warum nennt Mallarmé z. B. die Dichtung eine Sprache der Krisis? „Perhaps because *Krise* is Hegel's etymological doublet for *Urtheil,* since both mean scission" (wie Véra in seiner Übersetzung notiert hatte; 51 f.). Wer mit einem solchen „perhaps" nicht zufrieden ist, kann zusätzlich zur Unterstützung seiner Skepsis Hegels Lehre vom Ende der Kunst vorbringen. Deshalb zeigt die Verfasserin, daß Mallarmé von Hegel nur die *Enzyklopädie* kennt und daß er das, was dort über Kunst, Religion und Philosophie gesagt wird, der Dichtung zuweist. Die Unmittelbarkeit soll gerade in der Poesie überwunden werden; so kann die Poesie einholen, was bei Hegel der Religion und der Philosophie vorbehalten bleibt. In diesem Sinne zitiert die Verfasserin Mallarmé: „La littérature, reprise à sa source, qui est *l'art* et la *Science,* nous fournit un théâtre dont les représentations seront le vrai *culte* moderne, un Livre, explication de l'homme" (78).

Die Verfasserin stützt ihren Versuch, Mallarmé als Hegelianer zu erweisen, vor allem auf eine ausführliche hegelianische Interpretation zweier Gedichte. Ausgewählt wurden *Prose pour des Esseintes* und *Coup de Dés;* die beiden Gedichte sollen sich zueinander verhalten wie die Vorworte zur *Logik* oder *Enzyklopädie* zur *Logik* oder *Enzyklopädie* selbst. Gleich das erste Wort des ersten Gedichts („Hyperbole") spreche vom Blick auf einen Kreis, der nach Hegel ja den Charakter des Systems bezeichnet. Die „Schwester" des Gedichts, gleichsam die andere Hälfte des Dichters, stehe für Hegels Idee. Das Thema des Gedichts sei das Drama des Hegelschen Systems: wie Idee und Dichter aus der unmittelbaren Einheit herausfallen und schließlich wieder in einer letzten Negation eins werden – die angeschauten Iris sind dann zu Irideen (Iris-Ideen) geworden, usf.

Den größten Teil der Arbeit – 95 Seiten – gebraucht die Verfasserin für eine hegelianische Interpretation von *Coup de Dés:* In diesem Gedicht folgen auf die Titelseite drei Teile von drei, vier und zwei Doppelseiten; die drei Teile sprechen vom Ozean, der Schaum-Feder oder Krone, dem Aufgehen des Siebengestirns und entsprechen dem Reich des Vaters, des Sohnes und des Geistes oder der Logik, der Naturphilosophie und der Geistesphilosophie Hegels (wobei dann der zweite Teil der Logik, die Lehre vom Wesen, wieder der Naturphilosophie entspricht, usf.). Da Hegels *Logik* aus Ansich und Anundfürsich oder Sein, Wesen und Begriff besteht, ist auch der erste Teil von Mallarmés Gedicht triadisch. Bekanntlich wird aus der logischen Triplizität nach Hegel im Bereich der Natur oder des Endlichen und Realen eine Viergliedrigkeit, also muß der zweite Gedichtteil … Solche Parallelen verfolgt die Verfasserin in ihrem „strukturalen" Zugriff bis in die kleinsten Details. „The underlying philosophy structuring a poet's work should remain hidden, latent, Mallarmé has said. Faithful to his own precepts, he never allowed his Hegelianism to become patent" (198).

Goethe war etwas entsetzt, als die Hegelianer auf ihre Weise Dichtung zu interpretieren begannen. Heute muß man wohl in Amerika leben, um mit Unterdrückung aller Nuancen Mallarmés Gedichte und Hegels Bewegung der Gedanken streng zu parallelisieren. Hegel, der Protestant, hatte die Rebellion seiner Jugend gegen alle Buchreligion nicht vergessen, und so hätte er über Mallarmés Ausrichtung auf „das" Buch nur den Kopf schütteln können; die *Enzyklopädie* als „Buch" interessierte ihn außerhalb der praktischen Zwecke wenig. (Dagegen hat Kojève in seinen Pariser Vorlesungen zu zeigen versucht, daß

Hegel in seiner *Phänomenologie* die Anthropogenese im Keim und Kern begriffen und die rationalen Prinzipien der Politik und Religion vorgelegt habe; den Menschen heute blieben keine neuen wesentlichen Aufgaben mehr zu lösen – sie könnten nur noch mit Nietzsches letzten Menschen blinzeln und mit der *Phänomenologie,* in der alles Entscheidende geleistet sei, unterm Arm spazieren gehen. Mallarmé sah das zu Leistende wenigstens noch als eigene Aufgabe.) Wenn *Prose pour des Esseintes* das Wort „Anastase" (offenbar in alten Büchern) findet, dann geht die byzantinische Aura des Gedichts verloren, wenn man dieses Wort „Auferstehung" einfach durch die Hegelsche „Aufhebung" wiedergibt. Umgekehrt: wenn der Dichter sagt, daß der Würfelwurf der unmöglichen Sieben auch nur ein Zufall sein würde, und doch über seinem Scheitern das Siebengestirn aufgeht, dann ist Mallarmé allzu christlich und idealistisch interpretiert, wenn man hier „exsultation in salvation" liest, nicht „despair but effort, and grace in that effort", „calmly victorious demonstration of man's divinity" (17). Was den Hegelianismus Mallarmés betrifft, so kann man über seine Bedeutung doch nur entscheiden, wenn man auch berücksichtigt, welche anderen Philosophen Mallarmé las und wieweit er eigenständig zu seiner Position fand. Mag Mallarmé sich nur auf Hegels *Enzyklopädie* bezogen haben – wir heute müssen auch von Hegels Jenaer Äußerungen über die „Poesie der Poesie" oder vom späteren Enthusiasmus für Goethes *Divan* aus fragen, welches Verhältnis zur Lyrik Hegel denn wirklich hatte.

Martin Heidegger hat jenes Verschweigen und Vergessen, in das Hegel Hölderlins Dichten hat versinken lassen, rückgängig zu machen versucht. Heideggers Denken hat im Dichten Hölderlins den Partner gefunden; schließlich standen aber nicht mehr die großen Hymnen im Vordergrund, sondern die zerbrechenden spätesten Entwürfe. Heidegger fragte, wie Rilke in einer unzulänglichen Weise Hölderlins Anliegen aufnahm; ja, er hörte nach dem Zweiten Weltkrieg Hölderlin von dem Echo her, das dieser im Untergang Georg Trakls gefunden hatte. So konnte Heidegger früh schon aufmerksam werden auf die Lyrik Paul Celans, die ein Dichten nach dem Untergang, zu dem ein Verbrechen wie der Holokaust gehörte, war. In seiner Rede *Der Meridian* hat Paul Celan gefragt, ob denn das überhaupt eine Aufgabe des heutigen Umgangs mit Dichtung sein könne: „Mallarmé konsequent zu Ende denken." Wenn Celan von der Dichtung die „Unendlichsprechung von lauter Sterblichkeit und Umsonst" forderte, dann stellte er mit Martin Buber das Gedicht in das „Geheimnis der Begegnung". Das Unendliche, uns Übersteigende, spricht uns im Anderen an, das sich uns entzieht. In den umfangreichen Vorarbeiten für seine Rede hat Celan auch die phänomenologische Ästhetik aufgearbeitet. Von Oskar Becker (der seinerseits auf den frühen Georg Lukács zurückgriff) übernahm er die Ausrichtung der Kunst auf jene Zugespitztheit, in der erst das Insichstehen des Idealisierten und der Vollzug der Freiheit in der Geschichte zusammenfallen können. In seinen Gedichten hat Celan Baudelaires Formel für das Schöne in der Moderne aufgenommen: „à la pointe acerée de l'infini". Er hat aus dieser Formel den Titel eines Gedichts gebildet, das sich durch die Fahrt an einem Buchenwald vorbei in Bezug zu einem Vernichtungslager setzt. Dieses Gedicht nach Buchenwald und Auschwitz läßt das Andere ankommen als das „Unwiederholbare", das sich der Identität des Ereignisses verweigert. So wird das Gedicht dialogisch: ein Denk-Mal des Gedenkens, aber auch ein Vorverweis auf das Zukünftige, das als das Andere nicht in *unsere* Zukunft gehört.[269]

Martin Heidegger beachtet in den Marginalien seines Exemplars von Celans Vortrag, daß Celan in sein eigenes Dichten aufnimmt, was Georg Büchner von Reinhold Lenz sagt: daß er auf den Händen gehen wollte, um den Himmel als „Abgrund" unter sich zu haben. So muß Heidegger sich anstreichen, daß Celan das Dichten vom Atem und damit von Richtung und Schicksal her sieht; das Verstummen über die Schrecken der Zeit soll in eine Atemwende führen. Sicherlich ist es eine vorsichtige Distanzierung von Heidegger, wenn Celan sagt, das Gedicht sei doch wohl „nicht Sprache schlechthin und vermutlich auch nicht erst vom Wort her ‚Entsprechung'". Hier merkt Heidegger an, daß er das Entsprechen aus dem ersten Vortrag im Band *Unterwegs zur Sprache* in den späteren Teilen dieses Sammelbandes als „Ent-sagen" gefaßt habe. So meine das „Entsprechen" das, was Celan ihm entgegensetze: das Dichten „unter dem Neigungswinkel seines Daseins, dem Neigungswinkel seiner Kreatürlichkeit". Heidegger verweist nicht nur auf *Unterwegs zur Sprache,* sondern auch auf den § 34

---

[269] Vgl. Pöggeler: *Spur des Worts* (s. Anm. 65) 318 ff., 113 ff. Celans Vorarbeiten zur Meridian-Rede und die im folgenden genannten Marginalien Heideggers zu dieser Rede sind noch nicht veröffentlicht.

von *Sein und Zeit,* wo das Sprechen im Schweigen und Hören verwurzelt und eigens auf die „Stimme des Freundes" verwiesen wurde, den jedes Dasein bei sich trage. Mit derselben Härte, mit der Heidegger dem „Zwischen" Bubers das Da des Daseins als Voraussetzung für die Öffnung eines Zwischen entgegenhielt, stellt er nun der „Begegnung", die Celan als „Geheimnis" sieht, die „Gegend" voraus. Die „Unendlichsprechung" erscheint als ein Ausweichen, dem gegenüber Heidegger auf dem „Endlich-Seyn" besteht. Ist der „Meridian", der als Kreis in sich zurückkehrt, nicht auch ein Ausweichen vor dem Endlichsein und seinem Ort? Für Celan zeigt er jedoch die Begegnung und Solidarität jener an, für die die Sonne (das Gute Platons und das Göttliche der Tradition) untergegangen ist. Das Gedicht führt nicht zum Ort des Ereignisses und damit der Identität, sondern in die Begegnung mit dem Anderen, in dem Unendliches sich entzieht.

II. Rothackers Begriff der Geisteswissenschaften

Wer in der gerade abgelaufenen Periode, den fünfzehn Jahren seit 1965, die Rede von den „Geisteswissenschaften" in den Mund nahm, mußte dessen gewärtig sein, daß er sich von vornherein in ein Abseits gestellt hatte. Es war schon viel, wenn man die hoffnungslose Einseitigkeit, die mit dieser Rede verbunden zu sein schien, noch eigens bekämpfte. Dann hieß es etwa, der Historismus der Geisteswissenschaften sei aus der Ästhetik und der ästhetischen Zuwendung zur Geschichte geboren worden; die rückwärtsgewandte „historische" Einstellung verkenne, daß der Mensch aus der Zukunft zu leben habe. Als Thema der Geisteswissenschaften könnten allenfalls die sublimen Gebilde gelten, wie etwa die Kunst und die Religion sie produzierten, nicht aber die zugrundeliegenden sozialen Strukturen. Die Geisteswissenschaften in ihrer überlieferten Gestalt folgten zudem einer halb künstlerischen Intuition, nicht aber den anerkannten wissenschaftlichen Verfahren; wenn das Wort „Geisteswissenschaften" kaum ins Englische oder Französische zu übersetzen sei, dann zeige sich, daß die geisteswissenschaftliche Tradition ein Teil der verhängnisvollen Abschnürung Deutschlands von den westlichen Ländern sei.

Sah man in dieser Zeit darauf, welche Wissenschaftsgruppen faktisch arbeiteten, so fand man in der Universitätsstruktur kaum noch eine konkrete Gruppierung vor, da hier der Weg von den großen Fakultäten zu kleinen, relativ willkürlich gebildeten Einheiten führte. Dagegen zeigten sich bei den forschungsfördernden Organisationen unter den größeren Gruppen, die das Geld bekamen, weiterhin die Geisteswissenschaften. Die Tabellen der Deutschen Forschungsgemeinschaft z. B. weisen vier Gruppen aus: Naturwissenschaften, Ingenieurwissenschaften, Biowissenschaften, Geisteswissenschaften. Wichtig in unserem Zusammenhang ist, daß aus den Geisteswissenschaften gelegentlich Sozialwissenschaften ausgesondert werden oder in einem Kompromiß ein Titel wie „Geistes- und Sozialwissenschaften" gebildet wird. Befriedigend ist eine solche Einteilung sicherlich nicht. Darf man die Mathematik z. B. einseitig den Naturwissenschaften zuordnen? Wird nicht die Psychologie, die unter den Geisteswissenschaften erscheint, heute ihre Nähe zu den Lebenswissenschaften betonen? Man kann jedoch in der genannten Gruppierung einen akzeptablen Sinn aufdecken: zu den Wissenschaften, die sich um das Organon bemühen – also zu Logik, Mathematik, Hermeneutik –, treten die Zuwendungen zur toten Natur, zum Leben, zum Geist. Erscheinen neben den Naturwissenschaften die anwendungsbezogenen Ingenieurwissenschaften, so wird diese Doppelung bei den Lebens- und Geisteswissenschaften nicht eigens genannt. Die Stellung der Medizin in den Lebenswissenschaften ist jedoch in mannigfacher Weise problematisch; ist sie doch anwendungsbezogen und hat sie doch wie Theologie und Jurisprudenz dogmatische Einschlüsse, wenn sie Gesundheitsideale voraussetzt oder darüber entscheidet, wann man Leben unterbrechen und wann man einen Sterbenden ohne weitere künstliche Lebensverlängerung sterben lassen darf. Wollte man der Trennung oder dem Nebeneinander der Geistes- und Sozialwissenschaften den Sinn geben, daß die Geisteswissenschaften es eben nur mit den genannten sublimen Gebilden zu tun hätten, so widerspräche diese (vielleicht ideologisch untermauerte) These ganz und gar der Tradition: in Hegels *Phänomenologie* z. B. meint „Geist" im speziellen Sinn gerade den sittlichen, den ökonomisch-politischen oder „sozialen" Bereich; für Dilthey ist die Jurisprudenz immer noch eher als die Kunstgeschichte Prototyp der Geisteswissenschaften. Auch im Bereich des Geistes kann eine Doppelung in der wissenschaftlichen Zuwendung jedoch einen guten Sinn haben: die Sozialwissenschaften blenden anwendungsbezogen und in einer mehr technischen Zuwendung zum Gegenstand den hermeneutischen Bezug zur sich wandelnden Geschichte aus oder fixieren diesen Bezug auf bestimmte nicht weiter diskutierte Vorgaben. So kann es zu jener Emanzipation der Sozialwissenschaften aus dem traditionellen Bereich der Geisteswissenschaften kommen, die heute oft mit großer Vehemenz verfolgt wird. Konnten die Geisteswissenschaften als besondere Wissenschaftsgruppe auch unter erschwerten neuen Bedingungen in der abgelaufenen Periode ihre Arbeit fortsetzen, so haben sie endlich auch wieder – freilich in den einzelnen Bereichen in unterschiedlicher Weise – gegenüber aller Bestreitung und Selbstbezweiflung sich zu ihren legitimen Aufgaben bekannt und sich diesen Aufgaben gestellt.[270]

Hegel hat am Anfang des 19. Jahrhunderts noch in metaphysischer Spekulation im Geist das verwirklichte Absolute gesehen und die Natur teleologisch auf den Geist hingeordnet. Wenn der Geist sich eigens zu dem machen muß, was er ist, dann hat er Geschichte; aber diese Geschichte führt nach Hegel zu einer vollkommenen Verwirklichung des Geistes. In einem kolumbischen Irrtum hat Hegel das neue Land, das sich in der französischen politischen, der englischen industriellen und der deutschen geistigen Revolution auftat, als ein Rundwerden und Sichschließen der Welt aufgefaßt. Nach einsamen Hauslehrer- und Dozentenjahren gewann Hegel einen Ort in dem Bildungssystem, das damals neu geschaffen wurde: er konnte im „humanistischen" Gymnasium seines Freundes Niethammer wirken, da er davon ausging, daß die Jugend an den Idealen der Jugend der Menschheit, also am griechischen Mythos und an griechischer Kunst und dann an den Gehalten der christlichen Religion, zu einem substanziellen, deshalb auch politischen Gemeingeist erzogen werden müsse; er konnte in Humboldts Berliner Universitätsgründung die „Mitte" besetzen, weil er der neuen Universität den Sinn gab, durch die Wissenschaften in die speziellen Berufe der kompliziert gewordenen modernen Welt einzuweisen, darüber aber die philosophische Einheit des Wissens nicht zu verlieren. Mochten die Brüder Humboldt, Savigny und Schleiermacher von Anfang an andere Wege gehen – indem Hegel, stärker als Schelling oder Fichte, in die einzelnen Wissenschaften hineinwirkte, blieb er im Gespräch z. B. auch mit der Historischen Schule, die sich von ihm absetzte, wurde er der maßgebliche „Weltphilosoph" auch für Geister wie Marx, die neue Bahnen einschlugen und im Universitätssystem zuerst noch keinen Platz fanden.

Als Wilhelm Dilthey am Ende des 19. Jahrhunderts den Terminus „Geisteswissenschaften" durchsetzte, war für ihn die metaphysische Einstellung vergangen; durch Reflexion auf die Erfahrung der Einzelwissenschaften versuchte er, die Kantische Kritik auch zu einer Kritik der historischen Vernunft auszubauen. Zum mindesten in seinem Spätwerk wurde er jedoch durch die Einsicht, daß das Verstehen der

---

[270] Siehe Anm. 72 und 20. – Zum folgenden s. Anm. 218; vgl. ferner Clemens Menze: *Die Bildungsreform Wilhelm von Humboldts.* Berlin 1975.

Geschichte immer schon von der geschehenden Geschichte getragen und so mit dieser „hermeneutisch" vermittelt ist, über den kantisch-neukantischen Ansatz hinausgeführt. Obgleich sein Versuch trotz der konkreten Beschränkung auf die geisteswissenschaftliche Sphäre doch auf eine umfassende hermeneutische Philosophie zielte, wurde er als einseitig „geisteswissenschaftlich" aufgefaßt oder kritisiert: da Dilthey gegenüber der vorherrschenden Orientierung an den Naturwissenschaften die Eigenart geisteswissenschaftlicher Arbeit zur Geltung zu bringen suchte, erschien seine reaktive Einstellung als Verkürzung der Wissenschaftlichkeit in den Verfahren der Geisteswissenschaften; da er dem geschichtlichen Verstehen durch den Bezug auf den Ausdruck des Erlebens in den vorliegenden Zeugnissen vergangenen Lebens eine Bindung zu geben und die Aufklärung durch eine historische Aufklärung zu Ende führen wollte, schien er den Bezug des Verstehens auf die Zukunft und die Frage nach der Verbindlichkeit eines endlich-geschichtlichen Verstehens zu vernachlässigen. Schlägt man jene Einleitung auf, die Dilthey gegen Ende seines Lebens seinen Vorlesungen zum „System der Philosophie" gab, die aber erst spät veröffentlicht wurde, dann sieht man unmittelbar, daß Dilthey die Aufgabe der Philosophie anders sah, als ihm manche Kritiker und selbst die eigenen Schüler unterstellten. Dilthey suchte – wenigstens der Intention nach! – eine Philosophie, die aus dem Verständnis der „Grundzüge der Gegenwart" hervorgeht. Der erste Grundzug ist seit Generationen der „Wirklichkeitssinn". Wenn aber die ganze Erde vermessen ist, wenn Pflanzen und Tiere in Museen und Handbüchern zusammengebracht und rubriziert, die Menschenrassen anthropologisch und ethnologisch erforscht sind, dann schrumpft der Planet, auf dem wir leben, „gleichsam unter unseren Füßen zusammen". Der Autor der Essaysammlung *Das Erlebnis und die Dichtung* und maßgeblicher Bücher über Schleiermacher und Hegel sagt hier zweierlei, das überrascht: „Die Romantik, mit der noch die vorhergegangene Generation die Kultur Griechenlands oder die religiöse Entwicklung Israels ansah, ist verflogen"; „unser Lebensgefühl steht dem von Voltaire oder Friedrich dem Großen ... näher als dem von Goethe und Schiller". Als zweiter Grundzug wird das Vorherrschen naturwissenschaftlicher, technisch nutzbarer Methoden herausgestellt: „Alle Künste Ludwigs XIV. haben geringere dauernde Veränderungen auf der Erde hervorgebracht als der mathematische Kalkül, den damals in der

Stille Leibniz und Newton ersonnen haben." Der dritte Grundzug ist, daß der Glaube an unveränderliche Ordnungen der Gesellschaft geschwunden ist, daß sich in wirtschaftlichen Umstrukturierungen, sozialen Umschichtungen und neuen Mündigkeiten eine „Umgestaltung" dieser Ordnungen nach „rationalen Prinzipien" vollzieht. Der Autor der *Einleitung in die Geisteswissenschaften* sagt hier klar, daß „selbständige Geisteswissenschaften" sich, z. B. als Nationalökonomie, ausbildeten, als „die wissenschaftlichen Methoden, die sich in der Naturforschung so fruchtbar erwiesen hatten, nun auch auf die Probleme der Gesellschaft angewandt wurden". Freilich sieht Dilthey auch, daß die wissenschaftliche Arbeit, die den Menschen aus dogmatischen Bindungen zu lösen und ihm eine letzte Souveränität zu geben scheint, die Frage nach den Zielen des Handelns der einzelnen wie des Menschengeschlechts nicht beantwortet. Ja, wir finden den Menschen, „umgeben vom rapiden Fortschritt der Wissenschaften" gegenüber den Fragen nach dem Ursprung der Dinge, dem Wert seines Daseins, dem letzten Wert seines Handelns heute „ratloser als in irgendeiner früheren Zeit".[271]

Im zwanzigsten Jahrhundert sind die Geisteswissenschaften mit ihrer Arbeit an den Universitäten, dann auch in anderen Institutionen immer stärker mit dem konkreten Leben und dessen Ansprüchen verflochten worden: als kritische Partner derer, die im rechtlichen oder religiösen Bereich Entscheidungen zu fällen haben, als Abstützung des Versuchs, den Menschen die Zeugnisse der Kunst aus der ganzen Geschichte der Menschheit vor Augen zu stellen, als unentbehrliche Hilfe bei der Bemühung um ein allgemeines Bildungsgut, das von Generation zu Generation in immer neuen Wandlungen zu tradieren ist. Wenn nun der Geist mit seinen maßgeblichen Entscheidungen als endlich und geschichtlich aufgefaßt wird, dann bleibt die leitende Frage, wie sich dieser geschichtliche Geist dennoch wissenschaftlich erfassen könne. Auf diese Frage hat man eine Antwort zu geben versucht, indem man sich noch einmal darauf besann, aus welchen Wurzeln denn die mittelmeerisch-europäische Kultur gelebt habe. Weiß der griechische Mensch sich einbezogen in einen göttlichen Kosmos, dann muß er dieses Einbezogensein dennoch in tragischen Spannungen erleiden; wenn er den lebendigen Bezug zu den Göttern

---

[271] *Diltheys Gesammelte Schriften* (s. Anm. 7) Band 8. 194 ff.

mehr und mehr verliert, gilt sein Bemühen dem Versuch, sich zurück-
zubergen in ein Reich der Ideen. Anders der Mensch im jüdischen und
dann im christlichen Raum: er ist ein spitzer Pfeil im Köcher dessen,
der ihn aus dem Nichts ins Sein gerufen hat; sein Wesen erfüllt sich im
Gerufensein je und je und in der Sendung. Der Heilsruf, der den
Menschen trifft, stellt ihn in die Geschichte, doch kann diese Geschichte zu einer Einheit zusammenrücken vor dem Anspruch des
einen Gottes, der dem Menschen nach allem Abfall immer neu sein
Wesen schenkt. Zwischen griechischer und jüdisch-christlicher Überlieferung sucht Europa den Ausgleich im Gedanken der Ordnung, die
Welt und Mensch in einen religiös-metaphysischen Rahmen stellt und
in allen Wandlungen und Erschütterungen das Tragende bleibt. Zwar
kommen auch in der Goethe-Zeit noch vor allem jene Männer zum
Zuge, die einen religiösen Grund besitzen und die alten Fragen mit
sich tragen, sie aber in neuer Freiheit beantworten; doch in steigendem
Maße versucht man, unabhängig von den einst leitenden Traditionen,
eine Antwort auf die Frage zu finden, wie der Mensch in Welt und
Geschichte stehe. Eine Hermeneutik des Verdachts sucht schließlich
zu zeigen, daß die politisch, moralisch oder religiös leitenden Überzeugungen in Wahrheit durch anderes, durch wirtschaftliche Verhältnisse (Marx), durch verdeckte Machtansprüche (Nietzsche) oder
durch eine verborgene Tiefennatur im Menschen (Freud) motiviert
seien. Europa tritt nun nicht nur in ein Gespräch mit anderen alten,
den asiatischen Kulturen; es wird überhaupt eine Kultur unter anderen und verschwindet auch politisch als tragende Mitte der Welt. Ein
neuer Rousseauismus sucht gerade bei den Frühkulturen und den
Naturvölkern Aufschluß über die Weisen, in denen die Menschen
zusammenleben, sich mythisch eine Welt aufbauen usf. Indem die
Reflexion auf die Arbeit der Geisteswissenschaften bzw. der einstmals
so genannten Wissenschaften sich der analytischen Tradition Eng-
lands und Amerikas und den strukturalistischen Theorien Frankreichs
aufschließt, will sie sich aus einer verhängnisvollen Einseitigkeit der
deutschen Tradition lösen.

Haben die Geisteswissenschaften, die einmal über das humanistische Gymnasium und die Universität Humboldts das Bildungs- und
Geistesleben in Deutschland maßgeblich geprägt haben, in der herauf-
kommenden Weltzivilisation überhaupt noch eine Chance? In dieser
Zivilisation – so sucht Helmut Schelsky zu zeigen – durchdringt die

wissenschaftliche Arbeit alle Bereiche des Lebens; die Zivilisation wird zu einer „verwissenschaftlichten". Auch der Bereich der politischen Entscheidung, zu dem die offene Geschichte gehört, soll durch die Verwissenschaftlichung immer mehr eingeschränkt werden. Die Wissenschaften gliedern sich in die maßgeblichen Gruppen der Naturwissenschaften und der handlungsleitenden Sozialwissenschaften; Jurisprudenz, Kunstwissenschaft, Theologie erscheinen nicht mehr geisteswissenschaftlich als Partner der Rechtspraxis, der Kunstproduktion und -rezeption, des Glaubens, sondern sind entweder Sozialwissenschaften oder aber historisch-philologische Wissenschaften. Als historisch-philologische Wissenschaften halten sie die Vergangenheit in musealer Aufbereitung gegenwärtig und stellen sie so in einer Routinisierung und Vermarktung geisteswissenschaftlicher Tätigkeit der Kulturindustrie zur Verfügung. Befürchtete Schelsky früher, die ehemaligen Geisteswissenschaften könnten gerade durch ihre Ohnmacht in die Haltung des folgenlosen Kulturprotestes gedrängt werden, so sieht er in seiner späteren, unheilverkündenden Antisoziologie, die durchaus den früheren eigenen Soziologismus bewahrt, die alten Sinndeutungsfächer umschlagen in die emanzipatorische, heilsverkündende Priesterherrschaft jener, die andere die produktive Arbeit tun lassen.[272]

In Vorstellungen dieser Art kommt nicht mehr zum Vorschein, was einmal die Größe der geisteswissenschaftlichen Arbeit ausgemacht hat; ein unzureichender Begriff von Geschichte verdeckt zugleich, daß der Eintritt in die Weltzivilisation selber eine einmalige geschichtliche Aufgabe ist. – Sicherlich ist die Reflexion auf die geisteswissenschaftliche Arbeit durch die Einbeziehung neuer oder vernachlässigter Ansätze bereichert worden; doch bietet diese Reflexion gerade durch die Verabsolutierung einzelner Ansätze ein chaotisches Bild. Zwar wird kaum noch jene Unterscheidung zwischen Naturwissenschaften und Geisteswissenschaften vom Verfahren her weitergetragen, die sich an der klassischen Physik einerseits, an einem bestimmten historischen Interesse andererseits orientierte; man hat ja gezeigt, wie sehr auch die Ansätze der Physik zum Teil geschichtlich bestimmt waren, daß die Geisteswissenschaften auch anderes zu tun haben, als individuelle

---

[272] Vgl. Helmut Schelsky: *Einsamkeit und Freiheit.* Reinbek bei Hamburg 1963; *Die Arbeit tun die andern.* Opladen 1975. Siehe auch Anm. 210.

Lebensgeschichten der einzelnen und der Völker zu erzählen; auch sieht man die Gruppe der Biowissenschaften zwischen der Physik und den Geisteswissenschaften. Aber kann man die Gegensätze überbrücken, die sich auftun zwischen der Akzentuierung der empirisch-nomothetischen Verfahren einerseits, der erzählenden, narrativen Darstellung andererseits? Zwischen der Hermeneutik, die zwischen individuellen geschichtlichen Einheiten vermittelt, und dem Strukturalismus, der eine verborgene Systematik freizulegen versucht? Zwischen einem positivistischen Zugriff auf Sicherzustellendes und dem vielfach vermittelten dialektischen Ansatz bei einem umfassenden Ganzen? Im Karussell der Ismen erscheint auch der geisteswissenschaftliche Ansatz als ein Arbeitsstil unter anderen, als fragwürdige Kultivierung einer einseitigen deutschen Tradition. Nimmt man dagegen die Geisteswissenschaften neutral als eine bedeutende Wissenschaftsgruppe mit einem bestimmten Thema, dann muß man zu einem Begriff von diesen Wissenschaften kommen, der die neuen Ismen ihrer Einseitigkeit zu entkleiden und die berechtigten Motive in ein übergreifendes Ganzes zurückzunehmen vermag. An dieser Stelle ist eine Erinnerung an die Arbeit von Erich Rothacker angebracht, der vor mehr als fünfzig Jahren die konkrete Arbeit der Geisteswissenschaften vieldimensional auffaßte und dann diese *Logik und Systematik der Geisteswissenschaften* geschichtsphilosophisch und kulturanthropologisch abstützte.[273]

a. Logik und Systematik der Geisteswissenschaften

Rothacker geht in seiner *Logik und Systematik der Geisteswissenschaften* aus von dem Faktum, daß die Geisteswissenschaften mit anderen Weisen, das Leben (etwa mythisch) zu deuten oder praktisch in die Hand zu nehmen, eng verflochten sind; ihre jeweilige geschichtliche Ausbildung ist mit übergreifenden geschichtlichen Tendenzen verbunden. „Die Rolle, welche die Rhetorik im klassischen Altertum spielte, kommt ihr heute auch in den relativ rhetorisch gestimmten

---

[273] Wilhelm Perpeet hat nach verschiedenen Abhandlungen eine umfassende Würdigung gegeben: *Erich Rothacker.* Philosophie des Geistes aus dem Geist der Deutschen Historischen Schule. Bonn 1968 (mit Bibliographie).

romanischen Kulturen nicht mehr zu; die Rolle der Theologie in der Welt der romanisch-germanischen Völker, des mittelalterlichen Judentums und des Islams war der Antike fremd; die Blüte der neueren Philologie und der modernen Jurisprudenz ist eng mit dem Vordringen des Humanismus und den Krisen der Rezeption verknüpft; die des Naturrechts ist mittelbar und unmittelbar ein Produkt der Bildung des modernen Staates." Ja, die geisteswissenschaftliche Arbeit entstammt kulturellen Krisen, wird etwa dadurch hervorgerufen, daß das Handeln sich von der Lebenserfahrung der Tradition ablöst und abstrakten Regeln unterwirft, daß die Religion zur Theologie, die Theologie zur Religionswissenschaft und Religionsphilosophie wird, daß „der historische Sinn vom Heimatland auf fremde Völker sich ausdehnt", usf. Trotzdem stellen die Geisteswissenschaften sich in das eine Korpus der Wissenschaften; doch das Schwanken des Terminus, mit dem sie benannt werden, oder die zusätzliche Interpretation des Titels „Geisteswissenschaften" zeigt an, daß Streit schon über das Thema dieser Wissenschaften bleibt. Die antike Unterscheidung zwischen Physik und Ethik mag aufgenommen sein, wenn man diese Wissenschaften als ethische oder moralische Wissenschaften auf Normen bezieht, die der Mensch durchsetzen muß. Rückt Hegel (und in anderer Weise auch Dilthey) das hier leitende berechtigte Motiv nicht allzu sehr in den Hintergrund, wenn er die Praktische Philosophie seiner Jenaer Zeit und die anschließende Religionsphilosophie zusammen mit der Psychologie schließlich als Philosophie jenes Geistes entwickelte, der in der Geschichte teleologisch zu sich findet? Die neuzeitliche Unterscheidung von Natur und Geist ist leitend, wenn der südwestdeutsche Neukantianismus die Geschichts- oder Kulturwissenschaften als historische Wissenschaften den Gesetzeswissenschaften gegenüberstellt. Troeltsch und Willmann verbinden die beiden Motive, wenn sie von ethisch-historischen Wissenschaften sprechen. Rothacker möchte offenbar die zugrundeliegenden Interpretationen dessen, was der „Geist" ist, in seinen Begriff des Geistes zurücknehmen, und so kann er bei dem Terminus „Geisteswissenschaften" bleiben. Er bestimmt die Geisteswissenschaften als die „Wissenschaften von der selbsterschaffenen Welt des Menschen". Der Geist muß, im Unterschied zur Natur, sich eigens zu dem machen, was er ist; auf die geistige Welt, die er so mit seinen Werken aufbaut, richten sich die Geisteswissenschaften. Sie stehen, philosophisch gesehen, in der

Nachfolge Vicos und Hegels. Hegel und die Hegelianer sprechen jedoch von *der* Geisteswissenschaft; da die Historische Schule den spekulativen Begriff des einen Geistes auflöste, konnte sich der Plural „Geisteswissenschaften" durchsetzen. Dilthey hat ihn zum klassischen Terminus gemacht.[274]

Die genaue Einteilung der Wissenschaften im ganzen scheint eine Aufgabe der Philosophie zu sein. Rothacker sieht jedoch Philosophie und Geisteswissenschaften in einem Wechselspiel, bei dem die Führung von der einen Seite (der Philosophie, wie bei Hegel) auf die andere Seite (zu den Geisteswissenschaften, wie in der Historischen Schule) wechseln kann; die Geisteswissenschaften wären keine „Geistes"-Wissenschaften, hätten sie nicht eine eigene philosophische „Substanz". Einer Logik und Systematik der Geisteswissenschaften stehen nach Rothacker grundsätzlich zwei Wege offen: „der Weg der systematischen *Konstruktion* von der Philosophie her und der der systematischen *Reflexion* innerhalb der Geisteswissenschaften zur Philosophie hinauf". „Heute" erscheint, „vorbehaltlich aller Königsrechte der Konstruktion", der „selten begangene Weg von den Geisteswissenschaften her der angebrachtere und notwendigere zu sein". So entwickelt Rothacker seine Logik und Systematik der Geisteswissenschaften als „analytische Befragung" der Geisteswissenschaften selbst.[275]

Die Geisteswissenschaften, die sich von den anderen Wissenschaften durch ihr Thema, ihren „Stoff", unterscheiden, können sich durch eine weitere Aufteilung ihres „Stoffes" in Gruppen gliedern. Sie können „die Ordnungen des Lebens in Staat, Gesellschaft, Recht, Sitte, Erziehung, Wirtschaft, Technik und die Deutungen der Welt in Sprache, Mythus, Kunst, Religion, Philosophie und Wissenschaft zum Gegenstand haben". Später hat Rothacker neben den „Ordnungen des Lebens" und den „Deutungen der Welt" in einer Dreiergliederung auch die „Weisen der Wirklichkeitsbearbeitung" als Thema der Geisteswissenschaften genannt und so eine Wissenschaft von der Technik als Geisteswissenschaft gefordert.[276] Nun reicht die Technik, die

---

[274] Erich Rothacker: *Logik und Systematik der Geisteswissenschaften* (1926). Bonn ³1948. 4, 13.

[275] *Logik und Systematik* (s. Anm. 274) 20 f.; gegen eine „nachhinkende" Logik wendet sich Heidegger: *Sein und Zeit*. 10, 376.

[276] *Logik und Systematik*. 20 f.; *Geschichtsphilosophie*. München/Berlin 1934. 85; *Pro-*

Brücken baut oder Städte plant, ohne Zweifel in den Bereich der Kunstwissenschaft und überhaupt der Geisteswissenschaften; das Beispiel zeigt aber nur, daß die Grenzen zwischen den Wissenschaftsgruppen fließend sind und sich mannigfache Überschneidungen ergeben. Gliedert man die von Rothacker genannten drei geisteswissenschaftlichen Gruppen weiter nach Sachgebieten auf, so kommt man zu den Fachwissenschaften. Diese bilden insofern kein System, als bestimmte Interessen bestimmte Stoffe bevorzugen, so daß es in unserem christlich-humanistisch bestimmten Geschichtsraum viele Lehrstühle für christliche Religion oder „klassische" Altertumswissenschaften gibt, aber kaum Indologen, Sinologen, Slavisten, Islamisten usf. Ein berühmter Aufsatz von Rothacker trägt denn auch den Titel: *Die Geisteswissenschaften bilden kein ‚System'*.

Schon die *Logik und Systematik* fragt, ob die Geisteswissenschaften ein System bilden. Sie gibt jedoch klar und entschieden – ihrem Titel entsprechend – die Antwort: „Die Geisteswissenschaften *sind* ein Ganzes, und sie *haben* ein System". Hier ist die Frage nach der Systematik aus einer anderen, zweiten Hinsicht heraus gestellt: nicht von der Aufgliederung des Stofflichen her, sondern von den Weisen des „logischen" Zugangs her. „Logische Gesichtspunkte, Arten der Begriffsbildung, Richtungen eines bestimmten Erkennenwollens" legen quer durch die nebeneinander liegenden Fachwissenschaften bestimmte „Zonen", lassen die Geisteswissenschaften in einer systematischen Gliederung entweder historische, dogmatische, kritische bzw. theoretische oder strukturwissenschaftliche und philosophische sein. Deshalb gibt es im einzelnen Rechtshistorie, Rechtsdogmatik, Rechtstheorie und Rechtsphilosophie oder in der Theologie Exegese und Historie, Dogmatik, aber auch Religionswissenschaft, Religionsphilosophie, in der Kunstwissenschaft Kunstgeschichte, klassizistische oder antiklassizistische und andere Kunstdogmatiken, Kunsttheorie und Kunstphilosophie usf.[277]

Rothacker unterscheidet die Geisteswissenschaften nicht nur nach der Differenzierung des Stoffs und nach den unterschiedlichen Arbeitsdimensionen, sondern drittens auch vom Prinzipiellen her gemäß

---

bleme der Kulturanthropologie. Bonn 1948. 71. – Zum folgenden vgl. *Die Geisteswissenschaften bilden kein ‚System'*. In: Rothacker: *Zur Genealogie des menschlichen Bewußtseins*. Bonn 1966. 220 ff.
[277] *Logik und Systematik*. 21 f.

unterschiedlichen Bestimmungen des „Wesens" eines Kulturgebiets. Soll die Kunst – mit Wölfflin – gesehen werden als immanente Entwicklung von Stilen des Sehens oder – mit Dehio – als Ausdruck eines Trägers, etwa eines Volkes? Die Geschichte des Glaubens mit Baur „dialektisch" als Ideengeschichte oder mit Harnack anschauungsmäßig vom Konkret-Lebendigen der Volkstümer, Konfessionen und Persönlichkeiten her? Was wahrhaft wesentlich ist und den Kern eines Lebensbereichs bildet, welche Rolle eine der Dimensionen geisteswissenschaftlichen Arbeitens spielt, welche Methoden herrschend werden, das wird durch eine unaufhebbare „weltanschauliche" Tendenz, die sich fruchtbar am Stoff bewährt, entschieden. Die Weltanschauung ist nicht nur theoretisch, sondern zugleich praktisch ausgerichtet, bestimmt durch den „Willen zur Anwendbarkeit in Handlung und Leben". Die Divergenz z. B. der Kunsthistoriker verbindet sich mit einem Streit um das Kunstideal; die leitende Weltanschauung ist im Kern eine Ausrichtung des „produktiven Lebens".[278] Rothacker unterscheidet mit Dilthey als maßgebliche Weltanschauungen Naturalismus, subjektiven Idealismus, objektiven Idealismus; er fügt, exemplarisch für die nötige Erweiterung weltanschaulicher Polaritäten, die Alternativen „Subjektivismus (Individualismus) und Objektivismus" und „Rationalismus und Irrationalismus" hinzu. So kann er z. B. zeigen, daß die entwicklungsgeschichtliche Methode, vor allem im entwicklungsgeschichtlichen Pantheismus entfaltet, aber auch der Organismus-Gedanke „objektiv-idealistisch" ist, aber zum Naturalismus umschlagen kann. Auf dieser Ebene stellt sich die Frage, ob die Geisteswissenschaften ein System bilden, noch einmal neu. Die Unterscheidung zwischen Historie, Dogmatik, Theorie, Philosophie ist ihres „formalen logischen Charakters" wegen „wahrhaft neutral". Die Verwirklichung dieser „Grundmethoden" ist jedoch interessenbedingt und geschieht unter der Leitung von Weltanschauungen mit einseitigen Prinzipien. Die genannten Dimensionen geisteswissenschaftlicher Arbeit konnten historisch überhaupt nur „im Rahmen ganz bestimmter Weltanschauungen" entstehen. „Die *historische Me*-

---

[278] Ebd. 27 f., 113 f. Vgl. auch *Wölfflins kunstgeschichtliche Grundbegriffe.* In: Rothacker: *Mensch und Geschichte.* Bonn 1950. 151 ff. Zur Kontroverse vgl. die Dokumentation von Heinrich Lützeler: *Kunsterfahrung und Kunstwissenschaft.* Freiburg/München 1975. 1043 ff. und 1118 f. – Zum folgenden vgl. *Logik und Systematik.* 37 ff., 110 f. und 114.

thode, so wie sie *heute* sich auswirkt, ist ein Produkt der Romantik. Um die *systematischen* Methoden hat sich die Philosophie des deutschen Idealismus und in ihrem Gefolge der dualistische Kantianismus ganz besonders verdient gemacht. Die *theoretische* Nationalökonomie trägt noch alle Spuren des 18. Jahrhunderts im Gesicht. Lehrreich durchkreuzt durch die Tendenzen der historisch-romantischen Ökonomik des 19. Jahrhunderts und die naturalistischen Auswirkungen des Marxismus und der Soziologie. Die *dogmatischen* Disziplinen sind von vornherein getragen vom Geist eines bestimmten Glaubens, der Autorität, des Willens." Welchen Rang und welche Rolle man den einzelnen Dimensionen zuspricht, ist weltanschauungsbedingt: „Die theoretischen sind *die* Grundwissenschaften des Positivismus, die systematischen *die* Grundwissenschaften des Idealismus, die historischen die des irrationalistischen objektiv-idealistischen Historismus, und mit diesem hängen auch, wie sich noch zeigen wird, die dogmatischen Disziplinen auf das engste zusammen." Diese Dimensionen liegen nicht einfach nebeneinander, sondern liegen unter dem Einfluß weltanschaulicher Einstellungen in einem Rangstreit, so daß z. B. der Rationalismus, dem es um die Theorie geht, auf die Historie recht gleichgültig herabsehen kann. Die Geisteswissenschaften haben damit eine systematische Struktur (in der Historie, Dogmatik, Theorie, Philosophie sich unterscheiden). Sie bilden konkret aber nicht nur deshalb kein System, weil bestimmte Lebenstendenzen bestimmte Stoffe einseitig bevorzugen, sondern vor allem deshalb, weil die Geisteswissenschaften durch die weltanschaulich einseitig gewählten Prinzipien „so widerspruchsvoll sind, wie das Leben selber, dem sie dienen".

Fruchtbar an Rothackers Analyse der geisteswissenschaftlichen Arbeit ist, daß sie unterschiedliche Dimensionen in dieser Arbeit gelten läßt: die ideographische Darstellung des Individuellen ebenso wie die theoretische Erfassung einer Struktur, den dogmatischen Zugriff auf ein Ideal wie die philosophische Rückfrage nach einem letzten „Warum?". Läßt sich diese Dimensionierung in eine neutrale und formale Systematik jedoch so von der Nichtsystematik der interessenbedingten Stoffwahl und der weltanschaulichen, handlungs- und lebensbezogenen Aufschlüsselung des Wesens trennen, wie Rothacker will? Muß sich die Begriffsbildung nicht danach richten, wie der Stoff in seinem Wesen durch Prinzipien aufgeschlüsselt wird, und ändert sich die Systematik der Dimensionen nicht mit einer Änderung in dieser Aufschlüsselung? Ob es eine Theorie gibt, die sich als unhistorisch vom historisch Beschriebenen abhebt, eine Philosophie, die nicht auf eine Dogmatik verweist, läßt sich doch nur entscheiden, wenn das Wesen eines bestimmten geistigen Bereichs prinzipiell als geschichtlich oder ungeschichtlich aufgefaßt werden kann. Von dieser Überlegung her legen sich Korrekturen an der Rothackerschen Systematik nahe; diese Korrekturen sollen hier von jener „dogmatischen" Denkform her herausgestellt werden, in der Rothacker seine eigentliche Entdeckung sah. Schon die *Logik und Systematik* hat darauf hingewiesen, daß die dogmatische Denkform in besonderem Maße jene ist, die der konkreten historischen Vernunft gerecht wird, daß erst auf ihrem Grund die anderen Denkformen möglich werden, daß ihrer Anerkennung aber ein Vorurteil entgegensteht, das selber dogmatisch ist: „Das Dogmatische will sich nie selbst erkennen. Und so sehr die Aufgabe der Philosophie in ihrem modernen ‚wissenschaftlichen' Stadium gerade die sein müßte, gegenüber allen dogmatischen Inhalten Grenzlinien zu ziehen, so unterliegt sie in bezug auf sich selbst meist einem immanenten Zug jedes ‚Glaubens', einer (diesmal wirklich psychologisch zu verstehenden) Schutzmaßnahme des handelnden Lebens, das der Unbefangenheit bedarf, um seine substantiellen Ziele nicht aus dem Auge zu verlieren. Seit die mythischen und religiösen Kräfte die Führung an die profane Vernunft abgegeben haben, ist es diese, welche dem Leben das gute Gewissen gibt, indem sie seine Willensziele für solche der Vernunft selbst erklärt." Fast dreißig Jahre später hat Rothacker noch einmal die „dogmatische Denkform" und „das Problem des Historismus" zum Gegenstand einer Akademieabhandlung gemacht.[279]

Während Theorie und Philosophie selber Struktur und Sinn z. B. der Kunst zu finden suchen, will die Historie gegebene Sinngehalte beschreibend und erzählend wiederfinden (nach Boeckh Erkanntes erkennen), die Dogmatik einen gegebenen Sinngehalt systematisch entfalten. Historie wie Dogmatik bilden, im Unterschied zur Theorie und Philosophie, innerhalb der Geisteswissenschaften damit ein „Analogon" zu den Naturwissenschaften, die sich gerade dadurch als „wissenschaftlich" bewähren, daß sie sich auf vorgegebene „Tatsa-

---

[279] *Logik und Systematik.* 150 f.; *Die dogmatische Denkform in den Geisteswissenschaften.* Wiesbaden 1954. Vgl. auch die Beiträge von Gerhard Funke, Karl-Otto Apel und Theodor Litt in: *Konkrete Vernunft* (Festschrift für Erich Rothacker). Hrsg. von G. Funke. Bonn 1958.

chen" richten und von daher eine Konstanz der Fragestellungen entwickeln. Rothacker schränkt diese These aber durch den Hinweis ein, daß das historische Denken ein historisch-philologisches ist: es hat geschichtlich seinen Ursprung mehr im kulturgeschichtlichen Bereich als in der politischen Geschichtsschreibung; als Philologie hat es nicht nur Fakten festzustellen, sondern die Einbettung der Fakten in einen Stil und ein Weltbild. Was Rothacker gegen Droysen als Vorbild und gegen den Rickert der Antithese von Naturwissenschaft und Geschichtswissenschaft einwendet, kann er in einem kleinen Aufsatz gegen Heinrich Gomperz geltend machen: es liegt „eine methodische Verführung" darin, die politische Geschichtsschreibung, nicht aber die Philologie als exemplarische Geisteswissenschaft zu nehmen. Es mag dann so scheinen, als müsse man Cäsars Übergang über den Rubikon nach ihren Motiven und Bedingungen erklären, nicht aber verstehen, wie in einem „unberechenbaren schicksalhaften Gang" eine neue Staatskonzeption sich in der antiken Welt durchsetzte. In Wahrheit kann man die Philologie nicht gegen die Historie ausspielen, da nicht nur menschliche Werke, sondern menschliche Taten „sinnhaltig" sind.[280] An dieser Stelle von Rothackers Gedankengang müssen wir zurückfragen, wie denn der genannte Sinn „gegeben" ist. Sind Rembrandts Bilder (oder die Ziele der Französischen Revolution) gegeben, damit historisch voll verständlich, ihrem Gehalt nach dogmatisch systematisierbar, oder sind diese Bilder und diese Ziele nicht eher eine Anweisung, in ihnen aus immer neuen Perspektiven heraus immer wieder Neues zu entdecken? Wird der Sinn der Vergilschen *Aeneis* nicht nur in der Produktion, sondern auch in der Rezeption durch Dante, Goethe oder Eliot aufgebaut und fortgebildet? Die Diskussion über Hermeneutik kann, gerade auch in ihrer ideologiekritischen Wendung, nachweisen, daß faktisch das historische Verstehen in mannigfacher Weise durch Impulse der Gegenwart geleitet ist; ja, es macht die Größe der Historiker aus, daß sie in den Krisen der eigenen Zeit „mit neuen Augen" zu sehen lernen. Die genannten Nachweise entscheiden aber noch nicht die quaestio iuris, was denn eigentlich in der historischen Dimension geisteswissenschaftlicher Arbeit dem Anspruch nach zu geschehen habe.

---

[280] *Die dogmatische Denkform* (s. Anm. 279) 6, 58 ff., 23 f.; *Sinn und Geschehnis.* In: *Sinn und Sein.* F.-J. von Rintelen gewidmet. Tübingen 1960. 709 ff.

Rothackers systematische Unterscheidung zwischen den Dimensionen geisteswissenschaftlicher Arbeit geschieht offenbar zugunsten der quaestio iuris, die mannigfache faktische Verflechtungen und Vermischungen nicht ausschließt. Die Frage bleibt, ob Rothacker die geisteswissenschaftliche Arbeit nicht dadurch verzerrt darstellt, daß er die leitende dogmatische Denkform allzu einseitig von der Systematisierung her sieht. Unter Systematisierung versteht Rothacker vor allem Axiomatisierung; als Systeme spricht er aber nicht nur die theoretischen Systeme an, sondern auch Lebenssysteme wie die Systeme der Kunst und des Rechts, die erst nachträglich dogmatisch bearbeitet und so systematisiert werden – wie das römische Staatsrecht durch Mommsen. Auch der historischen Forschung gibt Rothacker das Ideal mit, die impliziten Axiome vergangener Dogmatiken herauszuarbeiten und so diese Dogmatik zu einem System zu formen. „Man kann prinzipiell ein Bündel von Systemen derart entwerfen: *Wenn* die R-Axiome (womit ich das römische Recht meine) gelten, dann *muß* dieses System sich inhaltlich, d. h. in bezug auf die Fülle juristischer Sonderaufgaben so und so entfalten. Wenn D-Axiome gelten, oder C-Axiome (wobei ich an chinesisches Recht denke), muß wieder folgerichtigerweise der inhaltliche Zusammenhang der besonderen Begriffe der und der sein. Eine Blickweise, die z. B. Max Weber sehr nahe lag."[281] Was historisch entdeckt wird (die griechische Kunst oder das römische Recht), kann dogmatisch den Sinn der Kunst oder des Rechts überhaupt auslegen; was dogmatisch in Geltung gesetzt wurde (der Klassizismus Winckelmanns oder eine romanistisch ausgerichtete Rechtswissenschaft), kann historisch relativiert werden als geschichtlich gebundene Überzeugung einer bestimmten Zeit. Wölfflin, zuerst an der „klassischen" Renaissance-Kunst interessiert, hatte sich der Entdeckung der barocken Kunst geöffnet; er hatte die Dogmatik der einen neben die Dogmatik der anderen Kunst gestellt, aber trotz dieser Relativierung die beiden Dogmatiken zusammen wieder dogmatisch in Geltung gesetzt als systematische Entfaltung kunstgeschichtlicher Grundbegriffe. Die faktische Leistung von Wölfflin aber war, daß er der Kunstgeschichte ein neues, überaus verfeinertes Instrumentarium zur Verfügung stellte, jedoch kein endgültiges, allen Zeiten angemessenes System der Grundbegriffe. Bei Rothacker führt offenbar die

---

[281] *Die dogmatische Denkform.* 18.

Tradition des Hegelianismus und der Historischen Schule dazu, Völkern oder Epochen oder Richtungen geschlossene Dogmatiken zuzuweisen und so z. B. den faktischen Sieg des Prinzipats im Rom der Zeitenwende zu einer Notwendigkeit zu verklären und den Unterlegenen neben der Niederlage auch noch die notwendige Unterlegenheit zu bescheinigen.

Rothacker sieht das Wesen dogmatischer Arbeit so sehr in der Systematisierung, daß er zwischen dem dogmatischen, nämlich weltanschaulich gebundenen Aufbau einer Disziplin wie der Kunstwissenschaft oder der Jurisprudenz und der Dogmatisierung einer Wissenschaft durch ontologische Grenzüberschreitung nicht unterscheidet. So sagt Rothacker – sicherlich nicht ohne Anknüpfung an Max Schelers Überlegungen über den Zusammenhang von Erkenntnis und Arbeit in der neuzeitlichen Wissenschaft –: „Die Naturwissenschaft ist die Dogmatik einer quantifizierenden Sichtweise. Die am Modell der Mathematik erlebte Logizität (platonischen Ursprungs), die Ökonomie ihrer Begriffsbildung (in modern pragmatischer Interpretation), die Fülle der Entdeckungen und Einsichten und die dem Dynamismus der Neuzeit innewohnende technische Fruchtbarkeit (‚Wissen ist Macht, savoir pour prévoir‘): diese vier Momente haben bei der Geburt und Entwicklung dieses großartigen Werkzusammenhangs zusammengewirkt." Die Naturwissenschaft beruht auf einem Weltentwurf, der die Wirklichkeit nur in einem Ausschnitt, gemäß einer bestimmten Ontologie, in den Blick bringt: „Wasser als H_2O im Gegensatz zu dem Wasser, welches Goethes ‚Fischer‘ ‚hinzieht‘ (‚halb zog sie ihn, halb sank er hin‘). Wasser als H_2O setzt eine naturwissenschaftliche Ontologie voraus, die Nixe eine magische Ontologie. Beide Möglichkeiten hat sich unsere ‚natürliche Weltansicht‘ mit Hilfe der Sprache einigermaßen einverleibt und (weniger verfügbar als) erlebbar gemacht." Trotz Goethes Kampf gegen Newton haben die Naturwissenschaften Gegebenes nach festgelegten Verfahren erschlossen; hätte die Jurisprudenz sich in ähnlicher Weise z. B. auf das römische Recht und romanistische Verfahren festlegen können, hätte auch sie die relativ lange während Stabilität, „im Prinzip die Objektivität und Allgemeingültigkeit der modernen Naturwissenschaft" erreichen können. Freilich folge der Physiker im konkreten Leben nicht nur seiner naturwissenschaftlichen Dogmatik – wohl kein Physiker sei beim Heiraten auf die Idee gekommen, „einen vorwiegend aus Hohlräumen bestehenden Atomwirbel zu freien" (sondern „weit eher eine Artemis oder Athene oder Charitin").[282] – Das aber braucht doch nicht zu heißen, daß der Physiker nach einer anderen als der naturwissenschaftlichen Dogmatik heiratet, sondern nur: daß er die Naturwissenschaft nicht zu einem Dogmatismus macht, zwischenmenschliche Beziehung z. B. nicht physikalistisch auffaßt!

Rothacker weist energisch darauf hin, daß die „Verschiedenheiten" der Dogmatiken bedingt sind durch „Perspektiven, d. h. Standpunkte", genauer durch „Gesichtspunkte, Blickrichtungen, Hinsichten, Einstellungen, Betrachtungsweisen, Arten des Denkens, existenzielle Bedürfnisse, Richtungen der Bedeutsamkeit und Richtungsvariationen des Fragestellens". Er notiert sich „mit Befriedigung", daß auch Cassirer „anstelle von Einstellungen auch von Gesichtspunkten, Auffassungen, Betrachtungsweisen, Blicken, beseelenden Akten, Perspektiven, Blickpunkten, Dimensionen der Formung" spricht. Rothacker hat auch dazu angesetzt, in die angeführte Aufzählung Ordnung zu bringen. So hat er bei den Interessenahmen, die gelebte Welten aufschließen, die „Einstellungen" bestimmt als „Hinsichten", „welche im selben Subjekt willkürlich wechseln können", was freilich „vornehmlich erst in späten komplexen Kulturen möglich ist, welche viele Traditionen aufgesogen haben". „Ohne Hinsichten", so hält Rothacker grundsätzlich fest, „gibt es keine Phänomene"; Philosophie und Psychologie haben „sich aber noch längst nicht die Erkenntnis einverleibt, daß auch *Hinsichten* sich erst historisch entwickelt haben müssen". Wenn Rothacker darauf hinweist, wie Grundworte und Kernbegriffe (etwa Eidos oder Auctoritas) geschichtliche Welten aufschließen und Kulturen und Lebensstile ermöglichen, dann beachtet er zugleich komplexere sprachliche Formungen. So wichtig ihm die Sprache ist, so wenig übersieht er, daß z. B. imagomotorische Reaktionen vorsprachlich Wahrnehmung und Bewegung, Aufnehmen und Verhalten formen (mögen sie nun, wie das Kindchen-Schema, vor den Konventionen liegen oder konventionell geprägt sein wie der Mann mit der roten Mütze auf dem Bahnsteig). Rothacker sieht die Sprache der Geisteswissenschaften unaufhebbar geprägt durch die Weltanschauung, die hochselektiv ist, zentrierend im Sinne des Egozentrischen wie des Ethnozentrischen, auf das unerschöpflich Individuelle gerichtet,

---

[282] Ebd. 53, 56, 48, 46.

in solcher Anschaulichkeit auch durch verborgene Gesichtspunkte, ja durch Direktiven des Handelns ausgerichtet.[283] Die Hinweise Rothackers stehen unausgeglichen neben der Auffassung, dogmatische Arbeit bedeute Systematisierung, ja Axiomatisierung. Sicherlich kann die strukturale Forschung nachweisen, daß mehr durch eine – sei es auch unbewußte und verborgene – Systematik geprägt ist, als wir uns träumen lassen; wie weit etwa ein Rechtssystem überhaupt ein System im strengen Sinn oder allenfalls eine Fülle von Systemfragmenten ist, muß jedoch durch den konkreten Nachweis entschieden werden. Liegt nun das Schwergewicht dogmatischer Arbeit mehr in der Systematisierung oder in der Orientierung am einzelnen Problem? Lassen diese beiden Arbeitsrichtungen sich überhaupt zum Ausgleich bringen? Das Beispiel der Entstehung von Wölfflins kunstgeschichtlichen Grundbegriffen darf nicht dazu verleiten, die Relativierung einer Dogmatik immer als Ersetzung oder Ergänzung der einen abgeschlossenen Dogmatik durch eine andere zu sehen; vielmehr mag diese Relativierung sich dadurch vollziehen, daß einzelne Probleme aus der Systematik herausgebrochen werden, die Zuwendung zu ihnen sich der vorausgesetzten Systematik nicht mehr fügt.

Über Fragen dieser Art ist z. B. in der Jurisprudenz der letzten Jahrzehnte gestritten worden zwischen jenen, die den Akzent auf die dogmatische bzw. systematische Arbeit legten, und jenen, die sog. topische Verfahren bevorzugten. Die Rechtsprechung muß den einzelnen Fall an allgemeine Normen heranführen; dabei kann der einzelne Fall – eine menschliche Handlung – jene Resistenz gegen das Allgemeine entfalten, die dem Individuellen in seiner jeweiligen Situation zukommt. Die Heranführung des Einzelnen an das Allgemeine bedarf bestimmter Gesichtspunkte. Erweist die Rechtsordnung sich nicht als ein einziges starres System, sondern als eine Fülle von Systemfragmenten, dann sind Gesichtspunkte ferner nötig, damit ein Systemansatz so ausgebildet oder eingeschränkt wird, daß er die gegebenen Fälle deckt und mit anderen Ansätzen vermittelt ist. Da die

---

[283] Ebd. 43; *Zur Genealogie* (s. Anm. 276) 38, 37, 40, 26, 36, 250 ff., 326 ff., 231 ff.; *Probleme der Kulturanthropologie*. 169 f. – Diese Gedankengänge führten zur Konzeption eines kulturgeschichtlichen Wörterbuches bzw. des *Historischen Wörterbuches der Philosophie*; vgl. Rothackers Vorwort zu: Archiv für Begriffsgeschichte. Band 1. Bonn 1955. 5 ff. Vgl. auch Erich Rothacker / Johannes Thyssen: *Intuition und Begriff*. Bonn 1963.

Rechtsordnung Regeln zur Beurteilung von Handlungen gibt, die sich geschichtlich aufbauen und geschichtlich verortet sind, muß sie der fortschreitenden Geschichte immer neu angepaßt und von neuen Gesichtspunkten her interpretiert werden. Der Rechtspositivismus weist darauf hin, daß Rechtsordnungen gesetzt und durchgesetzt werden müssen, liefert dabei jedoch die Rechtsordnungen allzu sehr der Macht des Faktischen aus; die Wissenschaftlichkeit rechtsdogmatischer Arbeit muß hier vorwiegend in die „syntaktische" Dimension, die Systematisierung, gelegt werden. Die natur- oder vernunftrechtliche Gegenposition neigt dazu, die Gesichtspunkte für den Aufbau einer Rechtsordnung als präexistente Ordnung semantisch zu verfestigen. Eine vermittelnde Position kann darauf hinweisen, daß es für die Rechtsbildung Vorgegebenheiten im anthropologischen und sozialen Bereich oder in den Gesetzen der Dingwelt gibt und daß das Recht als aufgegebenes auf die maßgeblichen Aufgaben des Lebens und Prinzipien wie Gerechtigkeit und Rechtssicherheit bezogen werden muß. Diese Vorgegebenheiten und Aufgegebenheiten geben nur Erwägungen an, die den Bereich möglicher Entscheidungen über das richtige Recht ausgrenzen und einschränken, selber aber noch keine Entscheidungen sind; diese Erwägungen, die leitenden Gesichtspunkte für die Rechtsbildung, mag man von alteuropäischen Traditionen aus „Topoi" nennen. Der Gegensatz zwischen topischen und systematischen Verfahren erweist sich jedoch als eine unangemessene Fixierung, wenn man bedenkt, daß die Gesichtspunkte, mögen sie sich auch gerade in der Orientierung am einzelnen Problem bewähren, nie einzeln für sich stehen, sondern zur Konzeption des einen Rechts gehören, die mit ihrer Geschichtlichkeit sich freilich dem abgeschlossenen System versagt.[284] Im theologischen Bereich zeigt z. B. die „existenziale Interpretation" den Versuch, die exegetische und dogmatische Arbeit dadurch wissenschaftlich zu fassen, daß man die existenziellen Glaubensentscheidungen wie Antworten auf eine Frage zurückbezieht: auf die existenziale, allgemein verbindliche Erwägung, mag diese Erwägung nun übergeschichtliche Gültigkeit beanspruchen oder eine geschichtliche Verbindlichkeit artikulieren. Diese beiden Beispiele aus Jurisprudenz und Theologie zeigen, daß Rothacker seine Analyse geisteswissenschaftlicher Arbeit sachlich zu sehr

---

[284] Siehe Anm. 21 und 86.

verengt und deshalb auch weder den Verfahren der alteuropäischen Tradition noch dem Anliegen der „dialektischen" Theologie gerecht wird.

Rothacker hält fest, daß die theoretische oder strukturwissenschaftliche wie die philosophische oder kritisch-systematische Arbeit in den Geisteswissenschaften nicht möglich wäre, wenn Sinn nicht schon anschaulich und dogmatisch erschlossen wäre. Auch die theoretische und philosophische Dimension geisteswissenschaftlicher Arbeit wird freilich zu einseitig aus einer bestimmten Perspektive, von den neukantischen und idealistischen Versuchen her, gesehen. Aperçuhaft wird dabei die theoretische Dimension mit dem mittelsuchenden Verstand, die philosophische mit der zweckbestimmenden Vernunft in Zusammenhang gebracht. Die Frage, die seit Aristoteles doch traditionell ist, wird nicht gestellt, ob eine mittelsuchende Klugheit im praktischen Bereich nicht in Situationen stehe, in denen auch einmal die Ausnahme von der Regel am Platze sein kann, und ob das Mittelsuchen nicht durch die situative Verortung bestimmt ist; auch wird nicht gefragt, wie weit eine zweckbestimmende Vernunft in der unableitbaren und offenen Geschichte stehe. Die situative und geschichtliche Bestimmtheit wird als „weltanschaulich" zur dogmatischen Dimension geschlagen; die theoretische und die philosophische Dimension sollen davon freibleiben. Das Fragen nach Struktur und Wesen wird zurückbezogen auf das geschichtlich Gegebene, damit von dessen Vorliegen her Verbindlichkeit entstehe. So bekommt die vergleichende Methode ihre Rechtfertigung. Schon Dilthey hatte festgehalten: „Indem nun die Historische Schule die Ableitung der allgemeinen Wahrheiten in den Geisteswissenschaften durch abstraktes konstruktives Denken verwarf, wurde für sie die vergleichende Methode das einzige Verfahren, zu Wahrheiten von größerer Allgemeinheit aufzusteigen." Rothacker zeigt, daß die vergleichende Methode nicht genügt, wenn die Historie Individuelles zu erfassen sucht, daß sie aber der Erfassung von Struktur und Wesen Verbindlichkeit gibt. So lautet seine grundsätzliche Forderung: keine philosophische Anthropologie ohne eine vergleichende Menschheitswissenschaft![285]

---

[285] *Logik und Systematik.* 25, 92 ff. Vgl. ferner *Diltheys Gesammelte Schriften.* Band 7. 99. – Hans-Georg Gadamer: *Wahrheit und Methode* (s. Anm. 13) 220, polemisiert gegen das verfügende Vergleichen und gegen Rothacker.

Auch Wilhelm Perpeet trennt in der angegebenen Weise die dogmatische und die philosophische Dimension. So kann er eine Kunstphilosophie aus dem Geist der Historischen Schule vorlegen (unter vorzüglicher Berücksichtigung der neuplatonischen, idealistischen und historistischen Motive); er braucht nicht wie Heidegger Überlegungen über das künftige Wesen der Kunst dogmatisch von Hölderlin und nur von diesem her zu entwickeln, nicht wie Adorno eine einseitige Berücksichtigung „moderner" Kunst in einer geschichtsphilosophisch begründeten Dogmatik unter den Namen einer Kritischen Theorie zu stellen. Er kann Kunst so übernehmen, wie sie nach 150 Jahren kunsthistorisch-musealer Arbeit und eines neuen schöpferischen Kunstschaffens vor Augen steht. Im Blick auf diese Weltgeschichte der Kunst wird herausgearbeitet, daß es überhaupt Kunst gibt, weil das Leben das bessere Leben sucht und sich dessen Möglichkeiten vergegenwärtigt. Damit ist klargestellt, daß Kunst immer wieder dogmatisch, aus einer futurischen Sollgewißheit heraus, eingeführt wird. Die philosophische Frage geht jedoch nicht auf ein Sollen, sondern auf das Sein als auf den Grund dafür, daß es überhaupt Kunst gibt (also auf den Zug des Lebens, sich das bessere und eigentliche Leben in bestimmter Weise zu vergegenwärtigen). Perpeet beruft sich auf Friedrich Theodor Vischer, der Hegels Eule der Minerva bemühte und die Kunstphilosophie als Erinnerung verstand. Der Kunstphilosoph „hat sich an die von der kunstgeschichtlichen ‚Erfahrungs‘wissenschaft entdeckte Kunstwirklichkeit zu halten und die geschichtlich ‚gewordenen‘ Kunst*werke* auf einen Begriff zu bringen. Eine Kunstphilosophie wird demnach nie eine definitive Seinserkenntnis der Kunst in dem Sinne bieten können, daß diese Erkenntnis auch noch die zukünftige Kunst mitumfaßt. Schon darum kann es kein ‚abgeschlossenes‘, sondern nur ein ‚offenes System‘ geben, weil ‚neue Zeiten … neue Kunstformen‘ schaffen werden." Aber auch Schaslers Widerspruch wird zitiert: Schasler wollte – ganz im Sinne der ursprünglichen Hoffnungen der Goethezeit, wie sie von Winckelmann, von Goethe selbst, von Friedrich Schlegel formuliert wurden – mit seiner Geschichte der Ästhetik ein Gesetzbuch schaffen, das den ungeordneten Gang der Künste regeln sollte. Von Vischers Ästhetik sagte er, sie bleibe für den Künstler ein Buch mit sieben Siegeln, ja, die darin aufgespeicherte Gelehrsamkeit sei ein tötender Ballast, den man am besten über Bord werfe. Perpeet erklärt Schaslers Kritik jedoch für eine Irrung: Schasler vertrete unter dem Namen der Philosophie eine Kunstdogmatik. Auch für Perpeet ist es Aufgabe der Kunstphilosophie, in der Beschränkung auf die geschichtlich gewordene Kunst das Sein der Kunst freizulegen. Zwar wird die vergleichende Methode, wie Rothacker sie in seiner Weltanschauungstypologie oder Dagobert Frey sie in seiner vergleichenden Kunstwissenschaft handhabe, kritisiert: indem man sich dort an Polaritäten orientiert, denkt man zu sehr vom Handeln her, das in Alternativen gestellt ist (die Kunst könnte aber z. B. viel eher Spiel sein ...). Die angemessen gebrauchte vergleichende Methode gibt jedoch der Kunstphilosophie Verbindlichkeit. So kann Perpeet selber, der neuen Weite heutiger Kunsterfahrung nachgehend, in „vergleichender Werkanschauung" von „Grundmotiven" her exemplarisch das Griechische an der griechischen Kunst, das Indische an der indischen und das Chinesische an der chinesischen aufspüren.[286]

Gegenüber dieser Unterscheidung des Dogmatischen und des Philosophischen und der Betonung des Vergleichens bleiben jedoch zwei Fragen. Zuerst einmal müßte erörtert werden, ob dieses philosophische Fragen nach dem Grund der Kunst nicht doch dogmatisch getönt bleibt: Darf man dem Sein die Prädikate geben, die Parmenides ihm beilegte, die höchste Zeit mit Nietzsche als den Mittag fassen, in dem alles heil wird? Dabei Schopenhauer, den Archegeten einer gegenteiligen, spezifisch modernen Kunstauffassung, nicht zu Wort kommen lassen? Wenn moderne Kunst in einem ästhetizistischen oder artistischen Sinn Autonomie sucht, läßt sie sich dann noch als Darstellung des besseren Lebens ansprechen? Zweitens aber braucht man nicht mit Schaslers zukunftszugewandtem Hegelianismus einen geschichtlich notwendigen Gang für die künftige Kunst zu postulieren, wenn man der Position Vischers widersprechen will. Die Kunstphilosophie kann innerhalb topischer Erwägungen durchaus die Frage erörtern, welchen Spielraum die künftige Kunst der neuen Weltzivilisation haben kann, ohne daß die Kunstphilosophie das schöpferische Kunstschaffen vorwegnehmen wollte. Solche Erörterungen dürfen durch eine kurzschlüssige Arbeitsteilung zwischen der dogmatischen und

---

[286] Wilhelm Perpeet: *Das Sein der Kunst und die kunstphilosophische Methode.* Freiburg/München 1970. 141 ff., 104 ff.; zum folgenden 214, 284. Heinrich Lützeler stellt Perpeets Ästhetik und Kunstphilosophie gegen die kurzschlüssige Systematik Hegels und der Hegelianer; *Kunsterfahrung und Kunstwissenschaft* (s. Anm. 278) 805 ff., 1500 ff.

der philosophischen Dimension nicht verdrängt werden; denn erst in ihnen werden die Geisteswissenschaften zum Partner des schöpferischen Lebens und übernehmen eine Aufgabe, die durchaus eine philosophische ist.

b. Das Historismusproblem

Rothacker will schon in seiner *Logik und Systematik* nicht nur analytisch die faktische Arbeit der Geisteswissenschaften durchleuchten, sondern auch – in einem zweiten Teil – synthetisch jenen philosophischen Ansatz herausstellen, zu dem die Analytik führt, von dem sie immer schon ausgeht, da die Geisteswissenschaften ihn als ihre heimliche Philosophie in sich tragen. Es ist das Zeitalter Goethes, das den Anstoß zu diesem philosophischen Ansatz gibt, der im Begriff des Verstehens seinen höchsten synthetischen Begriff findet: Die Goethe-Zeit vermochte, was etwa dem 17. Jahrhundert noch nicht gelang, das Erklären und das Begreifen, die sich für sich in selbständigen Traditionen entfaltet hatten, zusammenzufassen im Verstehen. Wie Kunst von der autonomen Stilgeschichte oder von der Kulturgeschichte her gedeutet werden kann, so Philosophie von den Problemen oder von den Personen bzw. Epochen her. Die Sachen oder Probleme, denen Platon sich stellte, begreifen wir; daß gerade Platon zu dieser Zeit an diese Probleme geriet, erklären wir. Wenn der Neukantianismus und noch Nicolai Hartmann Philosophiegeschichte einseitig als Geschichte überzeitlicher Probleme sehen wollten, dann stellte Rothacker diesem Ansatz Philosophiegeschichte als Geistesgeschichte komplementär zur Seite. Doch ging es ihm letztlich um das Verstehen dessen, wie Sache und Person zusammengehören, die Person oder die Epoche sachhaltig und die Sache durch einen „personalen Kern" belebt ist.[287] Ob wir mehr zum Begreifen oder zum Erklären oder zum Verstehen tendieren, das liegt an unserer interessierten, weltanschaulichen Einstellung. In solcher Einstellung kann ich das eine nicht haben, wenn ich das andere wähle: der subjektive Idealist interessiert sich für die Einheit, der Naturalist für die Mannigfaltigkeit, der objektive Idealist

---

[287] *Logik und Systematik.* 122 ff.; zum folgenden 125. Vgl. ferner *Mensch und Geschichte* (s. Anm. 278) 84 ff., 194 ff.

für die Harmonie von Einheit und Mannigfaltigkeit. In der Wahl der weltanschaulichen Einstellung gilt das Kriterium der „Fruchtbarkeit": wenn der Idealismus der Freiheit sich ausgelebt hat, kann das produktive Leben dazu herausfordern, den Naturalismus oder den objektiven Idealismus zu wählen (obwohl gegebenenfalls der subjektive Idealismus vielleicht noch zu einer extremen Form gesteigert werden kann). Wie nun aber „ewige Wahrheit" und „zeitliche Wirklichkeit" in der zu verstehenden beseelten Sache verschmolzen seien, bleibe letztlich „völlig rätselhaft". Gibt es dieses Rätsel, oder wird die Rede von ihm nur durch unzulängliche Begriffe erzeugt?

Es ist nicht so sehr die Goethe-Zeit mit ihrer Dichtung und Philosophie, der Rothacker folgt, als vielmehr die Historische Schule, die aus dieser Zeit herauswächst und die geisteswissenschaftliche Arbeit zu neuer Entfaltung bringt. Hegten Winckelmann, Goethe, die frühen Romantiker und die idealistischen Philosophen noch die Hoffnung, eine Erneuerung von Kunst, Philosophie, Politik und Religion werde in eine neue, bessere Zeit führen, so setzten die spätere Romantik und die Historische Schule solche Hoffnung um in eine vorwiegend historisch gerichtete wissenschaftliche Forschung. Diese geisteswissenschaftliche Forschung und in ihr prototypisch die Historische Schule haben, so argumentiert Rothacker in seiner Habilitationsschrift *Einleitung in die Geisteswissenschaften,* auf eine weithin naive Weise und ohne philosophische Reflexion die geistige Welt zu erfassen versucht und Gesetzlichkeiten des Geistes sichtbar gemacht. Deshalb ist es unsere Aufgabe, „explizite die implizite und heimliche Geistesphilosophie der Historischen Schule zu entwickeln und aus ihrer Kraft heraus die theoretische Philosophie des Geistes zu befruchten". Die Historische Schule hat, ohne selbst Philosophie zu treiben, ein philosophisches Verhältnis zur Geschichte, da für sie mehr als für jede andere Philosophie die Ideen der Individuation und des Schicksals zentral geworden sind. Diese geisteswissenschaftliche und implizit philosophische Arbeit ist der Philosophie weithin fremd geblieben. „Die moderne Philosophie und die moderne Naturwissenschaft sind eines Ursprungs. Sie blicken auf ein und dasselbe heroische Zeitalter zurück ... Weit loser sind die Beziehungen der Philosophie zu den sogenannten Geisteswissenschaften, fragmentarisch und ungewiß die Ergebnisse ihrer fundamentalen Selbstbesinnung." Der Gegensatz zwischen philosophischer Konstruktion und historischer Anschaulichkeit, der durch eine konstruierende Geschichtsphilosophie nicht überbrückt wird, steigert die Fremdheit zwischen den beiden Partnern; in den letzten Jahrzehnten des 19. Jahrhunderts waren überdies die Grundbegriffe der Historischen Schule nicht lebendig geblieben, sondern ihrer ursprünglichen Bedeutung gänzlich entfremdet worden. So unternimmt Rothacker es, erneut eine Brücke zu schlagen zwischen geisteswissenschaftlicher Arbeit und Philosophie, indem er die Leistungen der Geisteswissenschaften in der Zeit von Hegel bis Dilthey herausstellt. Am Beispiel Hegels zeigt er, wie eine Philosophie die Geisteswissenschaften befruchten kann, so daß es zu einer philosophischen Durchdringung und Grundlegung geisteswissenschaftlicher Arbeit kommt. Über die Darstellung der Historischen Schule und des geisteswissenschaftlichen Positivismus führt Rothacker den Leser dann bis hin zu Dilthey, der die Geisteswissenschaften auf die Stufe der methodischen Selbstbesinnung erhob. Indem Dilthey selbst geisteswissenschaftlich arbeitete, eignete er sich einen „weitgespannten Apperzeptionsapparat" an. Dieser wiederum wurde jener leitenden Tendenz dienstbar gemacht, die auf eine Grundlegung der Geisteswissenschaften und einen Aufbau der Philosophie aus ihrem Geist zielte.[288]

Rothacker schließt sich an Dilthey an, ohne Schüler Diltheys gewesen zu sein oder im Kreis der Dilthey-Schüler gearbeitet zu haben. Er übernimmt von Dilthey nicht nur den Titel *Einleitung in die Geisteswissenschaften,* sondern auch die Aufgabe. Dilthey hatte vor einer systematischen Grundlegung geisteswissenschaftlicher Arbeit zeigen wollen, wie diese Wissenschaften geschichtlich entstanden sind. Als philosophisches Erfordernis sollte die Aufgabe sichtbar werden, die Leistungen der Wissenschaften mit einer transzendentalphilosophischen oder erkenntnistheoretischen Besinnung zu verbinden. Für die Naturwissenschaften hatte Kants Kritik der Vernunft die Aufgabe zu lösen versucht. „Das Stadium der Erfahrungswissenschaften und der Erkenntnistheorie. Das heutige Problem der Geisteswissenschaften": diesen Titel sollte der zweite Band der Diltheyschen *Einleitung* oder „Kritik der historischen Vernunft" tragen, welcher die „Autonomie der menschlichen Wissenschaft auf allen Gebieten" und die „Gestal-

---

[288] Erich Rothacker: *Einleitung in die Geisteswissenschaften.* Tübingen ²1930. XVI ff., 1, 3 f., 257.

tung des Lebens durch sie" mittels geschichtlicher Besinnung zu begründen gehabt hätte. Dieser Band ist nie vollendet worden; der allein
durch Dilthey selbst publizierte erste Band soll den Nachweis erbringen, daß die abendländische Metaphysik durch den Einsatz der einzelwissenschaftlichen Forschung und der Erkenntnistheorie aufgelöst
worden sei. Auch die Vorarbeiten und Fragmente zum Komplex der
Einleitung geben nicht die Darstellung der Historischen Schule, auf
die Dilthey doch so gut vorbereitet war, die ihm aber vielleicht noch
zu nahe stand. Rothacker beginnt mit seinen historischen Forschungen also dort, wo Dilthey stehen geblieben war. Über dieser äußeren
Anknüpfung an Dilthey dürfen wir die innere Anknüpfung nicht
übersehen: Rothacker setzt die „Auflösung der metaphysischen Stellung des Menschen zur Wirklichkeit" durch das moderne wissenschaftliche Bewußtsein, welche Dilthey in ihrer historischen Notwendigkeit zu begreifen versuchte, voraus. Das Ende der Metaphysik wird
schon nicht mehr diskutiert; den Einzelwissenschaften gilt alles Vertrauen. Die Aufgabe liegt darin, durch eine philosophische Reflexion
die in der wissenschaftlichen Arbeit liegende heimliche „Metaphysik"
– das Wort in einem weiteren Sinn genommen – bewußt zu machen.
Gelingt dieses Unternehmen, dann gelingt auch die Erneuerung der
Philosophie, dann kann es vielleicht auch wieder einmal geschehen,
daß die Philosophie, wie zu Zeiten Hegels, von sich aus die Wissenschaften befruchtet.

Die philosophische Bedeutung der Historischen Schule und der ihr
folgenden Geisteswissenschaften ist freilich umstritten geblieben.
Nicht von Hegel zu Dilthey, von Hegel zu Nietzsche hat z. B. Karl
Löwith die entscheidenden geistesgeschichtlichen Linien des 19. Jahrhunderts ziehen wollen. Ebenso hat Löwith geschichtsphilosophisch
dargelegt, ein Sinn der Geschichte – wenn es ihn überhaupt gebe –
müsse ein letzter Sinn sein, Ziel, Zweck, Telos. Das nur Einmalige und
Individuell-Besondere bringe keinen Sinn; die Zeit verschlinge da nur
sinnlos ihre Geschöpfe. Ein letzter Sinn sei ein Jenseits zur konkreten
Geschichte, entweder das nur zu glaubende Eschaton oder die ewige,
in sich kreisende Ordnung. „Es scheint, als ob die beiden großen
Konzeptionen der Antike und des Christentums, zyklische Bewegung
und eschatologische Ausrichtung, die grundsätzlichen Möglichkeiten
des Geschichtsverständnisses erschöpft hätten. Auch die jüngsten
Versuche einer Deutung der Geschichte sind nichts anderes als Varia-

tionen dieser zwei Prinzipien oder ihre Vermischung." Michael Landmann hat Löwith die These entgegengesetzt, Herder und die Historische Schule hätten eine dritte Geschichtsmetaphysik entwickelt, die Metaphysik des geschichtlichen Absoluten.[289] Nur jeweilig, im Nebeneinander der Kulturen sei der Sinn der Geschichte produktiv zu ergreifen. Es sei Aufgabe einer recht verstandenen Philosophie der Geschichte, durch Reflexion auf die geschichtswissenschaftliche Arbeit die Prinzipien des geschichtlichen Geschehens zu erarbeiten – so, wie es bei Rothacker geschehe. Freilich hat Landmann seine These in einer weltanschaulichen Voreingenommenheit vorgetragen, nämlich im Sinne eines entwicklungsgeschichtlichen Pantheismus. Rothacker selbst war an solchen Diskussionen über metaphysische Voraussetzungen nicht sonderlich interessiert. Mehr noch: nichts war ihm so verhaßt wie der Versuch, Geschichte nicht historisch aufzuarbeiten, sondern schon einmal Gedachtes in fragwürdiger Rezeption zum Anlaß einer Schriftstellerei voller blendender Zitate zu machen und dabei pseudometaphysische Postulate aufzustellen. Er sah sich selbst als Forscher, der in der empirischen Arbeit Entdeckungen machen will, die dann auch philosophische Bedeutung haben. In seiner drastischen Art erzählte er öfters, wie Löwith das Essen im Hals stecken geblieben sei, als er ihm bei irgendeinem kollegialen Zusammentreffen gesagt habe, er (Rothacker) habe nie etwas so Windiges wie die Idee der ewigen Wiederkehr denken, sondern eine Entdeckung machen wollen, wie etwa experimentierende Biologen sie beim Sezieren machen. Sein heimlicher Wunsch war, die „ewige Wiederkehr" möge sich als Fischgräte erweisen, an der die Ideengeschichte ersticke, damit sie die konkrete wissenschaftliche Arbeit nicht weiter hemme.

Die Frage bleibt, ob in der Historischen Schule überhaupt eine „klassische", Maßstäbe setzende Epoche geisteswissenschaftlicher Arbeit vorliegt, ob die „heimliche Philosophie" dieser Schule für eine Erfahrung der Geschichte zureicht. Der Graf Paul Yorck von Wartenburg hat seinem Gesprächs- und Brieffreund Dilthey ja die These vorgehalten, diese Schule sei gar keine historische, sondern eine anti-

---

[289] Vgl. Landmanns Besprechung von Löwiths *Weltgeschichte und Heilsgeschehen.* In: Philosophische Rundschau 1 (1953/1954) 232 ff. – Jürgen Habermas hat in seiner bei Rothacker geschriebenen Dissertation die Frage nach dem Absoluten und der Geschichte auf Schelling angewandt, auf den Heidegger damals das Interesse gelenkt hatte: *Das Absolute und die Geschichte.* Bonn 1954.

quarische gewesen, Ranke sei nichts als ein großes Okular. Von Kierkegaard her stellten Heidegger und Bultmann Nietzsches Frage nach dem Nutzen und Nachteil der Historie für das Leben neu; dabei wurde der Historischen Schule eine naturalistische Verkehrung der Erfahrung von Geschichte unterstellt.[290] Der Widerspruch kam auch von anderer Seite: Friedrich Meinecke hat (wie Ernst Troeltsch) früh darauf hingewiesen, daß die deutsche geistesgeschichtliche Tradition von der naturrechtlichen Tradition des Westens sich entfernt habe; er hat dann die heimliche „Philosophie" des Historismus in der Entdeckung von Individualität und Bewegung gefunden und dabei Goethes Geschichtserfahrung in den Vordergrund gerückt. Doch selbst von der Literaturgeschichte her hat Erich Auerbach fragen müssen, ob Meinecke die Dinge nicht zu sehr aus der einseitigen deutschen Perspektive sehe, die nach der Rebellion gegen den rationalistischen französischen Geschmack sich überhaupt von den vorwärtsführenden modernen Tendenzen abgeschnürt habe. Die Historiker machten schließlich selber ein großes Fragezeichen hinter ihre Arbeit: entmächtigt nicht die immer weiter getriebene historische Forschung Tradition, führt nicht solcher „Verlust der Geschichte" die orientierungslosen Menschen zu neuen Pseudomythen? Was schließlich von der analytischen Philosophie, von strukturalistischen oder neomarxistischen Tendenzen her vorgebracht wurde, machte Buchtitel wie „Die Geschichtswissenschaft jenseits des Historismus" möglich, lag aber schon jenseits von Rothackers Aufmerksamkeit.

Man sollte nicht vergessen, daß Rothacker mit seiner vielseitigen Interessiertheit es war, der in einer seiner Buchreihen Diltheys Briefwechsel mit dem Grafen Yorck zur Publikation brachte; im Grunde lebte und arbeitete Rothacker jedoch aus einem ungebrochenen und unbeirrten, naiven Willen zum geisteswissenschaftlichen Forschen und Wissen. Es war ihm noch nicht genügend deutlich geworden, daß der Aufbruch der Geisteswissenschaften in eine bestimmte geschichtliche Situation gehört; wenn diese Wissenschaften geschichtliche Herkunft und Überlieferung zum Thema unbeteiligten Forschens machen (in Europa auch die leitende religiöse Tradition!), dann liegen darin

---

[290] Rudolf Bultmann: *Geschichte und Eschatologie.* Tübingen 1958. 84 ff. – Zum folgenden vgl. Erich Auerbach: *Mimesis.* Bern ²1959. 413 ff.; Alfred Heuß: *Verlust der Geschichte.* Göttingen 1959; Wolfgang J. Mommsen: *Die Geschichtswissenschaft jenseits des Historismus.* Düsseldorf 1971.

Gewinn und Gefahr. In diesem Zusammenhang ist die Historische Schule ein begrenzter Schritt, nicht aber Maßstab. Was sie leistete, bedarf selber noch der historischen Aufarbeitung, und in diesem Zusammenhang ist dann auch das tief ungerechte Wort Yorcks über Ranke zu korrigieren, diesem habe als bloßem Okular das Entschwundene nicht zu Wirklichkeiten werden können: in dieser Kritik besteht die Entdeckung der geschichtlichen Endlichkeit nur auf der eigenen Endlichkeit und sieht nicht, daß diese Endlichkeit als Individualität im Werden der Geschichte sich zu anderen Individualitäten in einen Dialog setzen kann, daß darin das, was als Selbstentfremdung erscheinen mag, auch der Gewinn einer neuen menschlichen Weite ist. Rothackers Habilitationsschrift über den Weg von Hegel zu Dilthey war nur Skizze, sollte nur Programm sein: sein Leben lang, vor allem in den Heidelberger Dozentenjahren, hat Rothacker an einer Geschichte der Historischen Schule gearbeitet. Seine Schriften geben nur in einem schwachen Abglanz wieder, wie er im Gespräch oder selbst im Kolleg von den Entdeckungen der Historischen Schule und der Geisteswissenschaften berichten konnte – lebendig vergegenwärtigend und doch zugleich auf das philosophisch Belangvolle durchgreifend. Er, der über Lamprecht promovierte, Droysen neu ins Gespräch brachte, Belows Arbeit *Das kurze Leben einer vielgenannten Theorie* – diese später unter Philosophen und Pseudophilosophen allzu sehr vergessene „vernichtende Kritik" leichtfertiger Theorien vom Gemeineigentum – methodentheoretisch auswertete, der als Herausgeber der *Deutschen Vierteljahrsschrift* Literaturwissenschaft und Geistesgeschichte seiner Zeit begleitete, konnte auch auf wenig Erinnertes, etwa auf Victor Hehns *Kulturpflanzen und Haustiere* detailliert eingehen. Ob er gegenüber manchem neueren wissenschaftstheoretisch sich gebenden Angriff auf die Historische Schule nicht auch gesagt hätte, was er über ältere Versuche zur Unterscheidung von Natur- und Geisteswissenschaften gelegentlich vorbrachte: daß der konkrete Erkenntniswert des Gesagten einen nicht mehr zu unterbietenden Stand erreicht habe?

Es hat Rothacker immer fern gelegen, sich einem bestimmten Lehrer, einer philosophischen Richtung oder gar einer festgefügten Schule anzuschließen, wie er denn auch durch seine eigene Lehre keine Schule erzog, sondern seine Schüler zum Philosophieren anregte und dann eigene Wege gehen ließ. Doch mit der Berufung von Heidelberg nach

Bonn (1928) vollzog sich eine Akzentverlagerung in Rothackers Arbeit. Er hatte bis dahin die Aufgaben Diltheys fortgeführt, ohne Schüler Diltheys zu sein oder auch nur mit den Diltheyschülern sich zusammenzutun: eine wissenschaftstheoretische Analyse der vorliegenden geisteswissenschaftlichen Arbeit sollte diese Arbeit philosophisch rechtfertigen; dazu schien Rothacker zum Historiker der Historischen Schule werden zu wollen. In Bonn hatte er neben dem philosophischen Lehrstuhl den psychologischen Lehrstuhl vertreten; er hielt sich nunmehr in der Nähe der Phänomenologie, die sich der anthropologischen Forschung geöffnet hatte – in der Nähe von Scheler, aber auch von Plessner und von Klages, ja – mit einer gewissen Distanz – von Gehlen. Ein Vortrag von 1948/1949 über „Schelers Durchbruch in die Wirklichkeit" verteidigt indirekt die so bezogene Position: die Forderung der älteren phänomenologischen Schule „Zu den Sachen selbst!" wird aufgenommen, insofern sie sich gegen die philosophischen Konstruktionen wendet und die Aufgabe anzeigt, die sinnliche Anschauung zur kategorialen Anschauung weiterzuführen. Scheler erweiterte den Begriff des Apriori zum Begriff des materialen Apriori; indem er von einer Schematisierung und Funktionalisierung der „Wesensschau" sprach und dabei erkenntnisleitende Weltansichten wie den modernen Zusammenhang von Arbeit, Technik und Wissenschaft analysierte, brachte er Motive von Marx, Nietzsche und Max Weber in eine neue Wissenssoziologie ein. Rothacker läßt nicht zu, daß diese ältere Richtung der Phänomenologie als eine dogmatische Frühphase abgetan wird – sie habe sich als fruchtbar erwiesen und sei deshalb durch die transzendentale Phänomenologie Husserls oder das Seinsdenken Heideggers nicht überholt worden. Freilich distanziert Rothacker sich auch noch von Scheler: als eingefleischter Metaphysiker habe dieser zur Wirklichkeit des Menschen erst durchbrechen können, als ihm der Mensch metaphysisch interessant geworden sei, nämlich durch seine Dualität von Drang und Geist als Hinweis auf eine Dualität im Absoluten. Rothacker selber beruft sich auf Goethes Fortführung des Platonischen Sonnengleichnisses: „Am farbigen Abglanz haben wir das Leben"; er deutet diesen Vers so, daß auch ohne vorgefaßte Metaphysik der Weg von den konkreten und einzelwissenschaftlichen Erkenntnissen zu philosophischen Fragen möglich und nötig sei.

Am Schluß seines Vortrags über Scheler zitiert Rothacker Rankes

„philosophische Absicht", in „historischen Forschungen" die Taten und Leiden „dieses befleckten und reinen Geschöpfes, das wir selber sind, in ihrem Entstehen und in ihrer Gestalt zu verstehen und festzuhalten". Auch wenn Rothacker aus dem Raum Diltheys stärker in den Bereich der Phänomenologie rückt, von der Rechtfertigung geisteswissenschaftlicher Arbeit stärker zu deren Thema, der Welt des Menschen, von der formalen Geschichtsphilosophie stärker zur materialen, dann hält er doch sein Grundthema fest: seine Phänomenologie ist eine Phänomenologie der geistigen Welt, d. h. der kulturellen Welt des Menschen. Wenn die *Geschichtsphilosophie* (1934) in ihrem ersten Kapitel anhand eines konkreten Beispiels die metaphysischen und einzelwissenschaftlichen Geschichtsontologien auf die Phänomene zurückgeführt hat, entfaltet sie gleich im zweiten Kapitel Rothackers Grundbegriffe im Zusammenhang: Der Mensch ist ein handelndes Wesen. Deshalb ist er in seinem Verhalten gekennzeichnet durch eine Haltung. Aus einer durchgeprägten Haltung, einem Stil heraus beantwortet er mit mehr oder weniger schöpferischen Einfällen eine Lage, eine Situation. Wo gehandelt wird, zeigt sich der Entscheidungscharakter und die Einseitigkeit, die mit dem Handeln des Menschen als eines endlichen Wesens mitgegeben ist. Die Handlung muß einer bestimmten, einseitigen Tendenz folgen; sie folgt ihrer Tendenz immer in einem bestimmten Medium (z. B. einer naturalistischen Tendenz in einem idealistischen Medium). Die Dimension, auf die hin eine Tendenz zielt, ist die Weltanschauung dieser Tendenz. Die Entscheidung für eine weltanschauliche Tendenz bleibt immer bezogen auf das, was durch diese Tendenz modifiziert wird: die geschichtliche Substanz, in der ein Volk oder eine Kultur ihre Prägung gefunden haben. Die geprägte Form ist die kulturelle Vollendung der Haltung. – Die folgenden Kapitel betonen noch einmal, daß der Mensch sich kulturell (in den Lebensformen einer Gemeinschaft) und geschichtlich (in erkämpften und verantworteten Kulturen) aus der Wirklichkeit Welt erschließt. Kultur als „Ausdruck" einer Seele verstehen, bleibt ein fast tautologisches Verfahren, das von einem quietistisch-ästhetischen Historismus angekränkelt ist und die Zukunftsoffenheit der Geschichte, die „Werke" zur Bewältigung der anstehenden Aufgaben braucht, zu wenig beachtet. *Die Probleme der Kulturanthropologie* (1942) entfalten die Grundbegriffe noch einmal. Ihr Titel darf nicht mißverstanden werden: Rothacker untersucht nicht – wie die cultural anthropology der Amerikaner – vorwiegend „primitive" Kulturen, sondern vorwiegend Hochkulturen.

Rothacker legt den Akzent auf die Erfahrung der Historischen Schule, daß der Mensch erst in Völkern oder Gesellschaften, also kulturell, er selbst wird. Rothacker weiß aber, daß der Geist der geistigen Welt am schmalen Faden des „Bewußtseins" hängt. Man hatte von Rothacker, als er auch einen psychologischen Lehrstuhl einnahm, eine geisteswissenschaftliche Psychologie in der Weise von Diltheyschülern wie Spranger erwartet; statt dessen erarbeitete er sich in der Rezeption mannigfacher Forschungen und mit breitester Empirie eine neue Sicht des Menschen als einer gegliederten Ganzheit. Der Begriff der „Schichtung" im vielfach aufgelegten Buch *Die Schichten der Persönlichkeit* (1938) meint nicht ein Nebeneinander, aber auch nicht eine Entwicklung, die das Erste umbildet und dadurch Neues durchsetzt, sondern vor allem Überschichtung des Alten durch das Neue und damit Erhaltung des Alten und relative Eigenständigkeit der einzelnen Schichten. Rothacker hebt von der eigentlichen Personschicht des Menschen und ihrer Ichfunktion die Schichten der Tiefenperson, das Es, ab: das „Leben" und das „Tier" im Menschen sowie die Schicht der beseelten Tiefenperson, die eine emotionale Schicht ist, aber doch ausschließlich Eigentum des Menschen. „Dies ist die Schicht der Klagesschen ‚Seele', die Schicht des Mythus und der Dichtung, des durchseelten Bildes, der befreiten rein schauenden Einbildungskraft und der geistesträchtigen Stimmung, und nicht zuletzt der elementaren Sympathie und Liebe, der Saelde. Hier *wurzelt* die logique du coeur ..." Während die psychoanalytischen Richtungen den Zugang zur Tiefenperson vor allem über die Traumanalyse und genereller über das „Innenleben" suchen, faßt Rothacker die Tiefenschichten mehr von ihrem äußerlich sich zeigenden Verhalten her, das keineswegs auf „Fehlleistungen" beschränkt ist.[291]

---

[291] Erich Rothacker: *Die Schichten der Persönlichkeit*. Leipzig ³1947. 76. – Hans Thomae charakterisiert Rothackers Schichtenlehre als eine Theorie der komplementären Systeme der Persönlichkeit, nach der zwischen den Schichten – anders als bei Freud – ein gutes Einvernehmen besteht; diese Theorie steht also im Gegensatz zur konfliktorientierten Persönlichkeitstheorie. Thomae weist darauf hin, daß Rothacker seine Psychologie auf eine genaue Beobachtung des alltäglichen Lebens stütze. Vgl. Gottfried Martin / Hans Thomae / Wilhelm Perpeet: *In memoriam Prof. Erich Rothacker*. Bonn 1967. 13 ff.

Mannigfache Arbeiten, vor allem immense Vorarbeiten zu einem Wörterbuch der kulturphilosophischen Grundbegriffe, haben in Rothackers letztem Buch *Zur Genealogie des menschlichen Bewußtseins* (1966) zwar nicht eine Zusammenfassung, aber doch eine Rechtfertigung vom Ansatz her gefunden. Rothacker macht sich von den verschiedensten Seiten aus immer wieder bewußt, daß die außerwissenschaftliche Weise, das Leben als „Bewußtsein" zu vollziehen, viel umfänglicher ist als die wissenschaftliche Weise, daß es „Wissen" als Kennerschaft auch außerhalb der Wissenschaft gibt, daß der Mensch schon Hunderttausende von Jahren gelebt hatte, ehe er anfing, Wissenschaft auszubilden. Rothacker betreibt Philosophie nicht nur als Wissenschaftstheorie oder Kritik primär des wissenschaftlichen Bewußtseins; umgekehrt hat eher die Philosophie der Kunst einen gewissen Vorrang. Wenn Rothacker sich der Wissenschaft zuwendet, dann interessiert er sich gerade auch für die Einbettung der wissenschaftlichen Arbeit in den sonstigen kulturellen Lebensvollzug. Damit ist das Problem von Leben und Erkennen aufgenommen. Dilthey sagt in dem „Traum", den er seinen Freunden und Schülern an seinem siebzigsten Geburtstag mitteilte, „dieses unermeßliche, unfaßliche, unergründliche Universum" spiegele sich je nach „der Macht des Ortes und der Stunde" in vielen historisch bedingten, relativen Weltanschauungen. Der Stich der Raffaelschen *Schule von Athen* im Schlafgemach bei dem Freunde Yorck hatte Anlaß zu diesem „Traum" gegeben; Dilthey hält aber – wohl in einer gewissen Spannung zu dem hermeneutischen Ansatz seiner Spätphilosophie – fest, die Philosophie müsse die Bewegung dieser Weltanschauungen mit ihrem Streben nach allgemeingültigem Wissen durchschauen. Dilthey spricht von „dem geheimnisvoll unergründlichen Antlitz des Lebens mit dem lachenden Munde und den schwermütig blickenden Augen". Die hier festgehaltene Spannung zwischen dem unmittelbaren Leben und dem distanzierten Wissen kehrt in der Weise wieder, wie Rothacker seinen Lehrer und Freund Scheler schildert – den Januskopf mit der „grandiosen Denkerstirn" und dem „brutalen Mund" mit den „schlechten Zähnen".[292] Rothacker selbst wollte den Drang nicht wie Scheler als metaphysische Potenz neben den Geist stellen oder irrationalistisch wie Klages

[292] *Diltheys Gesammelte Schriften*. Band 8. 218 ff.; Erich Rothacker: *Heitere Erinnerungen*. Frankfurt/Bonn 1963. 29.

gegen den Geist ausspielen, sondern in detaillierten Einzelstudien das Zusammenspiel der Kräfte im Menschen erfassen. So sollte deutlich werden, daß Anschauung und Begriff nicht gegeneinanderstehen, daß auch begreifendes Wissen von der Anschauung getragen wird und auf dogmatische Erfahrungen bezogen bleibt, daß solche Theorie sich im konkreten Leben dem Handeln wie der Schau des Künstlers verbinden kann.

Rothacker sagt in einer kurzen Selbstdarstellung, seine Grunderfahrung, die er mit der Historischen Schule teile, sei gewesen, daß auch das Subjekt des Erkennens nicht die res cogitans des Descartes und nicht die tabula rasa des Locke sei, sondern die geschichtliche Gemeinschaft.[293] Diese seine Grunderfahrung konnte Rothacker in einen polemischen Bezug zu den anderen zeitgenössischen philosophischen Bestrebungen stellen. In der ersten Auflage des Bandes *Mensch und Geschichte* (1944), die zerbombt wurde, ehe sie ausgeliefert werden konnte, heißt es in der später nicht mitgedruckten Einleitung, das Wort „Geschichtlichkeit" sei ein Sammelname für vielfältige Phänomene. „Und eines derselben ist von der philosophischen Anthropologie und zumal ihren existenzialphilosophischen Richtungen bisher bedenklich vernachlässigt worden. Diese bleiben meist beim biographischen Problem der Geschichtlichkeit stehen und vernachlässigen darüber alle weiteren, ebenfalls konstitutionellen und sogar eigentlich ‚historischen' Beziehungen des menschlichen Lebens. Diese aber sollen jetzt unser Thema sein: Mensch und Geschichte." Eine Nebenbemerkung der *Geschichtsphilosophie* lautet entsprechend: „Denn allein Gesellschaften und ihr Schicksal sind das Thema der Geschichtsschreibung"; der Titel „Kultur"-Anthropologie ist ein Programm.[294] Die philosophische Anthropologie, wie sie im deutschen Sprachraum seit den zwanziger Jahren und mit einem neuen Schub nach dem

---

[293] *Philosophenlexikon.* Hrsg. von W. Ziegenfuß und G. Jung. Band 2. 1950. 375 ff.

[294] *Geschichtsphilosophie* (s. Anm. 276) 53. – Manche mögen von einer Rezeption des Werkes von Rothacker ferngehalten worden sein durch Äußerungen, die er 1933/1934 getan hat. Heinrich Lützeler meint, der liberale Großbürger Rothacker habe – in politischer Verblendung über das, was wirklich geschah – sich eine Zeitlang auf den Nationalsozialismus eingelassen, um hochschulpolitische Motive, so die Gründung eines Forschungsinstituts für Geisteswissenschaften, durchzusetzen: *Persönlichkeiten.* Freiburg/Basel/Wien 1978. 50 ff. Die Frage bleibt, ob das 20. Jahrhundert nicht Grundpositionen des 19. Jahrhunderts politisch pervertierte. – Zum folgenden vgl. Rothackers Vorlesung *Philosophische Anthropologie.* Bonn 1964.

Zweiten Weltkrieg entwickelt wurde, geht zumeist aus von der Alternative „Umwelt-Welt"; das Tier lebt umweltlich, instinktgebunden; der Mensch ist darüber hinaus Geist (Scheler), kompensiert seine Instinktentbundenheit mit intellektuellen Leistungen (Gehlen) und lebt so weltoffen. Rothacker erkennt diese Alternative jedoch nicht an; für ihn ist (wie für Heidegger) auch die Umwelt eine Weise der Welt und die Welt des Menschen immer auch umweltlich, nämlich zentriert. (Für diese Position verbleibt dann dem Tier im strengen Sinn nur so etwas wie ein Umfeld, mag die Umweltlehre auch von der Erforschung des Verhaltens der Tiere maßgeblich ausgegangen sein.) Rothacker faßt nun – anders als Heidegger in *Sein und Zeit* – die Umwelt nicht von der Welt des Zeugs oder des Zuhandenen her, die von der eigentlichen „Geschichtlichkeit" durchbrochen wird, sondern von den geschichtlich aufgebauten Kulturen her. In diesen Welten erdeuten sich die Menschen Wirklichkeit, die Rothacker als weltlos auffaßt, ohne sich weiter um die Frage zu kümmern, wie im pflanzlichen und tierischen Leben die Wirklichkeit „offen" wird, damit zum mindesten etwas Analoges zur Welt des Menschen gewinnt. Die Welten, die der Mensch aufbaut, haben ihre Einzigartigkeit darin, daß sie geschichtlich gewonnen und verantwortet werden müssen. Weil es Rothacker um die Geschichtlichkeit der menschlichen Welten geht, ist es nicht eine Geistigkeit, die auf ewige „Werte" ausgerichtet ist, aber auch nicht primär ein Wissen im Dienst der Lebenspraxis, wodurch die Welten des Menschen erschlossen werden, sondern jene anschauliche, von Gesichtspunkten geleitete, individualisierende Erfahrung, wie sie z. B. sich in der Kunst objektiviert.

Rothackers Phänomenologie der geistigen Welt vermag mit ihrem Rückgriff auf die Grunderfahrungen der Historischen Schule herauszustellen, daß der Mensch in geschichtlichen Welten lebt. Es wird aber zu wenig gezeigt, wie diese geschichtlichen Welten als „Ganze" sich aufbauen aus einem Zusammenspiel der Einzelnen, das durch die unterschiedlichen Strukturen der verschiedenen Sphären geleitet ist. Entsprechend bleibt der Grundbegriff des Sinnverstehens undifferenzierter als in anderen phänomenologischen Ansätzen: die Möglichkeit des Verstehens anderer, das Verhältnis von subjektivem, objektivem und objektiviertem Geist, die Aufgliederung des Verstehens in das Sich-Verstehen-auf, das Sich-selbst-Verstehen, das Sich-Verständigen-über, das Verstehen von Texten und Werken usf., der Unterschied etwa zwischen der logischen und der ästhetischen Sphäre werden gar nicht erst Thema einer grundlegenden Hermeneutik. Rothacker kritisiert zu Recht die Beziehung des Verstehens auf den Ausdruck (einer „Seele", eines Menschentums usf.) als fast tautologisch; damit distanziert er sich auch von Diltheys Zusammenfassung von Erlebnis, Ausdruck und Verstehen. Mit Energie bezieht er das Verstehen auf die „Werke" (Institutionen z. B. oder auch Werke der Kunst), in denen die Menschen Welt aus der Wirklichkeit erdeuten und dann verantworten. Und doch bleibt Rothackers Leitbegriff auch gegenüber den großen Gemeinschaften der Begriff des „Stils", durch den die Gemeinschaften wie Individuen aufgefaßt werden.[295] Der Weg wird noch nicht frei für den Versuch der Phänomenologie, die alte Praktische Philosophie und deren Normproblematik aus der Verschüttung durch die Historisierung des objektiven Geistes von Hegel bis Dilthey wieder zurückzugewinnen und so das Verstehen zurückzubeziehen auf die leitenden Aufgaben des Lebens und die Aufgegebenheiten und Vorgegebenheiten in ihnen. Die Berufung auf die ältere Phänomenologie wehrt schließlich nur die Frage ab, wie denn eigentlich aus der Wirklichkeit Welt aufbreche und welche Begriffe diesem Zusammenhang gerecht werden könnten.

Rothacker geht mit den überlieferten Möglichkeiten des Denkens halbherzige Kompromisse ein, deren Leistung begrenzt bleiben muß. So wird z. B. Diltheys Typologie der Weltanschauungen aufgenommen; die Weltanschauungen werden dann zu polar aufgefächerten Tendenzen des Lebens dynamisiert, zu denen sich weitere Polaritäten

---

[295] Zur Problematisierung des kunsthistorischen Stilbegriffs und vor allem seiner Übertragung auf die allgemeine Geschichte vgl. H.-G. Gadamer: *Wahrheit und Methode.* 466 ff.; H. Lützeler: *Kunsterfahrung und Kunstwissenschaft.* 605 ff. Die Bonner Dissertation von Hans-Walter Nau: *Die systematische Struktur von Erich Rothackers Kulturbegriff* (Bonn 1968) findet bei Rothacker Ergänzungen zur Kulturphilosophie der Neukantianer und Nicolai Hartmanns. Dagegen stellt Wilhelm Perpeet Rothackers „ontologische Kulturbegründung" über die wertphilosophische und lebensphilosophische Kulturphilosophie: die Wertphilosophie sieht die Spannung zwischen Wert und Wirklichkeit oder Sollen und Sein; die Lebensphilosophie erfaßt das Schöpferische in den Kulturen, aber das Verstehen der Kultur als Lebensausdruck bleibt tautologisch und bietet nicht die Mittel, Faktizität vernünftig zu begreifen und unter ein Maß zu stellen. Indem Rothacker die Kultur als geistige Welt aus der Spannung zur Wirklichkeit versteht, kommen Konstellationen von Herausforderung und Antwort zustande, von denen her Kultur in ihrer Geschichtlichkeit aufzufassen und zugleich unter ein Maß zu stellen und zu verantworten ist: *Kulturphilosophie.* In: Archiv für Begriffsgeschichte 20 (1976) 42 ff.

finden lassen. In diesen Polaritäten sollen „reine apriori einsichtige Gesetze" vorliegen; die Kulturanthropologie forderte eine „vollständige Systematik aller polarer Dimensionen, in denen menschliches Streben überhaupt sich bislang bewegt hat und unter noch umfassenderem Gesichtspunkt überhaupt bewegen kann". Vollständigkeit, so wird zugestanden, wäre aber nur möglich, wenn der Philosoph um die ganze geschehene Geschichte wüßte und all die Möglichkeiten antizipierte, die der Menschheit bisher entgangen sind und die sich in Zukunft einmal verwirklichen könnten. Da eine solche schöpferische Intuition keinem zuzumuten ist, bleibt – so verzichtet Rothacker auf den spekulativ-idealistischen Systemanspruch – die bescheidenere Aufgabe, die Urkategorien des geschichtlichen Handelns „da ‚aufzuraffen‘, wo sie bisher sich realisiert haben im Ganzen der menschlichen Wirklichkeit, wie sie sich bis heute geschichtlich entfaltet hat".[296] Rothacker selbst hat seine Bedenken dagegen angemeldet, daß die Entscheidungssituation „klassisch oder romantisch", wie sie in Jena einmal gestellt sein mochte, im Anschluß an Wölfflin zu einer grundsätzlichen Polarität „Vollendung oder Unendlichkeit" hochstilisiert werde. Wird aber nicht das „Aufraffen" der Grundkategorien zumeist ein solches fragwürdiges Hochstilisieren bleiben? Statt dessen wäre einerseits das verstehende Erfassen einer Situation oder einer Epoche von der Typologie zu lösen, andererseits die Typologie in ihr Recht zu setzen durch die Überlegung, daß z. B. Hölderlin sich Sophokles und Pindar näher wußte als manchem Zeitgenossen und im „Typus" Sophokles und Pindar auch näher war. Ohne solche Abgrenzungen bleibt die Weltanschauungstypologie, wie sie zu Anfang unseres Jahrhunderts grassierte, nur der verzweifelte Versuch, Geschichtsphilosophie „unter den Bedingungen ihrer Unmöglichkeit und in der Form ihrer Preisgabe", in einem ahistorisch werdenden Historismus, doch noch zu wiederholen; dabei aber wird dann Vermittlung nur als „Ver-

---

[296] *Probleme der Kulturanthropologie* (s. Anm. 276) 137, 141 f. – Zum folgenden vgl. *Logik und Systematik* (s. Anm. 274) 168. Wenn Herbert von Einem (*Deutsche Malerei des Klassizismus und der Romantik*. München 1978) die Entgegensetzung Klassik-Romantik für unentbehrlich hält, weist er wohl zugleich auf den Ursprung dieser Polarität im kunstgeschichtlichen Bereich hin. Vielleicht aber läßt sich von dieser Polarität aus nicht einmal die literarische Situation der Goethezeit angemessen erfassen. Vgl. dazu O. Pöggeler: *Die neue Mythologie*. Grenzen der Brauchbarkeit des deutschen Romantikbegriffs. In: *Romantik in Deutschland*. Hrsg. von R. Brinkmann. Stuttgart 1978. 341 ff.

mittlung im Ruhestand", Antinomie nur als „emeritierte", Totalität nur als „totaler Überblick" noch festgehalten.[297]

„Ewige Wahrheit" und „zeitliche Wirklichkeit" sollen nach Rothacker „in letztlich völlig rätselhafter Weise" verschmelzen; so können denn auch weltanschauliche Gesetzlichkeiten apriorisch vorgegeben sein und doch als lebendige Tendenzen nur im faktischen Lebenszusammenhang faßbar werden. Was einmal Idee genannt wurde oder auch Ideal, ist freilich zum Wert geworden; so heißt es denn, die Werte, das Sosein oder die Möglichkeiten gehörten zu einem Reich „zeitloser" Geltung, der Mensch jedoch stelle zwar das Ganze vor, könne aber nur das Nächste, das not tut, ergreifen, müsse also das Zeitlose aus einer einseitigen weltanschaulich-dogmatischen Tendenz heraus in einen Lebens- und Existenzbezug setzen. Rothacker löst das Relativismusproblem somit ähnlich wie Scheler; nur betont er gegen Scheler (auch gegen Rickert), es könne kein „System" des ewig Geltenden oder der Werte geben, sondern nur eine „Systematik", weil die Werte nur in widersprüchlicher Weise von endlichen Menschen, die in zentriert-perspektivischen Geschichtswelten lebten, ergriffen werden könnten.[298] Wenn die „Kulturanthropologie" über die Gesetzlichkeiten der Kulturzweige handelt, dann kann man sich des Eindrucks nicht erwehren, daß hier die Voraussetzung, es gebe gleichbleibende Kulturzweige, sich auf schlimme Weise mit dem historischen Wissen in den Haaren liegt, daß dieses nicht einfachhin so ist. Schließlich wird ein Kompromiß geschlossen, der kaum befriedigen kann, gerade weil ihm die spezifisch Rothackersche Auffassung von der Wahrheit und dem Leben als dem Zusammen von Zeit und Zeitlosigkeit zugrundeliegt. „Zugegeben, daß die Lebensnotwendigkeiten es mit sich bringen, daß die Bevölkerung *jeder* Kultur: teils durch die Lebensumstände ausgelöste, teils aufblühende Anlagen entfaltet, denen immer wieder in vielhundertfacher Parallele dieselben oder doch einander sehr ähnliche Kulturbetätigungen entwachsen, die wir Kulturzweige nennen, so fällt es nun doch auf und kennzeichnet die Kulturstile, daß in den verschiedenen Kulturen bestimmte Betätigungsarten jeweils deutlich dominieren." Was heißt hier Lebensnotwendigkeit, Lebensum-

---

[297] Odo Marquard: *Weltanschauungstypologie.* In: *Die Frage nach dem Menschen.* Hrsg. von H. Rombach. Freiburg/München 1966. 428 ff., vor allem 436 ff.
[298] *Logik und Systematik.* 125, 157 ff. – Zum folgenden vgl. *Probleme der Kulturanthropologie.* 100 ff.

stände, Anlagen, Parallelen, Selbigkeit, Ähnlichkeit? Was heißt schließlich „Dominieren" einzelner Kulturzweige, wenn es doch gar nicht immer alle Kulturzweige, z. B. nicht immer Wissenschaft, gibt? Sollte man sich nicht entschließen, das „zeitlos" Geltende zu unterscheiden von dem, was sich mit einer bestimmten Allgemeinheit lange Zeit durchhält, aber doch geschichtlich bleibt?

Wilhelm Perpeet sagt in seiner grundlegenden Darstellung der philosophischen Arbeit Rothackers: „Die Akten zum historistischen Relativismusproblem hat Rothacker mit dem Vermerk: erledigt! abgeschlossen. Ein großes Fragezeichen des wissenschaftstheoretischen Problemfeldes weniger! Ein Fragezeichen, das Dilthey so beunruhigte und das er doch nicht wegzubringen vermochte."[299] Die Lösung des historistischen Relativismusproblems besteht darin, daß die Einmaligkeit oder „Gottunmittelbarkeit" historischer Sinnverwirklichungen, damit die historische Relativität in einem durchaus positiven Sinn gefaßt wird: der Geist baut eben durch seine Werke in der Wirklichkeit Welten auf, die geschichtlich, individuell in sich zentriert, auch prozeßhaft und bewegt sind. Welt stellt sich auf, indem der Geist gemäß dem Satz der Bedeutsamkeit das aus der Wirklichkeit aufnimmt, was ihn gerade an diesem Ort und zu dieser Stunde, aus seiner jeweiligen Perspektive heraus interessiert. Dieser Bedeutsamkeitsbezug, Grundlage der konkreten Anschaulichkeit, des entscheidungsträchtigen Handelns und aller „Dogmatik", schließt aber weder Sachlichkeit noch Richtigkeit aus: auf dem Grunde der dogmatisch aufgebauten Welt kann der Geist sich als Bewußtsein durchaus um den Bezug zu den Sachen bemühen, dafür dann Wahrheit beanspruchen; er kann sein Erkennen methodisch in eine Synthesis bringen, für die er Richtigkeit oder „Logizität", die von allen nachvollzogen werden kann, beanspruchen darf. Fragen wir nun aber konkret – etwa für die argumentative Rechtfertigung einer juristischen Entscheidung oder die kunsthistorische Erkenntnis eines Bildes von Rembrandt –, wie diese Lösung des Historismusproblems sich auswirkt, so zeigt sich, daß das große Fragezeichen stehengeblieben ist. Was ist denn die Natur der Sache, auf die der Jurist sich beziehen mag? Ist sie etwas Vorgegebenes oder aber etwas Aufgegebenes, so daß in die scheinbar deskriptiven Begriffe bestimmte Erwägungen, ja parteiische Entschei-

---

[299] Wilhelm Perpeet: *Erich Rothacker* (s. Anm. 273) 89, 33 ff., 81 ff.

dungen einfließen? Kann die Argumentation überhaupt abgeschlossen werden,wenn sie doch zu immer neuen Vorurteilen und unscharfen Abgrenzungen bei sich selbst zurückgehen muß? Hat das Bild Rembrandts ein „Ansich", oder bauen die Betrachter dieses Bild mit auf, und zwar zu verschiedenen Zeiten verschieden? Kann man wohl für technische Entwicklungen oder logische Ableitungen den Zeiten überwindenden allgemeinen Nachvollzug voraussetzen, nicht aber in gleicher Weise in existenziellen, künstlerischen, religiösen Erfahrungen? Die Lösung des historischen Relativismusproblems durch die globale These von den drei „Bewußtseinsgesetzen" der Bedeutsamkeit, Sachlichkeit und Richtigkeit erledigt dieses Problem nicht, sondern schließt es gerade für die konkrete Erörterung neu auf. So steht denn auch am Abschluß der Arbeiten von Rothacker keine Darstellung dieser Bewußtseinsgesetze, sondern die Arbeit zur Genealogie des menschlichen Bewußtseins, in der die Darstellung der Bewußtseinsgesetze leitend ist, die genannten konkreten Fragen aber an allen Ecken und Enden aufbrechen.

III. Hermeneutik und Dekonstruktion

Der Titel „Hermeneutik und Dekonstruktion" verweist auf den Austausch zwischen dem deutschen und dem französischen Philosophieren, vor allem auf die bekannte Pariser Diskussion zwischen Hans-Georg Gadamer und Jacques Derrida. Mitgenannt werden die Anstöße, die Martin Heidegger gegeben hat; Titel Heideggers sind in Begriffen wie Hermeneutik und Dekonstruktion ja verwandelt aufgenommen. Wer in den fünfziger Jahren zur Philosophie fand, wurde auch im deutschsprachigen Bereich selbstverständlich auf Frankreich verwiesen. Dort entfaltete sich – seinerseits maßgeblich in der Auseinandersetzung mit Hegel, Husserl und Heidegger – eine neue Vermittlung der metaphysischen und transzendentalphilosophischen Tradition mit der Erfahrung der Geschichte. Ein Abgrund trennte diese kontinentaleuropäischen Wechselwirkungen von den englischen und amerikanischen Ansätzen. Das ist heute anders geworden – leider auch in der Hinsicht, daß das lebendige Gespräch zwischen Frankreich und Deutschland abgerissen oder doch in kleine Kreise und abseitige Versuche abgedrängt worden ist. Um so wichtiger sind die Kontroversen über „Hermeneutik und Dekonstruktion". Daß dabei die Hermeneutik nicht einfach nur für den deutschsprachigen, die Dekonstruktion für den französischsprachigen Bereich beansprucht werden kann, zeigt sich daran, daß Derrida der hermeneutischen Philosophie von Ricoeur wohl ebenso fern steht wie der philosophischen Hermeneutik von Hans-Georg Gadamer. Doch sind es deutschsprachige Philosophen, nämlich Heidegger und vor allem Nietzsche, mit denen die Dekonstruktion die Hermeneutik überholen möchte. Es geht also um Sachfragen, die überall gegenwärtig sind.

Daß es hier nicht nur um eine akademische Angelegenheit geht, zeigt der weltweite Streit, der heute um Heideggers Wege und deren Folgen geführt wird. Wenn Nietzsche in diesen Streit nicht einbezogen wird, so liegt das wohl nur daran, daß man den wirklichen politischen Implikationen von Nietzsches Philosophieren seit dreißig Jahren geschickt ausweicht. Doch kann die Aktualisierung auch das Sachgespräch zerstören. So hat Jürgen Habermas den angeblichen Diskurs der Moderne dadurch zu behaupten versucht, daß er den Pariser Heideggerianismus kritisierte: Heidegger wie Derrida behaupteten zwar zu Recht die Sprache und damit die Kommunikation als das Medium, in dem auch das Philosophieren geschehe; aber sie gelangten nicht zu der Rationalität, die in dieser Kommunikation liege, sondern zögen sich mit Nietzsche zurück auf eine negative Kritik, die sich als Metaphysikkritik ausgäbe. In einer Zeit, in der die alten politischen Orientierungen nach rechts und links obsolet geworden sind, wird Derrida die Frage vorgehalten, ob er mit seinen Rückwirkungen auf den deutschsprachigen Bereich den Deutschen nicht jenen Irrationalismus zurückbringe, der einmal zu der Katastrophe von 1933 geführt habe. Daß dieses Jahr 1933 und Heideggers damaliges Rektorat sich im Pariser Mai 1968 fortgesetzt haben, hat Allan Bloom ja längst in einem Bestseller behauptet.[300]

Jacques Derrida hat dagegen in einem offenen Brief an Karl-Otto Apel Hilfe gefordert gegen jene „Reaktion", die so „geräuschvoll" an den „Konsens" appelliere, aber schon die Bemühung um Konsens verweigere, wenn sie durch „demagogische Ungenauigkeiten und Verkürzungen" die Positionen gegenwärtigen Philosophierens auf „Pseudo-Linien" bringe und dabei die Kritisierten gar nicht erst zu Wort kommen lasse. Dieses Tun sei „totalitär" – mindestens in jenem Sinn, von dem her in Frankreich schon Hegel verstanden wurde: das metaphysische Suchen nach einer letzten Identität begreift die Geschichte als Ausgestaltungen dieser Identität zu einer Totalität; es ist damit aber nur die Zerstörung jenes offenen Gespräches, das für den französischen Nietzscheanismus die Auseinandersetzung zwischen unvereinbaren Perspektiven bleiben muß. Reaktionär ist dieses Tun, da es für den philosophischen Streit noch einmal die weltrevolutionären Positionen funktionalisiert, die die erste Hälfte unseres Jahrhunderts bestimmt haben, aber die Zukunft nicht mehr bestimmen sollten. Auch an Apel muß Derrida die Frage richten, ob die reklamierte Letztbe-

---

[300] Vgl. Jürgen Habermas: *Der philosophische Diskurs der Moderne.* Frankfurt a. M. 1985. 158 ff.; Allan Bloom: *The Closing of the American Mind.* New York 1987. – Zum folgenden vgl. Jacques Derrida: *Antwort an Apel* (s. Anm. 154).

gründung der kommunikativen Rationalität nicht wieder zu den Einseitigkeiten und Illusionen Husserls und der metaphysischen Tradition zurückkehre.

Sicherlich endet solche bloße Gegnerschaft nicht von ungefähr im vorschnellen Einanderbeschuldigen. Könnte nicht jene hermeneutische Philosophie zwischen den Parteien vermitteln und zur verhandelten Sache zurückkehren, die auch den Versuch einer Rehabilitierung der praktischen Philosophie zu stützen suchte? Gegenüber der bloßen Destruktion und Dekonstruktion, aber auch gegenüber dem allzu eilfertigen Zugriff auf Rationalität bliebe dann zu erkunden, welche Möglichkeiten dem Denken auf dem Felde der Praxis und der politischen Orientierung bleiben. Eine ähnliche Rolle könnte der philosophischen Hermeneutik auf jenem Feld zufallen, auf dem sie sich besonders zu Hause fühlen muß, nämlich in der poietischen Philosophie. Die Kontroversen, die man zum Beispiel in Amerika hören kann, haben inzwischen zwei Formen angenommen. Einmal weist man unter Titeln wie „deconstruction and hermeneutics" daraufhin, daß auch *Wahrheit und Methode* zu einer Rehabilitierung der Allegorie ansetze, möchte diesen Ansatz aber verschärfen. So kann man dann Nietzsche mit dem frühen Friedrich Schlegel ins Spiel bringen oder aber den Einspruch der Rhetoriker gegenüber philosophischen Illusionen neu zur Diskussion stellen.[301] Auf der anderen Seite behandelt man Hermeneutik und Dekonstruktion wie Zwillingskinder, die man dann zusammen gern mit dem gleichen Bade ausschütten möchte. Der Streit um Paul de Mans politische Vergangenheit hat diese Kritik sicherlich verschärft, doch kann man auch anknüpfen an die älteren Auseinandersetzungen über Hermeneutik, wie sie einmal die Kontroverse zwischen Emilio Betti und Hans-Georg Gadamer prägten.

Ein Vortrag über Hermeneutik und Dekonstruktion sollte auf diese Dinge eingehen – nicht nur deshalb, weil man mit dem einschlägigen Schrifttum sich inzwischen schon eine kleine Bibliothek zusammenstellen kann, sondern vor allem deshalb, weil Gadamers Philosophieren im Zusammenhang mit der Erfahrung der Kunst, der ethischen Orientierung, der wissenschaftlichen Arbeit sich vollzieht und ein

---

[301] Vgl. z. B. Ernst Behler: *Deconstruction versus Hermeneutics: Derrida and Gadamer on Text and Interpretation*. In: Southern Humanities Review 21 (1987) 201 ff.; *Derrida-Nietzsche, Nietzsche-Derrida* (s. Anm. 91). Siehe auch Anm. 87. Vgl. ferner: *Beiträge zur Hermeneutik aus Italien*. Hrsg. von F. Bianco. Freiburg/München 1993.

Jurist, ein Historiker, ein Philologe erwarten kann, daß man seine Anliegen mitberührt. Doch muß ich mich im folgenden auf wenige Bemerkungen zu der Frage beschränken, wie das Philosophieren selbst, nämlich seine „Logik", durch den Streit um Hermeneutik und Dekonstruktion tangiert ist.

a. Vorurteil und Spur

Hans-Georg Gadamer ist einige Jahre nach dem Pariser Streitgespräch mit Derrida in seinem Aufsatz *Dekonstruktion und Hermeneutik* auf die unterschiedlichen Wege zurückgekommen.[302] An Nietzsche schieden sich in der Tat die Geister. Für ihn, Gadamer, sei gerade Heideggers Nietzsche-Interpretation überzeugend gewesen: Der Wille zur Macht müsse, um sich ganz auf sich selbst zu stellen, die ewige Wiederkehr wollen; doch gerade diese Thesen hätten Nietzsche in die bekämpfte metaphysische Tradition wieder verstrickt und stellten so deren Selbstauflösung dar. Heidegger habe deshalb über Nietzsche hinausgehen und mit Hölderlin eine neue Sprache suchen müssen. Für Derrida habe dagegen schon Nietzsche das Neue gefunden, das auch gegenüber Heidegger geltend zu machen sei: Der Wille zur Macht sei eine Pluralität von Perspektiven; wenn Heidegger in ihm und überhaupt im Sein etwas metaphysisch Einheitliches suche, falle er hinter Nietzsche zurück. Gadamer selbst kann jedenfalls nicht anerkennen, daß auch er sich wieder in die verdorrenden Felder der Metaphysik verirre, wenn er z. B. gegenüber der Erfahrung der Kunst den Begriff der Hermeneutik festhalte, den Heidegger doch in der Zeit seiner Auseinandersetzung mit Nietzsche und der neuen Begegnung mit dem Kunstwerk aufgegeben habe. Die Universalität der hermeneutischen Erfahrung zur Geltung zu bringen, das ziele gerade auf eine Selbstbegrenzung des Denkens, auf ein Sichhineinstellen in ein offenes Gespräch. Derrida kritisiere zu Recht die Weise, wie Husserl in der ersten seiner *Logischen Untersuchungen* den Begriff der Kundgabe einführe; in dieser Kritik verfehle Derrida aber das Phänomen des

---

[302] Hans-Georg Gadamer: *Dekonstruktion und Hermeneutik*. In: *Philosophie und Poesie* (s. Anm. 90) 3 ff. Vgl. ferner das Pariser Streitgespräch: *Text und Interpretation* (s. Anm. 89).

Hörens einer Stimme: Niemand höre seine eigene Stimme, um sich „logozentrisch" in einen Monolog einzuschließen; die Menschen hörten die Stimme Gottes oder die Stimme des Anderen, die sich immer auch entzögen. Gegen dieses Hören einer Stimme lasse sich die Schrift nicht ausspielen, denn die Schrift müsse bei all ihrer Verselbständigung durch ein lebendiges und verständiges Lesen aktualisiert werden. Wer meine, die Hermeneutik lenke mit Schleiermacher, Hegel und Dilthey in den Idealismus zurück und nehme Nietzsche nicht ernst, verkenne die Bedeutung, die Kierkegaard gehabt habe. Schon als Neunzehnjähriger, so berichtet Hans-Georg Gadamer, habe er selbst sich für die Figur des Assessors Wilhelm in Kierkegaards *Entweder-Oder* begeistert, also für jenen Ethiker, der gegenüber der Unmittelbarkeit und Isoliertheit des ästhetischen Augenblicks (und ebenso gegenüber der religiösen Ausnahme) das Allgemeinverbindliche vertritt, das kontinuierlich durchgehalten werden soll. Damit sei Hegels Vermittlung gefordert, deren Problematik Heideggers Destruktion freilich deutlich gemacht habe.

Hegel und mit ihm die philosophische Tradition werden zurückgenommen in den hermeneutischen Ansatz. Dabei geht die Hermeneutik davon aus, daß der Verstehende mit dem Verstandenen verbunden ist durch einen Lebensbezug. Ein Vorverständnis, das dieses Miteinander schon prägt, soll in der weiteren Auslegung korrigiert, so aber auch zum erfüllten Verstehen hingeführt werden. Ein Theologe wie Rudolf Bultmann konnte den Begriff des Vorverständnisses, wie er in *Sein und Zeit* entfaltet worden war, für den wissenschaftlich reflektierten Glaubensvollzug reklamieren: Nur die unableitbare Entscheidung beantwortet die Fragen, die mit dem Vorverständnis gegeben sind; indem die Theologie jedoch die Glaubensentscheidung zurückbezieht auf das allgemeinverbindliche Vorverständnis, hält sie nicht den Glauben selbst, aber die existentiale Interpretation und damit die Theologie innerhalb der wissenschaftlichen Arbeit der Universität. Hans-Georg Gadamer hat darauf aufmerksam gemacht, daß hier nicht mehr das sich selbst durchsichtige Selbstbewußtsein reklamiert wird, das bei Hegel zum Leitfaden der Auslegung eines absoluten Wissens wird, sondern das Selbstverständnis; dieses Wort mit seinen pietistischen Obertönen verweist zurück auf den Lebensvollzug.[303] Gegen-

---

[303] Vgl. Gadamer: *Martin Heidegger und die Marburger Theologie,* in der Bultmann-

über Bultmanns existentialer Interpretation aber hat Gadamer gezeigt, daß jede Interpretation – auch die Interpretation sogenannter profaner Texte – nicht einfach ein allgemeinmenschliches, sondern ein bestimmtes geschichtliches Vorverständnis hat, damit sich in einer weitergehenden Wirkungsgeschichte vollzieht und immer schon aus einer solchen herkommt. Die Verallgemeinerung, die von der Philosophie erwartet wird, kann sich nur noch auf das jeweils Gemeinsame zurückbeziehen, das sich wirkungsgeschichtlich wandelt. Wenn in dem Fragment, das von *Sein und Zeit* erschien, dreihundertmal das Wort „Interpretation" und weitere sechzigmal nahestehende Worte wie „interpretieren" und „interpretatorisch" vorkommen, dann wird die Möglichkeit unterstellt, auch das Dasein könne interpretiert werden, die Philosophie also Hermeneutik sein. Hans-Georg Gadamer geht darüber hinaus davon aus, daß Heideggers Denken erst im vollen Sinn Hermeneutik wird, wenn es sich dem Kunstwerk und der Seinsgeschichte zuwendet. Was im Leben über das Leben mächtig wird, ist selber Vorurteil, damit der Überprüfung von Urteilen, dem hermeneutischen Prozeß anheimgegeben.

Kann man aber den Weg, den Heidegger gegangen ist, nicht auch als Überwindung der hermeneutischen Tradition auffassen, sofern diese Tradition mit der Reformation behauptet, die *Heilige Schrift* sei aus sich selbst heraus verstehbar, und eben gegen diese Reformation, sie sei wenigstens interpretierbar im Sinne eines Verstehens, das als Geschehen seine Identität findet? Hans-Georg Gadamer selbst hat darauf hingewiesen, daß Heidegger in Marburg den Theologen gegenüber Franz Overbeck aufrief: ehe dessen Einwände gegen die Christlichkeit der angeblich christlichen Theologie nicht widerlegt seien, gebe es keine neue Theologie, etwa als Interpretation oder Hermeneutik.[304] Nach Overbeck kann es Theologie nur als kritische geben, nämlich als Auflösung des Glaubens und als Relativierung von

---

Festschrift von 1964, unter dem Titel *Marburger Theologie* in *Heideggers Wege* (s. Anm. 237) 29 ff., vor allem 35 ff. Zu S. 31 Anm. vgl. ebd. 127, ferner oben Anm. 112. – Zum folgenden vgl. *Wahrheit und Methode* (s. Anm. 13) 313 ff.

[304] *Heideggers Wege.* 29. Zum einzelnen vgl. meinen Düsseldorfer Akademievortrag *Philosophie und hermeneutische Theologie* (Druck in Vorbereitung). – Zum folgenden vgl. den 18. und 23. Abschnitt von Nietzsches *Geburt der Tragödie,* ferner Martin Heidegger / Elisabeth Blochmann: *Briefwechsel 1918-1969.* Marbach am Neckar 1989. 24 ff., 32. Vgl. ferner O. Pöggeler: *Philosophie und Nationalsozialismus – am Beispiel Heideggers.* Opladen 1990.

dessen Verabsolutierungen. Seinem Testament gemäß ist der Kern eines jeden Glaubens ein Mythos, der weder wissenschaftlich oder philosophisch heraufgerufen noch in ein Wissen überführt werden kann. Overbeck stimmt hier durchaus überein mit der Auffassung seines Freundes Nietzsche: was seziert werde, sei längst tot; zu einem lebendigen Glauben oder Mythos gehörten immer Barbareien, die dann von der Wissenschaft weggearbeitet werden sollten. Wenn Overbeck darauf hinwies, daß die Mönche mit ihrem *Memento mori* am ehesten noch das ursprünglich Christliche, nämlich die Weltverneinung, bewahrt hätten, so erholte Heidegger sich nach dem Abschied von Marburg durch seine Herbstwochen bei den Mönchen im Kloster von Beuron. Der Druck seines Vortrages über Phänomenologie und Theologie in einer gemeinsamen Publikation mit Bultmann mußte unterbleiben, weil für Heidegger, wie für Overbeck, lebendige Religion niemals Theologie werden, mit der Wissenschaft und der Philosophie versöhnt werden kann. Inzwischen ist bekannt, in welche Verwicklung mit neuen Barbareien Heidegger geriet, ehe er in Hölderlins Hymnen jenen neuen Anfang fand, den die Mönche einst mit ihren Gesängen gefunden hatten. Steht nicht also der Logos des Philosophierens nun dem Mythos gegenüber, der immer nur zusammen mit politischen Geschichtsentwicklungen sich bildet, hinter dem aber das Leben steht, das unverfügbar bleibt und in unüberbrückbare Differenzierungen führt?

Auch Hans-Georg Gadamer betont, daß zum Beispiel das sogenannte *Alte Testament* für den Juden, den Christen, den Religionssoziologen jeweils in eine verschiedene Welt eingefügt wird und nur dort „spricht". Die Stimme, die in unterschiedlichen Weisen hörbar wird, bleibt jedoch auf den einen wirkungsgeschichtlichen Interpretationsprozeß bezogen.[305] Muß man in diesem Prozeß nicht stärker die unüberbrückbaren Differenzen betonen, also auf die hermeneutische Tradition verzichten? Das tut Derrida, und so kann man ihm gegenüber nicht geltend machen, daß eine Stimme, die spricht, sich immer auch entzieht, denn dieses Sichentziehen macht Derrida selber geltend, nur in einer anderen, schrofferen Form. Wenn er den Logozentrismus als Phonozentrismus darstellt, dann will er nicht nur Husserl

---

[305] *Wahrheit und Methode.* 314. – Zum folgenden vgl. Derrida: *Die Schrift und die Differenz* (s. Anm. 104) 422 ff.; *Grammatologie.* Frankfurt a. M. 1974 und 1983. 169.

kritisieren. Im Blick ist vielmehr, daß vom Modell der Phonologie aus ganze Wissenschaften strukturalistisch aufgebaut wurden. Die Laute, die zur Wortbildung dienen, werden einem Code gemäß durch Entgegensetzung und Unterscheidung gebildet; es ist der festliegende Bau unseres Mundes, der uns zum Beispiel Laute wie p, t oder k bilden läßt. Diese Strukturelemente sind die Steinchen eines Kaleidoskops, die in die unterschiedlichsten Kombinationen treten können. Es kann auch einmal das eine oder andere Element überhaupt ausfallen, aber andere als die gegebenen Strukturelemente kann es nicht geben. Darf man jedoch dieses Modell zum Beispiel auf die Mythologie übertragen, wie das Lévi-Strauss getan hat? Hier widerspricht Derrida. Der Gegensatz von systematischer Konstruktion und geschichtlicher Destruktion wird zusammengefaßt in der einen Dekonstruktion; diese aber zeigt, daß die Differenzierung in Strukturelemente immer auch ein Aufschub ist, der es zu keiner abgeschlossenen Strukturierung kommen läßt. Das Sprechen wird nicht beherrschbar von einem abgeschlossenen Satz seiner Bausteine aus. Im Gegenteil: die Differenz wird so betont, daß der Prozeß des Urteilens zerbrochen wird. Es bleibt die Spur, die auch der Abwesende noch hinterläßt, die also auch mit dem Abwesenden und Differenten noch verbindet. Wenn die Schrift über die Sprache gestellt wird, dann in diesem Sinn, daß das Eingeschriebene oder die Spur Schrift und Differenz miteinander verbindet!

Martin Heidegger hat sich in den dreißiger Jahren nicht mehr an der Historismus-Problematik und der Geschichtlichkeits-Thematik orientiert, in diesem Sinn auch nicht mehr an der hermeneutischen Tradition; wenn es ihm überhaupt noch um Geschichte ging, dann um jenes Geschehen, in dem die Erde in das Offene einer Welt findet, die Menschen als die Sterblichen sich an Göttlichem orientieren. So konnte er aus dem Schluß der Hölderlinschen Elegie *Brod und Wein* die Rede von der Spur aufnehmen: Die Dichter müssen die Spur auch noch der entflohenen Götter festhalten. Diese Konzeption der Spur wurde dann differenziert entfaltet: Das Denken ist auf der Spur zum Eigenen; wenn es ihm um das Sein geht, dann bleibt die Offenheit von Seinsstrukturen eine Spur zum Heiligen, das in diese Offenheit auch das Heile einbringt. Diese Konzeption gehört nicht einem „späten Heidegger", sondern einem Fünfundvierzigjährigen, der erst zu sich selbst findet. Ihm widerspricht Emmanuel Lévinas 1963 in seinem bahnbrechenden Aufsatz *Die Spur des Anderen:* Wir sind nicht nur auf der Spur zum Eigenen, sondern immer schon auf die Spur des Anderen gesetzt; in der Andersheit des Anderen zeigt sich etwas Entziehendes und in diesem Sinne Unendliches, und weil dieses Unendliche das uns Übersteigende ist, kann es uns – als der Gott der Philosophen – in die Pflicht für den Anderen nehmen. Was Descartes in seiner dritten *Meditation* über das Unendliche sagt, kann konkret am Phänomen des Anderen ausgewiesen werden. Wenn Plotin, über Platons Sprachgebrauch hinausgehend, mit der Rede von der Spur die Emanationen des Einen zu fassen suchte, blieb er an der Identität orientiert. Die Übersetzung von *ichnos* durch *vestigium* setzte schon die Rede von den *vestigia dei* voraus, brachte aber kaum einen grundsätzlich neuen Ansatz. Lévinas unterstellt darüber hinaus, daß auch Heidegger in seiner angeblichen Überwindung der Metaphysik an dieser Ausrichtung auf die Identität festhält, nämlich an einer Ausrichtung auf die geschichtliche Identität als das zu gewinnende Eigene.

Schon Platon sagt im *Theaitet* (191 ff.), die Begegnung mit anderem hinterlasse in unserem Gedächtnis genauso ihre Spuren wie der Abdruck eines Siegelrings im Wachs ; in solchen Spuren könne man dann immer neu zu gehen suchen. Wie Spuren unser Gedächtnis aufbauen, sucht das 19. Jahrhundert dann sehr konkret in physiologischen und psychologischen Theorien zu zeigen. Freud gibt diesen Theorien eine entscheidende Wendung: Ein Gedächtnis wird durch eine Dauerspur aufgebaut, wenn es eine Verwundung und Verletzung nicht verarbeiten kann, wenn das Unbewußte in Kontakt mit dem Bewußten tritt und sich im Versprechen, im Fehlverhalten, in Wiederholungszwängen, in Neurosen durchsetzt. Daß gerade im Gedächtnis der Dichter nur diese Dauerspur zählt, hat Walter Benjamin unter Rückgriff auf Freud in seinen Arbeiten über Baudelaire geltend gemacht (und ein Lyriker wie Paul Celan hat diese Gedankengänge dann in jene Gedichte aufgenommen, die sich mit der Blutspur befassen, welche unser Jahrhundert hinterlassen hat).[306] Jacques Derrida hat in seinem großen Lévinas-Essay *Gewalt und Metaphysik* den gerade erschienenen Aufsatz über die Spur des Anderen noch aufgenommen; er hat den Nachweis geführt, daß Freuds psychiatrische Theorie in ihren verschiede-

---

[306] Siehe Anm. 104. – Zum folgenden vgl. Derrida: *Die Schrift und die Differenz.* 302 ff., 121 ff., 177 f.

nen Phasen sich auf der Konzeption der Spur aufbaut. Er hat die Mahnung von Eric Weil ernst genommen: auch der Andere und das Andere müssen, wenn sie unser Leben bestimmen, bloße Gewalt bleiben, sofern ihnen nicht der angemessene Spielraum vermittelt wird. So mußte die Rede von der Spur wieder auf das Problem des Begriffs und überhaupt der Verallgemeinerung zurückbezogen werden, wie es von den Griechen entfaltet wurde. Für die zusammenfassende Konzeption der Spur bekam deshalb Heideggers Hinweis das entscheidende Gewicht, bei Anaximander gebe es eine Spur zu einem Zudenkenden hin, das dann verloren worden sei. Kann man alles Gesagte zurückbeziehen auf ein Ungesagtes, das in seiner Abwesenheit doch Spur bleibt? Wenn Derrida in seiner *Grammatologie* diese Fragen entfaltet, legt er die Akzente aber anders als Heidegger. Bei Heidegger konnte überdies die Rede von der Spur sich niemals vor die Rede von den Winken stellen, die nach Hölderlin die Sprache der Götter sind. Der Wink, in dem ein Abschiednehmender sich noch einmal zuwinkt und so auch in der Abwesenheit bei uns bleibt, trägt als unmittelbare Geste aber mehr an Gegenwärtigkeit in sich als die Spur.

Muß man nicht zugeben, daß diese Rede von der Spur jene hermeneutische Phänomenologie durchbricht, die bei uns seit den zwanziger Jahren von Dilthey und Husserl her entfaltet wurde? Ein kurzer Blick auf die einschlägigen Arbeiten lehrt aber, daß es um Sachfragen geht, die längst erörtert wurden. So kann Scheler sich in den Entwürfen zu seiner philosophischen Anthropologie darauf berufen, daß Bergson ihn schon 1912 aufgefordert habe, die klinischen Erfahrungen Freuds aus den Hüllen einer „allzu primitiven naturalistischen Metaphysik" herauszuschälen. Zur Lösung dieser Aufgabe setzte Scheler 1927/1928 eine eigene Vorlesung an.[307] Hans-Georg Gadamer hat diesen Ausbruch Schelers aus der Phänomenologie jedoch zurückgewiesen. So sagt der Vortrag *Zur Aktualität der Husserlschen Phänomenologie*, der Ansatz Husserls bleibe dem Ansatz Schelers überlegen. Da Husserls Phänomenologie in Heideggers Umwandlung zur Hermeneutik aufgenommen wird, muß eigens darauf aufmerksam

---

[307] Max Scheler: *Gesammelte Werke*. Band 12 (*Philosophische Anthropologie*. Bonn 1987). 58 ff. – Zum folgenden vgl. Gadamer: *Gesammelte Werke*. Band 3. Tübingen 1987. 160 ff.

gemacht werden, daß Heidegger Schelers Dualismus von Drang und
Geist, von transzendentaler Wesenswissenschaft und moderner empirischer Forschung auch dann noch kritisiert habe, als er Scheler in
dessen letzten Lebensjahren als „großartigen und genialen Denker"
anerkannte.

Eine ungewöhnlich lange Anmerkung richtet in *Wahrheit und Methode* die gleiche Kritik auch gegen Oskar Becker, der seine Rezeption
von Freud und Scheler mit einer Darlegung des Leistungssinns der
Mathematik und des ästhetischen Aktes zu verbinden suchte, deshalb
auch zur Ontologie des geschichtlichen Daseins die Paraontologie des
Dawesens und der *parousia* des Wesens stellte. Diese geistreichen
Ideen Beckers zu einer Paraontologie, so heißt es, scheinen „die ‚hermeneutische Phänomenologie' Heideggers zu wenig als eine methodische, zu sehr als eine inhaltliche These anzusehen. Inhaltlich gesehen
kommt die Überbietung dieser Paraontologie, die Oskar Becker selber in konsequenter Durchreflexion der Problematik ansteuert, genau
auf den Punkt zurück, den Heidegger methodisch fixiert hat … Gesteht sich der Entwurf der Paraontologie seinen komplementären
Charakter ein, dann muß er sich auf etwas hin übersteigen, das beides
umschließt, eine dialektische Anzeige der eigentlichen Dimension der
Seinsfrage, die Heidegger eröffnet hat und die Becker freilich nicht als
solche zu erkennen scheint, wenn er die ‚hyperontologische' Dimension am ästhetischen Problem exemplifiziert, um dadurch die *Subjektivität* des künstlerischen Genies ontologisch zu bestimmen."[308] Heideggers hermeneutische Phänomenologie hat die hier reklamierte
„Dialektik" als den Todfeind bekämpft, der in traditionelle Ausflüchte
und Kompromisse zurücklenke. Wenn man davon absieht, dann darf
man sagen, daß Hans-Georg Gadamer mit der zitierten Kritik genau
die Auffassung Heideggers wiedergibt.

Als Beleg dafür kann ich jetzt nur die beiden Briefe an Karl Löwith
anführen, in denen Heidegger im August 1921 und im August 1927
sein Denken von den Diskussionen seiner beiden ältesten Schüler,
nämlich Becker und Löwith, abgrenzte. Als Löwith über Nietzsche
promovierte (von Husserl dieses Themas wegen aus dem Umkreis
Heideggers nach München vertrieben), schrieb Heidegger ihm, Bek-
ker und Löwith würden ihn (den jungen Heidegger) zu Unrecht „an

---

[308] *Wahrheit und Methode.* 91 ff. Siehe dazu Anm. 39.

Maßstäben wie Nietzsche, Kierkegaard, Scheler und irgendwelchen schöpferischen und tiefen Philosophen" messen. Er selbst habe jedoch nicht die Absicht, Vergleichbares zu machen (eine schöpferische Umwertung der herrschenden Werte, sei es nun im Sinne Nietzsches, Kierkegaards oder Schelers, den man damals den katholischen Nietzsche nannte). Gemäß seiner faktischen Herkunft, damit auch als christlicher Theo*loge*, gehe es ihm vielmehr um eine neue Bestimmung des Logos. Deshalb stehe Becker ihm ebenso fern wie Löwith: Becker, weil er nur Ontologien suche, etwa die Bestimmung des Leistungssinns der Mathematik, Löwith, weil er existenziell philosophieren wolle und dieses Existenzielle dann in übergreifende Zusammenhänge stelle (in die Du-Ich-Beziehung, in das soziale Feld, in die religiösen Traditionen und deren Säkularisierung). Vor aller ontologischen Arbeit oder gar dem Weg ins Existenzielle die *Logik* der Philosophie neu zu bestimmen, das sei zuerst einmal die Sache einer Destruktion der philosophischen Tradition. Zwar würden Becker und Löwith ihm Subjektivismus vorwerfen, doch seien beide viel mehr als er selbst mit sich beschäftigt. Vor allem die Einbringung der Psychoanalyse lenke nur von der Frage ab, wie das Dasein in seiner Ganzheit zu bestimmen sei und so als Ort der Offenheit von Sein genommen werden könne.[309]

„Ich habe mich", so schreibt Heidegger 1927, „für Psychoanalyse von je her *wenig* interessiert, aus dem Grunde, weil sie mir *grundsätzlich* philosophisch bezüglich der Zentralprobleme nicht relevant genug erscheint. Becker und Sie [Löwith] dagegen haben von Anfang an meine Hermeneutik der Faktizität psychoanalytisch umgebogen, und meine Arbeit in Perspektiven gedrängt, in denen sie sich nie bewegte." Vor allem könne man eine Natur (damit auch das Paraontologische) nicht neben den Geist (das Ontologische) stellen: „Die ‚Natur' des Menschen ist doch nicht etwas für sich und an den ‚Geist' angeklebt. Die Frage ist: besteht eine Möglichkeit, von der Natur her einen Grund und einen Leitfaden für die *begriffliche* Interpretation des Daseins zu gewinnen, oder vom ‚Geist' – oder von keinem der beiden, sondern ursprünglich aus der ‚*Ganzheit*' der Seinsverfassung, worin in ‚begrifflicher' Absicht *das Existenziale für die Möglichkeit der Ontologie überhaupt* einen *Vorrang* hat. Denn die *anthropologische* Inter-

---

[309] *Drei Briefe Martin Heideggers an Karl Löwith.* In: *Zur philosophischen Aktualität Heideggers.* Band 2 (s. Anm. 176) 27 ff., zum folgenden 38.

pretation ist *als ontologische* erst vollziehbar auf dem Grunde einer geklärten ontologischen Problematik überhaupt." Setzt diese Polemik gegen das angebliche Nebeneinander von Natur und Geist oder Lebensdrang und Geist nicht unberechtigterweise voraus, daß Philosophie sich immer auf Einheit ausrichten, so Identität zur Ganzheit entfalten müsse?

Husserls *Cartesianische Meditationen* sind zu einer Gegenbewegung gegen die Wirkung von *Sein und Zeit* geworden. Als diese Meditationen wenigstens in der französischen Übersetzung von Gabrielle Pfeiffer und Emmanuel Lévinas erschienen, hat Oskar Becker seine Auffassung von einer angemessenen Fortführung der phänomenologischen Philosophie 1936/1937 in einem Aufsatz *Husserl und Descartes* dargestellt: Die fünfte *Meditation* Husserls führe in eine neue Welt, nämlich von Descartes zur *Monadologie* von Leibniz und damit zur Intersubjektivität. In der Intersubjektivität will Becker das Unendliche der dritten *Meditation* des Descartes konkret ausweisen: wir können die Idee des Unendlichen nicht adäquat aufnehmen; dieses Unendliche zeigt sich im Anderen, der sich uns immer auch entzieht. Michelangelo kann nicht Raffael sein. Die Anerkennung der Andersheit der Anderen aber führt zu einem hermeneutischen Realismus, der mit der Erfahrung des Eigenen auch das Andere erfährt.[310] In weiteren Arbeiten hat Becker dann gezeigt, wie dieser hermeneutische Realismus zusammengehört mit einem transzendentalen Idealismus, der nach apriorischen Elementen im Erkennen und Handeln sucht, und mit der Urteilskraft, die auch empirisch-wissenschaftliche Arbeiten teleologisch in größere Zusammenhänge bringt. Man kann nicht davon ausgehen, letztlich sei alles auf *eine* Wurzel aller Dinge auszurichten. Mit dem Hinweis auf Natur und Geist oder Wesen und Sein macht man Gebrauch von Hypothesen, die nur zusammen mit der empirischen Arbeit ausweisbar sind. Natürlich hat Heidegger in den *Beiträgen zur Philosophie* gegen diese antagonistische und vielperspektivische Begründung (oder Nichtbegründung) der Philosophie protestiert und wiederum eine vorgängige Logik der Philosophie reklamiert. Diese Logik wird in der Sigetik gefunden, die jenes Unerschöpfliche erschweigt, das in allem Gesagten das Ungesagte bleibt und so jedes Gesagte in seine Grenzen einweist und an seinen Ort

---

[310] Siehe Anm. 40, zum folgenden Anm. 41.

zurückstellt. Diese Erörterung aber muß nach Becker eine Selbsttäuschung bleiben, wenn sie sich als Spekulation versteht und nicht als Partner der vielstimmigen Erfahrungen empirischer Forschung und zum Beispiel der Erfahrung der Kunst.

Heidegger ist immer bei seinem Ansatz geblieben. Was er 1927/ 1928 gegenüber Löwiths Beschreibungen der Du-Ich-Beziehung geltend machte, hielt er auch noch im Alter fest, als die Dialogik Martin Bubers in radikalisierten Formen fortgeführt wurde: Jenes Zwischen, in dem Du und Ich auseinandertreten können, setzt das Da des Daseins voraus, den „Ort", an dem wir „vor Ort" sind, das Eigene suchen, das in seiner jeweiligen Einzigartigkeit doch nichts bloß Ichliches ist. Als Paul Celan in seiner Büchner-Preisrede *Der Meridian* sich auf die Münchener Kontroverse zwischen Heidegger und Buber über Sprache und Gespräch bezog, ließ Heidegger seine Randbemerkungen zu dieser Rede wieder hinauslaufen auf die Forderung des vorgängigen Bezugs auf den genannten Ort. Kann aber ein Gedicht nicht in der Weise vor Ort sein, daß es zum Beispiel Denk-Mal ist, vom Anderen herkommt, ihm wieder Raum verschaffend, in diesem Sinne auf dem Verbindenden eines „Meridians" angesiedelt?[311] Ebenso schroff hat Heidegger die Rede vom Unbewußten abgewiesen, zum Beispiel in den Zollikoner Seminaren mit Medard Boss: ein Unbewußtes, eine Natur als zweite Motivierungsquelle, die in das Geistige, das Geschick des Daseins einbricht, kann es nicht geben, da dieses Andere als ein Neben doch schon von dem Einen und Ganzen umfangen sein muß, um das es geht. So lassen die Zollikoner Seminare genau wie *Sein und Zeit* eine Korrelation zwischen dem Interpretieren des Ontischen und der fundamentalontologischen Bemühung um das Ursprüngliche zu, insofern das erste neue Aspekte für die zweite Dimension beibringen kann; eine Vermittlung, die das Ursprüngliche sich erst aus dem Vielen geben läßt und so nie die eine Urwurzel hat, wird abgelehnt. Heideggers Rede vom Einklang zwischen Ereignis und Austrag übersetzt denn auch die neuplatonische, von Hegel vermittelte Formel „Identität der Identität und Differenz", in der die Identität zwiefach in den Vordergrund gerückt ist. Daß diese Ausrichtung des Denkens neuplatonisch ist, wird verleugnet, ja überhaupt nicht gesehen.

---

[311] Siehe Anm. 269 und 240. – Zum folgenden vgl. Heidegger: *Zollikoner Seminare* (s. Anm. 43) 259, 254; Heidegger: *Identität und Differenz*. Pfullingen 1957. 10.

Hier zeigt Gadamers Denken einen ganz anderen Gestus. Die Dialektik kann in die Hermeneutik aufgenommen werden, weil sie als Dialogik und Wirkungsgeschichte gefaßt wird. Mit ihrer Universalität muß die Hermeneutik Vermittlung sein; so kann die neuplatonische Tradition bewußt aufgearbeitet und zur eigenen Sprache werden. Ein Weg wird reklamiert von Platon zu Plotin und zu Augustin, von diesem zu Hegel und von Hegel zu Heidegger, ein Weg, den es nach Heideggers klaren Festlegungen nicht gibt. Obwohl sich Heideggers und Gadamers Denken so in zwei verschiedenen Welten bewegen, hält *Wahrheit und Methode* den Ansatz Heideggers in seinem Kern fest. Gegenüber dem Drängen auf Methode wird geltend gemacht, was die methodischen Sicherungen sprengt: die Erfahrung der Kunst, das eigentümliche Vorgehen der Geisteswissenschaften, die Geschichte der Philosophie im Philosophieren, die Begriffsgeschichte als Einbettung des Begrifflichen in die Sprache überhaupt. Damit aber wird nach den programmatischen Formulierungen der Einleitung zu *Wahrheit und Methode* nur gezeigt, wieviel Geschehen in allem Verstehen ist. So werden die natürliche Lebensordnung und die geschichtliche Überlieferung zurückgestellt in das hermeneutische Universum, das eben als Geschehen und mit den Brüchen der Wirkungsgeschichte doch ein *Hen kai Pan* bleibt.

Gegen diesen Denkgestus, der Heidegger und Gadamer gemeinsam bleibt, wurde in der Erörterung des phänomenologischen Ansatzes ein anderer Gestus geltend gemacht, der im heutigen französischen Denken wiederkehrt, weil ihm eine sachliche Notwendigkeit zukommt. Hans-Georg Gadamer schildert einmal sehr eindrucksvoll den schrägen Blick, mit dem Heidegger über seine Hörer weg zum Fenster hinaus gesprochen habe, also ins Offene und in die Weite des sich Verbergenden.[312] Doch dieser schräge Blick, der Logismos nothos, wird auch in anderer Weise beansprucht: Nur in der Abhebung des Anderen vom Eigenen, um eine Ecke herum, kann Michelangelo Raffaels Werke sehen; wir können das, was als Natur uns bestimmt, in unserem geschichtlichen Existieren nur gewähren lassen und in dieser Weise zu wahren versuchen, es nicht direkt aufnehmen, sondern überhaupt nur von seinem Durchbrechen in Träumen und in Fehlhandlun-

---

[312] *Heideggers Wege*. 60. – Zum folgenden vgl. Oskar Becker: *Dasein und Dawesen* (s. Anm. 39) 126.

gen her als das Andere indirekt in die Sicht bekommen. Eine existenziale Psychoanalyse oder auch nur eine hermeneutische Integration der Archäologie Freuds in die geschichtliche Teleologie Hegels, wie Ricoeur sie versucht, kann es nicht geben. D. h. schließlich, daß von einer Universalität der Hermeneutik nicht die Rede sein kann; das Eine kann nicht zum Ganzen entfaltet werden, da die Differenz (und damit der schräge Blick) ebenso wichtig ist wie die Identität. Die Brüche, die in der Wirkungsgeschichte angezeigt werden, genügen nicht, wenn wir dieser Differenz und Andersheit gerecht werden wollen.

Die übliche Rede vom Erklären und Verstehen mag noch einmal hinweisen auf das, worum es hier geht. Heidegger weicht der hier angezeigten Problematik aus, wenn er das Erklären festlegt auf eine Zurückführung des Ontologischen auf Ontisches, etwa auf die Erklärung des mannigfachen Seins von einem höchsten Seienden her oder der psychologistischen Reduktion der Gesetze der Logik auf eine Eigenschaft der Psyche des Menschen.[313] Das Erklären, das in den Gegensatz zum Verstehen gesetzt wird, meint das Beherrschen eines Phänomens mittels einer Gesetzlichkeit; in methodischer Abstraktion beschränkt man sich dabei auf bestimmte Aspekte dieses Phänomens und hebt so den Lebensbezug auf. Was die Erklärung ermöglicht, kann deshalb durchaus auch unverständlich sein (so daß die Maxwellschen Gleichungen klüger sind als ihr Autor). Im Verstehen geht man mit dem Vorverständnis von einem vorgängigen Lebensbezug aus (die christliche Botschaft oder die Französische Revolution gehören ja durchaus zu unserer eigenen Geschichte); dieser Bezug wird dann in der Auslegung des Verstehens korrigiert und modifiziert, verbleibt so aber in einer Wirkungsgeschichte. Die Behauptung der Universalität der Hermeneutik neigt dazu, das Erklären in seiner Andersheit aufzuheben und als Randphänomen des Verstehens zu fassen (privativ, wie

---

[313] *Sein und Zeit.* 207, 269, 352. Heidegger bezieht auch Erklären und Verstehen als abgeleitete Methoden zurück auf ein ursprüngliches Verstehen, ebd. 143. Durch Heidegger selbst habe ich mich zuerst dazu drängen lassen, in der Unterscheidung von Erklären, Erläutern und Erörtern zwar das Verstehen wegen seines Bezugs zur historischen Umformung des Descartesschen Ansatzes zurückzuweisen, aber das Erklären im negativen Sinne Heideggers zu nehmen; vgl. *Der Denkweg Martin Heideggers* (s. Anm. 2) 280 ff. Angemessener ist, das Erklären vom „Deuten" her zu fassen und dem Verstehen gegenüberzustellen; vgl. den Abschnitt „Deuten und Verstehen" in: *Heidegger und die hermeneutische Philosophie* (s. Anm. 72) 346 ff. Zum erklärenden Deuten und zum Verstehen tritt dann das Erörtern, siehe Anm. 19.

es noch in *Sein und Zeit* hieß). Damit überspielt man zu leicht den Unterschied in den Ansätzen. Die Aufgabe wäre aber, die Differenz zwischen Erklären und Verstehen zu „erörtern"; statt zu einer universalisierten philosophischen Hermeneutik käme man dann zu einer hermeneutischen, nämlich erörternden Philosophie. Für diese wäre die Behauptung der Differenz gegenüber der Identität, wie sie in der Dekonstruktion versucht wird, kein Einwand mehr.

b. Die Logik der Philosophie und die philosophische Tradition

Zweifellos führt der angezeigte Streit um die Logik der Philosophie zurück in die großen Auseinandersetzungen der philosophischen Tradition. Hans-Georg Gadamer sagt deshalb in seinen kritischen Bemerkungen zu Max Scheler und Oskar Becker auch, Husserls Ansatz bleibe (in der hermeneutischen Umwandlung) den anderen Wegen Schelers und Beckers so überlegen, wie Fichtes *Wissenschaftslehre* der Behauptung einer eigenständigen Naturphilosophie durch Schelling überlegen sei. Gerade der Briefwechsel zwischen Fichte und Schelling zeige diese bleibende Überlegenheit der *Wissenschaftslehre*. Doch könnte der Versuch Schellings nicht einen guten Sinn haben, nicht nur eine Naturphilosophie an die Transzendentalphilosophie anzuschließen, sondern diese auch mit der Naturphilosophie zu vermitteln? Heidegger hat diese Problematik wenigstens in der Reflexion auf seine letzten Gespräche mit Scheler berührt. Die Logik-Vorlesung vom Sommer 1928 nimmt den Gedanken einer metaphysischen Ontik auf, die im Anschluß an Schelers Metaphysik erster Ordnung, die Erörterung der metaphysischen Implikationen der einzelnen Wissenschaften und Ontologien, auch „Metontologie" genannt wird. Fundamentalontologie steht in Wechselwirkung mit dieser metaphysischen Ontik, weil nur der Mensch die Frage „Warum überhaupt?" stellt und so Metaphysik entwickelt, der Mensch sich aber als existierender und welthabender vom bloßen Leben und von der Natur abhebt, sich als Endlicher dem Übermächtigen des Heiligen und Göttlichen gegenüberstellt.[314]

---

[314] Heidegger: *Metaphysische Anfangsgründe der Logik* (s. Anm. 35) 174, 201, 211. – Zum folgenden vgl. oben S. 121 ff., ferner Jacques Derrida: *Husserls Weg in die Geschichte am Leitfaden der Geometrie*. München 1987.

Merkwürdigerweise bezieht Heidegger das Problem des Raumes und damit auch der Zeit in diese „Metontologie" ein. Der baltische Embryologe Karl Ernst von Baer, der zuerst durchaus noch in der Nachfolge Schellings und Hegels arbeitete, hat mit seinen berühmten Zeitfiktionen ja gezeigt, daß wir völlig andere Bewegungsabläufe, Gestaltqualitäten, Farben und Töne an den Dingen erfahren würden, wenn wir tausendmal mehr oder weniger Eindrücke in der Sekunde hätten. So fragt sich, was aus dieser konkreten Einbettung in die Natur eigentlich als transzendentales Element ausgesondert werden kann, wie also Transzendentalphilosophie von der Naturphilosophie her auch ihre Grenzen erhält. Leider hat Derrida in seiner ersten bekannten Arbeit über ein Geometriefragment Husserls zwar gezeigt, daß die Philosophie sich nicht *more geometrico* entwickeln kann, nicht aber, wie wir heute die Bemühungen Husserls und seiner Schüler um eine Philosophie des Raumes und der Zeit aufnehmen können. So droht gerade die systematische Tendenz des phänomenologischen Neuaufbaus der Philosophie in der Dekonstruktion verlorenzugehen.

Derrida fragt sich in seiner Diskussion mit Gadamer, ob es überhaupt zu einem wirklichen Streit kommen könne. Gerade der „gute Wille", der in der Hermeneutik das Gemeinsame suche, verhindere die nötige Auseinandersetzung. Derrida versteht diesen guten Willen von Kant aus, der wenigstens eine formale Allgemeinheit für die Beurteilung des Sittlichen vor jedem Blick auf Erfolg sucht. Nietzsche hat nach der französischen Interpretation jedoch gezeigt, daß der Wille zur Macht eine Pluralität von Perspektiven sei, die alles Erkennen und Handeln leite und dieses so zu einer Auseinandersetzung mache. Darüber täusche der gute Wille nur hinweg. Nun kann es wohl kaum zweifelhaft sein, daß diese Nietzsche-Interpretation zuerst einmal gegenüber Heideggers These vom Willen zur Macht als dem einen Sein des Seienden recht hat. Führt aber die Überwindung des Ressentiments, die mit Nietzsche gesucht wird, nicht ihrerseits in eine Illusion, der man eine „metaphysische" Tendenz zuschreiben darf? Was immer Nietzsche mit der ewigen Wiederkehr gemeint hat, diese Lehre ist das Siegel auf die Vollkommenheit, wie das Leben sie im Mittag des Lebensweges und im großen Mittag der Epoche finden kann. Demgegenüber hat Heidegger in seinem Vortrag über Nietzsches Zarathustra gefragt, ob es nicht auch Rache am Leben (und damit „Ressentiment", eine metaphysische Illusion) sei, wenn ein Schwer-Leidender wie

Nietzsche das Leben in solcher Weise unter seine Protektion nehme, damit das Leben in seiner Endlichkeit, Zerbrechlichkeit und Fraglichkeit gerade nicht hinnehme.[315]

Wenn Gadamer den guten Willen, der Gemeinsamkeit sucht, reklamiert, dann zielt er aber überhaupt nicht primär auf Kant; so läßt er sich auch nicht mit Nietzsche widerlegen. Vielmehr geht es um jene Lehre vom Guten, um die schon Platon und Aristoteles gestritten haben. Liest man *Wahrheit und Methode,* so kann man (ehe man zum dritten Teil über Sein als Sprache kommt) durchaus annehmen, man habe es mit einem Aristoteliker zu tun, der Rhetorik, Poetik, dazu die rechtliche Verfaßtheit des Lebens als Leitfäden nehme. Die Arbeiten des Bandes 7 der Gesammelten Werke, sicherlich ein zweiter Höhepunkt neben *Wahrheit und Methode,* erweisen Gadamer eher als Platoniker. Den Aristotelischen Einwänden wird der Wind aus den Segeln genommen, weil vom Guten her die Ideenlehre selbst in einer weiten und pluralistischen Weise interpretiert wird. Gadamers Auseinandersetzung mit der Platonforschung zeigt, daß der mathematische Beweis für die fünf platonischen Körper durchaus nicht das einzige Modell für Rationalität bei Platon ist; jene Tugenden, die in den Dialogen nur aporetisch bestimmt werden, haben auch ihre Ideen. Aristoteles sehe die Ideen zu einseitig, wenn er in ihnen „eher die Ursachen für die Unveränderlichkeit als für die Veränderung" finde. Die Ideen seien für ihn „von der Art der pythagoreischen Zahlenverhältnisse, auf Grund deren beim Musizieren immer dieselben Intervalle herstellbar werden". Aber, so sagt Gadamer, etwa „das Beispiel des Systems der Buchstaben, das im *Philebos* neben dem der Tongeschlechter steht, zeigt doch auch, daß Platon offenbar nicht überall dieselbe volle idealere Rationalität erwartet hat, die sich im Falle der platonischen Körper ergab. Mehr als partikulare ‚Theorienbildung' liegt in Wahrheit bei Platon nirgends vor." Die Frage bleibt aber auch hier, ob die geschichtlichen wie sachlichen Gegensätze nicht allzu

---

[315] Heidegger: *Vorträge und Aufsätze* (s. Anm. 134) 101 ff., vor allem 122. Heidegger verbindet die Deutung des Platonischen *exaiphnes* und damit des Ortes der Dialektik als Augenblick (wie Kierkegaard sie gegeben hat) mit Nietzsches Erfahrung der Ewigkeit in der Augenblicksstätte, um beide Ansätze von Hölderlin her zu überwinden; vgl. O. Pöggeler: *Destruktion und Augenblick.* In: *Destruktion und Übersetzung.* Hrsg. von Thomas Buchheim. Weinheim 1989. 9 ff. – Zum folgenden vgl. Hans-Georg Gadamer: *Gesammelte Werke.* Band 6. Tübingen 1985. 308 ff.

harmonisierend und zu wenig antagonistisch versöhnt werden. In jedem Fall geht es in dem Streit zwischen Hermeneutik und Dekonstruktion nicht nur um das Erbe der phänomenologischen Philosophie, sondern um das Erbe der philosophischen Tradition überhaupt.

Nachweise

Einleitung. Benutzt wurde ein Vortrag *Schritte zu einer hermeneutischen Philosophie* im Goethe-Institut Palermo im Februar 1993; vgl. auch den Beitrag *Ansatz und Aufgabe einer hermeneutischen Philosophie* in der Festschrift für Aldo Massulo (in Vorbereitung), ferner die neue Einleitung zur koreanischen Übersetzung (1993) meines Textbuches *Hermeneutische Philosophie* von 1972.

A I. *Zeit und Hermeneutik.* Die Gedanken wurden 1982 in einer Ringvorlesung der Ruhr-Universität Bochum sowie auf einem Kolloquium von C. F. v. Weizsäcker in der Forschungsstätte der Ev. Studiengemeinschaft in Heidelberg, 1987/1988 in Chicago, Buffalo und Stony Brook vorgetragen. Publiziert in *Krisis der Metaphysik* (W. Müller-Lauter zum 65. Geburtstag). Hrsg. von Günter Abel und Jörg Salaquarda. Berlin, New York 1989. 364-388.

A II. *Bergson und die Phänomenologie der Zeit.* In: Aratro corona messoria (Festgabe für Günther Pflug). Hrsg. von Bernhard Adams u. a. Bonn 1988. 153-169.

A III. *Dilthey und die Phänomenologie der Zeit.* Vortrag auf dem Dilthey-Gedächtnissymposium in Bad Homburg v. d. Höhe im November 1983. In: Dilthey-Jahrbuch 3 (1985) 105-139. Vgl. auch den Vortrag vom Dilthey-Symposium in Rom im Mai 1983: *Il concetto di tempo in Dilthey e Heidegger.* In: *Dilthey e il pensiero del novecento.* Hrsg. von Franco Bianco. Milano 1985. 214-219.

B I. *Scheler und die heutigen anthropologischen Ansätze zur Metaphysik.* Vortrag auf der Jahrestagung des Engeren Kreises der Allgemeinen Gesellschaft für Philosophie im September 1988 in Heidelberg. In: Heidelberger Jahrbücher XXXIII (1989) 175-192.
B II. *Die Krise des phänomenologischen Philosophiebegriffs (1929).* Referat auf der Bochumer Husserl-Gedächtnisveranstaltung 1988. In: *Phänomenologie im Widerstreit.* Zum 50. Todestag Edmund Husserls. Hrsg. von Ch. Jamme und O. Pöggeler. Frankfurt a. M. 1989. 255-276.
Vgl. auch *La crisi del concetto fenomenologico di filosofia (1929).* In: *Razionalità fenomenologica e destino della filosofia.* A cura di Aldo Masullo e Ciro Senofonte. Genova 1991. 41-60.

B III. *Hermeneutik der technischen Welt.* Die Gedanken des Aufsatzes wurden im Oktober 1991 in Seoul und Pusan (Korea) vorgetragen. Der erste Teil war Thema eines Vortrags im Evangelischen Studienwerk Villigst im August 1992. Der zweite Teil wurde auf einer Veranstaltung der Universität und des Goethe-Instituts Mailand im März 1992 diskutiert. Vgl. *Ermeneutica del mondo tecnico* (con una presentazione di Valerio Verra). In: Informazione filosofica III (maggio 1992) 10-14; *The Hermeneutics of the Technological World: The Heidegger-Heisenberg Dispute.* In: International Journal of Philosophical Studies 1 (1993). 21-48.

C I. *Die Pädagogik und das Verhältnis der Generationen.* In: *Sinn und Geschichtlichkeit.* Werk und Wirkungen Theodor Litts. Hrsg. von J. Derbolav, C. Menze und F. Nicolin. Stuttgart 1980. 171-193.

C II. *Die ethisch-politische Dimension der hermeneutischen Philosophie.* Vortrag auf der Jahrestagung des Engeren Kreises der Allgemeinen Gesellschaft für Philosophie 1971 in Hannover. In: *Probleme der Ethik – zur Diskussion gestellt.* Hrsg. von Gerd-Günther Grau. Freiburg/München 1972. 45-81.

C III. *Gibt es auf Erden ein Maß?* Vortrag auf einem Kolloquium für Werner Marx im November 1985 in Mülheim/Ruhr. In: *Sterblichkeitserfahrung und Ethikbegründung.* Hrsg. von W. Brüstle und L. Siep. Essen 1988. 127-163.

D I. *Selbstbewußtsein und Identität.* In: Hegel-Studien 16 (1981) 189-217 (Anfang und Schluß erweitert für eine amerikanische Übersetzung).

D II. *Rothackers Begriff der Geisteswissenschaften.* In: *Kulturwissenschaften* (Festgabe für Wilhelm Perpeet). Hrsg. von H. Lützeler. Bonn 1980. 306-353.

D III. *Hermeneutik und Dekonstruktion.* Vortrag auf dem Symposium zum 90. Geburtstag von Hans-Georg Gadamer im Juni 1990 in Heidelberg. In: *Verstehen und Geschehen* (Jahresgabe der Martin Heidegger-Gesellschaft 1990). 63-86.

Personenregister

Erstellt von Andreas Grossmann

Kursive Ziffern verweisen auf Namen in den Anmerkungen, in Klammern gesetzte Ziffern auf indirekte Namensnennungen im Text.

72, 98, 102, 110, 132, 139, *188,* 189 f.,
214, 242 f., 252, 257, *258,* 259, 263, *264,*
268 f., 274, 278, 281 ff., 311, 313, 323 f.,
356, 365, 367, 379 ff., 398 f., 405, 414,
416, 429, 435, 459, 475, 482, 485 f., 488,
497
Hoffmann, E. Th. A. 263
Hogemann, Friedrich *27*
Hojer, Ernst *312*
Holenstein, Elmar 411, *412*
Homer 20, 35, 75, 117, 398
Honneth, Axel *112*
Horkheimer, Max 66, *159*
Hughes, Thomas P. *249*
Humboldt, Alexander von (440)
Humboldt, Wilhelm von 30, 74 f., 78, 166,
311, 327, 329, 440, 443
Hume, David 97
Husserl, Edmund 13 ff., *40,* 47 f., 50, 52,
54 f., 57 f., 62-64, 73-75, 78 f., 82, 84,
124 ff., 142 f., 147 f., 150, 155 f., 167,
180 ff., *185,* 187, 191 f., 194, 197, 204 f.,
218, 227 ff., 294, 359, 362, 378, 383,
390 f., 403, 406 f., 411, 414, 417, 468,
479, 481 f., 485, 488 f., 491, 495 f.
Huysmans, Joris-Karl 271

Ilting, Karl-Heinz *112*
Ineichen, Hans *24*
Ingarden, Roman 62, 147, 152, 184, 231,
233
Isle-Adam, Villiers de l' 432

Jacobi, Friedrich Heinrich 36, 71, 154,
175, 273
Jaeger, Petra *90*
Jaeger, Werner 95
Jaensch, Erich 82
Jaeschke, Walter *102*
James, William 204
Jamme, Christoph *28, 116, 119, 369*
Jaspers, Karl 25, 65, 72, 81-83, 92, 129,
148, 158, 186, 230, 253, 256, *258,* 301,
335, 393, 407, 431
Javolenus 42
Jean Paul (Johann Paul Friedrich Richter)
116, 427
Jesus Christus 30, 34, 36
Johannes (Evangelist) 14
Jolivet, Régis *159*
Jonas, Hans 89, 105 f., 160, 215 ff., 360

Jordan, Pascual 277, 288, 293
Joyce, James 138
Jüngel, Eberhard *24*
Jünger, Ernst 65 f., 72, 78, 85, 252 ff., 366,
395
Jünger, Friedrich Georg 66, 252, 264,
268 f., 278
Julian („Apostata"; röm. Kaiser) 271
Jung, Carl Gustav 57, 291
Jung, Gertrud *472*

Kafka, Franz 89
Kamlah, Wilhelm 51-53
Kant, Immanuel 14, 19, 44, 46, 55, 58,
61 f., 91-93, 97, 108, 131, 136, 141, 144,
149-151, 157, 162, 165 f., 169, 174,
177 f., 181, 187 f., 204, 216, 224, 227,
232, 235, 240, 246, 289, 297, 312, 334,
336, 339, 350, 352, 362, 377, 386, 389,
391 ff., 410 f., 414, 440 f., 463, 496 f.
Kantorowicz, Gertrud 146
Kaufmann, Fritz 21, 62, 184, 233
Kenny, Anthony 414
Kepler, Johannes 291, 298
Kerschensteiner, Georg *315*
Kettering, Emil *80*
Keyserling, Hermann Graf 205
Kierkegaard, Søren 21, 39, 76, 78, 81, 104,
118, 126 f., 129, 131, 148, 172, 184, 186,
194, 230, 238, 343, *345,* 366, 380, 466,
483, 490, *497*
Kisiel, Theodore J. *28, 104*
Klages, Ludwig 47, 60, 62, 77, 104, 206,
208, 468, 470 f.
Klee, Paul 89, *214*
Klopstock, Friedrich Gottlieb 268
Klostermann, Vittorio *268, 421*
Kockelmans, Joseph J. *28, 376*
Köhler, Dietmar *58*
Köhler, Wolfgang 205, 218
Köppen, Friedrich 403, 411
Kojève, Alexandre 96, 399, 409, 434
Kolbenheyer, Erwin Guido 189
Kolumbus, Christoph 77
Konfuzius 274
Kopperschmidt, Josef *109*
Korff, Friedrich Wilhelm *345*
Koyré, Alexandre 147
Krebs, Engelbert 186
Krieck, Ernst 82
Kroner, Richard 392

504

106, 147, *148*, 152, 158, 182, 184, 187, 200, 203 ff., 228 f., 231-233, 240, 253 f., 283, 294, 316, 393, 406 f., 454, 468, 471, 473, 476, 488-490, 495
Schelling, Friedrich Wilhelm Joseph 15, 39, 45, 56, 66, 85, 102 f., 165, 204, 211, 216, 274, 300, 313, *329*, 363, 365, 367, 372, 383 f., 394, 398, 401, 405 f., 411, 424 f., 427, 431, 440, *465*, 495 f.
Schelsky, Helmut 317 ff., 443 f.
Schiller, Friedrich 36, 170, 188, 268, 289, 431, 441
Schlegel, Friedrich 14, 35, 143, 166, 189, 459, 481
Schleiermacher, Friedrich Daniel Ernst 13 f., 20, 22, 42, 49, 70, 103, 107, 124, 143, 166, 185, 192-194, *329*, 389 f., 440 f., 483
Schmitt, Carl 50, 98, *99, 336*
Schmitt, Eberhard *70*
Scholem, Gershom 195
Scholz, Werner 109
Schopenhauer, Arthur 211, 271, 381, 431, 460
Schroers, Rolf *336*
Schubert, Elke *58*
Schubert, Franz 289
Schuhmann, Karl *74, 229*
Schulz, Walter 360, 425
Schwarz, Justus 155
Schwilk, Heimo *262*
Shakespeare, William 35 f., 347, 366
Shikaya, Takako *423*
Siep, Ludwig 421, *422*
Sieyès, Emmanuel Joseph 97
Simmel, Georg 69, 73, 146
Smith, Adam 96
Snow, Charles P. 316
Sokrates 18, 254, 300, 358
Sommerfeld, Arnold 288
Sophokles 35, (258), (264), (278), 347, 475
Speiser, Andreas 298
Spencer, Herbert 50, 57
Spengler, Oswald 50, 56, 60, 121 f., 184, 189, 208, 271
Spinoza, Baruch de 35, 123, 200, 203, 211, 339, 405, 409
Spranger, Eduard 22, 72, 163 f., 190, *315*, 317 f., 323, *324*, 331, 470
Stalin (Josef Wissarionowitsch Dschugaschwili) 71, 87, 318

Staudenmaier, Franz Anton 14
Stein, Edith 125
Steinthal, Heymann 69
Stengers, Isabelle *124*
Storck, Joachim W. *104*
Straßmann, Fritz 248
Strauß, David Friedrich 41
Strauss, Leo *29*, 348, 409
Strawson, Peter F. 422
Susman, Margarete 146

Taminiaux, Jacques *80*
Taylor, Frederick Winslow 249
Tecklenborg, Erwin *389*
Tenbruck, Friedrich H. *324*
Thales 18
Theunissen, Michael *345*
Thibaudet, Albert 432
Thiersch, Friedrich Wilhelm 311
Thomae, Hans *470*
Thust, Martin 76
Thyssen, Johannes *64, 456*
Tizian (Tiziano Vecellio) 288
Tocqueville, Alexis de 347
Tongeren, Paul van *106*
Toynbee, Arnold 318
Towarnicki, Frédéric de *268*
Trakl, Georg 435
Trendelenburg, Friedrich Adolf 41, 181
Troeltsch, Ernst 446, 466
Tschuang Tse 209, 286, 380
Tugendhat, Ernst *335*, 410 ff.

Uexküll, Jacob von 158, 208
Ulenbrook, Jan 273
Ulmer, Karl *329*

Valéry, Paul 432
Varnhagen von Ense, Rahel 81
Véra, Auguste 432 f.
Vergil (Publius Vergilius Maro) 35, 452
Vico, Giambattista 20, 29, 92, 108 f., 447
Victorinus, Marius 425 f.
Vietta, Silvio *258, 260*
Virchow, Rudolf 327
Vischer, Friedrich Theodor 188, 459 f.
Vollrath, Ernst *91*
Voltaire (Arouet, François Marie) 116, 170, 441

Wach, Joachim 111

Weitere Bücher von Otto Pöggeler bei Alber

Neue Wege mit Heidegger

1992. 494 Seiten. ISBN 3-495-47719-5

„Pöggeler macht sichtbar, daß Heidegger nicht der einzige oder auch nur exemplarische Phänomenologe ist und daß es neben ihm andere Ansätze gibt (Husserl und Lévinas werden genannt), die nur um den Verlust ihrer Eigenart einer von Heidegger bestimmten Kritik unterworfen werden könnten." *Philosophischer Literaturanzeiger.* „Wie souverän geschrieben und klärend die Texte zum Verhältnis von Philosophie und Politik bei Heidegger auch sein mögen, es sind vor allem die Erörterungen zum Themenbereich der Kunst und der Sprache, aus denen das sachliche Engagement ihres Autors spricht." *Zeitschrift für philosophische Forschung*

Die Frage nach der Kunst

Von Hegel zu Heidegger

1984. 408 Seiten. ISBN 3-495-47555-9

Pöggeler zeigt, daß und wie die spekulative Tradition von Hegel bis Heidegger nicht nur Theorien der Kunst erstrebt, sondern die Partnerschaft von Philosophie und Kunst in einer Zeit des Übergangs. – „This is truly an intriguing book. Pöggeler concentrates on posing the questions that might be asked both of and by art in the contemporary world, the world after Auschwitz and Hiroshima." *Hegel-Studien*

Spur des Worts

Zur Lyrik Paul Celans

1986. 424 Seiten. ISBN 3-495-47607-5

„Dem einzelnen Gedicht als Spur folgend, reflektiert Pöggeler die Überlieferungen und Aufgaben des Dichtens in Auseinandersetzung mit zeitgenössischen Kontroversen und Verzerrungen. Pöggeler postuliert, daß eine andere Philosophie als die überkommene zum Verständnis von Celans Lyrik nötig sei. Dieser Ansatz bewährt sich in der konkreten Wahrnehmung der dichterischen Verwandlungen Celans." *Germanistik*

Heidegger und die hermeneutische Philosophie

1983. 448 Seiten. ISBN 3-495-47532-X

„Pöggeler combines an exact knowledge of Heidegger's philosophical thought and influence with an original hermeneutical approach and the gift of clear presentation. His articles on Heidegger are amongst the most enlightening works on this philosopher ever written. One can only welcome the fact that they are now available as a collection." *Philosophy and History*

Philosophie und Politik bei Heidegger

2., erweiterte Auflage 1974. 160 Seiten. ISBN 3-495-47261-4

„Pöggelers Ausführungen bleiben in höchstem Maße bedenkenswert, nicht nur, weil sie auf profundester Kenntnis des Heideggerschen Denkens beruhen, sondern auch und noch mehr, weil sie mit einem beträchtlichen Maß an Vorurteilsfreiheit und kritischer Haltung ein Problem angehen, das in der künftigen Diskussion um Heideggers Philosophie eine bedeutende Rolle spielen dürfte." *Philosophisches Jahrbuch*

Hegel. Einführung in seine Philosophie

1977. 196 Seiten. Reihe Kolleg Philosophie. ISBN 3-495-47354-8

„Die von Pöggeler herausgegebene und eingeleitete Zusammenfassung liefert ein aktuelles Gesamtbild von Hegels Denken ..." *Philosophischer Literaturanzeiger*

Hegels Idee einer Phänomenologie des Geistes

2., erweiterte Auflage 1993. 448 Seiten. ISBN 3-495-47780-2

„Der Band enthält schon fast klassisch zu nennende Arbeiten ebenso wie bislang unveröffentlichte Vorträge zur Interpretation der Phänomenologie und zur Bedeutung Hegels für die Philosophie nach ihm ... Die Aufsatzsammlung ist ein wichtiger Beitrag Pöggelers zur Hegel-Forschung und darüberhinaus zur Bestimmung der Philosophie in der Gegenwart." *Philosophischer Literaturanzeiger*

Verlag Karl Alber, Freiburg/München